普通高等教育“十三五”规划教材（计算机专业群）

管理信息系统教程

主　编　黄珍生

副主编　黄　帆　张超群　梁美珍　罗少科

中国水利水电出版社
www.waterpub.com.cn
·北京·

内 容 提 要

本书全面、系统地介绍了管理信息系统的基本概念、结构、应用形式、技术基础、开发方法及其对组织和社会的影响。全书分为上下两篇：上篇为基础篇（第 1 章至第 4 章），第 1 章介绍管理信息系统的基本理论和基本观点，以及管理信息系统对组织和社会的影响，第 2 章介绍管理信息系统的理论基础及其定义、概念和结构特征，第 3 章介绍管理信息系统的技术基础与应用平台，第 4 章介绍 ERP 原理与管理信息系统应用；下篇为开发篇（第 5 章至第 10 章），详尽介绍了系统规划、系统分析与设计（包括面向对象的分析与设计）、系统实施与评价等内容。另外，每一章后均配有大量习题，供使用者复习参考。

本书适合作为高等院校信息管理与信息系统、管理科学与工程、工商管理、电子商务、市场营销等管理类专业的本科生教材，也可作为 MBA、管理干部培训班以及相关专业硕士生教材，还可作为企事业单位管理人员以及计算机应用人员、系统开发人员的参考资料。

本书配有电子教案，读者可以从万水书苑以及中国水利水电出版社网站下载，网址为：http://www.wsbookshow.com 和 http://www.waterpub.com.cn/softdown/。

图书在版编目（CIP）数据

管理信息系统教程 / 黄珍生主编. -- 北京 : 中国水利水电出版社, 2018.7
普通高等教育“十三五”规划教材. 计算机专业群
ISBN 978-7-5170-6704-7

Ⅰ. ①管… Ⅱ. ①黄… Ⅲ. ①管理信息系统－高等学校－教材 Ⅳ. ①C931.6

中国版本图书馆CIP数据核字(2018)第174735号

策划编辑：石永峰　责任编辑：张玉玲　加工编辑：韩莹琳　封面设计：李　佳

书　名	普通高等教育“十三五”规划教材（计算机专业群） 管理信息系统教程 GUANLI XINXI XITONG JIAOCHENG
作　者	主　编　黄珍生 副主编　黄　帆　张超群　梁美珍　罗少科
出版发行	中国水利水电出版社 （北京市海淀区玉渊潭南路 1 号 D 座　100038） 网址：www.waterpub.com.cn E-mail：mchannel@263.net（万水） sales@waterpub.com.cn 电话：（010）68367658（营销中心）、82562819（万水）
经　售	全国各地新华书店和相关出版物销售网点
排　版	北京万水电子信息有限公司
印　刷	三河航远印刷有限公司
规　格	184mm×260mm　16 开本　23.5 印张　578 千字
版　次	2018 年 7 月第 1 版　2018 年 7 月第 1 次印刷
印　数	0001—3000 册
定　价	48.00 元

前　　言

管理信息系统是信息管理与信息系统专业的专业基础课程，也是工商管理类专业的必修课程。作者根据多年教学和实践的经验与体会，汲取国内外管理信息系统方面优秀教材的精华，本着提高学生素质、培养创新意识的精神，遵循本科教学大纲的要求，兼顾考研的需要，力求做到概念清晰、表述准确、结构合理、取舍得当、由浅入深、循序渐进、通俗易懂、便于自学，以期达到较好的教学效果。本书的主要特点如下：

（1）以案例导入和问题驱动。本书全面、系统地介绍了管理信息系统的基本概念、理论、应用形式、技术基础和开发方法。每一章都以案例导入和问题驱动，逐步引导学生思考本章需要学习和掌握的知识。详细阐述了管理信息系统结构化与面向对象开发的全过程，包括开发步骤、方法、图表工具的运用、文档资料的建立等内容。

（2）举例充分，讲解详尽。力求通过举例、数据分析、软件系统与工具使用等多种方式来讲解管理信息系统的构成原理、工作原理和开发原理。力求通过例题通俗易懂的讲解，使学生掌握本章节的重点和难点。每章均配有习题，题型有选择题、填空题、简答题和综合应用题等，从多个角度来考核学习者，也便于学习者温故知新、举一反三，更好地掌握管理信息系统的知识点。

（3）强调知识的连贯性和设计的规范性。本书力求反映现代先进的管理信息系统理论、技术手段、系统方法以及目前的现状与发展；注重理论与实际相结合，强调知识的连贯性、设计的规范性、方法的实用性和实操的简易性，以适应现代管理信息系统的理论体系、开发方法、实施模式不断发展与更新的要求；强调系统开发过程中各阶段所用图形、表格、文档的规范性表达，如业务流程图绘制规范、数据流程图绘制规范、数据字典建立规范、决策树和决策表绘制规范、模块结构图绘制规范等都提出了一些规范要求，并以这一规范贯彻全文。

由于编者水平有限，书中难免会有错误和不当之处，恳请读者批评指正。

编者

2018 年 5 月

目　　录

第1章　管理信息系统基础

随着社会的进步和科技的发展，人们已越来越离不开信息，信息在社会生产和人类生活中起着越来越重要的作用，并以其不断扩展的内涵和外延渗透到人类社会的众多领域，使人类社会继工业社会之后正式迈入信息社会。当今，信息无处不在并爆炸式增长，信息的增长速度和利用程度已成为现代社会文明和科技进步的重要标志。管理信息系统以管理理论、信息论和系统论作为理论基础。本章将介绍信息、系统和信息系统的基本概念、特征及其重要性，论述信息系统给组织带来的影响，旨在使读者建立对管理信息系统的总体印象。

联想信息化实现每年节省资金6亿元

联想集团通过多年企业信息化的实践总结出一张图，即以客户为驱动、协同上下游合作伙伴、资源一体化的信息化全景图。在这张图中，联想企业的各个信息系统之间并不是各自独立分离的，而是集成的、一体化的。

联想把客户的需求分解成使用需求、购买需求和服务需求。客户通过网页、电话及面对面等方式将需求传递给联想，进入联想的客户关系系统、产品研发系统和供应链系统。这3个系统驱动资源计划系统合理调动企业人、财、物等资源，以满足客户在服务、产品和供应3个方面的需求。企业各级管理者通过基于网络的办公自动化系统，实时掌控企业各环节的运作状况和管理绩效，准确地做出决策和判断。

几年来大规模的信息化建设，使联想的各项成本明显降低、经营效益显著提高，有力地促进了企业竞争力的提升。在这张图后面，可以用一组数据来说明信息化给联想带来的可喜变化。

库存周转由1995年的72天降到2000年的22天。以2000年库存平均余额9.63亿元计，节省资金21亿元；资金成本以6%计，相当于一年降低成本1.26亿元。积压损失由1995年的2%降到2000年的0.19%。以2000年营业额200亿元计，相当于一年节省成本3.62亿元。应收账周转天数由1995年的28天降到2000年的14天。以2000年的应收账平均余额7.82亿元计，相当于节省资金7.82亿元，成本降低0.47亿元。应收账坏账占总收入的比例由1995年的0.3%降到2000年的0.05%。以2000年营业额200亿元计，相当于成本降低0.5亿元。

网络办公所产生的效益也十分可观。通过网上资源预订，使差旅费、办公用品费用降低10%左右。

以上各项每年总计降低成本6亿多元。公司总体费用率由1995年的20%降到2000年的9%。网络办公、财务管理、供应链管理和电子商务共计节省人员350人。以5000名员工计，相当于劳动生产率提高7%。联想电脑销售从1997年到2000年平均每年递增78.2%（中国电脑市场平均增长率为33.5%），市场份额从1997年的10.7%增长到2000年的28.9%，2001年上半年达到 30%。从 1997 年到 2000 年，公司销售收入平均每年递增 50.4%；利润平均每年递增 61.3%。随着公司信息系统的进一步完善和拓展，联想将在管理上完全同国际接轨，以现代化管理为根基来面对 WTO，面对更加严竣的考验。

案例思考题

1. 联想集团建设了哪些管理信息系统？管理信息系统的应用使其每年节约 6 亿多元资金，主要是在哪些方面节省的？

2. 除了上述的节约以外，你认为该公司在职能管理方面能不能节约？管理成本会发生怎样的变化？

3. 结合本案例，试分析信息系统在组织管理中的作用。

4. 结合本案例，试分析我国推进企业信息化的必要性及其意义。

1.1 信息概述

1.1.1 信息的含义与分类

1. 信息的定义

关于信息（Information）的定义、信息与数据有何区别，众说纷纭。

（1）“信息”一词起源于中国。指消息、音讯。南唐时代（937—975 年），诗人李中在《暮春怀故人》中有这样的诗句：“梦断美人沉信息，目穿长路倚楼台。”宋代诗人王庭圭也写下了“辰沙更在武凌西，每望长安信息稀”的诗句。两首诗中“信息”一词均指消息、音讯之意。

（2）“信息”是一个国际词汇。“信息”的英文、法文、德文、西班牙文都是“information”。俄文和其他斯拉夫语的“信息”一词与此同音。从词源上，“information”是由“in”和“formation”两部分组成，前者“in”有“收到”之意，后者“formation”有“整理成章”之意，所以“information”意指将收到的资料整理成章，即信息。

《新英汉词典》对“information”的解释为：通知、报告；消息、报道；知识、见闻、资料等。日本、韩国往往把信息称为“情报”，而香港和台湾等地区则把信息称为“资讯”，如“财经资讯”就是“财经信息”。

（3）信息的定义尚未统一。到底什么是信息？至今未有统一的、确切的定义。这里列举各种不同的定义和描述，供读者参考。

1）信息是对事物运行状态和特征的描述。

2）信息是关于客观事实的可通信的知识。

3）信息是帮助人们做出正确决策的知识。

4）信息是实体、属性、值所构成的三元组。

5）信息是数据加工后的结果。

6）信息是认识了的数据，是数据的含义。

7）美国控制论创始人维纳认为：“信息就是信息，不是物质也不是能量。”

8）信息论创始人香农（申农）则提出：“信息是用来消除不确定性的东西。”

以上定义反映了人们出于不同的研究目的，从不同的角度出发，对信息的理解或解释。

定义 1）和 2）说明了信息是客观世界中各种事物变化和特征的反映。客观世界中的事物都在不停地运动和变化，呈现出不同的状态和特征，而对这些状态和特征的描述就形成了信息。定义 2）还说明了信息是可通信的知识。由于人们通过感官直接获得的周围的信息极为有限，因此，大量的信息需要通过传输工具来获取。知识是反映事物的信息进入人们的大脑，对神经细胞产生作用后留下的痕迹，人们正是通过获得信息来认识事物、了解自然和改造世界的。

定义 3）说明了信息与决策的关系，现代管理的核心是决策。信息不充分，决策就失去了根本的依据。要实现正确而理性的决策，必须拥有大量而充分的信息。信息通过决策体现其自身的价值。

定义 4）说明了信息的构成。实体是现实世界中的一个事物，如一个学生、一张凭证、一件产品等。属性反映实体的特征，如产品编号、产品名、规格、颜色、单重、单价等。其值是针对某个实体的属性的具体内容，如反映学生特征的属性有：学号、姓名、性别、出生年月、籍贯、专业。则某一学生张三（实体）的属性值为：2017011001、张三、男、1998.07、广西、信息管理；另一学生李四（实体）的属性值为：2017022002、李四、男、1999.01、湖南、会计等。

定义 5）和 6）说明了信息与数据的关系。数据和信息具有不同的含义。数据是记录下来可以被识别的物理符号，它本身并没有意义，数据经过处理后仍然是数据，只有经过解释才有意义，才能成为信息。可以说，信息是经过加工（解释）并对客观世界产生影响的数据。定义 7）告诉我们世界除了有物质世界、能源世界之外，还存在一个信息世界，尽管信息看不见、摸不着，但信息无处不在，是实实在在存在的东西。定义 8）说明了信息是有价值的，能帮助人们消除不确定性。

由上可知，信息是更本质地反映事物的概念，而数据则是信息的具体表现。信息与载体的性质无关，不随载体的性质而改变，而数据的具体形式却取决于载体的性质。需要指出的是：在不影响对问题理解的情况下，有时对数据和信息这两个术语也不严格加以区别，如通常所说的信息处理，也可说成数据处理。

在实际应用中，数据和信息这两个词常常交替使用，但读者应该清楚它们之间的区别。数据是原材料，而信息是成品，信息对决策或行动是有价值的。为此，可以认为信息比数据更高级，用途更大。

2. 信息的分类

为了研究的方便，人们从不同角度对信息进行分类。

（1）广义信息分类体系（黎鸣《信息哲学论》），如图 1-1 所示。由图可知，广义的信息包括目前人类已知的信息和人类未知的信息。随着科技的发展和人类认知水平的提高，一些人类未知的信息正被人们探索、认识和利用。

（2）多重信息分类体系（宋运郊《信息活动原理》）。宋运郊对人类信息作了进一步分类，如图 1-2 所示。由图可知，按载体区分为文献信息和非文献信息。文献信息是指那些记录在延时性物质载体（如纸张、石碑、胶卷、磁盘、磁带）上的信息（以时间为重点的载体），主要分为印刷型文献、缩微型文献、声像型文献和计算机可读型（电子文档）文献。非文献信息是指通过自然语言或表情、手势等身体语言等即时性物质载体表现的各种信息（以空间为重点的载体），主要分为实物信息、口头信息和体态感知信息。

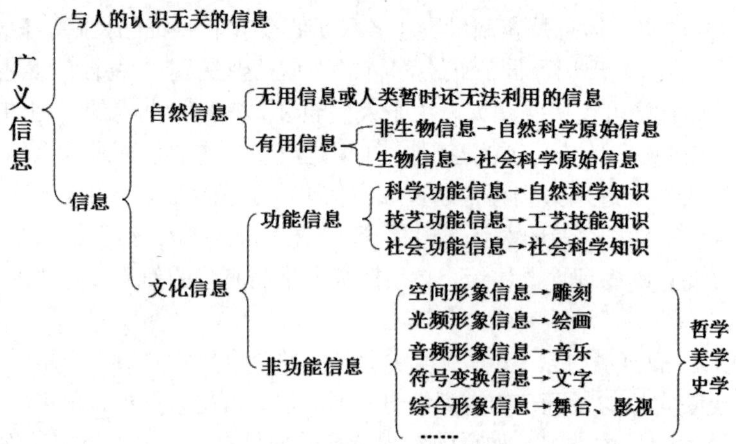

图 1-1 广义信息分类体系

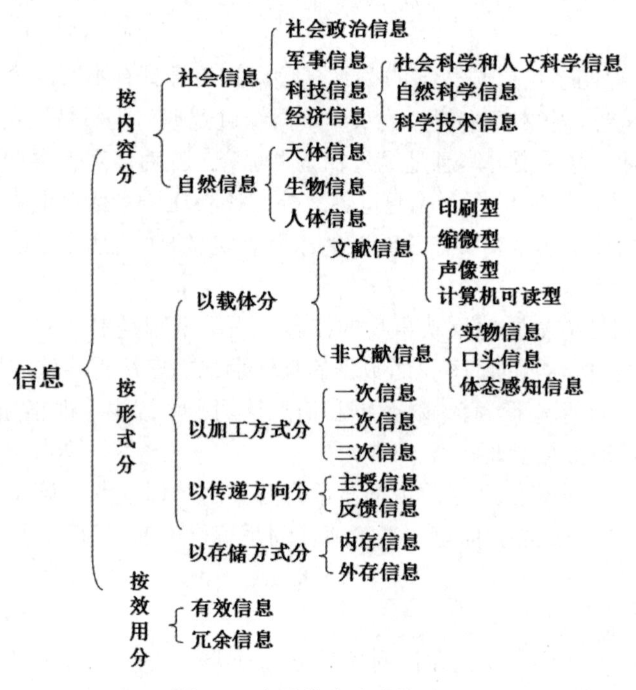

图 1-2 多重信息分类体系

信息按加工方式可分为零次信息、一次信息、二次信息和三次信息等。零次信息（也称原始信息），指未经加工的零散的不系统的原始信息，即第一手资料。一次信息是根据第一手原始资料创造、形成的初加工信息。二次信息（也称信息的信息），是指在一次信息基础上加工整理形成的引导信息和使用一次信息的信息，是信息组织的结果，如文献书目、摘要等。三次信息是指根据二次信息提供的途径获取并使用一次信息，结合其他零次信息分析综合形成的高层次信息。

（3）综合信息分类体系（孟广均《信息资源管理导论》），如图 1-3 所示。

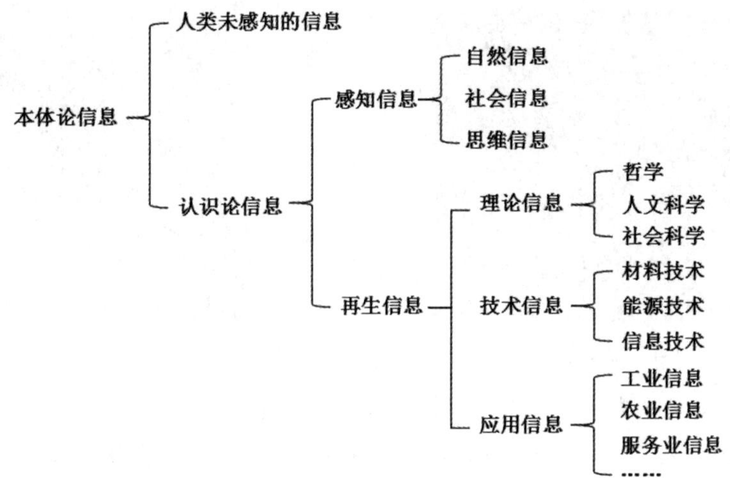

图 1-3　综合信息分类体系

由图可知，信息按应用领域可分为：工业信息、农业信息、服务业信息、教育信息、文化信息、体育信息、卫生信息和军事信息等。由于各应用领域相互关联，则各类信息在范围上与内容上相互交叉与重叠。如管理信息就涉及政治、经济、科技、文化等领域，它对各类信息进行综合运用以提高管理效率和效益。因此，管理信息是指应用于人类管理活动的各类信息，包括管理活动自身产生的信息。

管理信息按照重要性程度可分为：战略信息、战术信息和业务信息等。战略信息是关系到全局和重大问题决策的信息，它主要提供给高层管理者，包括系统内外、过去和现在的各种环境的大量信息；战术信息是管理控制信息，是使管理人员能掌握资源利用情况，并将实际结果与计划相比较，从而了解是否达到预定目的，并指导其采取必要措施，以更有效地利用资源的信息，它提供给中级管理者，主要包括系统内部各种固定信息、历史信息与现状信息，以及部分具体的外部信息；业务信息是用来解决经常性的事务问题，并用以保证切实地完成具体任务。它是给基层管理人员提供的信息，主要包括直接与生产、业务活动有关的、反映当前情况的信息。

1.1.2　信息的特性

信息具有广泛性和普遍性、事实性、传输性、存储性、共享性、可加工性、时效性、等级性、不完全性和价值性等特性。

1. 广泛性和普遍性

信息的广泛性和普遍性是指信息无处不在，自然界中的植物、动物和人类社会中都存在信息，离不开信息的传递与交换。

（1）自然界的植物离不开信息。比如含羞草，如图 1-4 所示，当人们触碰到含羞草时，它的枝、叶会有反应，会把叶片收拢起来，以免受到伤害，当觉得安全威胁解除时，它的枝、叶会自动展开。再比如猪笼草，如图 1-5 所示，白天它会打开像猪笼一样的“袋子”等待小昆虫飞入其中，当飞入的昆虫数量达到一定程度时，它会把袋口收紧而消溶昆虫当作自身成长的营养。

图 1-4 含羞草

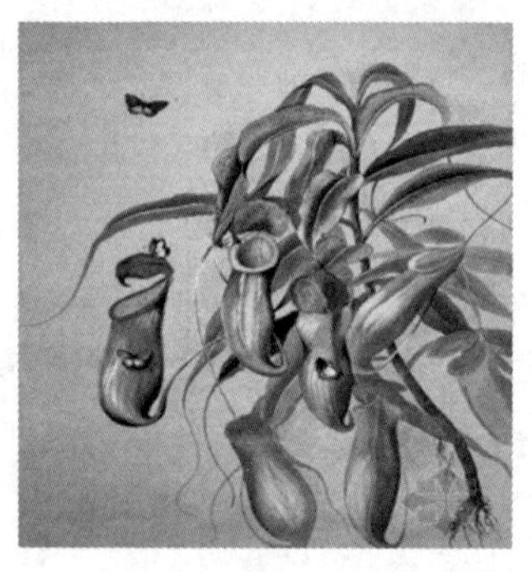

图 1-5 猪笼草

（2）自然界的动物离不开信息。比如蚂蚁寻食，如图 1-6 所示，当一只蚂蚁发现不远处有食物而自己又搬不动时，它会赶回蚁穴，一路上通过肢体、触须与其他蚂蚁接触以交换信息，不一会就会有一队蚂蚁前往搬运食物。再比如蜜蜂搬果酱，如图 1-7 所示，蜜蜂通过舞蹈与其他蜜蜂交换信息，最终完成搬运果酱的任务。

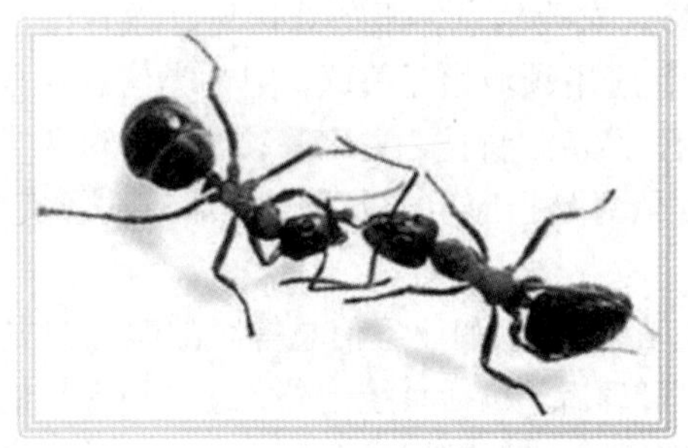

图 1-6 蚂蚁寻食

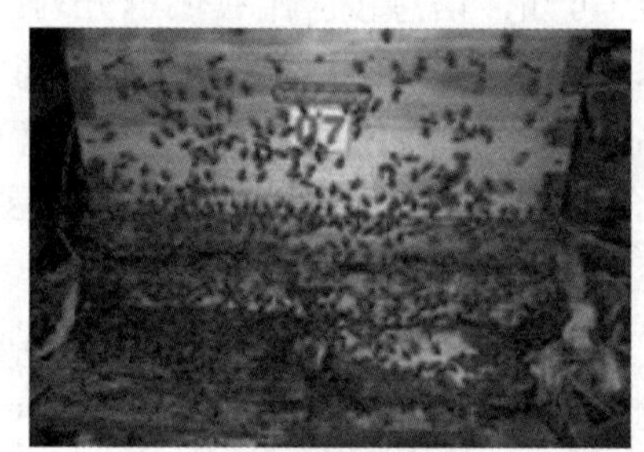

图 1-7 蜜蜂搬果酱

【例 1-1】著名的“蜜蜂与信息的实验”。奥地利学者克·符利士在试验中发现，蜜蜂为了采集花蜜，用特有的方式调节群体的活动。盛有果酱的盘子被放在离蜂箱不远的地方，一旦侦察蜂发现了它，侦察蜂会通过不同的舞蹈动作与其他蜜蜂传递信息。不久就来了大批蜜蜂，开始了盘子—蜂箱—盘子之间的飞行，直到把果酱搬完为止。侦察蜂与群蜂是通过舞蹈动作联系的。据统计，当盘子距离蜂箱 100 米时，舞蹈 9～10 次；当盘子距离蜂箱 200 米时，舞蹈 7 次；当盘子距离蜂箱 2 千米时，舞蹈 4 次；当盘子距离蜂箱 6 千米时，舞蹈 2 次；若舞蹈方向垂直向上，表示朝太阳方向飞行；若舞蹈方向垂直向下，表示向太阳相反的方向飞行；若舞蹈有一定角度，则相应朝偏离太阳一定角度的方向飞行。

在整个过程中，蜜蜂个体与个体之间、个体与自然环境之间通过交换信息，达到调节群体活动、采集食物、维持生存的目的。

人类社会的生存与发展离不开信息。中国远古时代的烽火台燃放的“烽火”是古代边防报警的两种信号：白天放烟叫“燧”，夜间举火叫“烽”，故烽火台又称烽燧台，系古代重要军事防御设施，是为防止敌人入侵而建的，遇有敌情发生，则白天施烟，夜间点火，台台相连，传递信息，是最古老但行之有效的信息传递方式。中国古代还通过“飞鸽传书”“驿站”等方法来传递信息。

【例 1-2】古代欧洲也有“马拉松报捷”的典故。公元前 490 年 9 月 12 日发生了一场战役，这场战役是波斯人和雅典人在离雅典不远的马拉松海边进行的，史称希波战争，雅典人最终获得了反侵略的胜利。为了让故乡人民尽快知道胜利的喜讯，统帅米勒狄派一个叫菲迪皮茨的士兵赶回去报信。菲迪皮茨是个有名的“飞毛腿”，为了让故乡人早知道好消息，他一个劲地快跑，当他跑到雅典时，已上气不接下气，激动地喊道“欢……乐吧，雅典人，我们……胜利了”说完，就倒在地上死了。这也是国际马拉松赛事的由来。

我国相传至今的中医诊病，老中医通过望、闻、问、切等手法了解人体外部信息特征而知晓人体内脏器官的信息特征，比如通过把手脉就可以知道女孩是否已经怀孕。中医全息医学诊断理论认为人体是一个有机整体，局部的病变可以影响全身，内脏的病变可以从五官四肢体表各个方面反映出来，正如《丹溪心法》所说：“欲知其内者，当以观乎外；诊于外者，所以知其内。盖有诸内者，必形诸外。”所以通过望、闻、问、切 4 种方法可以从观察外在的表现来判断人体疾病的发生与发展变化。全息诊断学就是通过望、闻、问、切对人体某一区域病理反应表现于外的征象去了解对应整体部位的病理变化的学问，即通过某些局部异常变化察知整体的病理变化所在，从而制订相应的治疗措施。

2. 事实性

事实性是信息最基本的属性。不符合事实的信息不仅不能使人增加任何知识，反而有害。保证信息的事实性，也就是保证信息的真实性、准确性、精确性和客观性等，从而达到信息的可信性。在战场上，获取敌方的情报越准确，则战胜敌人的把握就越大。而敌方也常常有意谎报“军情”，制造假象，使对方判断失误，陷入被动的局面。比如，关于兵战上的减灶计与增灶计典故就有说不尽的话题。

【例 1-3】孙膑设减灶计诱敌深入。公元前 341 年，齐魏马陵之战，齐国孙膑针对魏兵蔑视齐军的实际情况，在认真研究了战场地形条件之后，定下减灶诱敌、设伏聚歼的作战方针。魏军庞涓不知是计，接连 3 天紧追打击以后，见齐军退却避战而又天天减灶，武断地认定齐军斗志涣散，士卒逃亡过半。于是命令部队丢下步兵和辎重，只带着一部分轻装精锐骑兵，昼夜兼程追赶齐军至马陵，见剥皮的树干上写着字，但看不清楚，就叫人点起火把照明。字还没有读完，齐军便万弩齐发，给魏军以迅雷不及掩耳的打击，魏军顿时惊慌失措，大败溃乱。庞涓智穷力竭，眼见败局已定，遂愤愧自杀。齐军乘胜追击，又连续大破魏军，前后歼敌 10 万余人，并俘虏了魏军主帅太子申。

无独有偶，虞诩设增灶计智退追兵。东汉时期，羌人进犯武都，朝廷提升虞诩任武都郡太守。羌人就率领数千人马在陈仓的蜻山口堵住了他的去路。虞诩命令车马停止前进，并宣称“已经向朝廷请求增派援兵，要等到朝廷的援兵到来再出战。”羌人听说后，就分兵攻击其他县城。虞诩因为羌人兵力分散，便日夜兼程前进，急速行军百余里。虞诩命令士兵每人砌两个锅灶，以后每天增加一倍。羌人看到后误以为虞诩的兵力不断增加，而不敢贸然逼进。到达武都郡时，虞诩的兵力其实不到三千，羌兵却有一万多。见此，有人问虞诩说：“孙膑每日减少灶数，而你每天增加灶数。兵法上说：‘每天行军不能超过三十里，如今我们每天却达到二百里，为什么？”虞诩说：“敌众我寡，慢走就容易被追上，快走对方就不能猜到我们的情况。敌人看到我们每天的锅灶数量在不断增加，必定会说是其他郡县来兵支援。敌人看到我们的人多又走得快，必然不敢追我。孙膑表面显示虚弱，我表面显示强大，是因为情况不同了。”

还有，《三国演义》第一百回中，也有诸葛亮设增灶计使大军全身而退的故事。

以上案例中，一计呈现减灶信息，另一计又呈现增灶信息，目的都是制造假象，让对手信以为真导致误判，最终错失良机，陷入被动局面，从而使己方赢得时间，从被动转向主动。

在商战中，为了保护己方的技术专利、配方等秘密，也常制造一些假象迷惑竞争对手来赢得竞争优势。在管理活动中也存在一些非法企业谎报产量、谎报利润和成本等造假现象，这对管理决策的危害非常大，对企业道德和诚信带来负面影响。

3. 传输性

信息可通过各种手段传输到人们所要求到达的地方。信息的传递性借助于信息载体的时间和空间传递实现，从而促进信息的扩散和利用。

时间传递：信息通过一定的载体存储，使信息随时间的流逝而传递下去。

空间传递：通过一定的方式把信息从一个地方传到另一个地方。

现代信息传输主要是利用各种通信工具（如电话、电报、微波、卫星）和技术（如网络）等进行信息的传输，其速度快，且成本便宜，远远低于传输物质和能源。随着计算机技术和通信技术的不断发展，信息传输的形式多种多样，不仅可传输文字、数字，而且可传输声音、图像等，且传输的可靠性越来越高，误码率越来越低。

4. 存储性

人们可以识别信息，而识别的基础在于信息以何种载体形式存在。信息由信息内容和信息载体共同构成。信息内容就是我们需要表达的思想、观点或理论等，表达的形式可能用文字、符号、图像、声音、动画等表现，而这些信息内容需要信息介质（即信息载体）来保存。信息载体分为无形载体和有形载体两种形式。无形载体，特指通过微波、光波、声波、电磁波等记载的文字、符号、图像、声音、动画；有形载体，特指纸张、唱片、胶片、缩微平片、磁带、磁盘、磁鼓等物化形式。信息可借助于各种无形载体与有形载体在一定条件下存储起来，也可依据需要压缩存储。存储的信息既可用于加工处理，又可进行信息传输。随着大容量存储介质的发明和存储技术的运用，可存储的信息容量越来越大，可靠性越来越高，存取速度越来越快，而存储介质的体积越来越小。

5. 共享性

信息是可共享的。不分国家民族，不分贫富贵贱，不分男女长幼，人们都可以分享信息，只要人们愿意；人们在传递信息和扩散信息的时候并不意味着失去原有的信息，相反可以继续拥有并不断发展。如股票信息可供股民共享，不会因某人获得信息而使他人减少信息。但共享是有条件的、有权限的、有控制的，虽然信息的共享没有直接损失，但有时会造成间接损失，如一方得到一个商机，竞争对手也得到了，就造成双方的竞争，这也是信息共享的复杂性。信息的共享与保护是一对矛盾，这就涉及各种信息的安全和保护措施。

6. 可加工性

信息可通过一定的手段进行加工，如压缩、分类、排序、统计和综合等，加工是有目的性的，它往往为了某种需要对信息进行加工，加工后的信息反映信息源和接收者之间相互联系、相互作用的更为重要的和更加规律化的因素。需要说明的是，信息加工过程要保证语法、语义和语调三者的统一，以免造成信息的失真。实际上，信息加工是人们利用信息为社会服务的重要途径。信息不可能自发地发挥作用，人们可以根据自己的需要有针对性地加工和处理信息，从而为自己或他人服务。

7. 时效性

信息的时效是指从信息源发送信息，经过接收、加工、传递、利用，所经历的时间间隔及其效率，时间间隔越短，提供的信息越及时，信息得到使用的程度就越高，则时效性越强。

例如购买股票，得到的信息如果是在股票价位已经发生变化之后，那么这种信息已经失去了它的时效，因而也就失去了它的价值。“及时信息”是需要的时候就传递过来。了解上个星期的天气对于决定今天应该穿什么衣服是没有什么帮助的。信息价值的时效周期，一般分为升值期、峰值期、减值期和负值期 4 个阶段。对于文献信息老化（时效性）程度，目前常见的有以下两种评价方法：

（1）文献半衰期。1958 年，科学家贝尔纳首先提出了用“半衰期”来表征文献信息老化速度，表示已发表的文献情报中有一半已不再使用的时间。此概念被称为“历时半衰期”。1960 年，巴尔顿和开普勒提出，文献半衰期是指某学科（专业）现实中在利用的全部文献中较新的一半是在多长一段时间内发表的。此概念被称为“共时半衰期”。

（2）普赖斯指数。1971 年普赖斯提出了一个衡量各个学科领域文献老化的量度指标——普赖斯指数。即指在一个具体学科内，把对年限不超过 5 年的引文数量与引文总数之比当作一个指标，用以量度文献的老化速度与程度。计算公式为：

普赖斯指数=(近五年被引用的文献数量÷被引用的文献总量)×100%　　（1.1）

自然，普赖斯指数越大，文献老化越快。

8. 等级性

前面讲到，信息是可分级的。一般分为战略级、战术级和作业级。不同级别的信息，其应用对象、内容、来源、精度、寿命和使用频率上都不相同。作业级信息大部分来自内部，其内容具体，精度要求高，使用频率也高，但使用寿命短。比如超市的 POS 机，每一台 POS 机的工作人员都在处理出售商品的单据。战略级信息大部分来自外部，其内容抽象，精度要求低，使用频率也低，但使用寿命长。比如每年初，企业高层领导要作今年的工作计划或未来 3～5 年的企业发展规划，就要用到外部环境的信息，包括所处地区的政治环境、经济环境、人文环境、行业环境，以及竞争对手的能力等信息。战术级信息介于两者之间，比如超市经理每月、每季或半年的销售量统计汇总信息和分析报告等。

9. 不完全性

信息的不完全性是指信息表达的不完全性，信息对于某一事物的反映（从质和量上）总是不完全的，往往是局部的、不全面的。信息的不完全性还表现在信息的不对称性上，信息的不对称性是指信息的主客体之间认识上的不完全对等性，信息主体比信息客体具有信息优势。

当今时代，信息更新增长之快，可以用信息爆炸来形容。由于信息应用的目的不同，收集信息的时限、成本等原因，我们常常是在信息不完全、不全面的条件下作出决策的。

【例 1-4】购物询价的不完全性。某家姐妹俩，姐姐王丽要买一套连衣裙，货比三家，于是到第一家商店询价，标价每套 580 元，觉得有点贵，于是又询第二家商店，标价 380 元，已经有点心动，又到第三家商店一看，相同款式、相同布料的一套连衣裙才 180 元，完全心动，天色已晚又走累了，也不想再比第四家了。于是心满意足地买了回来。回家穿出来亮相，妹妹王英看到了，赞不绝口，问姐姐多少钱买的？姐姐说：“不贵，180 元!”，妹妹说：“贵了，昨天我在近郊服装店看到了同款的，一套才 80 元，而且还买一送一……”。

可见，由于时间、精力的限制，我们收集的信息总是不完全的，因此，我们的决策总是在信息不完全的情况下作出的。而且，信息也有主次之分，我们一天面对的信息量很多、很杂，首先对主要的、重要的信息要集中精力和时间去收集、加工、分析和处理，以得到对工作、生活有用的信息，然后再处理次要的、一般的信息，最后舍弃无用的、干扰的信息。

10. 价值性

信息是有价值的，信息价值具有绝对性和相对性。信息价值的绝对性是指对于社会来讲，某一信息本身揭示事物和反映事物的程度是一定的，这是绝对的、不容否认的，社会认可信息的基础条件也是一定的。信息价值的相对性是指由于具体的信息接受者原有的认知水平和接受程度不同，某一信息对于不同的信息接受者又具有不同的价值。同一信息对你有用，而对我不一定是必需的。

信息的价值有两种衡量方法：一种是按所花的社会必要劳动量来计算；另一种是按使用的效果来衡量。前者说明信息是劳动创造的，是一种资源；后者说明在获取信息上所花的费用及得到信息后产生的收益。信息的使用价值必须经过转换方能得到。用于某种目的的信息，随着时间的推移价值耗尽，但对另一目的可能又显示用途，如天气预报的信息，预报期一过，对指导当前的生产不再有用，但对于天气预报的研究者，则可用来作对比分析，预测未来的天气。因此，“管理的艺术在于驾驭信息”。

【例 1-5】一则信息成就一次商业机会。韩国三星公司派驻在美国洛杉矶的员工看到一则这样的消息：由于廉价的韩国产品的进口，美国最后一家吉他工厂即将倒闭。这则消息对不关心吉他的人来说毫无用处、毫无价值，而对于吉他企业而言就很重要，带给企业的可能是机会，也可能是威胁。该员工把这则信息发回公司总部，总部的竞争情报部门立即对这则信息作了如下分析：吉他是美国独立和自由精神的象征，它的消失就好像牛仔的消失一样会令美国人难以接受，美国可能会对吉他进口采取限制措施，国会有可能会通过提高关税的手段来保护美国这一具有象征意义的产业。于是三星公司马上采取措施，抓紧时间，尽可能地抢先将更多的吉他运往美国，存入仓库。结果正如他们所分析的：美国国会马上提高了吉他的进口关税，由于三星之前采取的有效措施，不仅避免了损失，还赚取了很高的利润。由此可见信息的重要性和价值性。

当今市场竞争激烈，信息无处不在，但怎样才能在纷繁复杂的信息中筛选加工出有用的信息已经成为企业取胜的重要法宝，而企业要想在如此复杂与动荡的环境中立稳脚跟，就必须通过合法手段开展一切有关竞争对手、竞争环境等竞争情报的收集与分析工作，及早发现企业的机会与威胁，减少市场反应时间，避免市场中的意外，从而提高企业竞争优势。

1.1.3 信息的生命周期

信息的生命周期是指信息数据存在一个从产生、传播、使用、维护直至归宿的整个过程，如图 1-8 所示。

1. 信息的产生阶段

产生阶段（也称收集阶段）是指信息数据从无到有的起源。信息数据可以是企业内部的某一个或某些人员创立的，也可以是从外部接受的，还可以是信息系统本身运行所产生的。例如各种来往商业函件、计算机系统的输入输出、员工编写的各种报告报表、统计数据等。信息产生或收集，是信息处理的第一环节，也是以后各种处理环节的基础。有些信息适合由人的感觉器官来获取，并通过一定的途径输入计算机中，而有些信息却只适合通过相应的技术和设备来获取。即便是人可准确感知的信息，在某些场合下由专用的技术设备来完成信息的获取效率会更高些。信息的自动收集主要通过传感技术和遥感技术来完成。

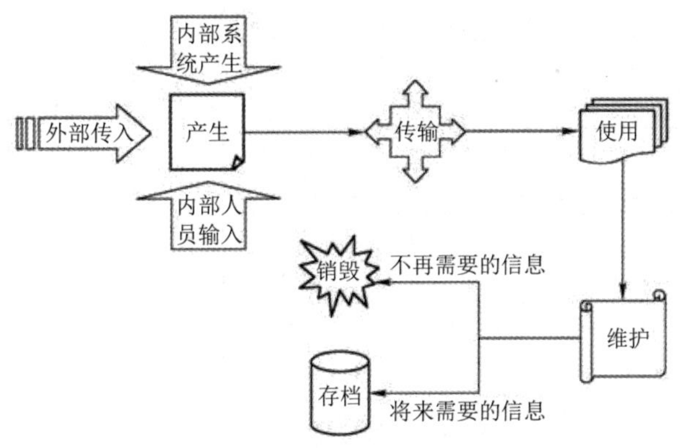

图 1-8　信息的生命周期

2. 信息的传输阶段

传输阶段（也称传递阶段）是指数据一旦产生后，按照某种方式在企业内部或外部进行传递并到达最终用户手中的过程。信息的传输需要利用一定的装置和设备，实现信息有目的的流动，以满足对信息的需求。就目前来看，信息的传输主要通过通信技术和广播技术来实现，其中通信技术是信息传输技术的主流。

3. 信息的使用阶段

使用阶段（也称加工阶段）是信息处理的中心环节，它的任务是依据某项任务的要求，以计算机为工具对信息进行鉴别、选择、比较、分类、汇总、分析、计算、编写等工作，使之成为有用的数据，并以此为基础进行商业、政治和道德决策。

4. 信息的维护阶段

维护阶段是指对信息数据的存放、读取、拷贝、备份等工作。信息的存储是将信息暂时或长期保存起来，以备需要时使用。信息存储时要确定哪些信息需要存储、存多长时间、以什么方式存储、存储在什么介质上等。同时要保持信息处于适合使用状态，包括经常更新存储器中的数据、消除不必要的数据等。信息维护的根本目的还是为保证信息的使用，保证能高速度、高质量地把信息提供到使用者手中，以实现信息价值的转化。

5. 信息的归宿阶段

归宿阶段是指对已经使用过的信息进行最终处理。这种最终处理可能是存档，例如对各种法律法规要求存档的文件进行最后归档，也有可能是删除。对于使用过且不再需要的信息可以进行此种处理。例如对个人 E-mail 邮件的处理。其中，存档时间的长短依赖于该信息的法律价值、历史价值、情感价值、商业价值、军事价值和政治价值。

1.1.4 信息的度量

信息的度量，即信息多少的衡量。目前，信息度量的方法并不唯一，下面讲述主要的三种。

1. 用消除不确定性的多少来衡量

申农对信息的定义为：“信息是用来消除不确定性的东西”。申农把信息量定义为“两次不确定性之差”，因而信息量也就是不确定性减少或消除的量。

【例 1-6】消息语句 S1=“南宁有飞机飞往北京”；消息语句 S2=“南宁 18 日有飞机飞往

北京”；消息语句 S3=“南宁 18 日 8:15 有飞机飞往北京”。这三个消息语句的信息量如图 1-9 所示。

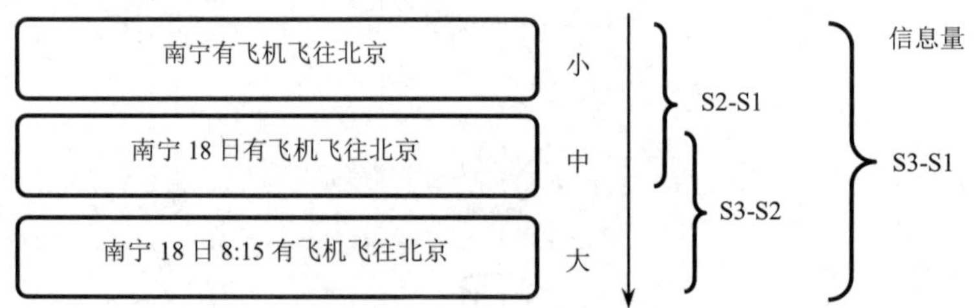

图 1-9 信息量计算示意图

消息 S1 明确了飞机的起点和终点，但消息还比较含糊，消息量较小；消息 S2 进一步明确了起飞的日期，但还是不够明确，消息量适中；消息 S3 又进一步明确了起飞的日期和时间，消息更准确，消息量更大。消息 S2 比消息 S1 带来的信息量 I1=S2-S1，明确了日期，即消除了日期的不确定性。消息 S3 比消息 S2 带来的信息量 I2=S3-S2，明确了时间，消除了时间的不确定性；消息 S3 比消息 S1 带来的信息量 I3=S3-S1，同时明确了日期和时间，即同时消除了日期和时间的不确定性。

2. 用数据量来表示信息量

基于数据量的信息度量在某种意义上就是载体形态或物理意义的信息度量。非计算机处理的信息可以有自己专门或通用的载体形态的度量方法。例如，对于印刷文献，可以运用开本、印张、字数、页数等来描述；对于计算机处理的信息可以利用信息存储的容量单位表示，最小的基本单位是 bit，1 bit 即一位二进制数，按从小到大的容量单位顺序是：bit（比特）、Byte（字节）、KB（千字节）、MB（兆字节）、GB（吉字节）、TB（太字节）、PB（匹字节）、EB（亿字节）、ZB（泽字节），将来还有 YB、BB、NB、DB 等，它们按照进率 1024（2 的 10 次方）来计算：

8 bit = 1 Byte

1 KB = 1024 Bytes，2KB 相当于 1 页打字文稿。

1 MB = 1024 KB，1MB 相当于一本短篇小说。

1 GB = 1024 MB，1GB 相当于装满一卡车的图书。

1 TB = 1024 GB，2TB 相当于一家科学研究图书馆藏。

1 PB = 1024 TB，2PB 相当于美国所有科学研究图书馆藏。

1 EB = 1024 PB，2EB 相当于 1999 年生产的所有信息总量，5EB 相当于人类曾经通过语言表达的所有词汇量。

1 ZB = 1024 EB；1YB = 1024 ZB；1 BB = 1024 YB；1 NB = 1024 BB；1 DB = 1024 NB。

3. 用信息熵来表示信息量

1928 年，哈特莱提出了信息定量化的初步设想，他将符号（或事件）取值数 m 的对数定义为信息量，即 $I = \log m$。对信息量作深入、系统研究的是信息论创始人香农。1948 年，香农指出信源给出的符号是随机的，信源的信息量应是概率的函数，以信源的信息熵表示，如式（1.2）所示。

$$H(x) = -\sum_{i=1}^{n} p_i \log P_i \tag{1.2}$$

式中，$H(x)$表示信息量，P_i表示信源不同种类符号（或事件）的概率，i= 1，2，…，n。

在信息熵的计算公式中，对数 log 若取以 2 为底，则信息量的单位为比特；若选择以 e 为底的自然对数，信息量的单位为奈特；若选择以 10 为底的对数，信息量的单位为哈特。由于计算机采用二进制，因此，在没有特别声明的情况下，一般计算信息量时对数取以 2 为底。

【例 1-7】硬币落地后可能有正反两种状态，出现这两种状态的概率都是 1/2，即：$P(X_i)$=0.5。这时信息量为：

$$\begin{aligned} H(x) &= -\sum_{i=1}^{2} P(x_i)\log_2 P(x_i) = -[P(x_1)\log_2 P(x_1) + P(x_2)\log_2 P(x_2)] \\ &= -\left[\frac{1}{2}\log_2\frac{1}{2} + \frac{1}{2}\log_2\frac{1}{2}\right] = -\left[-\frac{1}{2} + \left(-\frac{1}{2}\right)\right] = 1\text{bit} \end{aligned}$$

【例 1-8】我们由甲地告诉乙地关于甲地的现状，如甲地共有 8 种状态，每种状态发生的概率是相等的，即 1/8。

（1）如果甲告诉乙，甲处于第 i 个状态，则总的不确定性信息量为多少？

（2）如甲地某状态的概率为 1，其余状态全为 0，此时的总信息量为多少？

（3）如果甲地有 4 种状态的概率全为 0，其余 4 种状态的概率各为 1/4，则总信息量为多少？

解：（1）如果甲告诉乙，甲处于第 i 个状态，则总的不确定性信息量为：

$$\begin{aligned} H(x) &= -\sum_{i=1}^{8} P(x_i)\cdot\log_2 P(x_i) \\ &= -\left[\frac{1}{8}\cdot(-3) + \frac{1}{8}\cdot(-3) + \frac{1}{8}\cdot(-3) + \frac{1}{8}\cdot(-3) + \frac{1}{8}\cdot(-3) + \frac{1}{8}\cdot(-3) + \frac{1}{8}\cdot(-3) + \frac{1}{8}\cdot(-3)\right] \\ &= \frac{1}{8}\cdot(3+3+3+3+3+3+3+3) = 3\text{bit} \end{aligned}$$

信息量为 3 比特，即 3 位二进制数，这正好是要传的 8 个状态的二进制位数。即只要在信道上传送 3 位二进制那么多的信息量就可以告诉乙甲地处于什么状态了。如传 101，即知甲处于第 5 种状态。

（2）如甲地某状态的概率为 1，其余状态全为 0，此时的总信息量为：

$$H(x) = -\sum_{i=1}^{8} P(x_i)\cdot\log_2 P(x_i) = -[0+0+\ldots+1\cdot\log_2\cdot(1)+0+\ldots+0] = 0\text{bit}$$

此时，乙已经知道甲处发生什么了，不需要我们告诉乙什么，所以信息量为 0。

（3）如果甲地有 4 种状态的概率全为 0，其余 4 种状态的概率各为 1/4，则总信息量为：

$$H(x) = -\sum_{i=1}^{8} P(x_i)\log_2 P(x_i) = -[0+0+0+0+\left(\frac{1}{4}\log_2\frac{1}{4}\right)\times 4 = 2\text{bit}$$

此时，信息量为 2 比特，也就是说只用 2 位二进制即可告诉乙甲处于何种状态。

【例 1-9】投掷骰子，骰子有 6 面，每面出现的概率相等，则掷骰子的结果提供了多少比特的信息量？

解：

$$H(x)=-\sum_{i=1}^{6}P_i\times\log_2 P_i=-(P_1\times\log_2 P_1+P_2\times\log_2 P_2+...+P_6\times\log_2 P6)$$

$$=-\left(\frac{1}{6}+\frac{1}{6}+...+\frac{1}{6}\right)\times\log_2\frac{1}{6}=\log_2 6=2.58\text{bit}$$

【例 1-10】某商品市场价格波动频繁，下面是两种商品的涨落情况，试计算商品 A 的销售商与商品 B 的销售商从各自商品价格消息中获得的平均信息量。

商品 A 价格涨落的概率为：大涨（涨幅 20%以上）为 0.125；小涨（涨幅 5%～20%）为 0.25；持平（涨落±5%以内）为 0.25；小落（落价 5%～20%）为 0.25；大落（落价 20%以上）为 0.125。商品 B 价格涨落的概率为：涨为 0.25；持平为 0.5；落为 0.25。

解：（1）商品 A 价格消息的平均信息量为：

$$H(x)=-\sum_{i=1}^{5}P_i\times\log_2 P_i=-(P_1\times\log_2 P_1+P_2\times\log_2 P_2+...+P_5\times\log_2 P_5)$$

$$=-\left(\frac{1}{8}\log_2\frac{1}{8}+\frac{1}{4}\log_2\frac{1}{4}+\frac{1}{4}\log_2\frac{1}{4}+\frac{1}{4}\log_2\frac{1}{4}+\frac{1}{8}\log_2\frac{1}{8}\right)$$

$$=0.375\times 2+0.5\times 3=2.25\text{bit}$$

（2）商品 B 价格消息的平均信息量为：

$$H(x)=-\sum_{i=1}^{3}P_i\times\log_2 P_i=-(P_1\times\log_2 P_1+P_2\times\log_2 P_2+P_3\times\log_2 P_3)$$

$$=-\left(\frac{1}{4}\log_2\frac{1}{4}+\frac{1}{2}\log_2\frac{1}{2}+\frac{1}{4}\log_2\frac{1}{4}\right)=0.5\times 2+0.5=1.5\text{bit}$$

1.2 系统概述

1.2.1 系统的定义与分类

系统（system）的概念人们早已熟知，该词频繁地出现在人们的社会生活和工作中，但不同的人在不同的场合给它赋予不同的含义。如人的生理系统、神经系统、计算机系统、社会系统、教育系统、计算机应用系统等。

所谓系统，是由相互联系和相互制约的一些部件组成的，为达到某种目的，具有特定功能的有机整体。关于系统可以从以下 3 个方面来理解：

（1）系统是由一些部件组成的。这些部件可能是个体、元素等，也可能本身就是一个系统（或称子系统）。如 CPU、输入设备、输出设备、存储器等构成计算机硬件系统，而硬件系统又是计算机系统的一个子系统。

（2）系统的构成有一定的结构。系统内的部件相互联系、相互制约，构成一个有机的整体。例如，计算机硬件系统的组成是有结构的，各部件按照一定的体系结构装配而成，其工作原理遵循冯·诺依曼“存储程序”的思想。又如钟表是由齿轮、发条、指针等零部件按一定的方式装配而成的，但一堆齿轮、发条、指针随意放在一起却不能构成钟表；人体由各个器官组成，各器官简单拼凑在一起不能成为一个有行为能力的人。

（3）系统是有目的的，具有一定的功能。无论什么样的系统，都表现出本身的性质、能力和功效，例如信息系统的功能是进行信息的收集、传递、存储、加工、维护和使用，辅助决策者进行决策，帮助企业实现目标。

与此同时，我们还要从以下几个方面对系统进行理解：系统由部件组成，部件处于运动之中；部件间存在着联系；系统各部件和的贡献大于各部件贡献的和，即常说的 1+1>2；系统的状态是可以转换、可以控制的。

系统在实际应用中总是以特定系统出现，如计算机硬件系统、信息系统、生物系统、教育系统等，其前面的修饰词描述了研究对象的物质特点，即“物性”，而“系统”一词则表征所述对象的整体性。对某一具体对象的研究，既离不开对其物性的描述，也离不开对其整体性的描述。如前面讲到的“计算机硬件系统”“信息系统”“教育系统”等，其中“计算机硬件”“信息”“教育”等描述了研究对象的“物性”，而“系统”则表征所述对象的整体特征，即“系统性”。因此，对某一具体对象的研究，既离不开对其物性的讨论，也离不开对其系统性的阐述。

1.2.2　系统的分类

从不同的角度出发，系统分类有不同的方法。

1. 按系统的复杂性分类

从系统的综合复杂程度方面考虑，我们可以把系统分为三类九等，即物理类、生物类和人类社会及宇宙系统三类。物理类分为框架、钟表和控制机械三等；生物类分为细胞、植物和动物三等；人类社会及宇宙类分为人类、社会和宇宙三等，如图 1-10 所示。

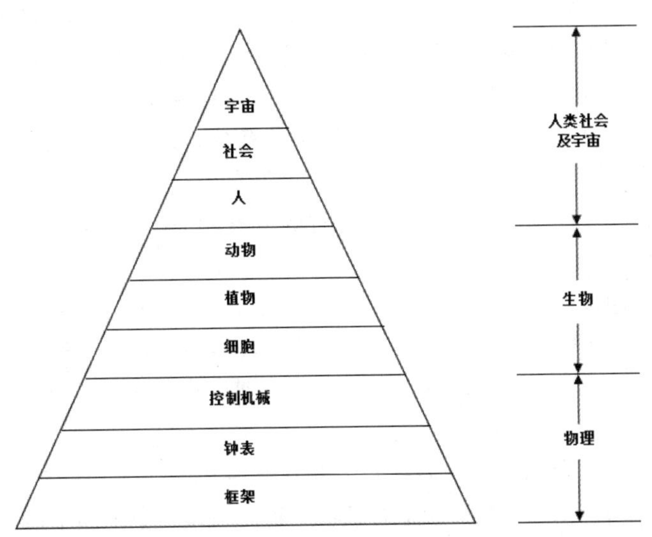

图 1-10　按系统的复杂程度分类

由图可以看出，系统的复杂性由下向上不断变化。

（1）框架是最简单的系统。如桥梁、房子，其目的是交通和居住，其部件是桥墩、桥梁、墙、窗户等，这些部件有机地结合起来提供服务。它是静态系统，虽然从微观上说它也在动。

（2）时钟是按预定的规律变化，什么时候到达什么位置是完全确定的，虽动犹静。

（3）控制机械能自动调整，如把温度控制在某个上下限内或者控制物体沿着某种轨道运行。当因为偶然的干扰使运动偏离预定要求时，系统能自动调节回去。

（4）细胞系统有新陈代谢的能力，能自我繁殖，有生命，是比物理系统更高级的系统。

（5）植物系统是细胞群体组成的系统，它显示了单个细胞所没有的作用，是比细胞复杂的系统，但其复杂性比不上动物。

（6）动物系统，动物的特征是可动性。它有寻找食物、寻找目标的能力，它对外界是敏感的，也有学习的能力。

（7）人类系统，人有较大的存储信息的能力，人说明目标和使用语言的能力均超过动物，人还能懂得知识和善于学习。人类系统还指以人作为群体的系统。

（8）社会系统，是人类政治、经济活动等上层建筑的系统。组织是社会系统的形式。

（9）宇宙系统，它不仅包含地球以外的天体，而且包括一切我们所不知道的任何其他东西。

这里前三个是物理系统，中间三个是生物系统，最高层三个是最复杂的系统。管理系统处于什么位置呢？我们说，管理系统是社会系统，它是属于第八等的系统，是很高级的系统。

2. 按系统的抽象程度分类

按照系统的抽象程度分类，可把系统分为三类，即概念系统、逻辑系统和实在系统。

（1）概念系统是最抽象的系统，它是人们根据系统的目标和以往的知识初步构思出的系统雏形，它在各方面均不很完善，有许多地方很含糊，也有可能不能实现，但是它表述了系统的主要特征，描绘了系统的大致轮廓，它从根本上决定了以后系统的成败。

（2）逻辑系统是在概念系统的基础上构造出的原理上可以行得通的系统，它考虑到总体的合理性、结构的合理性和实现的可能性。它确信，现在的设备一定能实现该系统所规定的要求，但它没有给出实现的具体元件。所以逻辑系统是摆脱了具体实现细节的合理的系统。

（3）实在系统也可以叫物理系统，它是完全确定的系统，如果是计算机系统，那么机器是什么型号、用多少终端、放在什么位置等应当完全确定。这时系统已经完全能实现，所以叫实在系统。

系统的这种分类，帮助我们在构造系统的时候从概念上由浅入深、条理清楚、步骤扼要。

3. 按系统的功能分类

按照系统功能，即按照系统服务内容的性质分类，可把系统分为社会系统、经济系统、军事系统、企业管理系统等。不同的系统为不同的领域服务，有不同的特点。系统工作的好坏主要看这些功能完成得好坏，因此这样的分法是最重要的分法。

4. 按系统和外界的关系分类

按系统和外界的关系分类，可以分为封闭系统和开放系统。封闭系统是指我们可以把系统和外界分开，外界不影响系统主要现象的复现，如我们在超净车间中研究制造集成电路。开放系统是指不可能和外界分开的系统，如商店，若不让货进，不让顾客来买东西就不称其为商店。或者是可以分开，但分开以后系统的重要性质将会变化。封闭系统和开放系统有时也可能互相转化。我们说企业是个开放系统，但如果我们把全国甚至全球都当成系统以后，那么总的系统就转化为封闭系统。

5. 按系统内部结构分类

按系统内部结构分类，可把系统分为开环系统和闭环系统。开环系统与闭环系统的主要区别在反馈上。所谓反馈是把系统输入内容作用于受控对象后，把产生的输出再返回输入端，经过处理影响受控结果的过程。如图 1-11 所示，（a）为开环系统，开环系统无反馈；（b）为闭环系统，闭环系统有反馈。

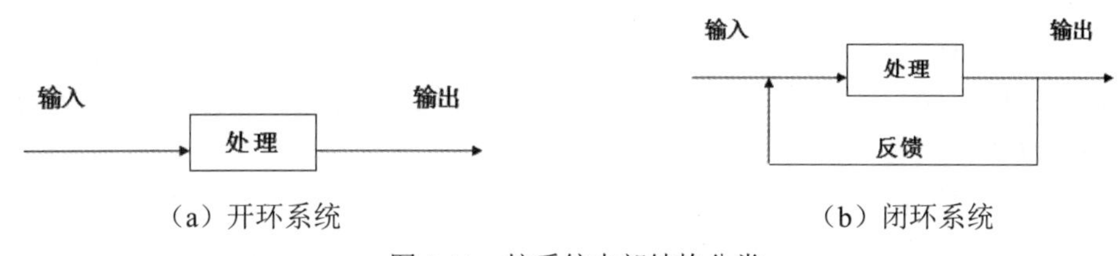

（a）开环系统　　（b）闭环系统

图 1-11　按系统内部结构分类

1.2.3　系统的特性

了解系统的特性，对于人们运用系统观点（System View Point）掌握系统方法（System Approach）、学会系统思维（System Thinking）是有帮助的。

1. 系统的整体性

一个系统由多个要素组成，所有要素的集合构成了一个有机的整体。在这个整体中，各个要素不但有着自己的目标，而且为实现整体的目标充当着必要的角色，缺一不可。

整体性是系统最重要的特性。各个要素一旦组成系统整体，就表现出独立要素所不具备的性质和功能，形成系统的新功能，从而体现 1+1>2 的系统思想。实际上，整体可以大于、等于或小于其部分之和。俗话说：“三个臭皮匠顶一个诸葛亮”，就是整体大于部分之和的例子。当下提倡团队精神、群体意识也是这个道理。而“一个和尚挑水吃，两个和尚抬水吃，三个和尚没水吃”就是整体小于部分之和的例子，三个人共同构成一个系统，每个人都是其组成要素之一，但如果三人之间的协作关系处理得不好，反而办不好事情。

系统中的各要素是一个统一的整体，任何一个要素发生变化或出现故障，都会影响其他要素或整体的功能发挥。比如著名的管理定律“木桶定律”，一个木桶能盛多少水取决于最短的那一块木板的长度。可以从系统的整体性上得到解释。还有，“一着不慎，满盘皆输”，说明的也是在一个系统中，局部对整体的制约，部分的变化会影响整体的变化，甚至还会对全局产生决定性的影响。又比如，2007 年 8 月 17 日无锡市区，一辆汽车由于刹车片零件质量有问题，使刹车迟缓而造成重大车祸。消防员赶到时，车上 4 个人已经直接被火化了。

整体性原则要求我们在解决问题的过程中首先着眼于系统整体，再考虑部分；先顾全局，后看局部；先顾全过程，再看某一阶段；先顾长远，再看当前。从整体上看问题，把各部分有机结合起来，采用分析、归纳、综合相结合的系统方法，克服“只见树木，不见森林”的片面做法，从而形成系统性的思维模式。我们常说“丢卒保车”，说的是为了整体的利益，要敢于舍弃局部利益，这就是系统性思维的体现。

2. 系统的相关性

一个系统中各要素间存在着密切的联系，这种联系决定了整个系统的机制。这种联系在一定时间内处于相对稳定的状态，但随着系统目标的改变以及环境的发展，系统也会发生相应的变更。相关性与整体性是密不可分的。各个子系统只有存在相关性，才可能有机地组合，构成系统。例如，建筑物中梁与柱的关系；钢材中碳含量的高低与钢材的强度、硬度、韧性的关系。教育系统中，教与学是相关的，没有教师或没有学生都不成其为系统，除此之外，还应该有教室、教材、班主任、后勤人员等。

如果各部分完全不相干，不存在任何联系，就没有必要构成系统。实际上，各子系统也是相对独立的，均完成自身的功能，只有这些子系统相互配合，或者前后衔接，或者主从搭配，才能共同实现系统的目标。

认识系统的相关性，有利于对系统进行分解，也有利于把各子系统协调起来构成系统。

3. 系统的层次性

一个系统必然地被包含在一个更大的系统内，这个更大的系统常被称为“环境”，一个系统内部的要素本身也可能是一个个很小的系统，这些小系统常被称为这个系统的“子系统（subsystem)”，由此形成了系统的层次性。一个系统可以分成若干子系统，一个子系统又可以分解成更细一级的子系统。每个子系统都有其自身的目标、边界、输入、输出、内部结构及各种流。层次的划分可按系统的作用、功能、信息流或者控制流来进行。实际上，上层是总体，越低层越具体化。比如，经济系统的层次性，根据组织水平的不同可以把它划分为家庭经济系统、企业经济系统、区域经济系统、国家经济系统、全球经济系统 5 个层次，全球经济系统是经济系统的最大一级组合。

【例 1-11】生命系统的 8 个层次，即：细胞→组织→器官→系统→个体→种群和群落→生态系统→生物圈。

（1）细胞。细胞是生物体的基本结构和功能单位。

（2）组织。由形态相似、结构和功能相同的一群细胞联合在一起构成。

（3）器官。不同的组织按照一定的次序结合在一起。

（4）系统。能够共同完成一种或几种生理功能的多个器官按照一定的次序组合在一起。

（5）个体。由不同的器官或系统协调配合共同完成复杂的生命活动的生物，例如一个人、一匹马。

（6）种群。在一定的自然区域内，同种生物的所有个体是一个种群，例如同一鱼塘内的鲤鱼或同一树林内的杨树。

（7）群落。在一定的自然区域内，所有的种群组成一个群落，例如一片树林中的全部猕猴是一个种群，一片草地上的所有蒲公英也是一个种群。

（8）生态系统。在一定的自然区域内，生物群落与无机环境相互形成的统一整体，例如森林生态系统、草原生态系统、海洋生态系统、淡水生态系统（分为湖泊生态系统、池塘生态系统、河流生态系统等）。

（9）生物圈。由地球上所有的生物和这些生物生活的无机环境共同组成。

按系统层次性去认识客观事物给我们提供了一种自顶向下、逐步求精的方法。这就是说，在研究某个系统时，应集中精力注意其层次结构，考虑本质的内部关系，暂时不考虑下一层的细节，当这一层的问题弄清楚之后，再根据需要深入到下一层次的某些细节中去。一般来说，高一层结构对低一层结构有更大的制约性，低一层结构是高一层结构的基础，反作用于高一层结构。

4. 系统的目的性

任何一个系统的发生和发展都具有很强的目的性。这种目的性在某些系统中又体现出多重性。目的是一个系统的主导，它决定着系统要素的组成和结构。

任何系统都是为了某些目标才有机地组合起来的。系统的目的性是系统发展变化时表现出来的特点，它具有实践上的指导意义。一个系统的状态不仅可以用其现实状态来表示，还可以用发展终态来表示，或者用现实状态与发展终态的差距来表示。因此，人们不仅可以从原因来研究结果，以一定的原因来实现一定的结果，而且可以从结果来研究原因，按照设定的目的来要求一定的原因。例如，人们将发条、游丝、齿轮、表壳等零件组装成钟表，其目的是满足人们对计时功能的需要。经营管理系统通过优化和配置企业的人力资源和物力资源而形成，其目的是实现企业利润的最大化、成本和能源使用的最小化。

对于人工系统，建立者为了达到某种目的，把所需的各种资源（如人、财、物、设备）按一定的结构组织起来，形成自己所要的系统。本书谈的管理信息系统，则是按照信息系统规定的目标去分析、设计，系统的目标将是整个开发工作的出发点。

5. 系统的动态性

系统的动态性是指系统按照一定规律发展变化，从一种状态变为另一种状态。这是一种变化过程，是发展的观点，具有与时俱进的特点。任何系统都要受到环境的影响，特别是人工系统，由于社会的进步、管理方式的改变、技术的发展，要求会越来越高，为了适应这些变化，系统就要更新。比如，“太阳每天都是新的”，这说明任何事物都是不断变化的。任何系统都是一个动态的系统，处在运动变化和发展之中。要理解系统的动态性的观点，还需要把握如下要点：

（1）由于系统的动态性，因此系统需要维护。比如，任何一个机械传动系统的零件之间都会有磨损，为了保持系统的性能，必须定期给零件添加润滑剂或更换零件。

（2）由于系统的动态性，因此系统需要监测。比如，在防空作战系统中，敌机起飞时刻、飞机航线均不可知，为应对这种情况，防空系统应能随时、机动灵活地监测敌机路线的变化，才能保证系统的安全。

【例 1-12】电风扇系统的动态性。把电风扇看成一个系统，一方面，这个系统随时与所处的环境存在物质与交换，电风扇的微观结构、组织结构发生变化，如塑料构件的老化、铁质构件的老化，都是动态性的表现。因此，我们在平时应注意电风扇的保养与维护，不使用时应保管在防尘、防潮、防晒的地方，以降低器件的老化速度。另一方面，系统是有一定功能的，存在一定的输入与输出，电流输入会产生风、热量，在这个过程中，零件之间由于相对运动而产生磨损，与原先的系统略有变化，这也是动态性。因此，使用过程中，要注意监测，启动前要检查是否有损坏或老化的器件，一旦发现要及时更换；看看螺钉接口有没有松动，启动后听听电风扇的声音是否正常等，以确保使用的安全。

运用系统动态的观点，有助于我们不仅看到系统的现状，还看到系统的发展变化，从而预测系统的未来，掌握系统发展的规律。

6. 系统的环境适应性

系统的环境适应性，主要是指系统保持和恢复原有特性的能力，泛指一个系统在环境中生存的能力。有些系统环境适应能力强，有些系统环境适应能力差。

还以电风扇为例，如果制造商使用劣质塑料、劣质钢材，那么这类电风扇保持原有特性的能力就差。根据上述特点，我们在生产生活中就有了针对性，针对电风扇质量差的问题就有了各种各样的管理对策，如原材料采购的质量把关、供应商的选择与管理等。又比如铁质护栏，相对而言，它是稳定的，能够保持原有的特性，在一定的时间内能起到应有的作用，这是它的适应性。但由于铁质护栏长期与空气中的氧、雨水接触，产生微观化学变化，这是动态性，随时间而变。根据这种现象，人们产生一种行为，给铁质护栏上漆。所以说，人的行为，不是系统的特性，而是在系统思想指导下的行为。

再比如，“春捂秋冻”是一句卫生谚语，这是人们维护身体健康的经验，有一定的科学道理。“春捂”就是说春季，气温刚转暖，不要过早脱掉棉衣。“秋冻”就是说秋季气温稍凉爽，不要过早过多地增加衣服。人自身就是一个系统，春天穿多一些是对冬天的一种适应和衔接，秋天穿少一点是对夏天的衔接和向冬天过渡的一种准备。两者都是为了使人的身体逐渐适应外界气温的变化而不至于生病。

7. 系统的稳定性

系统的稳定性是指在外界作用下的开放系统有一定的自我稳定能力，能够在一定范围内自我调节，从而保持和恢复原来的有序状态、结构和功能。系统稳定性是开放之中的稳定性、动态中的稳定性，稳定并不等于静止，它是相对的，不是绝对的，是与系统整体性、目的性相互联系的。有时系统整体上是稳定的，但可能存在局部的不稳定性，而局部的不稳定性可能成为系统发展的积极因素。

【例 1-13】计算机操作系统的发展就是一个稳定、修改、升级、稳定、……不断完善的过程。它是一个人工系统，管理着计算机的软件资源和硬件资源，一个版本推出后，管理程序难免有考虑不周、处理不当之处，以至于出现系统漏洞而不断受到来自黑客的攻击，系统开发人员不断地添加补丁程序加以完善与维护，这样“缝缝补补”一定时期后将不再维护这一版本而升级为更高更完善的新版本。操作系统的最初版本是磁盘操作系统 DOS1.0，用户通过键盘输入命令使用计算机，稳定使用一段时间后，随着信息技术的进步和发展，操作系统升级到 DOS2.0 版本，DOS2.0 的系统性能比 DOS1.0 的性能有很大的提高，随后计算机操作系统改用视窗操作系统，如 Windows 3.0 版本，用户通过鼠标单击或双击窗口中的图标便可方便地使用计算机，使计算机的使用、操作变得简单，为计算机走进千家万户奠定了基础，之后新版操作系统不断问世，Windows 95、Windows 98、Windows 2000、Windows XP、Windows 7、Windows 8 等。操作系统不断在稳定、局部修改维持、升级、再稳定、再局部修改维持、再升级中前进。

再如，教育系统中的专业设置、课程设置、教学大纲等都是相对稳定的。

总之，稳定是发展中的稳定，稳定是发展的基础，发展是稳定的前提。

1.3 信息系统概述

信息系统是一门实践性很强的应用科学，经过几十年的不断探索和实践，已经形成了自己独具特色的理论体系和技术体系，其应用深入到社会生活的各个方面。研究信息系统的主要任务就是研究信息处理过程的内在规律以及基于计算机、通信和控制等现代化手段的形式化表达和处理规律。

1.3.1 信息系统的概念

信息系统是一个由人、计算机硬件、软件和数据资源组成的系统，目的是及时、正确地收集、加工、存储、传输和提供决策所需的信息，实现组织中各项活动的管理、调节和控制。信息系统包括信息处理系统和信息传输系统两个方面。

信息处理系统将原始数据进行处理，获得信息。如将某个专业班级的所有学生某门课的成绩输入到计算机内通过计算得到平均成绩就是一种信息处理。计算机系统本身也是一种信息处理系统，人们通过输入设备输入原始数据，经过系统处理，再通过输出设备输出人们所需形式的新的数据。

信息传输系统则不改变信息本身的内容，只是把信息从一处传到另一处。例如电话电报系统、传输信息的 Internet 都是信息传输系统。由于信息的作用只有在广泛的交流中才能充分发挥出来，因此通信技术的进步极大地促进了信息系统的发展。广义的信息系统概念已经延伸到与通信系统相等同。

要正确理解信息系统的概念还需把握以下两点：

（1）信息系统必须建立在管理系统之中。信息系统是一套有组织的程序，它为了便于人们决策，制定所需的信息。管理决策观的代表人物西蒙说："管理就是决策"，决策的基础是信息，而准确、及时、高效的信息来自于信息系统，所以，信息系统必须建立在管理系统之中，为管理工作服务。各种基本的管理功能，例如人事、会计、财务、营销等都是信息系统建立的基础。因此，我们常说的信息系统就是指管理信息系统，没有必要再加以区别。我们所说的企业信息系统，说的就是企业管理信息系统。它从本身以及外围环境中收集有关的数据制成记录，加以存储、处理，并对处理后的数据加以解释，依据解释的结果做出决策，并采取各种必要的行动。同时，它向企业以外有关的企业、政府机关、社会提供必要的信息。因此，信息系统存在于任何一个社会组织中，它渗透到组织中的每一部分，就像人体组织的神经系统分布在人体组织中的每一部分一样。

（2）信息系统是一个人机系统。人与机器之间的联合及交流是信息系统的重要一环。一个信息系统必须重视人和计算机的关系，这是信息系统设计的重要问题之一。计算机是一个可变化的系统，使用人也在使用系统后不断变化。机器使人的特性改变了，人使机器的特性适应人的要求。随着计算机技术的发展，人对计算机的要求也越来越多。

在信息系统中，计算机的特点在于：能保存大量的历史数据，并进行筛选、分析；能够仿真应用环境和真实的管理系统；产生各种方案的可行解，自动淘汰非优解。人的特点在于：能够根据经验和大量知识进行模糊推理，处理各种与人有关的问题。由此可见，在信息系统中，要充分考虑人的特点，努力保持人和机器的和谐，注意人和机器的合理分工，充分吸收人的经验和智慧，把计算机与人结合起来，充分发挥人和计算机各自的长处。

1.3.2　信息系统的类型

计算机在管理实践中的应用与计算机技术、通信技术和管理科学的发展紧密相关。虽然，信息系统和信息处理在人类文明开始就已存在，但直到电子计算机问世、信息技术的飞跃和突破以及现代社会对信息需求的增长，信息系统才迅速发展起来。第一台电子计算机创始于 1946 年，70 多年来，信息系统经历了由单机到网络，由低级到高级，由电子数据处理到管理信息系统，再到决策支持系统，由数据处理到智能处理的过程。根据发展过程可将管理信息系统划分为 4 种类型：电子数据处理系统、管理信息系统、决策支持系统、人工智能与专家系统。

1. 电子数据处理系统

电子数据处理系统（Electronic Data Processing System，EDPS）的特点是数据处理的计算机化，目的是提高数据处理的效率。从发展阶段来看，它可以分为单项数据处理和综合数据处理两个阶段。

（1）单项数据处理阶段（20 世纪 50 年代中期至 60 年代中期）。这一阶段是电子数据处理的初级阶段，主要是用计算机部分地代替手工劳动，进行一些简单的单项数据处理工作，如工资计算、产量统计等。

（2）综合数据处理阶段（20 世纪 60 年代中期至 70 年代初期）。这一时期的计算机技术有了很大发展，出现了大容量直接存取的外存储器。此外，一台计算机能够带动若干终端，可以对多个过程的有关业务数据进行综合处理。这时各类信息报告系统应运而生。

【例 1-14】旅行者保险公司花了近 3 年的时间和几百万美元开发了一套信息系统，主要负责为其拥有 24 亿美元资产的商业服务企业收集、计算和分送账单。该公司使用这个系统前，计算人员在汇总赔偿单账目时经常出错。会计主管根据各分散在文件和纸条上的信息来编译和计算发票，员工利用计算器来加减数据，员工在编译制作赔偿单等单据时常常被打断，因为他们不得不转去做其他的工作。有时一个账单要在文件夹中保留几个星期都不能完成。而这个新的事务处理系统（TPS）是完全自动化且标准化的账单处理系统，它消除了不一致性，减少了各种错误，并极大地缩短了账单处理周期。

2. 管理信息系统

20 世纪 70 年代初，随着数据库技术、网络技术和科学管理方法的发展，计算机在管理上的应用日益广泛，管理信息系统（Management Information System，MIS）逐渐成熟起来。

管理信息系统最大的特点是高度集中，能将组织中的数据和信息集中起来，进行快速处理，统一使用。有一个中心数据库和计算机网络系统是 MIS 的重要标志。MIS 的处理方式是在数据库和网络基础上的分布式处理。随着计算机网络和通信技术的发展，不仅能把组织内部的各级管理连接起来，而且能够克服地理界限，把分散在不同地区的计算机网络互联，形成跨地区的各种业务的管理信息系统。

管理信息系统的另一个特点是利用定量化的科学管理方法，通过预测、计划优化、管理、调节和控制等手段来支持决策。

【例 1-15】CSX 运输公司是一家拥有 90 亿美元资产的运输公司，它管理着美国东部 18000 多英里（1 英里=1609.344m）铁路网的 1200 列火车。在建立管理信息系统以前，向管理者提供决策用的数据曾是一个非常繁杂的工作。现在，管理信息系统将各处的运行数据收集在一起，这样用户就可以查看有关客户货运船只、火车、货车和其他资源的统计信息，而且数据非常详细，管理人员能确切地知道每个运输设备上还剩多少油，在加油之前还能跑多远的距离。不同的部门利用管理信息系统进行运输路线安排，向大客户（如通用汽车公司等）运送原料和适时发货，保证煤的运输总是精确地按时间表进行。销售部门和市场部门利用管理信息系统回答客户有关船位和到达时间的问题。事务处理系统不断地获取信息并将这些数据送给管理信息系统。例如，在路基上安装了近 200 个浏览设备，可以读取每辆火车的自动设备标识符（电子标签），以跟踪火车的行程，还利用嵌入在 8000 英里的铁轨上的中央交通控制系统来追踪火车的行踪。

3. 决策支持系统

20 世纪 70 年代，国际上展开了 MIS 为什么失败的讨论。人们认为，早期 MIS 的失败并非由于系统不能提供信息。实际上 MIS 能够提供大量报告，但经理很少去看，大部分被丢进废纸堆，原因是这些信息并非经理决策所需。当时，美国的 Michael S.Scott Matron 在《管理决策系统》一书中首次提出了“决策支持系统”的概念。决策支持系统（Decision Support System，DSS）不同于传统的管理信息系统。早期的 MIS 主要为管理者提供预定的报告，而 DSS 则是在人和计算机交互的过程中帮助决策者探索可能的方案，为管理者提供决策所需的信息。

由于支持决策是 MIS 的一项重要内容，DSS 无疑是 MIS 的重要组成部分；同时，DSS 以 MIS 管理的信息为基础，是 MIS 功能上的延伸。从这个意义上，可以认为 DSS 是 MIS 发展的新阶段，而 DSS 是把数据库处理与经济管理数学模型的优化计算结合起来，具有管理、辅助决策和预测功能的管理信息系统。

【例 1-16】在企业中，促销活动的盈利性是很难估计的。需要一种精确而又客观的过程来比较增加销售额的成本与促销活动的成本，以确定这次促销活动的盈利性。如果促销活动不成功，则促销活动所产生的收入肯定会少于所花费的费用和成本。一个称为 FYI 交易管理的决策支持系统已经由高露洁公司开发成功，这个决策支持系统可以使销售代表和销售经理发现对公司底线具有直接影响的促销趋势，该系统还可以用来预测销售额、计划生产和存货，以满足预测的产品需求。

4. 人工智能与专家系统

人工智能（Artificial Intelligence，AI）是研究、开发用于模拟、延伸和扩展人的智能的理论、方法、技术及应用系统的一门新的技术科学。人工智能是计算机科学的一个分支，它企图了解智能的实质，并生产出一种新的能以与人类智能相似的方式做出反应的智能机器，该领域的研究包括机器人、语言识别、图像识别、自然语言处理和专家系统等。

机器人学（Robotics）是人工智能的一个子领域，在这个领域内，由机器来负责完成复杂的、日常的或危险的工作，例如焊接汽车外壳、安装计算机系统和部件等。可视系统可以使机器人和其他设备具有“视力”，并能存储和处理可视图像。自然语言处理使计算机有能力理解语言并按语言或书面命令来执行相应的动作，这些语言可以是英文、西班牙文或其他自然语言。学习系统使计算机能从过去的错误或经历中学习知识，如玩游戏、做决策等。神经网络是人工智能的另一个分支，可以用计算机来识别和做出不同的模式或趋势。一些成功的股票、期权或期货交易员，利用神经网络来分析趋势，使投资收益性更高。专家系统使计算机能够像某个领域的专家一样提供建议，专家系统的特有价值是它们可以让组织获取和利用专家和专门人员的智慧。因此，某人多年的经验和技能不会由于这个人死亡、退休或转向其他工作而丢失。专家系统可以应用于几乎所有的领域或学科。专家系统已经应用于监控复杂的系统（如核反应堆）、确定可能的维修问题、设计和配置信息系统的组成、为新产品或新投资战略制作营销计划等不同的领域。

20 世纪 80 年代和 90 年代，人工智能和专家系统已得到充分的应用。目前，越来越多的组织开始使用这些系统来解决复杂的问题，并给予困难的决策以支持。

【例 1-17】菌血症或脑膜炎是致命的传染病，有时 24 小时内就能致命。因此，医生经常在没有完全的实验结果的情况下就必须对病人进行治疗。对这些疾病的治疗和诊断非常复杂，以至于许多临床医生常常要寻求专家的帮助。被称为 Mycin 的专家系统是 20 世纪 80 年代初期由斯坦福大学开发成功的，开发该系统的目的是向那些需要向专家咨询的医生提供咨询，帮助病人确定是否患有这两种病。Mycin 所提供的建议就像斯坦福医学中心的专家提供的建议一样有效。

1.3.3 信息系统的新发展

20 世纪 90 年代以来，出现了不少信息系统发展的新概念，如经理信息系统、战略信息系统、计算机集成制造系统、企业资源计划系统、电子商务系统等，下面进行简单介绍。

1. 经理信息系统

经理信息系统（Executive Information Systems，EIS）是专供高层决策者使用的系统，是综合了信息报告系统和决策支持系统的许多特征而形成的一种信息系统，其特点是：①数据调用方便，只要按少量键，便可控制整个系统的运行；②大量使用图表形式来显示整个企业或直到基层的运营情况，并对存在的问题和异常情况及时报警。

2. 战略信息系统

战略信息系统（Strategic Information System，SIS）是一种把信息技术作为实现企业战略目标的竞争武器和主要手段的信息系统。例如，早期美国的 Merrill Lynch 公司运用相当复杂的信息技术，把贷款、信用卡和支票付款、证券投资三项金融服务综合成一体，称为“现金管理账户”（CMA）。它突破了银行和证券经营部门的界限，使储户数量大增。

3. 计算机集成制造系统

计算机集成制造系统（Computer Integrated Manufacturing System，CIMS）是将互相独立发展起来的计算机辅助设计系统（CAD）、计算机辅助制造系统（CAM）与管理信息系统（MIS）综合为一个有机整体，从而达到设计、制造和管理过程自动化的系统。

4. 企业资源计划系统

企业资源计划（Enterprise Resource P1an，ERP）系统是在 MRPⅡ（制造资源计划）的基础上发展起来的一类企业级全局信息系统，同时也代表着一种重要的企业管理思想。其基本理念是把企业的业务流程看作是一个紧密连接的供应链，并将企业内部、外部过程划分成几个相互协同作业的支持子系统，从而有效地进行管理，在管理范围和深度上为企业提供了更丰富的功能和工具。

5. 电子商务系统

电子商务（E-Commerce/E-Business）系统。在英文与中文中电子商务一词对应的有两个概念，分别是 E-Commerce 和 E-Business。其中，E-Commerce 是指狭义的电子商务，即通过以互联网（Internet）为主的计算机互联网络系统所进行的商品与服务的所有权或使用权的转移；E-Business 则是指广义的电子商务（或称电子业务），即企业、非营利组织、政府部门等通过计算机系统或计算机网络所进行的管理决策活动，支持上述活动的系统则被称为电子商务系统。

信息系统发展的一个重要趋势是网络化。网络化是管理系统发展要求实现信息的有机集成的结果，也是计算机和通信技术发展的结果。1993 年 WWW（万维网）在 Internet 上的出现为信息系统的网络化创造了前所未有的条件。近年来，管理信息系统依托互联网正从企业内部向外部发展，随之出现了电子商务、电子健康、电子政务、供应链管理信息系统、虚拟企业等许多新的概念。

1.4 信息系统与组织

信息系统已经成为不可分割的、在线的、互动的工具，深深融入到大型组织每分钟的运行和决策过程中。经过二十多年的发展，信息系统从根本上改变了组织的经济特性，并大大地增加了优化组织运作的可能性。从经济学和社会学的角度有助于我们理解信息系统给组织所带来的变化。

1.4.1 信息系统对组织经济的影响

从经济学的视角来看，信息技术既改变了资本的相对成本，又改变了信息的成本。信息系统技术已经被看作是一个生产要素，可以替代传统的资本和劳动力。随着信息技术成本的降低，信息技术被用来替代成本一直在上升的劳动力。因此，信息技术对劳动力的替代会造成中层管理者和文职工作者的减少。

1. 帮助企业扩大交易量、降低交易成本

随着信息技术成本的降低，它还替代了其他形式的资源，比如电子文档替代了纸质文档，电子图书馆替代了图书馆大楼，无线手机替代了固定电话、电脑和电视等。所以，随着时间的推移，我们可以期待管理者们会增加对信息技术的投资，因为信息技术的成本相对于其他资源的成本而言，仍在不断下降中。

交易成本是指企业在市场上购买自己不能生产制造的产品时所产生的成本。根据交易成本理论（Transaction Cost Theory），公司和个人总是在寻求降低交易成本的方法，就如同他们在不断寻求降低生产成本那样。由于供应商搜寻、供应商沟通、合同进展状况监控、保险、获得产品信息等成本的存在，利用市场是昂贵的（Coase，1937；Williamson，1985）。为了降低成本，企业传统的做法是通过垂直整合、扩大规模、雇用更多员工、建立自己的供应商和分销商等方式来降低交易成本。

信息技术特别是网络的使用，可以帮助企业以更低的交易成本参与到市场活动中，当利用外部资源比使用内部资源更划算时，外包产品或服务给外部竞争市场，这比自己雇人更便宜。这样，企业不用再自己制造产品或提供服务了，企业可以缩小规模（员工人数），公司收入增加。

【例 1-18】1994 年，伊士曼（Eastman）化工公司从柯达（Kodak）公司分出来时收入为 33 亿美元，全职员工为 24000 人。伊士曼分离出来后，积极推动计算机网络系统，到 2011 年时收入达到 72 亿美元，而员工只有 10000 人。又如，克莱斯勒（Chrysler）汽车公司通过计算机信息系统与外部供应商连接，从外部供应商处购买了 70%以上的零部件，使公司获得了经济效益。

2. 帮助企业降低内部管理成本

根据代理理论（Agency Theory），公司可以被看成是从自身利益出发的个人间的“契约集合”，而不是一个统一的、利益最大化的实体（Jensen and Meckling，1976）。委托人（所有者）雇用“代理”（员工）代替自己去执行工作。无论如何，代理人需要经常地被监督和管理，否则他们将会倾向于追求他们自己的利益，而不是所有者的利益。当一家企业的规模和经营范围都逐渐增大时，代理成本或者协调成本也会随之上升，因为所有者需要花费越来越多的精力来监督和管理员工。

信息技术可以让组织减少获取和分析信息的成本，从而降低组织的代理成本，因为它能使管理者更容易监管更多数量的员工。信息技术可以让企业减少中层管理人员和文书人员，从而使公司减少总的管理成本、增加收入。信息技术能够扩大小型组织的权力和范围，帮助组织用非常少的员工和管理者来完成类似处理订单或者跟踪库存的协调性工作。

因为信息技术为企业减少了代理成本及交易成本，随着企业在信息技术上的投资越来越多，我们可以预期企业的规模将越来越小，企业的管理者将会越来越少，而每个员工的平均收益则会越来越高。

1.4.2 信息系统对组织行为的影响

复杂组织的社会学理论也提供了一些解释，下面让我们了解一下信息技术的应用为什么会引起组织变革，以及是怎样引起这些变革的。

1. 信息技术使组织层次扁平化

大的官僚组织的产生与发展通常早于计算机时代，这些组织往往效率不高、变化缓慢、与新组织相比缺乏竞争力，其中一些大型组织已经开始在降低组织规模、员工数量以及组织的层级。

组织行为学研究者认为，信息技术能够帮助公司扩大信息的传播范围，给低层员工授权，提高管理效率，从而使组织扁平化。信息技术促使组织下放决策权力，因为低层级的员工能够在没有监督的情况下获得决策所需要的信息(这种权力下放也可能是因为员工的受教育水平提高了，使他们有能力做出明智的决策)。现在，管理者能获得那么多及时准确的信息，使他们能更快地做出决策，这样就可以配置较少的管理人员。随着管理成本占收入百分比的降低，机构的管理效率也变得更高了。

这些变化意味着管理控制的幅度扩大了，这使高层管理者可以管理和控制更广范围内更多的员工。事实上，许多企业已经省掉了数以千计的中层管理者。

2. 信息技术催生任务型组织

后工业时代理论更多地基于历史学和社会学而不是经济学，这些理论同样支持信息技术会使组织扁平化的观点。在后工业社会中，权威更依赖于知识和能力，而不仅是正式的职位。因为专业工作者倾向于自己管理自己，当知识和信息在组织中广泛传播时，决策就变得分散了，这样任务型的组织诞生，即为了在短期内完成一项特定的任务（如设计一款新型汽车），将一群专家聚在一起，面对面或者通过网络进行合作。一旦任务完成，这些专家就会加入到其他任务团队中。全球咨询服务公司埃森哲（Accenture）就是一个例子，它的 246000 名员工中的大多数会从一个地方移动到另一个地方，在超过 120 个国家的客户项目所在地工作。

但谁来确保自我管理的组织不会走向错误的方向？谁来决定哪个人加入哪个团队工作，工作多长时间？当某人经常更换工作团队时，管理者如何考核他的工作绩效？人们如何知道他们的工作前景在哪里？这都要求有新的方式来评价、组织和沟通员工，并非所有公司都能使虚拟工作真正有效。人们通过互联网实现自己管理自己，为自己工作，一个人属于某个组织是临时的、虚拟的。

3. 信息系统帮助理解组织变革的阻力

信息系统不可避免地与组织政治绑在一起，因为它们能影响关键资源——信息的获取。

信息系统可以影响一个组织中谁为谁做什么，何时、何地以及如何做。许多新的信息系统要求改变员工和个人的工作规范，而这些改变可能会给那些被要求再培训，但这种额外的努力却得不到补偿的员工带来痛苦，这样引发员工对变革的抵触而形成阻力。若信息系统要求改变组织的结构、文化、业务流程和战略，一旦信息系统被应用并引发变革时，就会遇到更大的阻力。

有几种方式可以用来描述组织的阻力。对信息技术创新遇到的组织阻力的研究表明，组织信息技术变革的阻力通常主要来源于以下 4 个方面：信息技术创新的特性、组织结构、组织人员的文化、变革所影响的任务，如图 1-12 所示。

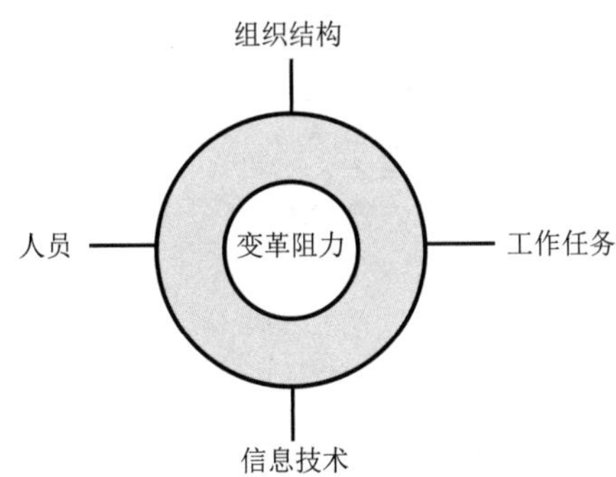

图 1-12　信息技术创新面临的组织压力

所以，信息技术创新能获得成功需要同时改变组织的任务安排、组织结构和人员，通过再解释，使人员能重新吸收、转化并能击败信息技术变革所带来的压力。在这个模型中，进行变革的唯一方法是同时改变技术、任务、结构和人员。其他的学者也谈到在引入变革前，需要“解冻”组织并快速实现，然后“再冻结”组织或将这些变革制度化。由于组织的阻力太强大，以致许多信息技术项目投资深陷困境并且没有带来生产力的提高。事实上，关于项目实施失败的研究表明，大项目没有达到预期目标，通常不是技术上的失败，而是组织政治对变革的阻力。

1.4.3　基于互联网的信息系统对组织的影响

互联网尤其是万维网，对许多公司与外部实体之间的关系有着重要的影响，甚至对公司内部的组织业务流程也有很大的影响。互联网增强了组织对于信息和知识的可获取性、存取性和传播性。从本质上讲，互联网能大大降低大多数组织的交易和代理成本。例如，在阿里巴巴的支付宝和其合作银行可以将内部运行规程手册通过互联网上传到公司的网站，送达给远距离的员工，这样就能省去上千万元的资料分发成本。京东商城通过网站，让遍布全球的销售队伍几乎可以实时接收更新的产品价格信息或者管理人员通过电子邮件发送的指令。某些大型零售商的供应商可以通过访问零售商的内部网站获取准确到每一分钟的销售信息，从而可以立刻制作补货订单。

基于互联网技术的应用，并将互联网技术作为企业信息技术基础设施的关键组成部分，企业可以很快地重建一些关键业务流程。与早期的网络技术相比较，今天的互联网技术带来的是业务流程更简单、员工数量更少、组织更扁平化。

1.4.4 信息系统对组织影响带来的启示

要真正发挥信息系统的价值，建设信息系统前必须对应用它的组织有清楚的了解。根据以往的经验，规划一个新的系统时，要考虑的主要组织因素有以下几点：

- 组织所处的环境。
- 组织的结构、结构层级、专业分工、日常工作和业务流程。
- 组织的文化和政治。
- 组织的类型和领导风格。
- 将被信息系统影响的主要利益群体，以及将要使用信息系统的员工的态度。
- 信息系统要支持的任务、决策和业务流程。

习题 1

一、填空题

1．文献信息是指那些记录在延时性物质载体如纸张、石碑、胶卷、磁盘、磁带（以时间为重点的载体）上的信息，主要分为________型文献、________型文献、________型文献和________型文献。

2．非文献信息是指通过自然语言或表情、手势等身体语言等即时性物质载体（以空间为重点的载体）表现的各种信息，主要分为________信息、________信息和________信息。

3．管理信息按照重要性程度可分为________信息、________信息和________信息等。

4．信息价值的时效周期，一般分为升值期、________、________和________4 个阶段。

5．1958 年，科学家贝尔纳首先提出了用“________”来表征文献信息的老化速度，表示已发表的文献情报中有一半已不再使用的时间。此概念被称为“________”。1960 年，巴尔顿和开普勒提出，文献半衰期是指某学科（专业）现实上在利用的全部文献中较新的一半是在多长一段时间内发表的。此概念被称为“________”。

6．信息的生命周期是指信息数据存在一个从产生、________、使用、________直至________的整个过程。

7. 在信息熵的计算公式 $I = \log m$ 中，对数 log 若取以 2 为底，则信息量的单位为________；若选择以 e 为底的自然对数，信息量的单位为________；若选择以 10 为底的对数，信息量的单位则为________。

8. 从系统的综合复杂程度方面考虑，可以把系统分为三类九等，即________类、________类和________三类。

9．按照系统的抽象程度分类，可把系统分为三类，即________系统、________系统和________系统。

10．按系统和外界的关系分类，可以分为________系统和________系统。

二、选择题

1．数据是（　）。

A．信息　B．经过解释成为信息
C．必须经过加工才可成为信息　D．不经过加工也可以称为信息

2．信息（　）。
A．不可能转换为物质　B．可能转换为物质
C．就是物质　D．是数据的抽象

3．把管理信息系统划分成生产、计划、财务、供销、劳资等子系统，是（　）。
A．按物理结构进行划分的　B．按整体结构进行划分的
C．按职能进行划分的　D．按层次结构进行划分的

4．开发企业战略信息系统的关键一步是（　）。
A．设计并实现能达到战略目标的信息技术
B．搜索并确定企业的战略机会
C．正确挑选并运用新的信息技术
D．将企业的信息系统与全国高速网络相连接

5．决策过程中设计活动阶段的任务是（　）。
A．根据已收集到的数据和信息设计决策程序
B．设计并确定实施的决策方案
C．设计出多个可供选择的决策方案
D．设计出多个可供选择的方案，进行分析比较，从中挑出最好的决策方案

6．决策支持系统是由（　）。
A．模型驱动的　B．数据驱动的
C．方法驱动的　D．人机对话驱动的

7．管理信息按管理层次从上到下可分为（　）。
A．一次信息、二次信息、三次信息　B．宏观信息、决策信息、微观信息
C．策略信息、战术信息、作业信息　D．战略信息、战术信息、作业信息

8．按照诺兰模型，信息系统发展的六个阶段是（　）。
A．可以跳过某些阶段的　B．不能超越的
C．可以前后置换的　D．仅可以去掉第二阶段

9．消息中包含信息量的大小，是由（　）。
A．消息中数据的多少来确定的　B．消息的多少来确定的
C．消除不确定程度来确定的　D．消息的可靠程度来确定的

10．关于客观事实的信息（　）。
A．必须全部得到才能做决策　B．有可能全部得到
C．不可能全部得到　D．是不分主次的

三、简答题

1．如何理解信息的普遍性和广泛性？
2．如何理解系统的概念？
3．如何正确理解信息系统的概念？
4．试述信息系统对组织带来了哪些方面的影响？

四、综合应用题

1．商品市场价格波动频繁，以下是两种商品价格的涨落情况：商品 A 价格涨落的概率为：大涨为 25%，小涨为 25%，持平为 12.5%，小落为 12.5%，大落为 25%；商品 B 价格涨落的概率为：上涨为 12.5%，持平为 62.5%，下落为 25%。

试计算商品 A 的销售商与商品 B 的销售商从各自商品价格消息中获得的平均信息量。

2．某甲到一个有 10000 人的大学去找某乙，这时，在某甲的头脑中，某乙所处的可能性空间是该高校的 10000 人。当门卫传达室告诉他："这个人是管理学院的，管理学院有 1000 人！"。

（1）若对数选择以 10 为底数，此时，某甲获得的信息量是多少哈特？

（2）当此人进一步到管理学院传达室询问，传达室告诉他"这个人是信管系的，信管系有 100 人！"，若对数选择以 10 为底数，此时，某甲获得的信息量是多少哈特？

第 2 章　管理信息系统概述

当代的信息系统是由于计算机的出现而产生的，在反复不断的探索中信息系统逐渐形成了自己的研究方向和发展分支，建立了自己独特的理论体系和结构框架。计算机的应用 70%在管理领域，20%在生产控制领域，10%在科学计算领域。因此，如果从如何建立一个系统的角度来研究系统开发的规律，管理信息系统应是我们的首选。本章将介绍管理信息系统的基本概念、作用、类型、结构和功能，以及管理信息系统对组织的影响，旨在使读者认识管理信息系统的重要性及其重要作用。

信息技术帮助星巴克找到竞争新方式

星巴克是世界上最大的咖啡饮品零售商，在 55 个国家拥有超过 1700 家门店。这些年来，星巴克在美国乃至国际上快速扩张，以惊人的速度开设特许经营店。仅从 2002 年到 2007 年，公司门店数量在全球范围内就增至三倍。星巴克提供独特的顾客体验：高端的专业咖啡和饮料、服务态度友好且知识丰富的服务员、贴近顾客的店面设计等，这些因素都是星巴克的成功秘方，也使星巴克的咖啡可以卖更高的价格。

在 2008 年开始的经济衰退期间，星巴克的利润下滑了。顾客抱怨公司失去了时髦的本地感觉，变得越来越像一个快速食品连锁店。很多喝咖啡的人转向更便宜的店，例如麦当劳、唐恩都乐（Dunkin'Donuts）。2008 年底，星巴克的股票市值跌幅超过 50%。因此，要想生存和发展，公司需要变革。

星巴克抓住这个机会彻底地审视了现有业务，同时启动了一系列不同的策略。首先，公司更新了店内技术，试图将业务流程与无线技术以及移动互联网平台集成在一起。其次，星巴克不愿意拷贝竞争对手的行为，而是选择了一条更激进的产品差异化战略，强调其饮料的高质量，以及高效的、有意义的客户服务。最后，星巴克专注于“精益”，跟他的很多竞争对手一样，减少了任何低效率的流程。

当星巴克尝试改进其顾客体验时，它发现超过 1/3 的顾客经常使用智能手机。公司实施了一系列的改进措施来吸引这部分的顾客群体。星巴克实施了一个技术，允许顾客用智能手机上的应用系统进行付款。这个应用与星巴克卡的系统是集成的，允许顾客在所有星巴克门店使用预付并可充值的卡付款。收银员扫描一下顾客手机上的条码，就可以使用这个应用系统从顾客的星巴克卡的账户中扣除相应的金额。顾客指出，大部分的智能手机应用系统都可以使用这个软件，比传统支付方式快很多。在最初 5 个月的使用过程中，星巴克移动支付系统处理了 4200 万次交易。

星巴克最忠诚的客户群体，大部分客户都定期使用店里提供的免费 Wi-Fi 无线网络，而且绝大部分客户使用移动设备接入网络。意识到这一点以后，星巴克推出了被称为“星巴克数字网络”的门户，为移动终端特别设计，与传统网页浏览器模式不同。该站点对主要的智能手机应用系统（IOS、安卓、黑莓）进行了优化，并针对具备多点触控功能的设备，例如 iPad，进行了设计。

“星巴克数字网络”站点是一个与雅虎共同合作开发的，功能类似于内容门户的网站。使用该站点的星巴克顾客可以获得免费的《华尔街杂志》、精选的免费 iTunes 下载，以及各种各样的大量内容。该站点也集成了 Foursquare，即一个基于位置的移动设备社会网络应用，这使用户可以在星巴克站点上签到并获得奖励积分。目前，在 Foursquare 上，星巴克是所有公司里签到最多的，这个功能在星巴克的顾客群里非常流行。

星巴克选择在站点上提供免费广告，但不通过广告收费，而是希望通过这个在与内容提供商的交易中获得回报。即使星巴克数字网络不是高收益型的，分析家认为这个站点也是星巴克改进与最有价值客户间的关系并利用移动互联网平台增加顾客满意度的有效手段。

除了改进移动用户服务的商业模式外，星巴克还花了很多努力使自己更有效率、减少浪费，并把节约下来的时间花在提供更好的顾客服务上。星巴克计划着手简化每个门店的业务流程，使咖啡师不需要弯腰去盛咖啡，减少等待咖啡流出的空闲时间，并想办法减少每个员工花在每一杯饮料上的时间。星巴克创建了一个由 10 人组成的“精益小组”，访问全国各地的特许经销商，将汽车制造商——丰田的生产系统创造的著名精益技术教给星巴克的员工们。

星巴克的门店劳动力成本将近 2.5 亿美元，占每年总收入的 24%。如果星巴克能成功减少每个员工花在每一杯饮料上的时间，公司就可以使用同样数量的员工或者更少的员工做出更多的饮料，或者星巴克能利用剩下来的时间让咖啡师们更多地投入到与顾客的互动中，从而改善星巴克的顾客体验。

无线技术能够帮助星巴克简化业务流程。星巴克分区经理使用店内的无线网络来进行门店运作管理，并和公司的内部企业网络或系统连接。为了这个目的，星巴克分区经理都配备了带有 Wi-Fi 功能的笔记本电脑。在店内无线网络实施之前，一个管理 10 个左右门店的分区经理，必须走访每一个门店、检查它的运作、列出接下来要完成的事项，然后到星巴克的区域办公室填写报告、发送邮件。而实施店内无线网络之后，星巴克的分区经理可以坐在他们监管的任何一个门店中完成他们的大部分工作，而不用坐在区域办公室里了。分区经理来往于区域办公室的时间被节省下来了，就可以用来观察员工是如何服务顾客的，来帮助改进员工的培训方式。使用 Wi-Fi 技术，在没有增加任何管理人员的情况下，让区域经理在门店的出现率增加了 25%。

在 2008 年和 2009 年，不断下滑的经济环境导致星巴克关闭了 900 家门店，之后星巴克重新调整了门店租金，降低了某些商品的价格，并开始提供特惠套餐，例如一个早餐三明治加一杯饮料只卖 3.95 美元。通过改变业务流程节约下来的成本使星巴克可以给顾客更低的价格。

大多数的门店已经使用了这些技术，但一些咖啡师曾阻止这些政策、一些分析师曾对变革持怀疑态度，尽管如此，星巴克把最近上升的利润大部分归因于简化流程。星巴克的 CEO 霍华德•舒尔茨说：“我们大部分的成本降低来自于新的运营方式和服务顾客的方式。”他还补充说：“公司也有能力将节约下来的时间和资金用于改进顾客参与度。”到 2011 年，星巴克恢复到了之前的盈利水平并持续增长，并计划新开 500 家门店，这些大部分是由变革带来的。

案例思考题

1. 为什么说管理信息系统是一个技术系统？管理信息系统建设涉及哪些信息技术？

2．试用波特竞争力模型和价值链模型分析星巴克。

3．星巴克的企业战略是什么？评价信息技术应用在其中所起的作用。

4．信息技术应用在多大程度上帮助星巴克提高了竞争力？

2.1 管理信息系统的重要性和特点

2.1.1 管理信息系统的定义

管理信息系统（Management Information System，MIS）的概念起源很早。早在 20 世纪 30 年代，柏纳德就写书强调决策在组织管理中的作用。20 世纪 50 年代，西蒙提出了管理依赖于信息和管理就是决策的概念。同时代的维纳发表了控制论与管理，他把管理过程当成一个控制过程。50 年代计算机已用于会计工作，这时数据处理一词已经出现。1958 年盖尔写道：“管理将以较低的成本得到及时准确的信息，做到较好的控制。”

1970 年，瓦尔特·肯尼万给刚刚出现的管理信息系统一词下了一个定义：“以口头或书面的形式，在合适的时间向经理、职员以及外界人员提供过去的、现在的、预测未来的有关企业内部及其环境的信息，以帮助他们进行决策。”在这个定义里强调了用信息支持决策，但并没有强调应用模型，没有提到计算机的应用。

20 世纪 80 年代管理信息系统才逐渐形成一门新学科，1985 年，管理信息系统的创始人明尼苏达大学卡尔森管理学院的著名教授高登·戴维斯给出了管理信息系统的一个较完整的定义：“管理信息系统是一个利用计算机软硬件资源，手工作业，分析、计划、控制决策模型和数据库的人—机系统。它能提供信息，支持企业或组织的运行管理和决策功能。”这个定义说明了管理信息系统的目标、功能和组成，而且反映了管理信息系统当时已达到的水平。它说明了管理信息系统的目标是在高、中、低三个层次，即决策层、管理层和运行层上支持管理活动。它不仅强调了要用计算机，而且强调了要用模型和数据库。它反映了当时的水平，即所有管理信息系统均已用上了计算机。

管理信息系统一词在中国出现于 20 世纪 70 年代末至 80 年代初，按照《中国企业管理百科全书》的定义：“管理信息系统是一个由人、计算机等组成的能进行信息的收集、传递、存储、加工、维护和使用的系统。管理信息系统能实测企业的各种运行情况；利用过去的数据预测未来；从企业全局出发辅助企业进行决策；利用信息控制企业的行为；帮助企业实现其规划目标。”

管理信息系统作为一门学科，是综合了管理科学、系统理论、信息科学的系统性的边缘学科。它是依赖于管理科学和技术科学的发展而形成的。作为一门新兴学科，到目前为止还在不断完善。

2.1.2 管理信息系统的重要性

为什么要建立管理信息系统？管理信息系统到底起什么作用？为什么管理信息如此重要以至于需要建立一个应用系统对它进行收集、存储、处理加工、传递与利用？这些问题一直引起人们的关注和思考。我们认为，管理信息系统的重要性源自于管理信息的重要性以及管理信息的重要作用。现代信息管理理论认为，企业生产经营管理有“四流”：物流、资金流、事务流和人员流。四流体现在各种各样的“单据（信息集合）”的流动，即信息的流动，简称“信息流”，我们常称为“四流合一”。企业通过规范、管理各种各样的信息流来管理企业的各种业务，实现企业生产经营管理过程。

1. 管理信息是重要的资源

对企业来说，人、物资、能源、资金、信息是五大重要资源。人、物资、能源、资金这些都是可见的有形资源，而信息是一种无形的资源。以前人们比较看重有形的资源，进入信息社会和知识经济时代以后，信息资源就显得日益重要。因为信息资源决定了如何更有效地利用物资资源。本章案例“信息技术帮助星巴克找到竞争新方式”以及第 1 章案例“联想信息化实现每年节省资金 6 亿元”都是企业通过管理信息系统对信息资源的充分应用给企业带来勃勃生机的典型案例。由此可见，信息资源是人类与自然的斗争中得出的知识结晶，掌握了信息资源，就可以更好地利用有形资源，使有形资源发挥更好的效益。

2. 管理信息是决策的基础

决策是通过对客观情况（包括企业外部情况和内部情况）的了解才能做出正确的判断和决策。所以，决策和信息有着非常密切的联系。过去一些凭经验或者拍脑袋式的决策经常会造成决策的失误。人们越来越确信，信息是决策的基础。

【例 2-1】“春运”难题。2012 年前的每个春节，回家探亲的大量旅客都会遇到火车票一票难求的问题，票贩子趁机发财，“黄牛”屡禁不止。警察忙得不可开交，不断加班、加人仍无济于事，百姓怨声载道，简直已经进入了“三老胡同”——老问题、老议论、老解决不了。这是管理层接收到的问题信息：“买票难”。管理专家认为这是一个不难解决的问题，只要看看民航就行了，那里为什么没有黄牛呢？为什么不像民航一样用实名制呢？这是管理层接收到的解决问题的信息：“实名制”。这些管理信息就是管理部门决策的基础。尽管原因很简单，但没有强大功能的 IT 系统支持。这一 IT 系统是个复杂的系统，不是说有就有的，它需要一大笔经费，需要 2～3 年的时间。而管理部门没有长远的规划，一直下不了决心，问题也就一直拖下去，这是典型的 IT 管理问题。不善于看到未来的需求，不善于设立目标，不善于组织资源，因而也就不善于变革现实。而从 2013 年开始的春运，由于采用了实名制购票，基本上消灭了黄牛。

3. 管理信息是实施管理控制的依据

在管理控制中，以信息来控制整个生产过程、服务过程的运作，也靠信息的反馈来不断地修正已有的计划，修正执行过程中的偏差，依靠信息来实施管理控制。有很多事情不能很好地控制，其根源是没有很好地掌握全面的信息。

【例 2-2】排队问题。2010 年的上海世博会创造了许多的世界第一，如参展国数第一、参观人数第一等。中国人在国内就可欣赏到世界各地的风土人情，欣赏各国文化和工业、农业、信息服务业的新成就和对未来世界的美好梦想。展会也组织得很好，有条不紊，没有出现任何安全问题，深受国内外人士赞扬。服务人员的热情和“小白菜”（志愿者）的服务态度均给国际友人留下深刻的印象。上海世博会大大提高了中国的形象和地位，是一届非常成功的世博会。但是，在参观者的感触中，却有让人感到美中不足的问题——“排队问题”。这一“问题信息”相信管理层也收到、见到、体会到了，甚至也想到了，但还是无能为力。不少展馆要排队四五个小时，有的展馆甚至要排队七个多小时。有许多游客“畏队而退”。不少人也感慨中国的老百姓真好、觉悟真高、热情不减。为什么这个排队问题不能解决呢？如果我们能通过网络 IT 系统做到完全个性化的服务，做到每个展馆每天每班接待人数、每人每馆的预约，这样每个人的排队时间不就可以大大减少了吗？为什么不能把因排队而损失的时间的机会价值降到最小呢？要知道这个价值是相当可观的。即使不能减少枯燥的排队时间，而做到增加在园内的休闲时间也好啊。这也做不到，原因很简单，IT 系统水平不够而造成信息不准确、信息传递不及时，导致管理控制艰难。当然也有个投资效益问题，这也是个 IT 规划问题。

澳门和珠海间的拱北关口，号称世界最繁忙的关口，早晚高峰时期的排队时间常在半小时以上。这是我们观察到或接收到的问题信息："通关难"。为了实施有效的管理和控制，使通关不再难，拱北关口加快 IT 系统建设，提升了设备能力，采用了指纹识别自助通关，无人验证，一大排几十个闸口，每个闸口几秒钟就能通过一个人，一下子把大多数的常客分流出去，大大减少了排队的时间。拱北关口现在敢于规定：排队超过 15 分钟，就可投诉。由此可见，他们对关口 IT 系统以及几十个备用闸口的通关能力信心满满。他们得出一个结论："哪里有排队，哪里就有信息系统的用武之地。"

4. 管理信息是联系组织内外的纽带

企业跟外界的联系、企业内部各职能部门之间的联系也是通过信息互相沟通的。因此要沟通各部门的联系，使整个企业能够协调地工作就要依靠信息。所以，它是组织内外沟通的一个纽带，没有信息就不可能很好地沟通内外的联系和步调一致地协同工作。

【例 2-3】2007 年 4 月，"五一"黄金周前夕，人们准备外出旅游，股市也表现强劲。银行的柜台前挤满了取款的人群，百姓对银行的服务产生了不少的抱怨。这是银行管理层收到、看到的外部问题信息。中国人民银行为了体现关心民生、为民服务，宣布了一系列政策，如提高取款机的取款上限、开通取款机的跨行转款业务等，这些便民利民的措施确实得到了百姓好评。但是，技术上有些能实现，如提高取款上限；有些则不能实现，如跨行转账。主要是由于 IT 系统不能支持相关功能，这就是 IT 管理问题。在各银行初建系统时加入这种功能是很容易的，而现在系统已经建成，再去改动就不是一件容易的事了。这是 IT 的规划问题。现在没有这种功能，引起转账速度减慢，每天不知要损失多少资金。现在，我们应该高兴地看到，通过 IT 系统的广泛应用，互联网+战略的实施，我们不仅实现了跨行转账，而且已经实现了移动支付。

2.1.3　管理信息系统的特点

由上述管理信息系统的定义可以看出管理信息系统具有的特点，下面详细讲述。

1. 不仅是一个人—机系统，还是一个社会和技术的综合系统

管理信息系统的目的在于辅助决策，而决策只能由人来做，因而它必然是一个人机结合的系统。管理信息系统是一个由人、计算机等组成的能进行管理信息收集、传递、存储、加工、维护和使用的系统，其最基础的功用是为使用者提供支持决策必不可少的条件，系统本身必然是技术集成的，涉及的主要技术有计算机技术、通信网络技术、控制技术、数据库技术等，同时，对系统的使用者也要求具有相当的专业技术水平，最基础的技术就是系统操作技术，所以称之为技术系统。

管理信息系统的技术源自于社会，建成的系统也是应用于社会组织的实践活动。因此，我们必须将管理信息系统放在组织与社会这个大背景中去考察，并把科学理论转向社会实践，从技术方法转向使用这些技术的组织和人，从系统本身转向系统与组织、环境的相互作用，甚至其内外部交流的平台，这就超出了企业和组织的边界，所以它也是一个社会系统。因参与建立和发展管理信息系统而联系起来的人群，在组织管理下形成了一个社会系统。建立、发展管理信息系统不仅是一个组织的目标，也是这个社会系统的目标。对这个社会系统运行控制的效

果是影响管理信息系统优劣的决定因素。因为社会系统的介入，管理信息系统才成了一个有机结合、可持续发展的整体系统工程；否则，它将只是一堆机器的拼凑组合，对组织、对社会、对人类毫无用处。

2. 一个多学科交叉形成的学科

管理信息系统是一门特色鲜明的新学科，其理论体系尚处于发展和完善的过程中。早期的研究者从计算机科学、应用数学、管理理论、决策理论、运筹学等相关学科中抽取相应的理论，构建了管理信息系统的理论基础。它运用这些学科的概念、方法，融合提炼组成一套新的体系和方法。MIS 是在管理科学的基础上发展起来的，即管理科学向 MIS 提出了要求，而现代技术尤其是计算机和数据通信技术为 MIS 提供了最有力的支持，同时数学和运筹学的方法和模型为 MIS 提供了预测和决策的功能。MIS 与其他学科关系直观的表示如图 2-1 所示。

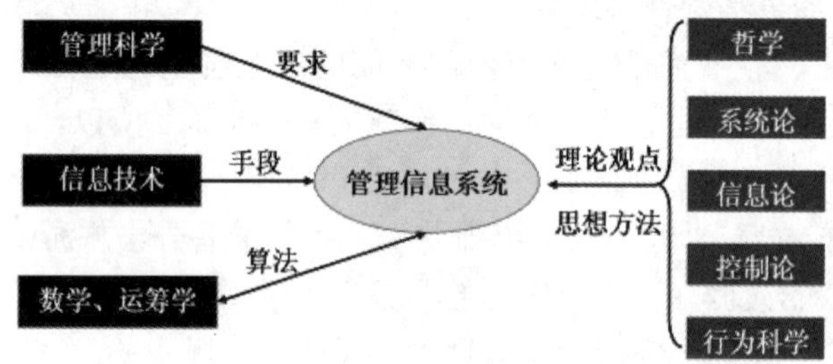

图 2-1　MIS 与其他学科的关系

表 2-1 列出了管理信息系统应用其他学科的主要理论、观点和技术。

表 2-1　MIS 应用其他学科的主要内容

相关学科	相关内容
计算机系统学科	计算机技术、数据通信技术、计算机网络技术、数据库技术等
管理学	会计学、市场营销学、生产运作与管理、质量管理、物资管理、人事管理等
运筹学	规划论、存储论、排除论、决策分析、计划评审技术等
系统工程	MIS 战略规划、MIS 系统分析及系统设计、系统评价、系统仿真等
行为科学	人处理信息的特点、MIS 与人的关系、MIS 对企业的影响、系统开发的组织与管理等

图 2-2 展示了计算机科学的发展促进管理信息系统升级、发展的历程。

在图 2-2 中，EDI 为电子数据交换，EMS 为电子会议系统，CSCW 为计算机支持协同工作，E-com 为电子商务，Internet 为因特网，ERP 为企业资源计划，SCM 为供应链管理，CRM 为客户关系管理，Intranet 为企业内联网，Extranet 为企业外联网，Infrastructure 为信息基础设施，P to P 为点对点网络。

总之，管理信息系统学科基础的三大要素是系统的观点、数学的方法和计算机应用，也是管理现代化的重要标志。它系统性地综合运用多个学科及系统工程的原理、观点和思考方法来构建管理信息系统，通过数学模型来有理性地、有逻辑地对大量数据进行分析，利用计算机运算的高效、准确、快速及时地求得最优解以辅助管理决策。所以它还是一个为管理决策服务的信息系统。

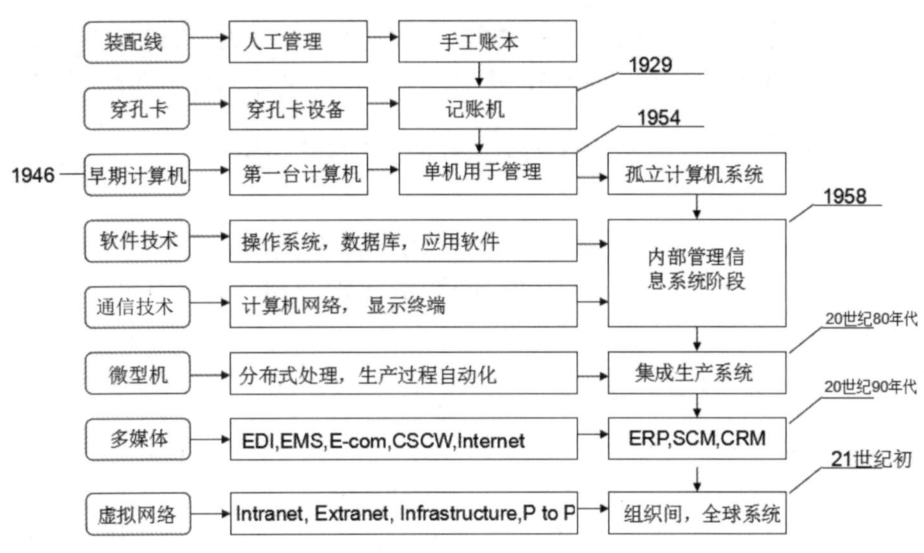

图 2-2　计算机科学与 MIS 发展的关系

3. 具有统一规划的数据库

管理信息系统中主要是各种信息，需要用数据库来进行存储，且系统中主要是对这些信息进行添加、删除、查看、汇总、统计等操作，这些均会涉及数据库，当数据量大且访问量大时，更加需要用数据库技术对数据库进行优化。

数据库是依照某种数据模型组织起来并存放于二级存储器中的数据集合。这种数据集合具有如下特点：尽可能不重复，以最优方式为某个特定组织的多种应用服务，其数据结构独立于使用它的应用程序，对数据的增、删、改和检索由统一软件进行管理和控制。从发展的历史看，数据库是数据管理的高级阶段，它是由文件管理系统发展起来的。

一旦建立数据库，就意味着信息已集中成为资源，可为各种用户共享，并且有功能完善的数据库管理系统来为多种用户服务。而通过计算机网络可使管理信息系统的数据处理更灵活，地域更广。因此说，具有统一规划的数据库是 MIS 成熟的重要标志。

4. 一个全面管理的综合系统

管理信息系统不仅对组织基层管理的日常业务运作，中层管理的组织、协调、控制工作，高层管理的领导、指挥、发展规划等管理职能提供支持，而且管理信息系统由很多子系统组成，包括生产管理子系统、人事管理子系统、财务管理子系统、后勤服务管理子系统等，涵盖一个组织的方方面面的管理业务。应用通信网络，管理信息系统还能对整个供应链中的供应商、顾客、合作伙伴等都进行有效管理，提供及时的信息支持和业务沟通。通过互联网技术可以将管理信息系统的应用范围从一个地区扩展至另一个地区乃至全球。因此说，管理信息系统是一个全面综合的系统。

5. 一个需要与先进的管理方法和手段相结合的信息系统

人们在管理信息系统应用的实践中发现，如果只简单地采用计算机技术提高处理速度，而缺乏先进的管理方法，那么管理信息系统的应用充其量只是减轻了管理人员的劳动负担，其作用发挥得十分有限。管理信息系统要发挥其在管理中的作用，就必须与先进的管理方法和手段结合起来，在开发管理信息系统时融进现代化的管理思想和方法，如业务流程重组（BPR）、企业资源计划（ERP）、计算机集成制造（CIMS）、准时制生产方式（JIT）、精准生产（LP）、柔性制造（FMS）、敏捷生产方式（AM）、并行工程（CE）、虚拟制造（VM）等。

2.2 管理信息系统的结构与功能

管理信息系统作为一个系统必然有一定的结构，这种结构反映了各个部分之间的关系、各个部分的特点、面临的主要问题以及人们的认识水平和技术水平。从不同的角度进行研究，管理信息系统有不同的结构。

2.2.1 管理信息系统的总体结构

管理信息系统是有特定结构的系统，这就是总体结构。管理信息系统的总体结构由信息源、信息处理器、信息用户和信息管理者组成，如图 2-3 所示。其中，信息源是信息的产生地；信息处理器负责信息的传输、加工、保存等；信息用户是信息的使用者，并利用信息进行决策；信息管理者负责信息系统的设计、实现和实现后的运行、协调。

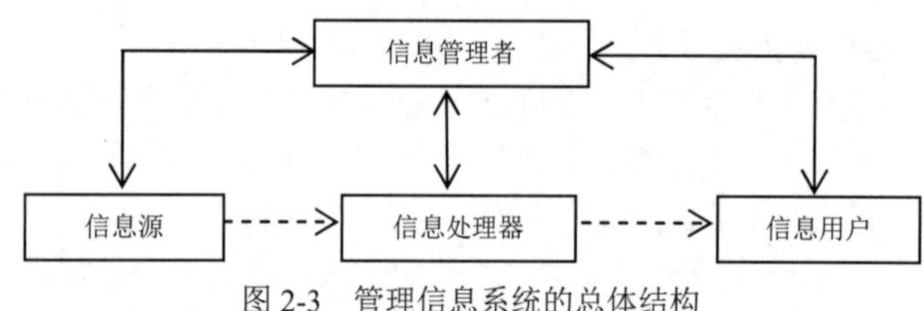

图 2-3 管理信息系统的总体结构

2.2.2 基于管理活动的系统层次结构

管理信息系统的任务在于支持管理业务，因而管理信息系统可以按照管理任务的层次进行分层。MIS 可看作是一个金字塔结构，分为 4 层，如图 2-4 所示。由于一般的组织管理均是分层次的，例如可划分为战略计划、管理控制、运行控制三层，因此为它们服务的 MIS 也必须支持相应这三层的管理活动，并且 MIS 还必须支持大量的最基础的日常业务处理的活动。因此，MIS 共有以下 4 个层次：

（1）战略管理层。战略管理是分析组织所处的内部与外部环境，制定组织的长远发展规划，处理中长期事件，它的决策内容包括确定和调整组织目标，以及制定关于获取、使用各种资源的政策等。

（2）管理控制层。管理控制属于中期计划范围，包括资源的获取与组织、人员的招聘与训练、资金监控等方面。管理控制层的信息包括计划与预算、定期报告、特别报告、问题条件的分析、评审决策、查询应答等。

（3）运行控制层。运行控制涉及作业的控制。运行控制层的决策是为了保证有效地完成具体任务或操作，有一定的周期性，问题的性质一般属于结构化决策，决策者通常是组织的基层管理人员。

（4）业务处理层。大量的、日常的业务处理工作。如超市的售货员，每天的工作就是在收款台用 POS 机售货、收款、打印票据等；纺纱车间的一线员工当班的工作就是监控、记录纺线机器的运转情况以保证正常生产；销售人员的工作是与客户确认订单、签订合同等。这些都需要 MIS 的支持，才能进一步解放生产力，提高管理效率。

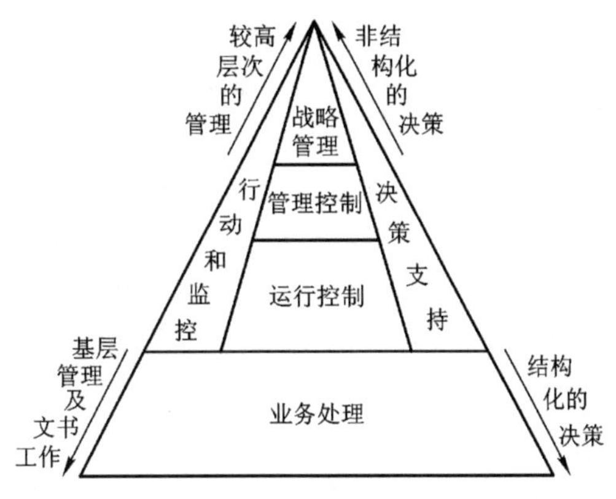

图 2-4　管理信息系统的层次结构

2.2.3　基于管理职能的系统结构

管理信息系统的结构也可以按照使用信息的组织职能加以描述。系统所涉及的各职能部门都有着自己特殊的信息需求，需要专门设计相应的功能子系统，以支持其管理决策活动，同时各职能部门之间存在着信息联系，从而使各个功能子系统构成一个有机结合的整体，管理信息系统正是完成信息处理的各功能子系统的综合。

一个管理信息系统支持着组织的各种功能子系统，每个功能子系统都必须支持并完成业务处理层、运行控制层、管理控制层、战略管理层的管理功能。如图 2-5 所示是一个 7 个子系统集成的管理信息系统，每个子系统又都提供 4 个管理层次的服务系统（孙系统），因此这个集成系统共由 28 个孙系统构成。

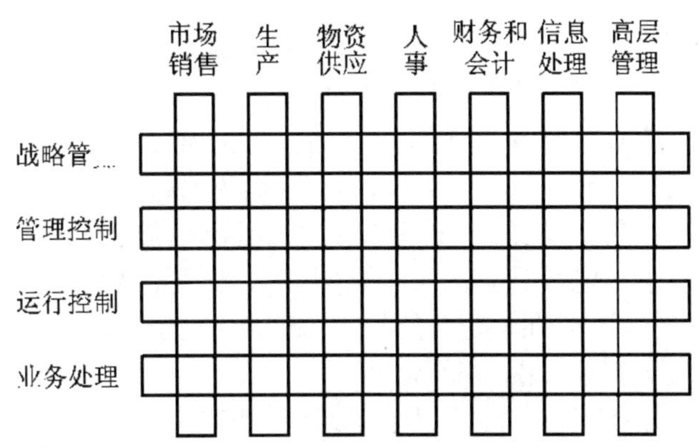

图 2-5　基于管理职能的系统结构

（1）市场销售子系统。市场销售子系统通常包括产品的销售和推销，以及售后服务的全部活动。其中典型的活动有：

- 业务处理层：有销售订单、合同确认的处理。

- 运行控制层：包括雇佣和培训销售人员、编制销售计划和产品推销的各项工作，以及按区域、产品、顾客的销售量定期分析等。
- 管理控制层：涉及总的成果与市场计划的比较，它要用到有关客户、竞争者、竞争产品和销售力量等方面的数据来汇总、分析和报告。
- 战略管理层：包括新市场的开拓和战略，它使用的信息有顾客分析、竞争者分析、顾客调查信息、收入预测和技术预测等。

（2）生产子系统。生产子系统包括产品的设计与制造、生产设备计划、作业的调度与运行、生产工人的录用与培训、质量的控制与检验等。其中典型的活动有：

- 业务处理层：主要完成生产指令、装配单、成品单、废品单和工时单等的日常工作。
- 运行控制层：要求把实际进度和计划比较，找出瓶颈环节，使工作进度符合计划要求。
- 管理控制层：需要概括性报告，反映进度计划、单位成本、所用工时等项目在整个计划中的绩效变动情况。
- 战略管理层：包括产品组合选择、制造方法及各种自动化方案的选择。

（3）物资供应子系统。物资供应子系统包括采购、收货、库存控制、发放等管理活动。其中典型的活动有：

- 业务处理层：数据为购货申请、购货订单、加工单、收货报告、库存票和提货单等。
- 运行控制层：要求把物资供应情况与计划进行比较，产生库存水平、采购成本、出库项目和库存营业额等分析报告。
- 管理控制层：信息包括计划库存与实际库存的比较、外购项目的成本、缺货情况及库存周转率等。
- 战略管理层：主要涉及新的物资供应战略、对供应商的新政策以及自制与外购的比较分析等。此外，可能还有新供应方案、新技术等信息。

（4）财务和会计子系统。财务子系统和会计子系统有着不同的目标和工作内容，但它们之间有着密切的联系。财务的职责是在尽可能低的成本下，保证企业的资金运转，包括托收管理、现金管理和资金筹措等。会计则是把财务工作分类、绘制标准财务报表、制定预算及对成本数据的分类与分析。对管理控制报告来说，预算和成本是输入数据，也就是说，会计是为管理控制各种功能提供输入信息。其中典型的活动有：

- 业务处理层：有赊欠申请、销售、开单据、收账凭证、支付凭证、支票、转账传票、分类账和股份转让等。
- 运行控制层：使用日报表、例外情况报告、延误处理记录、未处理事项报告等。
- 管理控制层：利用财务资源成本、会计数据处理成本及差错率等信息。
- 战略管理层：包括保证足够资金的长期战略计划、为减少税收冲击的长期税收会计决策、对成本会计和预算系统的计划等。

（5）人事子系统。人事子系统包括人员的录用、培训、考核、工资和终止聘用等。其中典型的活动有：

- 业务处理层：要产生有关聘用条件、培训说明、人员的基本情况数据、工资变化、工时、福利及终止聘用通知等内容。
- 运行控制层：要完成聘用、培训、终止聘用、改变工资和发放福利等。
- 管理控制层：主要进行实际情况与计划比较，产生各种报告和分析结果，用以说明在岗工人的数量、招工费用、技术专长的构成、应付工资、工资率分配及是否符合政府就业政策等。人事战略计划包括对招工、工资、培训、福利以及各种策略方案的评价，这些策略将确保企业能获得完成战略目标所需的人力资源。

- 战略管理层：包括对就业制度、教育情况、地区工资率的变化及对聘用和留用人员的分析。

（6）高层管理子系统。每个组织都有一个最高领导层，如公司总经理和各职能领域的副总经理组成的委员会。高层管理子系统为高层领导服务，其中典型的活动有：

- 业务处理层：主要是对信息查询和决策的支持，处理的文件常常是信函和备忘录以及高层领导向各职能部门发送的指示等。
- 运行控制层：主要是会议安排、信函管理和会议记录文档。
- 管理控制层：要求各功能子系统执行计划的当前综合报告情况。
- 战略管理层：包括组织的经营方针和必要的资源计划等，它要求综合外部和内部的信息。这里的外部信息可能包括竞争者信息、区域经济指数、顾客偏好、提供服务的质量等。

（7）信息处理子系统。信息处理子系统的作用是保证各职能部门获得必要的信息资源和信息处理服务。该子系统典型的活动有：

- 业务处理层：包括工作请求、采集数据和改变数据的请求、软硬件情况的报告以及设计方面的建议。
- 运行控制层：包括日常任务的调度、差错率和设备故障信息等。对于新项目的开发，还需要程序员的工作进展情况和调试时间的安排。
- 管理控制层：对计划情况和实际情况进行比较，如设备费用、程序员的能力、项目开发的实施计划等情况的比较。
- 战略管理层：主要关心功能的组织，如采用集中式还是分散式、信息系统的总体规划、硬件和软件的总体结构等。

管理信息系统的应用离不开办公自动化技术，其主要作用是支持知识工作和文书工作，如字符处理、电子信件、电子文件等。办公自动化可以看作是与信息处理系统结合的子系统，也可以作为一个独立的子系统。

2.2.4　管理信息系统的软件结构

以上从管理任务和组织职能两方面对管理信息系统的结构进行了描述。由上述系统的组成和决策支持的要求，可以综合出管理信息系统的软件结构（也称概念结构）。综合的原则有：

（1）横向综合。就是把同一管理层次的各种职能综合在一起，如运行控制层的人事、工资等子系统可以综合在一起，使基层的业务处理一体化。横向综合正向着资源综合的方向发展，如按人把人员的信息综合到一个系统，按物料把采购、进货、库存控制综合到一起。

（2）纵向综合。即把不同层次的管理业务按职能综合起来。这种综合沟通了上下级之间的关系，便于决策者掌握情况，进行正确分析。如各部门和总公司的各级财务系统可以综合起来，构成综合财务子系统。

（3）纵横综合。或者叫总的综合，这可形成一种完全一体化的系统结构，能够做到信息集中统一，程序模块共享，各子系统功能无缝集成。

对管理信息系统进行综合可以了解到，管理信息系统是由各功能子系统组成的，每个子统又可以分为 4 个主要信息处理部分，即业务处理、运行控制、管理控制（战术管理）和战略管理。信息系统的每个功能子系统都有自己的文件，还有为各子系统公用的数据组成的数据库，由数据库系统进行管理。在系统中，除了为每个子系统专门设计的应用程序外，也有为多个职能部门服务的公用程序，有关的子系统都与这些公用程序连接。此外，还有为多个应用程序公用的分析与决策模型，这些公用软件构成了信息系统的模型库。采用纵向与横向综合相结合的办法综合形成的管理信息系统的软件结构如图 2-6 所示。这种结构实质上是一个概念上的框架，人们可以用它来描述现有的或进化中的管理信息系统。

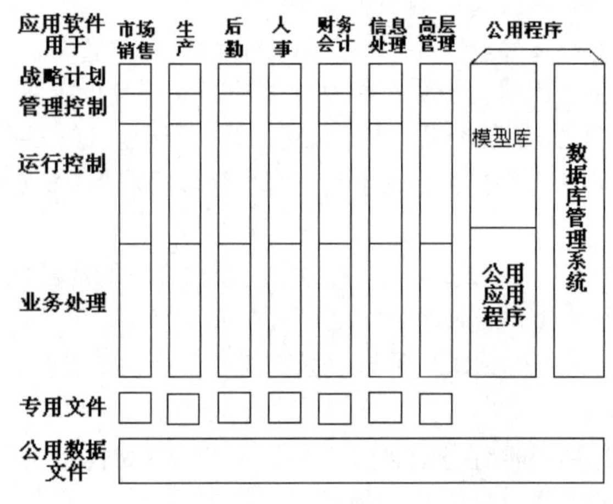

图 2-6 管理信息系统的软件结构

2.2.5 管理信息系统的硬件结构

管理信息系统的硬件结构（也叫物理结构）是指系统的硬件组成及其连接方式，并说明硬件所能达到的功能、物理位置安排。

目前我国的应用情况是，硬件结构所需关心的首要问题是采用什么样的网络连接方式，即网络拓扑结构，主要有终端网结构、计算机网络的结构、C/S 结构、B/S 结构等。此外，硬件结构还要考虑硬件的能力，例如有无实时、分时或批处理的能力等。

（1）终端网结构。终端网结构是由一台或两台主机通过通信控制器和许多终端相连，以及与机器所用的各种外部设备相连。一般主机放在信息中心的机房中，而终端放在各办公室或远离中央办公室的车间中。如图 2-7 所示，某信息中心机房设置有两台主机并行运行，配备 3 台磁带机和 3 台 4000MB 后备磁盘，连接 2 台激光打印机和 1 台行式打印机，中心终端、外接终端与外接小型打印机若干台，分期分批配置。

（2）计算机网络的结构。计算机网络的结构是由许多台计算机通过网络相互连接起来。网络的形式有星型、总线型、环型。

如图 2-8 所示为星型网络结构。星型网的组成通过中心设备将许多端用户的 PC 机从点到点地连接起来。星型网的优点是可以在不影响系统其他设备工作的情况下，非常容易地增加和减少设备。星型结构是最古老的一种连接方式，目前使用最普遍的是以太网（Ethernet）星型结构，位于中心位置的网络设备称为集线器，英文名为 Hub。这种结构便于集中控制，因为端用户之间的通信必须经过中心站。由于这一特点，也带来了易于维护和安全等优点。端用户设备因为故障而停机时也不会影响其他端用户间的通信。但这种结构非常不利的一点是，中心系统必须具有极高的可靠性，中心系统一旦损坏，整个系统便趋于瘫痪。对此中心系统通常采用双机热备份，以提高系统的可靠性。

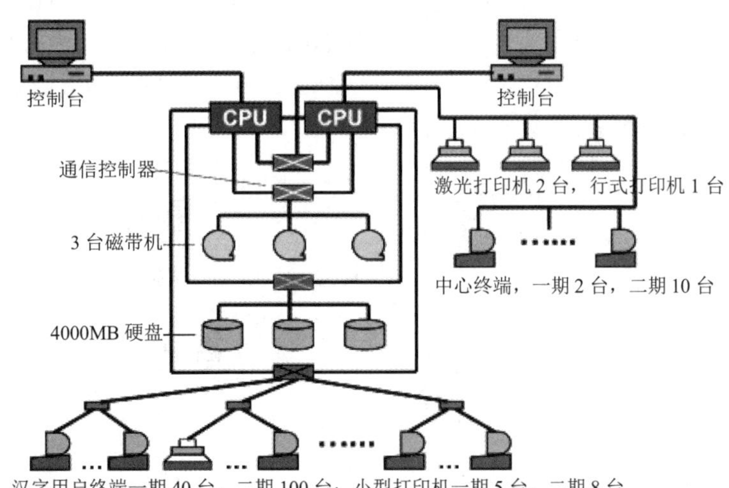

图 2-7　MIS 的终端网结构

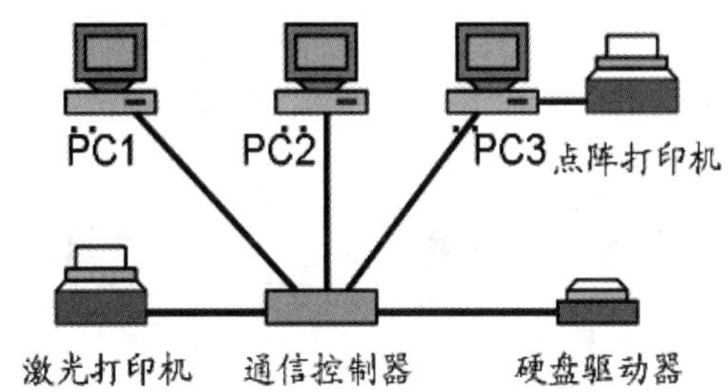

图 2-8　MIS 的星型网络

如图 2-9 所示为总线型网络结构，它是将网络中的各个节点设备用一根总线（如同轴电缆等）挂接起来，实现计算机网络的功能。总线型拓扑结构的数据传输是广播式传输结构，数据发送给网络上的所有计算机，只有计算机地址与信号中的目的地址相匹配的计算机才能接收到，采取分布式访问控制策略来协调网络上计算机数据的发送和接收。

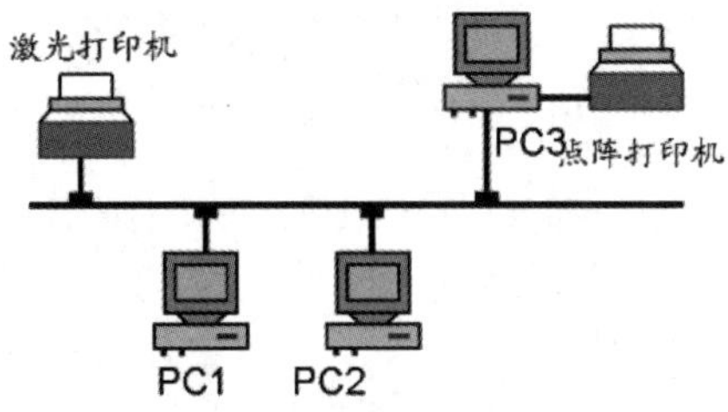

图 2-9　MIS 的总线型网络

如图 2-10 所示为环型网络结构。环型拓扑是使用公共电缆组成一个封闭的环，各节点直接连到环上，信息沿着环按一定方向从一个节点传送到另一个节点。环接口一般由发送器、接收器、控制器、线控制器和线接收器组成。在环型拓扑结构中，有一个控制发送数据权力的“令牌”，它按一定的方向单向环绕传送，每经过一个节点都要被接收、判断一次，是发给该节点的则接收，否则就将数据送回到环中继续往下传。环型网中的数据按照设计可以单向也可以双向传输（双向环）。由于环线公用，一个节点发出的信息必须穿越环中所有的环路接口，信息流的目的地址与环上某节点的地址相符时，信息被该节点的环路接口所接收，并继续流向下一环路接口，一直流回到发送该信息的环路接口为止。

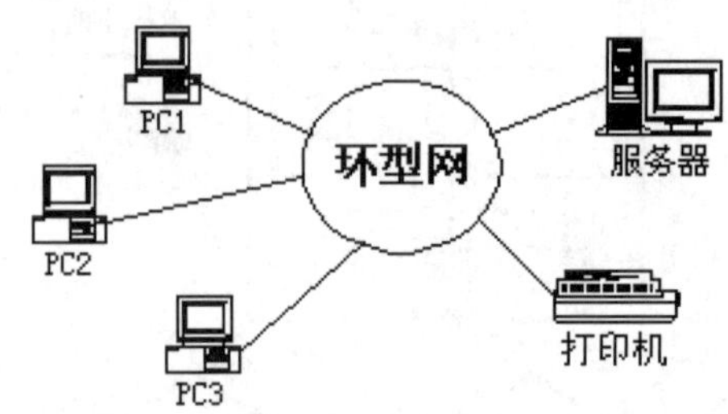

图 2-10 MIS 的环型网络

（3）C/S 结构——客户机/服务器（Client/Server）结构，如图 2-11 所示。C/S 结构的基本原则是将计算机应用任务分解成多个子任务，由多台计算机分工完成，即采用“功能分布”原则。客户端完成数据处理、数据表示、用户接口功能；服务器端完成 DBMS（数据库管理系统）的核心功能。这种客户请求服务、服务器提供服务的处理方式是一种新型的计算机应用模式。

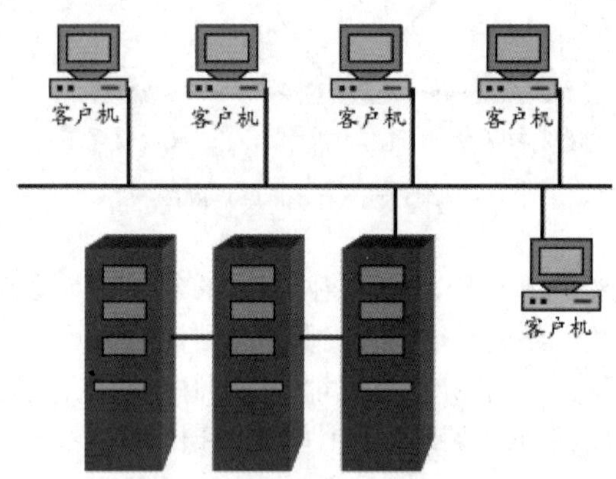

图 2-11 MIS 的 C/S 结构

（4）B/S 结构——浏览器/服务器（Browser/Server）结构，如图 2-12 所示。B/S 结构是伴随着因特网的兴起对 C/S 结构的一种改进。从本质上说，B/S 结构也是一种 C/S 结构，它可看作是一种由传统的二层模式 C/S 结构发展而来的三层模式 C/S 结构在 Web 上应用的特例。B/S 最大的优点就是可以在任何地方进行操作而不用安装任何专门的软件，只要有一台能上网的计算机就能使用，客户端零安装、零维护，系统的扩展非常容易。

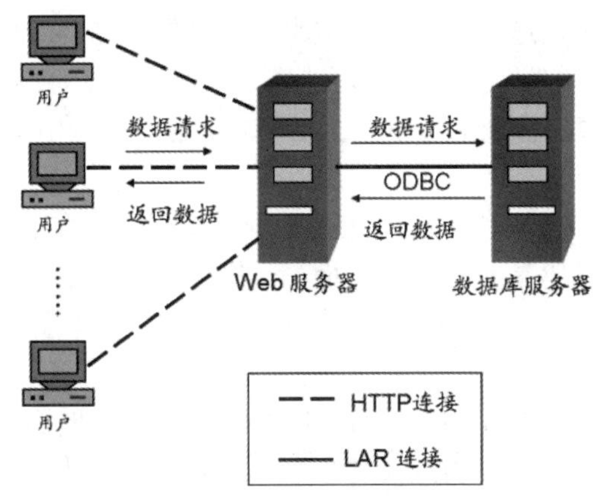

图 2-12　MIS 的 B/S 结构

2.2.6　管理信息系统的功能

管理信息系统是企业的子系统。它收集数据，并向管理人员提供信息，与管理人员一道在整个企业中起着反馈控制的作用。由于企业采取了划分成许多子系统的组织结构，各个子系统往往注意追求本子系统利益的最优化，而把局部目标置于整体目标之上，引起各子系统行动上的不协调，使企业整体利益受到损害。因此，协调企业内部各子系统的行动，优化整体利益是企业取得成功的关键。管理信息系统作为企业一个特殊的子系统，正是在这一点上起着十分重要的作用。管理信息系统具有数据的输入、传输、存储、处理、输出等基本功能。

1. 信息的采集和输入

信息处理界有句口头禅：“输入的是垃圾，输出的必然是垃圾”。它说明了系统输入的极端重要性。要把分布在企业各部分的数据收集起来，碰到的第一个问题是识别信息。由于信息的不完全性，想得到反映客观世界的全部数据是不可能的，也是不必要的。确定信息需求要从调查客观情况出发，根据系统目标来确定数据收集范围。

2. 信息的传输

数据传输包括计算机系统内和系统外的传输，实质是数据通信，一般模式如图 2-13 所示。

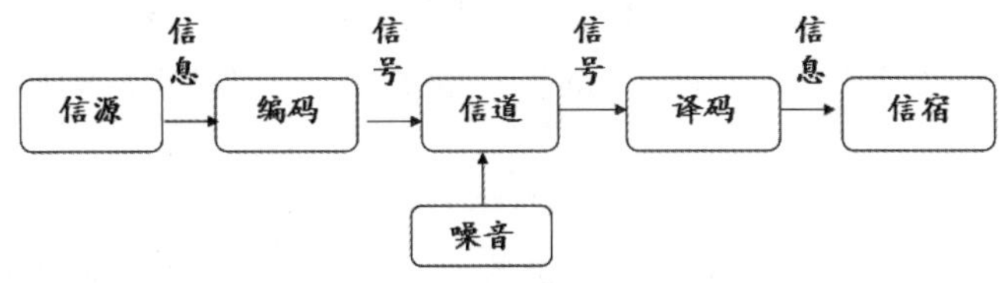

图 2-13　数据传输一般模型

（1）信源。即信息的来源，可以是人、机器、自然界中的物体等。信源发出信息时，一般以某种符号或某种语言表现出来。

（2）编码。即把信息变成信号。所谓编码，是按照一定规则排列起来适合在信道中传输的符号序列。这些符号的编排过程就是编码过程。信号多种多样，如声音信号、电信号、光信号等。

（3）信道。即信息传递的通道，是传输信息的媒质，分明线、电缆、无线、微波、人工传送等。信道的关键问题是信道的容量。信道也担负着信息的存储任务。

（4）噪音。无论信道质量多么好，都可能带来杂音或干扰，这就是噪音。它或由自然界雷电形成，或由同一信道中的其他信号引起。在人工信道的干扰中，还包括各个环节中人的主观歪曲。

（5）译码。信号序列通过输出端输出后，需要翻译成文字、图像、声音、动画等，成为接收者需要了解的信息。译码是编码的反变换，其过程与编码相反。

（6）信宿。即信息的接收者，可以是人、机器或另一个信息系统。

3. 信息的存储

数据存储的设备目前主要有 3 种：纸张、胶卷和计算机存储器。这 3 种设备各有优点。

纸张已有几千年的历史，至今仍是存储数据的主要材料。其主要优点是存量大、体积小、便宜、永久保存性好、不易涂改。此外，存储数字、文字和图像一样容易。缺点是传送信息慢、检索不方便。

胶卷的主要优点是存储密度大，1 平方厘米可存 1024 页 16 开的纸质信息；缺点是阅读时必须通过接口设备，使用不方便且价格昂贵。

计算机存储器是存放变化快的控制信息和业务信息的主要形式。随着技术的进步，成本不断下降。目前，用计算机存储器存储信息的成本比纸张低。计算机存储器按功能分为内存和外存。内存存取速度快，可随机存取存储器中任何地方的数据。外存的存储量大，但必须由存取外存的指令整批读入内存后，才能被运算器使用。

对数据存储设备的一般要求是存储数据量大、价格便宜。某些情况还有特殊要求，如易改性和不易改性。

信息存储的概念比数据存储的概念广。主要问题是确定存储哪些信息、存多长时间、以什么方式存储、经济上是否合算。这些问题都要根据系统的目标和要求确定。

4. 信息的加工

信息加工的范围很大，从简单的修改、查询、排序、归并到复杂的模型建立、应用调试及预测。这种功能的强弱显然是信息系统能力的一个重要方面。现代信息系统在这方面的能力越来越强，在加工中使用了许多数学及运筹学的工具，涉及许多专门领域的知识，如数学、运筹学、经济学、管理科学。许多大型的系统不但有数据库，还有方法库和模型库。技术的发展给数据处理能力的提高提供了广阔的前景。发展中的“人工智能”科学正在研究机器人能否代替创造性的脑力劳动，如诊断、决策、写诗歌、写文章等，目前已取得惊人的进展。

5. 信息的维护

保持信息处于适用状态叫信息维护，这是信息资源管理的重要一环。狭义上讲，它包括经常更新存储器中的数据，使数据保持适用状态；广义上讲，它包括系统建成后的全部数据管理工作。

信息维护的主要目的在于保证信息的准确、及时、安全和保密。保证信息的准确性，首先要保证数据是最新状态，其次数据要在合理的误差范围内。

信息的及时性，要求能及时地提供信息。为此，要合理地组织、存放信息，信息目录要清楚，常用的信息放在易取的地方，各种设备状态完好，操作规程健全，操作人员技术熟练。

信息的安全性，要求采取措施防止信息受到意外情况和人为的破坏，一旦破坏后，系统能方便、及时、完整地恢复数据。为此，要保证存储介质的环境，对容易损坏信息的介质要定期重录，要注意保存备份。

信息的保密越来越引起人们的重视。为了保证信息的保密性，需要采取一定的技术措施，如密码、口令字、信息加密，行政上建立严格的管理制度，不让闲人接触终端和磁盘库。最根本的措施是加强人员的保密教育，慎重选择机要人员。

6. 信息的使用

从技术上讲，信息的使用主要是高速度高质量地为用户提供信息。系统的输出结构应易读易懂，直观醒目。输出格式应尽量符合使用者的习惯。

信息的使用，更深一层的意思是实现信息价值的转化，提高工作效率，利用信息进行管理控制，辅助管理决策。支持管理决策是管理系统的重要功能，也是最困难的任务。

2.3 管理信息系统对管理职能的支持

“职能”，即职责、功能。所谓管理职能就是管理者所要承担的职责和发挥的功能，其实也就是管理工作所要包含的具体活动，如计划、组织、领导、控制等。

由于管理学的发展历史较短，学科的快速发展及不同学者持有的观点不同，对管理职能的划分存在多种不同观点。多数当今流行的教科书把管理职能压缩成 4 种：计划、组织、领导、控制。20 世纪 60 年代以来，随着系统论、控制论和信息论的产生，现代技术手段的发展，以及管理决策学派的形成，使得决策问题在管理中的作用日益突出。西蒙等人在解释管理职能时，突出了决策职能。他认为组织活动的中心就是决策。制定计划、选择计划方案需要决策；设计组织结构、人事管理等也需要决策；选择控制手段还需要决策。他认为，决策贯穿于管理过程的各个方面，管理的核心是决策。美国学者米和希克斯在总结前人对管理职能分析的基础上，提出了创新职能，突出了创新可以使组织的管理不断适应时代发展的论点。现代管理离不开信息，离开信息的管理颇具盲目性，甚至让组织遭受失败。扩展后的管理职能划分如图 2-14 所示。

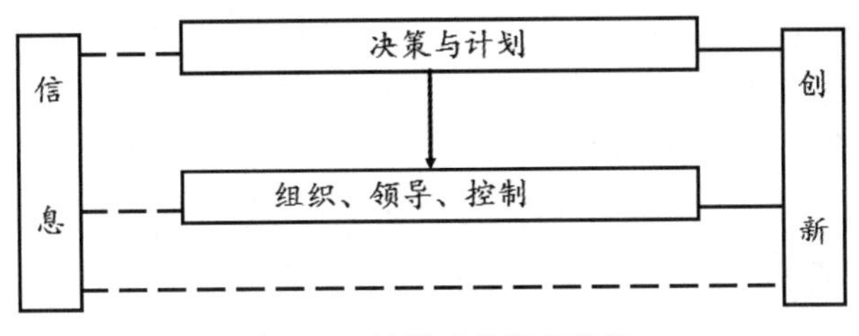

图 2-14　扩展后的管理职能

2.3.1 管理信息系统对计划职能的支持

计划是对未来作出安排和部署。任何组织的活动实际上都有计划，只不过这种计划是否正式而已。非正式计划容易造成不协调和不完整，正式计划不仅可以作为行动的纲领，而且也是对执行结果评价的依据。管理的计划职能是为组织及其下属机构确定目标，拟定为达到目标的行动方案，并制定各种计划，使各项工作和活动都能围绕预定目标进行，从而达到预期的效果。

高层的计划管理还包括制定总的战略和总的政策。计划还应该为组织提供适应环境变化的手段与措施，因为急剧变化着的政治、经济、技术和其他因素要求及时修订计划和策略。

信息系统对计划的支持包括以下几个方面：

（1）支持计划编制中的反复试算。信息是制定计划和实施计划的基本依据。为了使计划切合实际，必须收集历史的和当前的数据，通过分析，研究变化的趋势和预测未来；还要围绕计划目标进行大量、反复的计算，拟定多种方案。在这个过程中，多方案的比较及每个方案中个别数据的变动都可能引起其他许多相关数据的变动。虽然计算方法不一定那么复杂，大都是一些简单的表达式，但表达式之间的关系却错综复杂，所以计算工作量特别大。通常需要事先设计一些计划模型，然后用不同的输入变量的值去反复试算。这是一项十分繁琐的计算工作，如果没有计算机的支持，不仅工作量大，而且还会影响计划编制人员的工作积极性。

（2）支持对计划数据的快速、准确存取。为了实现计划管理职能，重要的是建立与计划有关的各种数据库，其中主要有以下几种：

- 各类定额数据库。如劳动定额数据库、设备利用定额数据库、物资消耗定额数据库、资金利用定额数据库、管理费用定额数据库和生产能力定额数据库等。
- 各类计划指标数据库。
- 各种计划表格数据库。

完善和充分利用上述各种数据库系统，可以实现对企业计划数据的快速、准确存取，从而使企业的生产经营指挥系统得到大大加强。

（3）支持计划的基础——预测。预测是研究对未来状况作出估计的专门技术，而计划则是对未来作出安排和部署，以达到预期的目的，所以计划与预测虽然是两个不同的概念，但计划必须在预测的基础上进行。预测支持决策者作出正确的决策，制定可靠的计划。随着我国经济体制改革的发展，预测作为计划的基础已日显重要。

预测的范围很广，预测的方法也很多，诸如主观概率法、调查预测法、类推法、德尔菲法、因果关系分析法等。这些预测方法的计算量大，常常要用计算机来求解。

（4）支持计划的优化。在企业编制计划时，经常会遇到对有限资源的最佳分配问题。

【例 2-4】某印染厂从技术上看，有可能生产 M 种产品，每种产品的单位利润差别很大。一般来讲，各产品的加工路线不同，即生产中分别经过不同的加工设备。现在有 N 种设备，每种加工设备每年可提供的设备生产能力是一个有限的值。编制计划时就可能提出：生产哪几种产品、用多少种设备生产、流程如何、如何搭配等，可以在设备生产能力允许的约束条件下获得最大的利润。对于这样一个问题，可以列出数学模型，然后在计算机上通过人机交互方式进行求解，便可得到最优解决方案。

2.3.2 管理信息系统对组织职能的支持

组织职能包括人的组织和工作的组织，具体包括：确定管理层次、建立各级组织机构、配备人员、规定职责和权限，并明确组织机构中各部门之间的相互关系、协调原则和方法。

信息技术是现阶段对企业组织进行改革的有效技术基础。信息技术的发展促使企业组织重新设计、企业工作的重新分工和企业职权的重新划分，从而进一步提高企业的管理水平。传统企业组织结构采用“金字塔”式的纵向多层次的集中管理，其运作过程按照一种基本不变的标准模式进行。由于其各项职能（生产、销售、财务和市场调研等）分工严格，加之信息传递和反馈手段落后，导致应变能力差、管理效率低且成本高昂。随着信息技术的飞速发展，上述这种传统的企业组织结构正在向扁平式结构的非集中管理转变，其特点有以下几个：

（1）信息系统的完善使上下级指令传输系统上的中间管理层显得不再那么重要，甚至也没有必要再设立那么多的管理层。

（2）部门分工出现非专业化分工的趋向，企业各部门的功能互相融合、交叉，如制造部门可能兼有销售、财务等功能。

（3）计算机的广泛应用使得企业上下级之间、各部门之间及其与外界环境之间的信息交流变得十分便捷，从而有利于上下级和成员之间的沟通，可以随时根据环境的变化作出统一、迅速的整体行动和应变策略。

全球网络（Global Network）的出现，使企业、公司的经营和生产不再受地理位置的限制，可以在全世界范围内运作，事务处理成本和协作成本都可明显降低；企业网络的建设、多媒体计算机和移动计算机的广泛应用使信息传送从文字向多媒体发展，使领导和管理人员接受更多的信息和知识，使企业对工作过程进行重新设计成为可能，使个人和工作组之间的协调得以进一步加强，从而形成一种新的、管理层次少的组织形式，它依靠近乎实时的信息进行柔性运作，管理工作更加依赖于管理人员之间的协作、配合以及对信息技术应用的把握。

2.3.3　管理信息系统对领导职能的支持

领导的职能主要是指挥和沟通，作用在于指引、影响个人和组织按照计划去实现目标。这是一种行为过程。领导者在人际关系方面的职责是领导、组织和协调；在决策方面的职责是对组织的战略、计划、预算、选拔人才等重大问题作出决定；在信息方面的职责是作为信息汇合点和神经中枢，对内对外建立并维持一个信息网络，以沟通信息，及时处理矛盾和解决问题。这些信息的获取与分析都可以通过高层管理信息系统、决策支持系统等得以实现。同时，管理信息系统的应用实现了组织管理的“扁平化”，降低了组织内部信息交流的成本，使得决策层和执行层之间的距离缩小。由此可见信息系统在支持领导职能方面的重要作用。

2.3.4　管理信息系统对控制职能的支持

一切管理内容都有控制问题。控制职能是对管理业务进行计量和纠正，确保计划得以实现。计划是为了控制，是控制的开始。执行过程中需要不断检测、控制，通常是把实际的执行结果和计划的阶段目标相比较，发现实施过程中偏离计划的缺点和错误。所以，为了实现管理的控制职能，就应随时掌握反映管理运行动态的系统监测信息和调控所必要的反馈信息。在企业管理方面，最主要的控制内容包括：

（1）行为控制。即对人的管理。为了真正调动人的积极性和创造性，不能简单地用行政命令、强制手段来管理，除加强思想工作外，还要借助于行为科学，要通过收集、加工、传递、利用人的行为信息来对人的行为进行协调和控制。

（2）人员素质控制。特别是关键岗位上人员素质的控制。

（3）质量控制。特别是重要产品的关键工序的质量控制和成品的质量控制。还有库存控制，生产进度控制，成本控制，财务预算控制，产量、成本和利润的综合控制，资金运用控制，收支平衡控制等。这些控制中大多数都由信息系统支持和辅助。

随着科学技术的发展，自动化、智能化的控制将是一种更高级的形式。比如，对生产过程的控制，信息系统将有能力自动监控并调整生产的物理过程；自动装配线可利用敏感元件收集数据，经过计算机处理后对生产过程加以控制。

还有一种趋势是一些企业的生产过程控制正由过去的集中控制、集中管理式系统向分散控制、集中操作、监视、集中处理信息、集中管理的集散式系统方向发展。在这种控制系统中引入了管理机制，与 MIS 相互沟通，并分别与 MIS 的各个子系统交换信息，从而可能形成一种更为综合的信息系统。

2.3.5 管理信息系统对决策职能的支持

20 世纪 80 年代初，计算机企业管理应用的重点逐渐由事务性处理转向企业的管理、控制、计划和分析等高层次决策制定方面，国内外相继出现了多种高功能的通用和专用决策支持系统，如 SINIPLAN、IFPS、GPLAN、EXPRESS、EIS、EMPIRE、GADS、VISICALC、GODDESS、GPCDSSG 等都是很流行的决策支持系统软件。随着决策支持系统与人工智能相结合，出现了智能化决策支持系统（IDSS）；DSS 与计算机网络相结合，出现了群体决策支持系统（GDSS）。

现在决策支持系统已逐步推广应用于大中小企业中的预算与分析、预测与计划、生产与销售、研究与开发等职能部门，并开始用于军事决策、工程决策、区域规划等方面。

决策活动的目标本身也构成一个难以确定的庞大系统。现代决策活动的目标不是单一的，这不仅指以经济利益为核心的目标是多目标，而且还包括更广阔的社会的和非经济领域的目标。

决策是对未来实践的方向、原则、目标和方法等所作的决定，所以决策从本质上说是对应于未来的。为了避免远期可能出现的破坏造成的亏损抵消甚至超过近期的利益，要求战略决策在时域上向更遥远的未来延伸。

2.3.6 管理信息系统对创新职能的支持

组织所处的环境，无论是微观环境还是宏观环境，时时刻刻都在发生变化，组织本身和组织内部条件也在不断发生变化。这就要求管理也要注重不断创新。创新是管理水平和管理效益不断提高的根本途径，也是使组织保持生存和不断发展壮大的根本要求。用过去的经验和办法经营未来不一定取得同样好的效果，必须根据环境变化作出不同的新的经营思路和新的经营策略。因此，组织的持续成功和发展，创新是关键。管理信息系统的应用能让组织更快、更好、更及时地了解外部环境、分析内部条件，以便做出新的适应时代的策略。

【例 2-5】ERP 系统对信利半导体有限公司管理创新的支持作用。信利半导体有限公司是国际知名的集电子产品、半导体产品研发、生产和销售为一体的上市公司，也是世界唯一拥有所有类型小尺寸平板显示器生产技术的厂商。信利半导体的快速发展再次告诉人们，一个企业的成功除了要有清晰的竞争战略和持续创新以外，还要有支撑战略目标实现的先进的业务模式和 ERP 等系统。

信利半导体高层领导面对内外部的挑战与压力，深刻地认识到公司要快速响应客户需求，提高客户满意度和优化资源配置，以往分散低效的组织结构以及采购、销售和计划管理模式已经不适应企业快速发展的要求。然而要从根本上解决问题，就必须引入业务模式重组理念和方法，着力推动业务模式重组，建立 ERP 系统。

为此，信利半导体于 2007 年初全面推进事业部改制工作，在试点的基础上组建了八个事业部。各事业部均为利润中心，实行自主经营、独立核算和绩效考核。同时，信利半导体还明确了各事业部与公司采购和销售等管理部门的业务关系，制定了新的业务流程与沟通机制，有效地推动了公司的快速发展。

信利半导体在全面推进事业部改制过程中，加快企业信息化建设进程，借助金蝶 K/3ERP 系统的功能和企业信息集成，实现了公司事业部改制目标和“集中采购、集中销售、分级计划”的管控目标。

信利半导体有限公司通过 ERP 系统的支持建立了集中采购业务平台，促进了公司采购业务的集中管理和资源整合；建立了集中销售业务平台，提高了公司的市场响应速度、客户满意度和企业整体形象；建立了分级计划业务平台，提高了公司生产计划的准确性和资源优化配置。此外，公司还优化了主流程和子流程。所有这些新的运作模式和目标的实现都有赖于信利半导体把业务模式重组与 ERP 应用紧密结合，相辅相成、互为作用，既提升了 ERP 应用绩效，又推动了企业管理创新。

综上可见，信息系统对管理具有重要的辅助和支持作用，现代管理要依靠信息系统来实现其管理职能、管理思想和管理方法。

2.4　管理信息系统对组织竞争战略的支持

几乎在每一个行业里，你都会发现某些企业做得比其他大部分企业要好，其中总会有一个比较出众的企业。在汽车行业中，丰田被认为比较出色；在在线零售业中，亚马逊是领导者；在线下实体零售行业中，沃尔玛是全球最大的零售商和领导者；在在线音乐领域，苹果的 iTunes 以超过 20%的数字音乐市场占有率被认为是领导者；在数字音乐播放器相关行业中，iPod 是领导者；在网络搜索方面，谷歌被认为是领导者。

比其他企业做得更好的企业，被认为具有超越其他企业的竞争优势。他们要么具有其他企业得不到的特殊资源，要么能更高效地使用容易得到的普通资源——通常是因为他们具有出色的知识和信息资产。无论是在收入增长或者利润方面，还是在生产力增长（效率）方面做得更好，经过长期的运营，它们最终都会比竞争对手具有更高的市场价值。

那么，为什么有些企业会做得比其他企业好？它们是如何获得竞争优势的？如何分析和识别企业的战略优势？如何为自己的业务构建战略优势？管理信息系统如何为企业战略优势做出贡献？这些问题可以通过迈克尔·波特的竞争力模型来做出回答。

2.4.1　管理信息系统支持行业环境分析发现经营机会

理解竞争优势最好的模型是迈克尔·波特的竞争力模型，如图 2-15 所示。这个模型为我们提供了关于企业、竞争者和企业环境之间关系的基本概貌，描述了跟企业有关的行业环境，此模型中的五种力量决定企业的命运。企业的战略地位和它的战略不仅取决于行业内传统的直接竞争者，而且受行业环境中其他四个力量的影响：潜在的进入者威胁、代用品或服务的威胁、购买者的讨价还价能力、供应商的讨价还价能力。

1. 潜在的进入者威胁分析

在自由经济中，劳动力和金融资源都是可流动的，潜在的企业或新企业总是在不断地进入市场。某些行业准入的门槛很低，而要进入另一些行业则很困难。例如，可以很容易地开始一个比萨饼生意或任何其他的小型零售生意，但要进入飞机制造行业就贵得多、难得多，不仅需要高额的资金成本，还要求具备很难获取的丰富经验和专业知识。新企业具有若干可能的优势：它们没有老工厂和老设备的困扰，它们往往可以雇用经验少但更具创意的年轻员工，它们不会被老得过时的品牌所拖累，它们比传统的行业占有者“更饥饿”（有更高的积极性）。当然，这些优势同时也是它们的弱势：它们需要外部资金来建造新的厂房和购买新的设备，这可能很昂贵；它们的员工队伍缺乏经验；它们缺乏品牌认可度等。

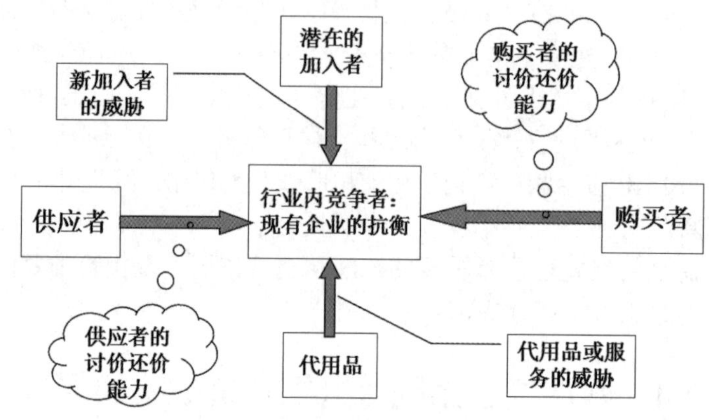

图 2-15　波特竞争力模型

2. 代用品或服务的威胁分析

几乎在每一个行业中，如果商品的价格过高，客户就会去找可用的替代品。新技术总是在创造新的替代品，甚至石油也有替代品：乙醇能替代轿车用的汽油，植物油可以替代卡车用的柴油，而风能、太阳能、煤炭和水力可以替代工业电能。类似地，互联网电话服务可以替代传统的电话服务，进入各家的光纤电话线可以替代同轴电缆线。同样，作为 CD 的替代品，互联网音乐服务让用户能下载音乐到 iPod 上。行业中替代品越多，企业控制价格的能力就越低，边际利润就越少。

3. 购买者的讨价还价能力分析

一个企业的获利能力，在很大程度上取决于它吸引和留住客户、索要高价的能力（同时阻止客户走向竞争者）。如果客户很容易转换到竞争者的产品和服务上，或者他们能迫使企业与其竞争者在一个产品上差异很小、所有价格均能及时获取（例如在互联网上）的透明市场上开展价格上的竞争，那么客户的谈判力或讨价还价能力就会提升。例如在互联网上的大学旧书市场，学生（客户）能找到多个供应商提供他们所需要的教科书。这种情况下，客户就比旧书公司具有更强大的谈判力。

4. 供应商的讨价还价能力分析

企业供应商的谈判力或讨价还价能力对企业的利润有重大的影响，如果一个企业只有少许供应商，那么供应商就能在价格、质量、供货时间上比企业有更大的控制力。例如，手提电脑的制造商只有一至两家相互竞争的供应商供应电脑的主要配件，如键盘、硬盘和显示屏等。那么这一至两家配件供应商就比手提电脑制造商有较强的讨价还价能力。

5. 行业内的竞争者分析

所有的企业和其他竞争对手共享同一个市场空间，竞争者们都在连续不断地引入新产品和新服务，创造更新的、更高效的生产方式，并且都在连续不断地努力开发他们的品牌、增加客户的转换成本，以此来吸引客户、赢得客户。

影响竞争力的传统力量仍在起作用，但由于互联网的出现，竞争对抗变得越来越激烈（波特，2001）。基于通用标准的互联网技术，任何公司都能使用，都能建立基于互联网的 MIS（即企业网站），这使企业之间更容易开展价格战，新的竞争者更容易进入市场竞争。因为信息对每个人都开放，互联网增加了客户的议价能力，客户可在网上很快地发现最低价格的供应商，这使得公司利润下降很快。波特总结了互联网对企业的几种潜在的负面影响，如下：

- 替代的产品和服务。使得满足需求和功能的新替代品更容易出现。
- 客户的议价能力。客户容易获得全球价格和产品信息，增强了他们的议价能力。
- 供应商的议价能力。企业通过互联网采购，增强了对供应商的议价能力，但是供应商也可以通过降低准入门槛和省去分销商、中介商来获利。
- 新进入者的威胁。互联网降低了准入门槛，例如无需销售人员、渠道和物理设施；互联网业提供了改进企业流程的技术，使得新业务更容易开展。
- 现存竞争者间的定位和对抗。互联网扩展了地域市场，增加了业内竞争者的数量，减少了竞争者间的差异，让企业较难维持长期优势并追求价格竞争。

互联网几乎摧毁了某些行业，严重威胁到了更多的行业。例如，印刷百科全书行业和旅游代理行业几乎被互联网产生的替代品所毁灭，同时互联网也对零售、音乐、书籍、零售经纪、软件、电信和新闻报纸业等产生了重大影响。互联网对大部分媒体的商业模式和盈利模式造成了威胁。除了教科书和专业出版物以外，其他的书籍销量均增长缓慢，因为新的娱乐方式不断地出现，占用了消费者的时间。报纸和杂志受到的打击更为严重，它们的阅读者逐渐消失，广告投入也不断减少，越来越多的人习惯在线免费获得新闻信息。电视和电影业被迫应付那些抢夺它们利益的盗版商。

然而，互联网也创造了全新的市场，成为成千上万的新产品、新服务和新商业模式的基础，也为企业建立品牌和建立庞大且忠诚的客户群体创造了新的机会。亚马逊、eBay、iTunes、YouTube、脸谱网（Facebook）、Travelocity 和谷歌都是这样的例子。从这个角度说，互联网改变了整个行业，迫使企业改变做生意的方式。

由此可见，互联网对企业经营存在机会与威胁。企业通过基于互联网的 MIS 很方便、快捷地了解供应商、顾客、潜在进入者、替代品或替代服务者以及行业内竞争对手的情况，通过互联网等各种媒介轻而易举地搜寻、发现、收集来自行业内各方力量的信息，通过 MIS 建立数学模型进行分析能及时地掌握本行业各方的实力，以及这些实力对企业本身是机会还是威胁以便作出相应的策略，争取主动，找出一方或多方的薄弱环节或存在的问题，企业就能找到经营机会。

2.4.2　管理信息系统支持企业价值链分析获取竞争优势

虽然波特竞争力模型对识别竞争力因素、提出一般性战略建议是非常有用的，但没有明确提出具体应该做什么，对于如何获取竞争优势没有提供可遵循的方法。如果企业的目标是要达到运行最优化，应该从哪里着手？这就是企业价值链模型的有用之处。

1. 传统企业价值链模型

这是哈佛大学商学院教授迈克尔·波特于 1985 年提出的概念。波特认为，企业的价值创造是通过一系列活动实现的，这些活动可分为基本活动和辅助活动两类，基本活动包括内部后勤、生产作业、外部后勤、市场和销售、服务等，而辅助活动则包括采购、技术开发、人力资源管理和企业基础设施等。这些互不相同但又相互关联的生产经营活动构成了一个创造价值的动态过程，即价值链，如图 2-16 所示。价值链的增值活动可以分为基本增值活动和辅助增值活动两大部分。

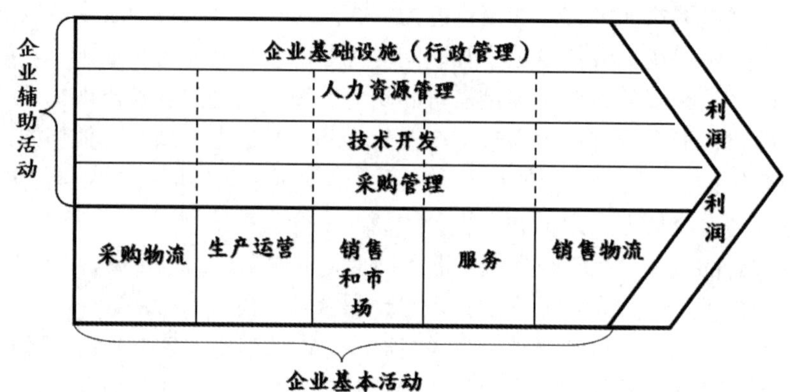

图 2-16 价值链模型

企业的基本增值活动即一般意义上的“生产经营环节”，如材料供应、成品开发、生产运营、成品储运、市场营销和售后服务。这些活动都与商品实体的加工流转直接相关。

企业的辅助增值活动，包括组织建设、人力资源管理、技术开发和采购管理等。这里的技术和采购都是广义的，既包括生产性技术，也包括非生产性技术的开发管理，例如决策技术、信息技术、计划技术；采购管理既包括生产原材料，也包括其他资源投入的管理，例如聘请有关咨询公司为企业进行广告策划、市场预测、法律咨询、信息系统设计和长期战略计划等。

“价值链”理论的基本观点是，在一个企业众多的“价值活动”中，并不是每一个环节都创造价值。企业所创造的价值，实际上来自企业价值链上的某些特定的价值活动；这些真正创造价值的经营活动，就是企业价值链的“战略环节”。企业在竞争中的优势，尤其是能够长期保持的优势，归根到底就是企业在价值链某些特定的战略价值环节上的优势。而行业的垄断优势来自于该行业的某些特定环节的垄断优势，抓住了这些关键环节，也就抓住了整个价值链。这些决定企业经营成败和效益的战略环节可以是产品开发和工艺设计，也可以是市场营销、信息技术、知识管理等，视不同的行业而异。

【例 2-6】不同行业的“战略环节”。在高档时装业，这种战略环节一般是设计能力；在卷烟业，这种战略环节主要是广告宣传和公共关系策略（也就是如何对付各种政府和消费者组织的戒烟努力）；在餐饮业，这种战略环节主要是餐馆地点的选择。对于具有较大规模的企业，例如跨国公司则可以通过价值链上的关键环节也就是核心能力在相关行业中进行扩散和移植，从而提高企业尤其是跨国公司的竞争优势。跨国公司在国际营销活动中拥有全球跨行业营销的范围经济效应。这种范围经济效应是跨国公司通过最佳广度（范围）地使用通用型要素和资源而获得的。这种通用型要素可以是通用的生产设备、管理经验、营销技能和研究开发能力。

2. 分析基于管理信息系统的价值链获取竞争优势

借助于波特的价值链模型，我们可以构建基于管理信息系统的价值链模型，如图 2-17 所示。模型中强调了企业中可应用于竞争战略的特殊活动以及信息系统最具战略影响的地方，指出了具体的关键支撑点，即如何使管理信息系统的应用最有效地提高企业的市场竞争地位。

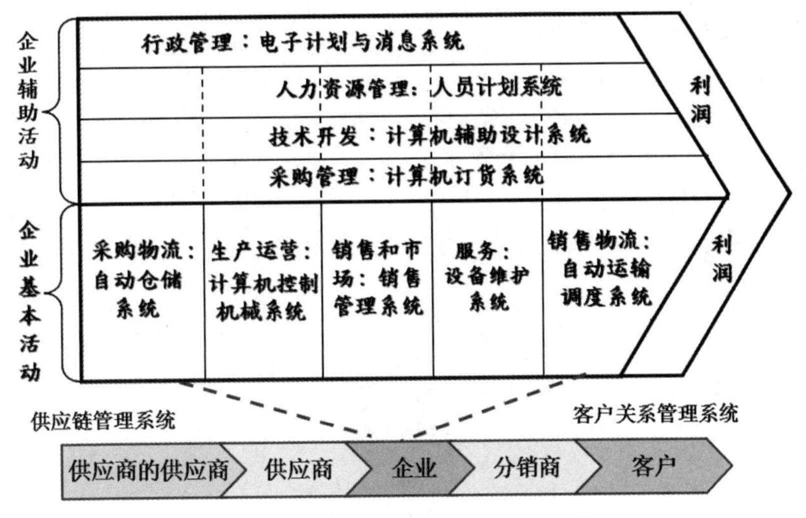

图 2-17　基于管理信息系统的价值链模型

据此，企业可以就价值链的每一阶段进行思考："我们如何利用管理信息系统来改善企业的运行效率，改进与客户和供应商之间的关系？"这将让企业能批判性地考察企业的价值链活动在每一个阶段执行得如何，业务流程将如何改善。客户和供应商在企业的价值链之外，属于企业扩展的价值链，它们对企业的成功至关重要。用于协调企业资源的供应链管理系统、用于协调销售人员和维修服务人员与客户关系的客户关系管理系统是由价值链分析得到的两个最常见的应用系统。

通过对企业价值链不同阶段的分析，我们就能形成一系列可选择的管理信息系统应用。然后，一旦有了一系列的候选应用，我们就可以决定先后开发顺序，先开发哪一个子系统，接着开发哪一个子系统。改进竞争对手忽视的那些价值链，你就能够通过优化运行、降低成本、增加边际利润、改善与客户和供应商的关系等来获得竞争优势。如果你的竞争者也做了相似的改进，你至少不至于处于竞争劣势，最坏的情况也不过如此。

3. 价值网络让企业赢得行业层面的竞争优势

图 2-17 还显示了企业的价值链与它的供应商、分销商和客户的价值链相连。毕竟，一个企业的绩效不仅取决于企业的内部，还取决于企业与其直接或间接相连的供应商、运输企业（物流合作伙伴，如 FedEx 或 UPS），还有客户之间关系的协调。

如何应用管理信息系统在行业层面达到战略优势？可以通过与其他企业合作，利用信息技术制定行业内的信息和业务交易标准（电子化的），迫使所有的市场参与者遵守相同的标准。这种努力能够提高效率，使替代性产品变得不太可能，或许还能提高行业准入门槛，从而阻碍市场新进入者进入。同样地，行业成员还可以建立行业范围内的信息技术支持联盟、论坛或通信网络，来协调与政府部门、国外竞争者或与行业竞争有关的活动。

行业价值链能让企业从整个行业层面思考如何利用信息系统更有效地与供应商、战略伙伴以及客户互动。企业的战略优势，来自企业的价值链与业务流程中其他参加者的价值链的集成能力。例如，如果你是亚马逊，你就会想要建立信息系统实现以下功能：

- 让供应商在亚马逊网站上方便地展示产品和开店。
- 让客户轻松地完成购物支付。

- 协调产品配送至客户手中。
- 客户物流跟踪。

互联网技术使得被称为“价值网络”的高协同行业价值链变得可能。价值网络是一个能够协同行业内商业伙伴间的价值链的网络系统，能快速响应供应和需求中的变化。

与传统的价值链相比，价值网络更多地由客户驱动，并较少通过线性方式运行。如图 2-18 显示了价值网络模型能在本行业或相关行业的不同企业中协同客户、供应商和贸易伙伴间的业务流程。

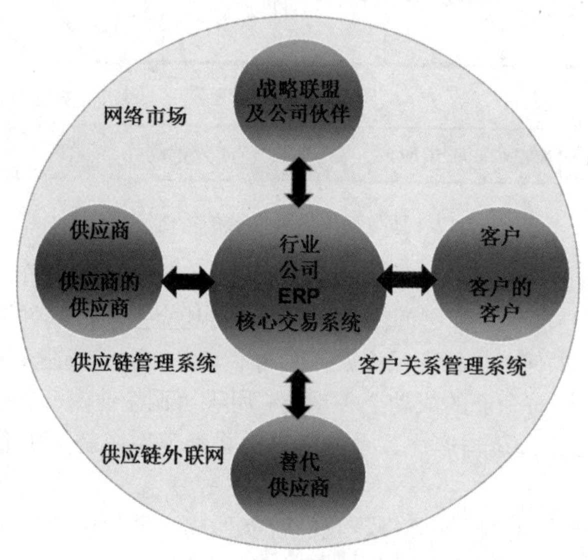

图 2-18　价值网络模型

这些价值网络是灵活的，能适应供应和需求的变化。这些企业之间的关系可以是捆绑在一起的，也可以是灵活的，以响应市场条件的变化。公司可以通过优化它们的价值网络来快速地做出决策——谁能以合适的价格和地域位置提供市场所需的产品和服务，谁就能得到客户，缩短其进入市场的时间。

2.4.3　管理信息系统支持组织实现竞争战略

一个企业面对所有这些市场竞争力量时，应当做些什么呢？公司该如何利用管理信息系统来应对这些力量？如何防止替代品？如何阻止新的市场竞争者？基于信息技术和系统的应用，常用的竞争战略有 4 种：低成本领先、产品差异化、聚焦细分市场、加强与客户和供应商的亲密关系。

1. 管理信息系统对低成本领先战略的支持

利用管理信息系统，可以获得最低的运行成本和最低的价格。

【例 2-7】沃尔玛借助管理信息系统获得低成本优势。沃尔玛运用神奇的库存补充系统，保持商品低价和充实的货架，沃尔玛成为美国零售业的领导者。客户在收银台购买商品以后，沃尔玛的不间断补货系统就会立即将新货订单发送给供应商。销售终端系统（Point of Sale，POS）记录了每一件结账商品的条码，并直接发送一个交易记录给公司总部的中央计算机。然后，中央计算机系统搜集所有沃尔玛门店的订单，并传送给供应商。供应商也可以利用网络技术来获得沃尔玛的销售和库存数据。

由于系统可以迅速补充库存，沃尔玛无须花费很多资金在自己的仓库中存放大量的商品，这个系统还能使沃尔玛根据客户的需求调整库存。竞争对手如西尔斯的管理费用占总销售收入的 24.9%，而沃尔玛通过管理信息系统降低了运营成本，其管理费用只占总销售收入的 16.6%（零售行业的平均运营成本为 20.7%）。

沃尔玛的不间断补货系统也是一个高效客户响应系统的例子。一个高效客户响应系统能将客户的行为与分销、生产、供应链紧密相连。沃尔玛的不间断补货系统就提供了这样一个高效率的客户响应。

2. 管理信息系统对产品差异化战略的支持

公司可以开发出基于管理信息系统的新产品和新服务，或者可以大大改善客户使用现有产品和服务的方便性。

【例 2-8】IT 巨头借助管理信息系统实施差异化战略。谷歌在网站上连续推出如谷歌地图这样新的、独特的搜索服务；2003 年，eBay 大大简化了买家向卖家的支付方式，从而扩大了拍卖市场的需求；苹果创造了 iPod（一个独特的便携式数字音乐播放器），加上其独特的网络音乐服务，客户只需花费 0.69～1.29 美元就可以买到一首歌曲。随着苹果公司的不断创新，又陆续推出了多媒体智能电话 iPhone、平板电脑 iPad，以及具有影像播放功能的 iPod。

制造商和零售商正在利用管理信息系统创造定制化和个性化的产品和服务，以满足单个客户独特的明确需求。例如，耐克在它的网站上通过 NIKE ID 项目出售个性化的运动鞋。客户可以挑选运动鞋的种类、颜色、材质、鞋底，甚至可以定制 8 个字母的个性标签。耐克通过计算机把这些订单发送给在中国和韩国的工厂。客户定制化服务只需另外加收 10 美元，3 个星期的时间就可以将鞋子送到客户手中。利用和大批量生产时一样的资源，提供个性化的商品和服务的能力被称为规模化定制服务。

3. 管理信息系统对聚焦细分市场战略的支持

企业能利用管理信息系统聚焦于某一特定市场，比竞争对手更好地服务这个细分的目标市场，通过信息系统产生并分析精准的销售和市场数据，以此支撑这种战略。管理信息系统使企业能精确地分析客户的购买模式、口味和偏好等，从而能针对越来越细小的目标市场投放有效的广告和开展有针对性的营销活动。

这些数据的来源有多种，包括信用卡交易数据、人口统计数据、超市和零售商店的结账信息，以及人们访问网站和与网站交互时收集到的数据。大数据分析软件工具能从这些大量的数据中发现消费模式和内在规则，从而帮助企业进行决策。数据分析技术促生了一对一营销，创造了基于个人偏好的个人信息分析。例如，希尔顿酒店通过 OnQ 系统收集并分析活跃客户的所有数据来确定每一个客户的喜好和价值。利用这些信息，希尔顿给最有价值的客户提供一些附加的优惠，例如延迟退房等。目前的客户关系管理系统（CRM）具备了分析这些庞大数据的能力。例如信用卡公司可以利用这种战略来预测其最有价值的持卡人，公司可以收集大量的客户购买以及其他行为的数据，通过挖掘这些数据，可以详细鉴别哪些持卡人具有好的或坏的信用。

4. 管理信息系统对客户关系和供应链战略的支持

企业可以利用管理信息系统来强化与供应商的联系，并发展与客户间的亲密关系。克莱斯勒公司利用管理信息系统，让其供应商可以获得他们的生产调度计划，甚至允许供应商自行决定如何以及何时将产品运至克莱斯勒的工厂，这让供应商在生产产品时有了更多的提前期。在客户方面，亚马逊保存客户购买书籍和CD的偏好记录，并能把其他人购买的产品推荐给客户。建立与客户和供应商的紧密联系，将会增加消费者的转换成本，提高消费者对企业的忠诚度。

2.4.4 管理信息系统支持组织保持竞争优势

管理信息系统常常会改变组织及其产品、服务和运营程序，驱使组织进入全新的行为模式。要成功地应用管理信息系统来获得竞争优势是一件很具挑战性的事，要求技术、组织和管理之间的精密配合。

管理信息系统带来的竞争优势不一定会持续很久，也不一定能保证长期获利。因为竞争对手可以反击或者模仿这一管理信息系统。因此，竞争优势并不是总能维持的。市场、客户期望、技术在不断地发生变化，全球化使得这些变化变得更快、更不可预测。互联网会让竞争优势很快消失，因为实际上几乎所有企业都能应用这个技术。经典的管理信息系统，如美国航空公司的SABRE计算机订票系统、花旗银行的ATM系统、联邦快递的包裹跟踪系统等，均得益于它们是该行业的第一个先行者。后来，竞争性的信息系统不断涌现，亚马逊是电子商务的领导者，但现在面临着来自eBay、雅虎和谷歌的竞争。单独依靠管理信息系统不能获得持久的商业优势，原先以为会带来战略优势的系统，常常会变成该行业企业的基本生存工具，即成为每个想要留在该行业内的企业必须有的系统，或者可能成为阻碍组织为获得长远成功而进行战略变革的基本要素。

1. 信息技术与企业目标的对应

关于信息技术和企业绩效的研究表明：信息技术与企业目标对应得越成功，企业就可能获得越大的收益；只有1/4的企业能成功地实现信息技术与企业目标的对应，一个企业大约有1/2的获利可以解释为来自信息技术与企业目标的对应。

大多数企业的错误在于：构建MIS时只顾自己，没有很好地为管理和相关利益者的利益服务。管理人员在企业构建MIS的过程中没有发挥积极的作用，而是忽视信息技术，声称不懂信息技术，并容忍信息技术的失败，认为信息技术就是个麻烦事。这样的企业付出了巨大的成本投入，得到的却是很差的绩效。成功的企业和管理人员应该懂得信息技术能做什么以及怎么做，在MIS建设中扮演积极的角色，并评估它对企业营收和利润的影响。这样，上下一心有利于企业通过构建MIS实现企业目标，MIS构建目标与企业目标相一致，更利于企业保持竞争优势。

2. 开展战略性的系统分析

为了确保信息技术与企业目标的对应，有效地应用信息系统，从而获得竞争优势和保持竞争优势，管理人员需要开展战略性的系统分析。要判断什么样的系统能为公司带来战略优势，管理人员应积极主动地询问以下战略问题并思考问题的解决途径，借助MIS提供的各种分析模型寻找最优解，并及时行动处理，比对手先行一步，从而保持竞争优势：

（1）本企业所处行业的结构是什么？

- 影响行业竞争的因素是什么？有没有行业的新进入者？供应商、客户、替代性产品或服务的相对价格谈判力如何？
- 质量、价格或品牌是竞争基础吗？
- 在本行业中，变革的方向和本质是什么？这种变革趋势是从哪里开始的？

- 在本行业内如何利用信息技术？本公司在应用信息系统方面是领先者还是落后者？

（2）对于本企业来说，主要业务是什么？企业和行业价值链是什么？

- 企业如何为客户创造价值？是通过低价格、低交易成本，还是通过高质量？价值链中是否还存在可以为客户创造更多价值、为企业创造更多利润的地方？
- 企业是否采用行业最佳实践来了解和管理业务流程？是否能利用供应链管理、客户关系管理和企业系统来获得最大的收益？
- 企业是否有效地发挥了它的核心竞争力？
- 行业供应链和客户基础在向有利于还是不利于企业的方向变化？
- 企业是否能从战略合作或价值网络中获利？
- 在价值链的哪个环节，信息系统能给企业带来最大的价值？

（3）本企业是否已经把信息技术与企业战略、企业目标对应起来了？

- 本企业是否已经正确表达了企业战略和目标？
- 本企业是否正利用信息技术改进相关的业务流程和活动，以促进相关战略的实施？
- 本企业是否使用了正确的评价方法来确保项目进展朝着预定的目标发展？

3. 创建新型管理信息系统

管理信息系统的成功应用通常要求企业在目标、客户/供应商关系以及业务流程上发生变革。这种会同时在社会和技术两个层面影响组织的社会技术变革被称为战略性的变革，即在社会技术系统层次间的变化。

这些变革常常会造成组织内部和外部边界的模糊。组织必须与供应商和客户紧密连接，并相互承担责任。管理者需要设计全新的业务流程，以便协调公司和客户、供应商以及其他组织间的活动。这些组织变革需要相关的新信息系统的支持。创新永远是企业获得竞争优势和保持竞争优势的利器，永远是社会进步和技术进步的主旋律。当前，我们已经步入互联网+时代、大数据时代、创新的时代，相信凭借人类的智慧，新型管理信息系统会不断涌现。

2.5　管理信息系统的新变化

管理信息系统领域中最振奋人心的话题莫过于技术的持续革新、技术的管理应用以及对企业成功的影响。新的企业和行业出现了，老的衰退了，而成功的公司是那些学习了如何应用新技术的公司。

2.5.1　管理信息系统在技术方面的新变化

（1）“云计算”的发展。云计算平台成为一个主要的创新商业领域，互联网上灵活的计算机群开始代替传统公司的计算机执行任务。软件即服务（SaaS）作为一种互联网服务模式，使大部分商业应用转移到互联网上。

（2）“大数据”商业应用的出现。企业需要新的数据管理工具来获取、存储和分析海量数据，并从中洞悉业务规律。这些海量数据来源于网络流量、电子邮件、社会化媒体内容以及机器（传感器）。

（3）移动数字平台的出现。作为企业系统，移动数字平台开始与 PC 平台竞争。苹果手机和安卓移动设备能下载海量的应用程序来支持协作、基于本地的服务以及与同事间的沟通。

小型的平板电脑，如 Pad、Google Nexus 和 Kindle Fire，威胁着传统的笔记本电脑在个人和企业计算中的地位。

2.5.2 管理信息系统在管理方面的新变化

（1）管理者采用在线协作技术和社会化网络软件改进协调、协作和知识共享。Google Apps、Google Sites、Microsoft Windows Share Point Services 和 IBM Lotus Connections 被全球 1 亿多商务人士用于支持博客、项目管理、在线会议、个人资料、社会化书签和网络社区。

（2）商务智能应用的加速。更强大的数据分析和交互界面提供实时的绩效信息给管理者，用于提高管理决策水平。

（3）虚拟会议猛增。管理者采用电话视频会议和网络会议技术，减少出差时间和成本，并改善合作与决策。

2.5.3 管理信息系统在组织方面的新变化

（1）社会化商务。企业利用社会化网络平台（包括脸谱网、推特和企业内部社交工具）加强与员工、客户和供应商的联系。员工在网络社区上，通过博客、维基、电子邮件和即时消息工具进行沟通。

（2）远程办公普及化。互联网、无线便携机、智能手机和平板电脑使更多的人远离传统的办公室工作。55%的美国企业拥有远程办公软件。

（3）共同创造企业价值。企业价值的来源从产品转向解决方案和经验，从内部资源转向供应商网络以及和客户的协作。供应链和产品开发呈现出更多的全球化和协作性特点，客户互动帮助公司定义新产品和服务。

iPhone、Pad、黑莓、安卓系统以及智能手机不仅是小小的工具或娱乐终端，更是代表基于一系列新硬件与软件技术的全新计算平台。越来越多的商业计算从个人计算机和台式计算机转移到这些移动设备上。管理者越来越多地使用这些移动设备协调工作、沟通员工，以及为决策提供信息。我们把这些发展叫做“新兴的移动数字平台”。

云计算的优势和移动数字平台的增长允许组织更多地依赖于电子工作、远程工作和分布式决策。在同一个平台上工作意味着公司可以外包更多的工作，依靠市场而非公司员工去创造价值，这也同样意味着公司可以和供应商、客户协同工作以创造新的产品或者改进现有产品。

管理者通常使用在线协作和社会化媒体技术来做出更好、更快的决策。随着管理行为的改变，工作的组织、协调和考评也发生了变化。社会化网络把团队和项目组的员工连接起来一起完成任务、执行计划和进行管理。协作空间让员工彼此相会，即使他们不在同一个大陆和时差地区。当前，数以百万的管理者都非常依赖于移动数字平台来协调供应商和运输工作，让客户满意和管理员工。工作中如果没有这些移动设备或者互联网接入的话，简直是不可想象的。

习题 2

一、填空题

1．管理信息系统作为一门学科，是综合了________、________、________的系统性的边缘学科。

2. 现代信息管理理论认为，企业生产经营管理有“四流”，即________、________、________和________。

3. 对企业来说，人、________、________、________和________是五大重要资源。

4. 管理信息系统不仅是一个________系统，而且是一个________和________的综合系统。

5. 管理信息系统学科基础的三大要素是________、________和________，也是管理现代化的重要标志。

6. 具有________是管理信息系统成熟的重要标志。

7. 管理信息系统由很多子系统组成，包括________、________、________、后勤服务管理子系统等。

8. 在开发管理信息系统时，融进了现代化的管理思想和方法，如________、________和________等。

9. 管理信息系统是一个广泛的概念，至今尚无明确的分类方法。从层次上可将信息系统分为________、________和________。

10. 管理信息系统的总体结构由________、________、________和信息管理者组成。

二、选择题

1. 管理信息系统是一个（　　）。

A. 人机系统　　B. 计算机系统　　C. 操作系统　　D. 网络系统

2. 管理信息系统是一个广泛的概念，下列不属于管理信息系统范畴的是（　　）。

A. 专家系统　　B. 管理信息系统

C. 决策支持系统　　D. 业务信息系统

3. 管理信息系统的应用离不开一定的环境和条件，环境具体指的是（　　）。

A. 组织所处的自然环境　　B. 组织所处的社会环境

C. 组织内外各种因素的综合　　D. 组织所处的自然环境和社会环境的综合

4. 金字塔形的管理信息系统结构的底部为（　　）的处理和决策。

A. 结构化　　B. 半结构化

C. 非结构化　　D. 三者都有

5. 通常高层管理提出的决策问题与基层管理提出的决策问题相比，在结构化程度上（　　）。

A. 高层管理的决策问题的结构化程度高于基层的

B. 高层管理的决策问题的结构化程度低于基层的

C. 两者在结构化程度上没有太大的差别

D. 以上 A、B、C 三种情况都可能出现

6. 管理信息系统的特点是（　　）。

A. 数据集中统一，应用数学模型，有预测和控制能力，面向操作人员

B. 数据集中统一，应用人工智能，有预测和决策能力，面向管理人员

C. 数据集中统一，应用数学模型，有预测和控制能力，面向管理人员

D. 应用数学模型，有预测和决策能力，应用人工智能，面向管理人员

7．管理信息系统是一些功能子系统的联合，为不同管理层次服务。例如，在销售市场子系统中，进行销售和摊销的日常调度，按区域、按产品、按顾客的销售数量进行定期分析等，是属于（　）。

A．业务处理　B．运行控制　C．管理控制　D．战略计划

8．管理的基本职能主要包括（　）。

A．计划、控制、监督、协调　B．计划、组织、领导、控制

C．组织、领导、监督、控制　D．组织、领导、协调、控制

9．在公路运输管理中，若车辆通过道路时是免费的，公路的建设、维护费用依靠税收和财政拨款，这种管理控制称为（　）。

A．反馈控制　B．前馈控制　C．输入控制　D．运行控制

10．某公司把库存物资出入库和出入库财务记账处理综合成一个应用子系统，这种子系统是将（　）职能关联在一起。

A．供销和生产　B．供销和财务　C．财务和生产　D．供销和市场

三、简答题

1．简述管理信息系统的重要性。

2．简述管理信息系统的特点。

3．简述互联网给企业带来的机会与威胁。

第 3 章　管理信息系统技术基础

企业内的 IT 基础设施可能是一种资产也可能是一种负债，以适当的价格购买或定制适宜的信息技术将能改进组织的绩效。管理者首先必须设法满足企业需要的信息技术资产，弄清并不需要的或冗余的应用软件和数据，必须知道如何用更少的计算机或者知道如何在共享的云计算环境中运行企业的信息系统。其次，弄清楚哪些应用和资源能够在企业内的所有部门间共享，哪些必须经过授权。最后，必须知道信息系统如何通过应用云计算、虚拟化和智能化实现组织的目标。本章介绍管理信息系统的技术基础，包括 IT 技术基础和商业智能基础，旨在使企业的管理者对管理信息系统的支撑技术及发展趋势有一个基本的了解，以便使组织建立信息系统时对技术方案做出正确而明智的选择。

大数据带来大回报

如今，许多公司正努力应对来自社会化媒体、搜索引擎、传感器以及传统资源数据的问题。2012 年，数字信息的数量达到 988EB，相当于把书堆起来，从太阳到冥王星走一个来回的数量。理解“大数据”已经成为所有大小公司的重要挑战，同时也带来了新的机会。公司目前该如何抓住利用大数据的机会呢？

每年，大英图书馆网站的搜索次数都超过 60 亿次。为了保存历史文档，图书馆还负责保存那些已经不存在的英国网站内容，比如关于以往政治家的网站。传统数据管理方法被证明没有能力给数以百万计的网页存档，传统分析工具也无法从如此海量的数据中提取有用的信息。所以，大英图书馆必须做出调整，以具备处理大数据的能力。大英图书馆和 IBM 合作建立大数据解决方案来应对此类挑战。IBM BigSheets 是一个智能引擎，可以帮助提取、注释和可视化分析大量的非结构化数据，并通过浏览器传输结果。例如，用户可以在一个拼图中看到搜索结果。

在纽约市，犯罪活动实时监测中心的数据仓库包括了数百万条关于这个城市的犯罪和罪犯的数据。IBM 公司与纽约市警察局一起创建了包含 12 亿个刑事诉讼、3100 万条国家犯罪记录和 330 亿条公诉记录的数据仓库。这个系统的搜索能力允许纽约市警察局从任何数据源中快速地获取数据。犯罪嫌疑人的信息可以在几秒钟之内在视频墙上显示出来，或者立即转播给在犯罪现场的警察，这些信息包括犯罪嫌疑人的照片和过去犯罪记录的详细信息，甚至含有地图的地址信息。

总部设在丹麦的 Vestas 是世界上最大的风电公司，在 66 个国家拥有超过 43000 台风力涡轮机。对于 Vestas 公司来说，涡轮机的选址数据是特别重要的，有了这些数据，才能准确地为涡轮机选择最优的地点来利用风力。那些没有足够大风力的地方无法产生涡轮机所需要的风力，然而过大的风力又会损坏涡轮机。Vestas 依靠当地的数据来决定安装涡轮机的最佳地址。

为了收集关于未来涡轮机选址的数据，Vestas 的风数据库将全球的气象系统与现存的涡轮机数据相结合。公司之前的风数据库以网格模式提供信息，每个网格有 27 千米 × 27 千米（17 英里 × 17 英里）的面积。Vestas 的工程师可以在特定地点以 10 米 × 10 米（32 英尺 × 32 英尺）的幅度建立一个风力模式。为了进一步提高涡轮机选址模型的准确性，Vestas 需要进一步地收缩网格，这就需要比之前系统多 10 倍的数据和更强有力的数据管理平台。

Vestas 还安装了一个运行在高性能 IBM 系统 xiDataPlex 服务器上的 IBM InfoShpere BigInsight 软件(一款具有大数据分析能力和可视化的软件工具，由 Apache Hadoop 支持运行)。利用这些技术，Vestas 扩大了它的风数据库，并且可以使用更加强大和准确的模型来管理和分析地址和气候数据。

Vestas 的风数据库现在存储着 2.8PB 的数据，包括气压、湿度、风向、温度、风速和其他公司的历史数据等大约 178 个变量。Vestas 计划再添加全球采伐森林测量情况、卫星图片、地理空间数据，以及关于月球和潮汐等的数据。

Vestas 现在可以通过小到仅 3 千米 × 3 千米(大约 18 英里 × 18 英里)的风力网格数据解决大约 90%的问题。这样的能力使 Vestas 能在 15 分钟内而不是原来的 3 周内预测最佳的涡轮机选址，为涡轮机选址节约了一个月左右的时间，并且能够使 Vestas 的客户更快地得到投资回报。

很多企业也利用大数据来分析消费者情感。比如，租车巨头 Hertz 通过网络调查、电子邮件、文本信息、站点流量模式和 146 个国家的 8300 个分店收集数据。公司现在将收集来的所有数据集中存储起来，而不是存放在每一个分店中，这样就可以减少处理数据的时间，加速公司对消费者情感反馈和变化的反应时间。例如，通过分析不同数据源产生的数据，Hertz 能够确定在某天的某个时候，菲律宾的分店发生了还车延迟。在调查了这个异常现象之后，公司就可以快速地调整菲律宾在高峰时段的员工，确保有一个经理能处理那里发生的任何问题，这样就增加了 Hertz 的业绩并提高了顾客满意度。

使用大数据也有其局限性。在大数据中翱翔并不一定意味着获得正确的信息，或者人们一定会做出更明智的决策。去年，麦肯锡全球机构报道提出，现在非常缺乏能正确分析这些信息的专家。然而，大数据的发展趋势并没有减缓。事实上，大数据更趋于变得越来越大。

案例思考题

1．什么是大数据？在本案例中，企业收集获取的大数据有哪些类型？
2．什么是商务智能？请列举并描述本案例中使用到的商务智能技术。
3．为什么本案例中的企业需要维护和分析大数据？它们从中获得了什么商业利益？
4．请找出得益于使用大数据的 3 种决策。
5．哪些类型的组织最有可能需要大数据管理和分析工具？为什么？

3.1 信息技术基础设施

3.1.1 信息技术基础设施的含义与构成要素

1．信息技术基础设施的含义

信息技术（Information Technology，IT）基础设施是指为企业特定的信息系统应用提供平台的共享技术资源。IT 基础设施包括硬件、软件、服务（如咨询、教育和培训）等方面，这些资源在整个企业或企业的业务部门内实现共享，提供了客户服务、供应商联系、内部业务流程管理的基础。

把通信和网络设备，以及通信服务（包括互联网、电话和数据传输服务）计算在内，2012 年全球 IT 基础设施（包括硬件和软件）的总产值估计达到了 3.6 万亿美元，这还不包括信息技术及其相关的业务咨询服务支出，这方面还有额外 4000 亿美元的产值。在大企业中，IT 基础设施方面的投资占据了信息技术总投资的 25%～50%。其中，财务和金融服务企业在信息技术方面的投资比例最大，占其总投资的一半以上。

2. IT 基础设施的构成要素

当今 IT 基础设施的构成要素主要有 7 类：计算机硬件平台、操作系统平台、企业应用软件、数据管理和存储、组网/通信平台、云服务平台、IT 服务。对这些要素的投资，要求在各类要素之间协调，以便企业的基础设施整体上协调一致。

过去，提供这些构成要素产品的技术供应商相互竞争，通常向购买者提供一些不兼容、专用的和不完整的解决方案。现在，迫于大客户的压力，这些供应商逐渐以战略合作伙伴的形式相互合作。例如，像 IBM 这样的硬件和服务供应商与一些主要的企业应用软件供应商合作，与系统集成商建立战略合作关系，并承诺无论其用户希望使用何种数据库产品都可以合作（尽管 IBM 也在销售它自己的数据库管理软件 DB2）。

3.1.2　计算机硬件平台

计算机硬件是指组成计算机系统的各种物理设备，也就是我们所看得见、摸得着的实际物理设备的总称，也称为计算机硬件平台，它包括计算机的主机和外部设备。

2013 年，全球企业在计算机硬件平台上的开支达 4480 亿美元，包括服务器和客户端设备。服务器市场主要采用 Intel（英特尔）或 AMD 处理器，以槽架结构组成刀片式服务器（如图 3-1 所示），也有 Sun SPARC 微处理器和为服务器专门设计的 IBM 芯片。

刀片式服务器（Blade Server）是指在标准高度的机架式机箱内可插装多个卡式的服务器单元，实现高可用和高密度。它是一种 HAHD（High Availability High Density，高可用高密度）的低成本服务器平台，是专门为特殊应用行业和高密度计算机环境设计的，其主要结构为一大型主体机箱，内部可插上许多“刀片”，其中每一块“刀片”实际上就是一块系统主板。它们可以通过“板载”硬盘启动自己的操作系统，如 Windows NT/2000、Linux 等，类似于一个个独立的服务器。在这种模式下，每一块母板运行自己的系统，服务于指定的不同用户群，相互之间没有关联。不过，管理员可以使用系统软件将这些母板集合成一个服务器集群。在集群模式下，所有的母板可以连接起来提供高速的网络环境，并同时共享资源，为相同的用户群服务。在集群中插入新的“刀片”，就可以提高整体性能。由于每块“刀片”都是热插拔的，因此系统可以轻松地进行替换，并且将维护时间减少到最小。硬盘驱动器或者外部大规模存储设备可作为刀片式服务器的辅助存储。

计算机硬件市场日益集中到几个顶尖的生产商，如 IBM、HP、Dell 和 Sun（已被甲骨文公司收购）等，以及 Intel、AMD 和 IBM 等芯片生产商。整个行业都把 Intel 处理器作为商用计算的标准处理器。服务器市场上则有例外，使用 UNIX 和 Linux 的服务器可能采用 Sun 或者 IBM 的处理器。

图 3-1　刀片式服务器

然而大型主机并没有完全消失。大型主机在可靠性和安全性要求高的大宗事务处理中仍继续使用，例如用于海量数据的分析、云计算中心大负荷量任务的处理。大型主机仍然是银行系统和通信网络中电子化数据处理的主要设备，但是其生产商只剩下 IBM 一家了。而 IBM 也重新定位了大型主机系统的应用目标，以使其能够用来作为大规模企业网络和企业级网站的巨型服务器。一台 IBM 主机可以运行多达 17000 个 Linux 或 Windows 服务器软件实例，可以取代成千上万个小型的刀片式服务器。

3.1.3　操作系统平台

操作系统（Operating System，OS）是管理和控制计算机硬件与软件资源的计算机程序，是直接运行在"裸机"上的最基本的系统软件，任何其他软件都必须在操作系统的支持下才能运行。操作系统是用户和计算机的接口，同时也是计算机硬件和其他软件的接口。操作系统的功能包括管理计算机系统的硬件、软件及数据资源，控制程序运行，改善人机界面，为其他应用软件提供支持，让计算机系统的所有资源最大限度地发挥作用，提供各种形式的用户界面，使用户有一个好的工作环境，为其他软件的开发提供必要的服务和相应的接口等。实际上，用户是不用接触操作系统的，操作系统管理着计算机的硬件资源，同时按照应用程序的资源请求分配资源，比如划分 CPU 时间、内存空间的开辟、调用打印机等。

微软的 Windows Server 占据了大约 35%的服务器操作系统市场，另外 65%的企业服务器使用某些版本的 UNIX 或 Linux 操作系统（一种廉价、稳定并且开源的 UNIX 操作系统）。Windows Server 能够提供企业级的操作系统和网络服务，对想建立基于 Windows 操作系统的 IT 基础设施的企业具有吸引力。

UNIX 和 Linux 具有可扩展性和可靠性，并且比大型主机的操作系统便宜，还可以在多种不同的处理器上运行。UNIX 操作系统的主要供应商有 IBM、HP 和甲骨文公司，各个公司的版本稍微有些差异，并且有一部分不兼容。

在客户机方面，90%的个人计算机使用某种版本的微软 Windows 操作系统来管理计算机的资源及活动，如 Windows 7、Windows 8、Windows Vista。但是与过去相比，操作系统有了很大的变化，新出现了用于便携移动数字设备和云连接计算机的操作系统。

谷歌的 Chrome OS 是一款用于上网本（netbook）云计算功能的简易操作系统。程序不是存储在用户端的个人计算机上，而是通过互联网访问 Chrome 网页浏览器来使用，用户的数据存储在互联网的服务器上。安卓（Android）是一款开源操作系统，用于谷歌旗下的开放便携机联盟（Open Handset Alliance）开发的移动设备，如智能手机和平板电脑，是全球最流行的智能手机平台。与其竞争的产品是苹果的 iOS，一款为其 iPhone、iPad 和 iPod Touch 等产品开发的移动操作系统。

传统的客户机操作系统软件围绕鼠标和键盘来设计，然而运用触控技术更加自然和直观。iOS 是在非常流行的 iPhone、iPad 和 iPod Touch 等苹果公司产品中使用的操作系统，它以多点触控（Multitouch）界面为特征，用户可以使用一个或多个手指而无需用鼠标或键盘来操作屏幕上的对象。微软的 Windows 8 可用于平板电脑和 PC 机，用触摸技术需优化了用户界面，也可与鼠标和键盘配合使用。

3.1.4 企业应用软件

企业应用软件是指在系统软件之外，为满足企业应用需求而提供的软件。企业应用软件不单单是软件，更是根据企业管理理论、先进的管理模式和流程甚至被多数企业证明了行之有效的管理思想、管理规律、管理经验而开发的各种信息系统。

企业应用系统（如图 3-2 所示）横跨各个业务职能领域，包括销售与市场、生产与制造、财务与会计、人力资源管理等各个子系统，纵穿组织的各个层级，包括基层的事务处理系统、中层（业务控制层）的贯穿整个企业业务流程的管理信息系统、高层（决策支持层）的知识管理系统，甚至扩展到组织外部业务流程的自动化系统，如供应链管理系统、客户关系管理系统等。

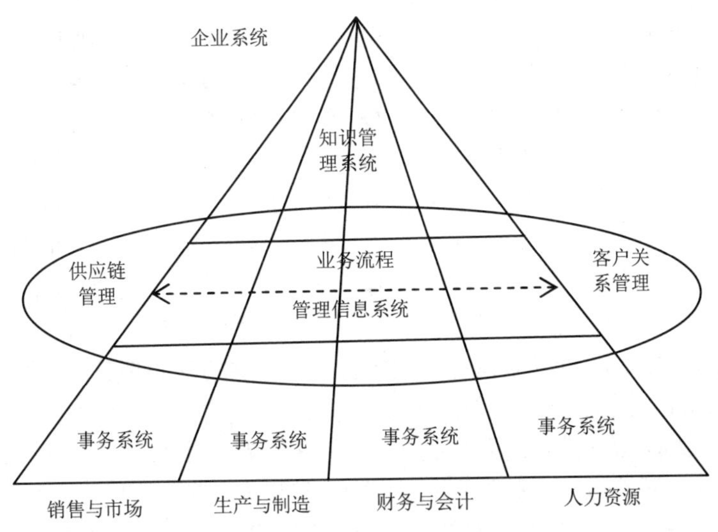

图 3-2 企业应用系统架构

企业应用软件是IT基础设施的一个组成部分。各种类型的企业应用软件非常之多，企业应该根据自身需求和发展进行精选。在建设企业信息化的过程中，管理者会根据企业的发展需要为企业引进相应的软件。目前经常被使用的软件有：财务管理软件、办公自动化软件、企业资源计划（ERP）系统、客户关系管理软件、人力资源管理软件、连锁分销商铺管理软件、远程接入等。

最大的企业应用软件供应商是SAP和甲骨文（收购了PeopleSoft公司）。企业应用软件还包括中间件（middle ware）。中间件由IBM和甲骨文等供应商提供，用来连接企业现有的各种应用系统，实现企业内系统的全面集成。微软试图进入该市场的低端产品市场，专门为尚未实施企业应用的中小企业提供产品。

我国企业应用软件供应商排名前四位是用友、金蝶、神州数码和浪潮。

用友软件股份有限公司是亚太地区最大的管理软件公司。用友拥有丰富的企业应用软件产品线，覆盖了ERP（企业资源计划）、SCM（供应链管理）、CRM（客户关系管理）、HR（人力资源管理）、EAM（企业资产管理）、OA（办公自动化）等业务领域，可以为客户提供完整的企业应用软件产品解决方案。

金蝶国际软件集团有限公司是中国第一个基于Windows版本的财务软件及小企业管理软件——金蝶KIS、第一个纯Java中间件软件——金蝶Apusic和金蝶BOS、第一个基于互联网平台的三层结构的ERP系统——金蝶K/3的缔造者，其中金蝶K/3和KIS是中国中小型企业市场中占有率最高的企业管理软件。金蝶EAS构建于金蝶自主研发的商业操作系统——金蝶BOS之上，面向中大型企业，采用最新的ERP II管理思想和一体化设计，有超过50个应用模块高度集成，涵盖企业内部资源管理、供应链管理、客户关系管理、知识管理、商业智能等，并能实现企业间的商务协作和电子商务的应用集成。

3.1.5 数据管理和存储

任何机器都会有物理上的限制，如内存容量、硬盘容量、处理器速度等，我们需要在这些硬件的限制和性能之间做出取舍，比如内存的读取速度比硬盘快得多，因此内存数据库比硬盘数据库性能好，但是内存为2GB的机器不可能将大小为100GB的数据全部放入内存中，也许内存大小为128GB的机器能够做到，但是当数据增加到200GB时又无能为力了。

数据不断增长造成单机系统性能不断下降，即使不断提升硬件配置也难以跟上数据的增长速度。然而，当今主流的计算机硬件比较便宜而且可以扩展，现在购置8台8内核、128GB内存的机器比购置一台64内核、TB级别内存的服务器划算得多，而且还可以增加或减少机器来应对将来的变化。这种分布式架构策略对于海量数据来说是比较适合的，因此，许多海量数据系统选择将数据放在多个机器中，但也带来了许多单机系统不曾有的问题。如何确保所有数据能够得到可靠备份、及时进行灾难恢复是数据管理与存储的核心任务。此外，还有诸如改进系统和应用的输入/输出性能、提高数据和应用系统的高可用性、减少由于各种原因中断数据存取或者应用系统死机（指操作系统无法从一个严重系统错误中恢复过来，或系统硬件层面出问题，以致系统长时间无响应，而不得不重新启动计算机的现象。它属于电脑运作的一种正常现象，任何电脑都会出现这种情况。）的时间等都是数据管理与存储需要加以解决的问题，主要的实现技术有分级存储管理（HSM）、集群服务器（ClusterServer）等。

企业数据库管理软件负责组织和管理企业的数据，使其能够得到有效的使用。DB2的提供商 IBM 公司、Oracle 的提供商甲骨文公司、SQL Server 的提供商微软公司和 Adaptive Server Enterprise 的提供商赛贝斯公司都是数据库管理软件供应商中的主导者，它们占据了美国数据库市场超过 90%的份额。MySQL 是一种 Linux 环境下的开源关系型数据库产品，目前由甲骨文公司所拥有。Apache Hadoop 是一种用来管理大规模数据集的开源软件架构。

在物理数据存储市场上，大型数据存储系统主要由 EMC 公司控制，个人计算机硬盘市场主要由希捷（Seagate）和西部数据（Western Digital）控制。数字信息量每两年翻一番，仅 2011 年一年就产生了令人吃惊的 1.8ZB（泽字节，ZettaBytes，18 万亿亿字节）的信息量。所有的 Twitter（推特）、博客、视频网、电子邮件系统和脸谱网站帖子产生的信息，再加上传统的企业数据，其总和相当于几十个美国国会图书馆的信息量。

随着全球新增数字信息量的迅猛增长，数字数据存储设备市场近 5 年来以每年 15%以上的速度在增长。除了传统的磁盘阵列和磁带存储之外，大型企业现在开始应用基于网络的存储技术。存储区域网（Storage Area Network，SAN）通过专用的高速存储网络把多个存储设备连接在一起，形成了一个可供多个服务器快速访问和共享的大型中央数据存储池。

3.1.6 组网/通信平台

通信是人与人之间通过某种媒体进行的信息交流与传递。网络是用物理链路将各个孤立的工作站或主机相连在一起组成的数据链路。组网是指将各个孤立的设备进行物理连接，实现人与人、人与计算机、计算机与计算机之间进行信息交换的链路，从而达到资源共享和通信的目的。通信网络分为有线网、无线网和混合网 3 种类型。现代通信网络是由专业机构以通信设备（硬件）和相关工作程序（软件）有机建立的系统，是为个人、企事业单位和社会提供各类通信服务的总和。因特网（Internet）由多个计算机网络、传输/交换设备（主要是指路由器、交换机、集线器）和终端等几部分组成，是遍及全球的互联网。

Windows Server 是占据主导地位的局域网操作系统，Linux 和 UNIX 紧随其后。大型企业广域网主要使用各种版本的 UNIX 操作系统。几乎所有的局域网和广域网都使用 TCP/IP 协议作为网络通信标准。

网络硬件设备的主要供应商有华为、爱立信、阿尔卡特—朗讯等公司。通信平台主要由提供语音和数据连接，提供广域网、无线网服务和互联网接入服务的电信/电话服务公司提供。据美国商业新闻社 2013 年 12 月 20 日报道，市场研究公司 ABI Research 的最新研究报告显示，2013 年第三季度，中国华为以 28.1%的市场份额再度蝉联全球最大移动网络设备（RAN）制造商宝座。ABI Research 在报告中指出，华为在第三季度全球移动网络设备总销量中占比 28.1%，环比减少 3 个百分点，不过仍然排名第一。爱立信以 21.8%的市场份额排名第二，阿尔卡特—朗讯则凭借 16.9%的市场份额超越诺西通信位居第三，诺西和三星则分别以 14.9%和 9.5%的市场份额分列第四、五位。

3.1.7 云服务平台

“云”其实是互联网的一个隐喻，任何一个使用基于互联网的方法来计算、存储和开发的公司，都可以从技术上叫做从事云的公司。任何一个在互联网上提供其服务的公司都可以叫做云计算公司。“云计算”其实就是使用互联网来接入存储或者运行在远程服务器端的应用、远程数据或者提供各种基于互联网的服务。

在当下，互联网不只是技术，它已成为一种基础设施。如果说 20 世纪 80 年代以前的互联网是技术，是采用 TCP/IP 协议的信息传输与共享，那么现在的互联网已经不只是技术了。互联网在中国 90 年代后期、2000 年以后引起了重大的争议，大家把它当作信息网，所以有百度、搜狐、网易等这些企业的崛起。但是紧接着人们发现互联网不仅仅是信息网，信息网很快被“云”和“端”取代。之后出现了苹果在云端展开业务（即云计算），互联网变成了宽带网络支撑下的基础设施，亦即互联网已经变成了一个发展平台（云平台）。当互联网成为平台的时候，再简单地将其看作技术就是低看互联网了。我们可以借助这个云平台提供的服务进行很多的应用。我们可以安装很多的智能手机，也可以安装很多的服务器和云计算。

云提供的服务分为三层，分别是基础设施即服务（Infrastructure-as-a-Service，IaaS）、平台即服务（Platform-as-a-Service，PaaS）、软件即服务（Software-as-a-Service，SaaS）。基础设施在最下端，平台在中间，软件在顶端。别的一些“软”的层可以在这些层上面添加。

（1）软件即服务。它是一种通过 Internet 提供软件的模式，厂商将应用软件统一部署在自己的服务器上，客户可以根据自己的实际需求，通过互联网向厂商定购所需的应用软件服务，按定购的服务多少和时间长短向厂商支付费用，并通过互联网获得厂商提供的服务。用户不用再购买软件，而改用向提供商租用基于 Web 的软件来管理企业的经营活动，且无需对软件进行维护，服务提供商会全权管理和维护软件，软件厂商在向客户提供互联网应用的同时，也提供软件的离线操作和本地数据存储，让用户随时随地都可以使用其定购的软件和服务。对于许多小型企业来说，SaaS 是采用先进技术的最好途径，它消除了企业购买、构建和维护基础设施和应用程序的需要。

（2）平台即服务。把服务器或者开发环境作为平台提供服务。所谓 PaaS 实际上是指将软件研发的平台（计世资讯定义为业务基础平台）作为一种服务，以 SaaS 的模式提交给用户。因此，PaaS 也是 SaaS 模式的一种应用。但是，PaaS 的出现可以加快 SaaS 的发展，尤其是加快 SaaS 应用的开发速度。

PaaS 提供给消费者的服务是把客户要求提供的开发语言和工具（如 Java、Python、.Net 等）、开发的或收购的应用程序部署到供应商的云计算基础设施上去。客户不需要管理或控制底层的云基础设施，包括网络、服务器、操作系统和存储等，但客户能控制部署的应用程序，也可以控制运行应用程序的托管环境配置，如服务器等。

（3）基础设施即服务。消费者通过 Internet 可以从完善的计算机基础设施上获得服务。这类服务称为基础设施即服务。基于 Internet 的服务（如存储和数据库）是 IaaS 的一部分。

IaaS 提供给消费者的服务是对所有设施的利用，包括处理、存储、网络和其他基本的计算资源，用户能够部署和运行任意软件，包括操作系统和应用程序。消费者不用管理或控制任何云计算基础设施，但能控制操作系统的选择、存储空间部署等应用，也有可以获得有限制的网络组件（如防火墙和负载均衡器等）的控制。

互联网平台与企业的通用网络基础设施以及软硬件平台息息相关。互联网平台涵盖硬件、软件和管理服务以支持企业的 Web 网站，包括网页寄存服务、路由器和有线无线设备。网页寄存服务（Web Hosting Service）是利用大型网站服务器或者一组服务器为付费用户提供维护其网站主页的存储空间。

互联网革命使服务器型计算机发生了急剧变化，许多公司集中了成千上万的小型服务器来运行其互联网应用。此后，通过增强服务器的功能、型号以及运用能够使单台服务器运行更多应用的软件工具，不断巩固了服务器的地位。互联网硬件服务器市场越来越集中到 IBM、Dell、Sun（Oracle）和 HP 等几家公司，其价格大幅下降。

Web 软件应用开发工具和组件市场则主要由微软、Oracle-Sun 以及其他一些独立软件开发商所控制。微软产品有 Microsoft Expression Studio 和.NET 系列开发工具，Sun 公司的 Java 是应用最广泛的服务器和客户端交互式 Web 应用开发工具，其他独立软件开发商包括 Adobe 公司（Creative Suite 产品）和 Real Network 公司（媒体软件产品）。

3.1.8 IT 服务

随着政府、企业、个人用户对于现代信息技术方面需求的不断提高，IT 服务业在不断发展，很多传统的硬件设备厂商积极地向服务型企业转型。以服务带给客户良好的客户体验，促进客户和厂商设备之间的绑定，达到销售硬件设备的目的。同时，IT 服务业本身的利润空间也导致厂商对 IT 服务产生强烈的兴趣。IT 服务包含 IT 咨询、系统集成、软硬件支持与维护等服务。

IT 咨询也可称为信息化咨询，它是对企业进行一次全方位的系统改造或升级，主要涉及企业管理模式设计、业务流程重组、信息化解决方案设计与管理软件系统的实施应用等。

IT 咨询业将管理思想、全新的商业模式与现代 IT 技术手段相结合，为企业提供互联网服务领域的咨询与服务。网络社会化触发了 IT 咨询产业的发展。尤其在中国，“信息化带动工业化”成为基本国策，作为全球化的重要对策以及刺激内需拉动经济的重要手段，随着我国信息化的不断推进，IT 咨询的需求已经明显启动，但大多数需求还是处于模糊的萌芽状态，市场也十分分散，包括系统集成公司、技术公司、传统咨询公司，甚至一些网站都在从事一定的咨询业务，分割一定的市场。

系统集成是指将企业的“老的”遗留系统（Legacy System）与新的基础设施相融合，并确保 IT 基础设施的各个组成部分之间相互协调。遗留系统一般指为计算机主机建立的“老的”事务处理系统，企业为了避免因更换和重新设计而产生更高的成本而继续使用。如果这些老的系统可以和当前的基础设施整合，从成本上考虑就没必要更换。信息系统集成是近年来国际信息服务业中发展势头最猛的服务方式和行业之一。信息系统集成是指将计算机软件、硬件、网络通信等技术和产品集成为能够满足用户特定需求的信息系统，包括总体策划、系统分析与设计、开发、实施、服务及保障。信息系统集成有以下几个显著特点：

- 信息系统集成要以满足用户需求为根本出发点。
- 信息系统集成不只是设备的选择和供应，更重要的是具有高技术含量的工程过程，要面向用户需求提供全面解决方案，其核心是软件。
- 系统集成的最终交付物是一个完整的系统而不是一个分立的产品。
- 系统集成包括技术集成、管理集成和商务集成等各项工作，是一项综合性的系统工程。技术是系统集成工作的核心，管理和商务活动是系统集成项目成功实施的保障。

当今，即便是一家大型企业，也可能没有足够的人员、技能、预算，以及部署和维护其整个 IT 基础设施的必要经验。建立新的 IT 基础设施，需要对业务流程和程序、培训教育以及软件集成等方面进行重大改进。一些领先的咨询公司，如埃森哲（Accenture）、IBM Global、HP、Infosys、Wipro Technologies 等能够提供这些方面的专门知识服务。如 HP 提供以企业产品为重点的咨询和专业服务，包括数据中心、网络和存储咨询（所有内容均以培训服务为支撑），提供技术培训、培训咨询和协作工具等。咨询服务组合包括云咨询服务、移动性和大数据咨询服务。2015 我国最具影响力的 IT 系统集成公司，首先应该是四家特一级资质的公司：中国软件与技术服务股份有限公司、东软集团股份有限公司、浪潮软件集团有限公司、太极计算机股份有限公司，其次是神州数码、华胜天诚、中国电信系统集成公司、联通系统集成公司。

3.2 商业智能基础

商业智能（Business Intelligence，BI）又称商业智慧或商务智能，是指用现代数据仓库技术、线上分析处理技术、数据挖掘和数据展现技术等进行数据分析以实现商业价值。

商业智能作为一个工具，是用来处理企业中的现有数据，并将其转换成知识、分析和结论，以辅助业务或者决策者做出正确且明智的决定，是帮助企业更好地利用数据提高决策质量的技术，包含了从数据仓库到分析型系统等。

企业除了使用数据库来记录、追踪基本交易，比如支付供应商费用、处理订单、追踪消费者和支付员工工资外，也需要数据库提供能帮助公司更高效运作的信息，使得管理者和员工能制定更好的决策。公司想知道哪个产品是最受欢迎的、谁是最有价值的消费者，其实答案就蕴藏在数据当中。

3.2.1 大数据的挑战

管理信息系统应用之初，组织收集到的大多数数据还都是事务性数据，很容易适合行和列的二维关系数据库管理系统（DBMS）。但是，在互联网广泛应用的今天，来自网络流量、电子邮件和社交媒体的内容，以及从传感器、探头等获得的数据或电子交易系统产生的数据引起了数据爆炸。这些数据很有可能都是非结构或半结构的数据，所以不适合用行和列的关系型数据库来表示。现在使用的术语“大数据”（big data 或 mega data）是用来描述那些拥有巨大容量的，已经超出了传统 DBMS 所能够获取、存储和分析的数据集。

大数据的“4V1O”特点如下：

- Volume（大量）：数据体量巨大，从 TB 级别跃升到 PB 级别。
- Velocity（高速）：数据的增长速度快，现代的处理速度也快。可从各种类型的数据中快速获得高价值的信息，这一点也是和传统的数据挖掘技术有着本质的不同。
- Variety（多样）：数据类型繁多，包括大量的非结构化数据和半结构化数据，如网络日志、视频、音频、图片、地理位置信息等。
- Value（价值）：数据价值密度低。但只要合理利用数据并对其进行正确、准确的分析，将会带来很高的价值回报。
- Online（在线）：数据保持一天 24 小时在线，以便提供即时服务。

大数据并不特指具体的数量，但通常指的是从 PB（petabyte）级到 EB（exabyte）级范围内的数据，换句话说，就是来自不同数据源的十亿到千亿条记录。也有些专家给出了具体数据量上的界定，认为一个组织或个人，当数据总量在 100TB（terabyte，1TB=1024GB）以上就可以称之为大数据了。与传统的数据相比，大数据以更大的量级和更快的速度产生。

【例 3-1】大数据的增速。一台喷气式发动机仅在 30 分钟内就可以产生 10TB 的数据，而每天有超过 25000 次航班。即使推特（Twitter）文本内容限制在 140 个字，推特的使用者每天也能产生 8TB 的数据。根据国际数据中心技术研究公司（IDC）的报道，每两年数据量就会翻倍，组织可用的数据量不断飙升。

沃尔玛每隔一小时处理超过 100 万客户的交易，数据录入量估计超过 2.5PB，相当于美国国会图书馆书籍的 167 倍。

Facebook（脸谱网）从它的用户群获得并处理 400 亿张照片。原来解码最原始的人类基因组需要花费 10 年时间，如今可以在一个星期内实现。

企业对大数据产生浓厚的兴趣，是由于相比于小数据集，他们可以从大数据中挖掘出更多模式和有趣的可用信息，这些都使企业能更好地洞察消费者行为、气象模式、金融市场活动和其他现象。当然，为了从这些数据中掘取信息价值，组织需要新技术与新工具来同时管理和分析企业中传统与非传统的数据。

3.2.2　商业智能的基础设施

假设你想获得关于整个公司当前运营、趋势和变化的简洁可靠的信息，如果你是在一个大型公司工作，这些数据可能要从相互分离的系统（比如销售、制造、财务等系统，甚至还需要借助外部系统，如人口统计或竞争对手的数据）中获取。渐渐地，你就开始需要使用大数据了。现代商业智能的基础设施包括数据库与网络、数据仓库、数据集市、分布式系统基础架构、内存计算和大数据分析平台等一系列的设施和工具，这些工具可以从不同类型的半结构化和非结构化的大量商业数据中获取有用信息。

1. 数据库与网络

数据库（Database）是按照数据结构来组织、存储和管理数据的，建立在计算机存储设备上的仓库。简单来说，数据库可视为电子化的文件柜——存储电子文件的处所，用户可以对文件中的数据进行新增、查询、更新、删除等操作。在经济管理的日常工作中，常常需要把某些相关的数据放进这样的“仓库”，并根据管理的需要进行相应的处理。

【例 3-2】数据库的应用。企业或事业单位的人事部门常常要把本单位职工的基本情况（职工号、姓名、年龄、性别、籍贯、工资、简历等）存放在表中，这张表就可以看成是一个数据库。有了这个“数据库”我们就可以根据需要随时查询某职工的基本情况，也可以查询工资在某个范围内的职工人数等。这些工作如果都能在计算机上自动进行，那我们的人事管理就可以达到极高的水平。此外，在财务管理、仓库管理、生产管理中也需要建立众多的这种数据库，使其可以利用计算机实现财务、仓库、生产的自动化管理。

在信息化社会，充分有效地管理和利用各类数据资源，是进行科学研究和决策管理的前提条件。数据库技术是管理信息系统、办公自动化系统、决策支持系统等各类信息系统的核心部分，是进行科学研究和决策管理的重要技术手段。

你是否曾经使用网络订购商品或者浏览商品目录？如果有的话，那么你很可能在使用链接到公司内部数据库的网站。现在很多企业通过网站，让他们的客户和合作伙伴获得公司内部数据库中的一部分信息。

【例 3-3】消费者想要通过网络浏览器搜索在线零售商数据库中的价格信息。图 3-3 显示了消费者通过互联网访问零售商的内部数据库的过程。消费者通过互联网来访问零售商网站，网络浏览器通过 HTML 命令与 Web 服务器进行通信，这样用户就可以通过网络浏览器向公司的数据库发出数据请求。由于很多后端数据库不能够解释 HTML 编写的命令，所以 Web 服务器将数据请求传给 HTML 命令转换器，转换成 SQL 命令，这些命令就可以被 DBMS 处理。在客户机/服务器环境下，DBMS 位于一个专用计算机里，该计算机叫做数据库服务器（Database Server）。DBMS 接收 SQL 命令并提供所需要的数据，中间件将组织内部数据库中的信息转换到 Web 服务器上，Web 服务器再以网页的形式传递给用户。

图 3-3 显示了在 Web 服务器和 DBMS 之间工作的中间件，它是运行在一个专用计算机上的应用服务器。应用服务器软件处理着所有应用程序的操作，包括交易处理和数据存取，它处于客户端计算机和公司后端商务程序或数据库之间。这个应用服务器从 Web 服务器那里获取请求，基于这些请求，按照业务逻辑来处理交易，并且连接着公司后端系统或数据库。还有另一种选择，处理这些操作的软件也可以是自定义程序或者通用网关接口（Common Gateway Interface，CGI）脚本。CGI 脚本是一个小巧的程序，通过使用网关接口专门处理 Web 服务器中的数据。

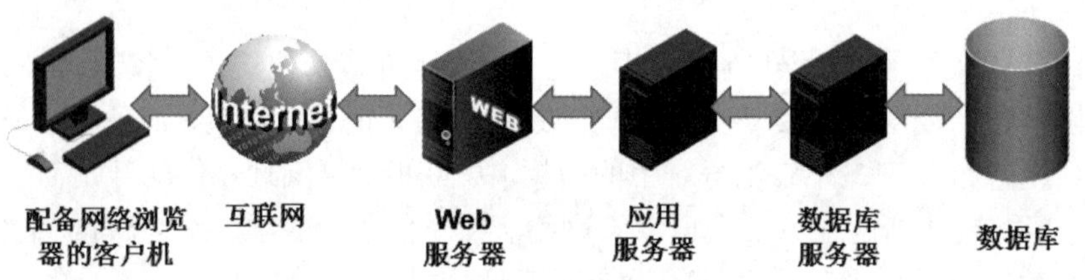

图 3-3　网络与内部数据库的连接

使用网络访问企业内部数据库有很多优点。首先，网络浏览器比专属查询工具更容易使用。其次，网络接口对内部数据库几乎不需要或只需要做出很少的改变。最后，在原有系统中增加一个网络接口的费用比重新构建这个系统以提高用户访问率的费用要少得多。

【例 3-4】通过网络访问公司数据库正在创造新的效率、新的机遇和新的商业模式。ThomasNet.com 提供了一个最新的超过 650000 个工业产品供应商的在线目录，涵盖化学、金属、塑料、橡胶和汽车零部件等领域。这个网站就是之前的 Thomas Register 公司，之前它通过邮寄发出大量的纸质目录。而现在，它只需要通过网站向在线用户提供这些信息就可以了，由此成为一家更小巧的学习型公司。

一些企业也创建了通过网络访问大型数据库的全新业务。一个典型案例就是社交网站 Facebook（脸谱网），它帮助用户互相保持联系和结识新朋友。Facebook 拥有超过 9.5 亿活跃用户的档案，包括他们的兴趣爱好、朋友、照片和相应的分组等信息。Facebook 通过维护巨大的数据库来存储和管理这些信息。当然也有很多公共部门可以让消费者或市民通过互联网访问其数据库，以此帮助他们获得有用的信息。

2. 数据仓库和数据集市

数据仓库（Data Warehouse，DW 或 DWH）是一个数据库，存储着经过抽取、清理、装载、刷新的，决策者认为有潜在价值的当前和历史的公司内部和外部数据。这些数据产生于很多关键的业务系统，比如销售系统、客户系统和生产系统，也可能包括来自网上的交易数据。数据仓库从企业内多个业务系统中提取出当前和历史的数据。这些数据在载入数据仓库之前，要经过纠正和补全，为管理报表和分析进行重构，以及合并来自外部的数据。

数据仓库由称为数据仓库之父的比尔·恩门于 1990 年提出，其主要功能是，将组织日常事务处理系统年累月积的大量数据，应用数据仓库理论所特有的数据存储架构，进行系统的分析整理，以利于各种分析方法如联机分析处理（OLAP）、数据挖掘（Data Mining）的进行，并进而支持如决策支持系统（DSS）、主管资讯系统（EIS）的创建，帮助决策者能快速有效地从大量数据中分析出有价值的信息，以利于决策拟定及快速回应外在环境变动，帮助建构商业智能（BI）。如图 3-4 所示为数据仓库的体系结构。

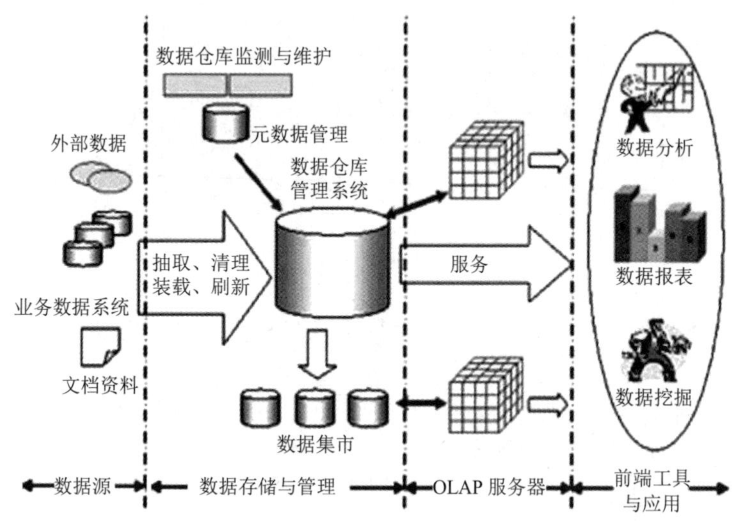

图 3-4　数据仓库的体系结构

任何有需要的人都可以很方便地访问数据仓库，但是数据不能被更改。数据仓库系统提供一系列专门的和标准化的查询工具、分析工具和图形报告工具。

大多数公司除了创建服务于整个组织的企业级中央数据仓库外，还可以创建较小的、分散的数据仓库，这种数据仓库被称为数据集市。数据集市（Data Mart）是数据仓库的一个子集，里面有企业数据的汇总或高度聚集的部分企业数据，是为特定用户建立的单独的数据库。例如，一个公司可能会开发一个营销与销售的数据集市来处理消费者信息。图书销售商 Barnes & Noble 创建了一系列数据集市：一个用于零售店 POS 机中的销售数据，另一个用于学院书店的销售数据，还有一个用于在线销售数据。

3. 分布式系统基础架构

关系数据库管理系统和数据仓库并不适合于组织和分析大数据，或者那些在数据模型中不容易用行和列来表示的数据。为了处理那些非结构化和半结构化的海量数据，以及结构化的数据，很多组织都会使用一种分布式系统基础架构（Hadoop），Hadoop 的架构如图 3-5 所示。

Hadoop 是一个由 Apache 基金会开发的分布式系统基础架构。用户可以在不了解分布式底层细节的情况下开发分布式程序，充分利用集群的威力进行高速运算和存储。Hadoop 实现了一个分布式文件系统（Hadoop Distributed File System，HDFS）。HDFS 有高容错性的特点，并且设计用来部署在低廉的硬件上，而且它提供高吞吐量来访问应用程序的数据，适合那些有着超大数据集的应用程序。HDFS 可以以流的形式访问文件系统中的数据。Hadoop 的框架最核心的设计就是 HDFS 和 MapReduce。HDFS 为海量的数据提供了存储，MapReduce 为海量的数据提供了计算。

图 3-5 Hadoop 架构图

Hadoop 是一个开放源码的软件框架，使得组织在低廉的计算机硬件上进行分布式并行处理海量数据成为可能。它将大数据问题分解成许多子问题，并把它们分布在数千个便宜的作为处理节点的计算机上，然后将这些结果整合成为一个容易分析的小数据集。你可以通过 Hadoop，在互联网上找到最便宜的机票，找到去一个饭店的方向，在谷歌上搜索或者在 Facebook 上联系到一个朋友。

Hadoop 由两个关键服务组成：用于数据存储的分布式文件系统（Hadoop Distributed File System，HDFS）和用于高效并行数据处理的 MapReduce（一种映射与化简编程模型）。HDFS 将 Hadoop 集群中无数个存储节点的文件系统连接成为一个大的文件系统。Hadoop 上的 MapReduce 是受谷歌的 MapReduce 系统启发，将大数据集分解，并将工作分配给集群中的多个节点。Hadoop 上有一个非关系型数据库 HBase，为快速访问存储在 HDFS 中的数据并运行大规模实时应用程序提供了处理平台。

Hadoop 可以处理不同类型的海量数据，包括结构化的交易数据、Facebook 和推特上松散的结构化数据、Web 服务器日志文件等复杂的数据，以及视频、音频等非结构化的数据。

Hadoop 在一组低廉的服务器上运行，其处理器也可以按照需求进行增加和移除。很多公司利用 Hadoop 来分析十分庞大的数据，用它来存储载入数据仓库前的那些非结构化和半结构化的数据。Facebook 存储了大量的数据在其大规模的 Hadoop 集群上，数据量估计有 100PB，大约是美国国会图书馆信息量的 10000 倍。

【例 3-5】浙江省某市的城市智能交通应用。杭州诚道科技采用英特尔 Apache Hadoop 发行版，使得海量图像和视频数据不但实现了可靠和高性能的存储，而且还能被大量的使用者快速地访问和使用。系统的应用使该市可保存车辆的历史违规违法数据从 3 个月延长到 24 个月，可从 24 亿条过往车辆数据中完成机动车的号牌精确查询和行车轨迹查询，而且仅需不到 1 秒的时间。

【例 3-6】同济大学智慧教育应用。为了满足爆炸式增长的用户和数据量需要，同济大学携手中科曙光公司，在全面整合云计算平台和现有资产的基础上，采用 DS800-F20 存储系统、Gridview 集群管理系统和 Hadoop 分布式计算平台构建出了业内领先的大数据柔性处理平台，使得同济大学在信息学科及其交叉学科研究领域迈上一个新的台阶。该系统的应用使个性化学习终端更多地融入学习资源云平台，还可根据每个学生的不同兴趣爱好和特长推送相关领域的前沿技术、资讯、资源乃至未来的职业发展方向等，并贯穿每个人终身学习的全过程。

4. 内存计算

另一种协助大数据分析的方法是利用内存计算。这是一种主要依靠计算机的内存（RAM）来存储数据的方法（传统的数据库管理系统利用磁盘存储器系统存储数据）。用户可以直接访问存储在主存中的数据，这样可以消除从传统的、基于磁盘的数据库中检索和读取数据的瓶颈，同时也能大大缩短查询的时间。内存处理使得在整个内存内部处理大数据成为可能，数据规模能达到一个数据集市或小的数据仓库。那些原来需要花费几个小时或者几天时间的复杂的业务计算，现在只需要几秒钟就可以完成，甚至可以通过手持设备完成。

当代计算机硬件技术使得内存处理成为可能，比如强大的高速处理器、多核处理，以及计算机存储器价格的下降等，这些因素帮助公司以最优的方式使用存储器，以较低的成本提高数据处理能力。

在内存计算中处于领先地位的产品包括 SAP 的高性能分析设备（High-Performance Analytics Appliance，HANA）和甲骨文的 Exalytics，它们都提供了一系列运行在硬件上的集成软件包，包括内存数据库软件和特定的分析软件，以此来优化内存计算工作。

【例 3-7】天然气和电力服务提供商 Centrica 使用 HANA 来获取和分析由智能电表产生的庞大数据。该公司能够分析每 15 分钟的使用情况，还能提供街道、房屋大小、业务的服务类型或者建筑类型等信息的清晰图片。同时，HANA 也能利用在线或移动设备来帮助 Centrica 实时展示消费者的电力使用规律。

5. 大数据分析平台

商业数据库提供商使用关系型和非关系型技术，已经开发了高速分析平台用来分析大数据集。像 IBM 的 Zetezza 和甲骨文的 Exadata，这些分析平台的特点是预先配置了软硬件系统，专门用于查询处理和分析。例如，IBM 的 Zetezza 是以紧密集成数据库、服务器和存储器为特色，处理复杂的查询会比传统系统快 10～100 倍。分析平台还包括内存系统和非关系型数据库管理系统（NoSQL）。图 3-6 显示了由之前描述的技术组成的一个现代商务智能基础设施。当前的和历史的数据是从多个运营系统中提取出来的，包括网页数据、机器产生的数据、非结构化的视频和音频数据，以及重构和重组的用于报告和分析的外部数据。Hadoop 集群对用于数据仓库、数据集市、分析平台或者高级用户直接查询的大数据进行预处理，输出结果包括报表、仪表板和查询结果。

3.2.3　智能分析技术

一旦数据被以上提到的商务智能技术获取和组织，就可以利用数据库查询和报告系统、联机分析处理（OLAP）及数据挖掘技术对其进行深入挖掘。

1. 联机分析处理

假设你的公司在美国东部、西部及中部销售螺母、螺栓、垫圈和螺丝 4 种不同的产品。如果你想问一个相当简单的问题，比如在过去的一个季度中公司销售了多少个垫圈？你可以通过查询销售数据库很容易地得到答案。但是如果你想知道每一个区域的垫圈销量是多少，并对比实际销量和目标销量时，那该怎么办？要得到答案，你可能需要使用联机分析处理（OLAP）。OLAP 支持多维数据分析，可让用户从多个维度用不同的方式来观察同一数据。信息的每一个方面，如产品、价格、成本、区域、时间都代表着一个不同的维度，产品经理可以使用多维数据分析工具了解到 6 月份东区销售了多少个垫圈，以及与上个月销量、去年同期销量或者预测销量进行对比的情况。

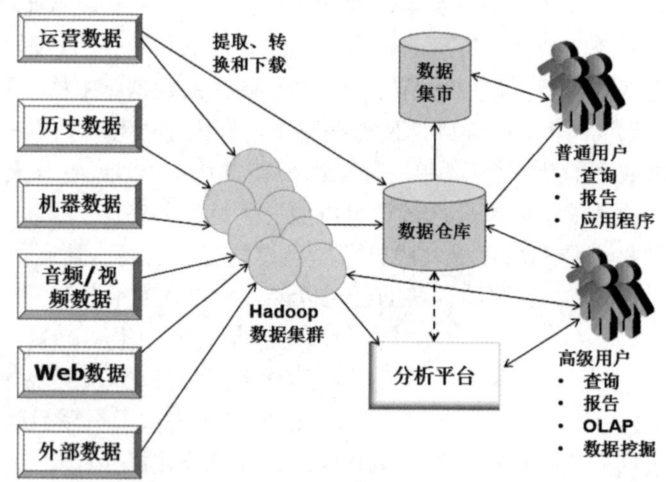

图 3-6　现代商务智能基础设施

OLAP 能够让用户在相当短的时间里获得关于突发问题的答案，即使这些数据存储在非常大的数据库中，比如历年的销售数据库。图 3-7 显示的就是可用来创建表示产品、区域、实际销量和目标销量的一个多维模型。

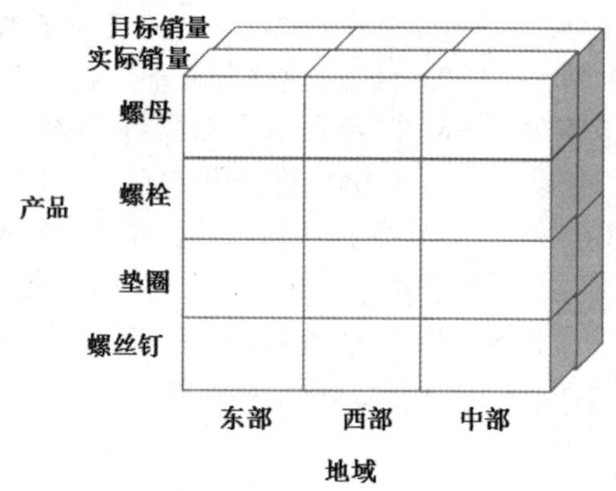

图 3-7　多维数据模型

一个实际销量的矩阵可以放在目标销量矩阵之上，形成一个六面立方体。如果你往一个方向将立方体旋转 90°，将展现的是产品的实际销量和目标销量对比的那一面；如果再旋转 90°，将会看到不同区域的实际销量和目标销量对比的那一面；如果从原来的视角再旋转 180°，就会看到预测销量和产品与区域的比较。立方体还可以嵌套在立方体中来建立更复杂的数据视图。公司可以使用专门的多维数据库或者在关系型数据库中创建多维视图的工具。

2. 数据挖掘

数据挖掘（Data Mining，DM）又译为资料探勘或数据采矿。它是数据库知识发现（Knowledge-Discovery in Databases，KDD）中的一个步骤。数据挖掘一般是指从大量的数据中通过算法搜索隐藏于其中信息的过程。数据挖掘通常与计算机科学有关，并通过统计、在线分析处理、情报检索、机器学习、专家系统（依靠过去的经验法则）和模式识别等诸多方法来实现上述目标。

传统的数据库查询只能解决类似“编号 008 的产品在 2016 年 2 月的发货数量”这样的问题。而 OLAP 或多维数据分析能够支持更复杂的信息请求，比如“按季度和销售区域，对过去两年 008 产品的销量进行分析”。要使用 OLAP 和以查询为导向的数据分析，用户需要很好地了解其正在寻找的信息。

数据挖掘以发现导致问题的原因为驱动力。数据挖掘通过大型数据库发现隐藏的模式和关系，并从中推断规则，用以预测未来行为。这种深入洞察公司数据的方式是无法通过 OLAP 来实现的。这些模式和规则被用来指导决策制定和预测决策效果。通过数据挖掘获得的信息种类包括关联、序列、分类、聚类和预测等。

【例 3-8】Caesars 公司的数据挖掘应用。Caesars 娱乐公司是全世界最大的游戏公司。它能够持续地分析收集到的顾客玩老虎机时或者进入它的娱乐场和宾馆时的消费者数据。根据这些信息，基于消费者对于公司的持续价值，Caesars 的营销部建立了一个详细的顾客档案。比如通过数据挖掘让 Caesars 知道一位老顾客在其游船赌场上最喜欢的游戏体验，以及相应的住宿、饭店和其他娱乐活动的偏好，这些信息也可以指导公司的管理决策。又比如，如何培养高利润客户、如何促进客户消费、如何吸引更多潜在的高利润客户等。商务智能大大提高了 Caesars 的利润，成为整个公司商业战略的核心。

【例 3-9】“尿布与啤酒”背后的价值。总部位于美国阿肯色州的世界著名商业零售连锁企业沃尔玛（WalMart）拥有世界上最大的数据仓库系统。为了能够准确地了解顾客在其门店的购买习惯，沃尔玛对其顾客的购物行为进行了购物篮分析，想知道顾客经常一起购买的商品有哪些。沃尔玛数据仓库里集中了其各门店的详细原始交易数据。在这些原始交易数据的基础上，沃尔玛利用 NCR 数据挖掘工具对这些数据进行分析和挖掘。一个意外的发现是：“跟尿布一起购买最多的商品竟是啤酒！”于是，沃尔玛派出市场调查人员和分析师对这一结果进行调查分析。经过大量的实际调查和分析，揭示了一个隐藏在“尿布与啤酒”背后的美国人的一种行为模式：在美国，一些年轻的父亲下班后经常要到超市去买婴儿尿布，而他们中有 30%～40%的人同时也为自己买一些啤酒。产生这一现象的原因是美国的太太们常叮嘱她们的丈夫下班后为小孩买尿布，而丈夫们在买尿布后又随手带回了他们喜欢的啤酒。既然尿布与啤酒一起被购买的机会很多，于是沃尔玛就在其每个门店将尿布与啤酒并排摆放在一起，结果是尿布与啤酒的销售量双双增长。按照常规思维，尿布与啤酒风马牛不相及，若不是借助数据挖掘技术对大量交易数据进行挖掘分析，沃尔玛是不可能发现数据内在这一有价值的规律的。

3. 文本挖掘与网络数据挖掘

文本挖掘（Text Mining）是抽取有效、新颖、有用、可理解的、散布在文本文件中有价值的知识，并且利用这些知识更好地组织信息的过程。

文本挖掘是信息挖掘的一个研究分支，用于基于文本信息的知识发现。文本挖掘利用智能算法，如神经网络、基于案例的推理、可能性推理等，并结合文字处理技术，分析大量的非结构化文本源（如文档、电子表格、客户电子邮件、问题查询和网页等），抽取或标记关键字概念、文字间的关系，并按照内容对文档进行分类，获取有用的知识和信息。

以文本文件格式存在的非结构化数据占据了组织中 80%以上的有用信息，这些数据也是企业想分析的大数据的一个主要部分。电子邮件、备忘录、电话中心记录、调查反馈、法律案件、专利描述及服务报告对于发现模式和趋势具有很高的价值，这些模式和趋势能够帮助员工制定更好的决策。文本挖掘工具可以用来帮助公司分析这些数据，这些工具能从这些非结构化的大数据集中提取关键信息、发现模式及关系，并总结这些信息。

公司可能需要用文本挖掘来分析客户服务中心的电话记录，以确定应提供的主要服务产品，并解决相关问题，或者用来评估客户对于公司的情感。情感分析（Sentiment Analysis）软件可以用来挖掘电子邮件、博客、社交媒体或者调查表格中的文字评论，从而分析对于某个特定主题的称赞或反对意见。

【例 3-10】证券经纪商嘉信理财（Charles Schwab）使用客户情感分析软件 Sentiment Analysis 来分析每个月公司与成千上万的消费者之间的互动信息。这个软件分析了 Charles Schwab 的客户服务记录、电子邮件、调查回复以及在线讨论，以此来发现那些可能导致客户停止使用公司服务的不满意征兆。Sentiment Analysis 能够自动地识别出消费者各式各样的反馈“声音”（如积极的、消极的或者是特殊条件下的看法），以便更准确地评估消费者的购买意愿或离开意图，也可评估消费者对某个产品或促销信息的反应。Charles Schwab 利用这些信息来落实一些改进措施，如增加与消费者的直接沟通、快速解决那些让消费者不愉快的问题。

网络是另外一个揭示消费者行为模式、趋势和见解的非结构化大数据的主要来源。从互联网中发现并分析有用的模式和信息称为网络数据挖掘（Web Mining）。企业可以利用网络数据挖掘来帮助其理解消费者行为、评估某个网站的有效性或量化一个营销活动的效果。例如，营销人员使用谷歌 Trends 和谷歌 Insights search 服务来了解人们对什么感兴趣以及哪些是他们想要购买的。这两款服务是谷歌搜索引擎用来跟踪各种词汇和短语的流行程度的工具。

网络数据挖掘的主要途径有网络内容挖掘、网络结构挖掘和网络使用挖掘。网络数据挖掘通过这 3 种途径寻找数据中隐含的模式。网络内容挖掘是从网页内容（包括文本、图片、音频和视频数据）中提取知识的一个过程；网络结构挖掘是检测与某个网站结构相关的数据，例如某个文档的链接数说明了该文档被关注的程度，而出自某一文档的链接数则说明了该文档中主题的丰富性或多样性程度；网络使用挖掘用来检测用户与网站的互动数据，这些数据是 Web 服务器记录下来的所有对网站资源的服务请求。网络使用数据记录了用户在网站上的浏览或交易行为，并从服务器日志里收集了这些数据。分析这些数据能够帮助企业决定特定客户的价值、制定跨产品的交叉营销策略、预测促销活动的效果等。

3.3 当前硬件平台发展趋势

计算机硬件和网络技术的急剧增长极大地改变了企业信息系统的方式，企业更加重视网络和移动便携设备方面的应用系统。下面介绍 8 个硬件方面的发展趋势：移动数字平台、信息技术消费化和自带设备、分布式计算、虚拟化、云计算、绿色计算、高性能兼节能多核处理器和自主计算。

3.3.1 移动数字平台

新型的移动数字计算平台正在兴起，它替代了个人计算机和大型计算机。iPhone 和安卓等智能手机已经具有很多个人计算机的功能，包括数据传输、浏览网页、收发邮件和即时信息、显示数字内容以及与企业内部系统进行数据交换。新的移动平台还包括体小量轻的上网本、平板电脑和电子书阅读器。上网本专门针对无线通信和互联网访问进行了优化设计，平板电脑如iPad，电子书阅读器如亚马逊的Kindle，都具有访问网页的能力。

智能手机和平板电脑成为访问互联网的重要工具，这些设备在商用计算和个人应用中越来越多。例如，通用汽车公司的高级经理会使用智能手机应用软件来对汽车销售、财务绩效、生产指标和项目管理状况等信息进行挖掘分析。

3.3.2　信息技术消费化和自带设备

智能手机和平板电脑的普及、易用以及大量可供使用的应用程序，极大地激发了员工们在其工作环境中使用自己的个人移动设备的兴趣，这种现象被通俗地称为“自带设备”（Bring Your Own Device，BYOD）。自带设备是信息技术消费化的一个方面。所谓信息技术消费化（Consumerization of IT）是指新的信息技术首先出现在个人消费者市场，然后才传播到组织的商业应用中。信息技术消费化不仅包括移动个人设备，还包括软件服务的商业应用，例如谷歌和雅虎的搜索引擎、谷歌企业应用套件，甚至还包括起源于个人消费者市场的脸谱网和推特网。

信息技术消费化迫使企业，尤其是大型企业去重新思考它们获取和管理信息技术和服务的方式。历史上至少在大型企业中，要由其信息技术核心部门来负责选择和管理组织及员工拟采用的信息技术和服务，其负责向员工提供能够安全访问组织信息系统的桌面或便携计算机装备。信息技术部门保持着对整个组织的硬件和软件的完全控制，以确保组织业务得到保护，以及其信息系统能够服务于组织管理的目标。今天，员工和业务部门在信息技术的选择中发挥了更大的作用。在很多情况下，员工被要求能够使用自己的个人电脑、智能手机和平板电脑来访问组织的网络。

3.3.3　分布式计算

分布式计算（Distributed Computing）是一种计算方法，和集中式计算是相对的。随着计算技术的发展，有些应用需要非常巨大的计算能力才能完成，如果采用集中式计算，需要耗费相当长的时间来完成。分布式计算研究如何把一个需要非常巨大的计算能力才能解决的问题分成许多小的部分，然后把这些部分分配给许多计算机进行处理，最后把这些计算结果综合起来得到最终结果。为此，分布式计算把分散在不同地理位置的计算机连接在一起，组织成一台虚拟的超级计算机，用以完成需要惊人的计算量的庞大项目。大多数计算机在其任务处理中平均仅用到了中央处理器 25%的处理时间，分布计算的优势在于可以将剩下的这些资源用于处理我们提交的任务。较为著名的分布计算应用有以下几种：

- 解决较为复杂的数学问题，例如 GIMPS（寻找最大的梅森素数）。
- 研究寻找最为安全的密码系统，例如 RC-72（密码破解）。
- 生物病理研究，例如 Folding@home（研究蛋白质折叠、分解、聚合及由此引起的相关疾病）。
- 各种各样疾病的药物研究，例如 United Devices（寻找对抗癌症的有效药物）。
- 信号处理，例如 SETI@Home（在家寻找地外文明）。

从这些实际的例子可以看出，这些项目都很庞大，需要惊人的计算量，仅仅由单个的计算机或是个人在一个能让人接受的时间内计算完成是决不可能的。在以前，这些问题都应该由超级计算机来解决。但是，超级计算机的造价和维护费用非常昂贵，这不是一个普通的科研组织所能承受的。随着科学的发展，一种廉价的、高效的、维护方便的计算方法应运而生——分布计算。

分布计算的目标之一就是支持所有行业的电子商务应用。例如，飞机和汽车等复杂产品的生产要求对产品设计、产品组装和产品生命周期管理进行计算密集型模拟，这样，不仅可以降低成本，而且还能快速灵活地计算。

【例 3-11】英荷壳牌集团（Royal Dutch/shell Group）正在使用一种可扩展的分布计算平台，以改进其用来寻找最佳储油库数学模型的计算精度和速度。该平台连接了 1024 台运行 Linux 系统的 IBM 服务器，结果形成了一台世界上最大规模的 Linux 超级计算机。对于业务需求具有季节性变化特征的这一类企业而言，分布规模能够按照其数据量的波动来调节。英荷壳牌集团声称，分布计算能够使公司减少分析地震数据的处理时间，同时能够改进输出质量，并帮助其科学家准确地找出寻找新储油库中存在的问题。

3.3.4 虚拟化

虚拟化（Vitualization）是指提供一套不受物理配置和地理位置限制且能够访问的计算资源（如计算能力和数据存储）。例如虚拟化能够使一种单一的物理资源（如服务器或存储设备）以多种逻辑资源的形式呈现给用户。虚拟化使企业能够运用远程的计算资源来进行计算机处理和存储。VMware 公司是为 Windows 和 Linux 服务器提供虚拟化软件的主要供应商。

通过在一台物理机器上安装运行多个系统，虚拟化能够帮助企业提高设备的使用率，节省数据中心的空间和能源使用。大多数服务器只发挥了 15%～20%的性能，虚拟化可以将服务器的性能发挥到 70%甚至更高。更高的运行效率意味着处理相同的工作所需要的计算机数量减少了。虚拟化还能促进硬件管理的集中化并加强其管理。现在，已有企业及个人使用虚拟化的 IT 基础设施来执行其所有的计算任务，如同在云计算中的情形一样。

3.3.5 云计算

云计算（Cloud Computing）是基于互联网相关服务的增加、使用和交付模式，通常涉及通过互联网来提供动态的、易扩展且经常是虚拟化的资源。云是网络、互联网的一种比喻说法。过去在图中往往用云来表示电信网，后来也用来表示互联网和底层基础设施的抽象。因此，云计算甚至可以让你体验每秒 10 万亿次的运算能力，拥有这么强大的计算能力可以模拟核爆炸、预测气候变化和市场发展趋势。用户可通过计算机、笔记本电脑、手机等方式接入数据中心，按自己的需求进行运算。

对云计算的定义有多种说法。对于到底什么是云计算，至少可以找到 100 种解释。现阶段被广为接受的是美国国家标准与技术研究院（NIST）的定义：云计算是一种按使用量付费的模式，这种模式提供可用的、便捷的、按需的网络访问，进入可配置的计算资源共享池（资源包括网络、服务器、存储、应用软件、服务），这些资源能够被快速提供，只需投入很少的管理工作，或与服务供应商进行很少的交互。

云计算中，硬件和软件能力构成了一个虚拟资源池，通过网络（通常是互联网）来提供。

企业和员工可以在任何地点、任何时候，使用任何设备来访问其应用和 IT 基础设施，如图 3-8 所示。

图 3-8　云计算平台

美国国家标准与技术研究院（NIST）定义的云计算具有以下基本特征：

- 按需自服务：消费者能够按其需要自动获取如服务器时间或网络存储一类的计算能力。
- 泛网络接入：通过标准网络和互联网设备来访问云计算资源，包括移动平台。
- 位置无关的资源池：计算资源集聚在一起为各种用户提供服务，根据用户需求动态分配不同的虚拟资源，用户通常不用知道计算资源的位置。
- 高度灵活性：计算资源能够迅速组织起来，增加或减少以满足用户需求的变化。
- 基于标准的服务：云资源的使用费用按照实际的资源使用量来计算。

云分为公有云和私有云。公有云（Public Cloud）由云服务供应商拥有和维护，可以供公众和行业机构使用，如亚马逊的 Web Services。私有云（Private Cloud）由某个组织拥有，可以由组织自身或者某个第三方来管理，可以在组织的工作场所内，也可以在工作场所外。同公有云一样，私有云也能够实现无缝分配存储、计算能力或其他资源，以按需提供的方式来提供计算资源。需要柔性 IT 资源以及云服务模式的企业，在对自己的 IT 基础设施保持控制的同时，在向私有云方向加速发展。

因为使用公有云的组织不拥有基础设施，所以它们不需要进行大量的硬件和软件投资。它们从远程服务供应商处购买计算服务，仅需为它们实际用的计算能力付费，或者以按月或按年订购的方式付费。

云计算也有一些不足。除非用户有本地存储其数据的特殊要求，否则数据存储和控制由供应商负责。一些企业担忧把它们的重要数据和系统委托给也与其他一些企业合作的供应商会存在安全风险。企业希望它们的系统能够 24×7 全天候工作，不希望因云基础设施故障给企业带来任何业务损失。另一个云计算的局限性就是用户变得更加依赖于云计算供应商。然而，企业把更多的计算机处理和存储转移到某种形式的云基础设施已是大势所趋。

云计算对缺乏资源来购置和拥有自己的硬件和软件的中小企业具有直接的诱惑力。但如果大型企业拥有资金，能够对复杂的、支持独特业务流程的专用系统进行大量的建设投入，就能给企业带来战略优势。对已经拥有自己的 IT 基础设施的大型企业而言，转向云服务节省的成本不容易确定。企业的数据中心通常按 IT 预算开展工作，所发生的支出以运行费用和资本支出混合的方式来计算。云服务的价格通常基于小时或其他单位使用来定价。即便一个公司能够大约估算出在其公司内运行一个特定计算任务所需的硬件和软件成本，它还需要将公司的网络管理费用、存储管理费用、系统管理费用、电费和房屋成本等分摊到每个单独的内部 IT 服务上，估算出每个服务的费用。实际上，信息系统部门缺乏确切的信息来逐个计算服务成本。

大型企业很可能采用混合云（Hybrid Cloud）计算模式。其中，使用自己的基础设施来处理最核心的业务活动，使用公有云来运行次要的系统，或在业务高峰期间利用公有云来提供额外的处理能力。云计算将使企业从拥有固定的基础设施能力转向更为灵活的基础设施，一些由公司自己拥有，另一些从计算机硬件供应商所拥有的大型计算机中心租用。

3.3.6 绿色计算

绿色计算（Green Computing）又称为绿色 IT，目前还没有一个公认的定义。但是一般认为是指符合环保概念的计算机主机和相关产品（含显示器、打印机等外设），具有省电、低噪声、低污染、低辐射、材料可回收及符合人体工程学特性的产品。

据资料统计，目前全世界应用于各行各业的个人计算机中，每周真正使用的时间为 12～24 小时。依照大多数人的习惯，个人计算机在不使用时，如开会、会客、听电话，甚至下班忘了关机等时候，机器仍然在运行；在通电状态下，显示器常常闲置不用；这实际上是在虚耗电能。同时，在机房、办公室有大量打印纸扔满垃圾箱，这样不仅消耗大量的人类赖以生存的能源，而且也严重污染了环境。近年来，计算机与生态环境的关系日益密切，为了解决人类与计算机和环境的问题，一些国家纷纷提出研制、开发、生产和应用绿色计算机，并提出了一些基本标准，如下：

- 省电。采用 3.3V 低电源电压或混用 3.3V 和 5V 电源电压的微处理器芯片或相关芯片组；采用节能的平板液晶显示器；采用高效率的电源供应器等。
- 低污染。不使用破坏臭氧层的 CFC 和三氯乙烷化学物质。
- 材料可回收。包括系统结构、外壳制造生产材料、包装材料、打印机色匣和打印纸等。
- 符合人体工程学。操作方便、安全、人机界面友好等。

这实际上是一台安全节能型的个人计算机，即将耗电量、消耗品以及对健康和环境的危害都减小到最低限度的 PC，也称绿色机器（Green Machine，GM）。它超越已被人们广泛接受的人体工程学思想。人体工程学基本上是将 PC 用户的安全性、舒适性和易操作性作为主要着眼点（即用户的友好性），GM 则增加了对节能、无公害、净化环境等方面的考虑。降低计算机的能源消耗，具有非常高的“绿色”优先权。信息技术占据了美国大约 2%的能源需求量，被认为产生了全球 2%的温室气体排放。降低数据中心的能源消耗给企业和环境带来了严峻的挑战。

为了抑制硬件的急剧增长和能源的消耗，虚拟化成为促进绿色计算的一种主要技术。

3.3.7　高性能兼节能的多核处理器

降低能源需求和硬件增长的另一种途径是采用更有效、更节能的处理器。当代微处理器以在一个芯片上有多个处理器核（处理器核执行指令和运行指令操作）为特征。多核处理器（Multicore Processor）是指一个集成电路板上集成了两个或多个处理器核，以增强其性能，减少能源消耗并提高多任务同时处理的效率。这项技术使得两个或两个以上的处理器集成在一起。与单核处理器芯片相比，能耗低、散热及处理速度快。今天的个人计算机已拥有了双核、四核、六核，甚至八核的处理器。

目前，多核心技术在应用上的优势体现在两个方面：一是为用户带来更强大的计算性能；二是可满足用户同时进行多任务处理和多任务计算环境的要求。使用多核处理器可执行多项任务，比如可以同时检查邮件、刻录 CD、修改照片、剪辑视频，还可以同时运行杀毒软件。或者利用同一台计算机，父亲在查看财务报表，女儿在打游戏，母亲在给远方的朋友打网络电话。

英特尔及其他芯片生产商开发出了能耗最低的微处理器，这对延长小型移动数字设备中电池的供电时间非常关键。因此，具有高功效的微处理器，如 ARM、苹果公司的 A4 和 A5 处理器以及英特尔的 Atom 处理器，用在了上网本、数字媒体播放器和智能手机中。用在 iPhone 4S 手机和 iPad 平板电脑中的双核 A5 处理器，其耗电量仅为普通双核笔记本电脑的 1/50～1/30。

3.3.8　自主计算

自主计算（Autonomic Computing）是一个新兴的研究热点。它主要通过现有的计算机技术来替代人类的部分工作，使计算机系统能够自调优、自配置、自保护、自修复，以技术管理技术的方式提高计算机系统的效率，降低管理成本。

自主计算是美国 IBM 公司于 2001 年 10 月提出的一种新概念。IBM 将自主计算定义为"能够保证电子商务基础结构服务水平的自我管理（Self Managing）技术"。其最终目的在于使信息系统能够自动地对自身进行管理，并维持其可靠性。自主计算的核心是自我监控、自我配置、自我优化和自我恢复。

- 自我监控，即系统能够知道系统内部每个元素当前的状态、容量以及它所连接的设备等信息。
- 自我配置，即系统配置能够自动完成，并能根据需要自动调整。
- 自我优化，即系统能够自动调度资源，以达到系统运行的目标。
- 自我恢复，即系统能够自动从常规和意外的灾难中恢复。

尽管这一切曾经遥不可及，但 IBM 的诸多业界领先的技术，无疑让人们看到了自主计算的未来。IBM 的长远目标是让计算资源的使用如同把电灯插入插座一样简便，自主计算无疑将为这一目标的实现打下坚实的基础。

随着大型计算机系统融入了数以千计的网络设备，今天的计算机系统变得更加复杂，一些专家相信将来也许更加难以管理。解决这一问题的一种途径就是自主计算。自主计算是全行业内的一种尝试，它试图开发一种能够自我配置、优化和调整的系统，当系统损坏时能够自我恢复，并能够保护自身不受外界入侵或者自损。

【例 3-12】 PC 机的自动保护。在台式机中，你可以看到一些这样的功能，病毒和防火墙保护软件能够检测个人计算机上的病毒、自动删除病毒，并向用户报警。当连接上如 McAfee

一类的在线反病毒保护服务系统时，这些程序可以根据需要自动升级。IBM 和其他供应商正在开发具有自主计算特征的产品，以供大型系统应用。

3.4 当前软件平台的发展趋势

当前软件平台主要呈现以下 4 个技术发展趋势：开放源代码软件、Java 和 HTML5 语言、Web 服务和面向服务架构、软件外包和云计算服务。

3.4.1 开放源代码软件

开放源代码软件（Open Source Software）也称为开源软件，是由全世界成千上万的程序员共同编写的软件。根据开源软件专业协会权威机构 Opens Source.org 的定义，开源软件是免费并可以被用户修改的软件。由初始源代码衍生出来的软件也应该是免费的，并且可以在用户中传播而不需要额外的许可。虽然目前大多数开源软件都基于 Linux 或 UNIX 操作系统，但严格来说，开源软件并不受任何操作系统和硬件技术的限制。

最出名的开源软件应该是 Linux，它是一个类似于 UNIX 的操作系统。Linux 操作系统最初由芬兰程序员林纳斯·托瓦兹创建，并于 1991 年 8 月在互联网上发布。Linux 应用程序可以嵌入到移动电话、智能手机、上网本和其他个人电子设备中运行。从互联网上可以下载 Linux 的免费版本，也可以购买价格低廉的商业版本，并得到如 Red Hat 一类供应商的工具和支持。

尽管 Linux 并不用于多数桌面系统，但是它在局域网、Web 服务器和高性能计算工作站中扮演着重要角色。IBM、惠普、英特尔、戴尔和甲骨文都将 Linux 作为它们提供给企业客户核心服务产品的一部分。

开源软件，特别是 Linux 及其所支持的应用软件的快速发展，对企业软件平台具有深远的影响：更低的成本、更好的可靠性和适应性、更高的集成度，因为 Linux 可以在主机型计算机、服务器及客户机等各种主要的硬件平台上运行。

3.4.2 Java 和 HTML5 语言

Java 是一种与操作系统和处理器无关的面向对象的编程语言，它已经成为最主要的 Web 交互式编程语言。Java 由 James Cosling 和 Sun Microsystems 的绿色团队在 1992 年推出。2006 年 11 月 13 日，Sun 按照 GNU 通用公共授权条款（General Public License，GPL）放开了 Java 的大部分版权，使其成为开源软件，2007 年 5 月 8 日开始生效。

Java 平台被移植到移动电话、智能手机、汽车、音乐播放器、电子游戏机等电子设备中，最终进入有线电视系统提供交互式内容和付费收视服务。Java 软件可以在任何计算机或计算设备上运行，不论这些计算设备使用什么样的微处理器和操作系统。甲骨文公司估计，大约有 30 亿台计算设备运行 Java，Java 还是运行安卓操作系统的移动设备最流行的开发平台。对 Java 运行的任一计算环境，Sun 都创建了一个 Java 虚拟机来为该环境中的计算机解释 Java 程序代码。以这种方式，Java 程序就可以在任何安装了 Java 虚拟机的机器上运行。

Java 开发者可以编写出小应用程序（Applet），这种小应用程序可嵌入 Web 网页并下载到 Web 浏览器上运行。网络浏览器（Web Browser）是一个有图形界面的，用来显示网页、访问网站和其他互联网资源的简单易用的软件。微软的 Internet Explorer、Mozilla 的 Firefox 和谷歌的 Chrome 是代表性的浏览器。在更加复杂的企业电子商务和电子业务应用中，Java 可用于开发与企业后台事务处理系统进行通信的程序。

HTML（Hypertext Markup Language，超文本标记语言）是一种网页描述语言，用来描述如何在一个网页中放置文本、图形、影像和声音等，并创建与其他网页和对象的动态链接。通过这些链接，用户只需要点击高亮的关键词或图形就能够立刻使另外的文档传输过来。HTML 最初是用来创建和链接以文本内容为主的静态文档。然而，今天的 Web 网页更具有社会性和交互性，很多网页具有多媒体元素——图像、音频和视频。第三方的嵌入式应用程序如 Flash、Silverlight 和 Java 等需要把这些丰富的媒体元素与 Web 网页相集成。但这种插入方式需要额外的编程，这就给计算机处理带来了限制。这就是苹果公司在其移动设备中不支持 Flash 的原因之一。HTML 演化出来的新一代技术 HTML5 解决了这一问题。它能够使图像、音频、视频及其他元素直接嵌入到一个文档中，且不需要与处理器相关的额外编程。HTML5 还能够使网页在不同类型的显示设备中工作，包括移动设备和台式机，还支持在 Web 中运行和应用的离线数据存储。网页的运行速度会更快，其效果如同智能手机的应用程序。尽管 HTML 还在发展中，但其基本元素已经应用到了许多互联网工具中，如苹果的 safari 浏览器、谷歌的 Chrome 浏览器，以及最新版本的 Firefox 浏览器。谷歌的 Gmail 和 Google Reader（谷歌阅读器）也采用了部分 HTML5 标准。在 iPad ready 中列出的 Web 网站大量使用了 HTML5 技术，包括 CNN、The New York Times、CBS 等。

3.4.3　Web 服务与面向服务架构

Web 服务（Web Service）是指一组松耦合连接的软件，通过标准的 Web 通信标准和通信语言相互交换信息。无论系统使用的操作系统或编程语言是什么，两个不同的 Web 服务器之间都可以交换信息。它们可以用来构建基于 Web 开放标准的应用程序以连接两个不同组织的系统，也可以用来创建连接一个组织内不同系统的应用程序。Web 服务不局限于任何一种操作系统或者编程语言，不同的应用程序以标准化途径通过它们来相互通信，而无须进行耗时的定制编程。

Web 服务的技术基础是 XML，即可扩展标记语言（Extensible Markup Language）。XML 由万维网联盟（World Wide Web Consortium，W3C，是负责监督 Web 推广的国际组织）在 1996 年开发，比用于标注 Web 网页的超文本标记语言 HTML 的功能更强大、更灵活。HTML 只能描述怎样将数据显示在网页上，而 XML 可以对数据进行展示、通信和存储。在 XML 中，一串数字不仅仅是一串简单的数字，通过 XML 标记可以进一步描述这串数字所代表的是价格、日期、邮政编码等。

通过对文档中的选定内容按其含义做标记，XML 使计算机可以自动操纵和解释数据，并对数据进行处理而无须人为干预。Web 浏览器和计算机程序，如订单处理或者企业资源计划（ERP）软件，可以根据程序设定的规则来应用和显示数据。XML 为数据交换提供了一种标准格式，使得 Web 服务可以在不同的处理之间传递数据。

Web 服务按照标准的 Web 协议，通过 XML 消息通信。通过一个类似于电话号码簿黄页一样的目录表，可以很方便地找到和定位所需的 Web 服务。通过这些协议，软件应用程序可以自由地连接到其他应用，而不需要对每个需要通信的应用定制编程。所有通信共享同一标准。

所有用来构建企业软件系统的 Web 服务的集合构成了所谓的面向服务架构。面向服务架构（Service Oriented Architecture，SOA）是一组自包含服务（Self-contained Service），它们之间相互通信，共同创建一个实际运行的应用软件。处理任务则通过执行一系列的这些服务来完成。软件开发人员可以根据需要，以另外的组合方式重用这些服务，把它们装配成另外的应用软件。

实际上，几乎所有主要软件供应商都提供了通过 Web 服务构建和集成应用软件的工具和完整的平台。IBM 将 Web 服务工具加入到自己的 WebSphere 电子商务软件平台，微软也将 Web 服务工具加入到自己的 Microsoft NET。

【例 3-13】Dollar Rent A Car 是美国一家汽车租赁公司，它通过 Web 服务把自己的在线预订系统与美国西南航空公司（Southwest Airlines）的网站连接起来。虽然两家公司的系统是基于不同的技术平台，但是顾客在西南航空的网站上订机票的同时，也能在其网站上预约 Dollar 公司的出租车。Dollar 公司使用了微软 NET 的 Web 服务技术作为中间件，而没有费力地去将自己的预订系统和西南航空的信息系统实现数据共享。西南航空的订单转变为 Web 服务协议，之后再转变成 Dollar 公司的计算机可以识别的格式。

其他汽车租赁公司也曾经将它们的信息系统和航空公司的网站相连，但是它们没有应用 Web 服务，因此需要逐个建立连接。Web 服务为 Dollar 公司的计算机与其他公司的信息系统之间的“对话”提供了一种标准途径，而无须为每一家公司都建立专门连接。Dollar 公司现在正在将它的 Web 服务应用扩展到直接连接小型旅行社和大型旅行社的预订系统，还建立了供移动电话和智能手机使用的无线 Web 网站，与其他合作伙伴的信息系统相连或支持新的无线设备都不需要编写新的软件代码，如图 3-9 所示。

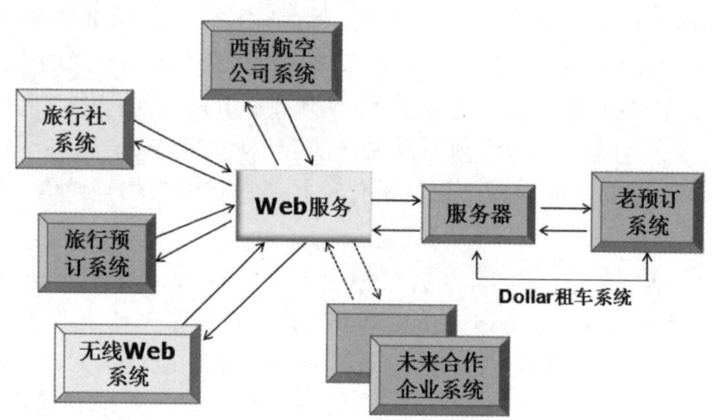

图 3-9 Dollar 公司如何使用 Web 服务

3.4.4 软件外包和云计算服务

当今很多企业仍然在继续使用能够满足业务需求的遗留系统，因为替换这些系统的成本极高，企业需要的新应用软件多数会从外部购买或者租用。企业从外部获得软件通常有 4 个途径：购买软件包、软件外包、基于云计算的软件服务和工具、应用程序混搭。

1. 购买软件包

在前面已经述及，企业应用软件包是当前 IT 基础设施中的主要组成部分。软件包（Software Package）是已编写好的、可以通过购买方式获得的一组软件程序，企业无须自主开发一些特定的功能，如报表处理或订单处理。企业应用软件包的供应商，如 SAP、Oracle-PeopleSoft 等，开发出了功能强大的软件包，能够支持全球企业的主要业务流程，包括仓储管理、客户关系管理、供应链管理、财务管理和人力资源管理等。这些大型企业软件系统为企业提供一体化集成的全球性软件系统，所需费用大大低于企业自行开发相关软件需要付出的成本。

【例 3-14】2012 年，美国企业在软件上的开支超过 2790 亿美元。其中，35%的开支（约 980 亿美元）发生在对公司外部的支出，或是对企业软件供应商销售整体应用系统的支出，或是对独立系统服务供应商提供使用许可或销售软件模块的支出。另外 4%的支出（约 110 亿美元）发生在对 SaaS 供应商提供的基于云计算的在线服务的支出。

2. 软件外包

软件外包（Outsourcing）是指企业将软件定制开发或现有系统程序的维护以合同方式委托给外部公司。这类外包服务公司通常在世界上劳动力成本比较低的地区以离岸方式来运作。根据行业分析，用在离岸 IT 外包服务上的费用在 2012 年达到了约 2510 亿美元（Gartner，2012）。最大的外包费用是美国国内企业提供中间件、集成服务以及运行大型企业系统需要的其他软件支持等方面的开支。

【例 3-15】墨西哥最大的水泥和预制混凝土制造商 Cemex，2012 年 7 月与 IBM 签订了一个为期十年、价值 10 亿美元的外包协议。按照协议条款，IBM 要负责应用开发和维护，以及 IT 基础设施管理，范围包括 Cemex 公司位于墨西哥蒙特雷市的总部及其分布于全球的下属机构。IBM 将代为管理 Cemex 公司的财务、会计以及人力资源系统（McDougall，2012）。

尽管有很多提供复杂业务服务并且有经验的离岸外包服务公司被雇用进行新程序的开发（尤其是印度公司），离岸软件外包企业提供的主要还是底层维护、数据录入及呼叫中心的运营等服务。然而，随着离岸外包企业员工工资的上涨，管理离岸项目的成本也在倍增，一些已经交给离岸外包公司的工作又返回给了美国国内公司。

3. 基于云计算的软件服务和工具

过去的软件产品如 Microsoft Office 和 Adobe Illustrator 等，通常是以盒装形式卖给用户，用户把它安装在一台机器上使用。今天，我们更倾向于从供应商的网站上下载软件，或者以云服务的方式通过互联网来使用软件。

基于云计算的软件及其使用的数据驻留在大规模数据中心功能强大的服务器上，可以通过互联网连接和标准的 Web 浏览器去访问。除了谷歌和雅虎为个人和小型企业提供的免费或者廉价软件外，企业软件和一些复杂的业务功能也可以以服务方式从一些主要的商品化软件供应商那里获得。无须购买和安装软件程序，企业可以租用功能相同的软件服务，费用可以按固定的租用费或者单位事务处理的方式（按业务量大小或服务一次支付一次）来支付。以基于 Web 服务的方式交付使用或者提供远程软件访问的服务称为软件即服务（Software as a Service，SaaS）。Salesforce.com 就是一个具有代表性的例子，它以按需软件服务的方式提供客户关系管理服务。

为了管理与外包服务供应商或技术服务供应商的关系，企业需要签订一份服务等级协议（Service Level Agreement，SLA）。SLA 是客户和服务供应商之间的一份正式合约，明确说明了服务供应商的职责和客户要求的服务等级。SLA 要详细说明服务供应商提供的服务性质和等级、衡量服务质量的标准、支持的方式，以及安全保障和故障恢复、硬件和软件所有权及升级、客户支持、付款和合约终止条件等方面的条款。

4. *应用程序混搭*

用来支持处理个人事务或工作事务的软件，可能由大型的自包含程序组成，也可能由可更替的、可以自由与其他互联网上的应用集成的组件组成。支持个人用户和支持整个公司业务的系统混合在一起，根据需要集成这些软件组件，以定制出每个人的应用，并相互共享信息，以这种方式来产生应用软件即所谓的混搭（Mashup）。其核心思想就是利用不同的软件资源来产生一个新的产品，得到“整体大于部分之和”的效果。当你对你的脸谱网进行个性化配置或者在你的博客中加入显示视频或幻灯片功能时，就是在做混搭。

Web 混搭将两个或多个在线应用整合，创造出一个能够提供比原来的资源更多用户价值的混合产品。

【例 3-16】应用程序的混搭。ZipRealty 使用谷歌地图和在线房产数据库 Zillow.com 提供的数据来显示挂牌服务（Multiple Listing Service，MLS）的完整的房源清单，可以根据用户指定的邮政编码来分区域显示。亚马逊使用混搭技术，在其产品说明中加入了合作伙伴的场地信息和用户信息，以增强其产品说明的效果。

应用程序（App）是在互联网、计算机、移动手机或平板电脑上运行的小软件，通常通过互联网来获得。谷歌把它自己的在线服务称为应用程序，包括桌面办公组件、谷歌企业应用套件。但今天提及的应用程序，多指针对移动平台开发的应用程序。正是这些应用程序使得智能手机及其他移动便携设备成为通用的计算工具。

2012 年，全球估计有 10 亿人使用了应用程序，其中美国大约有 2 亿人（eMarketer，2012）。截至 2012 年，应用程序的下载量超过了 320 亿次。很多是免费下载或者价格很便宜，大大低于传统软件的价格。用于苹果 iPhone 和 iPad 平台的应用程序超过了 70 万种，这一数量与使用谷歌安卓操作系统的设备上用的应用程序数量大致相当。这些移动平台的成功，很大程度上依赖于其提供的应用程序的数量和质量。应用程序把客户与某一特殊的硬件平台联系起来：一旦用户将更多的应用程序添加到其移动手机上，他转移到相竞争的其他移动平台的成本就会增加。

一些下载的应用程序不能访问 Web 网页，但能够比传统 Web 浏览器更快速地访问 Web 内容的连接。目前，最常下载的应用程序有游戏、新闻、天气预报、地图/导航、社会网络、音乐和电视/电影等。但是，也有一些工作用途的应用程序能够供用户处理一些工作事务，如创建和编辑文档、连接公司系统、日程安排、参与会议、运输跟踪、口述语音信息等。还有大量的电子商务方面的应用程序，用于在线搜索、购买商品和服务。

习题 3

一、填空题

1. 当今 IT 基础设施的构成要素主要有 7 类：计算机硬件平台、操作系统平台、________、________、________、云服务平台和 IT 服务。

2. 操作系统是管理和控制________与________的计算机程序，是直接运行在“裸机”上的最基本的系统软件，任何其他软件都必须在________的支持下才能运行。

3. 云提供的服务分为三层，分别是________即服务、________即服务、________即服务。

基础设施在最下端，平台在中间，软件在顶端。别的一些“软”的层可以在这些层上面添加。

4．IT 服务包含________、________、________与维护等服务。

5．现代商业智能的基础设施包括________、________、数据集市、分布式系统基础架构、________和大数据分析平台等一系列设施和工具，这些工具可以从不同类型的半结构化和非结构化的大量商业数据中获取有用信息。

6．通过数据挖掘获得的信息种类包括________、________、________、聚类和预测等。

7．网络数据挖掘的主要途径有________挖掘、________挖掘和________挖掘。网络数据挖掘通过这三种途径寻找数据中隐含的模式。

8．自主计算的核心是________、________、________和自我恢复。

9．Java 是一种与________和________无关的________的编程语言。

10．企业从外部获得软件通常有 4 个途径：________、________、________、应用程序混搭。

二、选择题

1．为了帮助人们认识大数据，一些专家对大数据在量上作了界定，即当数据量达到（　　）时，就可以称之为大数据了。

A．100GB　　B．100TB

C．100PB　　D．100EB

2．下列（　　）不是大数据的特点。

A．数据量大　　B．数据种类多

C．数据时刻在线　　D．数据价值密度高

3．在企业应用系统的架构中，管理信息系统属于（　　）层。

A．事务处理　　B．业务控制

C．决策支持　　D．知识管理

4．云服务平台是指（　　）。

A．在云层组建而成的计算机网络平台

B．互联网变成了宽带网络支撑下的基础设施平台

C．在互联网上提供软件服务

D．在内部网上提供软件服务、平台服务、基础设施服务

5．下列（　　）不是信息系统集成的特点。

A．信息系统集成的核心是实现计算机联网

B．信息系统集成的最终交付物是一个完整的系统

C．信息系统集成要以满足用户需求为根本出发点

D．信息系统集成是一项综合性的系统工程

6．组织并处理非结构化和半结构化的海量数据，以及结构化的数据的技术主要是（　　）。

A．关系数据库管理系统　　B．数据仓库与数据集市

C．网络访问数据库　　D．分布式系统基础架构（Hadoop）

7．数据量 2.5 PB 大约相当于美国国会图书馆书籍的（　　）倍。

A．167　　B．617

C．716　　D．10000

8．“尿布与啤酒”是（　　）技术典型应用的例子。

A．云计算　　B．绿色计算

C．数据挖掘　　D．网络挖掘

9．（　　）技术能实现计算机系统的自调优、自配置、自保护、自修复，以技术管理技术方式提高计算机系统的效率，降低管理成本。

A．云计算　　B．绿色计算

C．自主计算　　D．分布式计算

10．Web 服务的技术基础是（　　）。

A．HTML　　B．Java

C．XML　　D．W3C

三、简答题

1．简述信息系统集成的特点。

2．简述大数据的特点。

3．简述云计算的基本特征。

4．简述绿色计算机的基本标准。

第 4 章　ERP 原理与管理信息系统应用

现代企业管理信息系统融合了国内外的先进技术和管理方法，企业资源计划（Enterprise Resources Planing，ERP）体现了先进的企业管理思想和管理模式，满足企业提高管理水平和全面提升整体竞争力的需求，理解 ERP 的思想、理论和产品是非常必要的。

本章采用理论和实例分析相结合的方法介绍 ERP 的发展历程、企业主要的应用系统，包括供应链管理（SCM）、客户关系管理（CRM）、分销资源计划（DRP）、电子商务与移动商务的功能和特点及其商业价值，全面理解与认识管理信息系统的应用及其发展趋势。

客户关系管理走向云计算

Salesforce 是最成功的企业软件即服务（SaaS）提供商，是基于云计算技术的客户关系管理系统的全球领导者。用户无论在哪里，都可以通过移动设备访问互联网，使用 Salesforce 的应用。公司为小型销售和市场营销团队提供简化版本，费用低至每人每月 15 美元；而对大型企业仍是按月收取费用，每个用户从 65 美元到 250 美元不等。

Salesforce 拥有超过 10 万个客户。小企业发现按需定制模型特别有吸引力，因为省去了前期巨大的软硬件投资和漫长的实施过程。Fireclay 瓷砖公司是一家拥有 37 名员工的环保瓷砖制造商，公司选用了 Salesforce 的应用，获得了多重收益。Salesforce 的电子邮件和 Web-to-lead 能帮助企业获得 4 倍的潜在客户（Web-to-lead 将网上收集的潜在客户信息自动添加到企业主数据库中）。任务功能根据客户的类型（建筑师、承包商、经销商、住宅所有者）和销售流程的阶段自动生成特定任务。系统使顾客服务功能更加自动化，包括订单确认、顾客满意度跟踪调查、货运通知等。

Salesforce 的社交工具使 Fireclay 能提供更好的顾客服务，从而可以与大型地板制造商和其他瓷砖定制生产厂商竞争。公司使用 Salesforce 维护客户档案，一旦从网上获得新的潜在客户资料，销售、客户服务和生产小组都能立刻看到完整的客户信息。Fireclay 借助 Salesforce Chatter 的内部社交网络帮助员工跟踪订单，共同合作来满足客户需求，顾客满意度在 90% 以上。

Salesforce 也同样吸引大型公司。Dr.Pepper Snapple 集团应用 Salesforce 的 CRM 系统替代了过时的电子表格方式。原来的方式用大量的手工数据来编制超过 50 个饮料品牌的报告，并实时跟踪销售绩效。现在系统跟踪超过 1 万个客户的活动，自动生成报表来监控关键绩效指标、销售电话和销售额。华尔街日报、必能宝（Pitney Bowes）、金佰利（Kimberly Clark）和星巴克都是 Salesforce 公司 CRM 系统的大型企业用户。

其他企业系统公司，如甲骨文也不甘落后，开始进入云计算软件服务行业，定价从每人每月 70 美元起。甲骨文的按需 CRM 系统拥有多项功能，包括预测、分析和交互报表的集成工具。用户可以使用这些工具来回答以下问题：你的销售努力是否有效？你的客户平均花费多少？

GRT Hotel & Resorts 是印度南部拥有 10 家宾馆的领先商业集团，公司使用甲骨文的按需 CRM 软件建立了一个覆盖其所有资产的 CRM 集成系统。系统使集团内所有宾馆都能共享顾客数据，如房间和价格偏好等，并制定统一的营销策略，避免集团内宾馆之间没有必要的价格竞争。GRT 借助 CRM 系统分析顾客行为数据来预测销售，推出更多有针对性的市场营销活动，提高了 25%的生产率。管理者能监控客服人员每月回答的关于预订宾馆和一般信息的顾客电话数量，找出表现欠佳者。GRT 管理层认为，与购买和维护自己的 CRM 系统相比，按月收费的 CRM 服务降低了 65%的成本。此外，甲骨文集成的基于网络的 CRM 安全应用保证了 GRT 的员工在离职时不能删改保密数据，如市场推广计划等。

当像甲骨文之类的传统企业软件供应商利用它们所处的市场领导者地位渗透进基于云计算技术的应用市场后，新的进入者，如 SugarCRM，在与大型企业的竞争中同样获得成功。Thomas Cook 是全球集团 Thomas Cook Group Travel Plc 的子公司，公司有 1700 名员工，是法国第二大旅游公司，主要提供 15 人一组的豪华旅游项目。公司通过提供出色的顾客服务体验将自己和其他竞争对手以及互联网旅游服务商区分开来。Thomas Cook 过去使用纸和笔来记录顾客来电和其他与顾客的交互信息，顾客数据存在碎片化和冗余等问题，无法用于管理层的深度分析，也不能提升生产率或带来创收机会。

Thomas Cook 发现 SugarCRM 是一个用户界面友好的、可扩展的系统，每月每人的费用从 30～100 美元不等，定制和配置系统很快，也不需要很多内部信息系统人员来进行管理。在 Synolia 咨询公司的帮助下，Thomas Cook 在 15 天内就完成了 SugarCRM 的实施并开始运行。Thomas Cook 的旅游代理们可以集成和管理他们系统中的潜在客户信息，系统根据组别和角色设置访问权限，并可以将文件作为附件发给联系人。此外，Thomas Cook 还应用 CRM 软件进行高层次的国外电子邮件营销，设置常见问题模块，驱动即时业务活动，分析高层次业务问题。

并不是所有公司都会从中获得巨大收获，云计算也存在着缺陷，很多公司对数据的控制和安全问题存在顾虑。尽管云计算公司已经准备好了相应的解决方案，但有时仍会缺少可用性保证和服务水平保证。通过云计算基础架构管理 CRM 应用的公司不能保证数据随时都可以使用，甚至不能保证服务提供商未来还会一直存在，这也是 CRM 云服务提供商需要首先解决的问题。

案例思考题

1. 什么是云计算？什么类型的公司最有可能选用基于云计算的CRM软件服务？为什么？哪类公司可能不太适合这种类型的软件？

2. 使用基于云计算的企业管理信息系统有哪些优势和劣势？

3. 什么叫 ERP？CRM 与 ERP 有着怎样的关系？

4. 公司在决定使用传统 CRM 系统还是基于云计算的系统时，需要考虑哪些管理、组织和技术问题？

4.1　ERP 原理及其发展历程

4.1.1　ERP 的概念

企业资源计划（Enterprise Resources Planning，ERP）是对企业的各项资源实施计划与管理，使企业资源的运行能够平衡稳定，使企业能够降低成本，减少资源损耗，提高生产效率，获取更多的生产利润。同时，ERP 能够成为联系客户、供应商与生产商的纽带，能够加强企业与客户、供应商之间的交流与沟通。更深层次地可以从管理思想、软件产品、管理系统三个方面给出它的定义。

（1）管理界认为 ERP 体现的是现代企业的管理思想。ERP 是由美国著名的计算机技术咨询和评估集团 Garter Group Inc.提出的一整套企业管理系统体系标准，其实质是在制造资源计划（Manufacturing Resources Planning，MRPⅡ）的基础上进一步发展而成的面向供应链（Supply Chain）的管理思想。Garter 对 ERP 的定义：ERP 是 MRPⅡ的下一代，它的内涵主要是打破企业的四壁，把信息集成的范围扩大到企业的上下游，管理整个供需链，实现供需链制造。

（2）信息界认为 ERP 是一类软件产品。ERP 是综合应用了客户机/服务器体系、关系数据库结构、面向对象技术、图形用户界面、第四代语言（4GL）及网络通信等信息产业成果，以 ERP 管理思想为灵魂的软件产品。

（3）企业界认为 ERP 是一种企业经营管理应用系统。ERP 是整合企业管理理念、业务流程、基础数据、人力物力、计算机硬件和软件于一体的企业资源管理系统。

ERP 的概念层次如图 4-1 所示。

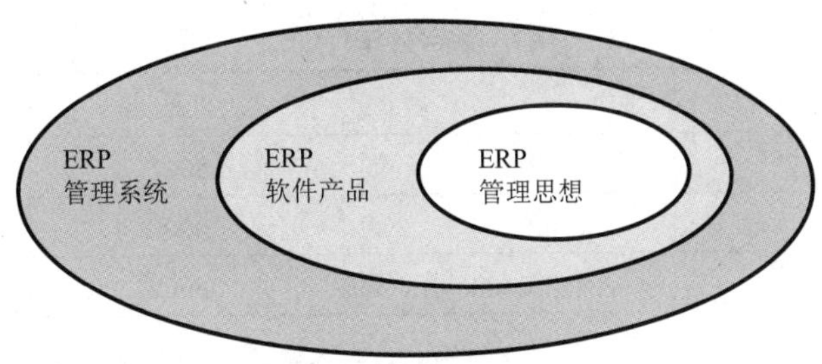

图 4-1　ERP 的概念层次

对应于管理界、信息界、企业界不同的表述要求，ERP 分别有着它特定的内涵和外延，相应地采用 ERP 管理思想、ERP 软件产品、ERP 管理系统的表述方式。

ERP 是在企业管理思想的基础上逐步发展起来的，因而在理解 ERP 原理之前先了解企业管理思想和 ERP 的发展历史是非常必要的。

ERP 的发展大致经历了以下 3 个阶段：

（1）MRP（Material Requirements Planning）阶段，即物料需求计划阶段。

（2）MRPⅡ（Manufacturing Resources Planning）阶段，即制造资源计划阶段。由于制造资源计划的缩写也为 MRP，为了区别在 MRP 后面加上Ⅱ，意为 MRP 第二代。

（3）ERP（Enterprise Resources Planning）阶段，即企业资源计划阶段。

4.1.2 MRP 阶段

20 世纪 60 年代计算机的商业化应用开始，物料需求计划（Material Requirements Planning，MRP）软件面世并应用于企业物料管理工作中，企业管理者经常头痛的事件之一就是产供销严重脱节。销售部门好不容易签下了销售合同，生产部门却说计划排不下去；一旦生产计划能安排了，供应部门又说材料来不及采购；在仓库里，生产要用到的物料经常出现短缺，而没有用的物料却又长期大量积压。MRP 就是用来解决这个头痛的产供销脱节问题的信息化管理系统。

用通俗的话说，它能解决的管理问题是做到："既不出现物料短缺，又不出现物料积压库存"，这是两个对立又统一的目标。

企业内部的物料可分为独立需求和相关需求两种类型。独立需求是指需求量和需求时间由企业外部的需求来决定，例如客户订购的产品、科研试制需要的样品、售后维修需要的备品备件等；相关需求是指根据物料之间的结构组成关系由独立需求的物料所产生的需求，例如半成品、零部件、原材料等的需求。

1. MRP 的基本构成

（1）主生产计划（Master Production Schedule，MPS）。主生产计划是确定每一具体的最终产品在每一具体时间段内生产数量的计划，主要是对企业的生产任务进行规划和组织，包括企业要生产的产品、生产产品的数量、预计完成生产任务的时间等。它将企业的综合生产计划转化为生产作业计划、采购作业计划等具体的作业计划，是企业制定物料需求计划的基础，能够有效地指导企业的生产管理活动，使企业的生产与销售等活动能够顺利进行。表 4-1 所示是某自行车厂的综合生产计划和与其对应的主生产计划的一个例子。

表 4-1（a） 某自行车厂的综合计划

月份	1 月	2 月	3 月
24 寸产量/辆	10000	15000	20000
28 寸产量/辆	30000	30000	30000
总工时/h	68000	68000	75000

表 4-1（b） 某自行车厂 24 寸车的主生产计划 单位：辆

月份	1 月				2 月				3 月			
周次	1	2	3	4	5	6	7	8	9	10	11	12
C 型		1600		1600		2400		2400		3200		3200
D 型	1500	1500	1500	2250	2250	2250	2250	2250	3000	3000	3000	3000
R 型	400		400		600		600		800		800	
月产量	10000				15000				20000			

从该例可以明显地看出这两种计划之间的区别和联系。综合计划又称生产大纲，是企业对未来一段较长时间内资源和需求之间的平衡所作的概括性安排，是根据企业所拥有的生产能力和需求预测对企业未来较长一般时间内的产出内容、产出量、劳动量、库存投资等问题所作

的决策性描述，它不是一种用来具体实施的计划。而主生产计划，正是把综合计划具体化为可操作的实施计划。如表 4-1（a）所示，该厂的综合计划中，未来 3 个月 24 寸自行车产品的月产量分别为 10000 辆、15000 辆和 20000 辆。但实际 24 寸自行车又可分为三种不同的车型：C 型，带有辅助小轮的儿童用车；D 型，耐用型，适合于山路条件的跑车；R 型，带有装饰的豪华车。这三种车型的车轮大小是一样的，同属 24 寸。而所谓的“24 寸”车是无法生产的，只能具体生产出 24 寸的 C 型、D 型和 R 型。表 4-1（b）是根据表 4-1（a）的综合计划所制定的主生产计划。从该表中可以看出，由于 24 寸 D 型车的需求量较大，是连续生产的，而其他两种车型的需求量较少，生产是断续的，即分批轮番生产。

（2）产品结构与物料清单（Bill of Material，BOM）。产品结构与物料清单是 MRP 系统正确计算物料需求的时间和数量的基础，它使系统明确了自己所制造产品的产品结构和所要用到的物料。产品结构具体表现了构成产成品或装配件的所有物料的组成、装配关系和数量要求。举例来说，图 4-2 所示是一个大大简化了的自行车的产品结构图，它大体反映了自行车的构成。

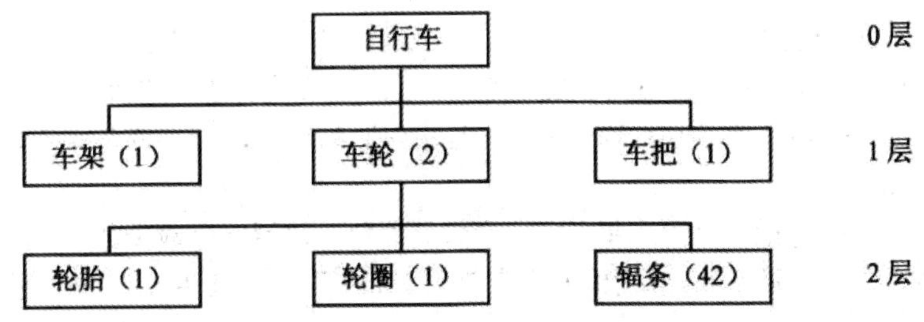

图 4-2　自行车产品结构图

当然，这并不是最终所要的 BOM。为了便于计算机识别，必须把产品结构图转换成规范的数据格式，这种用规范的数据格式来描述产品结构的文件就是物料清单。它必须说明组件（部件）中各种物料需求的数量和相互之间的组成结构关系。表 4-2 所示就是一张简单的与自行车产品结构相对应的物料清单。

表 4-2　自行车产品结构对应的物料清单

层次	物料号	物料名称	单位	数量	类型	成品率	ABC 码	生效日期	失效日期	提前期
0	GB950	自行车	辆	1	M	1.0	A	990101	041230	2
1	GB120	车架	件	1	M	1.0	A	010201	041230	4
1	CL120	车轮	个	2	S	1.0	A	010201	999999	2
2	LG300	轮圈	件	1	S	1.0	A	010201	041230	6
2	GB890	轮胎	套	1	S	1.0	B	010201	999999	3
2	GB430	辐条	根	42	S	0.9	B	990201	041230	2
1	TC752	车把	套	1	L	1.0	A	031220	999999	5

注：类型中 M 为自制件，S 为外购件，L 为外协件。

把产品结构放于时间坐标轴上来考察，则各物料之间的关联线恰好可表达出物料的加工周期或采购周期，即提前期。依此反映各种物料各自开始的日期或下达计划日期会有先有后，即有优先顺序。这样一个时间轴上的产品结构（如图 4-3 所示）会把企业的产供销物料数量和生成物料所需时间的信息集成起来。

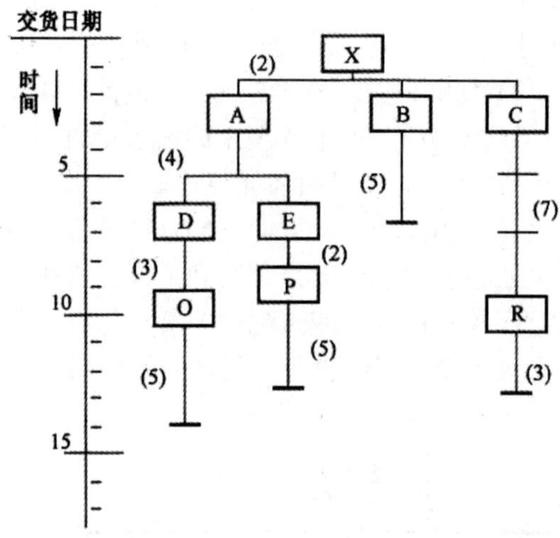

图 4-3　时间轴上的产品结构图

【例 4-1】带时间轴的产品结构图中的信息。图 4-3 中 X 为独立需求条件，A、B、C、D、R 等为相关需求件，括号中的数字为某需求件从开始准备（生产或采购）到完成所消耗的时间，即提前期。例如，假定产品 X 的交货日期为 7 月 30 日，产品 X 的提前期为 2 天，则需求件 A、B、C 需要在 7 月 28 日前完成；而 A、B、C 的提前期分别为 4 天、5 天、7 天，因此需求件 A 需要在 7 月 24 日开始、B 需要在 7 月 23 日开始、C 需要在 7 月 21 日开始，依此类推，可以得到每个需求件的开工日期和完成日期，以保证产品 X 按时交货。

物料入库出库、领料、提货过程中都需要有具体的仓库与货位信息。为便于计算机识别，必须对物料进行编码。物料编码是 MRP 系统识别物料的唯一标识。在编码之前，还要确定所有物料的分类。

库存信息包括：

- 现有库存量：在企业仓库中实际存放的物料的可用库存数量。
- 计划收到量（在途量）：根据正在执行中的采购订单或生产订单，在未来某个时段物料将要入库或将要完成的数量。
- 已分配量：尚保存在仓库中但已被分配掉的物料数量。
- 提前期：执行某项任务由开始到完成所消耗的时间。
- 订购（生产）批量：在某个时段内向供应商订购或要求生产部门生产某种物料的数量。
- 安全库存量：为了预防需求或供应方面的不可预测的波动，在仓库中经常应保持最低库存数量作为安全库存量。

根据以上的各个数值，可以计算出某项物料的净需求量：

净需求量=毛需求量+已分配量-计划收到量-现有库存量

2. MRP 的基本原理

主生产计划、物料清单和库存信息称为 MRP 的三个基本要素。

（1）主生产计划回答将生产什么（独立需求）。

（2）产品信息（物料清单）回答要用到什么（零部件及材料）、要用多少（相关需求）。

（3）库存信息回答此物料现在有多少。

MRP 的基本原理是根据反工艺路线的原理，根据主生产计划，分析产品的物料清单、工艺路线、批量政策和提前期等，来确定物料的采购作业计划和生产作业计划，反工艺顺序地推算出各个零部件的出产数量与期限，合理有效地管理物料流动。MRP 逻辑流程图如图 4-4 所示。经 MRP 运算后，可提出采购量和生产量，即采购计划和生产作业计划。

- 采购计划：每一项采购件的建议计划，订货日期和到货日期、需求数量。
- 生产作业计划：每一项加工件的建议计划，开始生产日期和完工日期、需求数量。

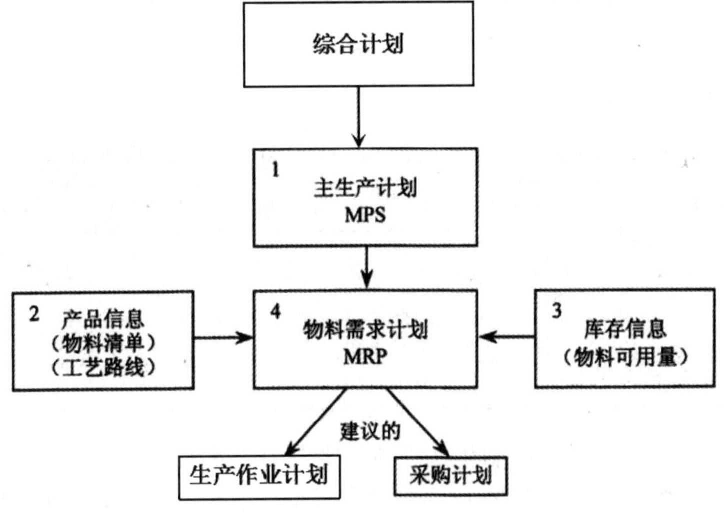

图 4-4　MRP 逻辑流程图

生产作业计划编排的方法可以采用倒序编排法和正序编排法。

- 倒序编排法：由零件的最晚完工日期开始按反工艺路线的顺序往前推出各道工序的开始日期和完工日期。按倒序排出的订单下达（开工）日期是最晚开工日期。
- 正序编排法：由零件的订单下达日期（最早开工日期）开始按工序路线的顺序向未来推移，计算出各工序的开始日期和完工日期。按正序排出的订单下达日期是最早开工日期。

下面用实例来说明 MRP 编制计划的原理。

【例 4-2】某企业生产的产品是电子设备（独立需求），如图 4-5 所示是电子设备的产品结构图，数字标识为单件产品所需零部件的数量。已知 9 月 25 日需要交付 50 台此种电子设备。为简便起见，只对带“*”号的零部件编制计划，发生器、放大电路、电阻 A 的现有库存量分别为 15 件、18 件、55 件（库存信息），同时，发生器、放大电路的生产采用直接批量法，电阻 A 为外购件，经济批量为 300 件。电子设备、发生器、放大电路的装配提前期分别为 5 天、3 天和 2 天，电阻 A 的采购提前期为 7 天。求带“*”号的零部件的净需求量、批量和电阻 A 的采购计划日期。

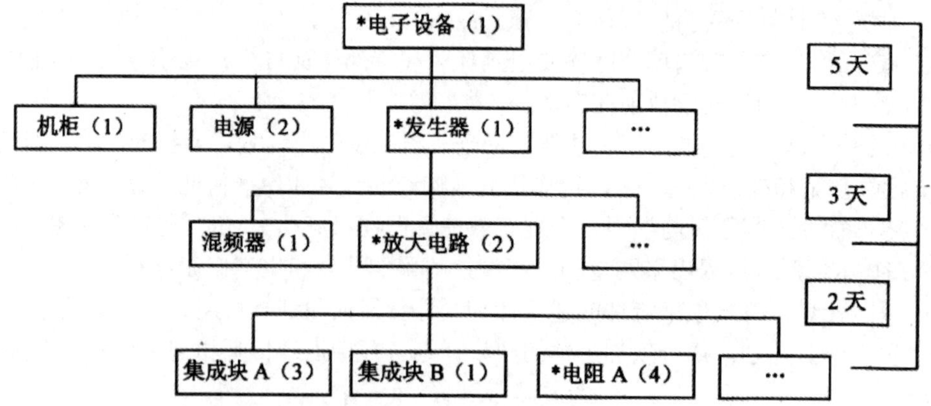

图 4-5 电子设备的产品结构

具体推算过程见表 4-3。

表 4-3 各零部件净需求量、批量和电阻 A 采购日期的推算表

零部件	完成日期	毛需求量	提前期	库存量	净需求量	批量	开工日期
电子设备	9 月 25 日	50	5	0	50		9 月 20 日
发生器	9 月 20 日	50	3	15	35	35	9 月 17 日
放大电路	9 月 17 日	70	2	18	52	52	9 月 15 日
电阻 A	9 月 15 日	208	7	55	153	300	9 月 8 日

（1）要在 9 月 25 日交付 50 台电子设备，则发生器的毛需求量为 50 件；由于发生器的库存量为 15 件，则净需求量为 35 件；由于采用直接批量法，则发生器的装配批量为 35 件；由于电子设备的装配提前期为 5 天，因此发生器的装配工序完工时间最晚为 9 月 20 日。

（2）要完成 35 件发生器的装配，则放大电路的毛需求量为 70 件；由于放大电路的库存量为 18 件，因此放大电路的净需求量为 52 件；由于采用直接批量法，则放大电路的装配批量为 52 件；同时由于发生器的装配提前期为 3 天，因此放大电路的装配工序完工时间最晚为 9 月 17 日。

（3）要完成 52 件放大电路的装配，则电阻 A 的毛需求量为 208（52×4=208）件；由于电阻 A 的库存量为 55 件，因此电阻 A 的净需求量为 153 件；由于电阻 A 的经济批量为 300 件，因此电阻 A 的采购批量应当为 300 件；由于放大电路的装配提前期为 2 天，因此电阻 A 的采购入库时间最晚为 9 月 15 日；由于电阻 A 的采购提前期为 7 天，因此 300 件电阻 A 的采购计划最晚应当在 9 月 8 日下达。

上例的方法就是由电子设备的主生产计划反推出了电阻 A 的采购计划以及计划下达的时间。如此类推，在运行 MRP 的过程中可以根据自己的需要推导出需要了解的每一个产品的每一个零部件及原材料的生产或采购计划。

由此可见，MRP 的实施原理是以零部件的完工日期为基准，由各种零件与部件的生产或采购提前期反向倒排计划，反推出它们的生产与投入的时间和数量，所以企业能够在需要某种零件或原材料的时候马上接收到该种零件或原材料，实现零库存，满足了准时生产的要求。所以说，MRP 可以合理地整合企业资源，有效地避免资源的浪费，同时解决了库存积压的问题，避免了传统订货法造成的库存量过多的弊端。

因此，MRP 的主要目的是编制计划，而不是一个简单的计算机程序。MRP 需要分析物料之间的需求关系，再根据各种物料的具体需求情况编制原材料或零件的生产或采购计划。但是企业生产过程中的物料有很多种，物料之间的需求关系也很复杂，就算是同一种物料也可能同时应用于不同的零件或产品中，所以企业之间的物料需求关系是相当复杂的。在运行 MRP 的过程中，每一次对产品的结构图展开运算的时候都需要访问每种物料的库存信息，如果人工运算 MRP，工作量会很大，也会耗用相当大的时间、人力等资源，所以企业运行 MRP 需要计算机的辅助，由这一点可以推断出 MRP 具有以下几个主要特点：

- MRP 系统会根据主生产计划按顺序自动、连续地推断出各部件和零件的生产以及采购计划。
- MRP 系统会计算出各零部件的需求数量以及需求时间，而且会计算出下一个时段（周期）以及以后多个时段的计划。
- MRP 系统运算速度快，企业可以及时根据运算结果对计划进行修改和调整。

3. 闭环 MRP

在 20 世纪 70 年代，出现了闭环 MRP，即 Close Loop MRP，也叫循环式 MRP 或 MRPⅠ。这一阶段最重要的是反馈功能的运用。在闭合式 MRP 系统中，把生产能力计划、车间作业计划和采购作业计划纳入了 MRP，在计划执行过程中企业经营者通过来自车间、供应商等的反馈信息对原计划进行监控，一旦发现有不合理之处，及时对其进行调整，使各个系统都能够稳定运行，保证了整个企业经营活动的协调发展。如图 4-6 所示是闭环 MRP 逻辑流程图。

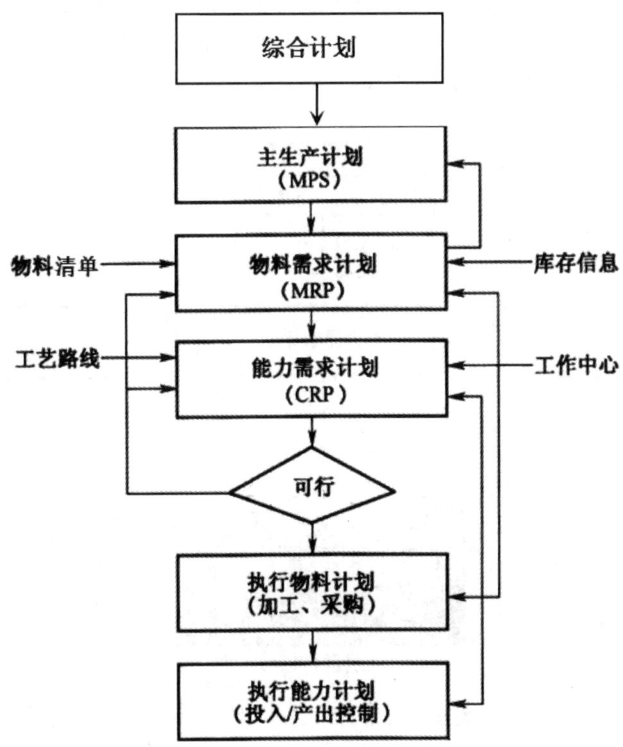

图 4-6　闭环 MRP 逻辑流程图

（1）资源需求计划与能力需求计划（Capacity Requirement Planning，CRP）。在闭环 MRP 系统中，把关键工作中心的负荷平衡称为资源需求计划或粗能力计划，它的计划对象为独立需求件，主要面向的是主生产计划；把全部工作中心的负荷平衡称为能力需求计划或详细能力计划，它的计划对象为相关需求件，主要面向的是车间。由于 MRP 和 MPS 之间存在内在的联系，所以资源需求计划与能力需求计划之间也是一脉相承的，而后者正是在前者的基础上进行计算的。

（2）能力需求计划的依据。

1）工作中心。它是各种生产或加工能力单元和成本计算单元的统称。工作中心的表现形式是一台或多台功能基本相同的机器设备、一个或多个类型基本相同的生产作业人员或者一个或多个作用基本相同的作业场地，也可能是这些设备、人员和场地的组合。对工作中心，都统一用工时来量化其能力的大小。

2）工作日历。它是用于编制计划的特殊形式的日历，是由普通日历除去每周双休日、假日、停工和其他不生产的日子，并将日期表示为顺序形式而形成的。

3）工艺路线。它是一种反映制造某项物件时对物料进行加工的方法及加工次序的文件。它说明加工和装配的工序顺序、每道工序使用的工作中心、各项时间定额、外协工序的时间和费用等。

4）由 MRP 输出的零部件作业计划。

4. 能力需求计划的原理

闭环 MRP（MRPⅠ）的基本目标是满足客户和市场的需求，因此在编制计划时，总是先不考虑能力约束而优先保证计划需求，然后再进行能力计划。经过多次反复运算，调整核实，才转入下一个阶段。能力需求计划的运算过程就是把物料需求计划订单换算成能力需求数量、生成能力需求报表，这个过程可用图 4-7 来表示。

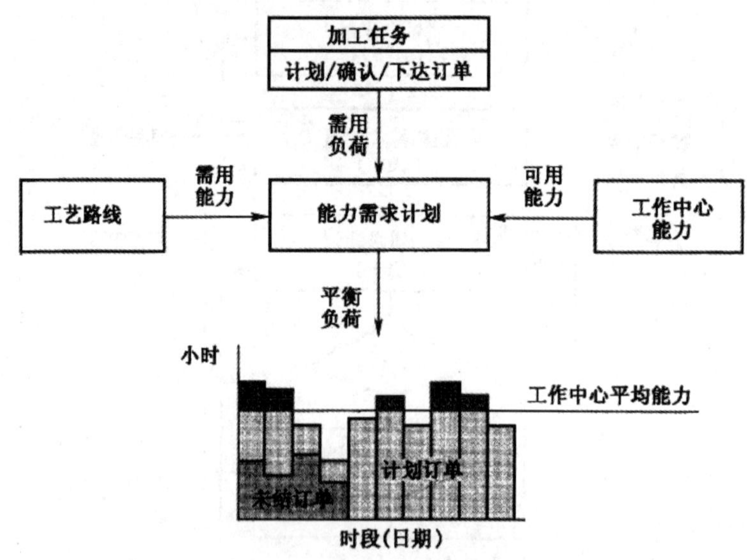

图 4-7 能力需求报表生成过程

CRP 的工作原理就是将 MRP 计划下达的生产订单和已下达但尚未完工的生产订单所需的

负荷小时数转换为每个工作中心各时区的能力需求，也就是将 MRP 中的物料数量转换为标准负荷小时数，将物料需求转换为能力需求。

实施 CRP 分为两步：编制工序计划和对工作中心按时区累计负荷。编制工序计划首先要从订单、工艺路线和工作中心文件中搜寻需要的信息，同时从已下达的订单文件得到订货数量和交货日期。

【例 4-3】部件 X 订单的订货数量是 40，交货日期是工厂日历第 350 天。从工艺路线文件中获得工序次序、工作中心号、准备时间和加工时间，工艺要求每整 10 小时算作 1 个工作日。部件 X 订单需要在两个工作中心（分别是 2 号工作中心和 3 号工作中心）上加工两道工序（工序 5 和工序 10），假定工序 5 的排队时间和传送时间均为 2 天，工序 10 的排队时间为 4 天、传送时间为 2 天。试计算工序 5 的计划交货日期和开工日期。表 4-4 给出了每道工序的准备时间和单件加工时间。

表 4-4　部件 X 的准备时间和加工时间

加工次序	工作中心	准备时间/小时	单件加工时间/小时
工序 5	2	16	2
工序 10	3	8	1

首先，用从订单中得到的生产数量乘以从工艺路线文件中得到的单个零件每道工序的定额工时，对每道工序再加上标准准备时间的方法来计算每道工序和每个工作中心的负荷。若每 10 小时算作一个工作日，工序 5 的加工时间为：(40×2)÷10=8 天，准备时间为：16÷10=1.6≈2 天；工序 10 的加工时间为：(40×1)÷10=4 天，准备时间为：8÷10=0.8≈1 天。

然后，以第 350 天作为工序 10 的完工日期，减去传送、加工、准备和排队时间得到抵达工作中心 2 的日期是第 339 天。第 339 天就成为工序 5 的计划交货日期。重复以上过程便可计算工序 5 的开工日期。逆推过程见表 4-5。

表 4-5　工序计划

工序号	工作中心	到达工作中心日期	排队时间/天	准备时间/天	加工时间/天	传送时间/天	完工日期
5	2	325	2	2	8	2	339
10	3	339	4	1	4	2	350

当对所有的订单都编制了计划之后，就会产生所有工作中心的负荷报告。从工作中心的负荷报告中就可以得到一定时区内计划订单和已下达订单的能力需求。

一个工作中心上加工的全部已下达订单和计划订单的准备时间和加工时间加在一起，最终得到为满足生产计划所需的总设备工时或劳动力工时。

【例 4-4】工作中心负荷报告示例。表 4-6 所示是工作中心负荷报告的例子，已下达负荷工时表示由已下达订单产生的负荷。计划负荷工时表示由 MRP 计划订单产生的负荷。总负荷工时是已下达负荷工时和计划负荷工时之和。

从表 4-6 可以得出，工作中心能力=200 小时（劳动能力小于设备能力，工作中心能力等于劳动能力）。

能力负荷差异=能力-总负荷

能力利用率（%）=总负荷÷能力×100%

表 4-6 工作中心负荷报告

工作中心号：3　　　　工作中心描述：机床

劳动能力：200 小时/时区　　　　设备能力：220 小时/时区

	时区/周						总负荷
	1	2	3	4	5	6	
已下达负荷工时	80	100	140	150	100	180	750
计划负荷工时	160	20	40	10	160	60	450
总负荷工时	240	120	180	160	260	240	1200
可用能力	200	200	200	200	200	200	
能力负荷差异	-40	80	20	40	-60	-40	
能力利用率	120	60	90	80	130	120	

工作中心负荷报告可以以直方图的形式给出，也称为负荷图。表 4-6 的负荷报告可以用图 4-8 的形式表示。

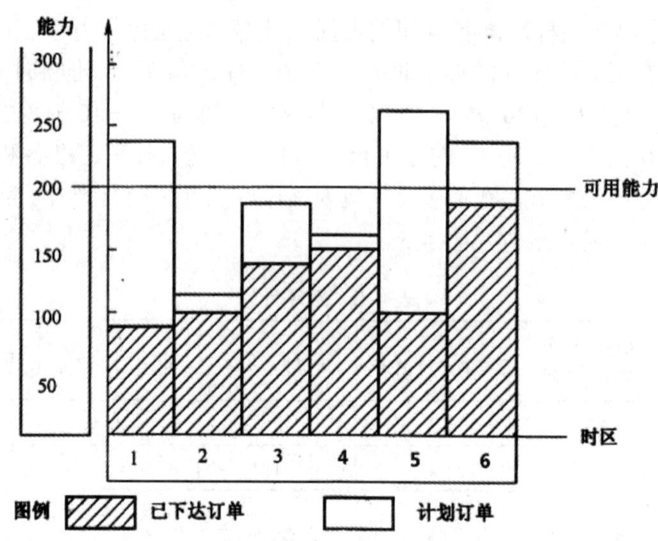

图 4-8 工作中心负荷图

在编制完工作中心负荷报告和工作中心负荷图后，需要对结果进行分析。根据分析结果对超负荷和负荷不足进行相应的调整。对于超负荷问题，要及时解决能力问题，才能实现能力计划；对于负荷不足问题，表示作业费用增大，需要注意采取适当的方式解决。综上所述，分析负荷报告，及时反馈信息，根据实际情况调整计划是相当重要的。

4.1.3 MRPⅡ阶段

在 20 世纪 80 年代，企业管理者另一个经常头痛的事是“财务数据和生产数据总是对不上号”，财务报表在时间上严重滞后，不能及时地暴露经营生产中的问题，等到发现了问题再处理，已经给企业造成了损失。生产需要的物料，即使有足够的采购周期，但仍会因为资金不到位而不能及时采购供应。销售出去的商品也会由于客户的信誉度、应收账的账龄等信息不完整，甚至“去向不明”而不能及时收回货款。MRPⅡ就是解决财务和业务脱节管理问题的信息化管理系统。MRPⅡ系统把生产、财务、销售和采购等子系统结合成一个一体化的系统，实现了制造与财务的集成。MRP 系统只是考虑到了物料的计划与管理，而 MRPⅡ还考虑到了财务管理方面的内容，突破性地把财务系统与制造系统实现了集成，比 MRP 系统更加前进了一步，使企业的经营管理更加合理完善。

MRPⅡ主要包括 5 个计划层次，即经营规划、销售与运作规划、主生产计划、物料需求计划和能力需求计划。这 5 个方面的计划实现了由宏观到微观，由战略级到战术级，以及由粗到细的深化过程。

它通过具有成本属性的产品结构（成本物料清单）赋予物料以货币价值，实现了资金与物料静态信息的集成。MRPⅡ系统的成本计算是在正确产品结构的基础上进行的，包括正确人工、材料定额和费用分配率。判断一个企业是否真正应用了 MRP Ⅱ系统，首先要观察其对成本控制系统的应用状况，成本是一个物料信息同资金信息集成的关键切入点；其次，通过定义物料流动的各种事务处理（如物料位置、数量、价值和状态的变化）对每一项事务处理赋予代码，定义相关会计科目上的借、贷方关系，记入财务账，解决资金流同物流的动态信息集成的问题，做到财务与业务同步，或财务账与实物账同步生成，随时将经营生产状况通过资金运行状况反映出来，提供给企业的决策层，便于不误时机地纠正和处理。

如图 4-9 所示是 MRPⅡ逻辑流程图，MRPⅡ在闭环 MRP（即 MRPⅠ）的基础上集成了应收、应付、成本及总账的财务管理。

其采购作业根据采购单、供应商信息、收货单和入库单形成应付款信息（资金计划）；销售商品后，会根据客户信息、销售订单信息和产品出库单形成应收款信息（资金计划）；可根据采购作业成本、生产作业信息、产品结构信息、库存领料信息等产生生产成本信息；能把应付款信息、应收款信息、生产成本信息和其他信息等记入总账。产品的整个制造过程都伴随着资金流通的过程。

通过对企业生产成本和资金运作过程的掌握，调整企业的生产经营规划和生产计划，因而得到更为可行、可靠的生产计划。

1. MRPⅡ运行的基础信息

MRPⅡ运行的基础信息以及之间的联系如图 4-10 所示，共有以下 7 个方面：

- 物料与产品信息：如物料主文件、产品物料清单。
- 能力信息：如工作中心、工艺路线文件和工作日历。
- 库存信息：如物料的可用量、安全库存、仓库与货位。
- 财务信息：如会计科目、产品成本、利润中心或成本中心。
- 需求信息：如预测、合同和其他需求。
- 供需方信息：如供应商文档和客户信息。
- 时间信息：如时区、时段、时界、固定提前期、变动提前期、会计期间等。

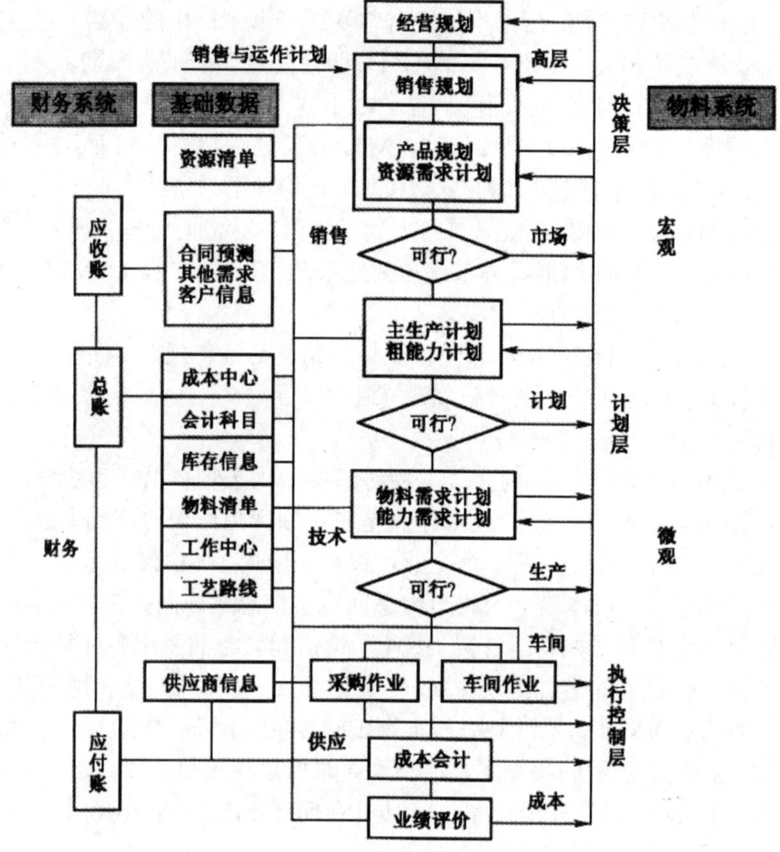

图 4-9　MRP Ⅱ逻辑流程图

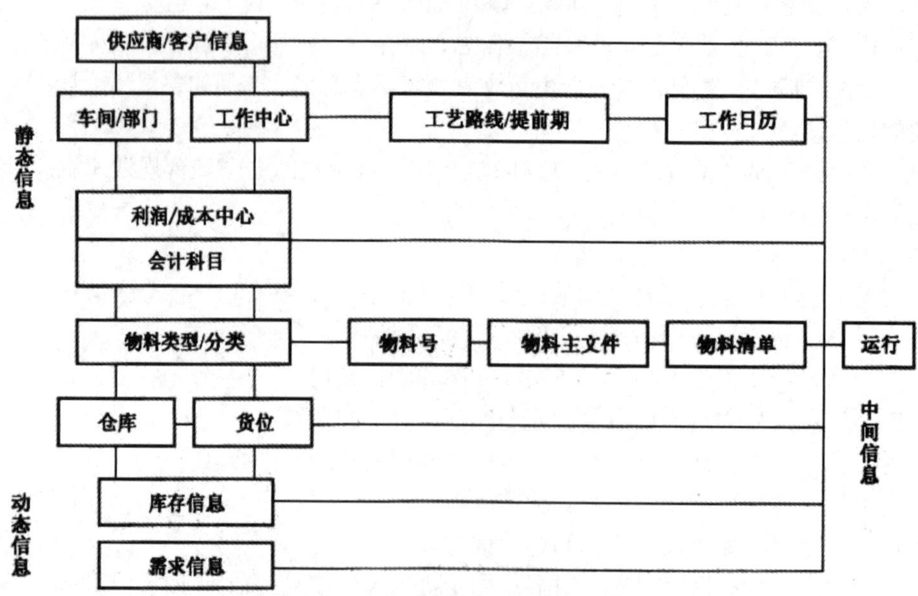

图 4-10　MRP Ⅱ运行的基础信息环境

以上 7 个方面的信息归纳为以下 3 种类型：

- 静态信息（或称固定信息）：一般指生产活动开始之前要准备的数据，如物料清单、工作中心的能力和成本参数、工艺路线、仓库和货位代码、会计科目的设定等。系统运行时，访问静态数据一般不作处理。
- 动态信息（或称流动信息）：一般是指生产活动中发生的数据，不断发生、经常变动。如客户合同、库存记录、完工报告等，一旦建立就需要随时维护。
- 中间信息：根据用户对管理工作的需要，由计算机系统综合上述静态和动态两类数据，经过运算形成的各种数据或报表。它是一种经过加工处理的信息，供管理人员掌握经营生产状况，进行分析和决策。如主生产计划和物料需求计划都是根据静态和动态数据加工处理后生成的中间信息。管理软件功能的强弱，往往体现在它能提供多少有用的中间信息。在一个管理信息系统中，静态和动态信息是输入信息，中间信息是经处理后的输出信息。

在 MRP Ⅱ 系统中，MRP Ⅱ 运行的信息环境中的各种信息，有些同现行管理所用的信息可能会有一定的出入，有的需要适当加工，有的则要分析后才能确定。准备规范化的信息会有相当大的工作量，但这是必要的。

2. *MRP Ⅱ 产品成本计算方法*

MRP Ⅱ 中成本构成如图 4-11 所示。产品成本计算方法主要有成本滚动计算法和作业基准成本法。

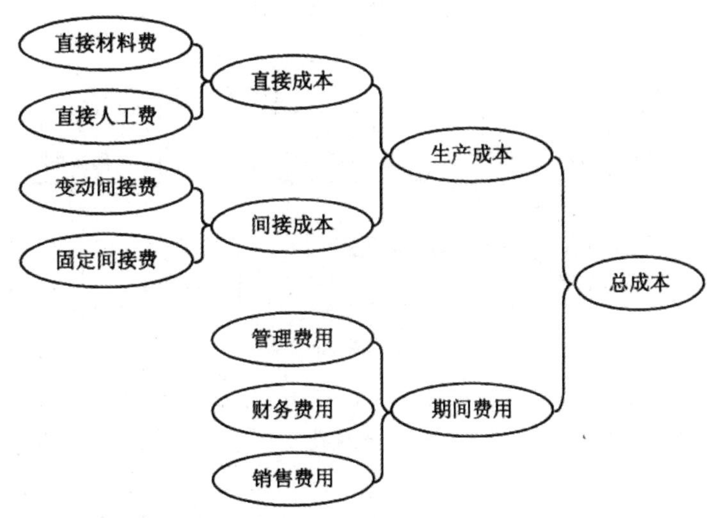

图 4-11　MRP Ⅱ 系统成本构成图

（1）成本滚动计算法。成本滚动计算法是基于产品结构和物料清单（BOM）展开计算的。首先，计算物料清单中最低层次物料的成本。然后逐步计算上一层次的物料（半成品），计算过程中包括了已经计算过的下层物料的成本。这一过程被称为成本上卷（Cost roll up）。当我们保存最终产成品的成本估算时，该产成品下的每一层半成品的成本估算和成本构成也被保存了。通过成本上卷我们就可以分析每个生产层次的附加价值（Value Added）了。

有些公司在内部各部门使用一种统一的 BOM 结构。这种结构通常由产品设计部门创建，被储运部门和生产装配部门使用。ERP 系统允许公司的各个不同部门和领域维护各自的 BOM，但每个 BOM 都必须有唯一的编号并明确指明它的用途（BOM Usage）。这样，每个部门只需处理各自相关的数据。

【例 4-5】我们用一个例子来说明如何利用成本滚动计算法来计算产品生产成本。如图 4-12 所示，上部是产品 X 的 BOM 展开图，下部是成本滚动计算方法。成本滚动计算方法就是对产品的成本由下向上逐层累计，最后得出最终产品的生产成本。

图 4-12 中：

半成品 A 的人工费（间接费用）=M 的材料费（采购间接费）+N 的材料费（采购间接费）+G 的材料费（采购间接费）

半成品 C 的人工费（间接费用）=E 的材料费（采购间接费）+F 的材料费（采购间接费）

产成品 X 的人工费（间接费用）=半成品 A 的人工费（间接费用）+B 的材料费（采购间接费）+半成品 C 的人工费（间接费用）

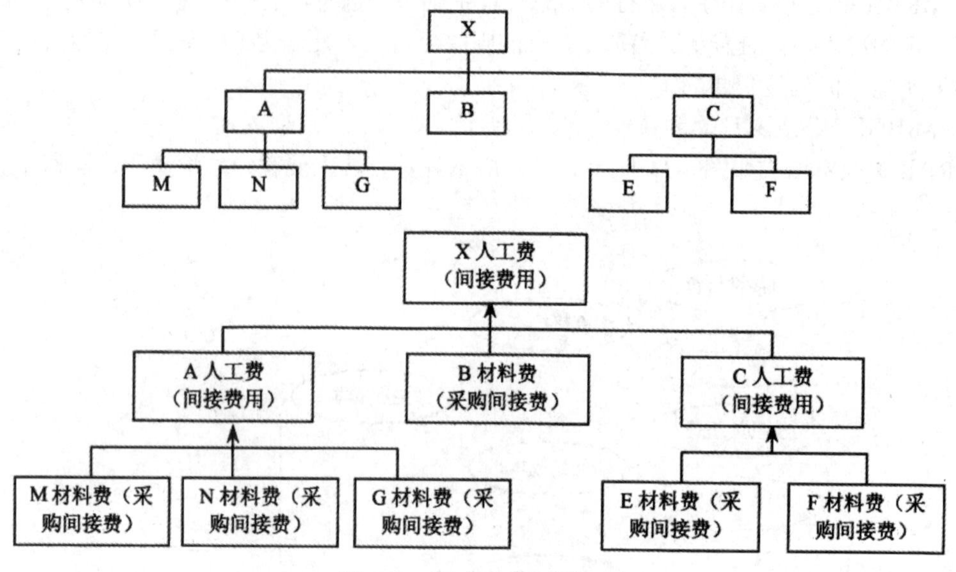

图 4-12 成本滚动计算方法

用成本滚动计算法进行计算时，主要的基础信息有：物料消耗定额（来自产品结构图与 BOM）、采购成本（来自物料主文件）、各种小时费率（来自工作中心文件）和标准时间（来自工艺路线文件）等。

（2）作业基准成本法。20 世纪 80 年代后期，随着 MRP、CAD、CAM、MIS 的广泛应用，以及 MRPⅡ、FMS 和 CIMS 的兴起，使得美国实业界普遍感到产品成本往往与现实脱节，成本扭曲普通存在，且扭曲程度令人吃惊。美国芝加哥大学的青年学者库伯和哈佛大学教授开普兰注意到这种情况，在对美国公司调查研究之后，发展了斯托布斯的思想，提出了以作业为基础的成本计算（1988）（Activity Based Costing，简称 ABC 法）。作业成本法在过去 10 年中受到了广泛的关注，新型的咨询公司已经扩展了作业成本法的应用范围并研发出相应的软件。

目前在对期间费用的分配问题上，国外大型 ERP 软件广泛采用作业基准成本法，它与原始的（或传统的）期间费用分配有很大的区别，原始的期间费用分配是简单地按照人工或机器时间，把总的期间费用分配到各工作中心来计算产品的期间费用。ABC 法能够很好地适应现代生产自动化的快速发展和越来越复杂的产品的需要，能够满足现代企业管理的需要。图 4-13 简要比较了传统的期间费用分摊方法与 ABC 法的区别。

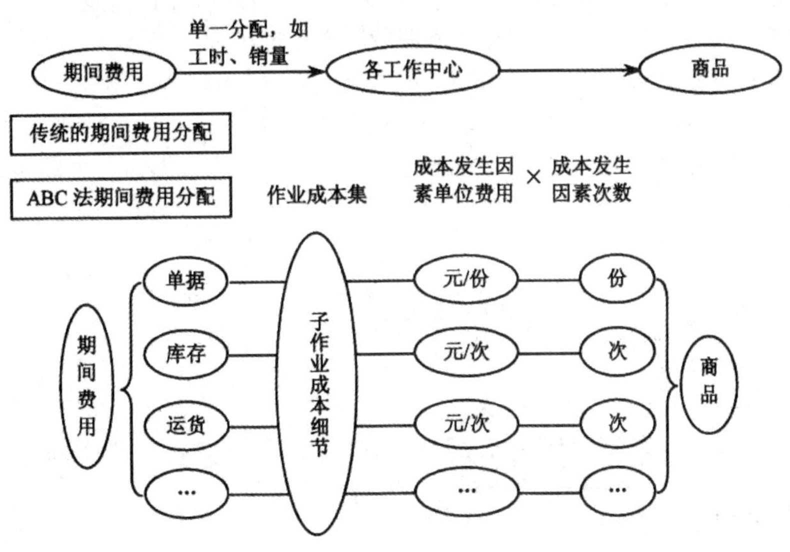

图 4-13　传统法与 ABC 法期间费用分配

所谓 ABC 法，就是由作业成本费用计算到产品成本费用的方法，它先根据具体的作业消耗的资源量计算出各项作业的成本费用，再根据具体产品的作业量来计算产品的成本。ABC 法的管理原理就是，生产一种产品需要进行一系列的作业，进行作业又需要消耗资源，消耗掉的资源在账目上就体现在成本的发生上。上面所提到的作业具体是指企业所处的供应链中的一系列采购、入库、支付应付款、安装调整设备、对设备进行操作、安排工作流、更新产品设计、接受客户的订单等活动。当企业业务较复杂时，可以根据帕累托原则（即 80/20 原则）选择对本企业重要度高的作业列入 ABC 法的范围。

4.1.4　ERP 阶段

20 世纪 90 年代，随着市场竞争的进一步加剧，以及企业竞争空间与范围的进一步扩大，企业面临的问题是不能准确而实时地掌握客户需求、不能实时地掌握供应的变化，因而会经常遇到许多意料不到的困难，存在过多的不确定因素。由于不能正确进行市场定位，不能组织更好的货源，不能实时沟通需求和供应的信息，造成过多不必要的延误和浪费，削弱或丧失了竞争优势。任何一个企业都不能独立生存，它必须依赖上游（供应商）和下游（客户）等合作伙伴的支持。进入到 21 世纪经济全球化的时代，企业的供需关系和市场竞争的范围扩大到了全世界。这时，仅仅有企业内部的信息化管理系统就显得不够了。要把信息集成的范围扩大到企业所有的上下游，也就是同企业所有的供应商和客户实现信息集成。“管理整个供需链”就是 ERP 要解决的问题。

ERP 系统全面集成了企业的所有资源信息，实现了对整个供需链的管理，企业不但对自己的内部资源实施计划与管理，还把经营过程中涉及的供应商、客户等的资源信息纳入到供需链中，使企业能够更加了解客户的需求，更好地为客户服务，同时在企业中树立了良好的形象，增加了自己的市场竞争力，使自己能够获得更多的经营利润，使经营活动更加顺利地进行。

ERP 系统中的计划体系主要包括主生产计划、物料需求计划、能力计划、采购计划、销售执行计划、利润计划、财务预算和人力资源计划等，而且这些计划功能与价值控制功能已完全集成到整个供需链系统中，ERP 仍处于不断发展变化过程中。供需链管理通过设计、计划、执行、管理、监控并不断优化供需链的作业来实现创新价值和提高企业竞争优势的目的，它构建了一个全球竞争的基础平台，平衡全球范围的物流，按照需求，同步地协调供应，并从全球范围的角度来评价供需链的经营业绩。供需链管理是 ERP 的理论基础，如图 4-14 所示为供需链与 ERP 系统的整体模型。

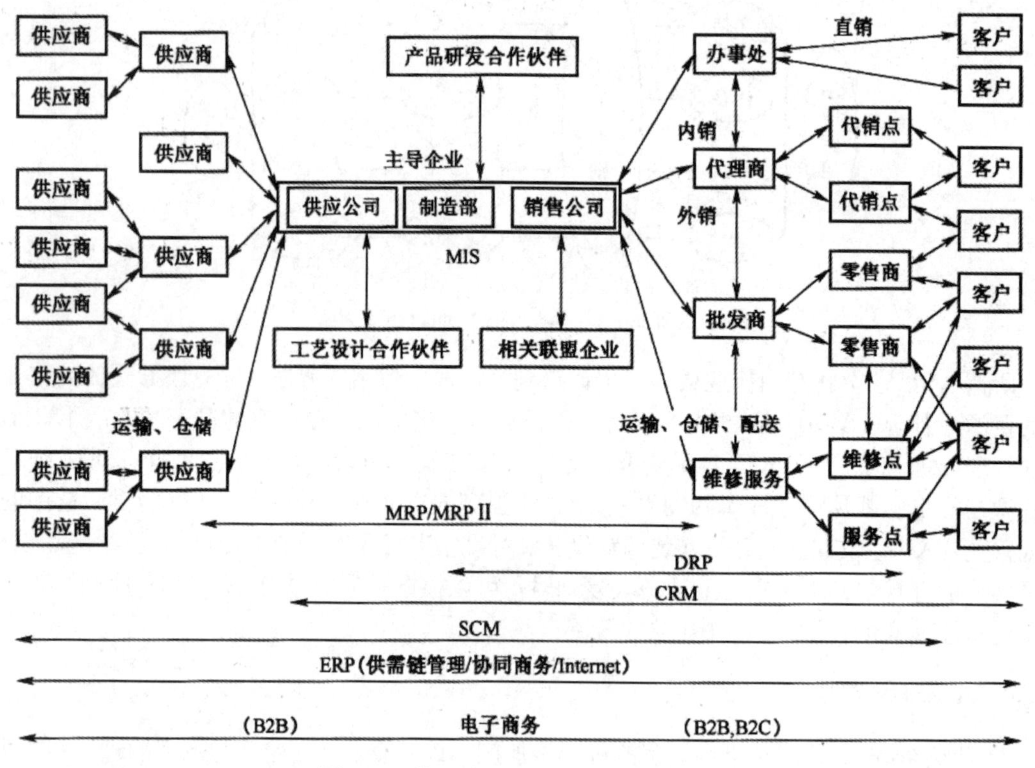

图 4-14　供需链与 ERP 系统的整体模型

其中，DRP（Distribution Resources Planning，分销资源计划）把分散在各地的分销单位和分散的仓库存货信息集成到一起，解决物料调度和补充库存的问题。

CRM（Customer Relationship Management，客户关系管理）把同最终客户进行各种业务交往（如询价、咨询、跟踪、订货、服务、维修、投诉）的信息集成到一起，并使之与企业相关的业务部门沟通共享。

SCM（Supply Chain Management，供应链管理）把更多层次的供应商、企业的合作伙伴（敏捷制造中的虚拟企业）以及各个节点之间的运输、仓储和配送业务信息集成起来。

ERP 系统中会用到电子商务（E-Commerce）交易模式，其中有 B2B（Business to Business，企业对企业）和 B2C（Business to Consumer，企业对消费者）两种最基本的形式。主要的国内、国外 ERP 厂商及其产品见表 4-7。

表 4-7　国内外主要的 ERP 厂商

国外	国内
SAP 的 R/3	北京利玛的 CAPMS 8
Oracle 的 Oracle Application	北京和佳 ERP
J.D.Edwards 的 One World XE	上海启明 C MRP II
Fourth Shift（四班）的 MSS	用友的 U8 ERP
SSA 的 BPCS	金蝶的 K/3 ERP
Scala	浪潮国强 ERP
Baan	安易的 Anyi2000
奥林岛（Grape City inc.）的 Intuitive ERP	新中大的 Power ERP
QAD	速达 ERP

4.1.5　ERP 系统的商业价值

ERP 系统的商业价值主要体现在两个方面：一是提高业务运行效率；二是提供全面的企业信息以帮助管理人员做出更好的决策，具体表现为如下几点：

（1）可提升业务与数据的标准化。对于跨国、跨地区的大型企业来说，借助 ERP 系统可提升业务与数据的标准化，使世界各地的员工都可使用同样的方式来工作。

以可口可乐公司为例，利用 SAP 的 ERP 系统，它实现了在 200 个国家和地区的企业关键业务流程的标准化。如果缺少标准，不仅会降低公司在全球范围内寻找低价原材料的能力，还会影响公司针对市场变化做出快速响应的机会。

（2）快速响应客户的产品需求。ERP 系统帮助公司快速响应客户的产品需求。由于系统集成了订单、制造和运输数据，企业可实现按需生产和采购，将产品库存量和库存时间降至最低。

美铝公司（Alcoa）是世界领先的铝制品生产商。公司早期根据业务需求在 31 个国家设立了 200 个运营点。每个运营点都有一套自己的信息系统，这些系统大多功能重复且低效，支付和财务成本高出同行业公司很多，业务流程处理周期长（处理周期指一个流程从开始到结束的整个耗时）。由此，公司无法实现全球范围内的单一实体运营模式。

（3）减少冗余流程和冗余系统。自采用甲骨文 ERP 系统后，Alcoa 减少了许多冗余的流程和系统。ERP 系统帮助 Alcoa 完成验货和支付单据自动生成，编短了支付的处理周期，将 Alcoa 的应付账款交易流程时间降低了 89%，节省了整个公司近 20%的成本，使得其可专注于财务与采购。

（4）提供可改进决策的有价值信息。ERP 系统为公司提供了可改进决策的有价值信息。公司总部能在一分钟内访问销售、库存和生产数据，用这些数据可以更加准确地预测产品销售和生产。ERP 系统包含分析工具，利用系统收集的数据评价公司的整体绩效。在 ERP 系统中，数据按照通用标准和格式定义，保证了数据在企业内部的有效共享。绩效指标的定义与使用同样如此，借助 ERP 系统，高层管理人员可随时发现组织单元的运营情况，确定哪些产品的利润最多或最少，并计算公司整体的运营成本。

例如，Alcoa 的 ERP 系统具有全球人力资源管理功能，能指出员工培训的投入与绩效之间的关联性，评估公司为员工提供服务所付出的成本，评估员工招聘、薪酬激励与培训的效果。

4.2 供应链管理（SCM）系统

如果你管理一家小公司，只生产很少的产品，提供简单的服务，只有很少的供应商，那么你可以使用电话和传真机来处理供应商的订单和物流。但如果你管理的是一家大型企业，要提供相对复杂的产品和服务，拥有几百个供应商，且每个供应商又有其自己的一群供应商，那么在你提供一个紧急的产品或服务时，你可能需要协调几百个甚至几千个其他公司的活动，这时你该如何应对？供应链管理（SCM）系统就是针对复杂的、大规模的供应链管理所提出的解决方案。

4.2.1 供应链的概念

企业的供应链是由组织和业务流程组成的网络，包括原材料采购、原材料向半成品和成品转换、成品分销至客户等过程。它联结供应商、制造厂、分销中心、零售店和客户，涵盖从源头到最终消费的产品供应和服务全过程。供应链中的物流、信息流、资金流的流动都是双向的。

在供应链中，产品从原材料开始，先被转换为半成品（也被称为配件或零件），最后成为成品。成品被运输至分销中心，再流向零售店和顾客。退还的商品则沿着相反的方向，从买家返回到卖家。

【例 4-6】耐克公司的供应链。耐克专营于设计、推广和销售运动鞋、袜子和运动衣等。它的主要合同供应商来自中国、泰国、印度尼西亚和巴西等国家。这些供应商为耐克公司生产产品。这些合同供应商并不从头开始生产运动鞋，它们从其他供应商处获得运动鞋的配件，比如鞋带、孔眼、鞋帮、鞋底，再将这些配件组装成为成品运动鞋。同样，生产配件的供应商还有它们的供应商，比如鞋底的供应商有提供合成胶、溶化橡胶的化学药剂、灌注橡胶的模具等原材料供应商，鞋带供应商有提供线、染色剂、鞋带头塑料制品的原料供应商等。

图 4-15 所示是耐克公司供应链的简化示意图。它展示了信息流和物流在供应商、耐克公司、耐克分销商、零售商和客户间的流动过程。耐克的合同供应商是它的直接供应商，鞋底、孔眼、鞋帮、鞋带等配件产品的供应商是二级供应商，配件产品原材料的供应商是三级供应商。

图 4-15 展示了耐克公司供应链中的主要实体，以及用以协调购买、生产和运输产品相关活动的上下游信息流。示意图是一个简化的供应链，上游部分仅关注了运动鞋和鞋底的供应商。供应链的上游由公司供应商、供应商的供应商和管理供应商关系的流程组成，下游由分销和运输产品到最终顾客的组织与流程组成。耐克鞋的合同供应商作为生产企业，也拥有内部的供应链流程，将其供应商提供的原材料、配件和服务转换为成品或半成品（配件或组件），提供给企业的客户并管理企业的物料与库存。

图 4-15 的供应链经过简化，仅显示了运动鞋的两个合同制造商和鞋底的上游供应链。耐克公司有几百个合同生产商来生产成品运动鞋、袜子和运动服，每个均有自己的一系列供应商，因此，耐克供应链的上游部分实际上由几千个实体组成。耐克公司还拥有大量的分销商和几千

个销售运动鞋的零售店，所以其供应链的下游部分也十分庞大和复杂。

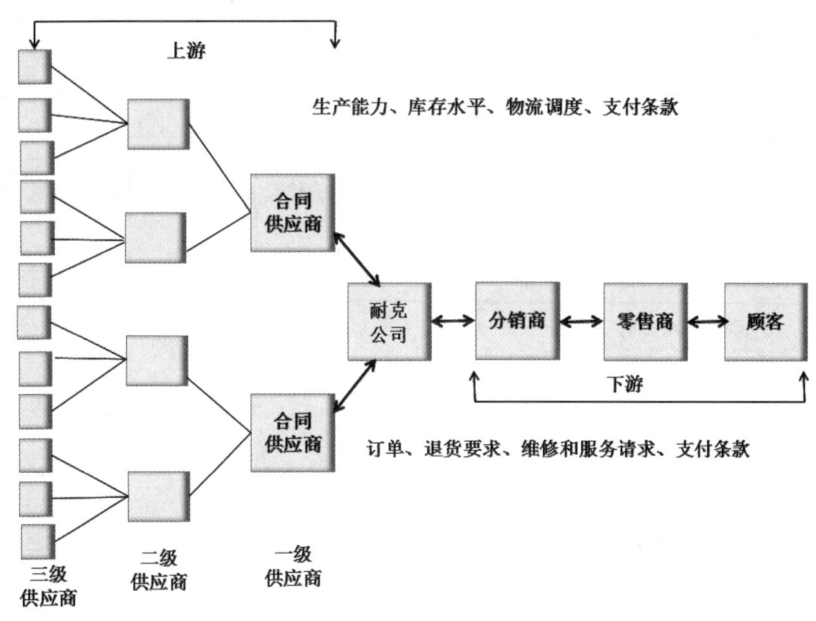

图 4-15　耐克公司的供应链

4.2.2　信息系统和供应链管理

不正确或不及时的信息会造成供应链的低效率，造成零件短缺、生产能力利用不足、过多的成品库存、过高的物流成本等现象，如生产制造商囤积过多的零件是因为其不知道供应商下一批次零件运到的准确时间。当然，由于没有准确的需求信息，供应商也可能订购过少的原材料。这些供应链的低效率可能浪费企业高达 25%的运营成本。

如果一个制造商能准确地知道客户需要多少产品、何时需要、何时进行生产，则可以实现高效率的准时制策略（just-in-time strategy）：配件在需要的时刻刚好到达，成品在刚下线时就被运走。在供应链中，由于许多事情无法准确预测，不确定性总是存在的，如不确定的产品需求、来自供应商的运输延误、有缺陷的原材料或零件、生产过程中断等。为使客户满意，制造商往往在其库存中保持比其实际需求量多一些的库存，以应对供应链中的不确定性和不可预测性。这种超额库存被称为安全库存，在供应链中起着重要的缓冲作用。尽管超额库存会带来高成本，然而无法满足客户需求造成订单取消的损失也是非常昂贵的。

供应链管理中一个反复发生的问题是牛鞭效应（Bullwhip Effect），即需求信息在供应链中从一个下游实体传递到另一个上游实体时被逐级扭曲或放大的现象。一件商品需求的轻微上升，可能引起供应链中不同成员——分销商、制造商、供应商、二级供应商（供应商的供应商）和三级供应商（供应商的供应商的供应商）的产品需求被逐级放大，导致存储大批库存，使每一个成员均有足够的库存“以防万一”。这些变化经过供应链传递，最初计划订单的微小变化被无限放大，导致超额的库存、生产、仓储和运输成本，如图 4-16 所示。

不准确的信息会造成产品需求的小波动，并随着供应链的传递被逐渐放大。产品零售中的小波动会造成分销商、制造商与供应商的大量库存。

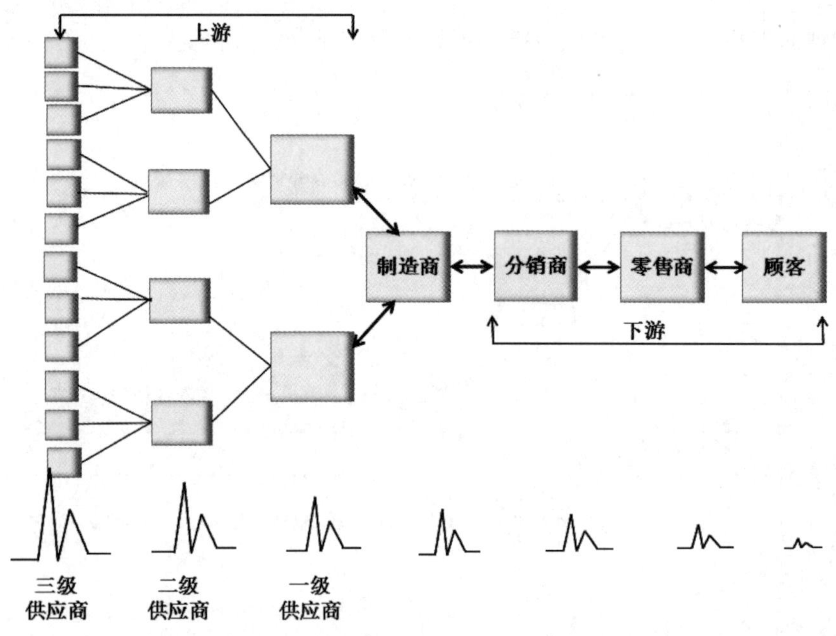

图 4-16 供应链中的“牛鞭效应”问题

【例 4-7】宝洁公司供应链的“牛鞭效应”问题。由于信息的扭曲，宝洁公司（P&G）供应链的各个环节都为一次性尿布保有了超额库存。虽然客户在各商店的购买量是相对稳定的，但当宝洁提供较大规模的价格促销活动时，分销商的订货数量仍会达到高峰，超额成品和配件沿着供应链在仓库中堆积，试图满足一个实际上可能并不存在的需求。为了解决这个问题，宝洁公司修改了市场营销、销售和供应链流程，实现了更为准确的需求预测。

当供应链中的所有成员都共享准确且及时的信息时，可以通过减少需求与供应的不确定性来克服“牛鞭效应”。如果所有供应链成员都可以共享其库存水平、生产预测计划、运输动态信息，那么它们将会有更精确的信息来调整相应的原料储备、制造计划与资源分配计划。供应链管理系统提供的正是这样的信息共享支持，帮助供应链成员做出更好的原料采购和生产调度决策。

4.2.3 供应链管理软件

供应链管理软件可分为规划供应链计划的软件和执行供应链计划的软件。供应链规划系统（Supply Chain Planning System）模拟公司目前的供应链，生成产品的需求预测，制定最佳的采购和生产计划。这样的系统能帮助公司做出更好的决策，如在给定的时间生产多少这种产品，确定原材料、半成品、成品的库存水平，确定在何处存放成品，并选择适于分配产品的物流模式等。

【例 4-8】如果一个大客户订购一笔比往常更大的订单或临时通知要修改订单，都可能对整个供应链造成严重的影响。供应商可能要补订原材料或需要不同的原材料组合，制造商可能要修改生产工作安排，运输单位可能要重新安排运输调度。供应链规划软件可以完成这些必要的生产和分销计划的调整工作，在相关的供应链成员间共享变化的信息，协调它们的工作。需求规划（Demand Planning）是供应链管理中最重要也是最复杂的功能，它确定企业应生产多少产品来满足所有客户的需求。JDA、SAP、甲骨文等公司都提供供应链管理的解决方案。

供应链执行系统（supply Chain Execution Systems）负责管理分销中心和仓库的物流，保证以最高效的方式将产品送到正确的地点。它们跟踪货品的物理状态，管理材料、仓库、运输过程和财务信息。Land O'Lakes 使用的甲骨文运输管理系统、Haworth 公司使用的仓储管理系统（Warehouse Management System，WMS）都是这样的例子。Haworth 是一家全球领先的办公家具设计和制造商，在美国 4 个州设有分销中心，用 WMS 来控制与跟踪由 Haworth 分销中心配送给顾客的商品的物流过程。WMS 根据地理位置、设备、库存和人员的即时情况指导商品的搬运，制定顾客订单的执行和运输计划。

4.2.4　互联网给企业供应链带来的影响

在互联网出现之前，采购管理、物料管理、生产管理、物流管理等孤立的内部供应链系统间的信息集成与传递十分困难，无法实现供应链的协调配合。同样，由于供应商、分销商、物流提供商的系统基于不兼容的技术平台和标准，企业与外部供应链伙伴之间也难以共享信息。互联网技术的出现在一定程度上提升了企业供应链管理系统的集成度。

管理人员可以通过网络界面登录供应商的系统，判断其库存和生产能力能否满足公司的需求。业务伙伴可以使用基于网络的供应链管理工具，在线合作并做出预测。销售代表可以访问供应商的生产调度和物流信息系统，跟踪客户订单的状态。

互联网给企业供应链带来的影响主要表现在如下几个方面：

（1）依托互联网实现全球供应链。随着越来越多的公司进入国际市场，将制造业务外包、在其他国家寻找供应商、产品销售到国外已成为商业活动的主要形态。企业的供应链扩展到多个国家和区域，而管理一个全球化的供应链会带来更多的复杂性和挑战。

与国内供应链相比，全球供应链通常跨越更大的地理距离和时间差异，供应链成员来自多个不同的国家，绩效标准在各个国家或地区间可能存在差异，因此供应链管理需要考虑国外政府的法律法规以及文化差异。

互联网帮助企业管理全球供应链的多个方面，包括采购、运输、沟通和国际财务。例如，当今的服装业严重依赖中国和其他低生产成本国家的合同制造商，服装公司开始使用网络来管理它们的全球供应链与生产问题。

除了生产制造外，全球化还推动了仓库外包管理、运输管理、第三方物流提供商的发展，如 UPS 的供应链解决方案和 Schneider 的物流服务。上述物流服务提供基于网络的软件系统，客户能更好地了解和掌控他们的全球供应链，还可以登录网站安全地跟踪库存和物流情况，更高效地管理全球供应链。

（2）依托互联网实现需求驱动供应链。除了降低成本，供应链管理系统还能带来高效的客户响应能力，实现客户需求驱动业务。

传统的供应链管理系统由基于推动的供应链模型所驱动（也被称为基于库存的生产）。在推动模型中，生产的主计划基于预测制定，生产出的产品被“推向”客户。而基于网络的工具使信息集成成为可能，供应链管理可以更容易地实现基于拉动的供应链模型驱动。拉动模型也称为需求驱动或按订单生产模型，由实际的客户订单或采购行为触发供应链的运转，根据客户订单形成的生产计划和运输计划逆供应链而上，从零售商到分销商，再到制造商，最终到达供应商。生产出来的产品顺着供应链回到零售商。制造商根据实际订单的需求信息驱动其生产计划和原材料采购，安排生产活动，如图 4-17 所示。

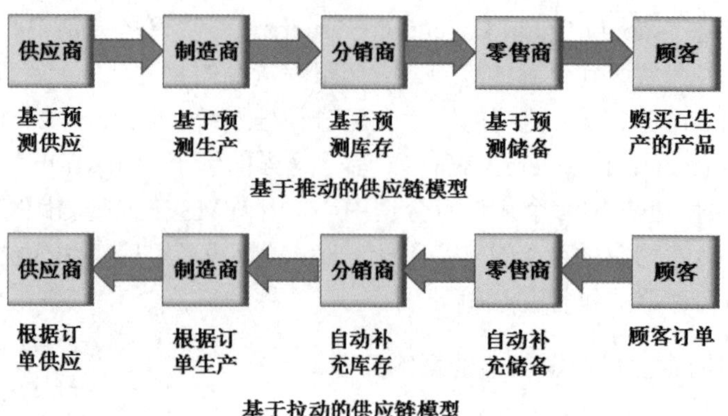

图 4-17 基于推动及拉动的供应链模型

（3）依托互联网实现并行供应链。互联网和互联网技术使得顺序供应链向并行供应链转变成为可能。在顺序供应链中，信息流和物流依次从一个公司流到另一个公司；而在并行供应链中，信息可在供应链网络各成员间实现同时多向的流动，由制造商、物流提供商、外包制造商、零售商、分销商组成的复杂供应网络可以根据计划或订单的变化及时调整。

（4）依托互联网创造"数字物流神经系统"。互联网可以创造一个贯穿整个供应链的"数字物流神经系统"。新兴的互联网驱动的供应链像一个数字物流神经系统一样运行。它为公司、公司网、电子市场提供了多向的沟通，供应链中的业务伙伴能够及时调整库存、订单和生产能力。

4.2.5 供应链管理系统的商业价值

供应链管理系统贯通公司的内部和外部实现供需信息共享，并为管理层提供准确的生产、存储、运输信息。通过实施一个网络化的集成供应链管理系统，公司可以实现供应与需求的匹配、减少库存水平、改善物流服务、加快产品上市时间，并能更有效地利用资产。

供应链成本占据企业运营成本的主要份额，在某些行业中甚至达到总运营预算的 75%，因此减少供应链的成本对公司的收益率有着巨大的影响。

除了降低成本以外，供应链管理系统还可以帮助企业增加销量。一旦顾客需要的产品出现缺货状况，顾客往往会选择到别处购买，因此更加精准地控制供应链就等于提高了企业让顾客在合适的时间买到合适产品的能力。

4.3 客户关系管理（CRM）系统

你或许听到过这样的话语："客户总是对的""客户第一""顾客是上帝"。这些话比以往显得更加正确，因为创新产品或服务所带来的竞争优势持续时间可能很短，因为竞争对手也很快学会模仿或者提供更好的服务。唯一能长久保持的竞争优势来自于企业和客户之间的关系。竞争的基础已由谁能销售最多的产品和服务转到谁能"拥有"最多的客户，因此客户关系代表了公司最有价值的资产。

4.3.1　客户关系管理系统的概念

你需要什么样的信息才能与客户建立并维持长久的关系？你希望准确地知道谁是你的客户、如何与他们联络、服务或销售产品给他们是否成本很高？他们感兴趣的产品和服务是什么样的？他们在你的公司花了多少钱？等等。如果你在一个小镇上经营商店，你一定很想充分地了解你的每一个客户，让你的客户感觉到他们是与众不同的。

小区里的小店老板可以通过面对面的交流来真正地了解他们的客户，但是对于经营范围在城市、地区、国家，甚至全球层面的大公司来说，就不可能以这种亲密的方式“了解你的客户”。大企业拥有更多的客户，客户和公司间又有各种联系途径（通过网络、电话、电子邮件、博客、当面交流等）。从所有这些源头集成信息、与大量的客户打交道是极其困难的工作。

对大企业来说，销售、客户服务和市场营销的流程逐渐趋向高度分散，这些部门不能共享客户的许多重要信息。某个客户的信息可能以个人账户的形式体现在公司中，而关于这个客户的其他信息则可能体现在其购买产品的过程中。有没有方法能将这些信息集成起来，在公司层面形成关于该客户的统一的、完整的资料？这正是客户关系管理（Customer Relationship Management，CRM）系统想要体现的价值之一。CRM 系统从公司各处收集和集成客户的数据，经过整合分析后将结果传递到企业各个系统以及与客户有接触的地方。接触点（Touch Point，也称为联系点）是指与客户交互的一种方式，如电话、电子邮件、顾客服务台、传统信件、社交网络、微博、移动设备、零售商店等。设计良好的 CRM 系统能为公司提供统一、完整的客户信息，这对改进销售和客户服务两个方面均很有用，如图 4-18 所示。

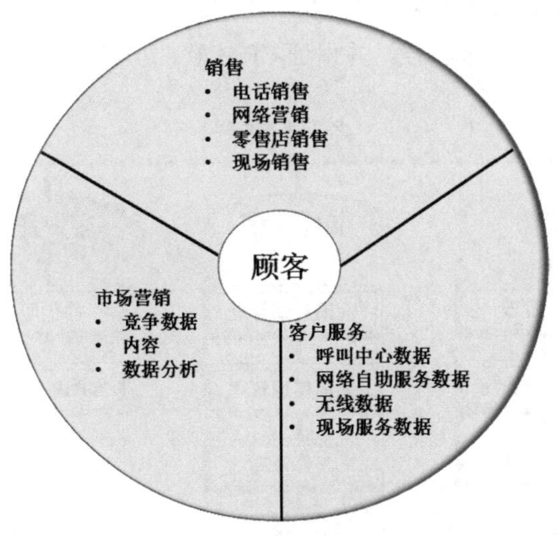

图 4-18　CRM 系统多维度的客户管理

CRM 系统从多维度分析客户，利用一系列集成应用系统来处理客户管理的各个方面，包括客户服务、销售和市场营销。好的 CRM 系统能提供数据和分析工具来回答如下问题：在企业服务客户的过程中，特定类型的客户对公司的价值体现在哪里？谁是公司最忠诚的客户？通常建立一个新客户的成本是维护一个老客户成本的 6 倍，那么对公司来说，谁才是最赚钱的客户？这些高价值的客户又想买什么？公司利用这些答案去寻找新客户，为现有客户提供更好的服务和支持，提供有针对性的服务，为优质客户带来持续的价值提升和体验。

4.3.2 客户关系管理软件

商业 CRM 软件的范围很广，有针对某些特定功能的专用工具，比如为特殊客户建立的个性化网站；也有大规模企业应用的网站或软件包，用于收集与客户的交互数据，用复杂的报表工具进行分析，并和其他企业应用集成共享，如供应链管理系统和其他企业应用系统。更复杂的 CRM 软件包还包含合作伙伴关系管理（Partner Relationship Management，PRM）模块和员工关系管理（Employee Relationship Management，ERM）模块。

1. PRM 与 ERM 软件

与大多数客户关系管理软件相同，PRM 使用客户数据与相关工具来加强公司与其销售伙伴间的合作。如果公司不直接销售给终端客户，而是通过分销商或零售商，则 PRM 可以帮助这些销售伙伴更好地向客户销售。PRM 提供了交换信息、共享潜在客户数据的能力，整合了挖掘潜在客户、定价、促销、订单设置等工具，在公司和其销售伙伴间共享潜在客户数据的分析结果。PRM 还为公司提供评价合作伙伴绩效的工具，从而保证公司最佳合作伙伴能获得所需要的支持，抓住更多的商机。

ERM 软件关注 CRM 系统中的员工问题，如员工目标设定、员工绩效管理、绩效报酬管理、员工培训等。主要的 CRM 应用软件提供商包括甲骨文、Saleforce、微软 Dynamics CRM 等。

2. CRM 软件的功能

主要的 CRM 软件产品支持销售、客户服务和市场营销流程，集成多个来源的客户信息，同时支持运营与分析两个层面。图 4-19 展示了在常见 CRM 软件产品中具备的销售、客户服务和营销功能。软件也是业务流程驱动的，为了实现收益最大化，公司需要对其业务流程进行修改和建模，找出最佳实践业务流程，并保证 CRM 软件与最佳实践业务流程相一致。

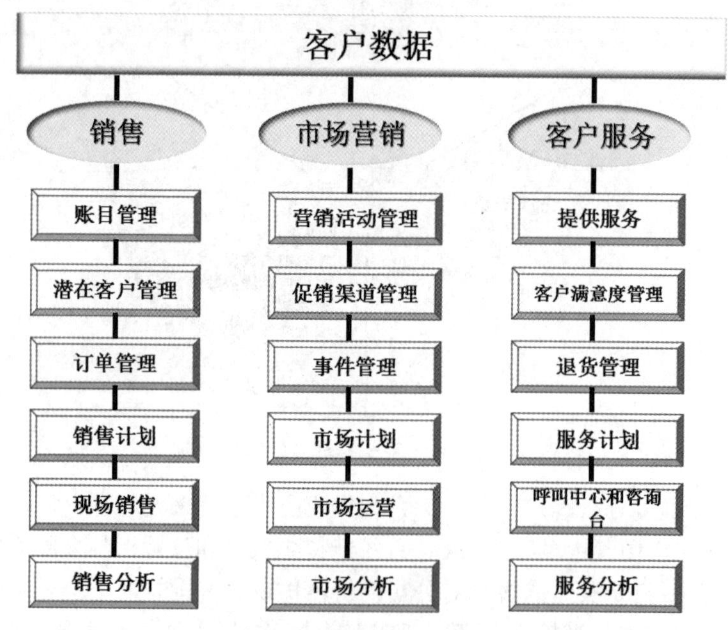

图 4-19　CRM 软件功能

例如，图 4-20 展示了 CRM 软件为客户提供服务、增加客户忠诚度的最佳实践流程。直接服务顾客增加了公司留住客户的机会，应针对那些长期以来最赚钱的客户提供优先处理。CRM 软件基于客户对公司的价值和忠诚度给每个客户一个评分，并提供给呼叫中心，将客户安排给最合适的客服。系统自动为客服人员提供客户的详细情况，包括对客户的价值度和忠诚度进行评估。根据这些信息，为客户提供有针对性的优惠或附加服务，鼓励客户继续和公司做生意。

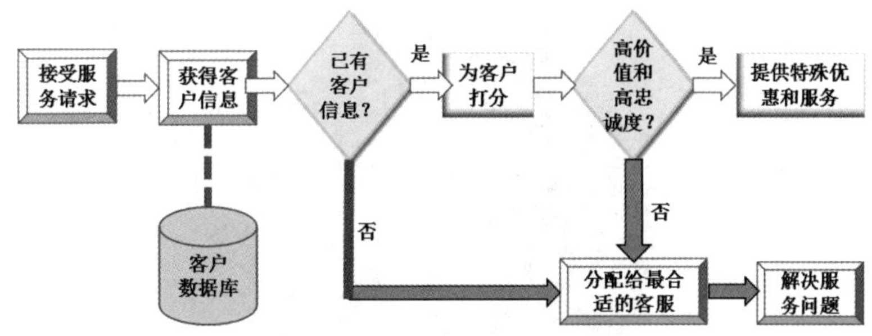

图 4-20　客户忠诚度管理流程

图 4-20 所示的流程图展示了 CRM 如何为客户提供服务以增加其忠诚度。CRM 软件帮助公司识别高价值客户，并为他们提供优先服务。

3. CRM 系统的特征

客户关系管理系统通常为销售、客户服务和市场营销活动提供软件与在线工具，CRM 系统主要有如下三大特征：销售力自动化、客户服务高效化和智能化、市场营销自动化。

（1）销售力自动化。CRM 系统中的销售力自动化（Sales Force Automation）模块能够帮助销售人员提高他们的效率，集中于最赚钱的客户，这类客户是开展销售和服务的最合适人选。CRM 系统提供销售预测、联络信息、产品信息、产品配置方案、销售额生成等工具支持。软件可以汇总某个客户过去所有的购买经历，帮助销售人员提出个性化的推荐。CRM 软件有利于客户和潜在客户的信息在销售、市场和运输等业务部门间的共享。软件在提高每个销售人员效率的同时，减少每笔销售的成本，特别是寻找新客户和留住老客户的成本。此外，CRM 软件还提供销售预测、区域管理、团队销售能力管理等模块。

（2）客户服务高效化和智能化。CRM 系统中的客户服务（Customer Service）模块提供客户信息和服务工具，帮助呼叫中心、咨询台和客户支持人员提高效率，有效管理和分配客户服务请求。

电话线路指定或建议就是这种功能的体现：当某个用户拨打客户服务电话号码时，系统将电话分配给一个合适的服务人员，服务人员仅需在系统内输入一次该客户的信息。一旦客户的数据进入系统，任何客服代表均可为该顾客提供服务，每个服务人员都能获得关于该客户的准确信息。CRM 系统不仅可以帮助呼叫中心每天处理更多的来电，还减少了每次通话的时长，提高呼叫中心和客户服务小组的工作效率，减少交易时间，实现在较低运营成本下服务质量的提升。同时，客户也不用每次都对客服重复讲述他们的问题，可以花费较少的时间解决问题，服务体验更好。

CRM 系统还提供基于网络的自助服务能力：公司网站可以给客户提供个性化查询的信息支持功能，为用户提供除电话客服渠道以外的服务选项。

（3）市场营销自动化。CRM 系统全面支持企业的市场营销活动，包括把握市场前景与潜在客户，提供产品和服务信息，提供针对目标市场的营销活动建议，选用直接邮件或电子邮件等营销手段的建议等，如图 4-21 所示。市场营销模块还提供分析工具，包括分析市场和客户数据、识别有商业价值的客户、为特殊客户定制产品和服务、识别交叉销售机会等。

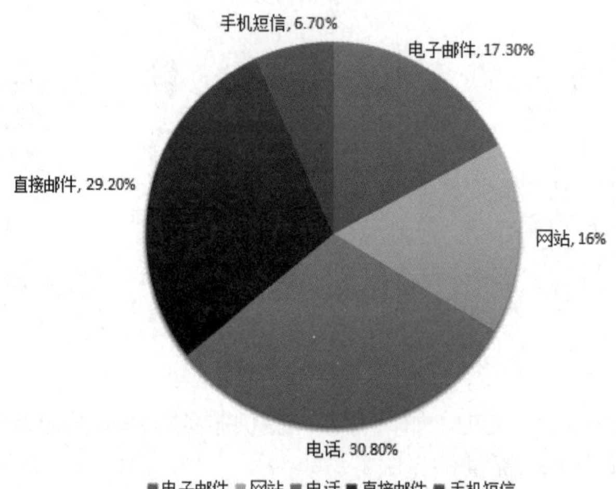

图 4-21　CRM 系统如何支持市场营销

客户关系管理软件为用户提供有针对性的管理和多渠道市场营销方案，包括电子邮件、直接邮件、电话、网站服务、手机短信服务等，还有助于实现交叉销售。

交叉销售（Cross-Selling）指推销辅助产品给顾客。例如，在金融服务方面，可以向拥有支票账户的顾客推销货币市场账户或家庭贷款服务。CRM 工具还能帮助公司管理和实施各阶段的市场竞争活动，从计划执行到每个营销活动成功率的评估等。

4.3.3　客户关系管理的类型

CRM 系统分为运营型 CRM 和分析型 CRM。运营型 CRM（Operational CRM）主要指面对客户的应用，如销售力自动化、呼叫中心和客户服务支持、市场营销自动化等工具。分析型 CRM（Analytical CRM）主要对运营型 CRM 系统产生的客户数据进行分析，为改善企业绩效提供信息。

分析型 CRM 系统的数据来自运营型 CRM 系统、与客户的直接接触及其他来源，通过数据仓库或分析平台进行在线分析处理（OLAP）、数据挖掘和其他数据分析技术处理。企业收集的客户数据可与其他来源的数据集成，例如为了开展直接营销活动从其他公司购买的人口统计数据和客户列表。分析这些数据可以用来识别购买模式、构建目标细分市场、识别有价值客户，如图 4-22 所示。

分析型 CRM 利用客户数据仓库与数据分析平台工具分析公司直接获得或从其他来源处收集到的客户数据。

分析型 CRM 的另一个重要输出是公司的客户生命周期价值。客户生命周期价值（Customer Lifetime Value，CLTV）用于全方位衡量客户价值，包括客户为公司带来的收益、寻找和服务这个客户所产生的费用、客户与公司保持合作关系的时间周期这三个重要指标。

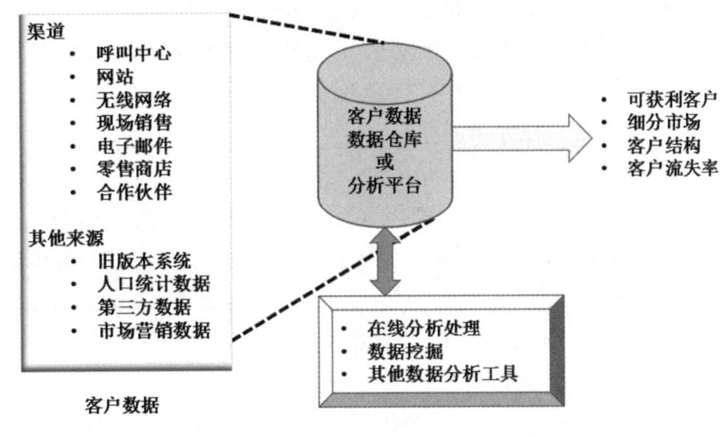

图 4-22　分析型 CRM

4.3.4　客户关系管理系统的商业价值

有效的客户关系管理系统将为公司带来更多的收益，包括提高客户满意度、减少直接营销成本、开展更有效的市场营销、较低的客户寻找和保留成本。来自 CRM 系统的信息分析可帮助企业识别最有价值的客户，并找到最适合开展焦点营销与交叉销售的细分市场，从而增加销售收入。如果公司的销售、客户服务和市场营销活动更好地响应了客户需求，客户流失就会减少。

客户流失率（Churn Rate）体现了停止使用和购买公司产品或服务的顾客人数，这是公司客户群增长或减少的重要指标。

4.4　分销资源计划（DRP）系统

分销是当前国内绝大多数批发型商贸企业以及产供销一体化的制造类企业所采取的销售管理模式。国内市场的迅猛发展使得传统的销售渠道管理模式在新一轮的竞争中风雨飘摇。销售渠道的管理方向、操作模式与控制方法再次成为消费品生产企业关注的焦点，例如：

- 如何迅速建立或扩充销售体系？
- 如何有效地管理分公司？
- 如何有效地管理分销商？
- 如何确保供货的及时性？
- 如何降低库存？
- 如何避免业务员跳槽带来的业务波动？

随着企业销售规模的扩大，对异地物流和资金流的管理难度越来越大。大部分企业试图采用人海战术来解决此类问题，从总部派驻大量人员到各地，但实际上问题并没有得到解决：手工统计销售数据速度慢，容易出错误，账物经常不符，造成汇总数据不及时、不准确；销售过程缺乏有效监督，造成大量死账呆账，却无法及时追究相关人员责任，有些甚至根本就无法找出责任人。问题的结果造成企业在商品流通领域成本居高不下，企业的生产、市场决策缺乏准确的量化依据，造成企业资源的大量浪费。目前，许多企业的分销成本已经超过生产成本和产品开发成本，成为企业总体运行成本的第一大构成要素。

因此，解决分销成本的控制问题是目前这些企业的当务之急。分销管理系统（DRP）便是为解决这一系列问题而研发的企业业务管理系统。

4.4.1 分销资源计划概述

在西方经济学中，分销的含义是建立销售渠道，根据著名营销大师菲利普·科特勒的定义，分销渠道（Distribution Channel）又称为营销渠道（Marketing Channel），是指某种商品（Commodity）或服务（Service）从生产者（Producer）向消费者（Consumer）转移的过程中，取得这种商品、服务所有权并帮助所有权转移的所有企业和个人。但是，它不包括供应商（Supplier）、辅助商（Facilitator）等。

分销网络是分销过程中所涉及的一系列相互联系、相互依赖的组织和个人的集合。这些组织和个人通过分工和协作形成系统的跨越企业边界的网络组织，使商品和服务能够有效地从生产者转移至消费者和用户手中。分销网络是网络组织的一种特定模式，也可以称之为是以独立个体或群体为结点，以彼此之间复杂多样的经济连接为线路而形成的介于企业与市场之间的一种制度安排。因此，它具有网络组织的一些典型特征，如合作性、创造性、复杂性等。

分销资源计划（Distribution Resource Planning，DRP）是管理企业分销网络的系统（也称分销管理系统），目的是使企业对订单和供货具有快速反应和持续补充库存的能力。

4.4.2 分销资源计划系统的功能

当前，一些跨地区经营的公司大多实施了 DRP 系统。该系统主要由库存管理、质量控制、预测仿真、运输管理、采购管理、计划/调度管理、订单管理、数据库接口与数据传输模块组成，从而完成跨地区的订单、库存、财务管理等功能，实现了实时了解各级库存，对订单进行快速处理，对应收账款、信用额度进行管理。DRP 系统的各个功能模块可同时使用，也可选择使用，同时不同行业的 DRP 系统，其系统功能不尽相同。以下是服装业 DRP 系统的核心功能。

（1）商品颜色/尺码管理功能。体现服装行业商品颜色/尺码管理，将商品颜色/尺码管理细致深入到商品颜色的促销、商品颜色补货等。促销管理功能范围可以进一步扩展到对商品颜色/尺码进行促销，更具行业商品销售特性。

（2）商品多条码功能。紧跟市场需求，实现商品多条码，解决各个物流环节对条码的要求，支持条码枪扫描，快捷高效。

（3）会员管理功能。可以建立多种类型的 VIP 卡，可以针对不同的 VIP 会员设置不同的商品优惠折扣。采用预设折扣率关联，支持不同商品享有不同优惠折扣。系统自动记录 VIP 客户消费的商品、金额并计算积分，根据积分处理规则自动处理积分。系统还支持促销商品不参与积分。

（4）分销管理。产品基于直营、加盟、分公司、批发等连锁经营方式，支持无限级代理拓展。在同一个系统内，实现总部集中控制，各分支机构分级管理的体系结构。

（5）在线+离线 POS 模式。POS 权限管理要精确到每一个动作。支持离线断网销售，在线后自动传出同步。有多种统计报表供决策参考。

（6）订货会。系统带有订货会的功能，厂家只要在后台设置好参加订货会的商品，客户就可从“登录窗口”登录进行查看，自主订货。

4.4.3 移动分销资源计划策略

在电子商务的大环境中，网络分销一枝独秀，网上分销将成为电商发展的新趋势毋庸置疑。2010 年我国 B2B 电子商务交易额为 3.8 万亿元，而 2011 年这个数据为 4.9 万亿元，同比增长 29%；2010 年全球 B2B 电子商务市场规模为 26 万亿美元，2011 年这个数据为 40.6 万亿美元。2014 年中国电子商务市场交易规模 12.3 万亿元，同比增长 21.3%，其中移动购物市场规模增速超 200%，未来几年移动购物预计将保持 48%的复合增长率。在这其中，微商将成为移动购物市场快速发展的主要推动力。微商，也叫移动电商，它的主要载体是以手机为代表的移动终端，是基于微信、微博等社交工具展开的微平台电子商务。未来，微商将在移动购物市场占主导性地位。

由此可见，国内外电商市场不断扩大，移动互联网正在引发一场消费时代的变革，B2B 的网上分销将成为电商发展的新趋势。

随着移动互联网的高速发展，腾讯、京东和阿里巴巴在移动电商领域动作频频，都忙着移动端的布局。2014 年阿里天猫“双十一”升级，把“无线”变成主战场，加强移动端的推广。紧跟着京东旗下的拍拍网也宣布，拍拍微店正式开放。这意味着，电商巨头基于移动端的电商生态搭建完成。

移动互联网的出现、移动电商被广泛看好的态势，无疑对传统行业造成了巨大的影响。现在，用户都跑到移动端，货源商和分销商之间的关系也发生了变化，企业如何切入移动分销市场呢？HiShop 创始人杨斌认为：这取决于消费者的决策，尽可能地增加消费者的黏性，让线上跟线下的融合更好，货源商和分销商的利益也更密切。移动分销的切入策略主要有如下几点：

（1）让线上线下渠道用户涌入移动端。用户引流就是截获用户的兴趣，从而转化为消费者的购买力。移动分销独具特色的是针对 PC 端和移动端的不同平台都能进行统一后台管理，支持同步管理 PC 端和移动端的用户数据，很好地把原 PC 端的用户导入到移动群体中，从而形成影响力。针对 8 亿移动端用户人群的引流，商品生成独立的二维码，微信朋友圈、微博、QQ 等各社交平台的分享功能能吸引其他服务的用户到移动店铺中进行互动，从而迅速获取用户资源。

（2）借助订单同步性提升用户体验。货源商，尤其是拥有庞大分销后援的商家，对于不同业务模式所带来的订单也是巨大的。移动分销支持针对代理、淘宝代销、连锁加盟、移动端零售的全部订单信息统一收订处理。对于消费者而言，多平台的订单同步高效处理能够提升用户的体验。

（3）招募分销商撬动全渠道营销。对于可以通过在淘宝上开店，提供分销平台，借助淘宝卖家帮助分销的商户，通过移动分销在 PC 端通过推荐返佣招商变相激励分销商在移动平台上连通分销店铺。分销店铺资源直接匹配在线联系方式，大幅提升了企业招商效率。在移动端，更具特色的是能够给到每个分销商独立的移动分销店铺，不仅加速了分销商的分销能力，还能作为吸引优质分销商的重要筹码。

移动分销通过以上三大可操作性策略对货源商切入移动分销市场提供了很大帮助，尤其是在渠道建立上能够快速完成，使以手机分销的核心商户也能具有充分把握消费者的消费路径和决策能力。随着移动互联网的发展，未来的商业将会实现到每个人的掌上，商家需要尽快部署，加快发展步伐。

（4）构建基于移动网络的 DRP 系统。以上三点策略的实施都有赖于移动 DRP 系统的保驾护航，没有成熟、完善的移动 DRP 系统，移动电商难以为继。DRP 系统通过互联网将供应商与经销商有机地联系在一起，为企业的业务经营以及与贸易伙伴的合作提供了一种全新的模式，这种全新模式使供应商和经销商之间可以实现实时提交订单、查询产品供应和库存状况，并获得市场、销售信息及客户支持，实现了供应商与经销商之间端到端的分销链管理，有效地缩短了分销链。这种新模式借助互联网的延伸性及便利性，使商务过程不再受时间、地点和人员的限制，企业的工作效率和业务范围都得到了有效的提高。企业也可以在兼顾互联网时代现有业务模式和现有基础设施的情况下，迅速构建 B2B 电子商务的平台，扩展现有业务和销售能力，实现零风险库存，大大降低分销成本、提高周转效率，确保获得领先一步的竞争优势。

总之，通过网上分销系统 DRP，企业可以节约很多成本，并且利用有限资源跨过时间、地域限制获得更多利益。在网络上，拥有充足的空间和市场进行品牌宣传、产品推广；网上分销可以和消费者进行直接接触，减少中间环节；可以掌控价格市场，避免价格战及不良竞争模式；可以开发各种渠道及代理，扩大分销市场。

4.4.4 分销资源计划系统的商业价值

（1）流程优化与管理规范化。分销系统的实施过程中涵盖了供应与分销环节的生意流程优化和操作管理规范化。分销管理系统实施的前提是专家小组参与下的“分销业务流程重组”（DPR）过程。在适应企业运营特点的同时，结合先进的分销运作管理模式，在改善整体运作效率的同时也规范了总公司、分公司及其他分销组织的运作，从而帮助企业提高实地运作的效率。分销管理系统为企业提供的不仅是一套软件系统，更重要的是体现现代化和本土化的分销渠道相结合的管理理念，体现优化的业务流程和规范化的操作方法。

（2）加强了对异地分支机构的监管力度。由于客户和业务数据都由系统管理，分支机构的业务数据与总公司所掌握的情况完全一致，极大地加强了企业领导对分支机构的监管力度。避免公司业务被少数业务人员所把持的情况，避免分支机构管理不规范，避免客户流失。管理人员也能随时了解下属的工作情况，便于监督和管理。

（3）降低经营成本。分销管理系统中高度智能化的自动补货管理功能及库存的动态管理功能，避免了因库存不足而导致的终端脱销，同时能及时掌握分销链上的库存信息，减少库存积压和浪费的发生，减少安全库存和配送费用，降低整体库存成本。在避免缺货的同时，避免货物在需求链上积压得过深、过多。系统中一系列的智能化信用管理设置，能够帮助分公司及经销商减少终端客户方面的资金占用压力，并相应减少坏账损失。通过加快资金周转速度和降低资金占用的方法，分销系统保证了分销组织以同样的资金实现更高的销售业绩。

此外，通过 DRP 系统的实际应用，还能严格控制销售费用，减少渠道营销费用，加强对应收账款的控制；帮助降低配送中心的营运费用，改善物流部门与制造部门的协调性，有效地降低存货水平。

（4）优化资源分配。通过有效管理生产企业的分销网络，可以合理地利用分销网络的资源，减少企业在分销网络上的资金、人力和物力占用，从而优化物流、资金流、信息流和事务流的运作。尤其是企业对不同区域分公司之间的货物调拨功能更加强化了这一优势。实现对企业分销渠道的有效管理，如总部、销售分公司、经销商、代理商等，其管理的主要对象是订单、库存、财务往来等方面，其所要解决的主要问题是：提高营销方面的业务处理效率，实现资源的有效配置，降低员工工作强度，提高信息共享程度。

（5）及时信息交流。许多生产商的产品通过分销组织进行销售，而不是直接面对终端客户。企业与市场的沟通需要通过分销机构的中转，企业对于市场的变化不能在第一时间内做出反应，往往会丧失许多市场竞争机会。

具有多地域分布式分销网络的供应商，由于其分销网络分布广泛，对其分销渠道进行管理需要动用大量的人力、物力，耗费大量的时间。即使这样，供应商还是很难把握那些杂乱无章的信息，各级信息的误差被一级级放大，数据的真实性令人置疑。而通过 DRP 分销管理系统，企业对渠道销售信息进行集中式管理，保证了产品、市场及促销信息能够快速准确地传达到市场，从而确保整个销售渠道信息沟通的及时和通畅，这尤其在新产品推出市场和促销执行、跟踪与衡量期间，会为企业带来难以估量的巨额收益。DRP 能及时传递订单和销售量信息，掌握客户需求，对订货计划和资源分配计划进行管理，实现订单和客户需求对生产的驱动。

（6）强化分销商的忠诚度。分销管理系统帮助企业实现“销售公司－经销商－服务提供商”的角色转换，强化了分销组织与其上游供应商的联系，从根本上改进了公司在商品运作过程中与下游的代理商、经销商之间的沟通方式、产品销售方式及服务方式。在对分销流程进行业务优化的过程中，也加强了分销机构对上游供应商的依赖，从而强化了分销网络的忠诚度。

（7）实现高水平客户服务。分销系统加强了“供应商对分销机构”以及“分销机构对终端客户”的订单及销售管理，从不同层面上提高了对下一级客户的客户服务水平，从而在无大幅度费用增加的情况下，大幅提高了客户满意度和忠诚度，确保了供应商在渠道中的领先地位。

【例 4-9】DELL 公司的 DRP 系统。DELL 是首家可以网上定制计算机产品的国际大牌公司。它的宗旨是把新技术快速应用于 PC 机、服务器等计算机产品。它需要快速配置其计算机以满足顾客的不同要求，需要快速配送其产品，紧接着是快捷的服务。

未实施 DRP 系统之前，DELL 的配送计划采用微软的 Microsoft Access，但效率低、准确性差，满足不了全球配送供应的要求。之后，DELL 公司选用了 Xelus（原 LPA）公司的 DRP 系统进行零部件配送中心的配送管理，以达到在正确的时间、正确的地点提供正确的服务。系统提供预测和计划，并对计划的准确性予以跟踪。

通过 DRP 系统的实施，达到了减少库存、降低成本，并保证安全库存量的目的，从而实现按单生产和次日现场产品服务的目标。DRP 系统提供了一体化的解决方案，使零部件配送准确，易于系统维护，不仅能管理提前期，也能管理选用件，从而有效地管理库存。该系统的应用对发货、退货、现有库存水平、订单等计划的有效实施提供了良好的解决方案。

【例 4-10】沃尔玛公司的 DRP 系统。沃尔玛是美国著名的商品零售连锁店，它通过 DRP 系统的实施优化了计划管理、配送方案管理和库存控制，使商品配送速度大大加快，在销售增长 45%的情况下，库存仅增加 12%，而且使市场占有率提高了 10%。

4.5　电子商务

电子商务是一门发展非常迅速的新技术，是一个充满机遇和挑战的新领域，也是一个具有巨大发展潜力的市场。电子商务目前已成为社会商界关注的焦点。

4.5.1 电子商务概述

1. 电子商务的概念

电子商务（Electronic Commerce，EC）是在 Internet 开放网络环境下，基于浏览器/服务器应用方式，实现消费者网上购物、商户之间的网上交易和在线电子支付的一种新型商业运营模式。Internet 上的电子商务可以分为三个方面：信息服务、交易和支付，主要内容包括：电子商情广告、电子选购和交易、电子交易凭证的交换、电子支付与结算、售后的网上服务等。

其实，电子商务这个概念起源于 20 世纪 70 年代，那时一些大公司通过建立自己的计算机网络实现各个机构之间、商业伙伴之间的信息共享、交换，这就是广为流行的电子数据交换（EDI）。电子数据交换是一种为满足企业需要而发展起来的先进技术手段，必须遵照统一的国际标准。EDI 通过传递标准的数据流可以避免人为的失误，大大地降低成本、提高效率。

现在，因特网为电子商务带来了飞速的增长，电子商务越来越成为主流的商务活动方式，但 EDI 是电子商务的基础，并且 EDI 技术已经摆脱了以前旧式的昂贵的公司独立网络，融入到了 Internet 中。

要实现完整的电子商务还会涉及很多方面，除了买家、卖家外，还要有银行或金融机构、政府机构、认证机构、配送中心等的加入才行。由于参与电子商务的各方在物理上是互不谋面的，因此整个电子商务过程并不是物理世界中商务活动的翻版，网上银行、在线电子支付等条件和数据加密、电子签名等技术在电子商务中发挥着重要的不可或缺的作用。

2. 电子商务的特点

电子商务的特点有如下几点：

（1）信息化。电子商务是以信息技术为基础的商务活动，它的进行必须通过计算机网络系统来实现信息交换和传输，计算机网络系统是集数字化技术、网络技术和软件技术于一体的综合系统，因此电子商务的实施和发展与信息技术的发展密切相关，也正是信息技术的发展推动了电子商务的发展。

（2）虚拟性。Internet 作为数字化的电子虚拟市场（Electronic Marketplace），它的商务活动和交易是数字化的。由于信息交换不受时空限制，因此可以跨越时空形成虚拟市场来完成过去在实物市场中无法完成的交易，这正是电子商务飞速发展的根本原因。

（3）全球性。作为电子商务主要媒介的 Internet 是全球开放的，电子商务的开展是不受地理位置限制的，它面对的是全球性的统一电子虚拟市场。

（4）社会性。虽然电子商务依托的是网络信息技术，但电子商务的发展和应用是一个社会性的系统工程，因为电子商务活动涉及企业、政府组织和消费者的参与，以及适应电子虚拟市场的法律法规和竞争规则的形成等。如果缺少任意一个环节，势必制约甚至妨碍电子商务的发展，如电子商务交易纳税问题、个人信息安全问题、电子支付安全问题等。

3. 电子商务的商业价值

电子商务的商业价值主要体现在如下几点：

（1）大大提高了商务信息的传播速度，尤其是国际范围内的传播速度。

（2）节省了潜在开支，如电子邮件节省了通信邮费，而电子数据交换大大节省了管理和人员环节的开销。

（3）增加了客户和供货方的联系。如电子商务系统网络站点使得客户和供货方均能了解对方的最新数据，而电子数据交换（EDI）意味着企业间的合作得到了加强。

（4）提高了服务质量，能以一种快捷方便的方式提供企业及其产品的信息及客户所需的服务，大大减少了信息不对称带来的信息成本。

（5）提供了交互式的销售渠道。使商家能及时得到市场反馈，改进本身的工作。

（6）提供全天候的服务，即一年 365 天每天 24 小时的服务。

（7）最重要的一点是，电子商务增强了企业的竞争力。

4.5.2　电子商务的功能

电子商务涉及企业的所有商务活动。根据目标的不同，可将电子商务的功能概括为“3C”，即内容管理（Content Management）、协同处理（Collaboration）和交易服务（Commerce Servive）三个层次。

1. 内容管理

内容管理就是管理网上需要发布的各种信息。主要包括 3 个方面的应用：信息的安全渠道和分布、客户信息服务，以及安全、可靠、高效的服务。管理的具体内容为：

（1）企业范围的信息传播。对于一个企业而言，一旦建立了网上通信，都会立即创建一个在互联网上的信息沟通渠道，用以连接内部的工作人员和外部的客户、供货方及相关的商业伙伴。

（2）提供 Web 上的信息发布。在 Web 站点上，会不定期地刷新、更新、调整、重新设计其网页。主页上的信息既有静态信息，也有动态信息。

（3）提供有关品牌宣传及相关信息。如关于产品的供货、服务、策略等情况的信息。

（4）提供保护及管理关键数据的能力。关键数据主要是指企业各种经营数据、客户数据、产品信息、规划决策信息等。

（5）提供存储和利用复杂多媒体信息的能力，如照片、录像、录音等信息服务。

2. 协同处理

协同处理就是通过提供自动处理业务流程来支持内部、外部群体人员的协同工作。它的具体内容为：

（1）通信系统。包括电子邮件和信息系统。

（2）人力资源管理。如员工的自我约束、自我服务等。

（3）企业内部网和外部网。将企业内部各组织紧密地联系在一起，通过外部网与制造商、供应方及战略伙伴共享信息，包括进行流水作业。

（4）销售自动化。包括合同管理、合同审定及签署等。

3. 交易服务

交易服务就是电子方式下的买卖活动。其具体应用包括：市场与售前服务、销售活动、客户服务、电子支付等。在交易服务过程中，涉及的内容是信息交换、电子数据交换、电子资金转账等。

（1）交易前。这主要是交易各方在交易合同签订前的活动，如在网上发布信息、寻找交易机会、寻求贸易伙伴、通过网络交换信息（如价格、条件等）、了解对方的贸易政策等。

（2）交易中。这主要是合同签订后的贸易交易过程，如与银行、税务、海关、运输等方面打交道的电子单证交换。

（3）交易后。这是在交易各方办完各种手续后，交易各方可以通过电子商务的网络跟踪商品、货物的行踪。银行按照合同，依据交易方提供的单证向另一方支付交易资金，出具相应的银行单证，实现整个交易过程。

电子商务的3C既有区别，又相互联系。它们的组合构成了电子商务的基本功能，如图4-23所示。

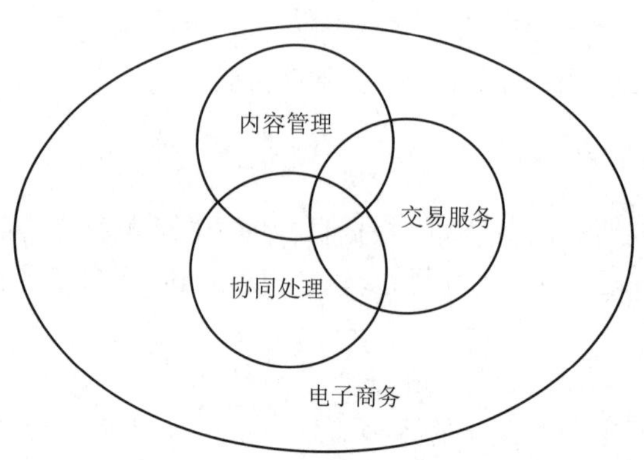

图4-23 电子商务的3C功能

电子商务可以提供网上交易和管理等全过程的服务，因此具有广告宣传、咨询洽谈、网上订购、网上支付、电子账户、服务传递、意见征询、交易管理等各项功能。

4.5.3 电子商务的运作模式

企业是市场的一个单位，必定要同市场保持着输入和输出关系，即不断进行物质、劳动力、信息的交换。而市场又可以分为产业市场和消费市场，因此市场运作不仅是企业生产经营活动的起点和终点，也是企业与外界建立协作、竞争关系的传导和媒介。

如图4-24所示是以企业为中心的电子商务的两种基本运作模式，即B2B模式和B2C模式。实际上，根据电子商务的应用领域与侧重点的不同，运作模式有了进一步的扩展，如企业与政府电子商务（B2G、G2B）模式、消费者与消费者电子商务（C2C）模式、消费者对企业电子商务（C2B）模式等。

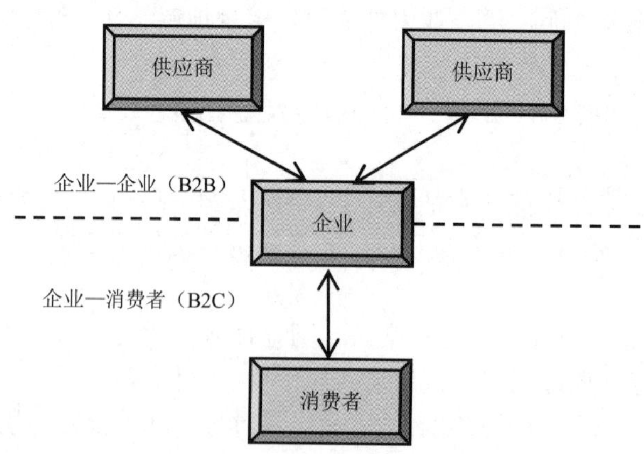

图4-24 电子商务的基本运作模式

1. B2B（企业机构对企业机构）的电子商务模式

B2B（Business to Business）的电子商务模式是企业与企业之间进行的电子商务活动。无论从目前的现状来看，还是从未来的发展来看，企业机构之间的电子商务市场要远远大于消费者的市场。据统计，目前全球通过电子邮件、EDI、互联网等进行的机构之间的交易额是消费者在线购物的 100 倍以上。在机构之间的电子商务中，主要是企业间的产品批发业务，且在采购过程中受时间的约束性比较大，如用于最终产品的原材料、零部件等。

【例 4-11】 思科的 B2B 电子商务。思科是全球路由器、交换机和其他网络互连设备的领导厂商。思科的网站近年来不断发展，从最初的客户技术支持发展为世界最大的电子商务网站之一。今天，思科公司向企业客户和分销商提供了 10 多种基于互联网的应用。

（1）客商服务。思科公司从 1991 年开始使用增值网提供电子化支持。最初的应用包括软件下载、故障跟踪和技术建议。1994 年春，思科将服务系统放到了网上，并把网站命名为“思科连接在线”（CCO）。到 2001 年，思科的客商和分销商每月要登录思科网站大约 130 万次以获取支持、检查订单或下载软件。在线服务被广泛接受，近 85%的客商服务请求和 95%的软件更新是在线完成的，网站在全球以 14 种语言运行着。CCO 被认为是一种成功的 B2B 电子商务模式。

（2）在线订购。思科公司的所有产品几乎都是根据订单生产的，所以没有什么存货。在 CCO 建立前，所有产品采用传真和传统信件方式，往往既费时又复杂，而且容易出错。现在，客商服务工程师可以坐在个人计算机前配置产品，迅速知道配置中是否有错误，并将订单转给采购部门，然后再以电子化方式提交给思科公司。

通过使用在线定价和配置工具，几乎所有的订单都通过 CCO 在线处理，为思科和它的顾客节省了时间。

（3）查询订单状态。思科的网站每月要接收大约 15 万份订单查询请求，思科在网站上为客商提供跟踪和常见问题解答工具，这样客商就能自己寻找问题的答案。另外，公司在国内外的承运商使用 EDI 及时将每次装运的情况用电子化方式输入到思科的数据库中。思科可以记录每件产品的装运日期、装运方式以及当前的位置。

思科通过 B2B 模式获得的好处主要表现在如下几个方面：

- 降低订单处理费用。通过将网上订单处理流程化，思科每年节约数亿美元，这主要归功于员工接收和执行订单效率的提高。
- 改进技术支持和客商服务。通过将大部分的技术支持和客商服务放到网上进行，思科的技术支持效率每年有数倍的增长。
- 降低技术支持人员费用，降低软件发布成本。客商直接从思科的网站上下载新的软件版本，为公司节约了将近 2 亿美元的复制、包装和发行成本，通过将产品和价格信息放到网上或基于 Web 的光盘上，思科在印刷、发行产品目录和促销材料方面也节约很多的成本。
- 交货周期大大缩短。

2. B2C（企业机构对消费者）的电子商务模式

B2C（Business to Consumer）的电子商务模式是企业与消费者之间开展的电子商务活动。这类电子商务活动主要是借助于互联网开展的在线销售活动，由企业或商家向消费者提供各种商品的零售和服务。全球著名的亚马逊网上超市（www.amazon.com）向人们提供各种生活用品。

此外戴尔计算机公司也有其网上销售主页（www.dell.com），并有多个国家不同的语言界面。随着网络技术的普及和发展，这类B2C的电子商务为企业、商家和消费者之间开辟了新的交易平台和接触空间，在线销售的商品几乎无所不包。

【例 4-12】易购 365 的 B2C 和 B2B。易购 365 现已开通了两个专业频道，分别从事 B2C（针对消费者个人）和 B2B（针对加盟易购超便利体系的零售小店）业务，在形式上，网页的设计更注重于对消费者个人的服务，B2B 频道更像是一个对外宣传加盟的窗口，走线上线下 O2O（Online to Offline，O2O）互相联动之路。

易购 365 的开始运营是 B2C，运营是通过电话和互联网接受客户订货，提供送货上门的无店铺销售业务，这就更需要每位从业人员一切工作都围绕如何使消费者满意而展开，通过推进规范服务、星级服务、品牌服务和创新服务，使易购 365 的客户服务队伍在高起点上进一步提升整体素质。因此，易购 365 在提出“上午订货，下午送；下午订货，隔天送”的服务承诺和订购满 50 元环线内免费送货的基础上，又推出了“铃声一响，你我互连；在线服务，满意无限”的服务理念。

在 B2C 网站取得一定成功经验的基础上，易购 365 将更多的人力、物力放在了“易购超便利”体系的建设上。2001 年底开始，易购 365 还重点对市内的社会零售小店（小食品店、小杂货店、小烟酒店的总称）进行整合，计划建立起以加盟店为基础的“易购超便利”连锁经营体系，为社区居民提供身边的个性化服务，改变零售小店以往给人脏、乱、差的印象，易购将这部分业务称为 B2B 部分。至此，易购已初步构筑起两条腿走路的完整商务模式。此举不仅可以使整合后的零售小店突破以往散兵式的小打小闹，而且也为易购 365 找到了电子商务落地的较佳方式。

3. C2C（消费者对消费者）的电子商务模式

C2C（Customer to Customer）的电子商务模式是消费者之间利用网络开展的电子商务活动。美国的 ebay 网站（www.ebay.com）、国内的易趣网（www.ebay.com.cn）和淘宝网（www.taobao.com）等就是这种运作模式的代表。这些网站主要以个人物品的拍卖为主。

4. C2B（消费者对企业）的电子商务模式

C2B（Customer to Business）的电子商务模式是目前在专业经营电子商务网站中有别于传统的商务活动概念。在该模式中，商务活动的主导权由企业方转移到了消费方，即先由消费者提出自己的需求，再由企业配合提供相关的商品。C2B 模式在传统商务活动中是难以立足的，但在买方为主导的网络市场中还是有其存在和发展的巨大空间的。

个性化需求是 C2B 的土壤，也是 C2B 模式的逻辑起点。随着人们生活水平的提高，个性化消费不断涌现，加上互联网的成熟与发展，汇集不同个性需求使之具备一定规模成为可能，这进一步促进了多品种、小批量生产方式。阿里研究院编写出版的《新经济崛起：阿里巴巴 3 万亿的商业逻辑》专著中全面描述了 3 万亿的基本事实，重点说明了这一新经济体发展背后所孕育出来的全新的 C2B 商业模式，解析了以 3 万亿为代表的新经济在拉动消费、创造就业和新税源、推动转型升级等方面的宏观影响，剖析了新经济发展的内在逻辑进程。

【例 4-13】尚品宅配的 C2B 模式。尚品宅配实现大规模个性化定制模式（一个完整的 C2B 样本）。尚品宅配是一家在年轻人中知名度很高，做家具定制化生产的企业，家具的造型、风格、空间尺寸、款式、颜色等由消费者决定。家具的设计由消费者参与进去，消费者可以通过互联网等手段参与设计的布局，通过尚品宅配建设的房型大数据库选择自己的房屋户型进行模拟全屋建成体验，尽可能真实地将消费者自己选择的结果呈现出来。通过 C2B 产品模式的创新，尚品宅配实现了商业模式的转型升级，完成了向现代家居服务行业的转型。

4.5.4 移动数字平台和移动商务

随意地走在一个大都市的街头，数一数多少人在低头摆弄他们的手机。搭乘火车时、乘坐飞机时，你都会看到与你同行的旅行者在手提电脑上阅读网络报纸、在手机上观看视频，或者在微信平台上阅读小说。5 年之内，中国绝大多数的互联网用户将主要通过移动设备来访问互联网。移动商务正在飞速发展。

2012 年，移动商务大约占所有电子商务的 10%，通过商品和服务零售、应用程序、广告、音乐、视频、手机铃声、电影、电视和基于位置的服务（比如本地餐馆定位和交通信息更新）等产生的年收入大约为 300 亿美元。而移动商务是电子商务中增长最快的模式，在某些地区的年增长率达到甚至超过了 50%，2016 年移动商务达到 1500 亿美元的规模。2012 年全球约有 40 亿手机用户，其中有超过 8.55 亿用户在中国，2.42 亿用户在美国（eMarketer，2012）。

移动商务中，企业对消费者（B2C）电子商务发展最快，尽管 2012 年它只代表所有电子商务的一小部分。移动商务最主要的增长来自于移动 400 强企业的零售销售，包括亚马逊和 eBay（大约 188 亿美元），苹果和安卓的应用服务（大约 87 亿美元），数字内容、音乐、电视节目和电影（大约 30 亿美元）（Internet Retailer，2012）。上述这些估计值并未将移动广告和基于位置的服务包括在内。移动商务应用开始致力于推出比一般方式更具时效、适合移动人群、更能有效完成任务的服务方式。

1. 基于位置的服务

基于位置的服务（Location-based Service）包括地理社交（Geosocial）服务、基于位置的广告（Geoadvertising）服务和基于位置的信息（Geoinformation）服务。74%的智能手机用户使用基于位置的服务。将上面这些内容联系在一起并且作为移动商务基础的是全球定位系统（Global Positioning System，GPS），通过 GPS 可以在智能手机上使用地图服务。地理社交服务（Geosocial Service）可以告诉你在哪里与朋友们见面。基于位置的广告服务（Geoadvertising Service）可以帮助你找到最近的印度餐馆。基于位置的信息服务（Geoinformation Service）可以告诉你正在关注的楼盘的价格，或者告诉你路过的博物馆有哪些展览正在进行。

【例 4-14】基于位置的信息服务应用举例。Wikitude.me 是基于位置的信息服务的一个例子。Wikitude.me 为具有内置定位功能的智能手机提供一种特殊的浏览器，可以指出你所在的精确位置和你手机所指向的方位。应用 800 000 个来自维基百科以及数千个来自本地网站的兴趣点信息，这款浏览器可以将你所查看的区域内所有兴趣点的信息叠加并在智能手机屏幕上的地图中呈现。比如，用户可以在旅游车上将他们的智能手机摄像头对准前面的山，屏幕上便会出现山的名字和高度。Wikitude.me 允许用户给自己周围的世界添加地理标签，再将标签传送到 Wikitude 上和其他用户分享。

Foursquare、Gowalla（现在由 Facebook 公司拥有）、Loopt、Facebook 和谷歌提供的新产品都是地理社交服务的例子。地理社交服务帮助你找到朋友或者被你的朋友找到，通过“登录”服务，宣布你出现在某个餐厅或其他地方，你的朋友们会立刻得到通知。大约 20%的智能手机用户使用地理社交服务。随着 Facebook 和 Google+开始提供地理社交服务并将这些服务作为社交网络的延伸，Foursquare 这类专业地理社交服务网站的受欢迎程度正在下降。

Loopt 在 2012 年拥有 500 万用户，提供的服务不是将信息销售给广告客户，而是基于用户所在的位置发布广告。Loopt 的定位是开展步行范围（200～250m 以内）的广告业务。Foursquare 为 2200 万注册用户提供类似的基于位置的社交网络服务，这些用户可以通过网站与朋友联系并更新他们所在的位置。在指定场所登录可以获得奖励积分。用户可以选择将他们的登录信息发布到 Twitter 或 Facebook 的账号中，或者在两个账号上同时发布。带有特定标签的位置登录，以及根据不同的登录频率或者在不同的时间登录也能帮助用户获得奖励。全世界有超过 50 万的区域性商家运用这种商业平台进行营销。

将人们与当地商家联系在一起的位置广告是移动商务的经济基础。2012 年移动广告的规模将达到 26 亿美元。位置广告根据 GPS 展示的用户所在位置将广告发送给用户。智能手机可以把位置反馈给谷歌和苹果公司。当消费者经过商家所在的范围时，商家交付一定的费用就能与这些消费者接触。例如，化妆品零售商店 Kiehl，当消费者来到距离其商店 100 米以内的地方时，会收到商店发来的特价商品信息和通告（eMarkder，2012）。

2. 商务 APP 的在线服务

商务 APP 的在线服务形式多样、功能各异，但都能为客户提供贴心、便利的服务。在此，仅举几个例子。

（1）移动支付。银行和信用卡公司推出了能使顾客通过移动设备管理银行账户的服务。摩根大通和美国银行的客户可以使用手机查询账户余额、转账和支付账单。据估计，约有 1.34 亿人至少每月使用一次在线银行。

【例 4-15】移动支付的成功典范——支付宝。支付宝（中国）网络技术有限公司是国内领先的第三方支付平台，致力于提供“简单、安全、快速”的支付解决方案。支付宝公司从 2004 年建立开始，始终以“信任”作为产品和服务的核心。旗下有“支付宝”与“支付宝钱包”两个独立品牌。自 2014 年第二季度开始成为当前全球最大的移动支付厂商。

2004 年，支付宝实名用户超过 3 亿，支付宝钱包活跃用户超过 2.7 亿，2013 年 11 月 11 日创造了单日手机支付 4518 万笔的全球峰值纪录。

2014 年双十一全天，支付宝手机支付交易笔数达到 1.97 亿笔。支付宝稳健的作风、先进的技术、敏锐的市场预见能力及极大的社会责任感，赢得了银行等合作伙伴的广泛认同。目前，支付宝已经跟国内外 180 多家银行以及 VISA、MasterCard 等国际组织及机构建立了深厚的战略合作关系，成为金融机构在电子支付领域最为信任的合作伙伴。

2016 年，4.5 亿实名用户使用了支付宝。通过对上述海量用户行为进行计算和分析后我们可以看到：移动互联网已经成为中国人生活方式的一部分，4.5 亿消费者过去一年 71%的支付笔数发生在移动端，超 10 亿人次使用“指尖上的公共服务”；中国“千禧一代”80 后、90 后已经成为中国经济的主流力量，并将影响未来十年的经济格局，比如 80 后人均支付金额已超过 12 万元，90 后使用移动支付更是高达 91%；同时，4.5 亿中国消费者开始呈现出与十年前完全不一样的生活形态。

（2）移动广告。尽管目前移动广告的市场规模只有 26 亿美元，但随着越来越多的公司开始探索开发位置信息数据库的使用，它的增长速度很快，在 2010 年的基础上增长了 44%，2016 年突破 120 亿美元。

雅虎在它的移动主页上为百事、宝洁、希尔顿、日产、英特尔等公司展示广告。谷歌将广告展示给使用谷歌移动搜索引擎的手机用户。微软则在美国的 MSN 移动门户网站上提供条幅和文字广告。广告也被嵌入到游戏、视频及其他移动应用程序中。

（3）移动识别。Shopkick 是一款移动应用软件，通过该软件，百思买、Sports Authority 和梅西百货等零售商可以在顾客进入商店后为他们提供折扣券。当使用者进入与 Shopkick 有合约的商户的零售商店时能够被自动识别，并给予一定数量名为 kickbucks 的虚拟货币。这种虚拟货币可以用来兑换 Facebook 的信用等级、iTunes 的礼品卡、旅游消费券、DVD，或者在任何一个合作商户那里即时获得现金返还。

今天，有 55%的在线零售商拥有移动商务网站——通常是可以使购物者通过手机下订单的互联网网站的简化版。Lilly Pulitzer 和 Armani Exchange 等服装零售商、家得宝、亚马逊、沃尔玛以及 1-800 Flower（一家在线鲜花零售商）都是开展移动商务应用的公司。

（4）共享单车。共享单车是指企业在校园、地铁站点、公交站点、居民区、商业区、公共服务区等提供自行车共享服务，是一种分时租赁模式。共享单车是一种新型环保共享经济。共享单车 ofo 创始人兼 CEO 戴威是一名青年创业者，毕业于北京大学光华管理学院，2014 年与 4 名合伙人创立 ofo，提出了“以共享经济+智能硬件，解决最后一公里出行问题”的理念，创立了国内首家以平台共享方式运营校园自行车业务的新型互联网科技公司。ofo 的特点主要体现在：①方便、快捷的出行体验，用户在使用时，通过移动 App 输入车牌号即可获得密码解锁单车，并可以将车骑到任意可停放区域，随取随用、随时停放；②以 1 换 N 的共享出行模式，市民可以将闲置自行车共享出来，接入 ofo 平台为更多人提供服务，从而获得所有 ofo 共享单车的免费使用权，以 1 换 N；③推出了标志性的小黄车，车体颜色统一涂刷为黄色；④缓解交通拥堵，减少环境污染，提高闲置自行车的利用率；⑤首创无桩共享单车；⑥App 应用软件操作简单、流畅。

3. *移动游戏和娱乐服务*

智能手机和平板电脑逐渐发展成便携式的移动娱乐平台。智能手机，如苹果手机和基于安卓系统的设备，提供可以下载或以流媒体形式体验的数字游戏、电影、音乐和铃声。

主流移动服务商的宽带用户可以按需要即时下载视频片段、新闻片段和天气预报。由 Verizon Wireless、AT&T Wireless 和其他移动通信运营商提供的 Mobile TV 能够直播电视节目，包括来自微软全国有线广播电视公司（MSNBC）和福克斯体育（Fox Sports）的节目。电影公司也开始制作专门在手机上播放的微电影。用户自创内容也开始在移动设备上出现。Facebook、MySpace、YouTube 和其他社交网站都建立了移动设备版本。2012 年，Facebook 上前 10 项最受欢迎的应用都是游戏，位居前三的分别是 Words with Friends、Farm Ville 和 City Ville，每一款游戏的日均用户量都超过 500 万。

习题 4

一、填空题

1．ERP 的发展大致经历了三个阶段：________阶段、________阶段和________阶段。

2．________、________、________称为 MRP 的三个基本要素。

3．MRPⅡ主要包括 5 个计划层次：经营规划、销售与运作规划、________、________和________。

4．客户关系管理系统通常为________、________和________活动提供软件与在线工具。

5．电子商务的特点主要有：信息化、________、________和________。

6．电子商务的功能概括为“3C”，即________、________和________三个层次。

7．以企业为中心的电子商务有两种基本运作模式，即________和________。________的电子商务模式是目前在专业经营电子商务网站中有别于传统的商务活动概念。

8．分销资源计划是管理企业________的系统，目的是使企业对________和________具有快速反应和持续补充库存的能力。

9．CRM 系统分为________CRM 和________CRM。分析型 CRM 系统的数据来自于________的 CRM 系统以及客户的直接接触和其他来源。

10．CRM 系统主要有如下三大特征：________、________和________。

二、选择题

1．MRPⅡ的进一步发展是（　　）。

A．ERP　　B．MRP　　C．EDP　　D．MIS

2．ERP 是一类软件产品，这一观点主要是（　　）的看法。

A．企业界　　B．管理界　　C．思想界　　D．信息界

3．以下（　　）企业应用系统是 ERP 经历的阶段。

A．DRP　　B．SCM　　C．CRM　　D．MRP

4．“既不出现物料短缺，又不出现物料积压库存”，最初是（　　）解决的主要问题。

A．MRPⅡ　　B．ERP　　C．CRM　　D．MRP

5．（　　）是 MRP 系统正确计算物料需求的时间和数量的基础。

A．产品结构与主生产计划　　B．产品结构与 BOM

C．主生产计划与 BOM　　D．综合生产计划与主生产计划

6．（　　）把分散在各地的分销单位和分散的仓库存货信息集成到一起，解决物料调度和补充库存的问题。

A．ERP　　B．SCM　　C．DRP　　D．CRM

7．（　　）根据地理位置、设备、库存和人员的即时情况，指导商品的搬运，制定顾客订单的执行和运输计划。

A．ERP　　B．WMS　　C．DRP　　D．CRM

8．更复杂的 CRM 软件包还包含（　　）两个模块。

A．SCM 和 DRP　　B．MRPⅡ和 ERP

C．PRM 和 ERM　　D．MRP 和 BOM

9．电子商务初期，一些大公司通过建立自己的计算机网络实现各个机构之间、商业伙伴之间的信息共享、交换，这就是广为流行的（　　）。

A．EDI　　B．POS　　C．B2C　　D．C2B

10．ofo 共享单车的创始人是（　　）。

A．马云　　B．戴威　　C．戴尔　　D．马化腾

三、简答题

1．简述 ERP 系统的商业价值。
2．简述 CRM 系统的商业价值。
3．简述 DRP 系统的商业价值。
4．简述电子商务的商业价值。
5．简述移动分销的切入策略。

四、计算题

部件 A 订单订货量是 100，交货期是工厂日历第 300 天。从工艺路线文件中获得工序次序、工作中心号、准备时间和加工时间，表 4-8 给出了每道工序的准备时间和单件加工时间。工艺要求每整 10 小时算作 1 个工作日。部件 A 订单需要在 3 个工作中心（分别是 2 号、3 号和 5 号工作中心）上加工三道工序（工序 5、工序 10 和工序 12），假定工序 5 的排队时间为 1 天、传送时间均为 2 天；工序 10 的排队时间为 3 天、传送时间均为 4 天，工序 12 的排队时间为 5 天、传送时间均为 6 天。试计算工序 5 的计划交货日期和开工日期。

表 4-8　部件 X 的准备时间和加工时间

加工次序	工作中心	准备时间/小时	单件加工时间/小时
工序 5	2	30	1
工序 10	3	20	2
工序 12	5	10	3

第 5 章　信息系统开发方法

信息系统的开发是一个庞大的系统工程，它涉及组织的内部结构、管理模式、生产加工、经营管理过程、数据的收集与处理过程、计算机硬件系统的管理与应用、软件系统的开发等各个方面。这就增大了开发一个信息系统的工程规模和难度，需要研究出科学的开发方法和过程化的开发步骤，以确保整个开发过程能够顺利进行，这正是信息系统开发方法的任务。

信息系统开发方法研究的主要对象是信息系统开发的规律、开发过程的认知体系、分析设计的一般理论以及具体的开发工具和技术等。

本章拟从方法论的角度介绍创建管理信息系统所需的规划方法，包括结构化开发和设计方法（SSA&D）、信息工程法（IE）、面向对象的开发方法（OO）、计算机辅助工程方法（CASE）等。

信息工程在三峡工程管理系统中的应用

三峡工程是世界上最大的水利工程，也是我国截至目前为止最大的工程项目。三峡工程管理信息系统（TGPMS）的开发应用对三峡工程的顺利实施起到了重要作用。而 TGPMS 项目的成功，则与信息工程方法论（IEM）息息相关。

中国长江三峡工程开发总公司自 1993 年 10 月正式组建后，在组织三峡信息系统规划论证和应用系统开发方面做了大量的工作。但当时国内根本没有像样的工程管理软件，而国外大部分工程管理软件又是聚焦于计划、进度控制，不能满足三峡工程对成本控制和质量控制的需求。经过慎重选择，决定引进加拿大 Monenco AGRA（也称 AMI）公司的 MPMS 系统技术，二次开发三峡的 TGPMS。1995 年 10 月，时任国务院总理李鹏带队去加拿大时，三峡总公司与 Monenco AGRA 公司签订了相关合同。

但加方强调必须采用信息工程方法论进行项目开发，于是，项目组于 1996 年 12 月 15 日至 19 日组织了“信息工程方法论——信息资源管理及信息组织技术研讨会”，并于 1997 年 1 月 14 日至 31 日集中进行 TGPMS 总体数据规划。第一阶段（总体调研）工作，是按照信息工程方法进行正规的总体数据规划的基础工作，通过调研分析准确把握用户的需求——功能需求和信息需求。第二阶段（系统建模）工作，则是在功能需求和信息需求分析的基础上，产生总体数据规划的三项关键性成果——系统功能模型、系统数据模型和系统体系结构模型。同年 7 月最后形成的系统功能模型和数据模型为系统开发奠定了扎实的基础。

《软件世界》2003 年 2 月 17 日刊登了凌曼文撰写的《跨越时代的第一工程——记三峡工程管理信息系统》，记叙了上述历史：三峡工程的信息化系统与其他工程信息化系统的方法论有一点显著不同，即不是以组织结构为核心设计，而是以数据为核心进行设计。

时任中国长江三峡工程开发总公司信息中心主任的金和平博士对于工程管理中数据的重

要性有清楚的认识：工程管理是一个协同、沟通的工作过程，不同的职位和职能部门关心不同的数据。决策层关注的是宏观管理，项目的总经费、总工期、里程碑任务完成情况等；职能部门层关心工程进展中不同职能的数据，如工程管理与外部企业要交换的数据是合同的报价、工程量和工期的确定等；基层管理需要的数据是实际工作人员的工作安排、完成每项工作所需的条件等。庞大的三峡工程需要处理海量数据，只有以数据为核心才是最根本的。

对于三峡工程而言，各类广义数据是系统管理的中心，而对处于从计划经济向市场经济转变的中国管理业界来说，组织形式的不断调整几乎是不可避免的。此外，对工程项目管理这一理念而言，其业务关系不像周而复始、循环往复的生产过程管理那样具有明确的结构关系。整个工程管理在从手工转向计算机系统时，用户的需求往往是随着系统的建设逐步明确的，只有用户一直参与才可能建好系统。

综合项目需求，项目组确立了信息工程方法（IEM）为基本理论指导。信息工程方法要求三个原则：数据处于系统的中心；数据是稳定的而处理是可以多变的；用户自始至终能参与系统的建设。信息工程方法确立了 TGPMS 项目的工作流程为管理建模、总体设计、系统开发。

该文还传达了一个信息：由于没有采用信息工程方法论进行总体规划，“AMI 同样的系统，在上海一个工程里面做了几年还是用不上。”

案例思考题

1. 信息工程与软件工程有什么区别？
2. 应用信息工程方法的主要原则是什么？
3. 信息系统开发还有哪些方法？试比较各种开发方法的优缺点。
4. 三峡工程管理系统建设为什么选用信息工程方法？
5. 结合本案例，试说明选择和运用正确的系统开发方法的重要性及其意义。

5.1　信息系统开发思想

5.1.1　信息系统开发的复杂性

随着社会经济的迅速发展和市场竞争的日益激烈，信息系统已经成为现代企业、政府部门等各类组织提高自身核心竞争能力、实现组织目标不可缺少的战略性支持，许多企业都竞相开展了各自的信息化建设之路。然而，这条道路却历尽坎坷。大多数企业由于建设过程耗资巨大，开发方法、开发策略选择错误等，致使所得到的效益远远不及预先的承诺或期望，甚至半途而废，反而让建设单位背上了沉重的包袱，阻碍未来的发展。因此，信息系统建设者必须认识到，系统建设需要运用科学的建设方法，结合人、财、物各方面的资源条件，经过一个长期、渐进的建设和完善过程。信息系统不仅是一个技术系统，还是先进的科学技术和现代管理相结合的综合系统，同时又是人类及其活动相互协调、影响、发展的社会系统。信息系统建设周期长、投资大、具有较大的建设难度和复杂性，主要体现在如下几个方面：

（1）组织变革的阻力。

信息系统是一个应用于管理领域的系统，与一般的技术系统不同，它以企业的管理环境为背景，和企业的组织结构、管理体系、业务流程有着密切的关系，容易受环境的影响。

1）组织管理与技术脱节。目前，信息系统开发存在的问题不仅是技术问题，更多的是管理问题。有些项目经理过分强调系统开发的技术问题，而忽略了对用户需求、开发环境、开发团队以及开发过程的重视，致使出现开发人员工作随意、缺乏规范性等情况，从而造成系统开发时间延迟、预算超支、质量无法满足用户的需求。项目管理包括对系统开发过程的范围、时间、成本、风险、质量、人员等方面进行的计划和控制。在信息化建设的实践当中，人们还越来越重视管理思想、管理制度、权力结构、人文特点等管理因素对信息建设的影响。另外，信息系统需要和管理流程融合、与企业发展战略相适应等。

2）组织惯性障碍。信息系统的研制实质上也是一种组织变革的努力，需要改进管理方法和制度，改进传统的工作程序和工作习惯，对现存的业务流程和管理模式带来挑战，对企业、供应商、客户之间的关系以及企业内部的利益格局带来影响，因此，系统改变了组织原有的工作方式和习惯，会给员工带来一丝恐惧感，并由此受到抵触，这给管理信息系统的开发带来困难。

3）系统切换异常。一些公司在最开始实施企业管理信息系统应用时就面临大量的运营问题和损失，这是由于他们没有意识到系统实施带来的组织变革，如 Kmart 刚开始实施 i2 Technologies 公司的供应链管理软件时，在产品摆上货架时遇到了麻烦。i2 软件不能很好地和 Kmart 的推销驱动业务模型一起工作，导致产品需求的剧烈波动。公司在用甲骨文公司的管理信息系统替代原来自己开发的系统时，其 Overstock.com 网站的订单跟踪系统整整一个星期无法工作。公司急于实施系统，没有将甲骨文软件中记录客户退款的流程与应收账款系统集成在一起。这些问题带来的损失占了公司全年 1450 万美元亏损中的四分之三。

4）软件危机恐惧。从 20 世纪 50 年代末开始，电子计算机越来越普及，并广泛应用于信息处理领域。可到了 20 世纪 60 年代末，出现了“软件危机”。究其原因主要在于：系统规模越来越大，复杂度也越来越高，用户需求不明确，缺乏正确的理论指导。危机主要表现为：软件成本超出预算，开发进度一再拖延，软件质量难以保证。因此，企业担心投入的资金会打水漂，担心最终建成的系统无法支持企业目标或系统建设到半途就已经夭折。

（2）IT 技术的复杂性。

信息系统以现代技术，尤其是数据库技术、网络技术等为依托，试图利用新的技术平台优化企业的业务流程，发现及解决企业运营中依靠传统方法难以解决的问题。进行信息系统建设需要大量拥有最新科学技术的知识工作者根据企业具体的实际背景条件，有针对性地设计企业信息系统的技术方案，保证系统成本不会过高，在短时间内不因技术的迅速发展而被淘汰。掌握这些先进而复杂的技术并合理地综合运用是系统开发要解决的一个重要的技术问题。

信息技术的飞速发展，为解决企业问题提供了技术支持，但同时技术发展太快导致系统过时也快，淘汰更新也快，这给企业的管理信息系统应用带来很多“转换成本”。一旦选用某个供应商，如 SAP、甲骨文或其他软件供应商，再更换供应商的成本就会很高，公司只能依赖该供应商更新产品和维护系统。

（3）资金投入巨大。

企业应用系统包含复杂的软件部件，购买和实施都非常昂贵，一家世界 500 强公司可能要花费几年的时间来实施一个大规模的企业 ERP 系统、SCM 系统或 CRM 系统。实施一个基于 SAP 或甲骨文软件的大型系统的总平均成本超过 1200 万美元，涉及软件、数据库工具、咨询费、人员成本、培训、硬件费用等多个方面。一家中型公司的企业管理信息系统，如果选择规模小一些的供应商的软件，如 Epicor 或 Lawson，实施成本平均为 350 万美元。项目范围的改变以及额外的定制化工作还会给实施带来延期和额外的成本。

另一方面，维护工作量不好预测。软硬件的日常维护以及升级连带的多方面的支出不好预测。特别是个性化定制的系统在运行与维护上费用惊人。

【例 5-1】ERP 的维护费用。Kennametal 公司是一家坐落于宾夕法尼亚州的金属加工工具公司，市值 2 亿美元。在 13 年间，公司在 ERP 系统的运行和维护上花费了 1000 万美元，进行了 6400 多次的定制。如今公司用一个无定制的 SAP 企业软件替代了原来的系统，并通过调整自身业务流程来适应这个软件。美国 20 世纪 80 年代初的统计表明，国防部每年支付的软件维护费为 20 亿美元，到 80 年代末则要高达 160 亿美元；80 年代初美国全国每年软件维护耗资 200 亿美元。

（4）用户需求的复杂性与变化性。

管理信息系统涉及的事务繁琐、牵涉面广，因此用户的需求很难弄清，需求多样而且多变，系统无法一一满足。管理信息系统是在 IT 平台上建立的有管理和决策支持功能的系统，管理的复杂性决定了系统用户需求的复杂性，而用户需求的提出本身就是一个复杂的认知过程。企业各部门管理人员对于信息的要求不尽相同，有些比较模糊，有些可能相互冲突，有些还会在系统开发期间发生变化。有时，企业的管理工作者由于对技术问题不了解，提出的需求难以实现。同时，开发过程中，人员多、周期长，而多人合作又会引起协调上的困难，这也是造成系统开发复杂性的原因。例如，企业管理信息系统使用组织范围的数据，管理者需要准确地理解企业如何利用这些数据，这些数据是如何在客户关系管理、供应链管理、企业管理信息系统中组织的。为了保护个人隐私，CRM 系统通常要求一些数据清洗工作。

（5）环境的多变性。

随着市场竞争的日益激烈，信息系统已经成为获取核心竞争力的必要支持。而企业要想使信息系统成为有力的竞争武器、加快企业对环境的适应能力和反应性，就必须建立一个时时刻刻与市场环境紧密联系的信息系统。这就要求系统建设者十分重视、深刻理解企业面临的内外环境及发展趋势，考虑到现行的管理体制、管理方法，考虑到人的习惯、心理，以及社会、政治等诸多因素，同时给系统留有足够的可变余地，使企业可以按照变化了的环境进行相应的信息系统调整。

（6）国际标准的挑战。

信息系统的应用处于国际市场的大环境中。开发管理信息系统无论是从输入、输出还是数据交换方式上都需要考虑到国际市场环境的要求和惯例，必须符合国际标准。比如，管理信息系统的网站建设或电子商务网站建设都有具体的规范要求和标准，实施时必须遵照执行。这种高标准、高规格要求无疑给信息系统开发带来了严峻挑战。另外，软件产品的质量管理和评价借鉴国际质量标准有助于提高外包交易的机会，提高企业的知名度和综合竞争力。

5.1.2 系统工程思想

系统工程是一门用于大规模复杂系统分析与设计的学问，是组织管理系统的规划、设计、制造、试验和使用的科学方法。它的总体思想是以系统概念为基础的思想，表现为由粗到细、由表及里、由上到下、由整体到局部，逐步求精的分析与设计。系统工程方法的一般步骤是：调研→确定目标→确定功能→考虑方案（多个）→选择一个方案→实施→维护和评价。

系统工程思想是一种对所有系统都具有普遍意义的方法。信息系统的开发是一项系统工程，它涉及组织的内部结构、管理模式、生产加工、业务流程、数据收集与处理、经营分析模型、工程化开发方法、计算机软硬件等方方面面，而系统分析与设计正是系统工程思想在信息系统开发中的具体应用。

1. 信息系统开发过程的一般规律

信息系统的开发过程从原理上讲非常简单。依据系统工程的思想，在日常生活中，不论做什么事情，通常都会遵循以下规则：

（1）明确为什么做此事？（即做此事的目的是什么？）

（2）明确做什么？（即了解对象）

（3）考虑怎样做？

（4）实际动手去做。

这一过程可以形象地用图 5-1 左侧的 4 个步骤来表示。

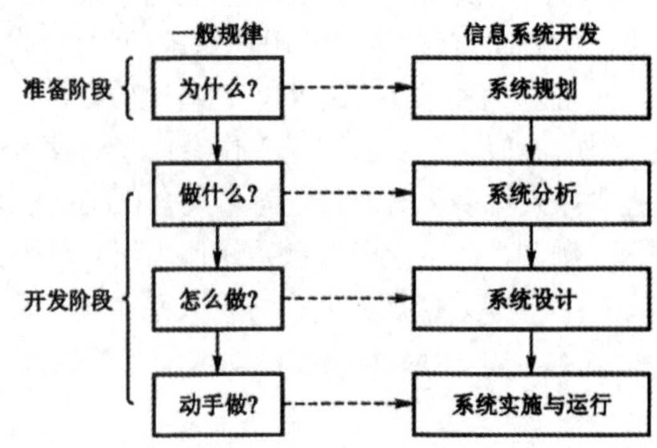

图 5-1 基于系统工程思想的信息系统开发过程

2. 系统开发的生命周期

图 5-1 左侧展示的是人们从事任何一项工程所必须遵循的普遍规律。信息系统的开发也不例外，只不过是在特定的领域引入了一些特定的做法和特定的专业术语而已。图 5-1 右侧的 4 个步骤就是信息系统开发的 4 个阶段：系统规划、系统分析、系统设计、系统实施与运行。每个阶段的主要工作如下：

（1）系统规划阶段。主要是弄清这一工作的目的是什么，解决“为什么”开发这样一个系统的问题。系统规划首先提出系统开发要求，确定系统目标，并给定资源条件和约束条件，然后制定系统开发计划。

（2）系统分析阶段。主要是弄清目标对象是什么，解决“做什么”的问题。分析原系统存在哪些问题以及分析造成这些问题的原因是什么等。系统分析是一个有目的、有步骤的探索、研究和判断的过程，系统分析员使用科学的分析工具和方法，对系统的目标、功能、环境、费用、效益等进行充分的调查和分析，最后获得最佳的系统方案。

（3）系统设计阶段。此阶段是解决“如何做”的问题，即根据问题的原因找出解决问题的方法与思路。根据需求调查和系统分析的结果进行概要设计，提出不同的新系统方案，同时对新系统方案进行比较，并由此确定新系统的最佳方案，最后进行系统详细设计。

（4）系统实施与运行。此阶段是解决“动手做”的问题。进行系统的实施、调试、维护、评价和运行等工作。

信息系统也具有生命周期。系统开发生命周期（System Development Life Cycle，SDLC）是指一个系统从提出任务，经过系统分析、系统设计、系统运行与实施，直到被淘汰的全过程。信息系统正是沿着其生命周期，从产生到被淘汰，到再产生和再被淘汰，循序渐进，不断发展的。

每一个信息系统的开发活动都可以按照生命周期来管理。将生命周期划分成上述 4 个阶段是一种最基本的分类方法，因此采用这种分类的 SDLC 又称为标准的 SDLC。后面几章对系统开发的详细阐述就是基于标准的 SDLC 展开的。然而，在今天复杂的系统开发世界里，仅依靠标准 SDLC 还难以满足各类系统的开发要求。为此，在标准 SDLC 的基础上又产生了很多变体，如瀑布模式、渐增模式、原型模式、螺旋模式等。各种变体之间的差异在于：每个阶段的活动不一样，或者执行活动的方法不一样。但所有信息系统开发都要求规划、分析、设计、实施、运行及维护。对于开发人员来说，随着对每一阶段目标和各种替换活动的逐步理解，将能适应各种类型的系统开发。

5.1.3 信息系统开发原则

信息系统开发一般遵循下述 7 个原则。

1. 一把手原则

“一把手原则”是指信息系统开发工作在企业主管领导的支持和协调下，组织业务人员与技术人员共同合作完成。理由如下：

（1）信息化不仅仅是技术项目，它还涉及企业的各个层面，特别是和企业的战略发展和重大决策紧密相联。而企业的战略和决策正好与领导（一把手）紧密相关。

（2）企业“一把手”的观念相对超前，能够把新观念引入到企业当中，而且“一把手”意识强会加快信息化进程。由于企业领导能够经常接触新事物、新观念，因此，他们的视野相对宽一些，“一把手”一般是率先将信息化引入到企业的人，由“一把手”把信息化的理念和具体实施贯彻始终，有助于企业信息化的顺利实施。

（3）“一把手”亲自真抓实干能够保证所需资金、人力的及时调配，确保项目实施的质量和速度。资金和人才不足常常是企业实施信息化的最大障碍，没有一定的资金支持和相应的人才保障，信息化就是空谈。

（4）“一把手”亲自抓有利于信息化理念的推广，更容易得到每位员工的认同。“一把手”对信息化建设的关注，会给企业的员工以表率作用，对信息化人才的重视也会起到一个导向作用，从而使员工潜意识加大对信息化的兴趣，注重提高自身信息化技能。这种倾向也会使得信息化观念在企业中比较普遍地被接受，培训工作易于进行。同时，难题和阻力相对要少一些。

（5）信息化本身会让“一把手”更高效地管理企业，也是实际工作的需要。因为信息化的实际效果之一是使企业的管理更为规范，企业领导在办公室内或远在异地都可以通过信息化网络了解企业的情况，增强对企业整体的控制力，而且决策的成功率高，有助于“一把手”科学决策，树立威信。所以，企业“一把手”抓信息化也是实际工作的需要。

2. 最优化原则

最优化原则是指自然界（或社会）的各种物质系统，由于其内部资源和条件的相互作用，总可以在一定条件下使得该系统的某个方面最大限度地（或最少限度地）接近或适合一定的客观标准，达到最优。

最优的内容及其形式包括系统形态结构最优、运动过程最优、性质最优、功能最优等。最优化原理能促进科学实践和科学认识的最优化，能使系统实践更加自觉有效，摆脱盲目被动状态。系统方法的基本原则是以系统论的原理为基础，从方法论角度提出的，其着眼点在于应用，根本目的是最优化。

自然系统和人工系统的发展变化一般都存在几种可能的途径，解决同一问题时存在几种方案，如何选出最佳的途径和方案正是系统方法所要解决的问题。最优化原则一般要遵循以下几条具体原则：

（1）局部效益服从总体效益原则。要求我们根据已确定的目标正确处理系统的局部效益和整体效益、眼前利益与长远利益的关系，以确保整体系统短期效益和长远效益的最优。

（2）系统多级优化的原则。优化思想贯穿系统分析的始终，系统的各个阶段都要体现。

（3）优化的绝对性和相对性相结合的原则。在追求优化时不一定绝对优化，多数人认为对系统满意就可以了。

3. *创新原则*

创新理论是美国经济学家熊彼特于 1912 年首先建立的，他在其代表作《经济发展理论》中提出："创新是建立一种新的生产函数，是一种从来没有过的关于生产要素和生产条件的新组合，包括引进新产品，引进新技术，开辟新市场，控制原材料的新供应来源，实现企业的新组织。"

信息系统的开发不能简单模拟旧的管理模式和业务流程，它必然是打破过时的条条框框，必须根据实际情况和科学管理的要求，利用新的技术手段和工具创造出新的管理模式、新的业务流程，开发出新的信息系统以实现组织的新发展。

4. *充分利用信息资源原则*

信息资源是指人类社会信息活动中积累起来的以信息为核心的各类信息活动要素（信息技术、设备、设施、信息生产者等）的集合。

信息资源一词最早出现于沃罗尔科的《加拿大的信息资源》。信息资源是企业生产及管理过程中所涉及的一切文件、资料、图表和数据等信息的总称。它涉及企业生产和经营活动过程中所产生、获取、处理、存储、传输和使用的一切信息资源，贯穿于企业管理的全过程。信息同能源、材料并列为当今世界三大资源。信息资源广泛存在于经济、社会各个领域和部门。是事物形态、内在规律及与其他事物联系等各种条件、关系的反映。随着社会的不断发展，信息资源对国家和民族的发展，对人们的工作和生活至关重要，成为国民经济和社会发展的重要战略资源。它的开发和利用是整个信息化体系的核心内容。因此，在信息系统开发中，我们必须做到如下几点：

（1）必须认识到信息是一种组织资源。信息资源管理的主要目标之一是确保一个组织机构在信息资源方面的投资能够以最佳的方式运作，这就要求有关人员必须将信息视为一种宝贵的资源，并视信息资源共享为一种规则而不是例外。

（2）在利用信息资源和技术时，必须保证职责分明。即明确规定谁管理这些资源、谁利用这些资源、彼此的权利和义务是什么、如何确保合作与资源共享等内容。

（3）业务规划与信息资源规划必须紧密地联系在一起。信息资源管理的许多活动领域从前都主要依赖于用户要求的被动的辅助部门，随着信息资源管理的进化，它与最高层的战略规划关系越来越密切，这种趋势最终形成了一种规则。

（4）必须对信息技术实施集成管理。信息技术的集成管理是实现信息资源管理内部融合的前提，是在新技术环境下提高潜在生产率的必要条件，是最大限度地利用信息技术集成优势的管理保证。

（5）最大限度地提高信息质量。改进信息利用和促进信息增值是一个组织机构的战略目标。信息资源管理的最终目的是使机构中的每一个成员都成为有效的信息处理者和决策者，从而有效地提高每个人和整个机构的生产率。

5. 实用性原则

信息系统开发的实用性原则是指根据企业信息化规划，信息系统必须以能适合自己的企业使用为第一原则，要以能够满足今后 3～5 年的功能需要为考察的重点，不能片面追求“最好的”软硬件，无需追求技术最先进和功能最强大。信息技术是飞速发展的，即使选择现在认为“最好的”软件，也无法确保今后的状况。

实用性是每个信息系统在建设过程中所必须考虑的，从实际应用的角度来看，这个性能更加重要。为了提高系统的实用性，信息系统开发过程中必须考虑如下几个方面：

（1）设计上充分考虑当前各业务层次、各环节管理中数据处理的便利性和可行性，把满足用户业务管理作为第一要素进行考虑。

（2）采取总体设计、分步实施的技术方案，在总体设计的前提下，系统实施时先进行业务处理层及低层管理，稳步向中高层管理及全面自动化过渡。这样做可以使系统始终与业务实际需求紧密连在一起，不但增加了系统的实用性，而且可使系统建设保持很好的连贯性。

（3）全部人机操作设计均充分考虑不同使用者的实际需要。

（4）用户接口及界面设计充分考虑人体结构特征及视觉特征进行优化设计，界面尽可能美观大方，操作简便实用。

6. 实效性原则

信息系统的实效性，是指信息系统所产生的实际效果、所发挥的实际功效，是信息系统价值的具体实现。确保信息系统实效性的策略有如下几点：

（1）降低出错率。信息系统开发的目标是为企业和员工、企业和客户、企业和供应商之间提供交流、沟通的平台，提高企业的经营管理水平以及信息的综合运用能力和快速响应能力。所以，优化信息系统管理的方式，可以对各类信息资源进行系统梳理，建立适时的各类数据库。通过网络让客户、供应商和企业内部各部门能够及时了解自己的动态信息和相关信息，形成企业内外相结合的信息共享模式极大地降低出错率。另外，为减少出错率，化繁就简，简化操作和用户输入，如提供简单便捷的登录方式、输入简单的汉字或者数字就可找到自己想要的相关资料等。

（2）及时进行数据更新。企业产品信息的及时更新是信息系统改善的一个重要方面，它适应现代社会快速发展的趋势，符合人们的时间观念，为企业经营管理工作带来了极大的方便。信息系统的各子系统之间采用集中统一的数据库，使各个子系统之间可以进行资源共享，大大提高了系统的可靠性，这样既保持了数据的完整性和准确性，又减少了数据的冗繁性，及时进行了数据更新。

（3）消除与避免信息孤岛。信息孤岛是指相互之间在功能上不关联互助、信息不共享互换以及信息与业务流程和应用相互脱节的信息系统，即一个单位的信息系统与各个部门之间的信息子系统之间由于种种原因造成部门与部门之间的信息完全孤立，各种信息（如财务信息、各种计划信息等）无法顺畅地在部门之间流动。这样就会形成信息孤岛。在信息系统开发中要消除与避免信息孤岛，就要注意如下几点：

1）理顺企业的数据流。信息系统的实施是建立在完善的基础数据之上的，而信息系统的成功运行则是基于对基础数据的科学管理。企业信息化作为一个严密的信息系统，数据处理的准确性、及时性和可靠性是以各业务环节数据的完整和准确为基础的。理顺企业的数据流是企业信息化建设成功的关键之一。信息化建设利用技术的手段将先进的企业管理思想融入企业的经营管理中，在这个过程中将最终实现对财务、物流、业务流程、成本核算、客户关系管理及供应链管理等各个环节的科学管理。因此要明确部门间哪些数据需要共享、哪些数据要上报企业领导、哪些部门需要获取外部的知识或信息、企业的哪些数据需要对外发布和宣传、哪些数据需要保密、子公司要与总公司交换哪些数据等。当数据流理顺后，相应的业务管理流程也就一目了然，管理流程也就理顺了。

2）统一进行信息资源规划。建立信息资源建设统筹协调机构，对信息资源建设进行整体规划及统一部署，建立各部门协调发展的可持续发展目标，改变各机构各部门自行其是的现象。机构内部各种资源的配置要从整体优化的角度考虑，资金、设备、技术、人员、信息等要素的投入要达到低投入、低消耗、高效率的可持续使用。这样有助于解决信息资源的低水平重复建设及开发利用效率低等问题，有助于管理者通过对系统内外界环境的分析，从全局上把握信息资源建设的方向及目标，采用有效手段配置信息资源，使信息资源在时间、空间上分布合理，通过制定信息战略目标、重点和策略来协调各部门、各单位的活动，使之形成合力，实现组织高效率运作及长远目标规划。

3）通过集成平台实现系统应用的集成。集成平台是可以适应于不同系统之间信息共享的通用工具，就是通过应用集成技术将企业的业务流程、公共数据、应用软件、硬件和各种标准联合起来，在不同的企业应用系统之间实现无缝集成，使它们像一个整体一样进行业务处理和信息共享。当在多个企业系统之间进行商务交易的时候，集成平台也可以为不同企业之间实现系统集成。当前，随着信息系统集成技术的发展，由系统集成带动信息集成广度和深度的不断扩展，集成范围由企业内部逐步扩展到企业外部。信息系统一般通过分类、归并和汇总等操作实现信息和数据的深度集成，数据仓库的数据深度集成技术还包括切片（slice）、钻取（drill）和旋转（rotate）等，而关联分析、聚类分析、系列模式分析等都是信息深度集成的高级应用技术。信息的深度集成目的是为了得到对企业管理者和决策有价值的信息。信息集成的广度一般可以从集成的时间、地区、职能部门等多个侧面进行描述。对信息适度范围的集成可以保证信息的可靠性和权威性。

信息孤岛是一个长期存在的现象，对现存的信息孤岛采用集成的方式，对个别无法集成的旧系统采用替换升级的方式实现信息共享，必要时从规划开始对现有系统进行全面的升级和改造。通过统一的信息化规划，保证信息标准的统一和来源的唯一性，在满足目前信息化需求的同时为将来实施新的系统奠定良好的基础，确保实施新系统时遵循统一的标准实现系统之间的集成和信息共享，避免出现新的信息孤岛。

7. 规范化原则

“规范化”的定义是：“在经济、技术、科学及管理等社会实践中，对重复性事物和概念，通过制定、发布和实施标准（规范、规程和制度等）达到统一，以获得最佳秩序和社会效益。”

因此，为达到最佳效益，信息系统的开发要求按照标准化、工程化的方法和技术进行，同时也要求用户单位基础管理科学化，即实施规范化管理。规范化管理就是从企业生产经营系统的整体出发，对各环节输入的各项生产要素、转换过程、产出等制订制度、规程、指标等标准（规范），并严格地实施这些规范，以使企业协调统一地运转。

【例 5-2】信息系统中的规范化管理示例。①业务流程规范主要是指对各项管理业务的范围、内容、程序和处理方法进行规定，即制定业务标准，从而把企业中千头万绪的工作同相应的部门及人员联系起来。流程规范的范围以公司的业务流程为主，主要涉及财务（含会计、财会、固定资产）、销售、采购、物料、生产计划、维护后勤、全面质量、项目管理（含基建上科研）等八大业务流程。规范的业务流程是管理信息系统开发的基础。有了规范的业务流程，各有关部门和人员就可以按照统一的程序和方法处理业务，各司其职，相互协作配合，使业务能够从头至尾顺畅地进行，从而避免凭个人经验办事、一人一种做法、工作互不统一的混乱状况。这样才能保证依据规范业务流程开发的管理信息系统能够得到所有用户的热心使用。②关系模式规范化理论被用来改造关系模式，通过分解关系模式来消除其中不合适的数据依赖，以解决插入异常、删除异常、更新异常和数据冗余问题。

实行规范化管理在理论和实践中都证明是极为重要的。首先，这是现代化大生产的客观要求。现代企业是具有高度分工与协作的社会化大生产，只有进行规范化管理，才能把成百上千人的意志统一起来，形成合力为实现企业的目标而努力工作。其次，实行规范化管理是变人治为法治的必然选择。每个员工都有干好本职工作的愿望，但在没有“干好”的标准的情况下，往往凭领导者的主观印象进行考核和奖惩，难免出现在管理中时紧时松、时宽时严的现象，并很容易挫伤员工的积极性。按照统一的规范进行严格管理，人和人之间可以公正比较、平等竞争。最后，实行规范化管理是提高员工总体素质的客观要求。规范使员工明确企业对自己的要求，有了努力的标准，必然能逐步提高自己的素质；员工还可以对照规范进行自我管理。因为规范是在系统原则下设计出来的，管理人员依据规范进行管理，也能提高立足本职、纵观全局的管理水平。

8. 适应性原则

随着越来越激烈的市场竞争和物流业的快速发展，各个企业的经营管理已经从静态环境“以商品为中心”转变为动态环境“以客户为中心”。这种转变决定了企业管理应具有快速的变化性。“多年不变，一劳永逸”的软件系统不会再存在。在构建企业信息系统时，提高软件系统的动态适应性已从一个可选择的特性变为一个必须考虑的特性。

适应性是指软件系统可以根据其所处环境变化的有效信息调整自己的行为。适应性系统的三项基本需求是：①发现并捕捉到动态环境中的变化；②对变化信息进行分析；③根据分析结果进行协调。具备适应性的软件系统的优势主要表现在：可以更容易地接纳新需求、增加新特性，有利于软件的快速开发。适应性的软件系统还使得在维护阶段修复软件系统的错误变得容易。通常，维护阶段的系统错误和需求更改会造成很大的人员和资源耗费，甚至给系统带来颠覆性的变化。软件系统具备适应性会将这一损耗降至可以接受的范围。信息系统的适应性体现在很多方面，不单是操作简单、运行快捷，更重要的是组建灵活、代理及时，在简单操作的情况下，系统功能模块能灵活选取与调整以适应需求，实现灵活处理企业管理业务所解决的管理问题。值得强调的是，一个适应性系统，应从软件体系结构设计开始就考虑其可适应性。

因此，信息系统开发必须充分考虑到组织结构、管理模式、业务流程、客户需求等可能发生的变化，要求信息系统具备足够的“智能”，能及时动态地调整系统功能以适应新的变化，即系统必须具有一定的柔性，能够在一定范围内适应动态环境的变化。

5.1.4 信息系统开发策略

目前，比较实用的开发策略有三种：“自顶向下”的策略、“自底向上”的策略以及两者结合的综合策略。

1. “自顶向下”的策略

在系统分析与设计时，应从组织的高层管理着手，考虑系统的整体目标，以及资源与约束，再确定需要哪些功能去保证目标的完成，划分出子功能得到相应的子系统，并进行各子系统的业务分析和设计，如此继续分解，直到每一功能都非常具体或简单为止。

“自顶向下”的执行步骤如下：

（1）分析系统整体目标、环境、资源和约束条件。

（2）确定各项主要业务处理功能和决策能力，从而得到各个子系统的分工、协调和接口。

（3）确定每一种功能（子系统）所需要的输入、输出及数据存储。

（4）对各子系统的功能模块和数据进行进一步的分析与分解。

（5）根据需要与可能确定优先开发的子系统。

“自顶向下”的开发策略具有较强的整体性与逻辑性，但采用这种策略开发系统，工程量大，工期长，开发费用高，而且评价标准难以确定。

2. “自底向上”的策略

从组织的各个基层业务子系统（子功能）的日常业务处理入手，进行系统分析与设计。这种应用子系统容易被识别、理解、开发和调整，有关的数据流和数据存储也容易确定。当业务处理层子系统分析与设计完成后，再进行上一层（中层管理）的系统分析与设计，将不同的功能和数据综合起来考虑。当中层管理系统分析与设计完成后，再考虑高层（决策层）的系统分析与设计。为了支持系统的总目标，满足管理层和决策层的需要，除增添新的功能和数据外，还要考虑一定的经济管理模型。

这种策略，是将具体的业务子系统逐层综合为总的信息系统，实际上是功能模块的组合。但是，由于在具体子系统的开发中难以全面考虑系统的总目标和总功能，因此在上层分析与设计时，反过来又要对下层子系统的功能和数据进行较大的修改和调整。尽管可根据资源的情况逐步满足用户的要求，边实施边见效，但缺乏整体目标和协调性可能会导致功能及数据的矛盾、冗余，造成返工。

3. 综合开发策略

为了充分发挥上述两种策略的优点，人们往往将它们综合起来应用。“自顶向下”的策略适用于一个组织的总体方案的设计，而“自底向上”的策略又适用于具体业务信息系统的总体设计。

在用“自顶向下”原则确定了一个信息系统的总体方案之后，再采用“自底向上”的策略，在总体方案指导下，对一个个业务子系统进行具体功能和数据的分析和分解，并逐层归纳到决策层。这样，通过全面分析、协调和调整之后，能得到一个比较理想的，耗费人力、物力、时间较少的，用户满意的新系统。

5.2 信息系统开发模式与开发方法分类

系统开发具有生命周期，但需要强调的是，将来的系统分析员会在组织中遇到生命周期的许多变体，一些变体基于生命周期阶段，而其他的一些变体则基于允许的反复度。本节将介绍这些变体，以便无论遇到什么样的变体，读者都会感到熟悉并且容易适应。

系统开发生命周期的各种变体称为系统开发模式，它们是开发活动的一系列步骤及执行过程。目前常被使用的开发模式有瀑布模式、渐增模式、原型模式、螺旋模式和并行模式 5 种。

5.2.1 瀑布模式

瀑布模式（或称生命周期法）是一种系统开发的方法，它将系统开发的过程分成几个阶段，每个阶段清楚定义要做哪些工作及交付哪些文件，各阶段循环执行且仅循环一次。瀑布模式在阶段划分上具有一定的弹性，没有明确规定开发过程应分成几个阶段。当问题较小或比较简单时，划分的阶段可能少至三个，如系统分析、系统设计、系统实施三个阶段；当面对的问题较大或复杂时，其阶段可能被细分成更多个阶段。如图 5-2 所示给出了十阶段的瀑布模式，包括可行性分析、需求分析、系统分析、初步设计、详细设计、编程与单元测试、集成测试、安装与系统测试、培训、运行与维护。除了在阶段划分上较有弹性外，瀑布模式还具有以下两个重要特点：

（1）各阶段若发现错误，可允许阶段间的反馈，以便尽早修正，减少系统修改或重做的成本。

（2）各阶段明确定义应做的工作及交付的文档，使系统开发的工作更明确及容易掌握。

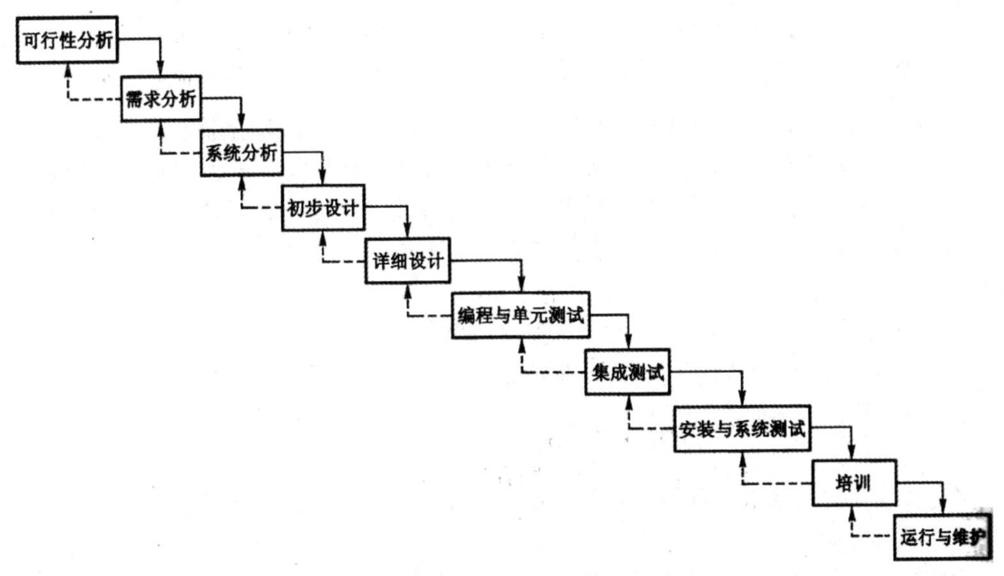

图 5-2 十阶段的瀑布模式

瀑布模式鼓励按照生命周期阶段来进行规划，且每一阶段的产生都必须经过确认（Validation）、验证（Verification）或测试（Testing），所以每一阶段的结束正好作为管理控制的里程碑。在执行上，系统开发人员有明确的责任，例如，从事前一阶段工作的人员有责任将正确、完整且可行的产出移交给下一阶段的人员。同样，后一阶段的人员在接受前一阶段的产出时，也有责任对上述事项进行验收与确认。因此，开发的过程变得更结构化且更容易管理。

应用瀑布模式时，各阶段必须考虑完整的需求，且前一阶段必须完全成功才能进入下一阶段，直至整个系统被开发出来，如图 5-3 所示。在执行过程中，每一阶段的输出必须通过审核以确保质量，一旦审核通过，则该阶段所输出的文件将被冻结，只有经过正式的申请手续才能更改，这一规则可以避免因任意更改而造成不一致的问题。瀑布模式强调系统开发应具有完整的周期，且必须完整地经历周期的每一个阶段，并系统化地考虑分析与设计技术、时间与资源的投入等。

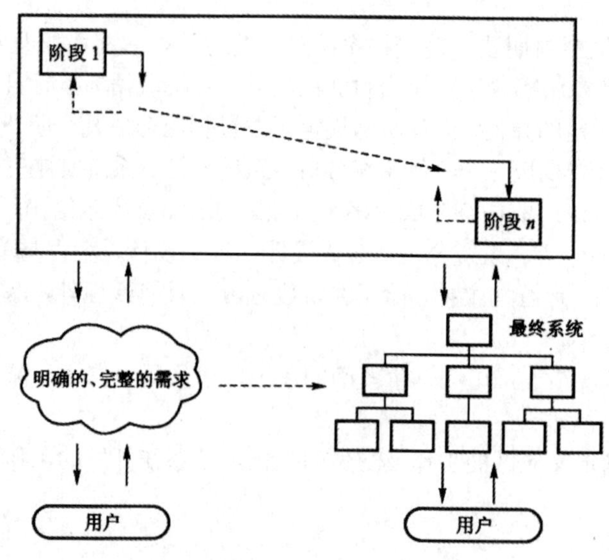

图 5-3 瀑布模式开发信息系统

瀑布模式适用于低风险的项目，例如在开发期间需求能够清楚完整表达、较少或不会改变、问题领域的知识容易获取、解决问题的技术手段比较成熟等。一般来说，编译器或操作系统等软件的开发符合上述情况，故瀑布模式比较有效。但对其他不同特性的软件可能无法有效执行，例如对需要与用户交互才能得到需求的系统，用户可能一时难以清楚与完整地提出其需求。

瀑布模式在执行过程中也存在一些问题，例如：

（1）在项目开始时，需求应可完全且清楚地描述。

（2）所有需求在各阶段均需同时考虑，且系统开发在一个周期内完成。

（3）在编程之前过于强调完整的分析与设计文档，故一旦需求变更，文档需大量修改。

（4）系统开发周期较长且用户参与不足，例如用户可能仅在需求分析阶段参与，到最后安装阶段才再参与。

上述情况表明，如果所有需求无法在系统开发的各个阶段同时获取，或在项目开始时需求无法清楚地描述时，瀑布模式显然无法适用，因此渐增模式与原型模式应运而生。

5.2.2　渐增模式

瀑布模式要求在系统开发的各个阶段均同时考虑所有需求，且系统开发需在一个周期内完成。在某些情况下，这种要求难以实现。例如，人员不足的组织或规模较大的项目，无法同时考虑所有需求。为此，Mills 于 1971 年提出了渐增模式，该模式是把需求分成几个“部分（Increments）”，然后按照“渐增”开发计划，将每个“部分需求”的开发视为一个周期，每个开发周期依次或者平行开发。每个周期的阶段清楚定义要做哪些工作和交付哪些文档，每个阶段循序进行且仅循环一次。渐增模式的工作过程如图 5-4 所示。

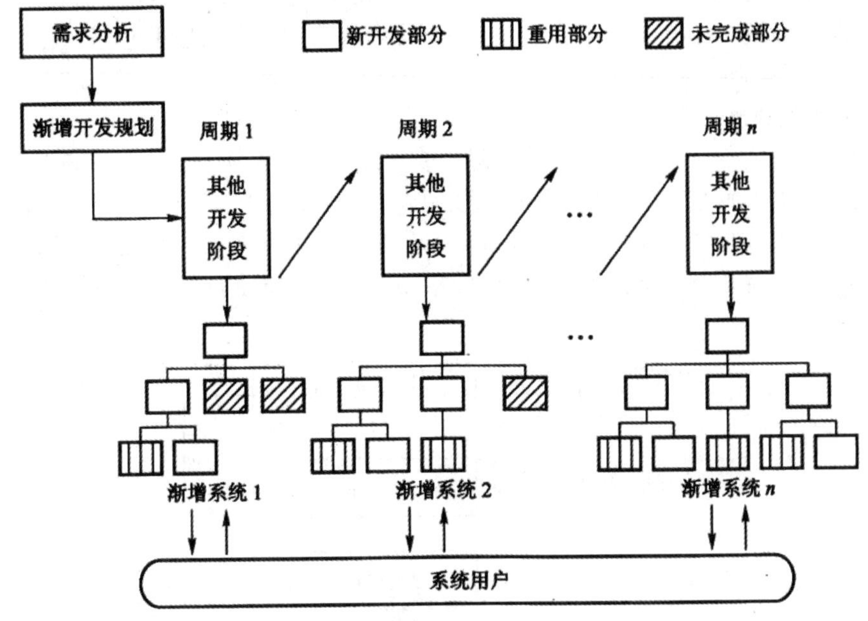

图 5-4　渐增模式的工作过程

渐增模式是瀑布模式的扩展，它强调需求的可分性，每一部分可依据瀑布模式开发。也就是说，渐增模式首先进行需求分析以完全掌握需求，然后再进行渐增开发规划。通常，第一个增量是核心产品，实现基本需求，给出系统基本框架，很多补充的需求（已知的和未知的）还未实现。随着时间的推移，经过一段时间的使用，获取用户的评价意见，一方面修改已发布的版本，一方面修改下一版本发布计划，然后再按照计划继续进行增量开发，直到产生最终完善的系统，或直到系统退役。微软公司的 Windows 产品就是渐增模式开发的典型产品。

渐增模式与瀑布模式有相同之处，都强调在项目开始时应完全且清楚地描述需求，也强调系统应有完整的规划、分析、设计、测试和文档等。但两者也存在不同，如下：

- 系统被分割成若干子系统，每个子系统依次独立开发。例如一个子系统可先行开发，待上线成功后再进行另一个子系统的开发，而瀑布模式是各子系统需同时开发。
- 系统开发经多个周期完成，每个周期表示不同的版本。每个周期均有编程及上线实施，用户均有参与，故渐增模式的风险较低；许多问题能尽早发现，因此失败的成本也较低。

渐增模式通常适用于以下情况：

- 组织目标与用户需求能够完全清楚地描述。

- 预算需分期编制。在此限制下，先进行系统整体规划，然后再分期执行，即使后来无法取得预算，已完成的部分功能仍可运作。此外，不必一次投入大笔资金，以降低财务风险。
- 当组织需要时间来熟悉和接受新技术时，应用渐增模式有充裕的时间来学习和转移技术。

5.2.3 原型模式

瀑布模式与渐增模式均假设在项目开始时用户需求能被清楚完整地描述。但在许多情况下，这种假设是不切实际的，因为用户经常无法把需求清楚完整地表达，有时虽能够清楚地表达，但开发人员可能没有足够的经验与知识完全了解用户的需求，也可能一时无法找出问题的解决方法。针对这种情况，Bally 等人于 1977 年提出了原型模式。

1. *原型模式的概念及过程*

原型模式先针对用户需求比较清楚的部分或开发人员能够掌握的部分，按照分析、设计、实施等步骤快速开发原型。在开发过程中，强调以原型作为用户与开发人员沟通的工具，双方通过对原型的操作与反馈，进一步弄清需求、修改需求及扩充需求，并以此来修改与扩充系统原型。上述步骤反复进行，直到系统符合双方约定为止。图 5-5 给出了原型模式的工作流程，下面具体讲述。

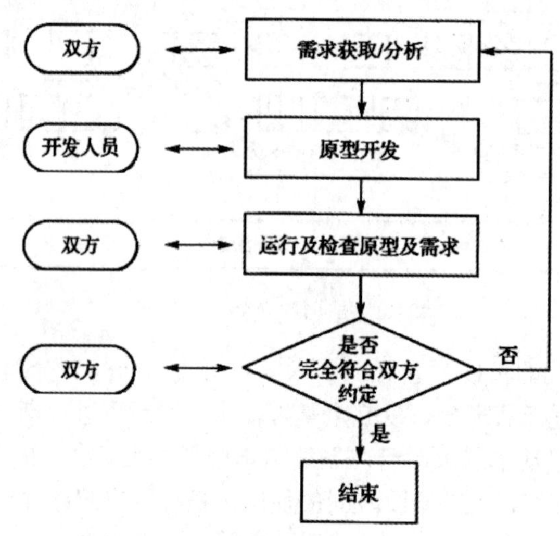

图 5-5　原型模式的工作流程

（1）快速分析，弄清用户的基本信息需求。用户提出自己的基本需求，开发者识别和归纳用户要求，并快速确定信息系统的基本要求。开发者根据原型所要体现的特性（如界面形式、处理功能、总体结构、模拟性能等）描述基本规格说明，以满足开发原型的需要。快速分析的关键是围绕使用原型的目标，抓住问题的本质，集中力量，确定局部的需求说明，从而尽快开始构造原型。

（2）构造原型，开发初步原型系统。在前一阶段的基础上，根据基本规格说明，尽快实现一个可运行的原型系统。初始原型不求完善，但必须满足用户的基本需求，一些细节问题（如安全性、健壮性、异常处理等）可暂时忽略。

这一阶段，原型的建立速度是关键，而不是运行效率，为此需要强有力的工具来支持，如采用类似于面向对象的 Java 语言或比 Java 抽象级更高的第四代高级语言实现原型、引入以数据库为核心的开发工具等。初始原型的质量对于项目的成败至关重要：如果带有明显缺陷，会给用户造成不良影响，从而打击其对系统投资的信心；如果为追求完整而做得太大，则不易修改，就会增加修改的工作量。

（3）用户和开发人员使用并评价原型。这一阶段是开发者和用户频繁沟通、发现问题、消除误解的重要阶段，目的是验证原型的正确性，进而开发新的需求并修改原有的需求。它必须通过所有相关人员的审查和测试。

由于原型忽略了许多内容，它集中反映了要评价的特性，外观看起来可能会有些残缺不全。用户要在开发者的指导下试用原型，在试用过程中评价原型的特性，分析其运行结果是否满足规格说明的要求，以及规格说明的描述是否满足用户的期望。纠正过去交互中的误解和分析中的错误，增补新的要求，并为满足环境变化或用户的新设想而引起系统需求的变动来提出全面的修改意见。为了鼓励用户来评价原型，应当充分解释原型的合理性，但不要为它辩护，以求能广泛征求用户的意见，在交互中使原型达到完善。

（4）修改和完善原型系统。这一阶段的目的是修改原型以纠正那些由用户指出的不需要的或错误的地方。若原型运行的结果未能满足规格说明中的需求，则表明对规格说明存在不一致的理解或实现方案不够合理。若因为严重的理解错误而使正确操作的原型与用户要求相违背时，有可能会产生废品。如果发现是废品，应当立即放弃，而不再凑合。大多数原型不合适的部分可以修改，以成为新模型的基础。如果是由于规格说明不准确（未反映用户要求）、不完整（有遗漏）、不一致，或者需求有所变动，则首先要修改并确定规格说明，然后再重新构造或修改原型。

如果用修改原型的过程代替快速分析，就形成了原型开发的迭代过程。开发者和用户在一次次的迭代过程中不断将原型完善，以接近系统的最终要求。经过修改或改进的原型，达到参与者一致认可，则原型开发的迭代过程可以结束。

2. 原型模式的特点

原型模式从原理到流程都比较简单，但为什么会备受推崇，原因在于：

（1）符合人们认识事物的客观规律。从认识论的角度看，人们对事物的认识不可能一次完成，需要循序渐进的过程。同时，人们对事物的认识也会受到环境的启发而不断完善，评论一个已有的事物要比凭空描述一个设想要容易得多。原型模式为用户和开发者提供了这样一种环境或平台，因此更容易被接受。

（2）将模拟手段引入系统分析的初期阶段。原型构造为开发者提供初步的体验机会，并使用户很快看到系统开发后的样子。所有讨论都是围绕特定的原型展开，减少用户和开发者之间的误解，缩短了他们之间的距离。

（3）强调用户的全程参与。用户全程参与系统的开发，知道哪里有问题、哪些需要改进等，消除了用户的心理负担，打消了他们对系统何时才能实现以及是否适用等疑虑，提高了用户参与开发的积极性。同时用户使用了系统，对系统的功能容易理解，有利于系统的移交与运行。

（4）提倡使用工具进行开发。使用与原型模式相适应的“模型生成与修改”工具、“目标的建立和运行”工具等一系列系统开发生成环境，使得系统开发摆脱了老一套的工作方法，实现时间效率、软件质量等方面的大幅提高，系统对内外界环境的适应能力也大大增强。

3. 原型模式的适用范围

原型模式有一定的适用范围和局限性，主要表现在以下几个方面：

（1）对于复杂的大型系统，很难直接用屏幕来简单地模拟，必须经过严密的系统分析来进行结构划分，因此原型模式不适合大型系统的开发。

（2）对于运算复杂、逻辑性强的程序模块，原型模式很难构造出模型来供用户评价。因为这类问题本身就没有那么多的交互方式，也不是寥寥数语就可以把问题说得清楚的。

（3）对于基础管理不规范的单位，不宜用原型法。首先，业务流程不清，信息处理过程混乱，构造原型有一定的困难；其次，基础管理不健全，没有科学合理的方法可依，系统开发容易走上机械地模仿手工系统的操作方式上。

（4）因强调以“原型演进”代替完整的分析与设计，故系统文档较不完备，程序也可能较难维护。就短期而言，可能满足用户需求，但对长期来说，系统较易失败。

4. 原型模式的分类

原型模式有两种常见的应用策略：演进式原型策略与抛弃式原型策略。这两种原型策略除了具备上述原型模式共同的特征外，各自还有其不同的适用场合。

（1）演进式原型策略。演进式原型策略（Evolutionary Prototyping）是将所有需求看成一个整体，从需求最清楚的部分入手，快速经历一系列开发周期（如分析、设计、实施），完成初始原型系统的开发，再利用该原型与用户沟通，以确定、修改和扩充需求，并以此作为下一周期原型演进的依据。该周期不断地反复进行，一直到原型系统符合双方的约定为止。

由演进式原型策略生成的系统是由最初的原型不断演进而产生的。通常，一开始就设计出一个比较完善的原型系统，让用户能够利用该原型执行一项或多项工作，一旦用户了解了这些工作和原型的运作，并清楚这些工作如何影响到其他工作时，就开始与开发者再沟通以确定、修改和扩充需求，并进行下一阶段原型系统的开发。在进行下一阶段的开发周期时，也需要将上一周期的需求与新需求一起全盘考虑，而并非仅考虑新需求。演进式原型策略的工作过程如图 5-6 所示。

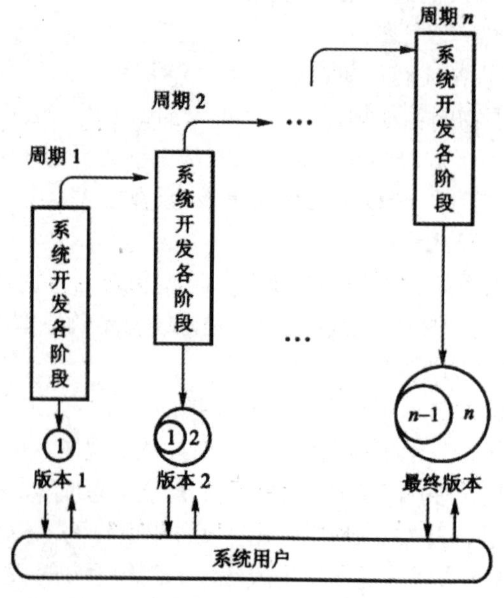

图 5-6　演进式原型策略的工作过程

（2）抛弃式原型策略。抛弃式原型策略（Rapid Throwaway Prototyping）是以一种快速而粗糙（Quick and Dirty）的方式建立原型，使用户能够尽快通过与原型的互动来确定需求项目，或允许开发人员以此来寻求问题的解决方案。这种原型因为用过即丢，所以不需要考虑原型系统的运作效率与可维护性，也不需要容错的能力。

原型被抛弃的原因有很多：可能是因为所用的开发工具并非最终所决定的工具；也可能通过 R&D 开发出新方法，但新方法与原方法可能完全不同或不相容；或发现修改原有的原型所需的成本比重新开发要高。

抛弃式原型策略与演进式原型策略都适用于系统开发初期用户需求不确定的情况，但这两种策略适用情况的风险程度不同。抛弃式原型策略仅实施在风险程度最高的地方，例如需求或解决问题的知识最不清楚的情况，其他情况则尽可能地采用演进式原型策略，因为原型的丢弃也意味着成本的浪费。

5.2.4　螺旋模式

由于渐增模式与原型模式仍无法完全解决瀑布模式存在的问题，为此，Mills 等人（1986 年）提出了螺旋模式，该模式后来又被 Boehm（1988 年）进一步完善，如图 5-7 所示。螺旋模式不是将开发过程用一系列活动及活动间的回溯来表示，而是用螺旋线表示。在螺旋线中每个回路表示系统开发过程的一个阶段。因此，最里面的回路可能与系统可行性有关，下一个回路与系统需求定义有关，再下一个回路与系统设计有关。

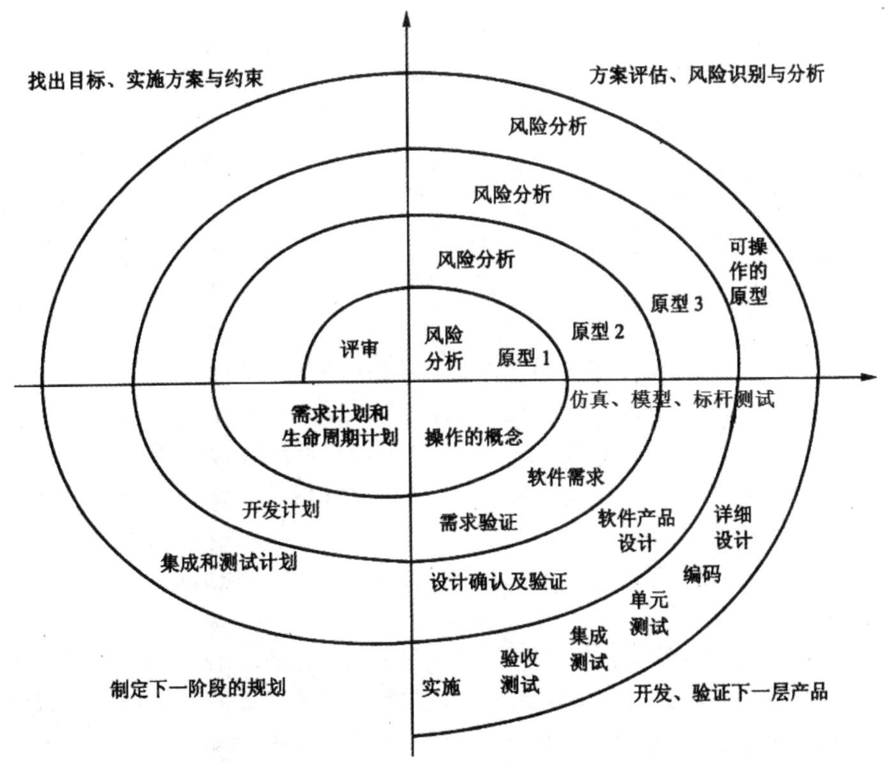

图 5-7　螺旋模式的工作流程

在螺旋线中每个回路被分成以下 3 个部分：

（1）找出系统的目标、可行方案与约束。系统的目标、可行方案与约束描述的详细程度会因周期而异，例如第一周期的描述会比较宽泛与抽象，当周期反复进行时，描述会越来越详细。

1）找出系统的目标。系统目标的评价因素有很多，例如系统的性能、功能、适应性等。

2）找出系统的实施方案。系统实施方案会因问题而异，例如找出的实施方案有：设计方案 A、设计方案 B、重用方案 C、购买方案 D 等。

3）实施方案的限制与约束。实施方案的限制与约束可能是项目的成本、进度、系统界面等。

（2）根据目标与限制评估方案。

1）找出各方案中不确定的部分，也就是项目风险的重要来源。

2）解决风险来源。可以采用原型、模拟、标杆（Bench Marking）、参考点检查（Reference Checking）、问卷等方法来解决风险。选择风险解决方案时，应考虑成本效益。

（3）由剩下的相关风险决定下一步骤。

1）如果系统性能或用户界面风险严重影响编程或内部界面控制，则下一步可能是采用演进式原型策略：首先简单地说明系统的总体特征，然后规划下一个演进阶段的原型，最后设计更详细的原型来继续解决主要的风险。

2）若该原型具有良好的使用性且足够健壮（Robust），足以当作未来系统开发的基础，则以后的步骤将是一系列的原型演进（向图 5-7 的右侧进行）。在此情况下，需求已趋于稳定，其实可以考虑撰写说明书，但并不实际做，因为采用演进式原型策略并不强调文档。因此，风险考虑会导致项目仅实施模式中所有可能步骤中的一部分。

3）假如先前的原型已经解决了所有性能和用户界面的风险，且编程及界面控制的风险得到控制，则下一步将遵循基本的瀑布模式，也可经适当调整以采用渐增模式。每个周期的软件规格描述都紧跟着风险验证及下一周期的规划。在此情况下，前面所提可供选择的原型、模式仅供参考，但并不实际做，因为风险分析会导致一个项目在某阶段采用另一系列步骤。也就是说，系统开发的某阶段采用某一模式的一部分步骤，而在另一阶段转而采用另一模式的一部分步骤。

螺旋模式具有其他开发模式的大部分优点，且其风险导向的思想解决了许多模式存在的问题。在某些条件下，螺旋模式相当于某一现有的开发模式，例如：

- 如果某项目在用户界面或综合性能需求方面属于低风险，但在预算及进度控制方面属于高风险，则这些风险分析会使螺旋模式的执行相当于瀑布模式或渐增模式。
- 如果某项目在预算及进度控制、大型系统的集成或需求变动方面的风险较低，但在用户界面或用户决策支持需求方面的风险较高，则这些风险分析会使螺旋模式的执行类似于原型模式。

与其他模式不同的是，螺旋模式强调严格的全过程风险管理，并提供机会来检查项目是否有价值继续下去。在每一个开发阶段之前，都引入非常严格的风险识别、风险分析和风险控制，直到采取了消除风险的措施之后，才开始计划下一阶段的开发工作。风险管理对技能水平提出了很高的要求，并需要大量的人才、资金和时间投入。因此，普通企业采用此种方式独立开发或联合开发软件则有些得不偿失，只有像微软那样人财物齐备的软件公司才会考虑采用这种模型。

5.2.5　并行模式

并行模式（Concurrent Model）由 Aoyama 于 1993 年提出，其思想源于制造业的并行工程，目的在于缩短系统开发周期，加速版本的更新。并行模式的提出是基于以下 3 个构想：

（1）多团队同时开发。它可以是一个阶段内的工作同步进行，或多个阶段的工作同步进行，或多个项目的工作同步进行。

（2）信息同步。它是指不同团队的信息相互交流与共享。信息同步有 3 个技巧：①将后阶段的重要议题和考虑因素提前让前阶段的开发团队知道；②将前阶段开发的情况及重要的信息传递给后阶段的开发团队；③建立一个有效的信息交换网络和群体工作的支持环境。

（3）集成化的管理系统。并行模式的管理比一般的开发模式复杂，必须开发一个管理系统来协调人员、资源、过程和产品间复杂的互动关系。并行模式的工作过程如图 5-8 所示。

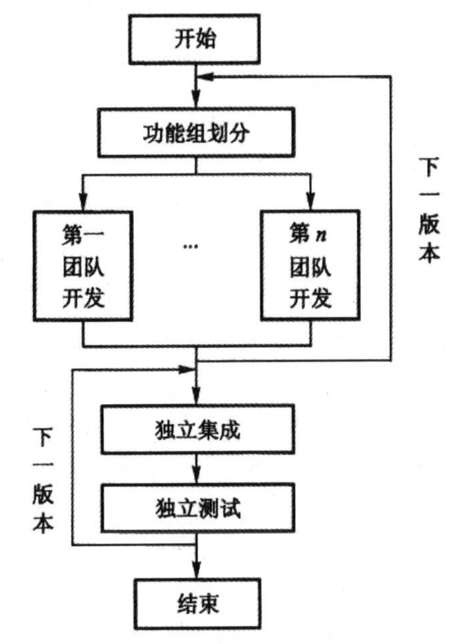

图 5-8　并行模式的工作过程

首先，将每一版本（Release）的工作分成若干功能组（Enhancement），功能组是一个或多个功能的组合。其次，将功能组的工作分配给多个团队并行开发，当同一版本的功能组都完成了开发之后，便交给独立的团队进行集成和测试，开发团队的成员则可进行下一版本的开发。同理，当集成及测试团队完成了一个版本的工作后，便可进行下一版本的集成和测试。

5.2.6　系统开发方法的二维分类法

迄今为止，从各种文献上查到的系统开发方法有几十种，各种方法所依据的认知体系、使用的工具和开发过程都不尽相同。至今尚未形成完整的系统开发理论以及由这种理论所支持的开发方法，但目前也确有一些方法在系统开发的不同方面和不同阶段带来了有益的帮助。

前面提到，系统开发方法有几十种，有些方法相互间只是在细小的技术上有差别，而有些方法基本思路就互不相同。为了进行合理的分类，我们建立了二维分类模型：一维是按照系统开发模式的特点来分，系统开发模式是基于生命周期及其一系列变体发展来的，因此这一维也可以看成是按照时间过程的特点划分；另一维是按照关键分析要素或建造系统的“着眼点”或“对象”来划分。按照开发模式（或时间过程）划分，可以分为瀑布模式、渐增模式、原型模式、螺旋模式、并行模式等；而按照系统的分析要素划分，可以分为面向处理方法（即结构化方法）、面向数据方法（即信息工程方法）和面向对象方法。这样一来，就能够用一张二维表来描述系统开发方法的分类，见表 5-1。

表 5-1 系统开发方法分类

按分析要素 / 按时间过程	面向处理方法 PO（结构化方法）	面向数据方法 DO（信息工程方法）	面向对象方法 OO
瀑布模式 W（Watefall）	W-PO	W-DO	W-OO
渐增模式 I（Increment）	I-PO	I-DO	I-OO
原型模式 P（Prototype）	P-PO	P-DO	P-OO
螺旋模式 S（Spire）	S-PO	S-DO	S-OO
并行模式 C（Concurrent）	C-PO	C-DO	C-OO
（生命周期的其他变化）	…	…	…

由表 5-1 可以看出：

（1）开发方法的种类繁多，表格中行、列交叉的一个单元格就表示一种相应的开发方法，如 W-PO 表示基于瀑布模式的结构化方法，或称基于瀑布模式的面向处理方法；P-OO 表示基于原型模式的面向对象方法等。

（2）不论是结构化方法和信息工程方法，还是面向对象方法，在开发过程中，都采用生命周期（或变体形式）来管理项目。由于篇幅限制，我们不可能对表 5-1 中每一单元格的方法（如 W-PO、W-DO、I-OO、C-PO 等）逐一介绍。这里默认采用标准的生命周期来笼统地介绍结构化方法、信息工程方法和面向对象方法。

5.3 结构化方法

结构化方法（Structured System Development Methodologies）又称为结构化系统分析与设计（Structured System Analysis and Design，SSA&D），由 Dijkstra 等人提出的，在结构化程序设计思想基础上发展起来的一种系统化、结构化和自顶向下的系统开发方法。它是迄今为止最普遍、最成熟的一种开发方法。

5.3.1 SSA&D 的基本思想

SSA&D 的基本思想是：用系统的思想、系统工程的方法，按用户至上的原则，结构化、模块化、自顶向下地对信息系统进行分析与设计。具体来说，就是先将整个信息系统开发过程划分出若干相对独立的阶段，如系统规划、系统分析、系统设计、系统实施等。在前 3 个阶段坚持自顶向下地对系统进行结构化划分。在系统调查或理顺管理业务时，应从最顶层的管理业务入手，逐步深入到最基层。在系统分析，提出新系统方案和系统设计时，先考虑系统整体的优化问题，然后再考虑局部的优化问题。在系统实施阶段，则应坚持自底向上地逐步实施。

5.3.2　SSA&D 的特点

SSA&D 的特点有以下几个：

（1）建立面向用户的观点。强调用户是整个信息系统开发的起源和最终归宿，即用户的参与程度和满意程度是系统成功的关键。

（2）严格区分工作阶段。强调将整个系统的开发过程分为若干阶段，每个阶段都有其明确的任务和目标以及预期要达到的阶段成果，一般不可打乱或颠倒。系统分析与设计的工作阶段主要有：系统需求阶段、系统规划阶段、系统分析阶段、系统设计阶段、系统实施阶段、系统运行阶段。

（3）结构化、模块化、自顶向下进行分析设计，自底向上进行开发实现。在分析问题时，应首先站在整体的角度，将各项具体的业务和组织放到整体中加以考察。自顶向下分析设计：首先确保全局的正确，再一层一层地深入考虑和处理局部的问题。自底向上进行开发：在具体系统实现过程中，一个模块一个模块地进行开发、调试，然后再由几个模块联调（子系统联调），最后是整个系统联调。

（4）充分预料可能发生的变化。在系统的分析、设计和实现过程中，都要充分地考虑可能变化的因素。一般可能发生的变化来自于周围环境变化，来自外部的影响，如上级主管部门要求的信息发生变化、系统内部业务处理模式发生变化、系统内部的组织结构发生变化；工艺流程发生变化、系统内部管理形式发生变化、用户要求发生变化（用户对系统的认识程度不断深化，又提出更高的要求）等。

（5）工作文档的标准化和文献化。在系统研制的每一阶段、每一步骤都要有详细的文字资料记载，需要记载的信息是：系统分析过程中的调研材料、同用户交流的情况、设计的每一步方案，甚至包括经分析后淘汰掉的信息和资料等。工作文档要有专人保管，要建立一整套管理、查询制度。

文档管理工作可以带来的好处：①为研制过程中工作的交接和今后的系统维护提供了原始资料；②建立统一的资料可以避免混乱；③详细记载工作过程可以使系统研制人员及时地发现问题，总结经验，形成自我反馈，弥补工作中的一些缺陷和漏洞。

5.3.3　SSA&D 开发系统的一般过程

采用结构化方法开发系统时，整个开发过程按照生命周期被划分为若干首尾相连的阶段。生命周期有多种变体，因此划分方法有多种，本书采用传统的生命周期模型，如图 5-9 所示。图中的内环将系统开发过程划分为：系统规划、系统分析、系统设计、系统实施、系统运行与维护。这 5 个阶段是首尾相接的；图中的外环给出了每一阶段的主要工作任务，这些工作任务也是相互衔接、首尾呼应的。当系统运行与维护到一定时期后又会面临新的系统请求，开始新的周期循环，所以形象地称之为“生命周期”，即一个信息系统从它的提出、开发、应用到系统的更新，经历了一个发生、发展和灭亡的循环过程。生命周期法要求系统开发按照以上步骤逐步完成开发任务，并对每一个开发阶段规定了各自的任务、流程、目标等内容，从而使开发工作规范统一，易于管理和控制。

1. 系统规划

系统规划阶段要从用户提出的初始要求出发，派遣有关人员进行初步调查。初步调查的范围是整个业务系统，主要任务是初步明确用户的需求。初步调查的内容包括现行系统的目标、组织结构情况、业务流程运行情况、数据处理情况、出现的问题、新系统的功能和目标等。在充分了解组织的人力、物力、财力等资源拥有程度后，组织成立专门的新系统开发小组，制定新系统开发进度、费用、人员等方面的计划。系统规划结束时要提交可行性分析报告，从经济可行性、技术可行性、社会可行性等方面研究是否有必要和有可能开发此信息系统。

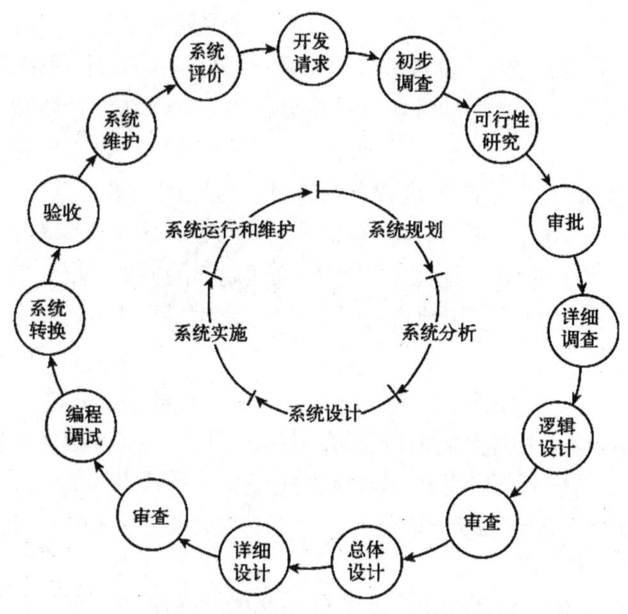

图 5-9 信息系统开发的生命周期

2. 系统分析

系统分析是信息系统开发最关键的环节，解决的是“做什么”以及“应该做什么”的问题，并为系统设计奠定基础。系统分析结束时，要完成系统分析报告（包括数据流程图、数据字典等）。系统分析的内容较多，有关细节参见第 7 章的内容。

3. 系统设计

系统设计是运用系统分析成果并为系统实施提供基础的重要一环，它的主要任务是进行新系统的物理设计，解决的是“怎么做”的问题。首先，根据系统分析报告中的系统逻辑模型综合考虑各种约束，确定系统的总体功能结构设计方案，然后进行代码设计、数据库设计、输入输出界面设计、物理配置方案设计，最后制定系统的实施方案。为了保证系统的质量，设计人员必须遵守共同的设计原则，尽可能地提高系统的各项指标，如系统可变性、可靠性、工作质量、工作效率、经济性等。系统设计结束时，要完成系统设计报告（又称系统物理设计说明书或技术方案）。

4. 系统实施

系统实施的主要任务是将新系统付诸实践。系统实施阶段的主要工作包括系统硬件的购置与安装、程序的编写（或购买）与调试、系统调试和转换等。在进行以上各个环节的同时展开人员培训工作，编制操作手册，使所有人员了解新系统的基本功能和使用方法。其中，文档管理在整个开发过程中发挥着至关重要的作用。因为，不仅开发时需要建立和管理好文档，而且维护工作同样需要对文档进行修改和管理。

5. 系统运行与维护

系统运行与维护是系统生命周期的最后一个阶段，系统维护工作的好坏可以决定系统生命周期的长短和使用效果。这个阶段要进行系统的日常运行管理，评价系统的运行效率，对运行费用和效果进行监理审计，如出现问题则对系统进行修改、调整，直到提出系统更新的要求，从而进入下一个阶段。

系统开发是一项费钱耗时的系统工程，结构化方法在系统开发生命周期的每一阶段都强调层层把关，加强审核。在每一阶段均有小循环，在不满足要求时必须返回到起点重新修改与审定。一般的开发步骤与流程如图 5-10 所示。

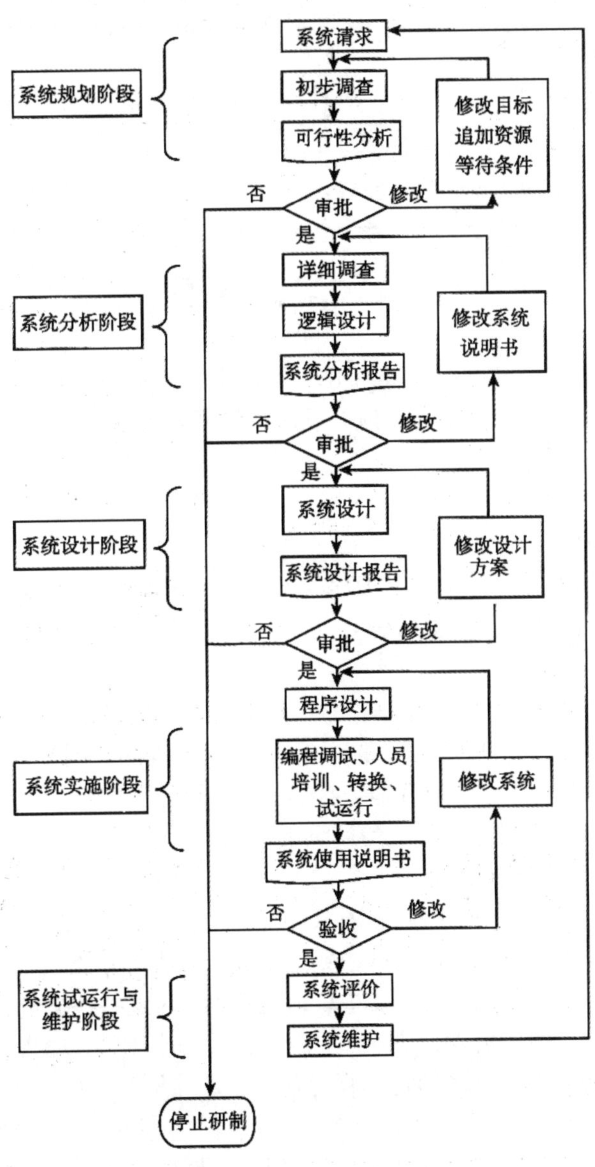

图 5-10　结构化生命周期法的开发步骤与流程

表 5-2 详细列出了每个阶段需要完成的文档报告及其主要内容。上一阶段结束后，将文档交给用户并取得审批才能进行下一阶段的开发。表 5-2 与图 5-9 和图 5-10 可以结合起来看。

表 5-2　生命周期法的主要文档

生命周期阶段	阶段性成果	说明
系统规划	可行性分析报告	问题是什么，解决问题的可能性是否存在。初步调查及技术、经济、社会可行性研究。提出项目管理计划并获批准
系统分析	系统分析报告（数据流程图、数据字典等）	解决新系统“做什么”的问题。详细调查、组织结构与功能分析、业务流程分析、数据流程分析、功能数据分析。研究并确定新系统的逻辑模型
系统设计	系统设计报告（系统设计说明、数据库设计、代码设计）	解决新系统“怎么做”的问题。进行系统的功能结构设计、代码设计、数据库设计、输入输出设计、物理配置方案设计。研究并确定新系统的物理设计方案
系统实施	程序、测试报告、用户使用说明书等	安装硬件和软件，程序编写、系统测试、人员培训、系统试用，并转换为新系统
系统运行与维护	运行记录、修改记录等	系统运行后，对系统进行监控、评估

5.4　信息工程法

信息工程法（Information Engineering，IE）是詹姆斯·马丁综合了多种信息系统开发方法，于 20 世纪 80 年代初提出的一套信息系统开发理论和开发方法。

5.4.1　信息工程的基本原理

1. 信息工程的含义

约翰·柯林斯在为世界第一本信息工程专著所写的序言中说：“信息工程作为一个学科要比软件工程更为广泛，它包括了为建立基于当代数据库系统的计算机化企业所必需的所有相关的学科。”

从这一定义中可以看出这样 3 个基本点：①信息工程的基础是当代的数据库系统；②信息工程的目标是建立计算机化的企业管理系统；③信息工程的范围是广泛的，是多种技术、多种学科的综合。这自然要联系到软件工程，马丁认为，软件工程仅仅是关于计算机软件的规范说明、设计和编制程序的学科，实际上是信息工程的一个组成部分。

2. 信息工程的基本原理和前提

（1）数据位于现代数据处理系统的中心。如图 5-11 所示，借助于各种数据系统软件，对数据进行采集、建立和维护更新。使用这些数据生成日常事务单据，例如打印发票、收据、运单和工单等。上级部门或专业人员有时要进行信息查询，对这些数据进行汇总或分析，得出一些图表和报告。为帮助管理人员进行决策，要用这些数据来回答“如果怎样，就会怎样”这类问题。审计员检查某些数据，以确信是否有问题。

（2）数据结构是稳定的，数据处理是多变的。一个企业所使用的数据类型很少变化。稍微具体一点说，数据实体的类型是不变的，除了偶尔少量地加入几个新的实体外，变化的只是这些实体的属性值。对于一些数据项集合，我们可找到一种最好的方法来表达它们的逻辑结构，即稳定的数据模型。这些模型在之后的开发和长远的应用中很少变化，而且避免了破坏性的变化。在信息工程中，这些模型成为建立计算机化处理的坚实基础。虽然企业的数据模型是相对稳定的，但是应用这些数据的处理过程却是经常变化的。事实上，最好是系统分析员和最终用户可以经常地改变处理过程。只有建立了稳定的数据结构，才能使行政管理上或业务处理上的变化被计算机信息系统所适应，这正是面向数据的方法所具有的灵活性，而面向过程的方法往往不能适应管理上的变化需要。

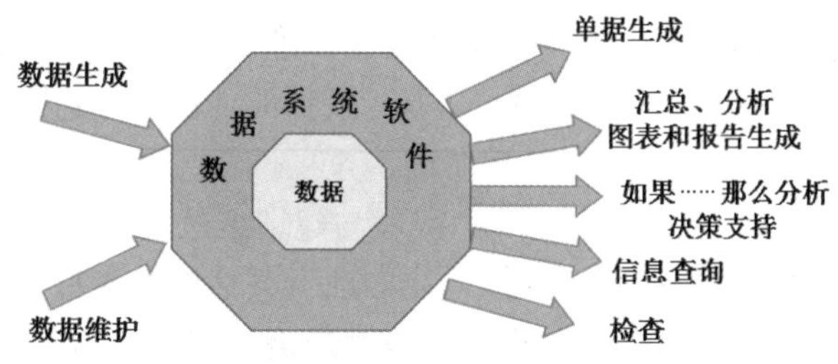

图 5-11　数据位于现代数据处理系统的中心

（3）最终用户必须真正参与开发工作。许多研究和事例表明，用户真正参与开发工作是系统成功的首要关键因素。因此有人说，最好的开发方法就是能使用户真正参与的方法。信息工程把最终用户参与开发工作看成是一个基本前提，同时也是方法论的一个特点。事实上，我们所讨论的信息工程方法都涉及各个管理层次上的用户的全面介入，这套方法本身可以认为是数据处理人员同所有用户共同解决开发问题的基本知识和规则，这些用户遍及企业的每一个角落，即从高层管理部门到底层的业务人员。因此，必须建立一套有效的方法来激励各类用户参与开发工作的各个领域。这些主要领域是：

1）信息需求规划。与战略需求规划一道进行的信息需求规划必须在强有力的高层管理人员的参与下构思。在高层管理人员的帮助下，战略需求规划才能建立起未来企业的战略方向和目标。最好是找出对企业成功至关重要的因素，以及这些因素怎样被检测和获取，还要考虑如何变成全体职员所接受的目标和有激发力的计划。总体的需求和目标必须被转变成对信息系统和决策支持系统的需求。

信息需求规划要借助于由高层管理人员参与制定或审核的总体战略报告，提出对信息分析的输入。通过分析与预测方法得出其总的信息需求量，为系统的改造和支持总体战略目标服务。

2）信息分析。信息分析要求管理人员和业务分析人员共同参与进行工作，把企业管理的有关知识和信息需求直接转换到信息系统中去，这些信息系统是直接建立在总体目标和策略基础之上的。根据为企业（或某区域）建立起来的总体战略方向，系统分析必须确定：为获得必要的信息需要怎样的数据资源，使得一个完整的总体数据模型被开发出来，以便于促成基于未来需求的整个企业的数据统一。这样就为数据模型的建立、业务过程的分析提供了全面的资料。

3）数据模型的建立。信息分析产生了一个能在企业中使用的概念数据模型，但是它还没有详细到能在数据库上直接运行，建立更详细的数据模型需要最终用户的参与和帮助。许多场合，最终用户比系统分析员更清楚地了解他们自己的数据。数据模型建立之后，要求来自不同职能区域的用户参加为各自的区域而设计的详细数据模型的复查工作。一系列的过程都需要用户亲自参加，才能使所建立的数据模型尽可能的稳定可靠。

4）处理过程的建立。处理过程的建立是在高层管理人员和业务分析人员的帮助下进行的，为应用系统提供了功能结构的基础。这是一种设计出来的新过程，以信息分析和数据模型为基础，反映了新系统对数据模型的使用。通过对引起数据模型中的数据发生变化的决策事件作出分析来建立这种处理过程。对于人工管理活动，新的过程可能改变原先的工作方式，也可能对程序化的过程进行某种合并。

处理过程的建立和信息分析直接把总体目标和战略方向与管理信息系统和决策支持系统连接起来，只有精通管理工作的业务人员参加，才能保证工作质量。

5）不需要程序员的应用开发。多种多样软件工具的产生以及 APP 应用软件包的共享，使得应用系统的建立不再需要职业的程序设计人员。软件的使用在迅速增长，导致了应用开发方法发生重大的改变，用户在这一过程中扮演了更为重要的角色。在没有职业程序设计人员的地方，最终用户或者自己构建自己的应用系统，或者与建造这些应用系统的专家一道密切合作来建造它们。这些专家不再是写一些程序（结构化的或者其他的）说明了，这些程序说明一直使最终用户迷惑不解，取而代之的是专家建立一些用户能在终端上看得见并且能任意使用的结果。用户可以频繁地修改这些结果或者与专家一起修改它们。这种开发过程，使取得的成果能满足用户变化的需求和理解能力，而且使传统程序维护所造成的困惑被具有更大灵活性的环境所取代。

数据是企业的重要战略资源，而这种资源的合理开发与使用不经高层领导参与规划，不经熟悉业务的人员参与设计，是根本发挥不了战略资源的作用的。

6）用户掌握数据处理。在一些组织机构中，企业应用系统使最终用户减少他们自身的日常文书工作、增加自动化事务处理的能力正在趋于扩大，数据自动地从其发生地被送回到数据库系统中。电子文件由最终用户来生成，这些文件中的数据被一些需要它们的其他人员所使用。由于多层次不同的用户能索取这些数据，并且经常以不同的方式查看它们，所以纸张报表大大减少。

在组织机构中最终用户掌握数据处理，是指他们既能开发计算机应用来解决自己的业务管理问题，又能熟练地使用计算机采取新的工作方式进行管理工作。这样经过两三年后，管理过程和信息使用的所有模式都将要被彻底改变。通过这个过程得到的无纸张管理环境将不同于有纸张环境，就像汽车，最初发明时叫“无马的马车”用以区别于马车一样，是一种质的变化。

用户掌握数据处理是一个强有力的和令人兴奋的趋势。然而，如果用户掌握数据处理不与规划得很好的数据系统联系起来，那么它将是一个制造混乱的祸根。数据管理功能对用户掌握数据处理方面的支持与控制作用是极其重要的。

5.4.2 信息工程方法论的组成

从上述的基本原理和前提出发，马丁阐述了一整套自顶向下规划（Top-Down Planning）和自底向上设计（Bottom-Up Design）的方法论，他指出：建设计算机化的企业需要该组织的每一位成员都为这一共同目标进行一致的努力，这就包括采用新方法论的总体策略，并要求每一位成员对此应有清楚的理解。几经修改，他在《信息系统宣言》一书中提出了信息工程组成的 13 块构件，如图 5-12 所示。

这 13 块构件是相互联系的，构成一个统一体——信息工程方法论的宏伟大厦。下面我们对这些构件作详略不等的介绍，从而对整个信息工程方法论有一个概括且完整的了解。

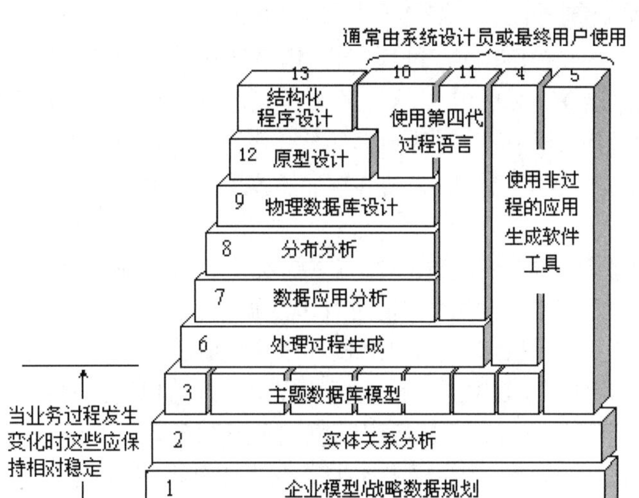

图 5-12　信息工程方法论的组成

构件 1 是企业模型（Enterprise or Business Model）的开发，这是其他所有构件都需要建筑于其上的基石。企业模型的开发在战略数据规划期间进行，力图确定企业的目标及为了达到这些目标所需要的信息。

构件 2 是借助实体关系分析（Entity Relationship Analysis）建立信息资源规划。这是自顶向下的数据类型分析，这些数据是必须被保存起来的，还要分析它们之间是如何联系的。作实体关系分析，有时需要在整个企业范围内来实施，有时只是在某个部门、子公司、工厂或者是企业的一部分内实施。图 5-12 的这座大厦，如果没有底部的两块构件也可以建立起来，但是如果真的这样做，那就像在软土上建筑高楼大厦一样，没有坚固的基础。

构件 3 是详细数据模型的建立（Data Modeling）。实体分析全面地调查了整个组织所需要的数据的类型。这样建立起的实体模型，虽然面广，但是没有包含实现数据库所需要的全部细节。数据模型建立工作产生出详细的数据库逻辑设计，并且力图在其实现之前尽可能地使它稳定。构件 3 是构件 2 的扩展，是使构件 2 达到更详细的程度，并且保证其稳定性。

图 5-12 中底部两块要求提出整个组织的数据实体，然后把初步的实体模型划分成一些大组，它们有时被称为主题数据库，而这些就是组成构件 3 的详细模型。

构件 4 和构件 5 是使用非过程的应用生成软件工具。通过构件 4 和构件 5 保证了应用项目的迅速建立。图 5-12 底部的 3 块构件形成了未来大部分数据处理所依赖的基础。一旦这个基础被全部或者部分建立起来，最好是尽量利用方便的非过程语言从数据库中提取信息，快速生成报告和图表。

构件 6 处理过程生成，是计算机化处理过程设计的基本工作。为了建立使用数据库的处理过程，需要用图形方法来表达数据和生成、检索、更新或删除等操作。这些数据库作用图是容易建立的，但是还要把它们直接转换成第四代过程语言的编码图，这就成为构件 11 的基础了。

构件 7 是数据应用分析。构件 7 分析人们将怎样使用数据，这对于数据处理繁忙的系统是非常重要的。它影响到数据分布的策略（构件 8）和数据库的物理组织（构件 9）。对于事务处理量少的应用系统，详细的数据使用分析是没有必要的。这些数据管理系统可以和最典型的数据库管理系统迥然不同。

构件 10 和构件 11 是使用第四代过程语言。用第四代语言和程序生成软件来建立计算机处理过程要比使用像 COBOL 或者 PL/1 这样的第三代语言快得多。在数据处理中这是非常重要的改进，它使用户不用设计他们自己的数据结构。在许多情况下，用户都非常希望自己能从数据处理的程序设计中得到解放。在数据被共享而不是私有的场合下，第四代语言的使用应当与数据模型联系起来。

构件 12 是原型设计。构件 12 表示在许多情况下，人们使用第四代语言来建立原型。这些原型可以在用户反复试用过程中对它们进行多次调整。

构件 13 是结构化程序设计。构件 13 表示在某些情况下，一些由原型确定的处理过程可以使用第三代语言（通常是 COBOL）来重新编程，这样可以适应具体机器的性能。

总之，图 5-12 所表明的新计算机运用环境完全不同于旧的系统分析方法所适应的环境。这种环境用自动化方法实现时，就会极大地提高企业计算机应用开发的效率。它会使应用系统的建设跟上管理工作的迅速变化，能满足多种信息需求；它可以大大降低数据处理系统的维护费用；它代表了管理工作中数据处理技术的主要变化。

5.5 面向对象的开发方法

从事软件开发的工程师们常常有这样的体会：在软件开发过程中，使用者会不断地提出各种更改要求，即使在软件投入使用后，也常常需要对其作出修改，在用结构化方法开发的程序中，这种修改往往是很困难的，而且还会因为计划或考虑不周，不但旧错误没有得到彻底改正，而且又引入了新的错误；另一方面，在过去的程序开发中，代码的重用率很低，使得程序员的效率并不高，为提高软件系统的稳定性、可修改性和可重用性，人们在实践中逐渐创造出软件工程的一种新途径——面向对象方法学。

5.5.1 面向对象方法的基本思想

面向对象方法（Object-Oriented Method，OO 方法）是从 20 世纪 80 年代的各种面向对象程序设计方法（如 Small Talk、C++等）逐步发展起来的。最初用于程序设计，后来扩展到系统开发的全过程，出现了面向对象的分析与设计。

概括地说，OO 方法的基本思想是，从现实世界的客观事物（即对象）出发来构造信息系统，并在系统构造中尽可能运用人类的自然思维方式。

开发一个系统是为了解决某些问题，这些问题所涉及的业务范围称为该系统的问题域。OO 方法强调直接以问题域（现实世界）中的事物为中心来思考问题，并根据这些事物的本质特征把它们抽象地表示为系统中的对象，作为系统的基本构成单位。这样可以使系统直接地映射问题域，保持问题域中事物及其相互关系的本来面貌。以这样的思维开发信息系统与人类在长期进化过程中形成的各种行之有效的思想理论体系更为接近，更便于从人类的思想宝库中吸取较多的营养，以使开发出来的信息系统符合人类思维习惯、做事原则与行动策略。因此，OO 方法更加强调运用人类在日常的逻辑思维中经常采用的方法，例如抽象、分类、继承、封装等。这使得系统开发者能更有效地思考问题，并以其他人也能看懂的方式把自己的认识表达出来。

5.5.2　面向对象方法的基本概念

1. 对象

从一般意义上讲，对象（Object）是现实世界中一个实际存在的事物，它可以是有形的（比如一辆汽车），也可以是无形的（比如一项计划）。对象是构成世界的一个独立单位，它具有自己的静态特征和动态特征。静态特征即采用某种数据来描述的特征，动态特征即对象所表现的行为或对象所具有的功能。

在 OO 方法中，“对象”是一组属性和施加在这些属性上的一组操作构成的独立个体，可以用“对象=属性+作用于这些属性上的操作（或服务）”这一公式来表达。对象是一个封闭体，它向外界提供一组接口，外界通过这些接口与对象进行交互，这样对象就具有较强的独立性、自治性和模块性，从而为软件的重用奠定了坚实的基础。

例如，我们用“售报亭”对象描述现实中的一个售报亭。它的属性是亭内的各种报刊（名称、价格等）和钱箱（总金额），它有两个操作：报刊零售和款货清点。

2. 类

把众多的事物归纳成一些类是人类在认识客观世界时经常采用的思维方法。分类所依据的原则是抽象，即：忽略事物的非本质特征，只注意那些与当前目标有关的本质特征，从而找出事物的共性；把具有共同性质的事物划分为一类，得出一个抽象的概念。例如汽车、石头、电视等都是一些抽象概念，它们是一些具有共同特征的事物的集合，被称为类（Class）。成语“物以类聚，人以群分”就是这个意思。类的概念使我们能对属于该类的全部个体事物进行统一的描述。例如，“树具有树根、树干、树枝和树叶，它能进行光合作用”，这个描述适合所有的树，从而不必对每棵具体的树都进行一次这样的描述。

在 OO 方法中，类的定义是：具有相同属性和操作的一组对象的集合，它为属于该类的全部对象提供了统一的抽象描述，其内部包括属性和操作两个主要部分。

在 OO 方法中，类的确定与划分非常重要。目前仍没有统一的标准和方法，基本上依赖设计人员的经验、技巧以及对实际问题的把握。但有一个基本原则，即寻求一个大系统中事物的共性，将具有共性的系统成分确定为一个类。

3. 消息

所谓消息（Message）是指为了实现某一功能而要求某个对象执行其中某个功能操作的规格说明。它一般含有下述信息：提供服务的对象标识、服务类型标识、输入信息、响应信息。

对象接收消息后，根据消息及消息参数调用自己提供的服务，处理并予以响应，完成指定的操作所应完成的职责，从而实现系统功能，以发挥自己在系统中应有的作用。同样，一个对象也通过对外发出消息给系统中的其他对象以获得请求的服务。在 OO 方法中，对象之间的相互服务是通过消息来连接实现的。

5.5.3　面向对象方法的基本特征

1. 抽象性（Abstraction）

把众多的事物进行归纳、分类是人们在认识客观世界时经常采用的思维方法，“物以类聚，人以群分”就是分类的意思，分类所依据的原则是抽象。

广义地说，抽象是对复杂现实世界的简明表示，它强调了我们所关心（感兴趣）的信息，而将不重要的信息予以忽略。在OO方法中，抽象就是忽略事物中与当前目标无关的非本质特征，而关注与当前目标有关的本质特征，从而找出事物的共性，并把具有共性的事物划为一类，得到一个抽象的概念。

【例 5-3】不同系统的对象抽象。在设计学生成绩管理系统的过程中，考查学生张三这个对象时，只需关心他的班级、学号、成绩等，而忽略他的身高、血压、体重等信息。而在设计学校医院管理系统的过程中，考查学生张三时，就要关心他的身高、血压、体重等，而忽略他的成绩等信息。因此，抽象性是对事物的抽象概括描述，实现了客观世界向计算机世界的转化。

2. 封装性（Encapsulation）

封装性是保证软件部件具有优良的模块性的基础。在OO方法中，封装就是把对象的属性和操作结合成一个独立的单位，并尽可能隐蔽对象的内部细节。具体而言，包含以下两层含义：

（1）将有关的属性和操作结合在一个类中，形成一个不可分割的基本单位。各个对象相互独立，互不干扰。对象的属性只能由这个对象的操作来读取和修改。

（2）将对象中的某些部分对外隐蔽，即隐蔽对象的内部细节，对外形成一道屏障，只留下少量接口，以便与外界联系，接收外界的消息。

封装的信息隐蔽作用反映了事物的相对独立性，可以只关心它对外所提供的接口，即“能提供什么服务”，而不注意其内部细节，即“如何提供这些服务”。

【例 5-4】封装示例。用陶瓷封装起来的集成电路芯片，其内部电路是不可见的，使用者也不关心它的内部结构，只关心芯片引脚的个数、引脚的电气参数及引脚提供的功能，利用这些引脚，使用者将各种不同的芯片连接起来，就能组装成具有一定功能的模块。

封装的结果使对象以外的部分不能随意存取对象的内部属性，从而避免了外部错误对它的影响，大大降低了查错和排错的难度。另一方面，当对象内部进行修改时，由于它只通过少量的外部接口对外提供服务，因此同样减小了内部修改对外部的影响。封装机制将对象的使用者与设计者分开，使用者不必知道对象行为实现的细节，只需要按照设计者提供的外部接口来对对象进行操作。封装的结果实际上隐蔽了复杂性，并提供了代码重用性，从而降低了软件开发的难度。

封装也有副作用。如果强调严格的封装，对象的任何属性都不允许外部直接存取，因此就要增加许多没有其他意义、只负责读或写的操作。这为编程工作增加了负担，增加了运行开销，并且使程序显得臃肿。为了避免这一点，编程语言往往采取比较现实的灵活态度——允许对象具有不同程度的可见性。所谓可见性（Visibility）是指对象的属性和操作允许对象外部存取和引用的程度。各种语言采取了不同的做法：①纯 OO 编程语言一般采用严格的封装，如small talk；②混合型OO编程语言有的完全可见，如Objective-C和Object-Pascal；有的采取折中方案，即允许程序员指定哪些属性和操作是可见的，哪些是不可见的，如C++。目前来看，折中的做法最受用户欢迎。

3. 继承性（Inheritance）

世间万物既有共性，也有特性。如果只考虑共性，而忽略特性，就不能客观地反映事物之间的层次关系，不能完整地、正确地对客观世界进行抽象描述。

运用对象的原则就是舍弃对象的特性，提取其共性，从而得到适合一个对象集的类。如果在这个类的基础上，再考虑抽象过程中被舍弃的一部分对象的特性，则可形成一个新的类，这个类具有前一个类的全部特征，是前一个类的子集，形成一种层次结构，即继承关系，它反映出类与类之间的一种关联，如图 5-13 所示。

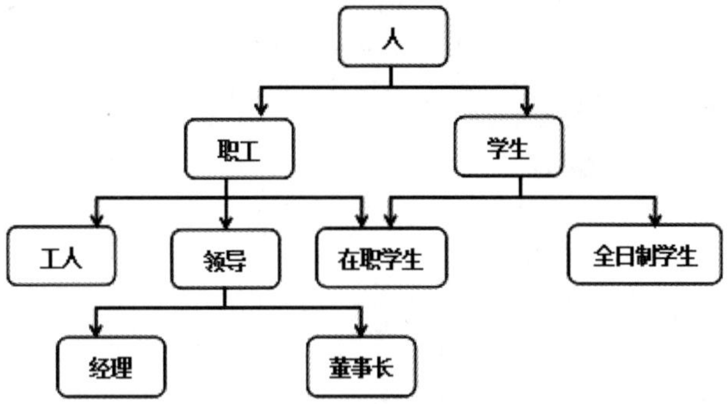

图 5-13　类的继承关系

继承性是指特殊类（又称子类）拥有一般类（又称父类）的属性与操作。继承意味着“自动地拥有”或“隐含地复用”，即子类中不必重新定义已在父类中定义过的属性和操作，而它却自动地、隐含地拥有父类的属性与操作。一个子类既有自己新定义的属性和操作，又有继承下来的属性和操作。当这个子类又被更下层的子类继承时，它继承来的和自己定义的属性和操作又被下一层的子类继承下去。因此，继承是传递的。

继承又分为单继承和多继承两种类型。单继承是指一个子类只有一个父类，即子类只继承一个父类的属性和操作。多继承是指一个子类可有多个父类，继承多个父类的属性和操作。例如，在图 5-13 中，“全日制学生”类是单继承，而“在职学生”类是多继承。

如果缺乏继承机制，系统中所有的类就会形如一盘散沙，彼此独立，每次开发工作都要从零开始。在继承机制下，要修改或增加某一属性和操作，只需在相应的类中进行改动，而它派生的所有子类都将自动地完成相应的改动。因此，继承性有助于实现软件模块的可重用性、独立性，缩短开发周期，提高软件开发效率，同时使软件易于维护和修改。

4. 多态性（Polymorphism）

OO 方法借鉴了客观世界的多态现象，体现在不同的对象收到相同的消息时会产生不同的反应，分别执行不同的操作。

【例 5-5】多态示例。如甲、乙、丙是三名来自不同班级的高三学生，他们有着基本相同的属性和行为，但在同时听到上课铃声时，他们会分别走进三个不同的教室。再比如，“几何图形”类中定义了一个“绘图”操作，但并不确定到底画一个什么图形。“椭圆形”类和“多边形”类均为“几何图形”的子类，都继承“几何图形”的“绘图”操作，但其功能却不相同，一个画的是椭圆，另一个画的是多边形，如图 5-14 所示。这样一个“绘图”的消息发出后，椭圆形、多边形等对象接收到这个消息后各自执行不同的绘图函数。这就是“多态”。

具体来说，多态性是指类中同一函数名（操作）对应多个具有相似功能的不同函数，可以使用相同的调用方式来调用这些具有不同功能的同名函数。

继承性和多态性的结合可以生成一系列虽然类似但是独一无二的对象。由于继承性，这些对象共享许多相似的特征；由于多态性，针对相同的消息，不同对象可以有独特的表现方式，实现特性化的设计。

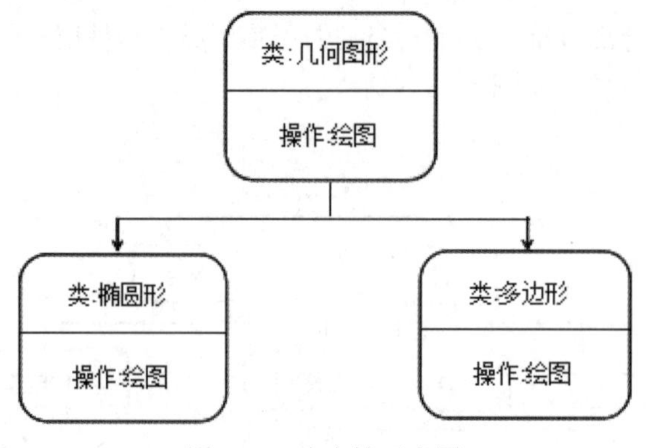

图 5-14　多态性示意图

5. 重载（overloading）

重载有两种。第一种是函数重载。函数重载是指在同一作用域内的若干参数特征不同的函数可以使用相同的函数名字。第二种是运算符重载。运算符重载是指同一个运算符可以施加于不同类型的操作数上面。当然，当参数特征不同或被操作数的类型不同时，实现函数的算法或运算符的语义是不相同的。

重载进一步提高了面向对象系统的灵活性和可读性。

5.5.4　面向对象方法的开发过程

按照生命周期的理论，基于 OO 方法的系统开发过程可分为面向对象的分析、面向对象的设计、面向对象的编程、面向对象的测试和面向对象的维护 5 个阶段。

1. 面向对象的分析

面向对象的分析（Object-Oriented Analysis，OOA）强调直接针对问题域中客观存在的各种事物来设立 OOA 模型中的对象。用对象的属性和服务分别描述事物的静态特征和行为。

问题域有哪些值得考虑的事物，OOA 模型中就有哪些对象，而且对象及其服务的命名都强调要与客观事物一致。另外，OOA 模型也保留了问题域中事物之间关系的原貌。这包括：把具有相同属性和相同服务的对象归结为类；用一般—特殊结构描述一般类和特殊类之间的关系（即继承关系）；用整体—部分结构描述事物间的组成关系；用实例连接和消息连接表示事物之间的静态联系（一个对象的属性与另一个对象的属性有关）和动态联系（一个对象的行为与另一个对象的行为有关）。可以看到，无论是对问题域中的单个事物还是对各个事物之间的关系，OOA 模型都保留着它们的原貌，没有加以转换、扭曲，也没有打破原有的界限而重新组合。所以 OOA 模型能够很好地映射问题域。

面向对象的分析与其他分析方法一样，是提取系统需求的过程。面向对象分析的关键是，识别出问题域内的对象，并分析他们相互间的关系，最终建立起问题域的正确模型。

面向对象分析大体上按照下列顺序进行：建立功能模型、建立对象模型、建立动态模型、定义服务。

2. 面向对象的设计

OOA 的职责是针对问题域运用 OO 方法建立一个反映问题域的 OOA 模型，不考虑与系统具体实现有关的因素（如采用什么编程语言、图形用户界面、数据库等），从而使 OOA 模型独立于具体实现。而面向对象设计（Object-Oriented Design，OOD）的职责则是针对系统的一个具体实现运用 OO 方法，其中包括两方面的工作：一是把 OOA 模型直接搬到 OOD（不经过转换，仅进行某些必要的修改和调整），作为 OOD 的一个部分；二是针对具体实现中的人机界面、数据存储、任务管理等因素补充一些与实现有关的部分。这些部分与 OOA 采用相同的表示法和模型结构。

OOA 与 OOD 采用一致的表示法是 OO 方法优于传统开发方法（如结构化方法和信息工程法）的主要原因之一。这使得从 OOA 到 OOD 不存在转换，只有局部的修改或调整，并增加几个与实现有关的独立部分。因此 OOA 与 OOD 之间不存在传统开发方法中分析与设计之间的鸿沟，二者能够紧密衔接，大大降低了从 OOA 过渡到 OOD 的难度、工作量和出错率。

如前所述，分析是提取和整理用户需求并建立问题域精确模型的过程。设计则是把分析阶段得到的需求转变成符合成本和质量要求的、抽象的系统实现方案的过程。从面向对象分析到面向对象设计是一个逐渐扩充模型的过程。或者说，面向对象设计就是用面向对象观点建立求解域模型的过程。

3. 面向对象的编程

OOP 的任务就是采用一种面向对象的编程语言（OOPL）把 OOD 模型中的每个成分书写出来。理想的 OO 开发规范，应要求在 OOA 和 OOD 阶段就对系统需要设立的每个对象类及其内部构成（属性和服务）与外部关系（静态联系和动态联系）都达到透彻的认识和清晰的描述，而不是把许多问题遗留给程序员去重新思考。程序员所做的事情就是，用具体的数据结构来定义对象的属性，用具体的语句来实现服务流程图所表示的算法。

OOP 阶段产生的程序能够紧密地对应 OOD 模型。这样的映射关系不但提高了开发的效率和质量，对以后的维护也十分有帮助。面向对象程序的质量基本上由面向对象设计的质量决定，但是所采用的程序语言的特点和程序设计风格也将对程序的生成、可重用性和可维护性产生深远的影响。

4. 面向对象的测试

面向对象的测试（Object-Oriented Testing，OOT）是指对于用 OO 技术开发的系统，在测试过程中继续运用 OO 技术，进行以对象为中心的系统测试。OOT 以对象的类作为基本测试单位，差错范围主要是类定义之内的属性和服务，以及有限的对外接口（消息）所涉及的部分。此外，由于继承性的存在，OOT 完成对父类的测试后，子类的测试重点只是那些新定义的属性和服务。一般说来，对面向对象软件的测试可分为以下 4 个层次进行：

（1）算法层。测试类中定义的每个方法，基本上相当于传统软件测试中的单元测试。

（2）类层。测试封装在同一个类中的所有方法与属性之间的相互作用。在面向对象软件中类是基本模块，因此可以认为这是面向对象测试中所特有的模块（单元）测试。

（3）主题层。测试一组协同工作的类－对象之间的相互作用。大体上相当于传统软件测试中的子系统测试，但是也有面向对象软件的特点（例如对象之间通过发送消息相互作用）。

（4）系统层。把各个子系统组装成完整的面向对象软件系统，在组装过程中同时进行测试。

设计测试方案的传统技术，例如逻辑覆盖、等价划分、边界值分析和错误推测等方法，仍然可以作为测试类中每个方法的主要技术。面向对象测试的主要目标也是用尽可能低的测试成本和尽可能少的测试方案发现尽可能多的错误。但是，面向对象程序中特有的封装、继承和多态等机制也给面向对象测试带来一些新特点，增加了测试和调试的难度。

5. 面向对象的维护

面向对象的维护的英文是 Object-Oriented System Maintenance，简称 OOSM。OO 方法为系统维护提供了有效的途径。程序与问题域是一致的，各个阶段的表示是一致的，从而大大降低了理解的难度。无论是发现了程序中的错误而逆向追溯到问题域，还是需求发生了变化而从问题域正向跟踪到程序，道路都是比较平坦的。

5.6 计算机辅助软件工程方法

计算机辅助软件工程方法（Computer Aided Software Engineering，CASE）是一种自动化或半自动化的方法，能够较全面地支持除系统调查外的每一个开发步骤。它是 20 世纪 80 年代末从计算机辅助编程工具、第四代语言（4GL）及绘图工具发展而来的一个大型综合计算机辅助软件工程开发环境，为具体的开发方法提供了支持开发过程的专门工具。目前，CASE 仍是一个发展中的概念，各种 CASE 软件也比较多，没有统一的模式和标准。采用 CASE 工具进行系统开发，必须结合一种具体的开发方法，如结构化系统开发方法、面向对象方法或原型化开发方法等。随着技术的发展和人们认识的深化，CASE 已逐渐朝着可以进行各种需求分析、功能分析、结构图表生成（如数据流程图、结构图、实体－联系图等）的方向发展，进而成为支持整个系统开发全过程的一种大型综合系统。

5.7 信息系统开发方式

目前，信息系统开发正朝着专业化方向发展，出现了许多专门从事软件编制和系统开发的专业公司。因此，现代企业可以将系统开发任务委托（外包）给专业机构去完成。根据委托任务的多少，信息系统的开发方式主要有独立开发、委托开发、合作开发和购买现成软件 4 种。这 4 种开发方式各有其优点和不足，需要根据开发单位的技术力量、资金状况、外部环境等各种因素进行综合考虑和选择，也可将多种开发方式结合使用。下面对这 4 种开发方法进行简要说明。

1. 独立开发方式

独立开发适合于有较强的系统分析与设计队伍的组织和单位，如大学、研究所、高科技公司等。相对而言，独立开发的优点是开发费用较少，实现开发后的系统能够适应本单位的需求，单位满意度较高，系统维护工作方便；缺点是由于不是专业开发队伍，容易受业务工作的限制，系统优化不够。由于开发人员是临时从各部门抽调出来的，其在原部门还有其他工作，所以精力有限，容易造成系统开发时间长、开发人员调动后系统维护工作没有保证的情况，新平台兼容性问题以及系统维护问题也比较突出。

2. 委托开发方式

委托开发（或称外包）方式适合于使用单位无系统软件开发人员或开发队伍力量较弱，但资金较为充足的单位。双方应签订系统开发项目协议，明确新系统的目标和功能、开发时间与费用、系统标准与验收方式、人员培训等内容。委托开发方式的优点是省时省事、开发的系统技术水平较高；缺点是费用高、系统维护需要开发单位的长期支持。

3. 合作开发方式

合作开发方式适合于使用单位有一定的系统分析、设计及软件开发人员，但开发队伍力量较弱，希望通过信息系统的开发完善和提高自己的技术队伍，便于系统维护工作的单位。该方法相对于委托开发方式的优点是节约了资金，并可以培养、增强使用单位的技术力量，便于日后的系统维护工作，缺点是双方在合作中容易出现沟通问题，需要进行及时协调以达成共识。

4. 购买现成软件方式

目前，软件的开发正在向专业化方向发展。一批专门从事信息系统开发的公司已经开发出一批使用方便、功能强大的专项业务信息系统软件。为了避免重复劳动、提高系统开发的经济效益，也可以购买信息系统的成套软件或开发平台。此方式的优点是节省时间和费用、技术水平较高，缺点是通用软件的专用性较差，需要有一定的技术力量根据用户的要求进行软件接口改善等二次开发工作。

习题 5

一、填空题

1. ________、________和________并列为当今世界三大资源。

2. 确保信息系统实效性的策略主要有________、________和________。

3. 信息系统的开发策略有 3 种，即________策略、________策略以及两者结合的________。

4. 原型模式有两种常见的应用策略，分别是________策略和________策略。

5. 传统的生命周期将系统开发过程划分为：系统规划、系统分析、________、________和________5 个阶段。这 5 个阶段是首尾相接的。

6. 信息系统开发方法按照开发模式（或时间过程）划分，可以分为瀑布模式、渐增模式、________模式、________模式和________模式等。

7. 信息系统开发方法按照系统的分析要素划分，可以分为________方法、________方法和________方法等。

8. 马丁在《信息工程》和《总体数据规划方法论》中将计算机的数据环境分为 4 种类型，即________、________、________和________。

9. 马丁在《信息系统宣言》一书中提出了信息工程组成的 13 块构件，最底层的 3 块构件是________、________和________。

10. 面向对象方法的基本特征主要有 5 个：抽象性、________、________、________和________。

二、选择题

1. 结构化系统开发方法在开发策略上强调（　　）。

A. 自上而下　　B. 自下而上　　C. 系统调查　　D. 系统设计

2. 原型法贯彻的是（　　）的开发策略。

A. 自上而下　　B. 自下而上　　C. 系统调查　　D. 系统设计

3．结构化生命周期法开发方法中，自顶向下的观点中首先要确定的是（　　）。

A．系统目标　　B．系统功能

C．系统结构　　D．系统信息

4．结构化生命周期法最突出的特点是（　　）。

A．严格区分用户与开发者任务　　B．严格区分开发的工作阶段

C．严格规定开发进度　　D．严格规定开发人员

5．结构化方法的核心思想是（　　）。

A．由分解到抽象　　B．自顶向下，由细到粗，逐步抽象

C．自下而上，由抽象到具体　　D．自顶向下，由粗到细，逐步求精

6．在信息系统文档中，属于管理文档的是（　　）。

A．维护修改建议书　　B．模块说明书

C．测试报告书　　D．项目开发计划

7．结构化分析与设计是信息系统开发时常用的方法，按其生命周期特征，它应属于（　）。

A．螺旋模型　　B．喷泉模型

C．混合模型　　D．瀑布模型

8．系统开发过程中的第一个正式文档是（　　）。

A．系统分析说明书　　B．系统设计说明书

C．可行性报告　　D．系统测试方案

9．面向对象编程方法的英文缩写是（　　）。

A．SA　　B．OOD　　C．OOA　　D．OOP

10．IT 外包的主要优点不包括（　　）。

A．有益于企业将力量集中到核心能力上

B．有益于降低市场风险

C．简化内部的管理工作

D．促进企业资源整合

三、简答题

1．简述文档管理工作可带来的好处。

2．简述信息系统开发的复杂性。

3．简述结构化系统分析与设计的特点。

4．简述信息系统开发应遵循的一般原则。

第 6 章　信息系统规划

信息系统规划（Information System Planning，ISP）是信息系统实践中的主要问题，也是现代管理信息系统研究的主要课题之一。现代企业用于信息系统建设的投资越来越多并且巨大、历时很长、技术复杂且又是内外交叉的工程，信息已成为企业的生命线，信息系统和企业的运营方式、文化习惯息息相关。因此，如果信息系统项目规划不好，不仅自身会造成损失，而且由此而引起企业运行不好的间接损失会更为可观。通常人们就有这样一种认识，一个操作错误可能损失几万元，一个设计错误就能损失几十万元，一个计划的错误甚至能损失几百万元，而一个规划错误的损失则能达到上千万元，甚至上亿元。所以，我们应克服那种“重硬、轻软”的片面性，把信息系统的规划摆到重要的战略位置上来。本章主要介绍信息系统规划的内容、步骤和主要方法、系统初步调查与可行性研究等。

加利福尼亚州信息系统建设乱象

1996 年，美国加利福尼亚州的信息系统建设处于一种混乱无序的状态，表现在以下几个方面：

（1）在该州的汽车部，利用过时的系统处理各类事务，结果服务拖延了 32.8%的时间，顾客往往因等待时间过多而离去，而投资 2500 万美元新建的计算机站点却处于空闲状态。

（2）楼下的社会服务部大厅也因缺乏检查几个不同县是否存在重复提供救济金的系统，往往要多支付几百万美元的欺骗性救济金。

（3）也许最棘手的问题发生在生成收益的处理上，即州级的抽彩给奖法。在投资 5600 万美元建立一个新的抽彩给奖法系统的同时，在潜在的彩票收入中，由于拖延而付出的代价超过 1 亿美元。显然，州政府需要制定一个满足全州总体需求的系统规划。

为了保证州政府的目标与新信息系统的目标相一致，州政府设立了一个首席信息主管（Chief Information Officer，CIO）的职位，并聘请 John Flynn 担任这一职务。一位在加利福尼亚州 Mountain View 的 G2 研究所工作的产业分析家 Megan Cotter 解释说：“设立 CIO 职位的作用是为州政府建立一种 IT 的指导战略，这是以前未曾有过的，这显然是州政府首脑直接关心此事而督办的结果。”

首先，州政府必须在战略规划层次上识别和理解自身的需求，然后，制定满足这些需求的信息系统的规划，一种满足这些需求的方法就是着眼于对特殊信息需求的识别上。

在一年的时间中，加利福尼亚的 125 个机构共筹集 25 亿美元用于信息系统建设。每个机构都有自身的工作重点，并建立了支持这些工作重点的系统需求。作为州级 CIO，John 的工作就是要保证所有这些机构的系统能帮助州政府实现他们的目标。因此，John 为州政府找出了关键成功因素，如通过消除欺骗性救济金而削减成本。下一步是识别支持这些关键成功因素的信息需求。

州 IT 预算分委员会前主席 Debra Bowen 说:“州内的问题之一是各机构之间的信息不能相互交流。”福利救济金的发放分别由 58 个独立的县级运行的系统单独进行，在此基础上，州政府则建立了一套新的用于全州范围的自动福利发放救济系统（Statewide Automated Welfare System，SAWS），该系统通过运用指纹识别保证不会为同一人重复发放救济金。该系统将通过与各县交流谁在什么时间接受过哪类救济的信息为州政府节省几百万美元，并同时消除了欺骗行为。该系统满足了识别出的信息需求以及州政府经济目标这两方面的要求。

案例思考题

1．造成加利福尼亚州信息系统建设混乱的根本原因是什么？如何解决这个问题？
2．John Flynn 是如何解决加利福尼亚州信息系统建设的混乱状况的？
3．信息系统规划主要有哪些方法？各有什么特点？
4．结合本案例，谈谈信息系统规划过程中应该注意哪些问题。

6.1 信息系统战略规划的内容与步骤

6.1.1 信息系统战略规划的内容

战略规划是组织领导者关于组织的使命与长期目标、组织的环境约束与政策、组织当前的计划与计划指标等概念的集合。

战略规划的内容由方向和目标、约束和政策、计划和指标这 3 个要素组成。

（1）方向和目标。经理在设立方向和目标时有自己的价值观和自己的抱负，但是他不得不考虑到外部的环境和自己的长处，因而最后确定的目标总是这些东西的折中，这往往是主观的，一般来说最后确定的方向和目标绝不是一个人的愿望。

（2）约束和政策。就是要找到环境和机会与自己组织资源之间的平衡。要找到一些最好的活动集合，使它们能最好地发挥组织的长处，并最快地达到组织的目标。这些约束和政策所考虑的机会是现在还未出现的机会，所考虑的资源是正在寻找的资源。

（3）计划和指标。这是近期的任务，计划的责任在于进行机会和资源的匹配。但是这里考虑的是现在的情况，或者说是不久的将来的情况。由于是短期，有时可以作出最优的计划，以达到最好的指标。经理或厂长以为他做到了最好的时间平衡，但这还是主观的，实际情况难以完全相符。

战略规划内容的制定处处体现了平衡与折中，都要在平衡折中的基础上考虑回答以下 4 个问题：

- 我们要求做什么？（What do we want to do？）
- 我们可以做什么？（What might we do？）
- 我们能做什么？（What can we do？）
- 我们应当做什么？（What should we do？）

这些问题的回答均是领导个人基于对机会的认识，基于对组织长处和短处的个人评价，以及基于自己的价值观和抱负而作出的回答。所有这些不仅限于现实，而且要考虑到未来。战略规划是分层次的，正如以上所说战略规划不仅要在最高层有，在中层和基层也应有。一个企业一般应有三层战略，即公司级、业务级和执行级。每一级均有三个要素：方向和目标、约束和政策、计划和指标。这 9 个因素构成了战略规划矩阵，也就是战略规划的框架结构，如图 6-1 所示。这个结构中唯一比较独立的元素是①，它的确定基本上不受图内其他元素的影响，但是它仍然受到图外环境的影响，而且和图中的②和④也有些关系。因为，当考虑总目标时不能不考虑内部约束条件与政策②，不能不考虑各种业务目标完成的情况④，例如在确定总的财务目标时不能不了解公司财务的现实状况等。

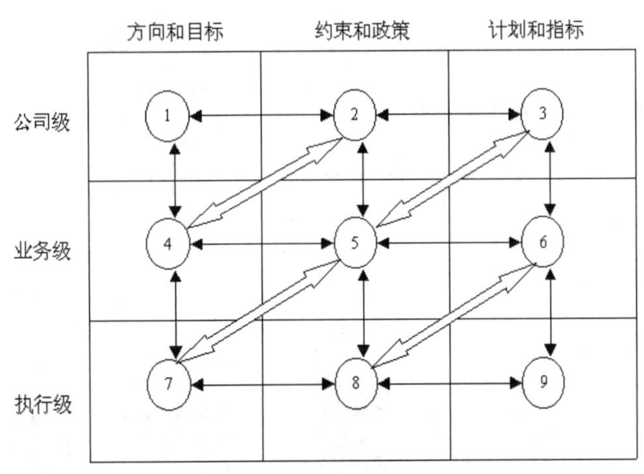

图 6-1 战略规划的框架结构

其他的元素都是互相关联的，当业务经理确定自己的目标④的时候，他要考虑上级的目标①，也要考虑公司上层的约束和政策②，以及自身的条件与执行政策能力⑤。尤其当公司活动的多样性增加的时候，公司总目标所覆盖的范围相对降低，必然需要下级有自己的目标⑦。一个运行得很好的公司应当要求自己的下属做到“上有政策，下有对策”，而不应当满意那种“上有政策，下无对策”的下属。同样，这样的公司领导也应当善于合理地确定自己的目标，以及善于发布诱导性的政策和约束。执行经理的目标⑦不仅受到上级目标④的影响，而且要受到上级的约束和政策⑤的影响。

总的结构是，上下左右关联，而左下和右上相关，上下级之间是集成关系。这一点在计划和指标列最为明显，这列是由最实在的东西组成，上级的计划实际上也是下级计划的汇总。左右之间是引导关系，约束和政策是由目标引出，计划和指标则是由约束和政策引出。

6.1.2 信息系统战略规划的步骤

信息系统规划（Information System Planning，ISP）是关于信息系统长远发展的计划，是企业战略规划的一个重要部分，它从组织的宗旨、目标和战略出发，规划一个基本的信息体系结构，利用企业的信息资源来控制企业行为，帮助企业实现战略目标。ISP 也是一系列过程活动的集合，它是识别基于计算机应用组合的过程。

信息系统建设必须进行整体规划，从而与企业战略规划相匹配。一个有效的信息系统战略规划可以使信息系统和用户有较好的关系，可以做到信息资源的合理分配和使用，从而可以节省信息系统的投资。一个有效的规划还可以促进信息系统应用的深化。如 ERP（企业资源计划）的应用，可以为企业创造更多的利润。一个好的规划还可以作为一个标准，可以考核信息系统人员的工作，明确他们的方向，调动他们的积极性。进行一个规划的过程本身就迫使企业领导回顾过去的工作，发现可以改进的地方。

总之，信息系统规划对企业的长远发展是非常重要的，应大力提倡和推广。

1. ISP 的主要内容与框架

ISP 是一个战略规划的过程。关于 ISP 的内容框架，比较有影响的是 1983 年 Bowman 等人提出的 ISP 三阶段过程框架模型，如图 6-2 所示。

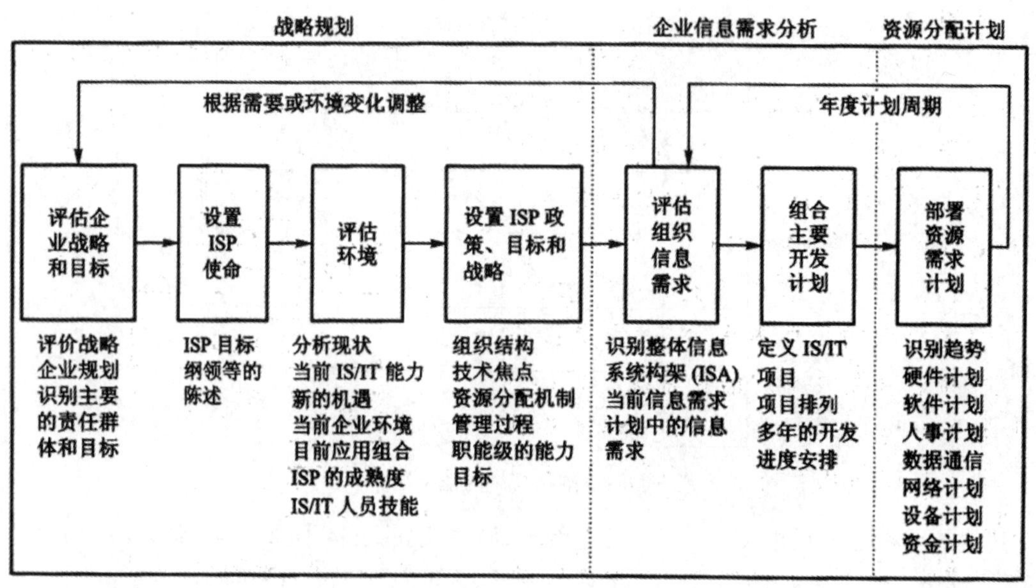

图 6-2 ISP 三阶段过程框架模型

第一个阶段是战略规划阶段。本阶段的主要任务是使 IT 战略与企业战略相匹配。此阶段综合考虑企业发展方向、目标和主要的目标群体，并结合业务经营情况设置 IS/IT 的“远景”和“使命”。同时，评估内外部技术环境的变化，结合内部的信息系统/信息技术（Information System/Information Technology，IS/IT）能力、目前的应用组合、IT 成熟度和 IT 人员技能等方面的内容，进行优势与劣势和机会与威胁分析（即 SWOT 分析），以企业 IS/IT 的优点、弱势或机遇、威胁为基础，设置 IS/IT 的政策、目标和战略内容。

SWOT 分析法是一种客观分析和研究组织现实情况的方法。它把企业内外环境所形成的优势（Strengths）、劣势（Weaknesses）、机会（Opportunities）和威胁（Threats）等方面结合起来进行分析，以寻找制定组织战略的方法。利用 SWOT 分析可以发现存在的问题，明确以后的发展方向，将问题按轻重缓急分类。

SWOT 分析的步骤如下：

（1）识别企业的优势和劣势、可能的机会与威胁。

（2）优势、劣势与机会、威胁相组合，形成 SO、ST、WO、WT 策略。作为一种战略分析方法，SWOT 分析可形成 4 种战略：SO 策略、WO 策略、ST 策略、WT 策略。其中，SO 策略是依靠内部优势，利用外部机会；WO 策略是克服内部劣势，利用外部优势；ST 策略是依靠内部优势，回避外部威胁；WT 策略是克服内部劣势，回避外部威胁。

（3）对 SO、ST、WO、WT 策略进行甄别和选择，确定企业应该采取的具体战略与策略。

因此，这一阶段的输出包括对企业战略规划的确切理解、新的 IS/IT 章程、现有 IS/IT 部门的评估以及有关的战略目标作为 IS/IT 发展的方向。

第二阶段为企业信息需求分析阶段。本阶段的主要工作是评估当前或计划中的信息需求以支持企业的运营和决策制定。企业信息需求分析不同于通常意义上的系统分析，它是高层次的信息需求分析，主要目的是为企业开发完整的信息系统架构（Information Systems Architecture，ISA），并对 ISA 中的项目进行组合，安排项目开发进度。

第三阶段是资源分配计划阶段。本阶段将提供技术获取、人事计划和资金预算等的分析框架。此阶段主要包括实施 ISA 中主要项目所需的软/硬件、数据通信、设备、人员安排和资金等内容。

2. 信息系统规划的步骤

信息系统规划方法不同，相应的规划过程也会有所差异，但概括起来可以得出下述一般步骤，如图 6-3 所示。

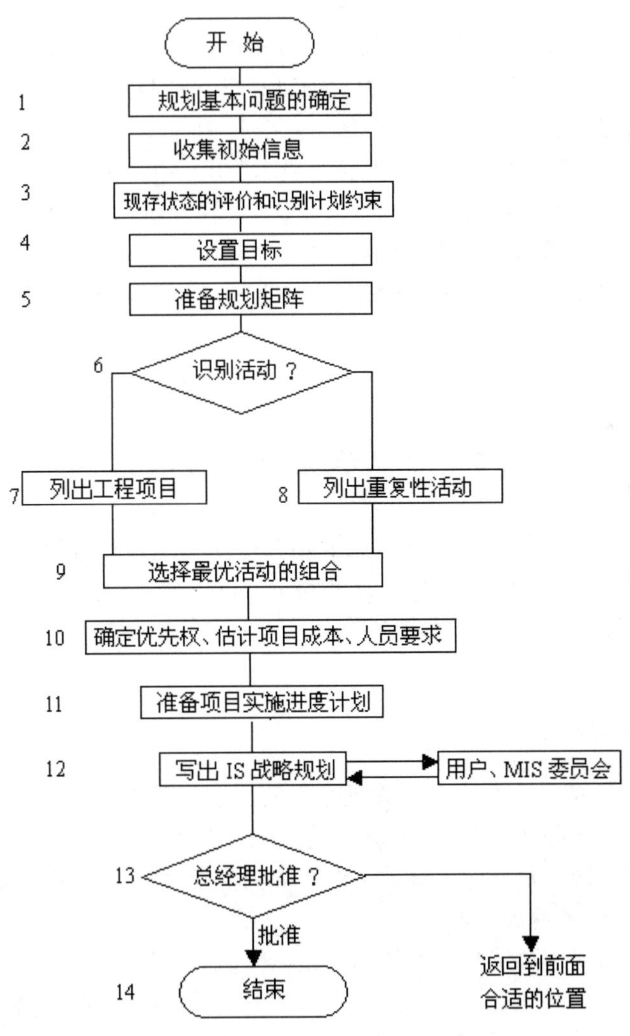

图 6-3　信息系统规划的一般步骤

第 1 步：规划基本问题的确定。包括规划的年限、规划的方法，确定是集中式还是分散式的规划，以及是进取还是保守的规划。

第 2 步：收集初始信息。包括从行业协会、供应商、竞争对手、本企业内部获取的各种信息资源（如从各种文件、书籍和杂志中收集的信息）等。

第 3 步：现存状态的评价和识别计划约束。包括目标、系统开发方法对规划活动、现存硬件及其质量、信息部门人员、运行和控制、资金、安全措施、人员经验、手续和标准、中期和长期优先次序、外部和内部关系、现存的设备、现存软件及其质量，以及企业的思想和道德状况等。

第 4 步：设置目标。这实际上应由总经理和信息系统委员会来设置，它应包括服务的质量和范围、政策、组织和人员等。它不仅包括信息系统的目标，而且应有整个企业的目标。

第 5 步：准备规划矩阵。这实际上是信息系统规划内容之间相互关系所组成的矩阵，这些矩阵列出后，实际上就确定了各项内容以及它们实现的优先次序。

第 6 步至第 9 步：识别上面所列出的各种活动是一次性的工程项目性质的活动，还是一种重复性的经常进行的活动。由于资源有限，不可能所有的项目都同时进行，只有选择一些好处最大的项目先进行，同时要正确选择工程类项目和日常重复类项目的比例，正确选择风险大的项目和风险小的项目的比例。

第 10 步：给定项目的优先权和估计项目的成本费用。依此可编制项目的实施进度计划，即第 11 步，然后在第 12 步把战略长期规划书写成文，在此过程中还要不断与用户、信息系统的工作人员以及信息系统委员会的领导交换意见。

写出的规划要经第 13 步（总经理批准）才能生效，并宣告战略规划任务的完成，如果总经理没批准，必须再重新进行规划。

6.2 信息系统规划的方法

用于管理信息系统规划的方法很多，主要是关键成功因素法（Critical Success Factors，CSF）、战略目标集转化法（Strategy Set Transformation，SST）和企业系统规划法（Business System Planning，BSP）。其他还有信息工程法（见 5.4 节）、战略系统规划法、战略栅格法、价值链分析法、战略一致性模型等。

6.2.1 关键成功因素法

关键成功因素法是指对企业成功起关键作用的因素。例如，某超级市场在行业竞争中有 4 个成功因素，分别是合适的产品组合、充足的货源、有效的广告和合理的价格。通过分析，找出使得企业成功的关键因素，然后再围绕这些关键因素来确定系统的需求并进行规划。

1. *应用鱼骨图识别关键成功因素*

识别关键成功因素所用的工具是因果图（或称“鱼骨图”，是 1953 年由日本管理大师石川馨先生所提出的一种把握结果（特性）与原因（影响特性的要因）的极方便而有效的方法，故又名“石川图”。因其形状很像鱼骨，是一种发现问题“根本原因”的方法，是一种透过现象看本质的分析方法，也称为“鱼骨图”或者“鱼刺图”）。

问题的特性总是受到一些因素的影响，我们通过头脑风暴法找出这些因素，并将它们与特性值一起按照相互关联性整理而成的层次分明、条理清楚，并标出重要因素的图形就叫“特性要因图”“因果图”或“鱼骨图”。绘制鱼骨图的过程需要项目团队成员的积极参与，在绘制鱼骨图时，通常采用头脑风暴法，将团队成员的认识和想法全部收集上来，并用鱼骨图将它们展示出来。鱼骨图制作的步骤如下：

（1）简明扼要地阐述要解决的问题，将其填入鱼骨图右侧的方框——“鱼头”中。

（2）在主骨的上下主枝上确定原因的主要类别。

（3）采用头脑风暴法将产生问题的所有可能原因按其不同的分类填入各个主枝中，根据需要，可在各个主枝中继续分枝（即鱼刺），位于各个分枝上的是其下一层次的原因。

（4）检查和整理鱼骨图，调整阐述含糊的内容，合并重复的内容等。

（5）团队成员对可能的原因进行充分讨论，确定少数可能性较高的原因作为下一步调查和收集数据的重点。

【例 6-1】鱼骨图应用示例 1。如图 6-4 所示是某企业为了解决“为什么 IT 服务满意度低”的问题建立的鱼骨图。图中列出了造成此问题的各种主要因素以及影响这些因素的子因素。由图可知，主要因素归结为 5 个方面的因素，即人员因素、软件资源因素、设备影响因素、工作方法因素和环境因素。通过对 5 个方面的子因素进行全面、深入的讨论和分析，找出关键因素所在，针对关键因素寻找 IS/IT 解决方案和对策。

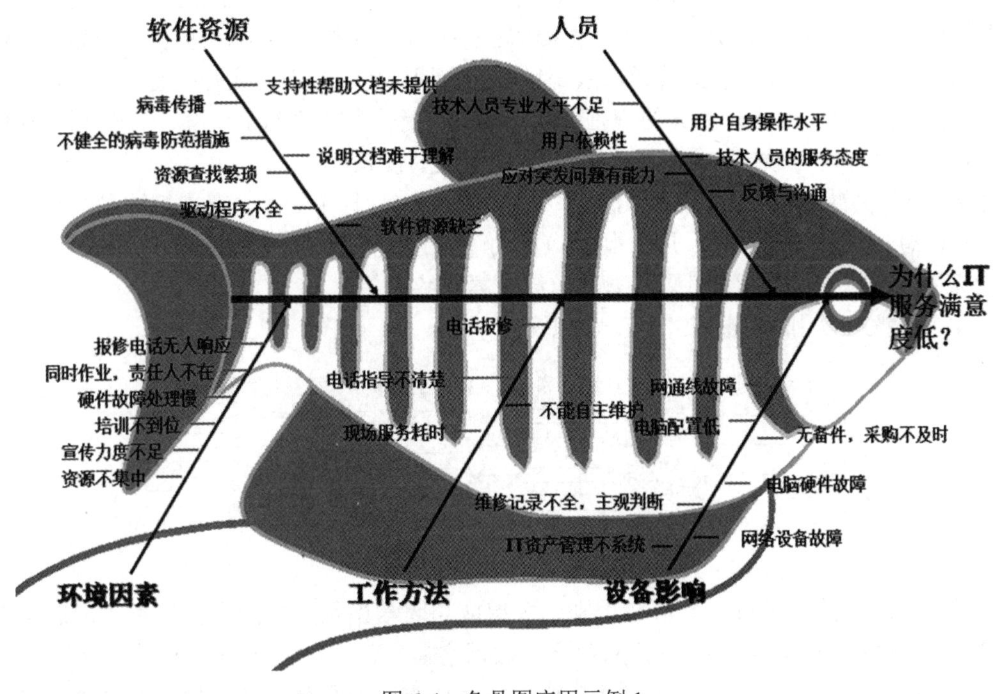

图 6-4　鱼骨图应用示例 1

如何评价这些因素中哪些因素是关键成功因素，不同的企业是不同的。对于一个习惯于高层人员个人决策的企业，主要由高层人员个人在此图中选择。对于习惯于群体决策的企业，可以用德尔斐法或其他方法把不同人设想的关键因素综合起来。关键成功因素法在高层中应用一般效果较好。

【例 6-2】鱼骨图应用示例 2。某制造企业分析“工作间隙不稳定”问题，用鱼骨图分析法找出其原因，如图 6-5 所示。

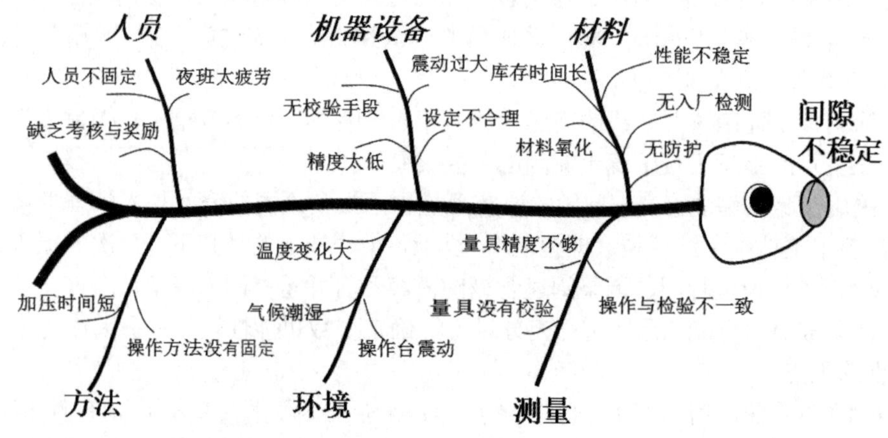

图 6-5　鱼骨图应用示例 2

集群体智慧把“工作间隙不稳定”问题的原因一一列出后，分类归并形成鱼骨图，然后再逐一分析，找出主要因素，最后探讨解决主要问题的方案或对策。

2. 应用关键成功因素法进行数据规划

关键成功因素法是以关键因素为依据来确定系统信息需求的一种 MIS 总体规划的方法。在现行系统中，总存在着多个变量影响系统目标的实现，其中若干因素是关键的和主要的（即成功变量）。通过对关键成功因素的识别，找出实现目标所需的关键数据集合，然后对这些数据进行数据规划、建立数据字典，从而确定系统开发的优先次序。

【例 6-3】关键成功因素法用于建立系统数据库。作为一个例子，有人把这种方法用于数据库的分析与建立，它包含以下几个步骤：①了解企业目标；②识别关键成功因素；③识别性能的指标和标准；④识别测量性能的数据（定义数据字典）。

这 4 个步骤可以用一个图来表示，如图 6-6 所示。

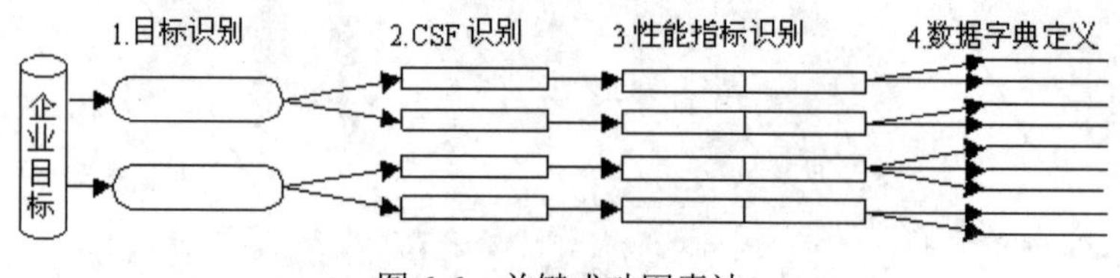

图 6-6　关键成功因素法

关键成功因素法通过目标分解和识别、关键成功因素识别、性能指标识别，最后从中识别和确定实现这些目标的数据支持，从而产生数据字典，建立符合系统需求的数据库。

总之，用关键成功因素法进行信息系统规划就是要识别联系于系统目标的主要数据类及其关系。

6.2.2　战略目标集转化法

战略规划的一个重要任务是确定信息系统的战略和目标，使它们与企业总的战略和目标保持一致。这样开发的信息系统就能支持企业长期发展的需要，否则信息系统计划就可能无法得到企业的长期支持。假如信息系统的设计仅取决于使用者的建议，规划将只反映出企业当前利用信息技术的水平，而不能反映企业全局的需要。因此，从企业的战略和目标导出信息系统的战略目标是比较理想的过程。战略目标集转化（Strategy Set Transformation，SST）法就是这样一种过程。

战略目标集转化法由 William R.King 于 1978 年提出，它将整个组织的战略目标看成是一个“信息集合”，由使命、目标、战略与其他战略性的组织属性，如管理的习惯、改革的复杂性、重要的环境变量约束等组成。战略目标集转化法提供一种将信息系统战略规划与组织战略关联起来的途径，将组织战略转化成为信息系统战略。该方法的步骤是首先识别组织的战略集合，然后转化为信息系统的战略，包括信息系统的目标、约束、设计原则等，最后提交整个信息系统的结构，转化过程如图 6-7 所示。

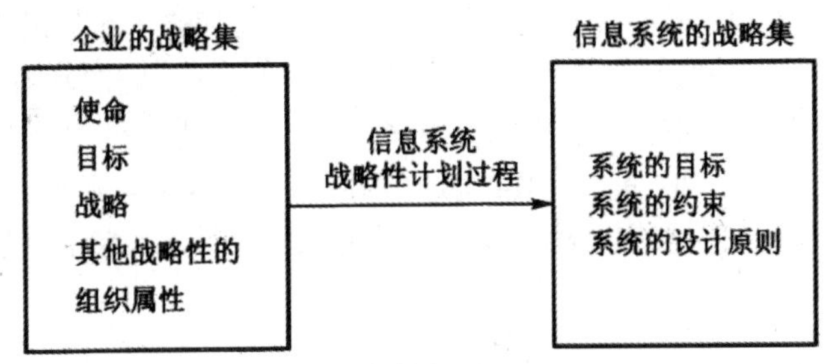

图 6-7 战略集转化过程

1. 企业战略集分析

规划的第一步要对组织进行分析。分析的目的有两个：一个是考查企业的使命、性质及其环境；另一个是将考查结果转化为企业战略集。企业战略集的内容可以包括企业的使命、目标、战略和其他战略性的组织属性，例如管理水平，对信息技术应用的经验、价值和局限性的了解，其他的环境因素等。

2. 企业战略集转化为信息系统战略集

规划的第二步是对企业战略因素的确认，相应地考虑信息系统的战略，包括信息系统的目标、约束和设计原则等。William R.King 将这种保证信息系统规划和企业战略计划的一致性表达为从企业战略集到信息系统战略集的转化过程。该过程可由以下几个步骤实现：

（1）刻画出企业的关联集团。企业的需求、目标和战略同它的顾客或对企业有需求的集团相关，这些集团就是关联集团。对一般企业来说，关联集团可能会有公众（Public）、政府（Government）、顾客（Customer）、雇员（Employee）、持股人（Stockholder）、管理者（Manager）、债权人（Creditor）等。一些关联集团的观点和愿望可能是构成企业战略的基础，还有其他利益相关者，如地方政府、竞争者、公众等，如图 6-8 所示。

（2）确定关联集团的需求。企业的使命、目标和战略反映了每一个关联集团的需求，因此需要对每一个关联集团需求的特性进行定性描述，并对这些需求被满足程度的直接、间接度量加以说明。

（3）定义企业相对于每一个关联集团的任务和战略。一旦确定每个关联集团需求的特性以后，企业相对于这些关联集团的任务和战略一定能确定下来。战略通常是在综合评价各关联集团需求的基础上提出来的。

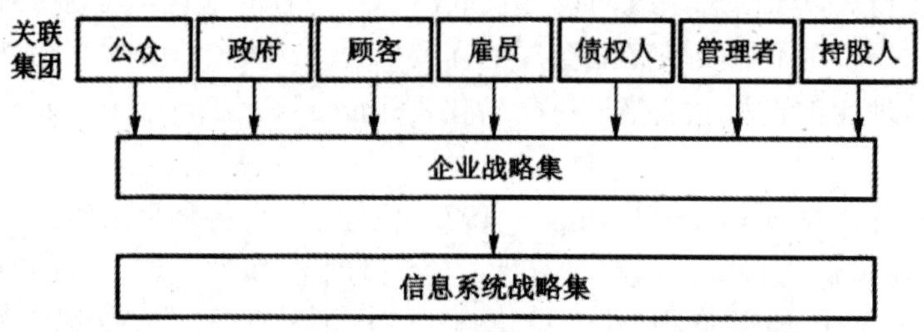

图 6-8　转化过程的流程

（4）解释和验证企业战略集。把一组初始的企业使命、目标和战略送交到企业的最高管理者进行审查，得到反馈信息。

（5）由企业战略集到信息系统战略集的转换。把企业战略集转化成由系统目标、系统约束和系统设计原则组成的信息系统战略集。这种转化反映元素之间的映射，但很难有一个非常结构化的模式。这一转化过程可通过图 6-8、表 6-1 和表 6-2 进行说明。

表 6-2 列出了信息系统战略集的具体组成是如何由企业战略集（见表 6-1）导出来的，即系统的目标、约束和设计战略同企业战略集中不同元素的关系，还包括信息系统战略集中元素的相互关系。

表 6-1　企业战略集

企业的目标（Oi）	企业的战略（Si）	战略性的组织属性（Ai）
O1：每年增加收入 10%（S，Cr，M） O2：改善现金流动（G，S，Cr） O3：维持顾客的好感（Cu） O4：意识到对社会的义务（G，P） O5：生产高质量产品（C，Cu） O6：消除生产中的隐患（S，Cr）	S1：开展新的业务（O1、O6） S2：改进信贷情况（O1、O2、O3） S3：重新设计产品（O3、O4、O5）	A1：管理水平高（M） A2：目前的经营状况不好，提高了对改革的要求（S，M） A3：大部分管理人员有用计算机的经验（M） A4：管理权力的高度分散 A5：对政府协调机构负有责任

【例 6-4】对表 6-1 企业战略集转换为表 6-2 信息系统战略集的解释。如信息系统目标中 MO1（改善会计速度）这一条是由组织的信贷战略 S2（改进信贷情况）导出的，而 S2 是由企业目标 O1（每年增加收入 10%）、企业目标 O2（改善现金流）和企业目标 O3（维持顾客的好感）导出的，而企业目标 O1 涉及持股人（S）、债权人（Cr）和管理者（M）的需求，企业目标 O2 涉及政府（G）、持股人（S）和债权人（Cr）的需求，企业目标 O3 涉及顾客（Cu）的需求。再如，信息系统约束 C2（系统必须采用决策模型和管理技术）是由组织属性要求 A1（管理水平高）和 A3（大部分管理人员有用计算机的经验）导出的；信息系统约束 C3（同时使用外界信息和内部信息）与信息系统目标 MO2（提供产品缺陷的信息）、MO3（提供新业务机会信息）和 MO4（提供对组织目标实现水平的估计信息）密切相关。

要想把两个战略集之间的关系完全表示出来是非常困难的。上述例子中的两个表只是表明两个战略集的关系，并指出它们由关联集团推导出来的过程。SST 显然是一种确定企业信息系统目标（战略集）的方法论，King 认为“这里所描述的过程是从企业的基本宗旨出发，得到对系统开发阶段的输入，其目的是产生一个与企业的战略和能力紧密相符的系统。”信息系统战略集的确定为解决信息系统规划中各优先系统的排序打下了基础。

表 6-2　信息系统的战略集

信息系统目标（MOi）	信息系统约束（Ci）	信息系统设计原则（Di）
MO1：改善会计速度（S2） MO2：提供产品缺陷的信息（S3） MO3：提供新业务机会信息（S1） MO4：提供对组织目标实现水平的估计信息（O2） MO5：及时、准确地提供目前运行情况的信息（A2）	C1：缩减 MIS 开发资金的可能性（A2） C2：系统必须采用决策模型和管理技术（A1，A3） C3：同时使用外界信息和内部信息（MO2，MO3，MO4） C4：系统必须提供在不同综合水平上的报告（A4） C5：系统要有能力产生除了管理信息以外的其他信息（MO6）	D1：用模块设计法（C1） D2：在每个完成阶段，由模块设计提供的系统能独立使用（C1） D3：系统要面向不同类型管理者（A4，C4）

战略集的转化过程还不能形成算法的形式。因为对于不同的企业，其战略集的内容相差较大。但是，确定和评价企业战略集的过程可以用关联集团需求的概念。一旦确定了组成的战略元素，要由企业的最高负责人审查，这一过程可以采取结构性的提问法。

6.2.3　企业系统规划法

1. 企业系统规划法的基本思想

企业系统规划（Business System Planning，BSP）法是由 IBM 公司在 20 世纪 70 年代初提出的根据企业目标制定信息系统战略的结构化方法。BSP 的基本思路是，首先自上而下识别企业目标、识别企业过程、识别数据，然后再自下而上设计系统的信息结构、系统功能和系统目标，最后把企业目标转化为信息系统规划的全过程，如图 6-9 所示。

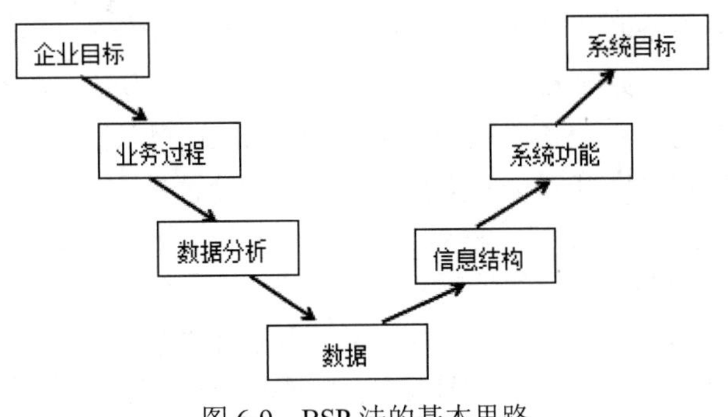

图 6-9　BSP 法的基本思路

2. 企业系统规划法的基本步骤

BSP 法是把企业目标转化为信息系统（IS）战略的全过程。它支持的目标是企业各层次的目标，其工作步骤如图 6-10 所示。

下面对 BSP 法的主要活动进行一些介绍。

项目经审批、下达后，筹备小组要做一些准备工作。一是成立信息系统规划小组，组长由企业高层领导担任，职员除专职系统分析员之外，还要有经验丰富的管理人员；二是聘请

MIS 业内资深专家作为顾问；三是项目成员的学习与培训，统一思想和认识。规划小组要确定信息系统规划的范围，一般要延伸到高层管理，每位组员在思想上要明确各自的岗位、职责和工作任务，明确“做什么”“为什么做”“如何做”，以及希望达到的目标是什么等。

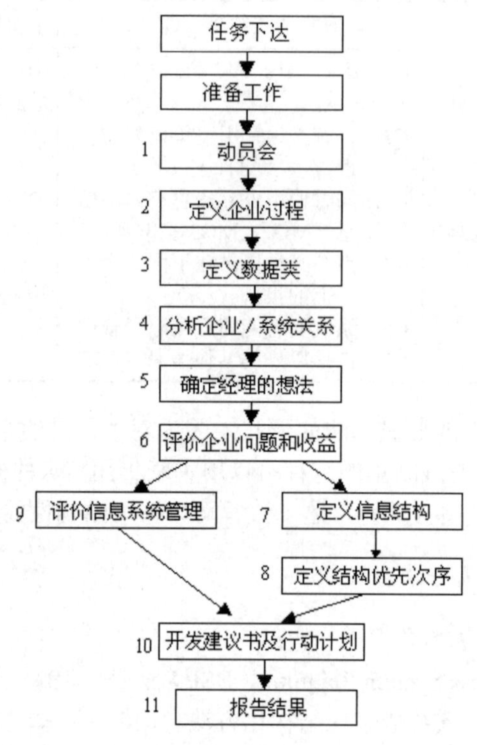

图 6-10　BSP 法的详细步骤

（1）动员会。规划小组成立后，还要进行广泛的动员。动员会要说清工作的期望输入和期望输出。系统组要简介企业的现状，包括政治上、经济上、管理上敏感的问题，还应介绍企业的决策过程、组织功能、关键人物、用户的期望、用户对现有信息系统的看法等。由信息系统负责人介绍信息人员对于企业的看法，同时应介绍现有项目状况、历史状况以及信息系统的问题。通过介绍让大家对企业和对信息支持的要求有个全面的了解。

（2）定义企业过程。定义企业过程是 BSP 法的核心。系统组每个成员均应全力以赴识别它们、描述它们，对它们要有透彻的了解，只有这样 BSP 才能成功。企业过程定义为逻辑上相关的一组决策和活动的集合，这些决策和活动是管理企业资源所需要的。

整个企业的管理活动由许多企业过程组成。识别企业过程可对企业如何完成其目标有个深刻的了解，识别企业过程可以作为信息识别构成信息系统的基础，按照企业过程所建造的信息系统，在企业组织变化时可以不必改变，或者说信息系统相对独立于组织。定义企业过程的步骤如图 6-11 所示。

任何企业均有 3 类活动：计划和控制类活动、产品和服务类活动、支持资源类活动。这 3 类活动可以说是 3 个源泉，任何活动均由这里导出。

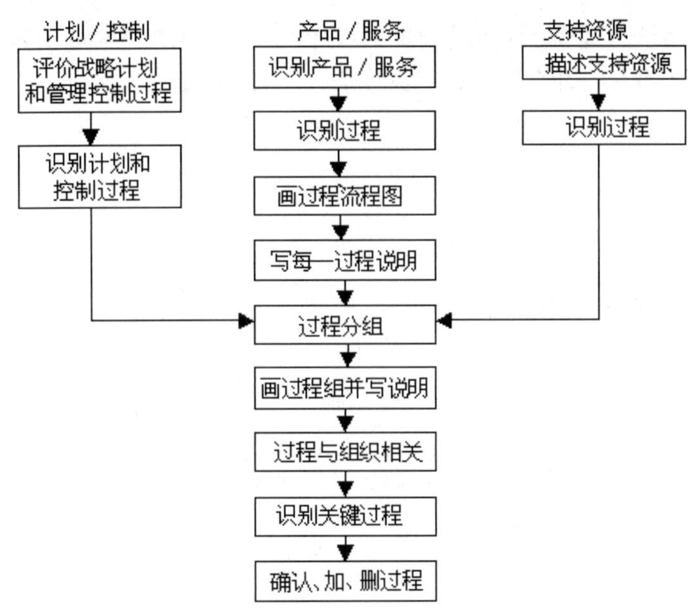

图 6-11　业务过程的识别过程

识别企业过程依靠的是占有材料与分析研究，但更重要的是要和有经验的管理人员讨论与商议。我们先从第一个源泉“计划和控制”类出发，经过分析、讨论、研究、切磋，可以把企业战略规划和管理控制方面的过程列于表 6-3 中。

表 6-3　计划与控制类的业务过程

战略规划	管理控制
①经济预测；②组织计划；③政策开发；④放弃/追求分析；⑤预测管理；⑥目标开发；⑦产品线模型	①市场/产品预测；②工作资金计划；③雇员水平计划；④运营计划；⑤预测；⑥测量与评价

从第二源泉“产品和服务”类识别企业过程稍有不同，我们知道任何一种产品均有生老病死，或者说有需求、获得、服务、退出 4 个阶段组成的生命周期，对于每一个阶段，都用许多过程对它进行管理。我们就可以沿着这条线去摸清这些过程。这些过程如表 6-4 所示。表中列出的管理过程不一定很合乎逻辑，过程的大小也未必一致，这些均没有关系，重要的是解放思想，大胆列出。

表 6-4　产品和服务类的管理过程

需求	获得	服务	退出
①市场计划	①工程设计开发	①库存控制	①产品销售
②市场研究	②产品说明	②出入库管理	②订货服务
③需求预测	③工程记录	③质量控制	③配送服务
④产品定价	④生产调度	④包装储存	④运输管理
⑤原材料计划	⑤生产运行		
⑥能力计划	⑥材料采购		

对于表 6-4 所列出的过程，还可进一步采用过程关联图来描述（如图 6-12 所示），这有助于对业务过程的深刻理解，并有利于进一步识别、合并、调整过程。同样，这种关联图也只是帮助理解业务过程，以后还可以增加、合并或删除，所以它只是业务过程的关联图，而不是子系统的划分图。

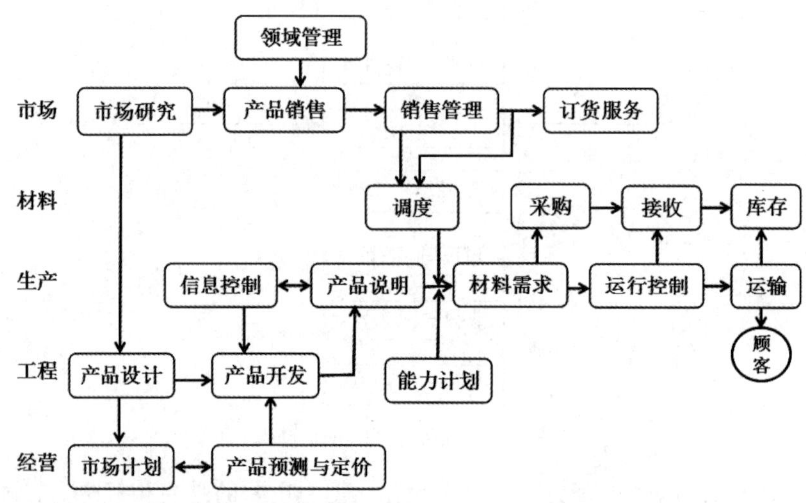

图 6-12 产品和服务的业务过程关联图

从第三源泉“支持资源”类识别企业过程，其方法类似于产品和服务，我们由资源的生命周期出发列举企业过程。一般来说企业资源包括资金、人事、材料和设备等，见表 6-5。

表 6-5 支持资源类的企业过程

资源	生命周期			
	需求	获得	服务	退出
资金	财务计划 成本控制	资金获得 接收	公文管理 银行账、会计账	会计支付
人事	人事计划 工资管理	招聘 转业	培训和晋升 职业发展	终止合同 退休
材料	需求 生产	采购 接收	库存控制	订货控制 运输
设备	主设备计划	设备购买 建设管理	机器维修	家具、附属物、设备报损

识别企业过程还有另外一种方法，叫做“通用模型法”。它首先引用一个较粗的较通用的模型，如图 6-13 所示。

这个模型不断扩展，以适应特殊企业的需要。例如“需求”可以扩展成“商品化”和“销售”，“需求”联系于使产品或服务生效的过程，其外部接口是顾客。如果说以前所讲的识别过程的方法是由微观到宏观的枚举综合，那么这种方法就是由宏观到微观的分解。

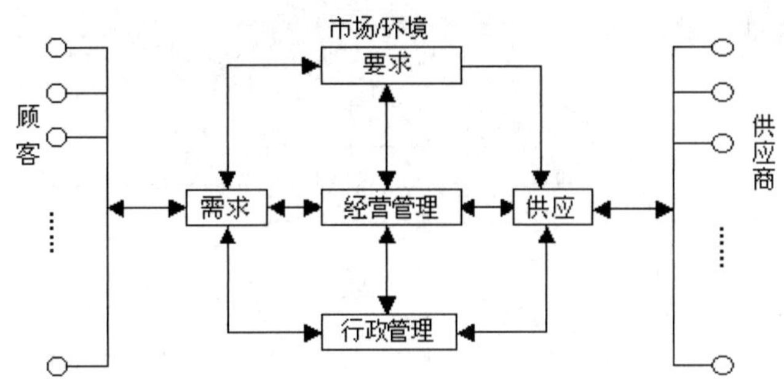

图 6-13　识别企业过程的通用模型法

识别过程是 BSP 法成功的关键，输出应有以下文件：

- 一个过程组及过程表。
- 每一过程的简单说明。
- 一个关键过程的表，即识别满足目标的关键过程。
- 产品/服务过程的流程图。
- 系统组成员能很好地了解整个企业的运营是如何管理和控制的。

至此识别过程才能告一段落。

（3）定义数据类。识别企业数据的方法有两种：企业实体法和企业过程法。

1）企业实体法。找到企业实体，根据实体发现数据。企业实体有顾客、产品、材料、人员等企业中客观存在的事物，联系于每个实体的生命周期阶段就能找到各种需要的数据。企业实体法首先是列出企业实体，然后再列出一个矩阵，实体位于水平方向，垂直方向列出数据类，如表 6-6 所示。

表 6-6　数据/企业实体矩阵

企业实体 / 数据类	产品	顾客	设备	材料	卖主	现金	人员
计划/模型	产品计划	销售领域 市场计划	能力计划 设备计划	材料需求 生产调度		预算	人员计划
统计/汇总	产品需求	销售历史	运行 设备利用	开列需求	卖主行为	财务统计	生产率 盈利历史
库存	产品、成本、零件	顾客	设备 机器负荷	原材料、成本、材料单	卖主	财务、会计总账	雇用工资 技术
业务	订货	运输		采购、订货	材料接收	接收、支付	

2）企业过程法。它利用前面识别的企业过程，分析每一个过程利用什么数据，产生什么数据，或者说每一过程的输入和输出数据是什么。它可以用输入－处理－输出图来形象地表达，如图 6-14 所示。

（4）分析企业和系统的关系。主要用几个矩阵来表示，主要有组织/过程矩阵、组织/系统矩阵、系统/过程矩阵等。

1）组织/过程矩阵。它在水平方向列出各种过程，垂直方向列出各种组织，如果该组织是该过程的主要负责者或决策者，则在对应的矩阵元中画★；若为主要参加者就画☆；若为部分参加者就画◇，这样就一目了然。

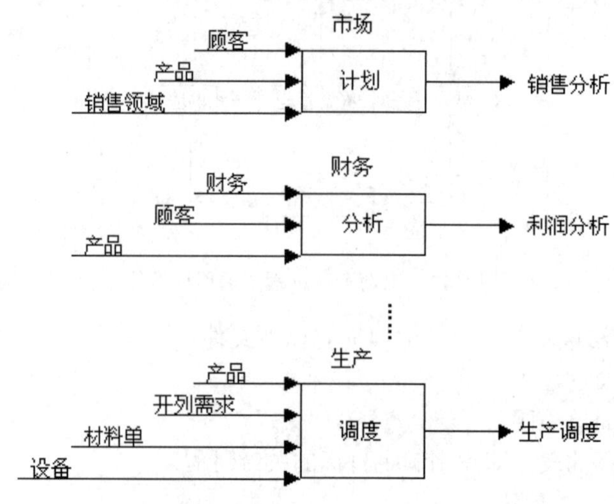

图 6-14 输入－处理－输出图

【例 6-5】组织/过程矩阵示例。如表 6-7 所示为某集团公司部分组织/过程矩阵。

表 6-7 组织/过程矩阵

组织 过程	总经理	总经济师	总会计师	总工程师	投资开发部	基本建设部	资产管理部	财务部	内部银行	保险办	办公室	劳委会	技委会	质委会	安委会	法律顾问	档案室	党工部
战略管理	★	★	☆	☆	◇	◇	◇		◇		◇							
组织机构管理	★	★	☆	☆														
企业文化建设	★	★	☆	☆							☆	◇	◇	◇	◇			☆
企业诊断管理	★	★	☆	☆							☆	◇	◇	◇	◇			◇
党群管理	☆											◇						★
市场情报管理	☆	★	☆				☆										◇	
选择目标市场	★	★	☆				☆										◇	
公共关系管理	★	★	☆								☆							☆
营销策略组合	★	★	☆				☆											
制订营销计划	★	★	☆				☆											
营销组织管理	★	★	☆				☆											

2）组织/系统矩阵。如果企业已有现行系统，我们可以画出组织/系统矩阵。在矩阵元中填 C，表示该组织用该系统；如果该组织以后想用某系统可以在矩阵元中填入 P，表示该组织计划用该系统。

3）系统/过程矩阵。同理可以画出系统/过程矩阵，用以表示某系统支持某过程。同样可以用 C 和 P 表示现行和计划。用同样的方法还可以画出系统和数据类的关系。

（5）确定经理的想法。就是确定企业领导对企业前景的看法，作为系统组的成员就应当很好地准备采访提纲、很好地采访、很好地分析总结等。

【例 6-6】采访经理的主要问题。采访的主要问题请参考：

- 你的责任领域是什么？
- 基本目标是什么？
- 你去年达到目标所遇到的 3 个最主要的问题是什么？
- 什么东西妨碍你解决它们？为什么需要解决它们？
- 较好的信息在这些领域的价值是什么？
- 如果有更好的信息支持，你在什么领域还能得到最大的改善？这些改善的价值是什么？
- 什么是你最有用的信息？你如何测量？
- 你如何衡量你的下级？
- 你希望做什么样的决策？
- 你的领域明年和 3 年内主要的变化是什么？
- 你希望本次规划研究达到什么结果？规划对你和企业将起什么作用？

以上问题供参考，均应根据具体情况增删。一般来说，所提问题应是开放型问题，即打开话匣子型，而不应当是封闭型问题，即只要求回答是否式的问题。

（6）评价企业问题。在 BSP 采访以后应当根据这些资料来评价企业的问题，评价过程的流程图如图 6-15 所示。

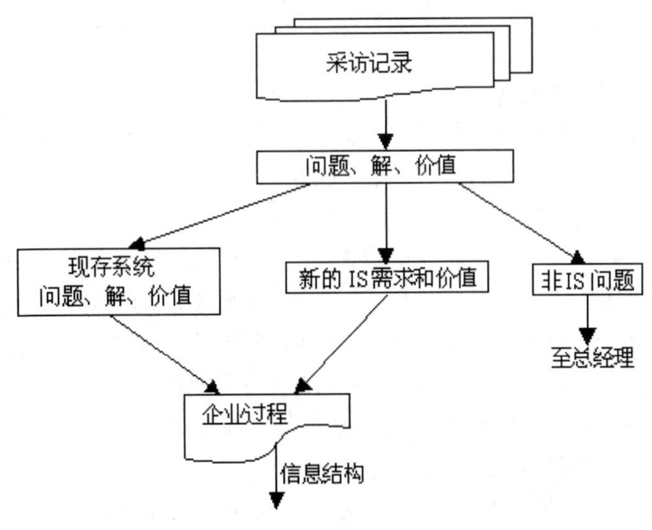

图 6-15　评价企业问题

根据这个图，第一步就要总结采访数据，这可以汇集到一个表上，见表 6-8。

表 6-8　采访数据总结

主要问题	问题解	价值说明	信息系统要求	过程/组织影响	过程/组织起因
由于生产计划影响利润	计划机械化	改善利润、改善顾客关系、改善服务和供应	生产计划	生产	生产

续表

主要问题	问题解	价值说明	信息系统要求	过程/组织影响	过程/组织起因
车间运转间隙不稳	组织协调失灵	落实岗位职责、改善员工关系、建立激励机制	人事配置	生产	生产
产品滞销	渠道单一	加强电子商务、改善销售渠道、多渠道营销	建设电子商务	全局	营销
……	……	……	……	……	……

第二步是分类采访数据。任何采访的数据均要分为三类，即现存系统的问题和解决方案、新系统需求和解决方案、非 IS 问题。第三类问题虽然不是信息系统所能解决的，但也应充分重视，并整理递交总经理。

第三步是把数据和过程关联起来，可以用问题/过程矩阵表示，表中的数字表示这种问题出现的次数，见表 6-9。

表 6-9 问题/过程矩阵

问题 \ 过程组	市场	销售	工程	生产	材料	财务	人事	经营
市场/顾客选择	2	2						2
预测质量	4						4	
产品开发			4			2		1

（7）定义信息结构。实际上是划分子系统，BSP 法是根据信息的产生和使用来划分子系统的，它尽量把信息产生的企业过程和使用的企业过程划分在一个子系统中，从而减少了子系统之间的信息交换。具体的做法是用 U/C 图，U 表示使用（Use），即使用该类数据的过程，C 表示产生（Create），即产生该类数据的过程，如图 6-16 所示。

图的左列是企业过程，最上一行列出数据类，如果某过程产生某数据，就在某行某列矩阵元中写 C；如果某过程使用某数据，则在其对应元中写 U。开始时，数据类和过程是随机排列的，U、C 在矩阵中排列也是分散的。通过调换过程和数据类的顺序的方法，尽量使 U、C 集中到对角线上排列。然后把 U、C 比较集中的区域用粗线条框起来，这样形成的框就是一个个子系统。在粗框外的 U 表示一个系统用另一个子系统的数据，图中用带箭头的线表示。这样就完成了子系统划分，即确定了信息结构的主流。

根据信息的产生和使用建立 U/C 矩阵，图 6-16 展示的就是过程/数据分类矩阵，它描述了要支持某一过程都需要哪些信息、由哪个过程建立这些数据、数据的使用者是谁。图 6-16 的每个框代表一个子系统。在这个案例中，计划数据由企业计划和财务计划过程建立，并由组织分析、评价控制、预测和预算会计来使用，它们共同构成一个企业计划子系统。

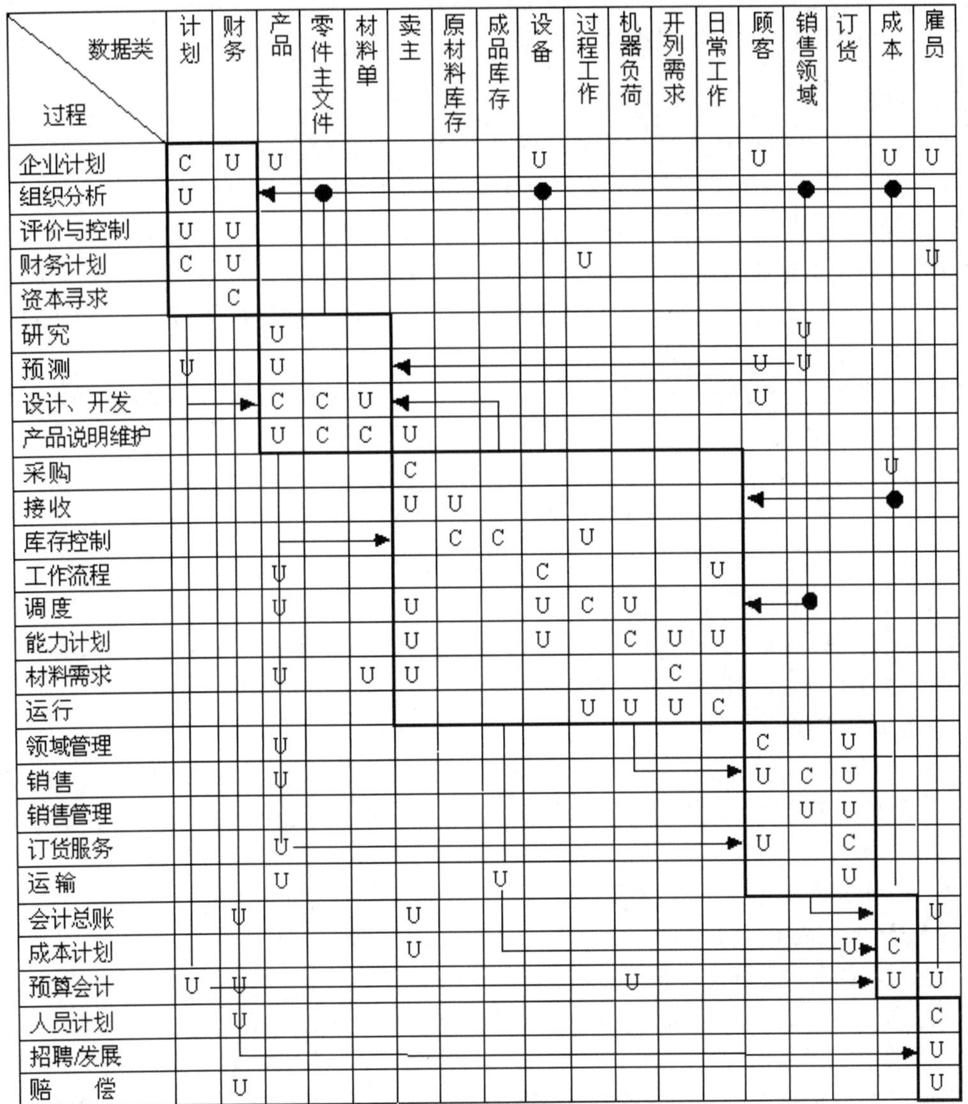

过程 \ 数据类	计划	财务	产品	零件主文件	材料单	卖主	原材料库存	成品库存	设备	过程工作	机器负荷	开列需求	日常工作	顾客	销售领域	订货	成本	雇员
企业计划	C	U	U						U					U			U	U
组织分析	U																	
评价与控制	U	U																
财务计划	C	U								U								U
资本寻求		C																
研究			U												U			
预测	U		U											U	U			
设计、开发			C	C	U									U				
产品说明维护			U	C	C	U												
采购						C											U	
接收						U	U											
库存控制							C	C		U								
工作流程			U						C				U					
调度			U			U			U	C	U							
能力计划						U			U		C	U	U					
材料需求			U		U	U						C						
运行										U	U	U	C					
领域管理			U											C		U		
销售			U											U	C	U		
销售管理															U	U		
订货服务			U											U		C		
运输			U					U								U		
会计总账		U				U												U
成本计划						U										U	C	
预算会计	U	U									U						U	U
人员计划		U																C
招聘/发展																		U
赔偿		U																U

图 6-16　U/C 矩阵应用示例

6.3　基于业务流程重组的信息系统规划

现代制造管理模式正由传统的小品种、大批量的“大规模生产”向多品种、小批量的“个性化定制”转化，由过去强调“规模”到现今强调“灵活”。这种发展反过来也要求企业经营策略发生改变，经营导向由传统追求“大鱼吃小鱼”转化为追求“快鱼吃慢鱼”，组织形态也由传统“基于功能的组织”体系转向“基于流程的组织”体系，目的在于追求“一体化的运作管理”，通过整体效能的综合调优提高企业的整体效益。在这种趋势下，信息系统规划的着眼点也应当由“面向功能”转向“面向流程”。

6.3.1 企业流程和业务流程重组

1. 企业流程

企业流程是一系列相互关联的活动、决策、信息流和物流的集合，是企业在日常管理和业务活动中各个部门和相关工作人员共同遵守的工作顺序和规范性的工作内容。通常，流程由流向和业务处理两部分组成，其中流向决定工作的顺序，业务处理是相关部门和人员的工作内容。业务流程决定了企业的业务工作通畅与否，也决定了业务工作的效率，同时还明确了各个部门和工作人员的工作责任。企业的业务流程包含 6 个要素：输入资源、活动、活动的相互作用（即结构）、输出结果、顾客和价值。

流程由活动按照一定的逻辑顺序组成，这种逻辑关系是由分工所形成的活动间的内在联系所决定的。活动之间最基本的逻辑关系如下：

（1）串行关系。两活动先后发生，前一活动的输出是后一活动的输入。

（2）并行关系。两活动同时进行，彼此独立，二者同时对输出产生影响。

（3）分叉关系。某一活动视其输出结果的不同而有选择地和后面多个活动中的一个发生联系，从而反映了该活动的主动选择性。

（4）反馈关系。在一连串活动中，某一后面活动的输出返回作为前面某一活动的输入。企业中的大部分管理活动属于这种关系。

2. 业务流程重组

信息技术的发展扩大了信息的覆盖面、加快了信息的传递速度，因此必然会引起企业业务流程、信息流程的变革。为了适应新的外部环境，企业应进行管理模式的更新与业务流程的重组。

业务流程重组作为强化企业管理、提高企业整体水平和竞争能力的一种新的管理概念，是美国的 Michael Hammer 于 1990 年提出的。Hammer 认为：BPR 是以企业过程为对象，从顾客的需求出发，对企业过程进行根本性的再思考和彻底的再设计；以信息技术和人员组织为工具，以求达到企业关键性能指标和业绩的巨大提高，从而保证企业战略目标的实现。

通过考察企业过程的发生、发展和终结，确定、分析、分解整个企业过程，重构与企业过程相匹配的企业运行机制和组织机构，实现对企业全过程的有效管理和控制。BPR 创建全新的组织机构，打破以专业分工理论为基础的职能部门管理框架，建立以过程工作小组为单元的管理模式，形成扁平式管理机构，压缩了管理层级，提高了管理效率，增强了组织柔性，而且节约了中间管理层所产生的巨额费用。因此，BPR 的核心就是面对激烈的市场竞争，加强企业的过程控制，不断对原有的业务流程进行根本性思考和彻底重组，从而使成本、质量、服务和速度等反映企业竞争能力的要素得以明显改善和提高。

企业中的流程有很多类型，例如订单处理流程、产品开发流程、服务流程、销售流程、策略开发流程和管理流程等。任何流程都可以由上述基本关系构成，并用流程图来描述。

【例 6-7】IBM 信用公司业务流程优化。为了推销产品，IBM 公司设立了信用公司，这样就可以贷款给客户，让他们来购买自己的产品。开始时的贷款工作流程如图 6-17（a）所示。某一地方的 IBM 销售代表在有业务到来时，先打电话给公司总部接收台的经办员，经办员记录下电话，填写书面申请单，送到楼上的信用部。信用部有专人将其录入计算机，审查信用情况，再将结果以书面形式送给商务部。商务部的人员将数据再录入其计算机，然后拟订货款合同，送给核价部。核价部的估价员再把数据录入自己的计算机，计算客户承担的利率，然后将其写在纸上，连同其他文件送到文书组。

最后，再由文书组的专人汇总所有资料，形成报价函，送到特别专递公司，递送给地方销售代表。这个过程平均需要 6 天时间，有时甚至是两个星期。在此期间，顾客与销售代表不停地催问，有时不耐烦的顾客会转向其他公司。

后来两位经理经过摸索和试验，改革了工作流程，用一个称为交易员的人代替原流程中的专业人员（信用审核员、估价员），而把那些专门人员做的工作交给计算机处理，在计算机中装入顾客信用系统、标准化的申请表、具有基本条款的合同样本与利率测算程序等，还可装入有关的专家系统，这样一个人就可以完成所有的工作，并把处理时间缩短为 5 个小时。两位经理测试过，真正有效的工作只需要 90 分钟。优化后的工作流程如图 6-17（b）所示。

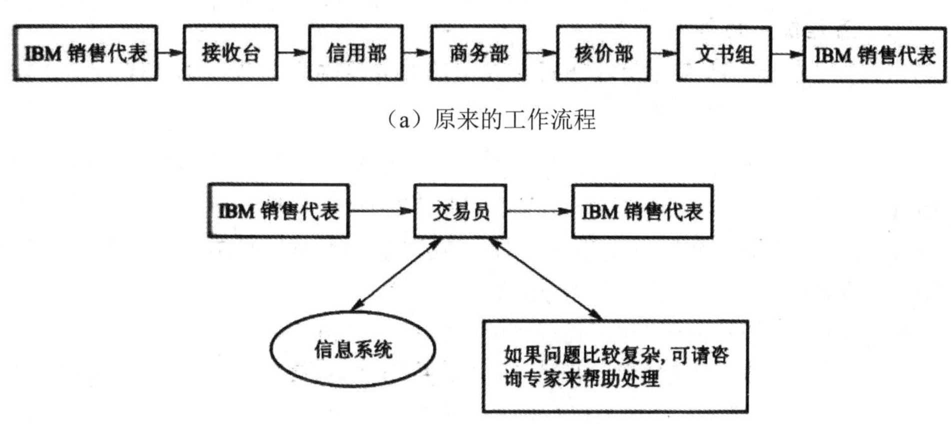

（a）原来的工作流程

（b）优化后的工作流程

图 6-17　IBM 信用公司业务流程优化

6.3.2　业务流程重组的目标

许多企业都曾尝试流程再造，但相当多的企业没能成功，原因在于目标不明确，没能量力而行。按激进程度的不同，BPR 目标可分为 3 个层次：合理化、集成化、范型变迁。

1. 合理化（Streamline）

合理化就是观察现行的工作流程，发现其中不合理的成分，对其进行改造，使得作业的效率更高。

【例 6-8】东芝公司的流程合理化。日本的东芝公司推行了一项新的全球基础设施，销售员可以在世界各地使用这个设施获取所需的数据。在项目建设过程中，东芝公司十分重视网络接口的合理性，统一了公司的网络接口，不管销售员在哪里、使用何种计算机，接入网络即可使用，十分迅速。公司还设计了操作手册，以及数据项的命名法和格式等。这些措施使得全球推销的效率大幅提高，现在东芝已成为世界上最大的笔记本电脑生产商。

2. 集成化（Integration）

集成化的思想就是试图打破过去垂直分割的组织结构，用一种更合理的组织机构来代替金字塔形的组织结构。

【例 6-9】 福特公司的流程集成化。福特公司的 BPR 是面向集成化的。过去，该公司的销售、订货、会计、库存管理都是独立的，相互之间主要依靠单据来传递信息。在实施 BPR 之后，公司打破了这种人为的部门之间的分割，通过信息系统将有关部门集成起来：采购部门发出订单，同时将订单内容输入联机数据库；供货商发货，库存部门核查来货是否与数据库中的内容相吻合，如果吻合就收货，并在终端上按键通知数据库；财会部门在得到数据库系统通知后按时付款。

3. 范型变迁（Paradigm Shift）

范型变迁是最为激进的组织变革，这意味着要重新认识企业的现行业务和企业的本质，考虑是否采用根本的改革手段。

【例 6-10】 范型变迁式的流程改革。例如一家银行因为工作效率低下而考虑实施 BPR。银行的经营顾问建议撤销缺乏效率的各个分理处，改用 Internet 技术来建立一个虚拟银行借贷系统。

6.3.3 业务流程重组的实施方法

BPR 的实施体系可以设计成一种多层次的形式，包括观念重建、流程重建和组织重建。

1. BPR 的观念重建

这一层次是指在企业内部树立实施 BPR 的正确观念，使每位员工理解 BPR 对于企业管理和应用 ERP 的重要性。它涉及以下 3 个方面的工作：

（1）组建 BPR 小组。由于 BPR 要求大幅度地变革员工的基本信念、转变经营机制、重建组织文化、重塑行为方式和重构组织形式，因此需要成立专门的领导小组作为组织保证。

（2）前期的宣传准备工作。它可以帮助员工从客观的和企业发展的角度看待并理解 BPR 及其对企业带来的重要意义，以避免由于员工的不理解造成的企业内部人心恐慌和对 BPR 的抵触情绪。

（3）设置合理目标。这是为了给 BPR 活动设置一个明确的要达到的目标，以便做到“心中有数”。流程重组的目标按激进层次分主要有合理化目标、集成化目标和范式变迁。具体目标有降低成本、缩短时间、增加产量、提高质量、提高顾客满意度等。

2. BPR 的流程重建

流程重建是指对企业的现有流程进行调研、诊断和再设计，然后重新构建新的流程的过程。它主要包括 3 个环节：业务流程分析与诊断、业务流程的再设计和业务流程重组的实施。

（1）业务流程分析与诊断。根据企业现行的业务流程，绘制细致、明晰的业务流程图，从以下方面分析现行业务流程的问题，并进而给予诊断：

- 寻找现有流程中增加管理成本的主要原因，组织结构设计不合理的环节，分析现存业务流程的功能、制约因素以及表现的关键问题。
- 根据市场、技术变化的特点以及企业的现实情况，分清问题的轻重缓急，找出业务流程再造的切入点。
- 根据市场的发展趋势以及客户对产品、服务需求的变化，对业务流程中的关键环节以及各环节的重要性重新定位和排序。

（2）业务流程的再设计。针对前面分析诊断的结果，重新设计现有流程，使其趋于合理化。流程的设计原则可以是：

- 以过程管理代替职能管理，取消不增值的管理环节。
- 将现在的多项业务或工作组合，合并为一。
- 将完成多道工序的人员组合成团队或小组共同工作。
- 业务流程的各个步骤按其自然顺序进行。
- 为同一种工作流程设置若干种进行方式。
- 权力下放，压缩管理层次，给予员工参与决策的权力。
- 工作应当超越组织的界限，在最适当的场所进行。
- 变事后管理为事前管理，尽量减少检查、控制、调整等管理工作。
- 尽量改串行工程为并行工程。

（3）业务流程重组的实施。将重新设计的流程真正落实到企业的经营管理中来。

3. BPR 的组织重建

业务流程的实施是以相应的组织结构、人力资源配置、业务规范、沟通渠道甚至企业文化作为保证，而组织重建的目的就是为 BPR 提供制度上的维护和保证，并追求不断改进。它主要包括以下 4 个环节：

（1）评估 BPR 实施的效果。与事先确定的绩效目标进行对照，评价是否达到既定的目标，如在时间、成本和品质等方面的改进有多少，流程信息管理的效率如何等。

（2）建立长期有效的组织保障。为保证流程得以长期运行，要注意以下几点：①建立流程管理机构，明确其权责范围；②制定各流程内部的运转规则与各流程之间的关系规则，逐步用流程管理图取代传统企业中的组织机构图。

（3）文化与人才建设。企业必须建立其与流程管理相适应的企业文化，弘扬团队精神，培养员工的主人翁意识，完善与业绩挂钩的薪资制度。同时新的业务流程也对员工提出了更高的要求，这也要求企业注重自身内部的人才建设，以培养出适应于流程管理的复合型人才。

（4）组织重建还需要关注的问题。在实施组织重建过程中，应注意以下几个问题：①组织变革和战略规划要一致；②重组团队必须尽力减少变革对员工造成的负面影响；③伴随在重组过程中的权力和利益的转移所引起的矛盾冲突必须得到解决。

6.3.4 基于 BPR 的信息系统规划的特点

BPR 的核心思想是流程管理，它要求打破部门间的界限，从流程的角度而不是从职能部门的角度来看问题。现有的规划方法大多是面向职能分析的，对于企业的流程建模还没有一个规范的方法：面向职能的规划，出发点是职能部门，而 BPR 则要求从流程出发进行信息系统规划。这种规划具有下述 3 个方面的优势。

1. 创新性

传统的信息系统通常是将现行手工操作方式简单地计算机化，因此以往的信息系统规划一般都是以现有的业务运行方式为基础，按照数据关联和系统划分的原则来规划信息系统，但这种方法没有考虑业务运行方式本身的合理性，可能会使原来错误的运行方式错上加错。而基于 BPR 的信息系统规划首先要对流程进行再思考，在流程优化中提出信息需求，而不再是简单的自动化。因此，这种信息需求将是创造性的。

【例 6-11】基于 BPR 的信息系统规划的创新性。如在 IT/过程分析中，要创新性地将信息技术提供的潜力和备选的流程联系起来。利用这些技术可以把流程按照活动的性质、处理的对象、涉及的范围、组织特性等进行分类，创新性地描述每一类流程的需求，根据 IT 的潜能确定出满足这些需求的信息技术能力，见表 6-10。

表 6-10 IT/过程创新需求分析

流程类型	典型的创新需求	IT 的潜能
制造流程	降低执行中人的干预和劳力	提高流程输出柔性、增强流程控制能力的计算机辅助制造系统
运营流程	改变流程中的某些活动次序，使其能并行执行	降低处理时间和成本、提高输出品质的信息技术，如电子商务
管理流程	需要和流程有关的复杂的分析方法	有助于提高分析能力和员工参与程度的专家系统和经验信息系统
信息流程	为流程的执行提供大量的信息	能够提供非结构化信息、辅助决策的人工智能、多媒体技术、WWW 技术
个人间的流程	取消流程中的中间环节，把活动集中起来	能够使活动继承的群件技术
职能间的流程	提高信息传递的速度	支持异地同步工作的 LAN 和 WAN
组织间的流程	把非机构化的流程转变为常规性方法	能够有效降低交易成本、消除中间环节的 EDI、共享数据库技术

2. 明确性

面向职能的信息系统规划是按职能部门来收集企业的内部信息需求，但是信息在部门间的传递或多或少会受到阻碍，这势必会影响信息系统的运行效率。而在基于 BPR 的信息系统规划中，内部信息需求应当来源于流程，而不是职能部门，这样得到的信息就很明确。

3. 完整性

传统的信息系统规划对各职能部门提出信息需求时，会从自己部门的利益出发，提出对自己最有利的信息需求，往往会出现对同一信息的需求不一致，使得系统规划人员难以确定这些信息需求的合理性。而基于 BPR 的信息系统规划是对业务流程进行彻底的再思考，从流程出发而忽略了职能部门之间的界限，因此能较为完整地找出合理的信息需求。

6.4 其他规划方法

其他的规划方法还有战略栅格法、战略一致性模型法、战略系统规划法和价值链分析法等，在此仅对战略栅格法和战略一致性模型法进行简略介绍。

6.4.1 战略栅格法

战略栅格（Strategic Grid，SG）法是麦克法兰等人于 20 世纪 80 年代初提出的一种规划方法，该方法是一种了解企业中信息系统作用的诊断工具，它利用如图 6-18 所示的栅格表，依据现行的和预计要开发的应用项目的战略影响，确定出 4 种不同的信息系统战略规划条件，即战略、转换、工厂、辅助。栅格表中的每一个方格确定了企业中信息活动的位置，通过对当前应用项目和预计开发应用项目可能产生的影响进行分析，可达到诊断当前状态和调整战略方向的目的。若分析结果表明组织的信息系统处于“战略”位置，则说明信息系统的工作对组织当前的竞争策略和未来的战略方向是至关重要的；若分析结果处于“辅助”位置，则说明信息系统的应用对组织的各项活动是一种辅助；若分析结果处于“工厂”位置，则说明信息系统的应用对成功地执行那些严格规定和广泛接受的活动极为重要，但信息系统还不是战略的组成部分；若处于“转换”位置，则说明信息系统正在从辅助地位转向战略地位。

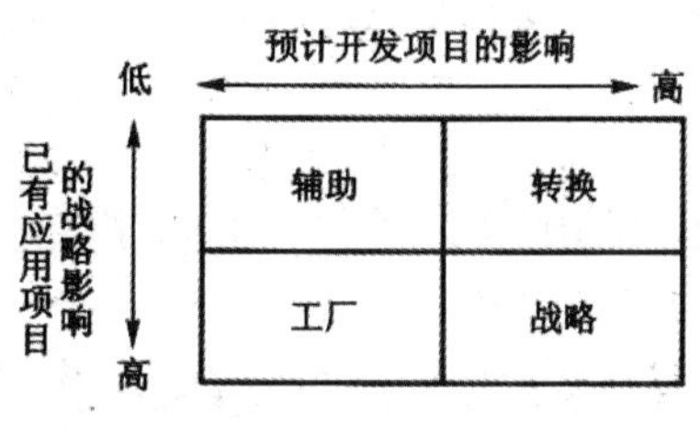

图 6-18　战略栅格表

6.4.2　战略一致性模型

战略一致性模型（Strategic Alignment Model，SAM）是 John 于 1995 年在哈佛商学院提出的一套思考结构，其主要目的在于帮助企业检查经营战略与信息架构之间的一致性，如图 6-19 所示。

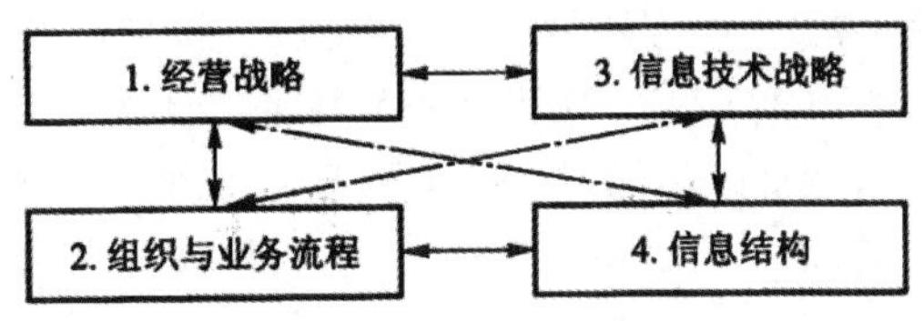

图 6-19　战略一致性模型

对应上述模型，企业因其处在不同的发展阶段会出现 3 种路线，见表 6-11。

表 6-11　企业信息化规划的 3 种路线

3 种路线	总体思路	具体内容
路线 1	从“2.组织与业务流程”到“4.信息结构”	当企业处在信息管理的初级阶段时，业务部门根据现有的业务流程和组织直接提出信息化需求，信息技术部门按照需求实施。例如，财务部门提出财务电算化的需求，运作部门提出库房管理的需求，信息技术部门分别独立实施
路线 2	从“1.经营战略”到“2.组织与业务流程”再到“4.信息结构”	当企业处在信息管理的中级阶段时，公司会制定整体的经营战略，业务部门会根据公司经营战略和目标的指导，对现有的业务流程和组织进行变革（业务流程重组），然后由不同的业务部门分别提出信息化需求，由信息技术部门分别独立实施
路线 3	从“1.经营战略”到“3.信息技术战略”再到“4.信息结构”	当企业处在信息管理的高级阶段时，公司会根据整体的经营战略，通盘考虑各业务部门的信息化需求，制定整体的信息化战略，统一规划，分步实施

综上所述，从企业信息化规划的发展历史来看，早期的研究主要关注规划方法，帮助企业信息化规划者利用系统支持实现组织目标。20 世纪 80 年代中期，研究专注于如何识别 IS/IT

获取竞争优势的机会；20 世纪 80 年代末期，开始研究内部流程和整个组织内数据分布类型问题，同时在规划过程中发现运用现代方法、技术的 ISP 并没有解决长期以来系统规划方面的问题，或者规划的范围特征过于狭窄；20 世纪 90 年代以后是战略信息系统时期，IT 已经成为企业竞争获胜的武器。大量研究认为，该时期 ISP 与企业大规摸的战略规划密切相关，企业信息化规划的主要任务与企业战略相连，这也是高级经理人员与 IT 经理人员需要共同面对的最重要的问题之一。

6.5 初步调查与可行性研究

初步调查与可行性研究是信息系统规划的两项重要工作，它们决定了新系统能否立项，以及立项后大致按什么规模、什么模式进行开发。这两项工作主要是从企业内部对新系统开发的需求度、企业基础数据管理工作对新系统开发的支持度、企业管理现状和现有资源（人、财、物）对新系统开发的承受度、现有技术条件对新系统开发的技术可行度、管理人员对新系统功能的期望度、管理人员对新系统运行模式的适应度等方面进行分析。

6.5.1 初步调查

在用户提出新系统开发需求后，系统开发部门负责组织专业人员进行初步调查。参加的人员不一定很多，但要有实际工作经验。初步调查的目的有两个：一个是通过与管理人员和企业领导人讨论，明确和统一系统的目标；另一个是对现行系统的各个方面进行初步调查，检查用户是否具备新系统开发的基本条件。初步调查的范围要广，但不一定很细，调查的内容主要有以下几个方面：

（1）用户需求分析。系统开发的起点是任务的提出，即企业发现现行的手工作业或现有的信息系统已不再满足需要而提出开发新系统的请求。初步调查的第一步就是从用户提出新系统开发的缘由和对新系统的要求入手，考察用户对新系统的需求和预期要达到的目的。例如，某制造企业，由于业务的扩大，发现原来人工编制的生产计划和人工库存管理方式已不能保证生产的顺利进行，因而提出用计算机来代替人工进行计划编制和库存管理等各方面的数据处理需求。

提出开发请求的通常是管理人员，因为他们对管理中的问题感受最深刻，也最敏感。然而，管理人员所提出的问题往往是定性的，有一定的模糊度。这就要求系统分析人员与管理人员密切合作，一起定义问题，在系统开发过程中逐步把问题明朗化和定量化。

（2）组织的对外关系。与哪些外部实体（如供应商、客户、竞争对手和政府部门等）有业务联系或从属关系，有哪些物资或信息的来往关系，哪些环境条件（包括自然环境和社会经济环境）对该组织的活动有明显的影响。

（3）现行系统的概况及存在问题的识别。

1）组织概况。一般包括企业性质、组织结构、规模、历史、生产过程、厂区布局、系统目标、人力、物力、设备和技术条件、管理体制、经营状况、各项经济指标的完成情况等，同时还包括组织功能、人才配备、员工素质、管理方式、基础数据和工作效率等的概况。

2）存在问题的识别。系统开发要搞清楚 5 个 W，即 What、Why、Who、Where、When，即要做什么、为什么要做、由谁来做、在什么地方做和什么时候做。这里首先讲 What，识别问题是最重要的事。过去进行数据处理系统的分析时一般需要提出调查信息需求，这在今天的管理信息系统和网络时代已显得不够。

当代信息系统的开发，均要先了解企业目标、现行企业系统的问题、企业的信息战略，然后是如何用信息技术解决这些问题。要识别的问题首先是管理上的问题，例如企业战略优势下滑、产品滞销、生产周期过长、成本过高、资产短缺、人浮于事、机构臃肿、行政效率低下等；然后是信息技术问题，例如数据混乱、处理速度慢和设备老化等。识别上述问题以后，还要了解这些需求的确实程度。现代的系统分析已由“满足顾客需求”变为“使顾客满意”。

（4）各类人员对新系统持有的态度。包括领导、管理部门、各基层单位、有业务联系的外单位及现行信息系统本身。需要了解他们对现行系统是否满意，什么地方不满意，希望如何改变，以及上述看法的理由。

（5）信息系统开发所需的资源情况。组织研制新系统，需要投入多少人力、物力和财力，需要何种技术水平及管理水平的人，需要多少物力和设备，需要投入多少资金，需要花费多长时间，同时还要了解现有设备中有哪些是可以利用的。

（6）各方面对系统目标的看法。对于领导或管理部门初步提出的要求，找出定量的标准，如系统的吞吐量、响应时间、容错能力、审核能力和使用方法等。

6.5.2 新系统方案设想

在初步调查的基础上，开发人员应当与用户一起反复讨论，并就以下问题做出选择：现有系统是否具有完全推倒重来的必要性？如果推倒重来的话，那么新系统的总体方案是什么样子的？这些方案的可行性如何？

新系统方案设想包括以下几个方面：

（1）确定系统目标。系统目标的确定主要是依据管理人员提出的系统请求。只有经过初步调查并明确管理人员提出的问题之后，系统分析员才能够确定系统的目标。如果在问题弄清楚之前就急于设计，往往会导致整个开发过程的失败和返工，造成人力和物力的浪费。

新系统目标是新系统建立之后所要达到的运行指标。正如新产品的设计初期需要确定出设计性能指标一样，系统规划阶段也要提出目标，它是可行性分析、系统分析与设计、系统评价的主要依据。

（2）确定新系统的功能框架。总体目标确定后，就要确定新系统的总体结构，包括对各管理层次的信息支持、辅助管理与决策的范围、初步设想子系统及其功能、确定新系统的规模和功能范围。

（3）决定总体开发方法，制定开发计划。根据系统目标和功能，决定系统开发策略，如自上而下或自底向上或两者综合；选择系统的开发方法，如结构化方法或信息工程法或其他软件工程方法；确定新系统各部分的优先级，并制定开发进度和工作计划。系统开发计划主要是针对已确定的开发策略选定相应的开发方法。但必须注意到这种方法所适用的开发环境、所需要的计算机软硬件技术支撑和开发者对它的熟悉程度。

开发计划主要是制定系统开发的工作计划、投资计划、进度计划、资源利用计划。开发计划一般多是根据具体问题、具体情况而定，没有什么统一的模式。在一般情况下，我们常用甘特图（Gantt Chart）来记载和描绘开发计划的时间、进度、投入和工作顺序之间的关系。经改造后的甘特图如图 6-20 所示。它的横坐标表示开发的各个阶段，纵坐标表示人员的工作投入，图中的阴影部分表示工作计划所跨越的阶段和拟投入的人力。

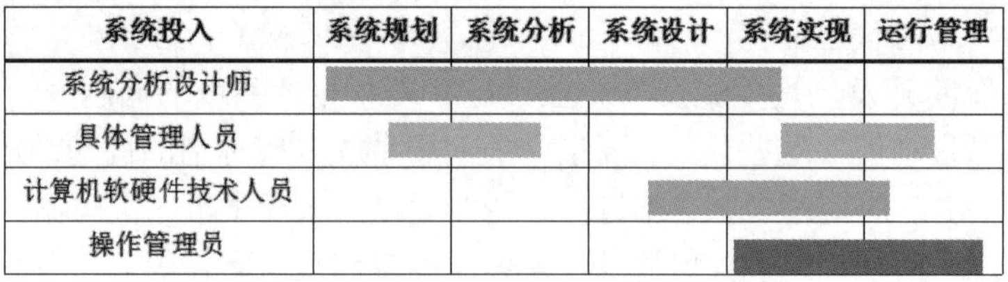

系统投入	系统规划	系统分析	系统设计	系统实现	运行管理
系统分析设计师					
具体管理人员					
计算机软硬件技术人员					
操作管理员					

图 6-20　系统开发计划

（4）制定资源计划。这里制定的资源计划是初步的，包括初步的硬件计划、软件计划、网络计划和人员计划。制定初步的资源计划是为了估算出新系统开发的经费预算。

6.5.3　可行性研究

可行性研究也称可行性分析，它已经成为新产品开发、工程投资等领域中决策的重要手段。信息系统的开发同样也需要进行可行性研究，以避免盲目投资，减少不必要的损失。

可行性研究进一步明确系统的目标、规模与功能，对系统的开发背景、必要性和意义进行调查分析，并根据需要和可能提出拟开发系统的初步方案与计划。可行性研究是在初步调查的基础上，进一步明确问题，对系统规模、目标及有关约束条件进行整体、全面的分析与论证，提出系统的逻辑模型框架和可能的各种参考方案。可行性研究从必要性和可行性方面入手，为系统开发项目的决策提供科学依据。

1. 必要性分析

必要性分析是可行性分析的前提。它非常重要，但却往往被用户和技术人员忽略。很多信息系统，还没能发挥其应有的作用就被放弃了，甚至完全失败，很重要的原因就是没有进行必要性分析。分析信息系统的必要性主要包括以下 3 个方面：

（1）"显见"的必要性。"显见"的必要性是指随着组织的发展和对管理要求的提高，系统目前所使用的管理和数据处理方法已无法满足管理的需要，必须更新管理方法和手段，建立新型的系统。例如，现在的系统已经不适合或不能满足企业的需要，企业的发展使得数据量越来越多，对精度的要求也越来越高，而这些都是原有系统无法解决的。

（2）"预见"的必要性。"预见"的必要性是指根据组织和技术发展的趋势而对将来进行的预想措施。预想将来如果不进行必要的更新，就有可能不适应管理和信息处理的需要，不能适应竞争的环境。"预见"的必要性可以提前采取措施，使组织始终处于领先地位。例如，企业的发展以及技术的进步，使得企业领导预见到未来不久信息处理手段必须更新，否则不能适应未来信息处理的需要。

（3）"隐见"的必要性。"隐见"的必要性是指系统的缺陷是长期的、分散的、不直接的或不明显的，通过改进能够提高管理效率，更好地满足管理和数据处理的要求。有些系统，如社会服务系统，服务效率很低，明显地影响到社会利益和经济利益。这种影响不是直接看得见、摸得着的，不是集中的而是分散的，不是突发的而是长期积累的。但是，如果这种问题长期积累下去，量变就会引起质变，所以必要性分析应该重视这些"隐见"的系统危害性，建立一个新的高效率的系统。

2. 可行性分析

可行性是建立在必要性的基础上的，分析信息系统的可行性主要包括以下 3 个方面：

（1）经济可行性。经济可行性分析也称为投资/效益分析或成本/效益分析，它是先分析信息系统项目所需要的总成本和项目开发成功之后所带来的总收益，然后对总成本和总收益进行比较，当总收益大于总成本时，这个项目才值得开发。经济可行性分析要解决两个问题：费用估计和收益估计。

1）新系统的费用。估计费用时，主要考虑以下几个部分：

- 设备费用。包括计算机硬件、软件、网络连接设备、机房辅助设施（如空调、不间断电源）等。
- 人力费用。包括系统开发人员和运行人员，人力的费用不仅包含所有这些人力的工资，还应包含人员的培训费等。
- 材料及其他易耗品的费用。如电费、打印纸、硒鼓和软盘等。
- 管理费用。由于使用了新系统，工作方式会发生变化，管理人员的任务也有所改变，这种更换带来了一些额外的费用，有的是一次性的，有的是经常性的。这些费用有时并不是直接用于信息系统，但也是由于开发及使用新系统而引起的。
- 维护费用。在新系统运行过程中，需要不断地对软硬件和辅助设施进行定期和不定期的检修、保养、修改和更新，同时还需要对相关人员进行经常的培训，这些费用就构成了维护费用。

2）新系统的收益。新系统收益的估算并不像系统费用那样容易给出定量的数字，因为有些收益难以用金钱来衡量。例如，加强计划后减少了停工待料；加强库存管理后减少了资金积压；加强客户管理后提高了客户的满意度和忠诚度。这类收益的大小，只能由管理人员根据经验做出大略的估计。通常，可以从以下几个方面估算新系统所带来的价值：

- 提供了哪些以前提供不了的信息？
- 提供信息的速度提高了多少？
- 信息质量（如准确度和输出方式）有哪些提高？
- 完成了哪些以前不能或不易做的或者不能及时做的信息处理工作？
- 使用者查询信息的方便程度有什么提高？
- 节省了多少人力？
- 对组织的领导或管理者的正确决策提供了哪些帮助？
- 对本组织与外部单位的关系有什么改善？

（2）技术可行性。技术可行性是指根据现有的技术条件能否达到所提出的要求，项目所涉及的关键技术是否已经成熟，是否还存在重大的技术风险，所需要的物质资源是否具备或能否得到。进行技术可行性分析时，要注意以下几个方面的问题：

1）全面考虑信息系统开发过程所涉及的技术问题。信息系统开发涉及多种开发方法、软硬件平台、网络结构、系统布局以及输入输出技术等，应该客观地分析这些技术在满足新系统功能和性能方面的成熟度和现实性。

2）尽可能采用成熟技术。成熟技术是指被多家企业或组织采用并被反复证明行之有效的技术，因此采用成熟技术一般具有较高的成功率。而且，成熟技术经过长时间、大范围的使用、补充和优化，其精细程度、优化程度、可操作性及经济性要比新技术好。鉴于以上原因，在开发信息系统的过程中，在可以满足系统开发需要、能够适应系统发展、保证开发成本的条件下，应尽量采用成熟技术。

3）慎重引入先进技术。在信息系统开发过程中，有时为了解决系统的一些特定问题，为了使所开发的信息系统具有更好的适应性，也需要采用某些先进或前沿技术。在选用先进技术时，需要全面分析所选技术的成熟度。

4）考虑具体的开发环境和开发人员能力。许多技术可能是成熟和可行的，但信息系统开发成员中如果没有人掌握这种技术，那么这种技术对本系统的开发仍然是不可行的。

（3）社会可行性。信息系统运作在社会环境中，因此除了经济和技术因素外，还有许多社会因素对项目的发展起着制约的作用。社会可行性涉及的内容比较宽泛，需要从政策、法律、道德、制度、管理和人员等社会因素论证系统开发的可能性和现实性。可以从组织内和组织外两个层面来分析组织是否具备接受和使用新系统的条件。

1）从组织内部看。首先，调查中高层领导对新系统的态度，如果有误解甚至有抵触，说明条件暂不成熟，最好先等一等，做好宣传和解释工作，或者在组织中寻找阻力最小的部门先突破。其次，查看组织各项规章制度是否完善，各种原始数据和记录是否齐全，如果组织的业务流程仍未定型，管理制度还在变动，甚至连最基本的原始数据也不齐全，那么再先进的系统也会面临“巧妇难为无米之炊”的局面。最后，从操作层面上来分析，在特定环境下新系统能否有效地支持工作并被用户方便地使用。操作可行性需要考虑以下几个方面：①问题域的手工业务流程与新系统的业务流程，两种流程的相近程度和差距；②系统业务的专业化程度；③系统对用户的使用要求；④系统界面操作的方便程度；⑤用户的实际能力。

2）从组织外部看。首先，分析新系统的开发是否会对社会效益带来负面影响，是否存在与道德、法律、制度相抵触的地方，是否会引发信息败德行为。其次，要考虑信息系统运行后，报表、票证格式的改变是否被有关部门认可和接受，这将直接影响企业的利益。

6.5.4 系统规划方案书

1. 系统规划方案的组成

系统规划工作结束后，应将该阶段的工作整理成系统总体规划方案书。该文档是用文字和图表表示的开发指南。规划方案报告的简要提纲见表 6-12。

表 6-12 规划方案报告的简要提纲

提纲	说明
引言	说明系统的名称、系统目标和系统功能、项目的由来
现行组织系统概况	组织目标和战略、业务概况和存在的主要问题
新系统的总体方案	对拟建系统做出简要说明，分析对组织的意义和影响，提出一个主要方案及几个辅助方案，包括： ①新系统的目标 ②新系统的概念框架（信息系统建模） ③新系统的功能规划（功能图）、流程规划（流程图） ④新系统的数据规划（确立主题数据库） ⑤新系统的平台规划（软件、硬件、网络） ⑥新系统的开发方式（自行开发/外购商品软件，如外购 ERP） ⑦新系统的开发计划（进度和项目组织） ⑧新系统的开发预算（总经费=平台投资+系统集成费+人工费+不可预见费） ⑨系统开发组织设计（企业领导、业务骨干、企业信息中心人员、开发方技术人员）

续表

提纲	说明
可行性分析	①经济可行性分析：从支出、收益以及两者之间的关系来分析 ②技术可行性分析：对提出的主要技术路线进行分析 ③社会可行性分析：从组织内外部的社会环境入手来分析
方案的比较	在比较多个方案的基础上，给出系统开发的计划
结论	对可行性结果做出结论，并予以解释。结论可以是以下 5 种之一： ①立即开始进行 ②需要增加资源才能开始进行 ③需要推迟到某些条件具备之后才能进行 ④需要对目标进行某些修改才能进行 ⑤不能或没有必要进行

2. 规划方案报告的审核

规划方案报告完成后，下一步工作就是审核。规划方案反映了系统开发人员对系统开发的看法，这个看法还要提交到正式会议上讨论。这样的会议除了公司领导、部门管理者、系统开发人员之外，还应当邀请有经验的社会专业人士参加。系统开发的费用和效益很难精确估算，很大程度上依靠经验，而系统开发人员的经验终归有限，因此邀请局外专家共同探讨，能够充分预见各种可能出现的问题，并做出尽可能符合实际的判断。

经过多方审核，可能会出现两种结果：一种是各方面同意所提出的报告，按照报告的建议，或立即开始执行，或追加资源，或等待时机成熟，或修改目标，或取消开发；另一种是对报告内容存有异议，对某些问题的判断仍不统一。如果有异议的地方并不影响整个问题的结论，则求同存异，把问题留到详细调查时解决；如果有异议的地方影响到整个问题的结论，那就只好重新进行调查分析，不过这时的调查应当侧重于有争议的问题。

如果规划方案报告通过了审核，这份报告就不再只是系统开发人员的看法，而是整个公司领导、管理者和系统开发人员的共识了。规划方案报告不但规定了系统开发的目标及功能范围，而且还规定了所需要的资源条件。这份报告将作为下一阶段工作的依据，因此必须签订一份正式的报告文本。

习题 6

一、填空题

1. 战略规划的内容由________、________和________这三个要素组成。

2. 1983 年 Bowman 等人提出 ISP 的三阶段过程框架模型，第一阶段是________阶段、第二阶段是________阶段、第三阶段是________阶段。

3. 任何企业的活动均有三类活动：一是________类活动；二是________类活动；三是________类活动，这是导出企业任何活动的三个源泉。

4. 企业活动之间最基本的逻辑关系主要有________、________、________和反馈关系。

5. 按激进程度的不同，BPR 目标可分为三个层次：________、________和________。

6．BPR 的实施体系可设计成一种多层次的形式，包括________、________和________。
7．流程重建主要包括三个环节：________、________和________。
8．可行性研究从________和________方面入手，为系统开发项目的决策提供了科学依据。
9．分析信息系统的必要性主要包括三个方面：________、________和________。
10．分析信息系统的可行性主要包括三个方面：________、________和________。

二、选择题

1．MIS 战略规划可以作为将来考核（　　）工作的标准。
　　A．系统分析　　B．系统设计　　C．系统实施　　D．系统开发
2．MIS 战略规划的组织除了包括成立一个领导小组、进行人员培训外，还包括（　　）。
　　A．制定规划　　B．规定进度　　C．研究资料　　D．明确问题
3．BSP 法的优点在于能保证（　　）独立于企业的组织机构。
　　A．信息系统　　B．数据类　　C．管理功能　　D．系统规划
4．（　　）指的是企业管理中必要的、逻辑上相关的、为了完成某种管理功能的一组活动。
　　A．管理流程　　B．业务过程　　C．系统规划　　D．开发方法
5．U/C 矩阵是用来进行（　　）的方法。
　　A．系统开发　　B．系统分析　　C．子系统划分　　D．系统规划
6．定义信息系统总体结构的目的是刻画未来信息系统的框架和相应的（　　）。
　　A．功能组　　B．开发方案　　C．开发顺序　　D．数据类
7．结构化系统开发方法在开发策略上强调（　　）。
　　A．自上而下　　B．自下而上　　C．系统调查　　D．系统设计
8．把管理信息系统划分成生产、计划、财务、供销和劳资等子系统，是（　　）。
　　A．按物理结构进行划分的　　B．按整体结构进行划分的
　　C．按职能进行划分的　　D．按层次结构进行划分的
9．管理信息系统的开发通常采用（　　）的总体规划和（　　）逐步实现的顺序。
　　A．自底向上，自顶向下　　B．自顶向下，自底向上
　　C．由具体到总体，由主到次　　D．由主到次，由具体到总体
10．SST 是指（　　）。
　　A．战略目标集转化法　　B．关键成功因素法
　　C．企业系统规划法　　D．关键因素法

三、简答题

1．简述战略目标集转化法的工作步骤。
2．试比较 SST 法、CSF 法和 BSP 法各自的特点。
3．简述基于 BPR 的信息系统规划的步骤。
4．简述初步调查的主要内容。

第 7 章　信息系统分析

系统分析是信息系统开发工作中最重要的一环。系统分析的内容主要包括对组织内部整体管理状况和信息处理过程（侧重于具体业务全过程角度）进行分析。在系统分析中扎扎实实地了解实际工作部门的业务情况是基础，只有在对业务了解得非常透彻的前提之下才有可能提出新的改进方案。本章主要学习详细调查的方法、业务流程图和数据流程图的绘制方法、系统逻辑模型的建立、数据字典编制、基本加工说明、系统分析报告的撰写等内容。

联众人超市管理信息系统分析概要

在进行系统设计和实施之前，需要对系统进行分析。系统分析的任务是调查现行系统的现状，明确系统的目标，进行需求分析、系统化分析以及新系统的详细调查，最终得到新系统的业务与数据流程图，为进行系统设计做准备。

一、系统开发的目标

超市管理信息系统的总体目标是以科学的管理方法为基础，结合商业企业自身特点，建立一套具有商业企业经营特色的、覆盖超市企业主要业务功能的、人机协调的管理信息系统，实现对商品流转管理、商情管理等实时控制、修改、加工、分析的综合性管理信息系统，及时反映超市企业的经济活动状态和所需的各种商情信息，为各级管理者提供良好的决策支持平台，成为各级管理人员的有力助手，提高联众人超市的经济效益。

二、系统的可行性研究

1. 系统开发的必要性

现在的联众人超市业务越来越好，顾客的购买量很大，日益频繁的业务产生了大量的数据。由于数据量的增大，让查找变得很不方便，数据的掌握也不准确，容易造成决策的滞后或失误。主要表现如下：随着订货、进货信息的增加，与供应商相关的信息、与商品相关的信息越来越多，如果不能将这些有效信息进行组织、分类与集中，对以后的信息查询会带来不便，从而不能给采购人员提供采购过程的决策支持。同时，对于每天产生的大量销售信息，如果不加以适当存储和分析，就失去了利用这些销售信息、挖掘出顾客购买偏好的机会，就不能从看似无用的大量数据背后得出消费者潜在的消费习惯，从而失去潜在的商机。

因此，开发这样一套以促进管理机制变革和管理手段改进，改善决策方法和决策依据的管理信息系统是很有必要的。这对于在信息服务中创造价值、促进资源共享和信息集成、减员增效、提高管理水平都有很大的帮助。

2. 系统开发的可行性

（1）技术上的可行性。

随着 IT 技术的发展，特别是网络技术和数据库技术的发展，在软件开发方面，可以采用现行主流的开发技术；硬件技术方面则可以充分利用日益增强的存储能力、通信能力和处理迅速的信息设备来保证系统开发技术的准备。

本系统采用的数据库技术是 Sybase 公司的 Sybase 数据库，这种数据库并不要求数据存储量大，但是要求在低计算量的情况下反应快，而且能够适应外界环境的变化，并有很好的数据处理能力和兼容性，这对小型超市来说已经足够。网络技术则体现在 C/S 模式中客户端和服务器之间的数据通信能力，良好的硬件配备无需高档的设备。

由此可见，该系统在技术上具有可行性。

（2）经济上的可行性。

对于信息系统的初期投资，都是为了以后获得更大的经济效益。通过一定的成本/效益分析，研究组认为开发这个系统在经济上是可行的。因为虽然系统开发需要初始成本和日后的维护费用，但是信息系统可以提供比以前更加准确和及时的信息、可以改善领导层的决策方式、促进管理体制改革和提高工作效率、减少人员费用、提高服务水平等这些都是可以在日后的经营过程中体现出来的，并且可以令联众人超市比其他竞争对手更加具有竞争优势，对企业长远的发展有着不可忽视的作用，所以经济上的可行性是肯定的。

（3）管理上的可行性。

联众人超市的领导对信息技术给企业管理带来的变革是十分认同的。他们大都认为，在现代企业管理中，信息技术能够帮助企业在日益激烈的竞争中获得难以想象的竞争优势。特别是，能够改进企业管理机制、改善决策方式、减少管理成本、提高工作效率。

领导的支持对于信息系统的开发和实施有很大的作用，不仅能保证系统在开发过程中妥善解决矛盾，也能在企业上下顺利实施信息系统，实现信息系统最初的目标。

另外，联众人超市的各项管理制度齐备、制度执行规范，为实施超市管理信息系统打下了良好基础。

三、现行系统的详细调查

1. 组织机构与业务流程调查

联众人超市的组织机构部门包括主任办公室、市场开发部（洽谈室）、营运部、综合办公室（人力资源、企划、质检、防损）、财务部、配送中心、计算机中心。

在人员业务方面，联众人超市的成员由经理、资料管理员、仓库管理员、采购员和发货员组成。经理主管事务；资料管理员负责单据录入、采购计划、发货计划的编制；仓库管理员负责仓库中货物的进库与出库；采购员根据采购计划进行商品的采购；发货员根据发货计划进行发货。

2. 业务流程分析

分析具体的业务流程，主要是为了确保在满足用户各种需求的基础之上，对业务的各种流程进行详细的分析，以便考虑是否必须进行流程重组并从中得到更加具体的数据流程，为进一步的系统分析与设计打下良好的基础。主要业务流程陈述如下：经理收到汇款单（含订货单），经过与银行对账核实之后交给资料管理员，资料管理员根据已录入的资料产生采购计划、发货计划，分别交给采购员和发货员。采购员根据采购计划完成采购，把进货单返回给资料管理员；发货员完成发货，并把发货单、退货单返回给资料管理员。具体的业务流程如图 7-1 所示。

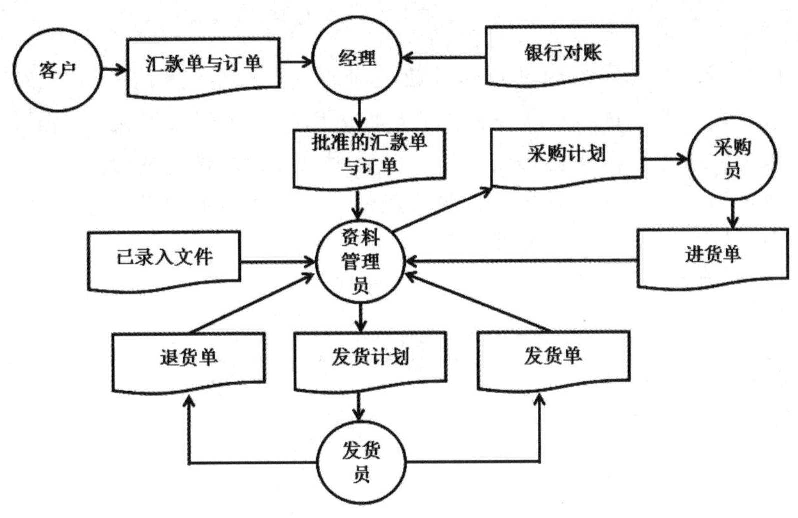

图 7-1　管理业务流程图

以上只是业务过程中比较主要的部分，它可以代表超市业务的主要过程，解决好这一部分就可以从最基本的业务角度出发，分析出主要数据流程的情况，妥善解决分析阶段的各种问题。

四、新系统逻辑模型的建立

1. 数据流图

根据联众人超市组织机构和业务流程的调查分析，可以得到要求开发的联众人超市管理信息系统的子系统或功能，它可以由 6 类处理系统组成，依次为：单据录入、报表生成、汇款汇总、退款处理、库存管理和管理分析。相应的系统数据流图如图 7-2 所示。它比较清楚地反映了系统中数据的流动和转换。

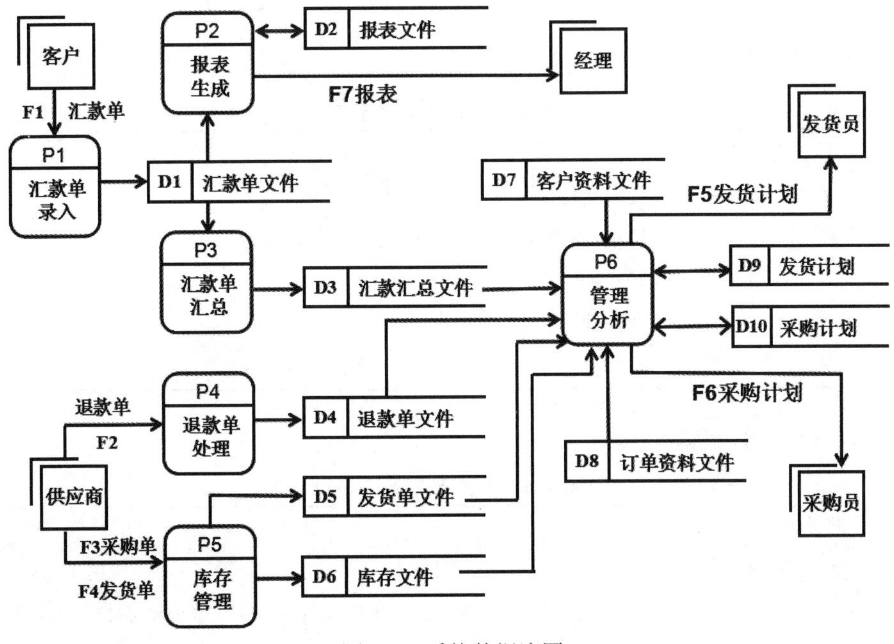

图 7-2　系统数据流图

2. 数据字典

数据流程图分析，只是对数据处理和彼此之间的数据联系进行了说明。为了进一步明确数据的详细内容和数据处理过程，应将最底层数据流图中的全部数据流、数据存储、数据元素和数据处理（加工）通过数据字典描述清楚，以便于此后系统设计的进行。

在系统分析中编制了许多数据字典，限于篇幅，这里仅就数据项（表 7-1）、数据流（表 7-2）、数据存储（表 7-3）、和处理逻辑（表 7-4）分别举一例进行说明。

（1）数据项的定义。

表 7-1　数据项条目示例

数据项编号：S1
数据项名称：供应商编号
简　　　述：供应商表的主键
类型及宽度：不定长字符型 20 个字节
相 关 数 据：商品表、进货表、订货表、退货表

（2）数据流的定义。

表 7-2　数据流条目示例

数据流编号：F2
数据流名称：退款单
来　　　源：供应商
流　　　向：退款单处理
组　　　成：退款单=编号+单位名称+商品名+退款原因+金额
处　　　理：查询、维护

（3）数据存储的定义。

表 7-3　数据存储条目示例

数据存储编号：D5
数据存储名称：发货单文件
组　　　　成：发货单=发货号+发货人+{商品名+数量+金额}+接收人
发 生 频 率：120～200 张
来　　　　源：库存管理
去　　　　向：管理分析

（4）处理逻辑的定义。

表 7-4　处理逻辑条目示例

数据处理编号：P6
数据处理名称：管理分析
输　　　　入：[汇款单数据|退款单数据|发货单数据||库存数据|订单数据|客户数据]
输　　　　出：发货计划数据、采购数据

案例思考题

1. 系统分析的主要任务是什么？
2. 为什么在系统分析中也要陈述系统可行性研究的内容？
3. 业务流程图与数据流图有什么区别与联系？
4. 新系统的逻辑模型主要用什么工具来表述？
5. 本案例中，还有哪些系统分析的内容还未陈述？

7.1 信息系统分析的步骤

在管理信息系统开发实践中，经过成功的体会和失败的教训人们认识到，为了使开发出来的目标系统能满足实际需要，在着手编程之前必须要有一定的时间用来认真考虑以下问题：

- 系统所要求解决的问题是什么？
- 为解决该问题，系统应做些什么？
- 系统应该怎么去做？

在总体规划阶段，通过初步调查和可行性分析，建立了信息系统的目标，已经回答了上面的第一个问题。而第二个问题的解决，正是系统分析的任务，第三个问题则由系统设计阶段解决。

7.1.1 系统分析的“迂回”模型

管理信息系统是一个错综复杂、涉及面广的大系统。在系统开发时，人们不可能光凭想像就造出一个具有实用价值的“空中楼阁”来。为了使目标系统既能实现当前系统的基本职能，又能改进和提高，系统开发人员首先必须理解并描述出已经实际存在的当前系统，然后进行改进，从而创造出基于当前系统，又高于当前系统的目标系统，即新系统。

系统分析过程主要按图 7-3 所示的逻辑进行。

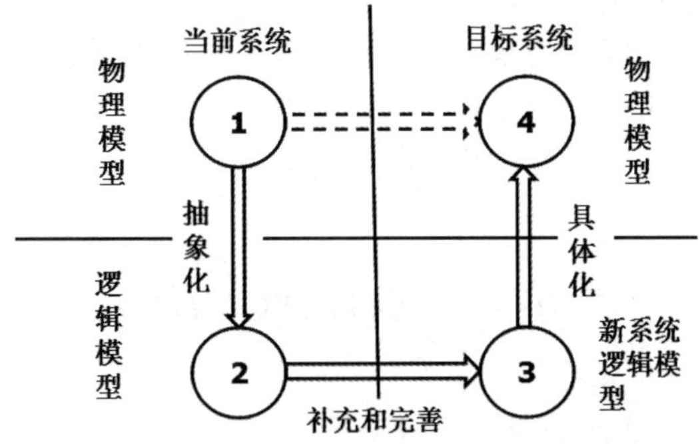

图 7-3 系统分析的“迂回”逻辑

（1）认识、理解当前的现实环境，获得当前系统的具体的“物理模型”。

（2）从当前系统的“物理模型”抽象出当前系统的“逻辑模型”。

（3）对当前系统的“逻辑模型”进行分析和优化、补充和完善，建立目标系统的“逻辑模型”。

系统开发的目的是把现有系统的物理模型转化为目标系统的物理模型，即图 7-3 中双虚线箭头所描述的路径①→④。为了达到这个目的，我们采用“迂回战术”，即按照①→②→③→④的路线进行，系统分析阶段的结果是到达③，从③到④的过程是系统设计的任务。

7.1.2 系统分析的一般步骤

根据图 7-3 所描述的系统开发的逻辑，可将系统分析阶段的主要工作分为六大步骤，如图 7-4 所示。

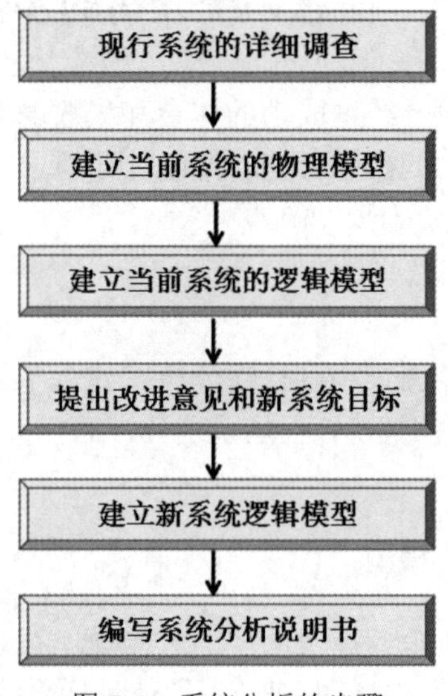

图 7-4 系统分析的步骤

（1）对当前系统进行详细调查，收集数据。

（2）建立当前系统的物理模型。

（3）建立当前系统的逻辑模型。

（4）在对当前系统充分了解的基础上，提出改进意见和新系统应达到的目标。

（5）建立新系统的逻辑模型。

（6）编写系统分析说明书，即撰写系统分析报告。

7.2 详细调查方法

详细调查是系统开发工作中最重要的环节之一。实事求是的、全面的详细调查是系统分析和设计的基础，其工作质量对整个系统的开发建设的成败具有决定性影响。

由于详细调查工作的工作量很大，所涉及的业务、人员、数据、信息都是非常多的，因此首先需要保证如何科学地组织和展开这项工作，这是我们将要讨论的问题。

7.2.1　详细调查的范围

详细调查的范围应该是围绕着组织内部信息流所涉及领域的各个方面。一般信息流是通过物流产生的，物流和信息流又都是在组织管理中流动的，所以调查的范围不能仅仅局限于信息和信息流。调查范围应该包括企业的生产、经营和管理等各个方面。详细调查的范围一般为以下 9 类：

（1）组织机构和功能业务。

（2）组织目标和发展战略。

（3）工艺流程和产品构成。

（4）业务流程和工作形式。

（5）管理方式和具体业务的管理方法。

（6）数据与数据流程。

（7）决策方式和决策过程。

（8）可用资源和限制条件。

（9）现存问题和改进意见。

以上 9 个方面可以根据实际工作进行增减。

7.2.2　常见的调查方式

对现行系统的调查研究是一项繁琐而艰巨的工作。为了使调查工作能顺利进行并获得预期成效，需要掌握有关的方式、方法、要领和一定的技巧。在管理信息系统开发中所采用的调查方式通常有以下几种：

（1）资料调查。资料调查一般是指将企业的各种现有资料，如有关生产、材料、销售、劳务等方面的资料统统收集起来，对它们进行分类、汇总和分析研究，以便了解和掌握企业的健康状况。每个企业均有其独特的管理方式和企业文化，同样的问题在不同的企业有不同的处理方法。因此，必须调查清楚与 MIS 项目有关的历史、现状、标准、管理模式等内部条件和外部环境各方面的资料，才能为下一阶段的分析提供足够的有价值的资料。

资料调查的重点在于统计调查。在调查时，为了使对方能够方便地阅读与填写，资料的形式最好少用文章的形式，多采用分项的表格形式。同时，为了便于系统分析员和企业人员处理，最好采用标准的格式。资料调查应注意以下几点：

1）历史数据。除了收集实时数据外，调查人员还要注意收集历史数据。历史数据虽然只能说明过去，但便于系统分析人员进行纵向比较。

2）收集清单。编写数据收集清单，经项目经理审核后，交给客户方面的项目负责人，项目小组成员不得私自向客户索要收集清单之外的任何其他资料。

3）资料保密。要遵守商业道德和职业道德，为客户保守商业秘密。

（2）问卷调查。问卷调查是指通过特别设计的问卷调查表来让接受调查的人员填写以获取相关信息的方法，是收集一手资料最常用的办法。这一方法适用于比较复杂的系统。

一份调查问卷在形式上是一份精心设计的问卷表格，问卷的关注点是问卷结构、问卷设计、问卷语言和问题设计。

1）问卷结构。一般的问卷结构都包含卷首语、问题与回答方式、编码和其他资料等。

- 卷首语。它是调查问卷的自我介绍信，其内容应包括调查的目的、意义和主要内容、选择被调查者的途径和方法、对被调查者的希望和要求、填写问卷的说明、回复问卷的方式和时间、调查的匿名和保密原则、调查者的名称等。卷首语一般放在问卷的第一页上面，也可单独作为一封信放在问卷的前面。
- 问题与回答方式。它是问卷的主要部分，一般包括调查问询的问题、回答问题的方式以及对回答方式的指导和说明等。
- 编码。就是把问卷中询问的问题和被调查者的回答全部转变为A、B、C…或a、b、c…等代号或数字，以便利用计算机对调查问卷进行数据处理。
- 其他资料。包括问卷名称、被访问者的地址或单位（可以是编号）、访问员姓名、访问开始时间和结束时间、访问完成情况、审核员姓名和审核意见等。这些资料是对问卷进行审核和分析的重要依据。

2）问卷设计。调查问卷应该经过特别设计，所提问的问题的内容、形式、语言和次序都应该经过斟酌。调查问卷的内容要简明、扼要，不能过于复杂、繁琐。填写问卷前最好就填写要领进行必要的辅导，以保证回收的问卷的质量。让接受调查的人员独立填写，以保证问卷能反映接受调查人员自己的心声。

3）问卷语言。问卷语言应在文字、内容、提问和格式上下功夫。

- 文字。文字应该简明清晰、浅显易懂，避免错别字。提问题的方式要委婉，不能使用命令式的口吻。
- 内容。调查问卷的内容要对调查目的有用。问题不宜过于分散，一般仅围绕两三个主题，不要提被调查者不愿回答或难以回答的问题。
- 提问。问题要能清楚地传达调查者的目的；问题要层次分明，可以首先提出概括性的问题，然后再提出具体的问题。
- 格式。开头要有问候语，要写明此次调查的目的；每个问题后留有适当的空间，以便被调查者能自由给出答案；问题的排列要先易后难；调查问卷的结尾要有感谢调查的字样，给被调查者留下好印象。

4）问题设计。问题的设计很有讲究，一份问题设计不规范、不科学的调查问卷，往往无法收集到准确而全面的资料，从而影响调查结果。一般问题设计应把握以下原则：

- 客观性原则，即设计的问题必须符合客观实际情况。
- 必要性原则，即必须围绕调查课题和研究假设设计最必要的问题。
- 可能性原则，即必须符合被调查者回答问题的能力。
- 自愿性原则，即必须考虑被调查者是否自愿真实地回答问题。

问卷调查中所问的问题既要能反映本系统的特点，又要能全面地了解本业务的内容，通过问卷调查，调查者要能够了解到促使该岗位业务成功的“关键成功因子”。通过设计“关键成功因子”（CSFS）的问卷，列出若干可能的关键问题或重点问题，自顶向下地、尽可能全面地对用户进行提问，然后分门别类地对询问的结果进行归纳，找出企业管理工作成败的“关键因子”，从而了解和把握促使企业的各个岗位成功的关键成功因素，以便于系统开发研究人员开展各项工作更有重点、更有针对性，能更高效地工作。信息系统调查问卷中问题设计的例子见表7-5。

表 7-5 MIS 调查问卷中的问题设计示例

XXX 问卷调查表

XXX 先生/女士：

您好！现将 XXXX 管理信息系统开发业务调查问卷表发给您。请您准备一下，抽空填写以下问题。我们将于 X 月 X 日与您会面并回收问卷。谢谢！

XXX 课题组

1.你所在的工作岗位是什么？

2.你的工作性质是什么？

3.你的工作任务是什么？

4.你每天的工作时间安排？

5.你的工作结果同前/后续工作如何联系？

6.你所接触的报表和数据有哪些？满意程度如何？

7.你所在的工作岗位是否恰当？工作量如何？

8.你的工作计划不能合理安排的原因是什么？

9.你所在的工作岗位存在的问题是什么？（组织不力？规划不好？）

10.你通常采用什么样的手段来提高工作效率？

11.如果增加激励（如新技术培训等），部门的工作效率是否会有提高？

12.从有效组织生产的角度出发，你的权限是否适当？

13.你认为影响本企业经营效率的关键问题是什么？

14.从全局的利益出发，你认为现有的管理体制是否合理？

15.你认为提高生产产量的潜力在哪里？

16.你认为现存管理体制有哪些问题？

17.有效降低生产成本的途径有哪些？

18.信息系统开发在本单位是否有必要？

19.你认为新的信息系统应该重点解决哪些问题？

20.你所在的工作岗位和你所接触的管理岗位的工作方式可用哪些定量化管理方法或模型来提高工作效率？

21.在你所了解的管理和决策工作中，哪些可用计算机来处理？哪些不能？

22.在你所了解的管理工作中，决策效益应从哪些方面去衡量？

23.如果建立计算机管理信息系统，你愿意学习操作并经常使用吗？

（3）个别访谈。访谈法是通过系统分析人员与被访人员面对面的谈话来收集工作数据的方法。个别访谈要注意访谈原则、访谈准备、访谈过程和整理及时。

1）访谈原则。

- 访谈不仅是得到信息与资料的过程，也是一次进行自我介绍、宣传和建立客户关系的过程。
- 一定要两人共同访谈，互补互动，比较结果。
- 主访者一定要有清晰的问题树。
- 一定要尊重别人，不论其职位高低。

- 注意时间效益，做到提前预约。开发人员要和用户共同制定调查进度的计划，以便事先安排时间、地点和内容，并提前通知有关人员做好准备，也表示对受访单位和个人的尊重。

2）访谈准备。

- 提纲的主要内容：项目介绍、访谈目的、主要假设、支持的事实资料及其他要点。
- 构建问题树：对所面对的问题进行分析，将问题进行细分，直到可以具体提示并有明确答案；同时注重顺序，先自上而下进行初步调查，在了解总体和全局的基础上，再由下到上地进行详细调查。或根据问题的顺序、业务顺序展开访谈，以便更好地理解问题的关键和业务的关键。
- 准备访谈提纲：提纲与问题树要对应；为了取得理想的访谈效果，访谈人员应该始终具备虚心、耐心、细心、恒心等良好的性格修养和调查态度，准备好问题大纲与友好的提问用语，因此需要掌握一定的提问技巧。

3）访谈过程。

- 营造良好的访谈气氛。主访者首先要自我介绍，并简要介绍公司的状况、项目背景、目的、时间安排，被访者介绍公司及个人概况。
- 善用开放式问题。优点：表明被访者的观点或判断标准，给予被访者组织回答的自由度，可能引出意外的信息，探知被访者对议题的所知深度。缺点：耗费时间和精力，难以控制访谈、记录并整理答案，被访者很难把握回答的深度。
- 善用封闭式问题。优点：节省时间和精力，最大限度地控制访谈，适合于缺乏经验的访谈主持者，便于重新组织访谈。缺点：限制信息，使被访者不需要解释回答或就回答作进一步说明，难以辨别信息的真假。
- 总结。重述访谈目的、主要观点和结论，重述对方的其他要求，询问对方是否有需要补充的内容，并对客户接受访谈表示感谢。

4）整理及时。对现行系统的调查过程就是原始素材的汇集过程。调查人员必须将这次访谈获得的信息和资料及时进行整理、研究和分析，并绘制成相应的图表来描述现行系统，以便在较短时间里对现行系统有全面和详细的了解，绘制的图表要真实地反映现行系统的基本情况，清晰而明确地反映出现行系统的业务流程等。

（4）召开调查会。这是一种集中征询意见的方法，适合于对系统的定性调查。开好调查会的基本要领概括为以下几点：

1）定好人员。参加调查会的人不一定很多，一般有 3～8 个就行，但要有各个方面、各个层次的代表。

2）拟好提纲。召开调查会之前要拟出调查提纲，并将要调查的内容预先告知参加调查会的人员，以便其提前有所准备，不开无准备之会。

3）营造好气氛。要营造一个平等和谐讨论问题的环境，让参加调查会的人畅所欲言、没有顾虑地讲话，并且把话讲完，哪怕是不顺耳的话，不然就很可能听不到真实情况。

4）当好“学生”。召开调查会的人必须谦虚和尊重参加调查会的人员，甘当他们的“学生”，不要居高临下、盛气凌人。

5）做好沟通。搞调查的人必须利用调查会同参加会议的人就需要了解的情况进行讨论沟通，把各种情况都弄清楚，不留疑点，并且必须自己提问、做好记录，特别是当时想到的一些观点、问题的一些理念，也要及时记录下来。

6）取好态度。要带着满腔热忱的态度和十分强烈的求知精神去调查，而不是走过场、搞形式。因此，以真诚的态度取得被调查者的信任，从而得到真实的情况，是调查会成功与否的关键。

7）搞好梳理。对调查会上发言者所谈的情况，要及时进行梳理，归纳出若干条，以便于从中提炼观点和深化认识。这有两种方法：一种是边开调查会边记录、边梳理；另一种是开完调查会后再梳理。当然最好是用前一种方法。因为在开会时就梳理出来的话，发现有需要再了解的情况，可以马上问清楚，而且当时梳理大脑正处于活跃状态，更容易产生思想的火花。如果会后梳理，特别是过了一段时间再梳理，则容易遗忘一些信息。

以上这几点都是需要调查人员高度重视和认真做好的，有时候召开调查会的收效不太理想，分析其原因，可能很大程度上就是在这些方面出了问题。

（5）在线调查（On-line Research）。无论是在网络聊天室进行的 90 分钟的访谈，还是持续一周时间的电邮互动式访谈，现在都日渐得到了广泛的应用。按照目前国内的现状，在线调查大体上可以分为两类：普通网站调查和专业在线调查。

1）普通网站调查。主要有两种方式。一是企业网站调查。如果企业已经建有自己的网站，可通过 Internet 在企业网站上建立随机调查页面、网络聊天室和电子邮件系统，对浏览本企业网站的用户进行随机调查，用户可以直接在问卷网页上填写，也可进入聊天室与客服人员实施网上访谈；或通过电子邮件系统发送和回收调查表。通过这些方式获取的电子数据可以直接生成调查数据库。二是热门网站调查。利用简单网络编程的方式将问卷生成页面，挂接在其他热门网站上，用户在浏览页面的时候对问卷进行回答，从而生成调查结果和数据库。

2）专业在线调查。专业在线调查是将传统的调查过程完全在线化、智能化，并作出深度分析，最终形成专业调查报告。专业在线调查可分为七大模块：建立问卷、问卷测试、问卷发送、数据收回、统计报告、项目管理、系统使用权限。

（6）参加业务实践。如果条件允许，亲自参加业务实践是了解现行系统的最好方法。通过实践，不仅能熟悉业务，同时还加深了开发人员与用户的思想交流和友谊，这将有利于下一步的系统开发工作。

（7）电话和电视会议。如果有条件还可以利用打电话和召开电视会议的方式进行调查，但只能作为补充手段，因为许多资料需要亲自收集和整理。

7.3　现行系统的物理模型

现行系统中的信息流动是以组织结构为基础的。因为各部门之间存在着各种信息和物质的交换关系，所以只有理顺了各种组织关系，才能使系统分析工作找到头绪；有了调查问题的突破口，才能使我们按照系统工程的方法自顶向下地进行分析。

7.3.1　组织结构图

组织结构图用来描述组织的总体布局以及组织内部各部分之间的联系。要建立管理信息系统，就必须知道现行系统的组织机构设置情况和它们之间的隶属关系。当然，最为关心的是那些与计算机管理有关的机构和关系。

通常用组织结构图来描述现行系统组织机构的层次和隶属关系，用矩形框表示组织机构，用箭头表示领导关系。例如，图 7-5 是某企业的行政组织结构图，从图中可见，该企业的组织分为 3 层：企业领导决策层、业务管理层和业务执行层。企业领导决策层由正副厂长、总工程师、总经济师和总会计师组成，主要职能是决定企业目标、确定经营方针、做出生产经营的具体决策。业务管理层包括计划科、财务科、生产科和销售科等机构，其主要职能是按照经营方针，在规定的职权范围内对各项业务进行管理。业务执行层由车间、班组等生产第一线的组织机构组成，完成日常的生产、业务和调度。

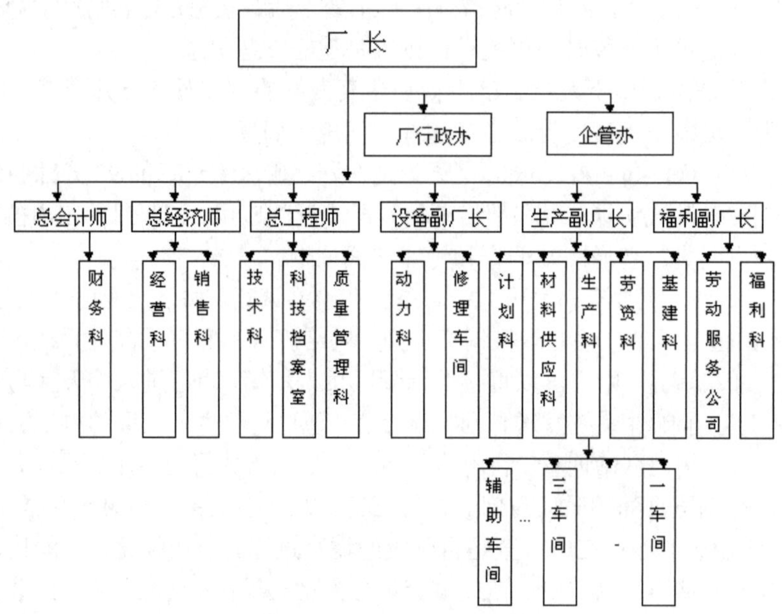

图 7-5 某企业组织结构图

在画组织结构图时应注意以下几点：

（1）不能只画组织中的从属关系、领导和被领导关系，因为它们不是全部的信息流。

（2）应具体调查结构的职能，不能仅按机构名称画图。

（3）实际情况往往比较复杂，很难设计出面面俱到的 MIS，应突出重点和目标。

7.3.2 功能结构图

系统都有一个总的目标，为了达到这个目标，必须要完成各子系统的功能，而各子系统功能的完成又依赖于下层各项更具体功能的执行。系统功能结构调查的任务就是要了解或确定系统的目标与系统功能的结构和关系。系统功能结构图的形式如图 7-6 所示。

功能要依靠组织机构来具体实现。因此，在理想情况下，功能和组织机构应该是一致的。但是由于客观情况的复杂性，在现行系统中，功能结构和组织机构并不能一一对应，这就要求在进行调查时要认真分析、加以划分。如图 7-7 所示就是某企业生产系统的功能结构图。

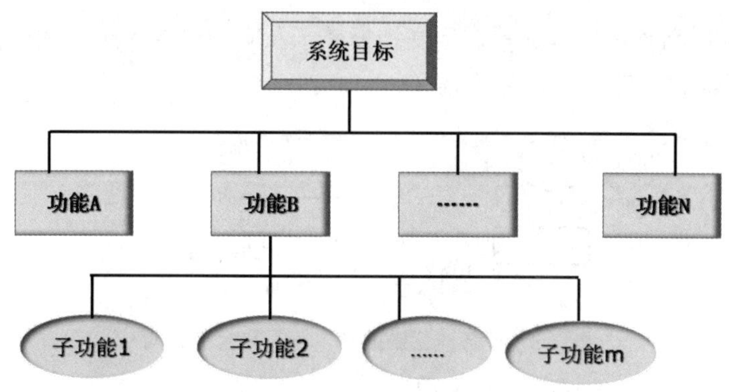

图 7-6 系统功能结构图模型

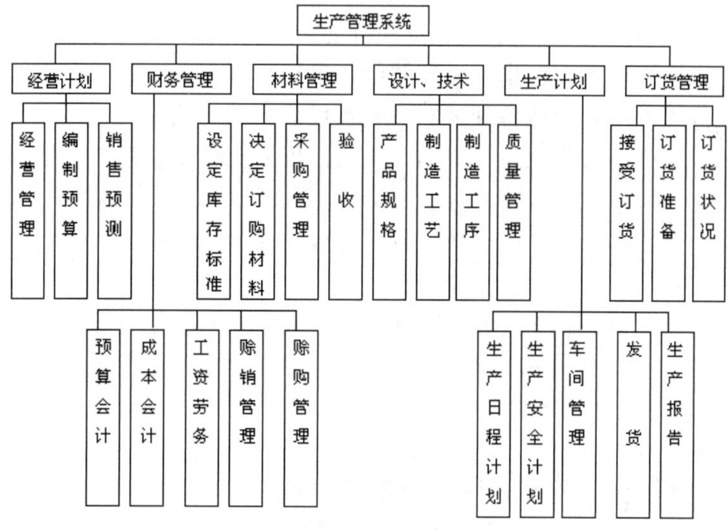

图 7-7 某企业生产管理系统的功能结构图

7.3.3 业务流程图

调查业务流程应顺着原系统信息流动的过程逐步地进行，内容包括各环节的处理业务、信息来源、处理方法、计算方法、信息流经去向、提供信息的时间和形态（报告、单据、屏幕显示等）。

业务流程图（Transaction Flow Diagram，TFD）就是用一些规定的符号及连线来表示某个具体业务的处理过程。业务流程图绘制是按照业务的实际处理步骤和过程进行的，用来描述系统所涉及业务的流程。利用它可以帮助分析人员找出业务流程中的不合理流向，以便进行流程重组。绘制业务流程图是参与开发人员的一项基本技能，它是管理业务的工作人员与技术开发人员都懂的共同语言。

1. 业务流程图的基本符号和含义

业务流程图的基本图素由椭圆、圆角方框、文档框（下边呈 S 型的方框）和有向箭头组成。业务人员用椭圆表示，椭圆内填上业务人员的名称；业务单位或业务部门用圆角方框表示，框内填写单位或部门名称；单据或报表用文档框表示，有向箭头表示单据或报表的流动方向。图 7-8 给出了业务流程图的基本符号和含义。

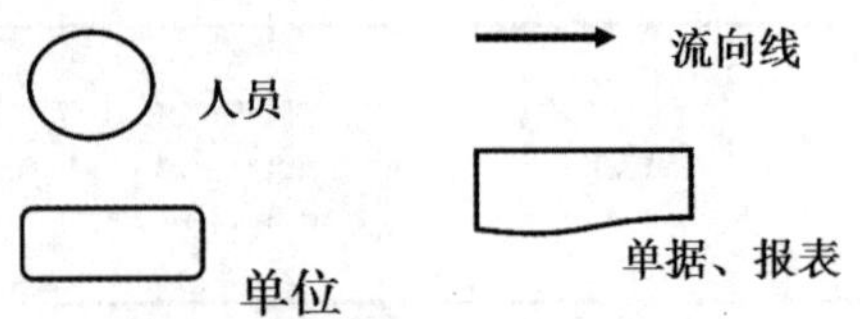

图 7-8 业务流程图的基本符号和含义说明

2. 绘制业务流程图的步骤与应用实例

绘制业务流程图的步骤主要分为以下 4 步：

（1）现行系统业务流程总结。在绘制业务流程图之前，要对现行系统的相关业务流程进行详细的调查和总结，并写出或描述出现行系统的业务流程。

（2）从业务流程描述中识别出人员或部门、单据和报表。

（3）找出业务处理中心或业务处理的主要责任者（部门或人员）。

（4）以人员或部门为起止点，以单据、报表为推动对象，以箭头所指方向为单据或报表的流向。

这样用以上 4 个基本符号组织而成，就是对应的业务流程图。为了便于理解和应用，下面举个例子加以说明。

【例 7-1】某企业采购部门为了保证一定的库存水平，设置了补充订货系统。其业务流程描述如下：库房工作人员通过库房终端将库房收发数据输入系统，由系统对收发数据与库房数据进行对比处理以确定补充订货的需要量，并生成订货报告送采购部门。试绘制出其对应的业务流程图。

本例中，涉及的业务人员和部门有采购部门、库房工作人员、库房管理系统的管理部门（库房管理部门）；涉及的单据或报表有收发数据清单、库房数据、补充订货清单、订货报告。显然，库房管理部门为业务处理中心，对应的业务流程图如图 7-9 所示。

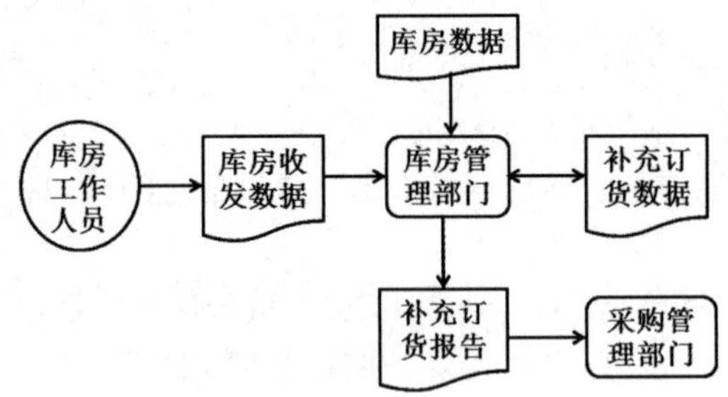

图 7-9 某企业补充订货报告生成业务流程图

7.4 数据流程图

系统分析阶段必须进行全面准确的数据收集、数据整理、数据特征分析及其数据流程分析。只反映数据或信息在系统中流动和处理情况的图称为数据流程图（Data Flow Diagram，

DFD)，它是描述系统逻辑模型的工具之一，也是系统逻辑模型的重要组成部分。

数据流程分析，即把数据在组织（或原系统）内部的流动情况抽象地独立出来，舍去了具体组织机构、信息载体、处理工作、物资和材料等，单从数据流动过程来考查实际业务的数据处理模式。

数据流程分析主要包括对信息的流动、传递、处理和存储等的分析。数据流程分析的目的就是要发现和解决数据流通中的问题。这些问题有数据流程不畅、前后数据不匹配、数据处理过程不合理等。问题产生的原因有的是属于原系统管理混乱，数据处理流程本身有问题；有的也可能是系统分析员调查了解数据流程有误或作图有误。总之这些问题都应该尽量地暴露并加以解决。一个通畅的数据流程是今后新系统用以实现这个业务处理过程的基础。

现有的数据流程分析多是通过分层的数据流程图来实现的。其具体的做法是：按业务流程图理出的业务流程顺序，将相应调查过程中所掌握的数据处理过程绘制成一套完整的数据流程图，一边整理绘图，一边核对相应的数据、报表和模型等。如果有问题，则会在这个绘图和整理过程中暴露无遗。这样就给我们解决新系统到底“做什么”和发现旧系统的问题症结所在提供了良好的途径，为新系统逻辑模型的建立打下基础。

7.4.1　数据流程图的基本符号

数据流程图简称数据流图，数据流图是一种能全面地描述信息系统逻辑模型的主要工具，一般由外部实体、数据流、处理（加工）和数据存储（文件）这 4 个要素组成的图形来综合地反映出信息在系统中的流动、处理和存储的情况。

数据流图具有抽象性和概括性。抽象性是指在 DFD 中具体的组织机构、工作场所、物质等都已经去掉，只剩下信息和数据存储、流动、使用、加工的情况，即描述的是抽象出来的数据。概括性是指它把系统对各种业务的处理过程联系起来考虑，形成一个总体，可反映出数据流之间的概况。

数据流图的 4 种基本符号与说明如图 7-10 所示。

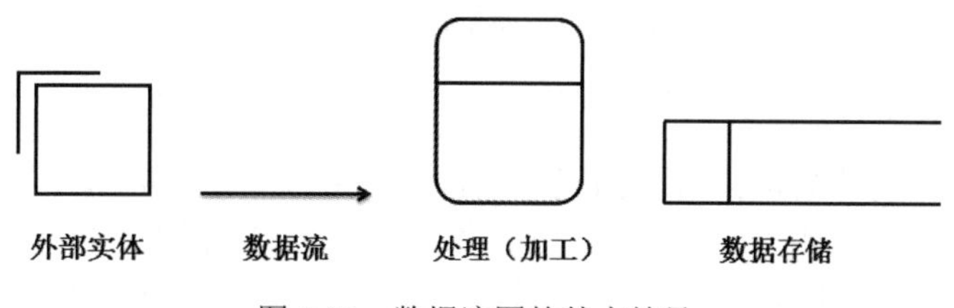

图 7-10　数据流图的基本符号

下面来详细讨论各基本符号的使用方法。

1. 外部实体

外部实体是指本系统之外的人或部门及其他子系统，它们与本系统有信息传递关系，即向本系统发送数据或从本系统接收数据。外部实体用带角（左上角）方框表示，在方框内标注外部实体的名称。为了避免在一张数据流图中线条的交叉，同一个外部实体可以出现若干次。重复出现的同一实体在右下角加画一斜线段表示，如图 7-11 所示。

流程图中未重复出现的外部实体　　流程图中重复出现的外部实体

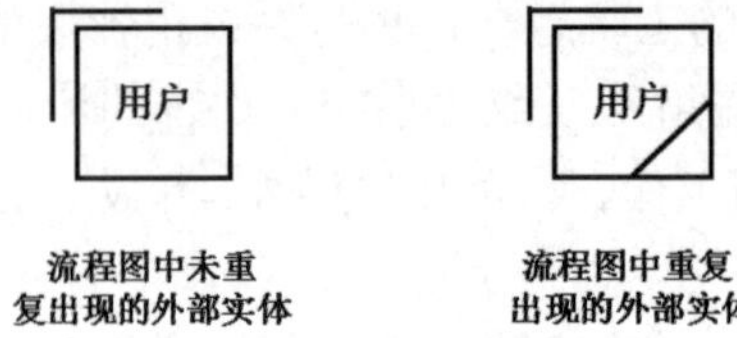

图 7-11　外部实体的标记方法

2. 数据流

数据流表示流动着的数据（Flow Data），它可以是一项数据，也可以是一组数据（如订货单、扣款清单等）。例如，“发票”是一个数据流，它由品名、规格、单位、单价、数量等数据项组成。数据流统一用有向箭头表示，箭头上沿或下沿标记数据流的名称和编号，编号一般以大写字母 F 打头，箭头方向表示流向。数据流向即数据流的传输方向，数据流可以从加工流向加工，也可以从加工流进文件（即数据存储）或流出文件，还可以从源点流向加工或从加工流向终点。数据流实际意味着各种各样的信息传输，如数据的传递、抽取、存入等。对数据流的表示有以下约定：

（1）对流进或流出文件的数据流不需要标注名字，因为文件本身就足以说明数据流。而别的数据流则必须标出名字，名字应能反映数据流的含义。

（2）数据流不允许同名。如流入加工的是“新生名单”，流出加工的也是“新生名单”，这两份“新生名单”要加以区别，如流出的“新生名单”改为“核实的新生名单”。

（3）两个数据流在结构上相同是允许的，但必须体现人们对数据流的不同理解。

如图 7-12 所示，数据流名称为“新生名单”，编号为 F1。数据流的编号和名称可在同一侧标示，如图 7-12（a）所示，也可在不同侧标示，如图 7-12（b）所示。

（a）编号与名称同在一侧　　（b）编号与名称不同侧

图 7-12　简单数据流举例

3. 数据存储

数据存储（或称文件）是指对数据记录文件的读写处理，同时标明存储数据的地方。通常用一个长方形左部加一纵贯线、右边开口的长方形条表示，右边填写数据存储的名字，左边填入该数据存储的编号，编号一般以大写字母 D（Data）打头，表示是数据文件。如图 7-13（a）所示，存储文件名为学籍表，编号为 D1。

（a）数据存储简图　　（b）重复出现的数据存储

图 7-13　简单数据存储举例

文件是存储数据的工具。文件名应与它的内容一致，写在右边的开口长条内。从文件流入或流出数据流时，数据流方向是很重要的。如果是读文件，则数据流的方向应从文件流出，写文件时则相反；如果是又读又写，则数据流是双向的。在修改文件时，虽然必须首先读文件，但其本质是写文件，因此数据流应流向文件，而不是双向的。

同外部实体一样，为了避免在一张数据流图中出现线条交叉，同一个数据存储可以出现若干次。重复出现的同一数据存储在左部多加画一条纵贯线表示，即用双纵贯线表示在一张数据流图中重复出现的数据存储，如图 7-13（b）所示，存储文件名为学生名册，编号为 D8，在数据流图中出现 2 次或 2 次以上。

4. 处理

处理（也称加工）是一个对输入数据流进行加工、变换和输出数据流的逻辑处理过程。如果将数据流比喻成工厂中的零部件传送带，数据存储是零部件的存储仓库，那么每一道加工工序就相当于数据流图中的处理过程（功能）。一般用一个圆角长方形上部加一横贯线组成的图形来表示处理逻辑，图形下部填写“处理”的名字（如开发票、出库处理等），上部填写唯一标识该处理的编号，编号一般以大写字母 P（Process）打头。名字中必须包含一个动词，例如“计算”“打印”“管理”等。对数据加工转换的方式有两种：一种是改变数据的结构，例如将数组中的各数据重新排序；另一种是产生新的数据，例如对原来的数据进行总计、求平均值等。如图 7-14 所示为数据加工的例子，数据加工名称为“学籍管理”，编号为 P1.1。

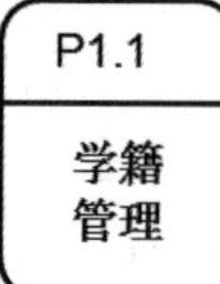

图 7-14　简单处理加工举例

数据流图通过以上 4 种基本符号来直观地表示系统的数据流程、加工、存储等过程。但它不能表达每个数据和加工的具体、详细的含义，这些信息需要在“数据字典”和“加工说明”中表达。

7.4.2 数据流图的层次结构

数据流分析方法属于结构化方法，因此在使用该方法进行分析时应遵循自顶向下、逐步求精的原则。自顶向下的原则使分析形成了由抽象到具体的不同层次，表达了人们对事物分析和认识的过程。为了反映这一过程，作为描述系统内部数据流动及加工过程的数据流图不能是简单的一张图，而是由很多张分层的数据流图组成的。

1. 数据流图的层次

分层的数据流图既表示了分析工作的自顶向下、逐层分解的过程，也表示了对系统描述由粗到细、在不同层次进行抽象的方法。分解的层次没有具体的限制，一般要到所分解的加工只包含一个单一的功能时停止分解，如图 7-15 所示。

如果一张数据流图是由另一张图中的某个加工经过分解而得到的，则分解后的数据流图称为子图，而分解前的称为父图。子图是父图中某个加工的精细化。由于数据流图是通过多层分解的，因此父图和子图是相对的。

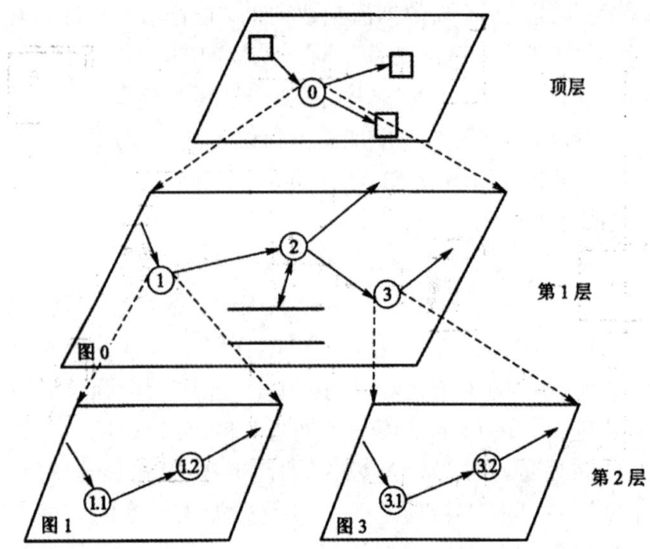

图 7-15 数据流图的层次关系

为了便于管理和查询，对分层图中的每一张图、每张图中的每一个加工都要给予编号。由于除顶层数据流图外，分层图中的每一张图都是其父图中某个加工经分解得到的。因此，对分层图最好的编号方法是以其父图中相应的加工编号作为其编号。这样的编号方法具有良好的唯一性，并能揭示出分层图中所包含的对应关系。

按照这种编号方法，顶层图没有父图，且只有一张，因此不予编号。顶层图的加工表示整个系统，编号为“0”。

顶层图的子图为“图 0”，也称为“0 号图”，该图中的加工顺序编号为 1，2，3，…，0 号图也只有一张。相应地，0 号图的子图分别为“图 1”“图 2”“图 3” 等，或称为“1 号图”“2 号图”“3 号图” 等。

在“图 0” 以下各层次的图中，每个加工的编号是其父图中所对应的加工编号加上一个小数点，再加上该加工在本图中的局部顺序编号。如表 7-6 所示为一个图的加工编号的例子。

表 7-6 图的加工编号的例子

图的层次	图编号	图中加工编号	图的数量
顶层图	不编号	0	一张
1	0	1,2,3,4,…	一张
2	1,2,3,4,…	（1.1,1.2,1.3） （2.1,2.2） （3.1,3.2） （4.1,4.2,4.3） …	多张，根据需要顺序编号
3	1.1,1.2,1.3 2.1,2.2 3.1,3.2 4.1,4.2 …	（1.1.1,1.1.2） （1.2.1,1.2.2,1.2.3） （1.3.1, 1.3.2, 1.3.3, 1.3.4, 1.3.5） …	多张，根据需要顺序编号

2. 顶层图

利用数据流图进行分析的第一步是绘制出顶层图（Top Level Diagram），顶层图也叫场景图或上下文图（Context Diagram）。顶层图是信息系统最高层的展示，它描述了整个系统的情况，包括系统的界限和范围以及系统与外界实体间的关系。

顶层图中只有一个加工，该加工代表了整个信息系统，它的编号是 0。在该加工的周围是和系统有关的外部对象，用数据流连接外部对象和“加工 0”。顶层图只关心系统环境，不显示任何内部细节，因此顶层图中不显示数据存储，如图 7-16 所示。

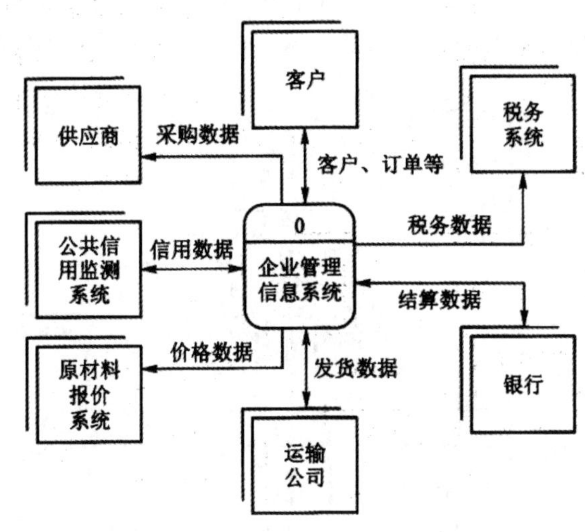

图 7-16　数据流图顶层图示例

图 7-16 展示了某企业管理信息系统的顶层图。加工“企业管理信息系统”位于图的中央，其编号为“0”，有 7 个外部对象在该加工的四周。其中客户、供应商是与系统有联系的人，系统向供应商发送“采购数据”，从客户获取“客户”数据、“订单”数据等，同时也向客户发送有关的数据，如通知数据等；运输公司和银行都是和系统有联系的外部单位，本系统向运输公司发送“发货数据”，使运输公司能够为本企业进行物流传递，支持企业的采购和销售工作；本系统还向银行发送“结算数据”以进行账务结算；原材料报价系统、公共信用监测系统和税务系统都是和本系统有数据交换的其他系统。通过这些外部系统，本系统查询并获取市场价格信息、客户和供应商的信用信息，并向税务管理部门申报和缴纳各类税款。顶层图中不对数据存储进行分析。

3. 图 0

顶层图提供了对所分析系统的总览。为了进一步揭示系统的功能，需要将“加工 0”向下分解一步，得到“图 0”。图 0 扩展了顶层图，并描述了系统的主要功能、数据流和数据存储。其中，加工的编号为 1，2，3，…，加工的编号不代表执行的先后次序，只是一种识别符号而已。顶层图中出现的外部对象和数据流也重复出现在图 0 中。

如图 7-17 所示为一个管理信息系统的图 0 示例，可以将该图看作是由图 7-16 所示的顶层图扩展而成的。该图将图 7-16 中的“加工 0”分解为 7 个加工，分别是“采购管理”“销售管理”“计划管理”“生产管理”“库存管理”“财务管理”和“市场营销管理”。由于分解后深入到内部细节，因此需要描述几个加工间的数据存储，本层数据流图包括“订单”和“生产计划”。其中，客户向系统下订单，“销售管理”负责处理客户管理和订货管理，并将订货信息保存在“订单”数据存储中，“市场营销管理”从客户那里获取客户需求信息，并向客户发布“新产品信息”，因此“客户”和“市场营销管理”间的数据流是双向的。“计划管理”从“市场营销管理”得到市场需求信息，并根据用户订单制定生产计划，保存在数据存储中。“生产管理”根据生产计划进行生产管理，并将生产的结果数据传给“库存管理”。“采购管理”根据生产计划采购原材料。注意，图中画了两个 D1“订单”和两个 D4“生产计划”数据存储，因此数据存储的图示上均采用双纵贯线，表示重复出现的数据存储，实际上它们是一个，画两个是为了绘图方便，避免出现数据流线交叉所引起的混乱。注意，加工和数据存储也都要有编号。

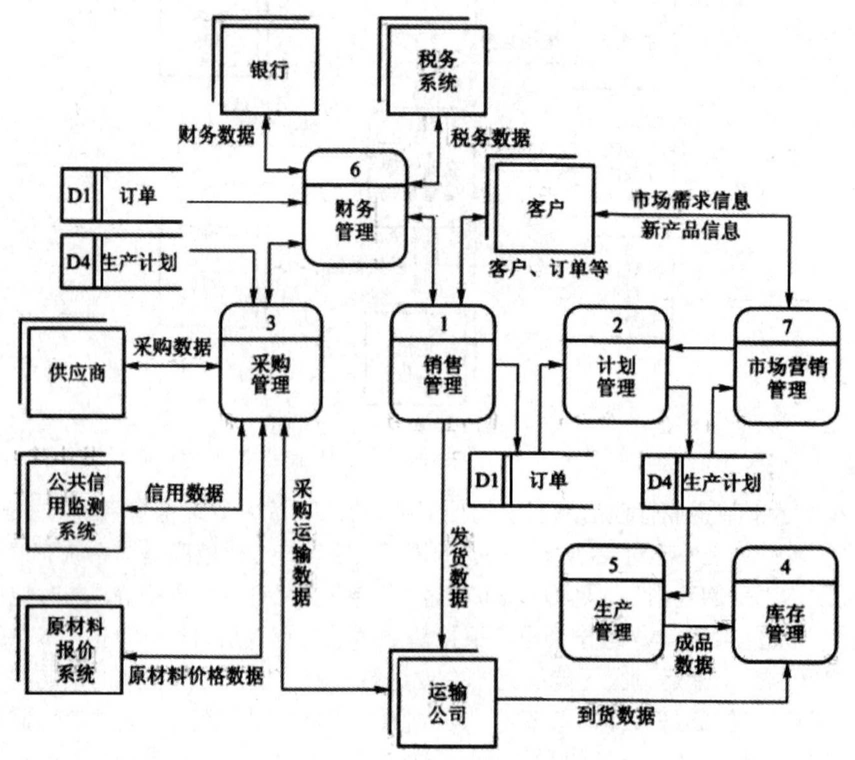

图 7-17　数据流图中的图 0 示例

4. 下层图

创建图 0 后，应继续向下分解，得到较低层的数据流图。为了创建较低层的数据流图，必须使用分层和平衡检验。分层是绘制越来越详细的图的过程，直到所有的基本功能都被识别出来。平衡检验是指在一套数据流图中，不同层的输入和输出数据流的语义正确性。

如图 7-18 所示是对图 7-17 中的加工“销售管理”的进一步分解，由于加工“销售管理”的编号为“1”，因此该图的编号为“图 1”。分解后得到 6 个下层加工，分别是“订单管理”“客户管理”“发货管理”“结算管理”“退换货管理”和“报价管理”，相应的编号从“1.1”到“1.6”。该图明确地描述了“销售管理”中数据的流动情况，描述了销售过程中客户数据、订单数据从何而来、经过什么加工处理后发生了什么变化、系统中需要保存哪些数据等。可以看出，数据流图以简单的图形方式清楚地表示了以上问题，这也是数据流图具有强大生命力的原因。

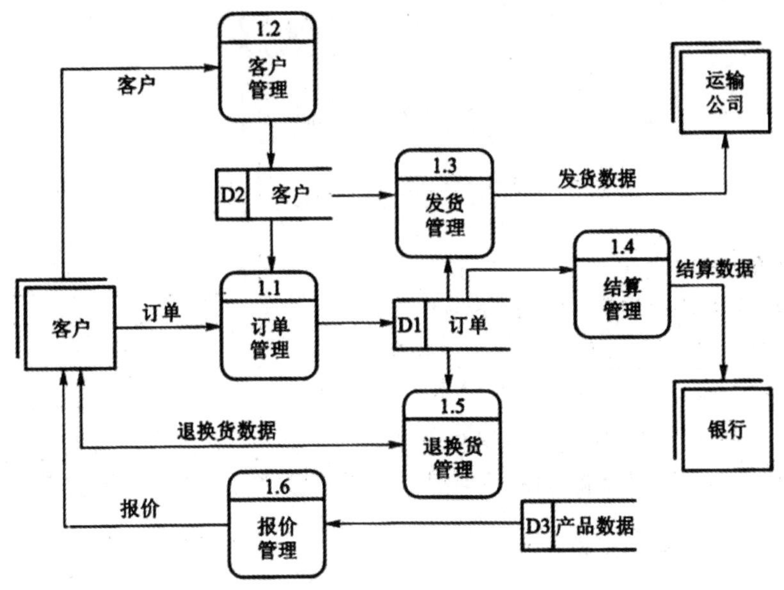

图 7-18 销售管理数据流图（图 1）

如图 7-19 所示是对图 7-18 中加工“订单管理”的进一步分解，由于加工“订单管理”的编号是“1.1”，因此该图的编号也为“图 1.1”。分解后得到 6 个下层加工，分别是“填写订单”“订单验证”“订单修改”“订单撤销”“订单跟踪”和“订单结清”，相应的编号从“1.1.1”到“1.1.6”。

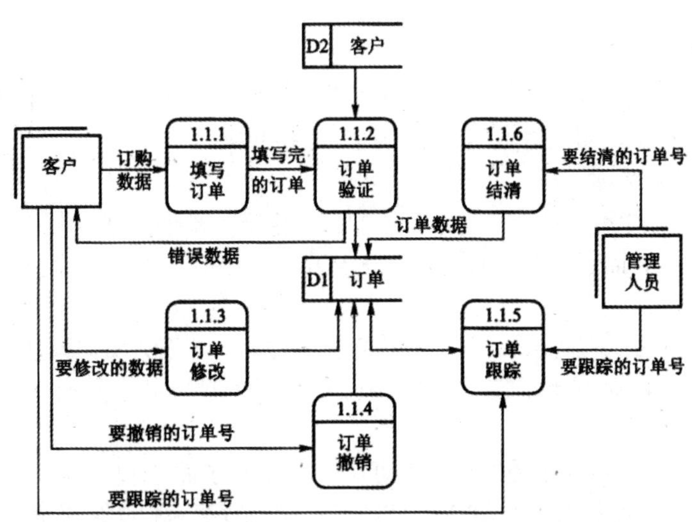

图 7-19 订单管理数据流图（图 1.1）

7.4.3 数据流图的绘制

对于不同的问题，数据流图可以有不同的绘制方式。在一般情况下，可按下述步骤进行绘制，如图 7-20 所示。

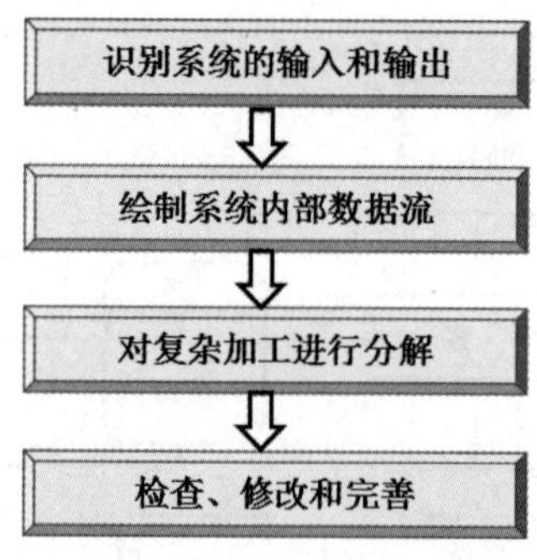

图 7-20　绘制数据流图的步骤

1. 识别系统的输入和输出

面向数据流的分析应首先确定系统的边界。在系统分析初期，系统的功能需求等还不很明确，为了防止遗漏，可以先将范围定得大一些。确定系统边界后，越过边界的数据流就是系统的输入或输出。

2. 绘制系统内部数据流

从系统输入端到输出端（也可以反过来），逐步把数据流和加工连接起来，当数据流的组成或数据发生变化时，就在相应的位置处设置一个“加工”。

（1）分析出主要的数据流，然后再补充相关的细节，如出错处理等。

（2）绘制数据流图时还应揭示相关的数据存储，以反映各种数据的存储位置，并表明数据流是流入还是流出数据存储。

（3）再一次检查系统的边界，补上遗漏但有用的输入/输出数据流，删去那些没有被系统使用的数据流。

3. 对复杂加工进行分解

分解加工时，采用“由外向里、自顶向下”的方式。如果在加工内部还有数据流，可将该加工分成若干子加工，用这些数据流把子加工连接起来。

4. 检查、修改和完善

当绘制完一套数据流图以后，应从上到下进行检查，验证数据流图是否全面、准确地反映了系统调查的结果，描述了系统的数据处理逻辑。如果有些地方不太明确，应重新调查，并进行修改完善。

对于一个大型信息系统来说，由于在系统分析初期，开发人员对问题的理解深度不够，在数据流图上也不可避免地会存在某些缺陷或错误，此时就需要进行检查、修改和完善工作，包括正确性和可读性两个方面。

（1）正确性检验。数据流图的正确性可从以下几个方面进行检查：

1）数据守恒。所谓数据守恒是指一个加工的输出数据流仅由它的输入数据流确定。数据不守恒的错误有两种：一是遗漏了某些输入数据流；二是某些输入数据流在加工内部没有被使用。

2）数据存储的使用。在数据流图中，数据存储与加工之间数据流的方向应按规定认真检查。例如，如果发现某个数据存储只有输入流而没有输出流，就要注意在系统分析或绘制中可能出现了问题。

3）父图和子图平衡。所谓父图和子图的平衡，是指父图和子图中的输入流和输出流的数量应在语义上一致。即子图不能出现父图中没有的数据流，或父图中的数据流在子图中没有体现出来。造成子图与父图不平衡的一个常见原因是在增加或删除一个加工时忽视了对父图或子图的修改。当然，也有可能子图中多出来的数据是对父图数据流的分解和细化，这种现象不属于不平衡的情况。

4）加工和数据流的命名。加工和数据流的名字必须体现被命名对象的全部内容，而不是一部分。对于加工的名字，应检查它的含义与被加工的输入/输出数据流是否匹配。

（2）可读性检验。一般可以从以下几个方面提高数据流图的可读性：

1）简化加工之间的联系。各加工之间的数据流越少，加工的独立性就越高。因此，应当尽量减少加工之间的数据流的数目。加工间的数据流最好控制在 1～2 条，否则就应该考虑对加工进行分解。

2）分解应当均匀。在同一张数据流图上，应避免出现某些加工已是最小功能单元，而另一些加工仍需进行多层分解的情况出现，否则应考虑重新分解。

3）命名应当恰当。如前所述，理想的加工名由一个具体的动词和一个具体的宾语组成。数据流和数据存储的名字也应具体、明确。数据存储、加工、数据流的编号应遵循一定的格式规范。命名、编号应尽量做到使人一目了然。

为加深理解，下面举个例子加以说明。

【例 7-2】某公司工资发放业务陈述如下，试绘制相应的数据流图。

某公司每月末发放工资，发放前的工资处理过程是每月 20 日到 23 日由财务科根据已存档的上月工资发放表和人事科送来的人员及工资变动表填写本月工资发放清单中的前 4 项(即姓名、部门、基本工资、附加工资)，即应发工资项。每月 24 日总务科将扣款清单送交财务科，由财务科按扣款清单将扣款数填入本月工资发放清单的扣款项。最后计算出每位职工的本月实发工资，并填入本月工资发放清单，最后交银行工作人员为发放工资做好准备。

绘制步骤如下：

（1）识别系统的输入与输出。这是一个工资发放系统，输入是：人事科送来的本月工资变动表、总务科交来的本月职工扣款清单；输出是：本月工资发放表交银行工作人员。形成顶层（第 0 层）数据流图，如图 7-21 所示。

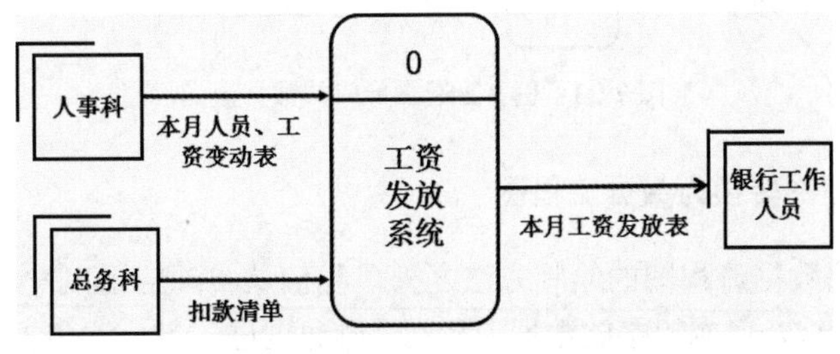

图 7-21　绘制数据流图步骤之一：顶层数据流图

（2）绘制系统内部数据流。对顶层（第 0 层）的工资发放系统的内部加工进行分解，形成第 1 层数据流图：①核对本月应发工资，将人事科交来的本月工资变动表与上月工资发放表核对，按变动要求修改，形成本月应发工资表；②核对本月应扣工资，将总务科送来的本月职工扣款清单填入每个职工的应扣工资项，形成本月应扣工资；③计算本月实发工资，将每个职工的本月应发工资减去本月应扣工资形成本月应发工资，如图 7-22 所示。

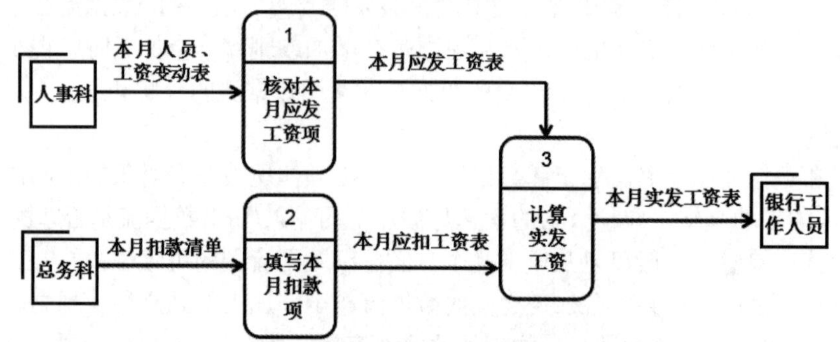

图 7-22　绘制数据流图步骤之二：第 1 层数据流图（图 0）

（3）对复杂的加工进行分解。本例中的 3 个子加工都已经很具体和简单了，不必再进一步分解。

（4）检查修改与完善。①进行正确性检验，考虑数据存储的使用问题，加工名、数据流名等的命名问题，父图与子图的平衡问题等；②可读性检验，考虑简化加工之间的联系问题，均匀分解问题，命名、编码的规范问题等。

最后，形成的数据流图如图 7-23 所示。

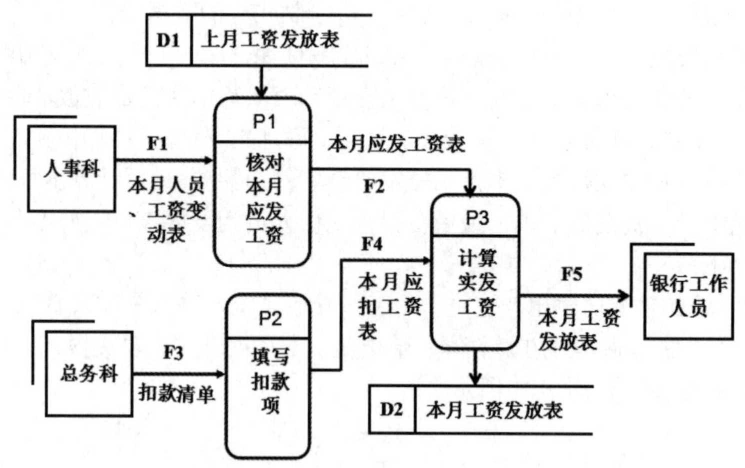

图 7-23　例 7-2 最终形成的数据流图

7.4.4　业务流程图转换为数据流程图

除了以上介绍的数据流程图的绘制方法之外，我们从实际应用出发，数据流程图也可以从业务流程图转换生成，形成粗略的数据流程图，再通过进一步分解和求精、合并和集成，形成比较完善的数据流程图。具体转换规则描述如下：

（1）将业务流程图中只有单向箭头（只有输入箭头或只有输出箭头）的“人员”或“部门”直接转换为“外部实体”，将有双向箭头（既有输入箭头也有输出箭头）的“人员”或“部门”直接转换为“处理”。

（2）将从业务流程图转换过来的“处理”按实际需要作进一步分解，直到符合要求为止。

（3）将业务流程图中“有出也有入”箭头的单据（即人员或部门推动的单据或表格）直接转换为“数据流”，将只有“出”或只有“入”的单据或表格转换为“数据存储”。

（4）对形成的初步数据流程图作进一步的优化，如合理考虑数据存储、起名和编号规范化等。

根据以上规则，我们以例 7-2 中的实例加以说明。

【例 7-3】试根据例 7-2 的业务描述和业务流程图（如图 7-24 所示）转换为数据流程图。

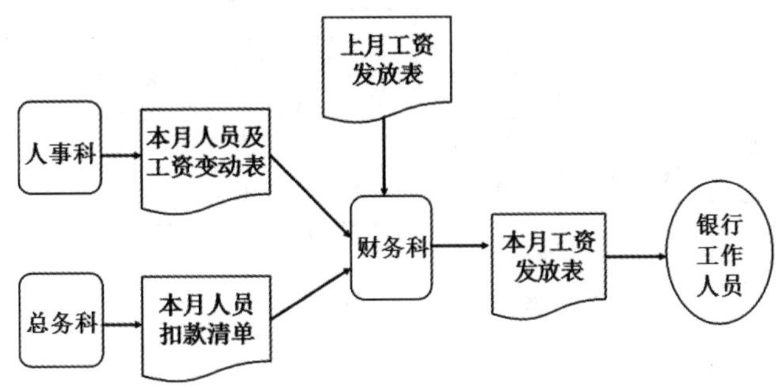

图 7-24　某公司工资发放业务流程图

（1）初步转换生成的数据流程图如图 7-25 所示。

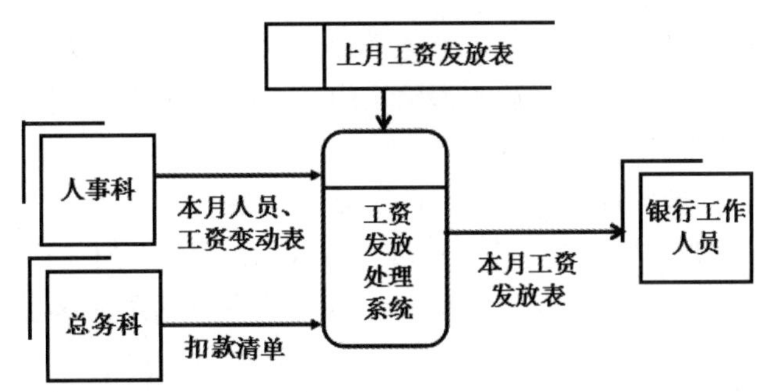

图 7-25　转换生成的初步数据流程图

（2）根据业务描述对“处理”进行分解：①核对本月应发工资，将人事科交来的本月工资变动表与上月工资发放表核对，按变动要求修改，形成本月应发工资表；②核对本月应扣工资，将总务科送来的本月职工扣款清单填入每个职工的应扣工资项，形成本月应扣工资；③计算本月实发工资，将每个职工的本月应发工资减去本月应扣工资形成本月应发工资。最后，通过优化、适当考虑数据存储并规范化后生成的数据流程图如图 7-26 所示。

7.4.5　数据字典

数据流程图描述了系统的分解，即描述了系统由哪几部分组成、各部分之间的联系等，但还没有说明系统中各个成分的含义，也就是数据流程图不可能把所有数据在图上表述出来，例如，在前面的例子图 7-26 中，数据存储 D2“本月工资发放表”包括哪些内容，在数据流程图中表达不够具体、准确；又如处理框 P3“计算实发工资”，如何计算，数据流程图上也看不出来。只有当数据流程图中出现的每一个成分都给出定义之后，才能完整、准确地描述一个系统。为此，还需要其他工具对数据流程图加以补充说明，这种工具之一就是数据字典。

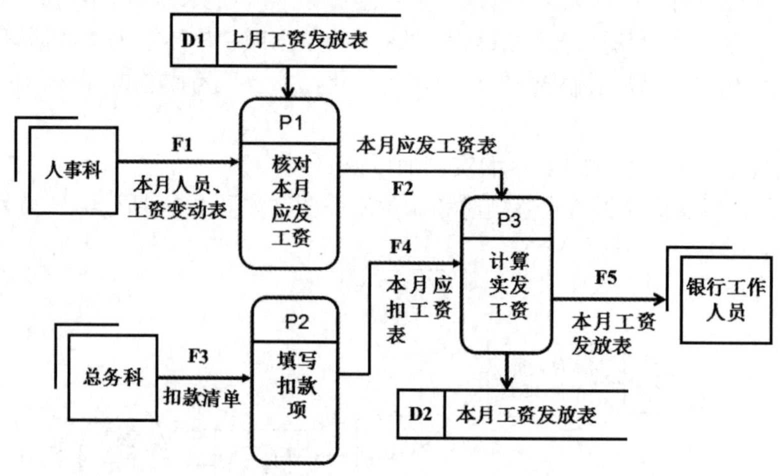

图 7-26 优化后生成的数据流程图

1. 数据描述的基本符号

为了更加清晰地定义数据，尤其是复杂数据，说明其构成成分，在编制数据字典时引入了一些数据定义符号，这些符号既能明确描述复杂数据的结构和数据项间的关系，又直观、易懂，能使用户和设计人员理解其含义。

任何复杂数据基本都是由数据元素反复使用顺序、选择和重复这 3 种方式而形成的。为此，在数据字典各条目的定义中，描述数据结构的具体符号有以下几种：

- =：表示“等价”，即“定义为”。
- +：表示“与”，即顺序连接，表示两个分量相连。
- [数据 1|数据 2…]：表示“单项选择”，即选中括号“[ ]”中的某一项，括号中各选择项用“|”隔开。例如，三好学生=[张三|李四|王五|陈六]，即只能在这 4 个人中选择一人当三好学生。
- （ ）：表示“多项选择”，从圆括号“（ ）”中任选，也可多选，也可一项都不选，即圆括号内的数据可有可无。
- { }：表示“重复”，即重复大括号“{ }”内的项，重复次数的上下界标在括号右边。例如，$\{x\}_n$ 表示把 x 重复 n 次，$\{x\}_1^5$ 表示把 x 加工重复 1～5 次。若在重复括号上没有附加重复次数的上下界时，则表示 0 次或多次重复。
- m..n：表示范围，即数据的取值是 m 和 n 之间的整数（包括 m、n）。

例如，学生成绩通知={学号+学生姓名+{课程名+成绩}$_{\text{本学期所修课程}}$+（补考课程名称+补考时间+补考地点）}$_{\text{所有在册学生}}$，表示发放学生成绩通知单所包含的数据信息，对所有在册学生都执行一次，其中，{课程名和成绩}又表示对本学期所修的课程都重复一次，补考的信息用一对圆括号“（ ）”表示其中的信息可有可无，因为不是所有的学生都有补考。

又如，学生奖励通知={学号+学生姓名+[一等奖|二等奖|三等奖|鼓励奖]}$_{\text{所有获奖学生}}$，表示发放获得奖励学生的通知单应包含的数据信息，对所有获奖学生都执行一次，奖励等级用一对中括号“[ ]”表示其中的内容为单选项。

2. 数据字典的各类条目

数据字典中有 6 类条目：数据元素、数据结构、数据流、数据存储、处理过程、外部实体。不同类型的条目有不同的属性需要描述，现分别说明如下：

（1）数据元素。数据元素是最小的数据组成单位，也就是不可再分的数据单位，如学号、姓名等。对每个数据元素，需要描述以下属性：

1）名称和编号。数据元素的名称要尽量反映该元素的含义，便于理解和记忆。一个数据项有一个唯一的编号或编码。为便于区别，数据元素或数据项一般以大写字母“ I ”打头。

2）别名。一个数据元素，可能其名称不止一个，若有多个名称，则需加以说明。

3）类型。说明取值是字符型还是数字型等。

4）取值范围和取值的含义。数据元素可能取什么值或每一个值代表的意思。

数据元素的取值可分为离散型和连续型两类。如人的年龄是连续型的，取值范围可定义为 0～150 岁。当然，这里的“连续”与高等数学中的“连续”含义不同。按通常编排学号的办法，学号是离散的。再如“婚姻状况”取值范围是“未婚、已婚、离异、丧偶”，也是离散型。一个数据元素是离散的还是连续的，视具体需要而定。例如，在一般情况下，用岁数表示一个人的年龄，是连续的。但有时，只用“幼年、少年、青年、壮年、老年”表示，或者区分为成年、未成年即可，这时年龄便是离散型的。

5）长度。指该数据元素由几个数字或字母组成，如学号按某校现在的编法由 10 个数字组成，其长度就是 10 个字节。

除以上内容外，数据元素的条目还包括对该元素的简要说明、与它有关的数据结构等。如图 7-27 所示是数据元素条目的一个示例。

数据项编号 ：I02-01
数据项名称 ：材料编号
别　　　名 ：材料编码
简　　　述 ：某种材料的代码
类型及宽度 ：数字型，4位
取值范围　 ："0001"~"9999"

图 7-27　数据元素条目示例

（2）数据结构条目。数据结构描述某些数据元素之间的关系。一个数据结构可以由若干数据元素组成，也可以由若干数据结构组成，还可以由若干数据元素和数据结构组成。数据字典中对数据结构的定义包括以下内容：①数据结构的名称和编号；②简述；③数据结构的组成。

例如表 7-7 所示的订货单就是由 3 个数据结构组成的数据结构，表中用 DS（Data Structure，DS）表示数据结构，用 I（Item）表示数据项，即数据元素。

1）“用户订货单”数据结构定义。

数据结构编号：DS03-01

数据结构名称：用户订货单

简　　　　述：用户所填的用户情况及订货要求等信息

数据结构组成：DS03-02+DS03-03+DS03-04

表 7-7　数据结构条目示例

DS03-01：用户订货单		
DS03-02：订货单标识	DS03-03：用户情况	DS03-04：配件情况
I03-02-1：订货单编号	I03-03-1：用户代码	I03-04-1：配件代码
I03-02-2：日期	I03-03-2：用户名称	I03-04-2：配件名称
	I03-03-3：用户地址	I03-04-3：配件规格
	I03-03-4：用户姓名	I03-04-4：订货数量
	I03-03-5：电话	
	I03-03-6：开户银行	
	I03-03-7：账号	

2）“订货单标志”数据结构定义。

数据结构编号：DS03-02

数据结构名称：订货单标志

简　　　述：用户所填的订货单的基本信息，如编号、日期等

数据结构组成：I03-02-1+I03-02-2

3）“订货单用户信息”数据结构定义。

数据结构编号：DS03-03

数据结构名称：订货单用户信息

简　　　述：订货单用户的用户代码、用户名称、用户账号等基本情况

数据结构组成：I03-03-1+I03-03-2+I03-03-3+I03-03-4+I03-03-5+I03-03-6+I03-03-7

4）“配件情况”数据结构定义。

数据结构编号：DS03-04

数据结构名称：订货单配件信息

简　　　述：订货单上用户所购配件的基本信息，如配件代码、名称、规格、数量等。

数据结构组成：I03-04-1+I03-04-2+I03-04-3+I03-04-4

（3）数据流条目。在数据字典中数据流一般描述以下属性：①数据流的来源：数据流可以来自某个外部实体、数据存储或某个处理；②数据流的去处：某些数据流的去处可能不止一个，如教学管理中的“期末成绩”这个数据流，一个去处是流到学籍科，另一个去处是学生本人，两个去处都要说明；③数据流的组成：指数据流所包含的数据结构，一个数据流可以包含一个或多个数据结构，若只含一个数据结构，应注意名称的统一，以免产生二义性；④数据流的流通量：指单位时间（每日、每小时等）里的数据传输次数，可以估计平均数或最高、最低流量各是多少；⑤高峰时的流通量。

如图 7-28 所示是数据流条目的一个例子。

如果数据流的组成很复杂，则可采用“自顶向下，逐步分解”的方式来表示。例如，“课程”数据流可以写成：

课程=课程名+教师+教材+课程表

课程表={星期几+第几节+教室}

只要依次查这两个条目，就可确切地了解“课程”的含义。

数据流编号：F03-08
数据流名称：领料单
简　　　述：车间开出的领料单
数据流来源：车间
数据流去向：发料处理模块
数据流组成：材料编号＋材料名称＋领用数量＋日期＋领用单位
数据 流 量：10份/时
高峰 流 量：20份/时（上午9:00-11:00）

图 7-28　数据流条目示例

（4）数据存储条目。数据存储是数据保存的场所，它在数据字典中只描述数据的逻辑存储结构及有关的数据流、查询要求，而不涉及它的物理组织。如图 7-29 所示为数据存储条目的一个示例。

数据存储编号：D03-08
数据存储名称：库存账
简　　　　述：存放配件的库存量和单价
数据存储组成：配件编号＋配件名称＋单价＋库存量＋备注
关　键　字：配件编号
相关联的处理：P02，P03

图 7-29　数据存储条目示例

有些数据存储的结构可能很复杂，如“学籍表”这样的数据存储，包括学生的基本情况、学生动态、奖惩记录、学习成绩、毕业论文成绩等，其中每一项又是数据结构。这些数据结构由各自的条目分别加以说明，因此在“学籍表”的条目中只需列出这些数据结构的名称或编号，而不需要列出这些数据结构的内部构成。数据流程图是分层的，下层图是上层图的具体化。同一个数据存储可能在不同层次的图中出现。描述这样的数据存储，应列出最底层图中的数据流。

（5）处理过程条目。对于数据流程图中的处理框，需要在数据字典中描述处理框的编号、名称、功能的简要说明、有关的输入和输出。对功能进行描述，应使人能有一个较明确的概念，知道这一处理框的主要功能，详细的功能还要用“加工说明”进一步描述。如图 7-30 所示是处理过程条目的一个示例。

（6）外部实体条目。外部实体是数据的来源和去向。因此，在数据字典中关于外部实体的条目，主要说明外部实体产生的数据流和传给该外部实体的数据流，以及该外部实体的数量。外部实体的数量对于估计本系统的业务量有参考作用，尤其是关系密切的主要外部实体。如图 7-31 所示是外部实体条目的一个示例，描述的“客户”数量约为 4000 个。“客户”这个外部实体与销售管理系统有很多联系，如客户订货时要填写各种登记表，要退货或追加订货等则要提出申请，若 4000 个客户同时在线工作，系统应考虑有这样的承载能力。因此，外部实体的数量对系统开发有着重要的影响，有必要加以表述。外部实体的编号一般以大写字母 E（Entity）打头。

处理逻辑编号：P02-03
处理逻辑名称：计算电费
简　　　　述：计算应交纳的电费
输入的数据流：电费价格（来源于数据存储文件价格表）；电量和用户类别，来源于处理逻辑“读电表数字处理”和数据存储“用户文件”。
处　　　　理：根据数据流“用电量”和“用户信息”，检索用户文件，确定该用户类别；再根据已确定的该用户类别，检索数据存储价格表文件，以确定该用户的收费标准，得到单价；用单价和用电量相乘得到该用户应交纳的电费。
输出的数据流：数据流“电费”，一是去外部项用户，二是写入数据存储用户电费账文件。
处 理 频 率：对每个用户每月处理一次。

图 7-30　处理过程条目的一个示例

外部实体编号：E03-01
外部实体名称：用户
简　　　　述：购置本单位配件的个人或组织
输入的数据流：F03-06，F03-08
输出的数据流：F03-01

图 7-31　外部实体条目示例

7.4.6　加工说明

结构化系统分析的基本思想是，将一个复杂的系统逐层分解成许多足够简单的基本处理（功能单元）。数据流程图是系统分析的主要工具，它着重表达系统的逻辑功能及各个部分之间的联系。数据字典补充说明系统所涉及的数据，是数据属性的清单。数据字典中包括了对各个处理功能的一般描述，但这种描述是高度概括的。在数据字典中，不可能也不应该过多地描述各个处理功能的细节，为此，需要另一种工具“加工说明”（或称为处理逻辑表达）来完成。

对基本处理的说明称为加工说明。加工说明应准确地描述一个基本处理“做什么”，包括处理的激发条件、加工逻辑、优先级、执行频率和出错处理等，其中最基本的是加工逻辑。

加工逻辑是指用户对这个加工的逻辑要求，即输出数据流与输入数据流之间的逻辑关系。应该特别注意的是，系统分析阶段的任务是理解和表达用户的要求，而不是考虑系统怎么做、怎样实现。所以一个处理的说明，是用来说明根据用户的要求这个处理应该“做什么”，而不是用编程语言来具体描述加工处理的过程，例如用什么工作单元、如何控制执行等，这些是系统设计和编程阶段的任务。如果这时具体描述加工过程，一方面限制了设计人员的自由，另一方面也不便于与用户交流，用户不是编程人员，不懂得你的描述。

1. 加工说明的描述工具

由于自然语言不够精确、简练，不适合编写加工说明。目前已有许多适用加工说明的描述工具，下面我们介绍 3 种最常用的工具：结构化语言、判定树和判定表。

（1）结构化语言。自然语言的优点是容易理解，但是它不精确，可能有多意性。程序设计语言的优点是严格精确，但它的语法规定太死板，使用不方便。结构化语言（Structured Language）则是介于自然语言和程序设计语言之间的一种语言，它是带有一定结构的自然语言。在我国，通常采用较易为用户和开发人员双方接受的结构化汉语。

在用结构化语言描述问题时只允许使用 3 种基本逻辑结构，即顺序结构、选择结构和循环结构。配合这 3 种结构所使用的词汇主要有 3 类：陈述句中的动词，在数据字典中定义的名词，某些逻辑表达式中的保留字、运算符、关系符等。后面我们还会具体说明这 3 种语句的使用方式。如表 7-8 和表 7-9 所示为两个用结构化汉语描述加工说明的例子。

表 7-8　人事档案系统修改说明

加工编号	P3.7	加工名	修改	代号	2
输　入	输入功能代号 2 和职工号				
加工逻辑	可对相应职工的各数据项进行修改				
输　出	修改后的职工数据				
注　释	在人事数据有变化时，随即使用该功能				

表 7-9　人事档案系统查询说明

加工编号	P8.3	加工名	查询	代号	3
输　入	功能代号 3 和查询选项[工资|工作部门|职称|工龄]				
加工逻辑	如果　选择工资　那么　按工资额查询职工表 如果　选择工作部门　那么　按工作部门查询职工表 如果　选择职称　那么　按职称查询职工表 如果　选择工龄　那么　按工龄查询职工表				
输　出	职工基本情况表（职工号、工作部门、职称、工资额、工龄、家庭住址、联系电话）及其统计信息				
注　释	了解或统计职工基础信息时使用该功能				

（2）决策树。决策树（Decision Tree）是用来表示逻辑判断问题的一种图形工具，也称判断树。它用“树”来表达不同条件下的不同处理，比语言、表格的方式更为直观。决策树的左侧（称为树根）为加工名，中间是各种条件，所有的行动都列于最右侧。

下面对决策树中的基本图素进行说明。

- □：小方框表示决策起点，方框旁或方框内标示决策名或加工名。
- ○：小圆圈表示分支结点。
- △：小三角表示结果点，结果点的旁边标明应采取的决策方案。
- 一：连接线表示方案枝（条件分支）。若有分支，在每一类分支的下方或上方标示分支的条件名称，在分支连接线的边上标示应满足的条件（可能是关系表达式，也可能是逻辑表达式或一个选择）。

【例 7-4】某公司的折扣政策描述如下：如果客户与本公司的年交易额大于 5 万元，最近三个月又无欠款，则给予 15%的折扣；如果最近三个月有欠款，再考虑客户与本公司的交易年限，如果交易年限大于 20 年，则给予 10%的折扣；否则给予 5%的折扣。如果客户的年交易额小于 5 万元，则不考虑折扣问题。请用决策树表达这一逻辑加工说明。

此例的逻辑加工问题用决策树表达如图 7-32 所示。

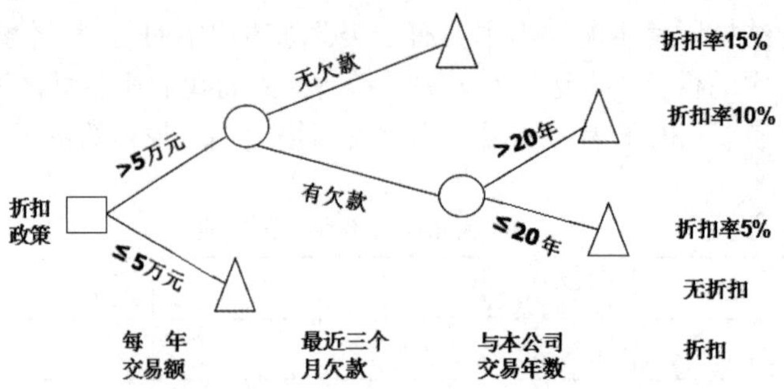

图 7-32 某公司折扣政策的决策树

对于比较复杂的逻辑加工，用文字表达这种多元逻辑关系不仅十分繁琐且难以看清，采用决策树就比较直观，容易理解。

【例 7-5】某工厂工人生产 A 和 B 两种产品。凡工人每月的实际生产量超过计划指标者均有奖励。请根据以下描述画出奖励政策的决策树。

A 产品的奖励政策：

- 超产数 N 小于或等于 50 件时，每超产一件奖励 1 元。
- N 大于 50 且小于或等于 100 件时，大于 50 的超产部分每件奖励 1.25 元，其余每件奖励 1 元。
- N 大于 100 件时，超过 100 的部分每件奖励 1.5 元，其余按超产 100 件以内的方案处理。

B 产品的奖励政策：

- 超产数 N 小于或等于 25 件时，每超产一件奖励 2 元。
- N 大于 25 且小于或等于 50 件时，超过 25 件的部分每件奖励 2.5 元，其余按超产 25 件以内处理。
- N 大于 50 件时，超过 50 件的部分每件奖励 3 元，其余按超产 50 件以内处理。

此例的逻辑加工问题用决策树表达如图 7-33 所示。

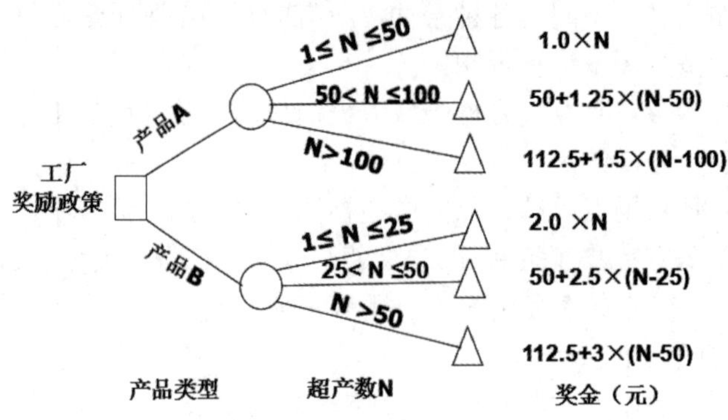

图 7-33 某工厂超产奖励政策的决策树

（3）判定表（Decision Table，DT）。判定表也称决策表。对于具有多个互相联系的条件和可能产生多种结果的问题，用结构化语言描述则显得不够直观和紧凑，这时可以用以清楚、简明为特征的决策表来描述。

决策表也是一种图形工具，呈表格形。决策表共分 4 个部分，如表 7-10 所示，左上角为条件说明；左下角为决策方案，即行动说明；右上角为状态信息，即各种条件的组合说明；右下角为决策规则，即各条件组合下相应的行动。决策表的编制，首先要明确加工的功能与目标，然后要识别影响决策的各项因素（条件），列出这些因素可能出现的状态，并制定出决策的规则。

表 7-10 决策表的平面布局模型

条件	状态
决策方案	决策规则

下面我们用例子来说明如何使用判定表。

【例 7-6】某公司处理用户订货解决方案描述如下：①如果用户的欠款时间不超过 30 天、订货量不超过库存量，则可以立即发货，但如果订货量超过库存量，则先按库存发货，进货后再补发；②如果用户的欠款时间大于 30 天但不超过 100 天、订货量不超过库存量，则要求先付款再发货，但如果订货量超过库存量，则不发货；③如果用户的欠款超过 100 天，则要求先付欠款。

该公司处理用户订货解决方案的判断表如表 7-11 所示。

表 7-11 判定表描述的订货政策

决策号		1	2	3	4	5	
条件组合	C1：欠款时间≤30 天	Y	Y	N	N	N	状态
	C2：30 天<欠款时间≤100 天	N	N	Y	Y	N	
	C3：订货量≤库存量	Y	N	Y	N	—	
决策行动	A1：立即发货	√					决策规则
	A2：先按库存发货，进货后再补发		√				
	A3：先付款再发货			√			
	A4：不发货				√		
	A5：通知先付欠款					√	

其中状态一栏内把可能出现的状态组合标示出来，Y（Yes）表示出现或条件成立或条件为真，N（No）表示不出现或条件不成立或条件为假，“—”表示“Y”或“N”均可或不考虑此条件。表中右上角的 5 种状态是不相容的，即组合项是不重复的。右下角的决策规则是指在什么状态组合下采取什么决策方案。用打“√”表示采取相应的方案。

判定表是根据条件组合进行判断的，表 7-11 所示表格中的每个条件只存在“Y（是）”和“N（非）”两种情况，所以 3 个条件组合共有 $2^3=8$ 种可能性。在实际使用中，有的条件组合可能是矛盾的，需要剔除，有的则可以合并。因此需要在原始判定表的基础上进行整理和综合，才能得到简单明了且实用的判定表。同时，在整理过程中还可能对用户的原有业务过程进行改进和提高。

【例 7-7】将如图 7-34 所示的决策树改用判断表表示。

对应的决策表如表 7-12 所示。

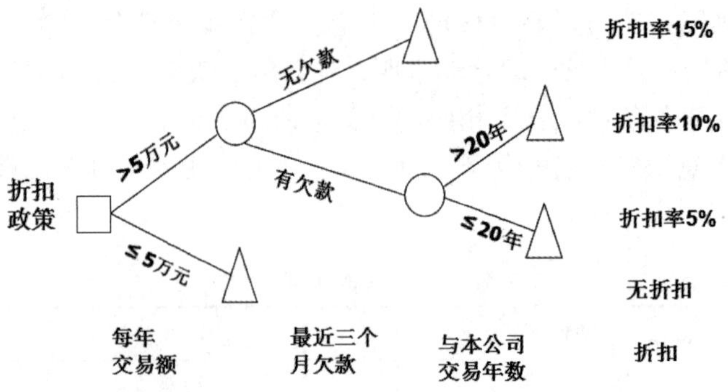

图 7-34 已知的决策树

表 7-12 例 7-7 决策树对应的判定表

决策号		1	2	3	4	
条件组合	C1：交易额在 5 万元以上	Y	Y	Y	N	状态
	C2：最近 3 个月中无欠款	Y	N	N	—	
	C3： 与本公司交易 20 年以上	—	Y	N	—	
决策行动	A1：折扣率 15%	√				决策规则
	A2：折扣率 10%		√			
	A3：折扣率 5%			√		
	A4：无折扣				√	

判定表的内容十分丰富，除了以上介绍的有限判定表（Limited Entry Table）以外，还可根据表中条件取值的状态不同，延伸出扩展判定表（Extended Entry Table）和混合判定表（Mixed Entry Table）。它们都各有特色，若能合理地选择和灵活运用，则可描述、处理更为广泛、复杂的判断过程。详细的内容可参阅有关的书籍，这里就不介绍了。

7.5 新系统的逻辑模型

建立新系统逻辑模型的主要任务就是，对现行系统业务流程分析的结果进行整理、对数据流程分析的结果进行整理，得到现行系统的逻辑模型。在现行系统逻辑模型的基础上，结合新系统的目标，设计出新系统的逻辑模型。

中心工作是确定新系统的业务流程模型、数据模型和数据流程模型。工作步骤如下：

（1）确定合理的业务处理流程。主要工作有：删去或合并那些多余的或重复的处理过程；说明哪些业务处理过程进行了优化和改动，以及改动的原因是什么，改动后将带来哪些好处等问题；给出最后确定的业务流程图；指出在业务流程图中哪些部分新系统可以完成，哪些部分需要用户完成，也就是要确定人－机配合方案。

（2）确定合理的数据和数据流程。主要工作有：确认最终的数据指标体系和数据字典，如指标体系是否全面合理、数据精度是否满足要求等；删去或合并多余的或重复的数据处理过程；说明哪些数据处理过程进行了优化和改动，以及改动的原因是什么，有哪些好处等；给出最后确定的数据流程图，指出在数据流程图中哪些部分新系统可以完成，哪些部分需要用户完成，从而得到新系统的初步逻辑模型。

（3）对初步逻辑模型的补充和完善。当新系统逻辑模型初步建立后，还应结合新系统的目标、未来的管理模式等一系列问题对这个初步模型从头至尾仔细地检查、补充和完善，使它尽可能地符合要求和未来的管理模式。

7.6 系统分析报告

系统分析阶段的成果就是系统分析报告，也称系统分析说明书。系统分析说明书不仅能够展示系统调查的结果，而且还能反映系统分析的结果——新系统逻辑方案。经过上述过程，我们已经完成了建立目标系统逻辑模型的任务，即已经完成了整个系统分析阶段的工作。作为该阶段的一个工作成果，应提交一份完整的系统分析说明书。系统分析说明书一经确认，由用户认可接受后，就成为具有约束力的指导性文件，成为下一阶段系统设计工作的依据和今后验收目标系统的检验标准。

7.6.1 系统分析报告的内容

下面我们来讨论系统分析报告的组成。

1. 系统概述

（1）目标系统的名称、目标和主要功能。

（2）系统开发背景、系统的用户、开发者以及本系统与其他系统或机构的关系和联系。

（3）参考资料和专门术语说明。

2. 现行系统概况

（1）现行系统现状调查说明。通过现行系统的组织结构图、数据流图、概况表等图表及说明说明现行系统的目标、规模、主要功能、组织机构、业务流程、数据存储和数据流，以及存在的薄弱环节。

（2）系统需求说明。用户要求以及现行系统主要存在的问题等。

3. 新系统的逻辑方案

（1）系统功能及分析。提出明确的功能目标，并与现行系统进行比较分析，重点要突出计算机处理的优越性。

（2）系统逻辑模型。各个层次的数据流图、数据字典和加工说明。

（3）出错处理要求。

（4）其他特性要求。例如，系统的输入输出格式、启动和退出等。

（5）遗留问题。根据目前条件，暂时不能满足的一些用户要求或设想，并提出今后解决的措施和途径。

4. 系统设计与实施的初步计划

（1）工作任务的分解。根据资源及其他条件确定各子系统开发的先后次序，在此基础上分解工作任务，落实到具体组织或个人。

（2）时间进度安排。

（3）预算：对开发费用的进一步估计。

5. 用户领导审批意见

在系统分析报告中，数据流图、数据字典和加工说明这 3 个部分是主体，是系统分析报告中必不可少的组成部分。而其他各部分内容，则应根据所开发目标系统的规模、性质等具体情况酌情选用，不必生搬硬套。

总之，系统分析报告必须简明扼要，抓住本质，反映出目标系统的全貌和开发人员的设想。

7.6.2 系统分析报告的审议

系统分析报告是系统分析阶段的技术文档，也是这一阶段的工作报告，是提交审议的一份工作文件。系统分析报告一旦审议通过，则成为有约束力的指导性文件，成为用户与技术人员之间的技术合同，成为下一阶段系统设计的依据。因此，系统分析报告的编写很重要，应简明扼要，抓住本质，反映系统的全貌和系统分析员的设想。它的优劣是系统分析人员水平和经验的体现，也是系统分析人员对任务和情况了解深度的体现。

对系统分析报告的审议是整个系统研制过程中一个重要的里程碑。审议应由研制人员、企业领导、管理人员、局外系统分析专家共同进行。审议通过之后，系统分析报告就成为系统研制人员与企业对该项目共同意志的体现，系统分析作为一个工作阶段宣告结束。

若有关人员在审议中对所提方案不满意，或者发现研制人员对系统的了解有比较重大的遗漏或误解，就需要返回进行详细调查，重新分析。也有可能发现条件不具备、不成熟，导致项目终止或暂缓。一般说来，经过认真的可行性分析之后，不应该出现后一种情况，除非情况有重大变动。

上面提到的局外专家是指研制过类似系统而又与本企业无直接关系的人。他们一方面协助审查研制人员对系统的了解是否全面、准确，另一方面审查提出的方案，特别是对实施后会给企业的运行带来的影响做出估计。这种估计需要借助他们的经验。

习题 7

一、填空题

1．系统分析工作的主要任务，一是进行________、收集和分析用户需求；二是________逻辑模型；三是________报告。

2．问卷的关注点是________、________、________和问题设计。

3．按照目前国内的现状，在线调查大体上可以分为两类：________和________。

4．数据分析包括以下几个方面：一是围绕________进行分析；二是围绕________进行分析；三是围绕________进行分析。

5．业务流程图的基本图素由________、________、________和________组成。

6．数据流图是一种能全面地描述信息系统逻辑模型的主要工具，一般由________、________、________和________这 4 个要素组成的图形来综合反映出信息在系统中的流动、处理和存储的情况。

7．数据字典中有 6 类条目，它们是________、________、________、数据存储、处理过程和外部实体。

8. 3 种最常用的加工说明工具是________、________和________。

9. 决策表共由 4 个部分组成，左上角为________，左下角为________，右上角为______，右下角为________。

10. 建立新系统的初步逻辑模型的中心工作是确定新系统的________模型、________模型和________模型。

二、选择题

1. 系统分析的首要任务是（　）。
   A. 尽量使用户接受分析人员的观点　B. 正确评价当前系统
   C. 彻底了解管理方法　D. 弄清用户要求

2. 对系统分析人员的要求是（　）。
   A. 熟悉计算机硬件和软件
   B. 精通本行业管理业务
   C. 精通本行业管理业务并熟悉计算机
   D. 精通计算机并略知管理知识

3. 管理业务流程图可用来描述（　）。
   A. 处理功能　B. 数据流程　C. 作业顺序　D. 功能结构

4. 开发 MIS 的系统分析阶段的任务是（　）。
   A. 完成新系统的逻辑设计　B. 完成新系统的功能分析
   C. 完成新系统的物理设计　D. 完成新系统的数据分析

5. 数据字典建立应从（　）阶段开始。
   A. 系统设计　B. 系统分析　C. 系统实施　D. 系统规划

6. 数据流（　）。
   A. 也可以用来表示数据文件的存储操作
   B. 不可以用来表示数据文件的存储操作
   C. 必须流向外部实体
   D. 不应该仅是一项数据

7. 决策树和决策表用来描述（　）。
   A. 逻辑判断功能　B. 决策过程　C. 数据流程　D. 功能关系

8. 数据流程图是描述信息系统的（　）。
   A. 物理模型的主要工具　B. 优化模型的主要工具
   C. 逻辑模型的主要工具　D. 决策模型的主要工具

9. 描述数据流程图的基本元素包括（　）。
   A. 数据流、内部实体、处理功能、数据存储
   B. 数据流、内部实体、外部实体、信息流
   C. 数据流、信息流、物流、资金流
   D. 数据流、处理功能、外部实体、数据存储

10. 系统分析报告的主要作用是（　）。
   A. 系统评价的依据　B. 系统设计的依据

C. 系统实施的依据　　　　D. 系统规划的依据

三、简答题

1. 简述系统分析阶段的主要工作步骤。
2. 简述开好调查会的基本要领。
3. 简述绘制业务流程图的步骤。
4. 简述数据字典的作用。
5. 简述系统分析报告的作用。

四、综合应用题

1. 成品库保管员按车间送来的入库单登记库存台账，发货时，发货员根据销售科送来的发货通知单将成品出库并发货，同时填写三联出库单，其中一联交成品库保管员由他按此出库单登记库存台账，出库单的另外两联分别送销售科和会计科。试按上述业务过程画出业务流程图。

2. 试根据下述业务流程画出物资订货的业务流程图：采购员从仓库收到缺货通知单后，查阅订货合同单，若已订货，向供货单位发出催货请求；否则，填写订货单交供货单位，供货单位发出货物后，立即向采购员发出取货通知。

3. 请画业务流程图：车间填写领料单给仓库要求领料，库长根据用料计划审批领料单，未批准的退回车间，已批准的领料单送到仓库保管员处，由他查阅库存账。若账上有货则通知车间前来领料，否则将缺货通知采购人员。

4. 某厂仓库的领料处理如下，请据此绘制数据流程图：仓库收到车间送来的领料单后，先审批，若同意，则交仓库管理员，据库存台账查验是否有货。有货，则进行出库处理；缺货，则向采购部门发订货单。若领料单未被批准，将领料单退回车间。

5. 售货处理的过程：接收顾客的缴费单和货款，根据商品文件进行核对，核对正确后做记账处理，修改商品文件，填写销售日记账，然后收款，记现金日记账，把取货单和发票给顾客。结算工作根据销售日记账和现金日记账，把销售报表送销售部，把财务报表送财务部。画出售货处理过程的数据流程图。

6. 奖券兑奖过程：接收持券人的奖券，首先根据奖券库鉴别，若为无效奖券通知持券人并退还奖券，若为有效奖券则使用中奖号码库的内容确定中奖信息，然后将中奖信息通知持券人。绘制奖券兑奖过程的数据流程图。

7. 某货运站的收费标准如下：

若收件地点在本省，则快件每公斤 6 元，慢件每公斤 4 元。

若收件地点在外省，则在 25 公斤以内（包括 25 公斤）快件每公斤 8 元，慢件每公斤 6 元；如果超过 25 公斤时，快件每公斤 10 元，慢件每公斤 8 元。

试绘制确定收费标准的决策表。

8. 请将下列文字描述用决策表表示：若年订货额在 5 万元以上，且最近三个月无欠款的顾客，可享受 15%的折扣；若近三个月有欠款，但是本公司的十年以上老顾客，可享受 10%的折扣；若不是老顾客，只有 5%的折扣；年订货额不足 5 万元者无折扣。

9.“检查订购单”的加工逻辑：如果金额超过 500 元，又未过期，则发出批准单和提货单；如果金额超过 500 元，但过期了，则不发批准单；如果金额不超过 500 元（包括 500 元），则不论是否过期都发出批准单和提货单，在过期的情况下，还需要发出通知单。请将该加工逻辑用决策表表示。

10．某用电量计费系统记费如下：如果按固定价格方法记账，对耗电量小于 100 度（不包含 100 度）的情况，按每月最低费用收费。超过 100 度时，就按 A 类计费办法收费。如果按可变价格方法记账，则对 100 度以下（不包含 100 度）耗电量按 A 类计费办法收费，超过 100 度时按 B 类计费办法收费。请画出上述说明的决策树。

11．某保险公司对投保人推出一种保险产品，保费的计算方法如下：单身男，年龄 30 岁以下（含 30 岁）计保费标准 A，30 岁以上计保费标准 B；已婚男，40 岁以下（含 40 岁）计保费标准 C，40 岁以上计保费标准 D；单身女，年龄 25 岁以下（含 25 岁）计保费标准 E，25 岁以上计保费标准 F；已婚女，30 岁以下（含 30 岁）计保费标准 G，30 岁以上计保费标准 H，请画出对应的决策树。

第 8 章　信息系统设计

系统设计也称为物理设计，它确定系统实施方案，解决“如何做”的问题。系统设计阶段的主要目的就是为系统锁定蓝图，在各种技术和实施方法中权衡利弊，精心设计，合理使用各种资源，最终勾画出新系统的详细设计方案。信息系统设计阶段的主要依据是系统分析报告和系统开发人员的知识与经验。本章主要介绍系统总体设计和详细设计，主要内容包括子系统划分、模块化设计、数据流图转换为模块结构图、处理过程设计、物理系统方案设计、数据库设计、代码设计、输入/输出设计等，最后介绍系统设计说明书的撰写。

联众人超市管理信息系统设计概要

一、设计思想

联众人超市的系统设计要从目标系统的逻辑模型出发，充分利用现代信息技术来体现现代管理理念，系统应突出“管理模式是根本，软件只是工具”的思想。在设计过程中，充分考虑国内现有 POS 系统的利弊，结合我国的具体管理特点，充分体现以“管理信息化、市场需求化、数据可靠化”为一体的先进管理模型。

1. 管理信息化

利用自动化手段，以广泛的信息采集和高度的资源共享，提高商场宏观控制和综合分析能力，控制合理的库存量，减少不必要的资金占压，加速资金周转，明显提高销售、结算效率和服务质量，以获得最佳的经济效益和社会效益。

2. 市场需求化

在商品销售过程中，系统不断进行顾客需求分析，做到畅销品不断货、滞销品不积压、商品销售高速周转，实现物流技术在销售过程中的完美体现；充分体现市场围绕顾客需求这一中心点的理念；充分体现联众人超市管理信息系统的先进设计思想。

3. 数据可靠化

为了确保系统中的数据安全和规范，任何数据的录入都有规范化的检查，都按照一定的标准进行检查，使数据完全符合应用要求。同时，每个执行功能的权限均可分配，系统还记载用户的所有操作日志。这一机制可将操作者权限限制在某人只能对某一部门或某一项功能进行操作。即使同等级别的权限操作者也无权修改他人和其他部门的数据，这样，既可防止外部非法用户的入侵，又可防止内部合法用户对系统数据的错误操作而造成的数据损坏和数据泄密。

二、系统功能设计

结合系统分析的情况，可以得出联众人超市管理信息系统的功能结构图。具体的功能结构图如图 8-1 所示。

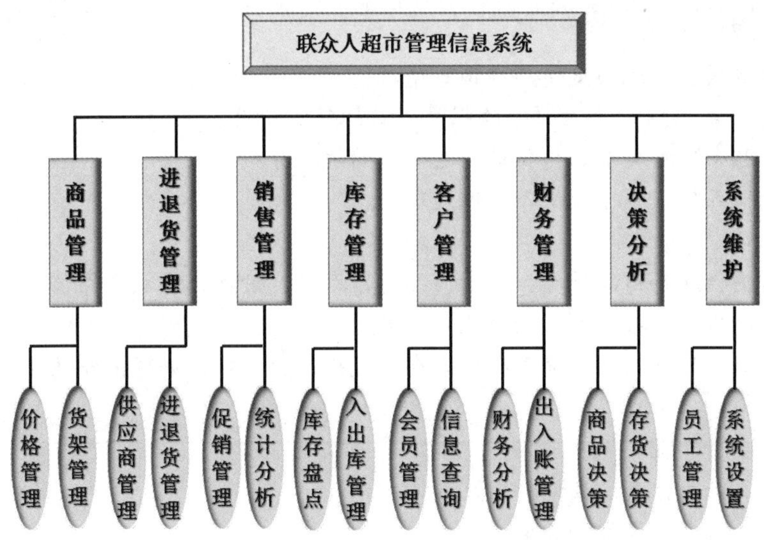

图 8-1　联众人超市系统功能结构图

整个超市信息系统的功能分为八大模块：商品管理、进退货管理、销售管理、库存管理、客户管理、财务管理、决策分析和系统维护。其中，供应商的管理收录在进退货管理中的综合管理部分，退货管理涉及退给供应商的货和客户退回给自己的货两种，需要区别对待。决策分析模块需要将前面最基本的四大模块：商品管理、进退货管理、库存管理和销售管理的数据进行适当整合，才能有效地分析出每日、每月、每年的经营状况，为日后进一步采取合适的经营策略奠定基础。

管理信息系统逻辑结构设计的目的就是正确划分子系统（或模块），描述子系统之间的关联与接口。一般划分子系统的原则是：模块应具有独立性，且规模大小适中；模块内的强内聚性和模块间的松耦合性；模块与实际组织部门之间具有相对适应性。

超市作为一种特殊的商业企业，它的主要特点是：集中管理、分散经营、实行统一进货、统一价格管理、统一调配、统一结算和分散销售，主要组成机构有总部、超市门店、配送中心等。

1. 商品管理功能

（1）基本商品信息录入、修改、查询。输入商品的基本信息，包括商品名称、品牌、规格、零售价格等，并可以修改和查询。

（2）商品类别的设置。把超市的所有商品归结为不同的类别以便管理、摆放。

（3）商品货架管理。对超市的所有商品按货架排列进行管理，商品的推销、商品的上架、商品的盘点可按货架责任到人进行管理。

（4）商品价格管理。进价、零售价、优惠价、会员价管理，量贩商品、促销商品设置，价格签打印。

2. 进退货管理

（1）进退货管理。根据门店的补货单和销售情况制定采购计划，进行采购计划管理、配送管理和退货管理，能对采购部的进货单、订货单、退货单进行录入、修改，并可以进行实时查询分析，能打印各种单据。

（2）供应商管理。对供应商的基本信息进行统一管理，以便适时查询、打印供应商的信息，方便与供应商之间的信息交流。

3. 销售管理

（1）查询卖场当日或历史商品的销售情况。

（2）查询每台 POS 机甚至每个收银员当日的销售情况。

（3）对商品个体和类别的销售额、毛利额的统计分析。

（4）查询商品的报损、折价等特殊处理。

4. 库存管理

（1）及时提供库存商品种类、存量、品质、存期、价格、存放点等信息。

（2）库存的报损、报溢和盘点管理。

（3）有效降低库存损耗，提高有效库存，支持前台销售，并得出合理的商品订货周期和数量。

5. 客户及会员管理

（1）客户及会员信息的查询和修改。

（2）会员卡信息的设置和查询。

（3）会员消费信息查询与分析。

6. 财务管理

（1）统计销售收入、在库资金占用。

（2）处理日结、月结财务报表。

（3）处理供应商已付/应付账款，控制资金周转。

7. 决策分析

（1）根据卖场的商品个体及类别销售情况对商品作出畅/滞销品、毛利额对比、库存分布情况等决策分析。

（2）商品走势分析，改进订货决策行为。

（3）给管理者提供有效的数据信息，便于作出最佳的决策方案。

8. 系统维护

（1）商品、仓库、客户、厂家的基本信息设置。

（2）系统账号的增、删、改操作。

（3）各系统使用者的权限管理。

（4）收款机的状态设置。

（5）员工的管理。

三、系统网络设计

根据联众人超市的经营特点设计出适合超市运营的网络拓扑结构图，需要充分考虑网络通信负载能力，尽可能地节省网络硬件投入成本，使联众人超市的业务不受网络速度的影响，保证及时快速地存取数据。如图 8-2 所示为联众人超市管理信息系统的网络拓扑结构示意图。

系统使用以 PC 服务器为中心的分级网络体系结构。一台网络交换机（Switch）与服务器相连，后台服务可配置一至多台 PC 工作站，分别与网络交换机相连；前台的收款台（POS 收款机及联网型条码电子秤）通过网络集线器（Hub）连接到网络交换机上。网络连接协议采用 TCP/IP 协议，网络连接介质采用非屏蔽性五类双绞线。使用高档的 PC 机替代 PC 服务器，同时后台服务处的 PC 工作站可酌情减少或所有工作皆由上述的高档 PC 机来完成。前台 POS 收款机完成日常的销售交易，交易数据除进行本地存储外，还可通过局域网送到后台服务处的 PC 机上。

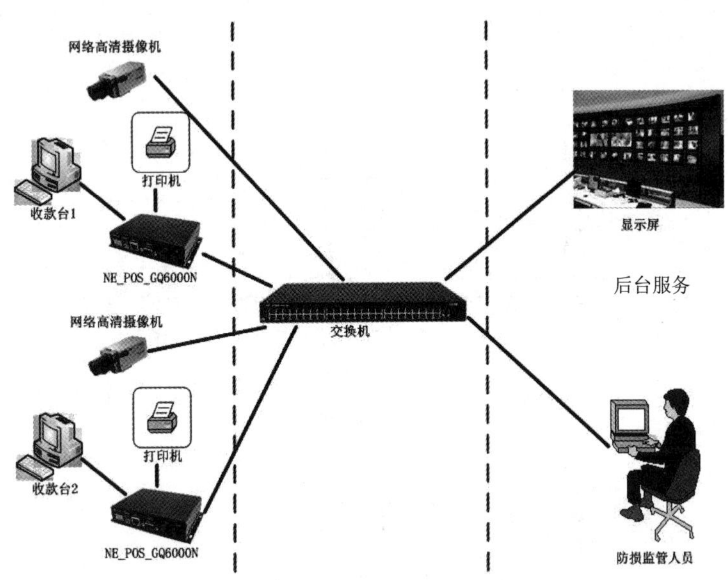

图 8-2　联众人超市系统网络拓扑结构图示例

PC 服务器或后台 PC 机接收、存储来自前台 POS 收款机上的商品交易数据和各台 PC 工作站的操作数据，可进行查询、统计、形成报表等操作。同时，系统应建立防损监控装置。为避免由于市电突然中断或人为恶意破坏导致数据的毁损，建议每台设备，包括服务器、后台 PC 及前台 POS 均配备带有稳压功能的不间断电源（UPS）。

四、数据库设计

1. 数据库需求分析

超市系统每天有大量的数据产生，对于产生的数据，首先需要安全地存储起来，然后是合理的访问和修改，同时还要适时地对数据进行归纳和分类。通过对联众人超市的详细调查，对调查中收集的数据进行分类与汇总、统计与分析之后，得出用户对数据处理的需求如下：

（1）超市信息量大，每天都有数百兆的数据信息产生，要求及时、快速地处理大量的信息，及时地存储和访问，能够处理企业日常业务，包括进、销、存管理，商品采购、入库、销售，结清货款等。

（2）要求能提高集中管理水平和充分利用计算机系统处理大量数据的能力，将过去由各部门负责的商品集中管理起来，使商业企业管理工作规范化，以提高其应变能力。

（3）要求能够满足企业管理对信息的要求，及时准确地收集处理与经营相关的各种信息，并能将其归纳和分类处理，具有一定的数据智能分析功能，可以大大提高业务管理中信息工作的效率，使管理人员能从大量数字工作中解脱出来，集中做好分析和决策工作。

（4）对数据的安全性和完整性提出了更高的要求。

2. 概念结构设计

在对数据的处理需求进行了详细分析后，利用自顶向下的设计方法，对业务数据进行分类、聚集和概括，得出数据库的概念结构模型，具体的全局实体－关系图（E-R 图）如图 8-3 所示。

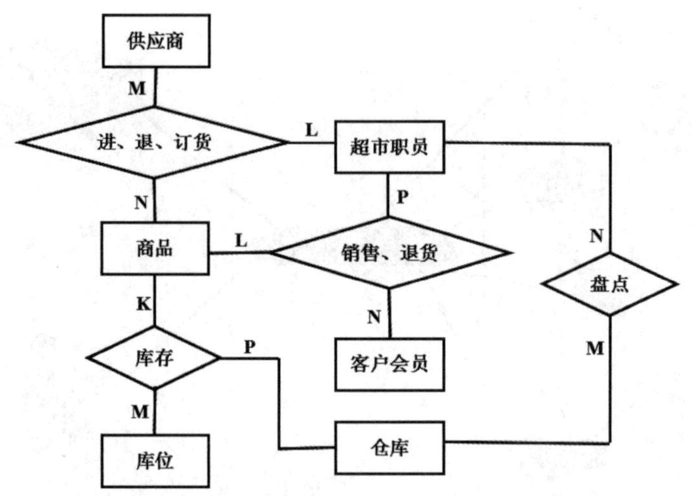

图 8-3　联众人超市管理信息系统全局 E-R 图

从全局 E-R 图可以看出，系统共有 6 个实体和 4 个主要关系。其中，退货有两种情况：一种是在采购过程中将不合格的商品退给供应商；另一种是在销售过程中接收顾客因质量或其他原因退回的商品。这两种退货是不同的关系，必须加以区分。

3. 逻辑结构设计

在概念设计的基础上，选择关系数据模型 Sybase 公司的 Sybase 数据库，将概念模型转换为相应的关系数据模型，并对其进行优化，同时，根据局部应用需求，结合具体 DBMS 的特点，设计用户的外模式。

通过对全局 E-R 图进行详细分析，得出系统应该具有的 20 个关系模式，即存在 20 张数据库中的表与之对应。下面是具体的 20 个数据关系模式，其中，带下划线的属性表示表的主码（或称主键），带下划波纹线的为外码（即外键）。

（1）供应商（<u>供应商编号</u>，名称，联系人，电话，手机，传真，地址，邮编，类别，开户行，账号，税号，备注）。

（2）商品表（<u>商品编号，条码</u>，供应商编号，名称，类别，品牌，规格，单位，成本价，零售价，会员价，税率，保质期，产地）。

（3）会员表（<u>会员卡号</u>，类型，姓名，职业，性别，年龄，电话，手机，地址，邮编，身份证号，折扣率，状态，总消费额，总积分）。

（4）职员表（<u>员工编号</u>，姓名，系统登录名，密码验证，身份证号，电话，地址，职务，部门，权限）。

（5）进货单（<u>进货单号</u>，员工编号，供应商编号，进货日期，进货总金额，审核状态，审核人，审核日期，是否付款，实付金额）。

（6）进货子单表（<u>进货子单号，进货单号</u>，商品编号，进货商品数量，进货价格）。

（7）退货单（退货单号，员工编号，供应商编号，会员卡号，退货日期，退货类型，退款总金额，审核状态，审核人，审核日期，是否退款）。

（8）退货子单（退货子单号，退货单号，商品编号，退货数量，退货金额，退货原因）。

（9）订单表（订单表号，员工编号，供应商编号，订货日期，到货日期，结算方式，订货预付金额）。

（10）订单子表（订单子表号，订单表号，商品编号，订货数量，订货价格）。

（11）仓库表（仓库编号，名称，容量，类型）。

（12）库位表（库位表号，仓库编号，库位名称，库位容量）。

（13）库存表（库存表号，商品编号，仓库编号，库位表号，数量，时间）。

（14）盘点表（盘点号，商品编号，员工编号，盘点实际数量，数据库中数量，盘点时间）。

（15）出库表（出库表号，员工编号，时间，出库总量）。

（16）出库子表（出库子表号，出库表号，商品编号，数量，用途）。

（17）入库表（入库表号，员工编号，时间，入库总量）。

（18）入库子表（入库子表号，入库表号，商品编号，数量）。

（19）销售表（销售表号，员工编号，会员卡号，时间，收款总金额，收款方式，实收金额，打折，抹零，是否已付款，备注）。

（20）销售子表（销售子表号，销售表号，商品编号，数量，销售价格）。

从上述可以看出，这 20 张表体现了业务数据之间的关系模型。有了数据的关系模式就可以考虑数据模式的优化问题。数据模型的优化通常是以规范化理论为指导，确定数据依赖，对各个关系模式之间的数据依赖进行极小化处理，消除冗余的联系。同时，对关系模式进行必要的分解，提高数据操作的效率和存储空间的利用率。值得注意的是，并不是规范化程度越高的关系就越优。

有了优化后的数据模式就可以设计用户外模式了。一般是利用 RDBMS 提供的视图（View）功能设计更符合局部用户需要的用户外模式，即不同用户看到的实际的数据表。具体方法是：使用更符合用户习惯的别名，可以对不同级别的用户定义不同的 View，以保证系统的安全性，简化用户对系统的使用。

案例思考题

1. 联众人超市管理信息系统的系统设计思想是什么？
2. 联众人超市管理信息系统的主要功能是什么？
3. 子系统设计应遵循哪些原则？
4. 系统设计的主要内容有哪些？哪些内容在案例中没有体现？
5. 结合本案例，试分析信息系统设计在系统开发中的作用。

8.1 信息系统设计概述

8.1.1 系统设计的主要内容

信息系统设计是在信息系统分析的基础上由抽象到具体的过程。其主要目的是将系统分析阶段提出的系统逻辑方案转换成可以实施的基于计算机系统的物理方案。

信息系统设计阶段的主要内容包括新系统总体结构框架设计、计算机系统配置方案、数据库设计、处理流程及模块功能设计、代码设计、输入与输出设计等。系统设计的结果是一系列系统设计文件所组成的系统设计说明书。

8.1.2 系统设计的依据

信息系统开发人员在进行系统设计时，不仅要明确系统设计的任务、内容和要求，还要考虑到系统所实现的内外环境和主客观条件，本着实事求是的工作作风完成系统设计阶段的工作。基于此，我们给出信息系统设计的主要依据。

（1）系统分析报告。从工作流程看，系统设计是系统分析工作的继续。系统设计人员必须严格按照系统分析阶段的成果“系统分析报告”（或称系统分析说明书）规定的目标、任务和系统的逻辑方案进行设计工作。系统设计人员对系统的逻辑功能和用户的各类需求必须有深刻的、切实的理解。系统分析报告尽管对系统逻辑功能进行了详细说明，但在系统设计阶段仍需要对一些可能出现的含混不清和模棱两可的细节问题征求用户的意见，以便进一步了解用户对系统分析阶段提出的信息需求的解释。

（2）系统运行环境。新系统的目标要和现行的管理方法相匹配，与组织的改革和发展相吻合，与目前的条件相适应，系统设计既要着眼当前需要，又要考虑未来的发展。要根据现有的基础设施（硬件、软件和网络）配置的状况、直接用户的空间分布情况、工作地点的自然条件等，充分利用现有资源，发挥已有系统的作用，按系统目标要求设计出经济、实用、应变能力强、适应未来发展的系统。

（3）先进成熟的技术。开发信息系统不是一项尖端科学研究，一般不要冒技术风险。在技术的选用上，采用先进成熟的技术即可，包括计算机硬件技术、软件技术、网络通信技术和数据库管理技术等，可以选用先进成熟的开发工具或者组件（构件）等，保证系统开发的质量。

（4）技术标准规范。在系统设计过程中，设计人员一定要遵循信息技术的标准、规范和有关规定，可采用国际标准、国家标准、地方标准和行业标准等，设计时要按系统工程开发规范进行，做到有法可依、有章可循。

（5）用户意见。尽管有系统分析报告的设计依据，但要设计出质量上乘的系统，还要不断征求用户意见，要允许用户对已提出的信息需求作非原则性的修改或补充，如有原则性的修改，必须按程序提出对系统说明书的修改意见。在系统设计阶段，主要是听取用户在操作使用方面的要求，尽可能使用户感到满意。

8.2 系统总体结构设计

系统总体结构设计又称概要设计，主要任务是根据系统分析阶段的成果（系统分析报告）和组织的实际情况建立目标系统的总体结构。系统总体结构是指整个系统由哪些部分组成，以及各部分在物理上、逻辑上的相互关系，包括硬件部分和软件部分。系统总体结构设计的主要内容有子系统的划分、子系统模块结构设计、计算机与网络系统方案的选择等。

8.2.1 子系统划分

通常来讲，任何一个系统都可划分成若干子系统，或者说一个系统由若干子系统组成。信息系统覆盖组织机构管理工作的各个方面，涉及不同的部门，而每个部门所要完成的工作一般都不相同。这样，系统设计通常首先要将系统按照管理要求、环境条件等划分成若干子系统。目前最常用的划分方法是按功能来划分，根据相对独立的管理活动来建立各个职能子系统。

对于一般的制造业，其子系统通常包括计划管理子系统、生产管理子系统、物质供应管理子系统、销售管理子系统、财务管理子系统、设备管理子系统、质量管理子系统、劳动人事管理子系统等。对于不同的组织机构，其管理功能要求也不尽相同，应根据系统分析的结果来进行划分。

而对于较小的系统，也可以按照组织机构的部门设置来进行划分，因为部门的设置，在一定程度上反映了管理功能的要求和分布。例如，一个工贸公司的部门可以分为管理部门、业务部门、财务部门、单证储运部门。这样，可以将系统划分为综合管理子系统、业务管理子系统、财务子系统和单证储运子系统。

为了便于系统开发和系统运行，子系统的划分是重要的。下面给出子系统划分的基本要求。

（1）子系统要具有相对独立性。

（2）子系统之间数据的依赖性尽量小。

（3）子系统划分的结构应使数据冗余较小。

（4）子系统的设置应考虑今后管理发展的需要。

（5）子系统的划分应便于系统分阶段实现。

（6）子系统的划分应考虑到各类资源的充分利用。

8.2.2 子系统结构模块化

子系统结构设计的任务是确定划分后的子系统模块结构并画出模块结构图。这个过程中必须考虑以下几个问题：

（1）每个子系统如何划分成多个模块。

（2）如何确定子系统之间、模块之间传送的数据及其调用关系。

（3）如何评价并改进模块结构的质量。

（4）如何从数据流图导出模块结构图。

模块是指独立命名并且拥有明确定义的实体。系统中任何一个处理功能都可以看成是一个模块。根据模块功能具体化程度的不同，可以分为逻辑模块和物理模块。在系统分析逻辑模型中定义的处理功能可视为逻辑模块；在系统设计中定义的功能模块称为物理模块，物理模块是逻辑模块的具体化；在系统实施中的功能模块是物理模块的详细实现，它可以是一个计算机程序、子程序或若干条程序语句，也可以是人工过程的某项具体工作。一个模块应具备 4 个要素，即输入和输出、处理功能、内部数据、程序代码。前两个要素是模块的外部特性，后两个要素是模块的内部特性。

- 输入和输出。模块的输入来源和输出去向都是同一个调用者，即一个模块从调用者处取得输入，进行加工后再把输出返回给调用者。
- 处理功能。指模块把输入转换成输出所做的工作。

- 内部数据。指仅供该模块本身引用的数据。
- 程序代码。指用来实现模块功能的程序。

模块化是结构化方法的基本思想，即把系统功能自顶向下、由抽象到具体地划分为多层次的独立功能模块，每个模块完成一个特定的功能，一直分解到能简单地用程序实现为止。这些模块以某种结构形式组成一个整体，可以完成指定的功能。模块划分要兼顾组织实际情况，经过对实际系统业务流程、管理功能、数据流程等方面的详细了解和分析后，从整体上考虑新系统的功能。这种设计方法能够使整个系统结构更加清晰，提高了系统的可理解性和系统可行性。通过简化软件的设计和实施，有助于信息系统开发和组织管理，增强可维护性。

8.2.3 模块化设计与模块结构图

模块化设计是系统设计的一个重要阶段。在模块设计阶段，系统划分成各个基础部分——模块，从而确定系统的总体结构。总体结构与各个分层模块结构的关系是程序实施的重要依据。系统总体结构设计描述的主要工具就是模块结构图（Module Structure Chart）。通过模块结构图来表示系统模块划分的结果。模块结构图由 E.Your-don 于 1974 年首先提出，用来描述软件系统的组成结构及相互关系。它既反映了整个系统的结构（即模块划分），又反映了模块间的联系。

下面介绍模块结构图的基本符号及其调用关系。

（1）模块。一般使用一个方框来表示软件系统中的一个模块，方框中写模块名。名字要恰当地反映模块的功能，而功能在某种程度上反映了块内各成分间的联系，如图 8-4 所示。

图 8-4 模块的符号表示

（2）调用。一般用一个带箭头的线段表示模块间的调用关系。它连接调用和被调用模块，箭头指向被调用模块，箭头发出模块为调用模块。如图 8-5（a）所示，模块 A 调用模块 B，模块 B 调用模块 C。根据调用关系，模块可相对地分为上层模块和下层模块。具有直接调用关系的模块之间相互称为直接上层模块和直接下层模块，如图 8-5（a）所示的模块 A 和模块 B、模块 B 和模块 C。调用是模块间唯一的联系方式。通过调用，各个模块有机地组织在一起，协调完成系统功能。一般只允许上层模块调用下层模块，而不允许下层模块调用上层模块。

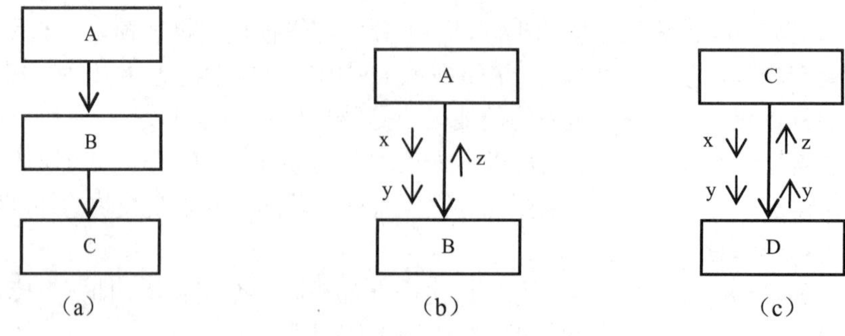

图 8-5 模块间的调用

（3）数据。用小箭头表示模块间在调用过程中相互传递的参数信息。信息传递标注在调用箭头旁边，小箭头指出传送方向，如图 8-5（b）所示，A 模块调用 B 模块，调用时 A 向 B 传递数据 x 和 y；调用结束时，从 B 返回数据 z。在图 8-5（c）中，C 模块调用 D 模块，调用时 C 向 D 传递数据 x 和 y；调用结束返回时，D 向 C 传递数据 y 和 z。需要注意的是，返回的 y 是在 D 中加工处理后的新 y 值，而不是原来的旧 y 值。

在模块间传递的数据信息还可进一步分为两类：数值信息和控制信息。若需要进一步区分，可在小箭头的尾部使用不同的标记进行表示，具体可分为以下 3 种箭头：尾部无标记，表示不区分两类信息；尾部有小空心圆圈标记，表示数值信息；尾部有小实心圆圈标记，表示控制信息，如图 8-6 所示。

在图 8-6（a）中，信息传递类型不加以区分，而在图 8-6（b）中，数值信息传递与控制信息传递加以区分。

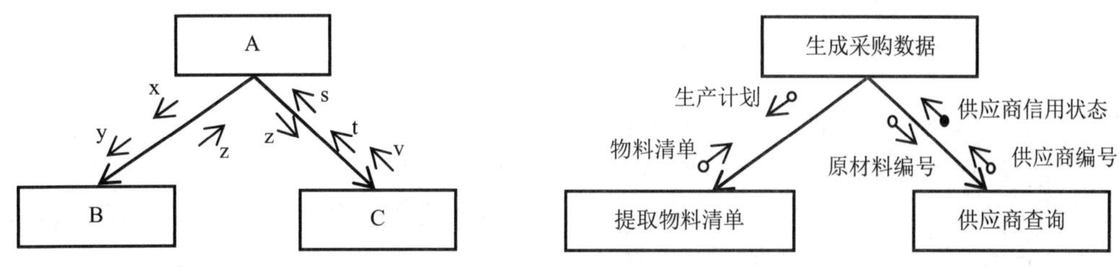

（a）模块调用间的信息传递　　（b）数值信息和控制信息传递

图 8-6　数值信息传递和控制信息传递

（4）调用编号和参数表。当模块间输入/输出数据较多，在一张图中用{数据小箭头+名称}表示无法将数据名称写全或写清楚时，可采用调用编号和参数表方法。模块调用较多时通过参数表，数据传递能表示得更加清晰。用参数表表示时，给每个调用箭头一个顺序编号，然后按编号列出输入/输出参数表，如图 8-7 所示将图 8-6（b）中的模块名和调用参数都编号，然后建立对应的表格加以表达，如表 8-1 所示。

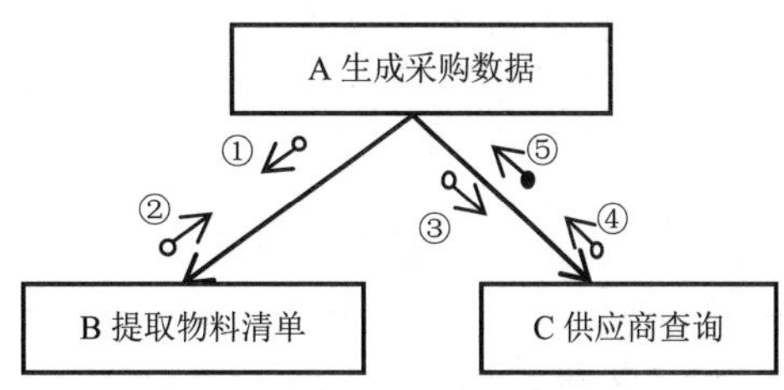

图 8-7　使用编号标记参数

表 8-1　调用编号和参数表

调用关系	输入	输出
A→B	①生产计划	②物料清单
A→C	③原材料编号	④供应商编号 ⑤供应商信用状态

输入/输出表和完整的结构图功能是相同的，采用哪种形式可根据具体情况而定。

（5）辅助符号。为了表示模块间复杂的调用关系，模块结构图使用了两种调用辅助符号表示不同的调用关系；使用一个转接符号实现从一张结构图转接到另一张结构图。

1）选择调用（或称条件调用）。在调用箭头的发出端用一个小菱形框表示。选择调用为上层模块根据条件调用它的多个下层模块中的某一个，如图 8-8 所示。

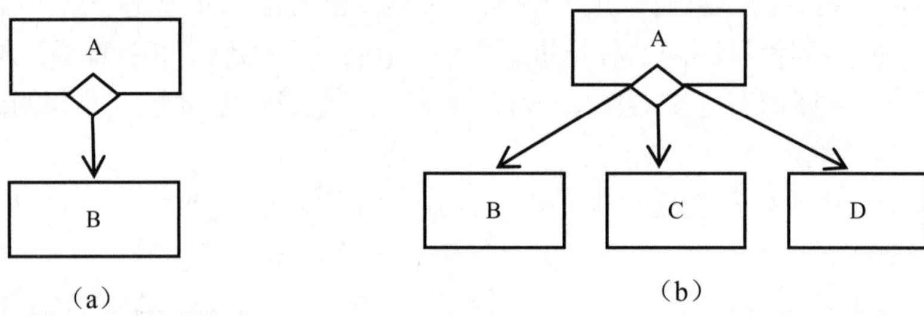

（a）　　（b）

图 8-8　选择调用示例

图 8-8（a）表示，若条件成立，则调用 B；图 8-8（b）表示，若条件 1 成立，则调用 B；若条件 2 成立，则调用 C；若条件 3 成立，则调用 D。

2）循环调用。在调用箭头的发出端用一个带箭头的圆弧表示。循环调用为上层模块反复调用它的一个或若干下层模块，如图 8-9 所示。

在图 8-9 中，模块 A 循环调用其下层模块 B、C 和 D。

3）转接符号。当模块结构图在一张图上画不下需要转接到另一张图纸上，或为了避免图上线条交叉时，都可使用转接符号，如图 8-10 所示。

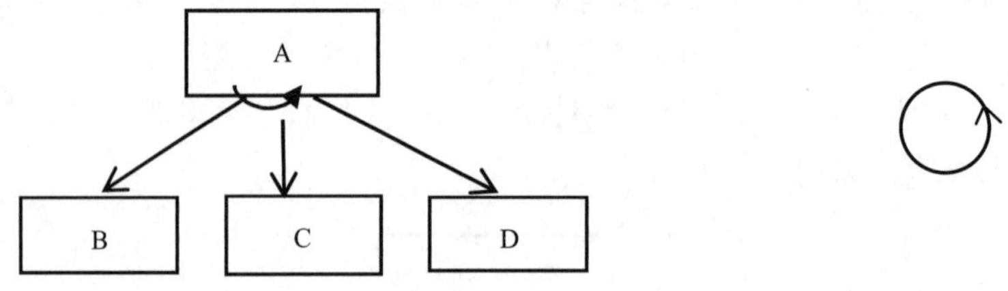

图 8-9 循环调用示例　　图 8-10　转接符号

（6）结构图的形态特征。如图 8-11 所示是一个结构图的示例，它是一个软件系统的分层模块结构图。图中上级模块调用下级模块，它们之间存在主从关系，即自上而下是“主宰”关系，自下而上就是“从属”关系，而同一层的模块之间并没有这种主从关系。在模块结构中，一个模块的扇出定义为该模块直接调用的下属模块的数目，扇入则定义为调用一个给定模块的调用模块的数目。多扇出意味着需要控制和协调多个下属模块，而多扇入的模块通常是公用模块。图 8-11 中模块 M 的扇出数为 3 个模块，模块 T 的扇入数为 4 个模块。

一个模块如果调用了多个下属模块，这些下属模块在结构图中所处的左右位置是无关紧要的，例如，图 8-12 中的（a）、（b）、（c）3 个图是等价的。但如果对下属模块的调用次序不是任意的，例如，必须按 A、B、C 的次序调用下属模块，那么，最好是采用图 8-12（a）的形式，因为人们习惯于从左向右读图。

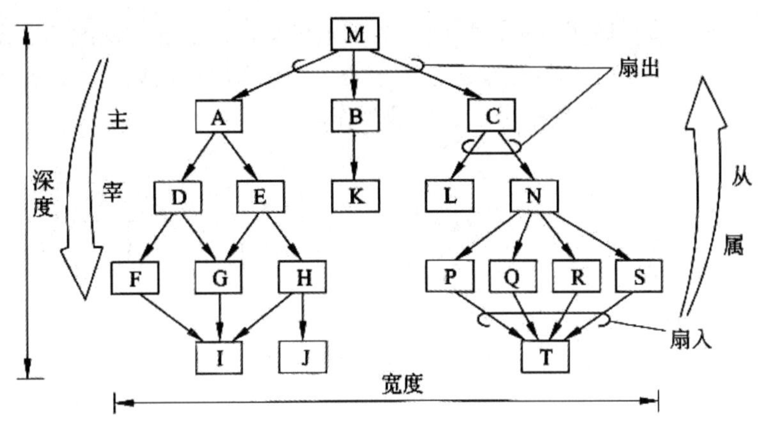

图 8-11　结构图形态示例

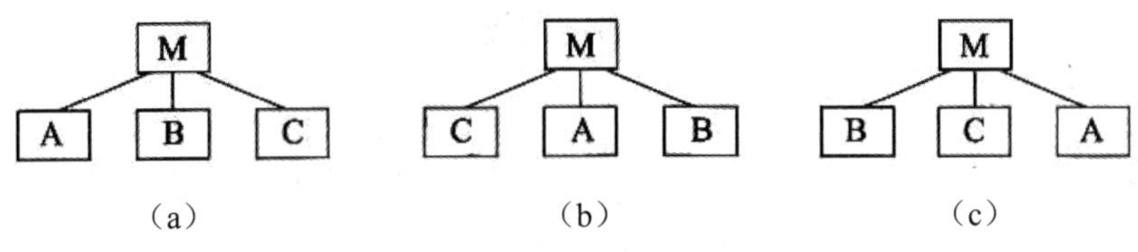

图 8-12　同一结构的几种画法

8.2.4　典型的数据流类型与模块结构图

面向数据流的设计方法将数据流映射成软件的模块结构，数据流的类型决定映射的方法。典型的数据流类型有变换流型和事务流型。数据流类型不同，映射成的系统模块结构也不同。

1. 在结构图中的模块类型

一般地，在结构图中有 4 种类型的模块，即传入模块、传出模块、变换模块和协调模块。

（1）传入模块。它调用下属模块取得输入数据，进行某些处理，再将其作为上级模块的输入传送给它的上级模块，如图 8-13（a）所示。它传送的数据流叫做逻辑输入数据流。

（2）传出模块。从调用它的上级模块获得数据，进行某些处理，再调用某个下属模块并将数据传送给下属模块，如图 8-13（b）所示，它传送的数据流叫做逻辑输出数据流。

（3）变换模块（亦称加工模块）。它从调用它的上级模块获得数据，进行特定的处理，转换成其他形式，在调用返回时再传送回上级模块，如图 8-13（c）所示。它加工的数据流叫做变换数据流。大多数计算模块（原子模块）属于这一类。

（4）协调模块。是对所有下属模块进行协调和管理的模块，如图 8-13（d）所示。在系统的输入/输出部分或数据加工部分可以找到这样的模块。在一个好的系统结构图中，协调模块应在较高层出现。

在实际系统中，有些模块属于上述某一类型，还有一些模块是上述各种类型的组合。

2. 变换流型的模块结构图

变换流型数据处理问题的工作过程大致分为 3 步，即取得数据、变换数据和给出数据，如图 8-14 所示。这 3 步反映了变换流型问题的基本思想，也是这类问题的数据流图概括和抽象的模式。其中，变换数据是数据处理过程的核心工作，而取得数据只不过是为变换数据做准备，给出数据则是对变换后的数据进行后处理工作。

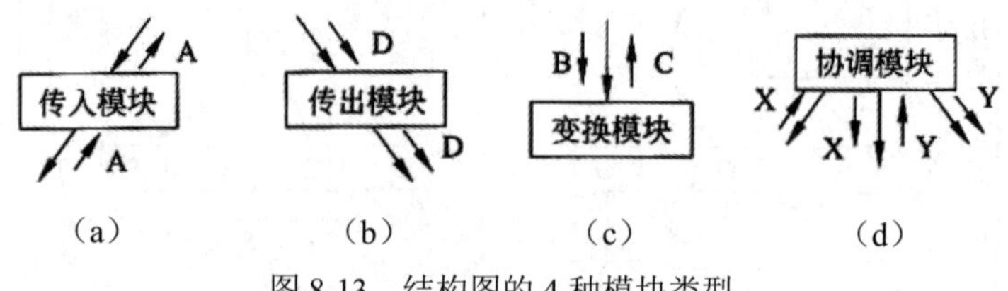

图 8-13　结构图的 4 种模块类型

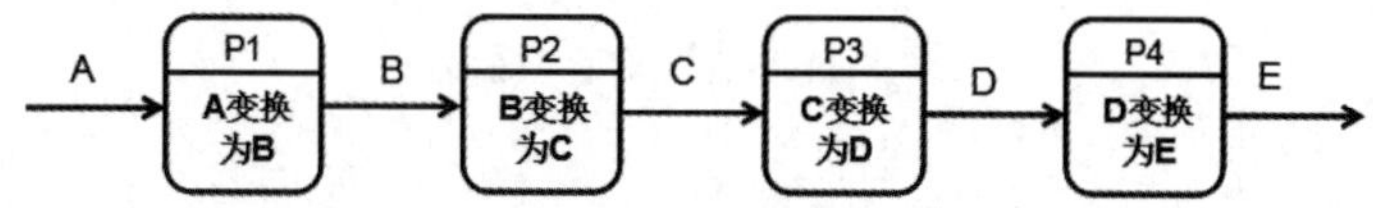

图 8-14　变换流型数据流图

变换流型的结构图如图 8-15（a）所示，它将图 8-14 的数据流图转换为模块结构图，其中选取 P3 模块（也可选 P2 模块），即将 C 变换为 D 作为变换中心。每一个变换（或加工）相应于取得数据、变换数据、给出数据，系统的结构图由输入、变换中心和输出三部分组成。

在图 8-15（a）中，顶层模块（图中的①）首先得到控制，沿着结构图的左支依次调用其下属模块，直至底层读入数据 A。然后对 A 进行预加工（即变换，图中的②），转换成 B 向上回送。再继续对 B 进行加工（图中的③），转换成逻辑输入 C 回送给主模块。主模块得到数据 C 之后，控制变换中心模块（图中的④）将 C 加工成 D。在调用传出模块输出 D 时，由传出模块调用后处理模块（图中的⑤），将 D 加工成适于输出的形式 E 并输出。

由图 8-15（a）可知，变换模块和真正的物理输入/输出模块都在树状结构的叶结点位置。当选用 P2 为变换中心时，得到的模块结构图如图 8-15（b）所示。

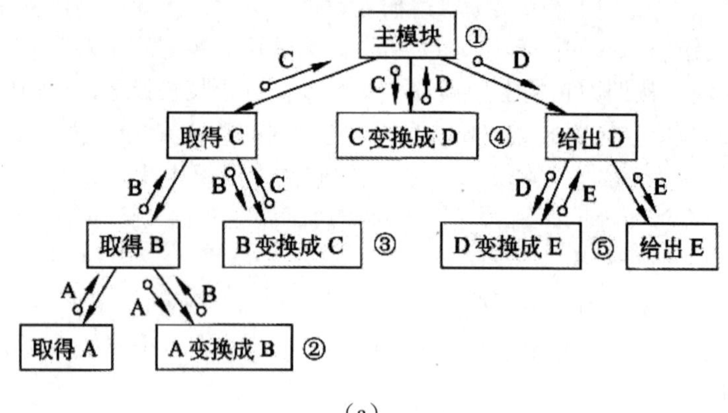

图 8-15　变换流型的结构图

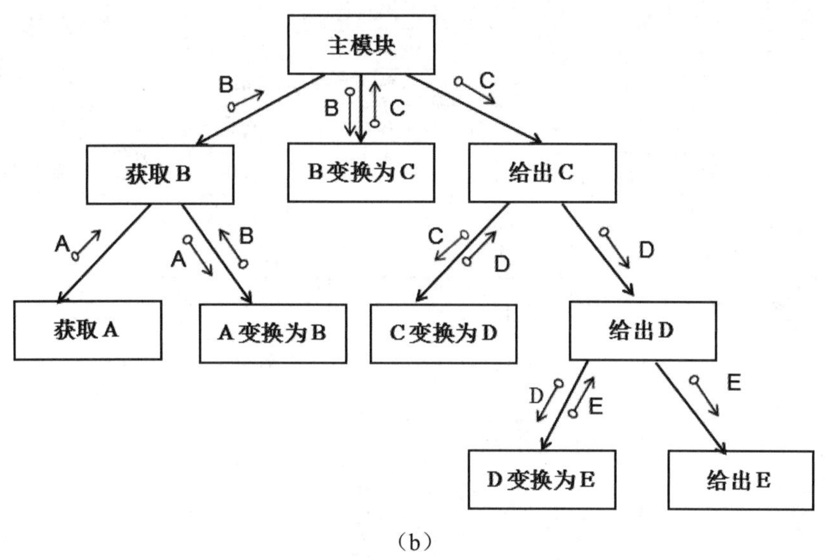

（b）

图 8-15　变换流型的结构图（续图）

3. 事务流型的模块结构图

事务流型数据处理问题的工作流程也分为 3 步。首先接受一项事务请求，然后根据事务请求的特点和性质选择并分派执行某一个适当的处理单元，最后给出结果。我们把完成选择和分派任务的部分叫做事务中心或分派部件。这种事务流型数据处理问题的数据流图如图 8-16 所示。其中，输入数据流在事务中心（P1）处作出选择，激活某一种事务处理单元 P2～P5，P2～P5 是并列的供选择的事务处理单元，处理事务简称为事务 1 至事务 4，它们可能是变换流型的数据处理，也可能是事务流型的数据处理。

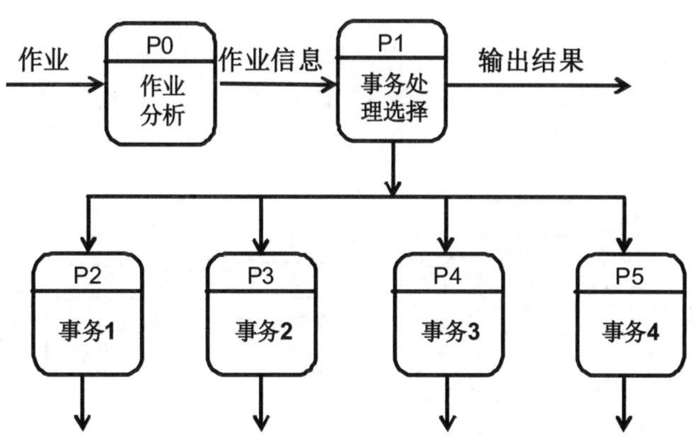

图 8-16　事务流型数据流图

事务流型数据流图所对应的结构图就是事务流型结构图，如图 8-17 所示，它将图 8-16 的数据流图转换为模块结构图。在事务流型结构图中，事务中心模块按所接受的事务请求类型选择某一个事务处理单元执行。各个事务处理模块是并列的，依赖于一定的选择条件，分别完成不同的事务处理工作。

图 8-17 所示的简化形式是把分析作业和调度都归入事务中心模块，这样的系统结构图可以用图 8-18 所示的结构图来表示。

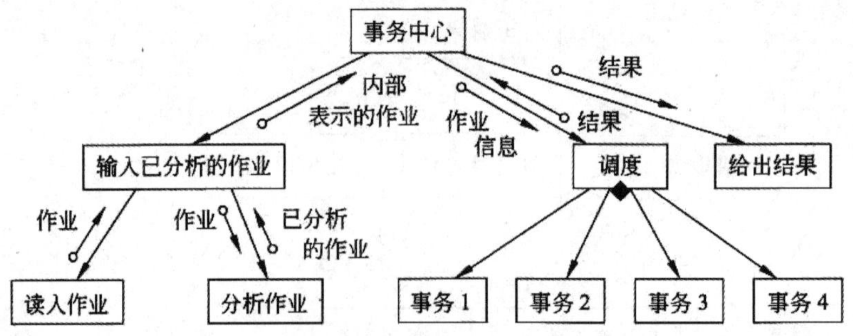

图 8-17　事务流型模块结构图

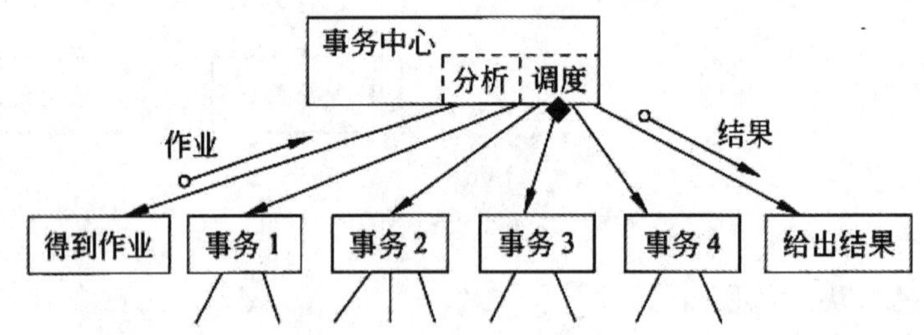

图 8-18　简化的事务流型模块结构图

事务流型结构图在数据处理中经常遇到，但是更多的是变换流型与事务流型结构图的结合，例如，变换流型系统结构中的某个变换模块本身又具有事务流型的特点，或者事务流型系统结构中的某个事务处理单元本身是变换流型的结构。

为了加深理解和对绘制模块结构图知识的掌握，下面举一个由数据流程图导出模块结构图的应用实例。

【例 8-1】图 8-19 给出了图书馆管理信息系统“图书借阅”这个简单的数据流程图，运用变换流型和事务流型分析方法，将数据流程图导出为模块结构图（注：图 8-19 给出的数据流程图与系统分析时所作的有些改动，目的是更清楚地演示导出的过程）。

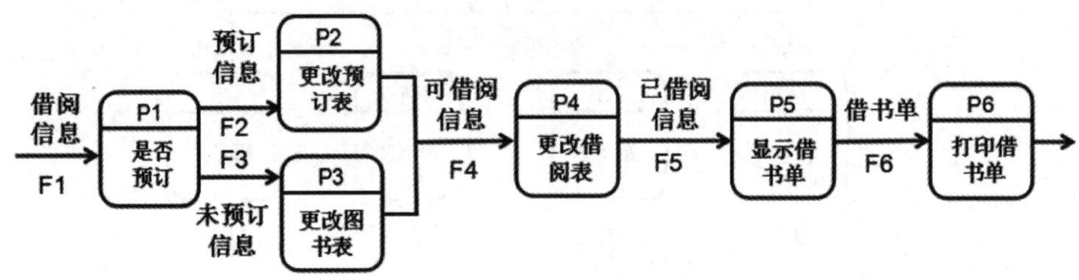

图 8-19　例 8-1 的数据流程图

其具体的数据流程是：读者提供借阅信息→是否预定处理（P1）判断读者是否预定→如果预定了就更改预定表（P2）中的借阅状态属性，如果没有预定就更改图书表（P3）中的可借数量属性→然后再更改借阅表（P4）→显示借书单（P5），即屏幕输出→打印借书单（P6），即打印机输出。

解：（1）先将图书借阅划分为 3 个模块：借阅前处理（P1、P2、P3）、更改借阅表（P4）、借阅后处理（P5、P6）。整体上的 3 个模块为变换流型，“借阅前处理”为事务流型，借阅后处理为变换流型，如图 8-20 所示。

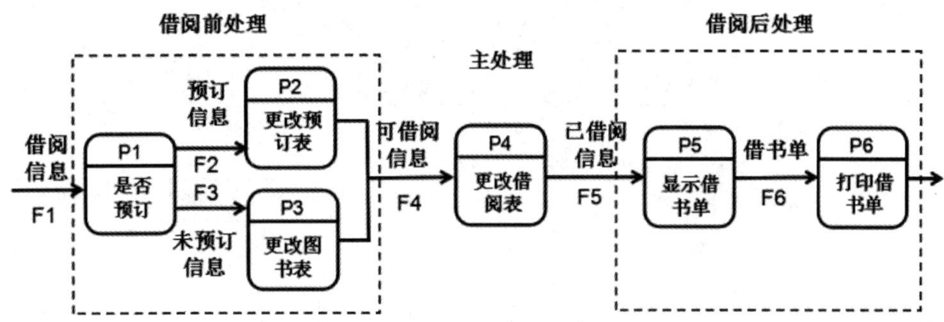

图 8-20　例 8-1 分析后的数据流程图

整体上是一个变换流型的数据流程图，转换后得到图 8-21。在图 8-21 中，“借阅后处理”也是单纯的变换型流程图，已比较简单，因此一起转换。

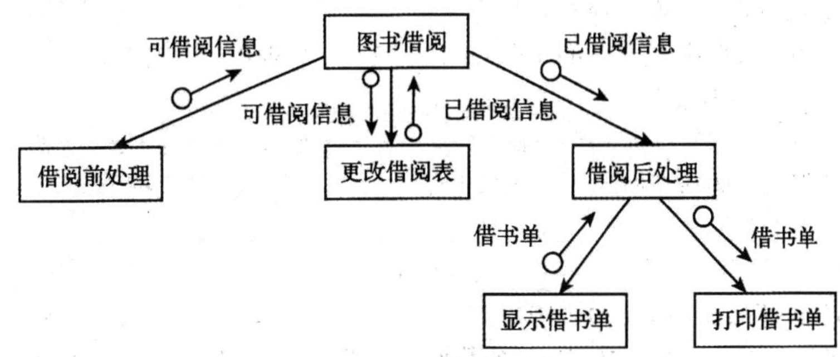

图 8-21　例 8-1 第 1 步转换得到的模块结构图

（2）将“借阅前处理”转换为数据流程图。“借阅前处理”为事务流型，转换后得到图 8-22。

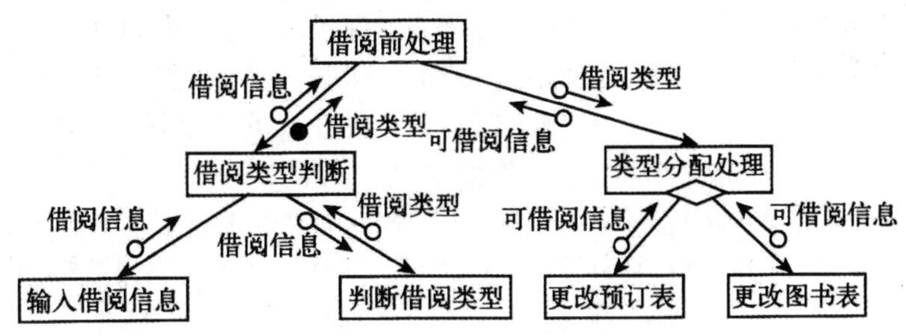

图 8-22　借阅前处理的模块结构图

（3）将以上（1）和（2）得到的部分模块结构图合并后得到总图，如图 8-23 所示。

从变换分析和事务分析分解得到的模块结构都具有较紧密的模块内联系和较低的模块间依赖，因此便于修改和维护。以上讲解了针对变换流型和事务流型两种较典型的数据流程图模式导出模块结构图的方法，当遇到较复杂的实际问题时，就要将这两种分析技术联合使用，比如图书借阅的例子顶层采取变换分析，下层模块按照其形式分别选择分析方法。

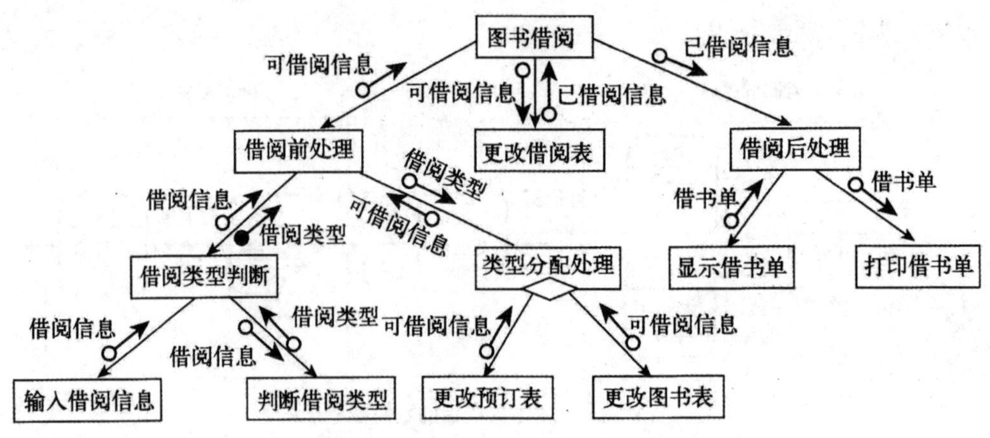

图 8-23 例 8-1 转换后得到的模块结构图

4. 模块说明书

模块结构划分完毕，需要对模块进行进一步的说明，为系统实施提供依据。表 8-2 给出了库存管理信息系统模块说明书的一个示例。

表 8-2 库存管理信息系统模块说明书示例

模块名：审核更新库存	模块编号：M2.3	
数据库设计要求文件编号：×××	编码文件号：×××	编程要求文件号：×××
模块全称：审核出库单并更新库存	设计者：×××	编程要求：VB+Sybase
输入部分	处理部分	输出部分
读入需审核的出库单	①审核出库单；②根据出库单更新库存，即对出库单的每一个商品到库存文件中查找，找到后将库存文件中的数量减去出库单中的数量	给出完成标志

5. 模块结构图的优点

（1）由于是图形，所以它具有很高的可读性，直观、便于理解和讨论。

（2）它采用“自顶向下”原则逐层展开而得到图形，因此可以用它来表达系统的总体结构。同时，也能把整个设计任务分散开来，交给若干设计人员进行不同部分的设计工作，这样既便于管理，又能加快设计进度，提高工作效率。

（3）它具有较高的严密性，同时又具有灵活性。能准确地表达系统中各个组成部分以及它们之间的连接关系，因此说它具有较高的严密性；同时它易于修改和维护，也就是说它具有很高的灵活性。

（4）由于模块结构图是模块化的层次结构，所以它能随着数据流程图的改变而改变。

（5）模块结构图不但能在系统设计阶段发挥作用，而且还是后面程序设计、系统测试、系统维护等工作顺利进行的重要保证。

6. 模块结构图、程序框图和数据流程图的关系

模块结构图不同于程序框图。程序框图说明程序的执行步骤，先做什么后做什么。模块结构图则是描述各模块的责任（Responsibility），正如一个工厂的组织机构结构图，是用于描

述各部门的隶属关系与职能的。模块结构图可以由数据流程图（DFD）转换而来，但模块结构图与数据流程图有本质的区别：数据流程图着眼于数据流，反映系统的逻辑功能，即系统能做什么；模块结构图则着眼于控制层次，反映系统的物理模型，即如何逐步实现系统的总功能。在时间顺序上，数据流程图先出现，模块结构图后出现，模块结构图的绘制是以数据流程图为依据的。根据数据流程图规定的功能设计出一套实现办法，是系统总体设计阶段的任务，因此，绘制模块结构图的过程就是完成这一任务的过程。

8.2.5　模块独立性的衡量

衡量模块的独立性程度有两个重要的指标：模块耦合和模块内聚。

1. 模块之间联系程度的度量——耦合度

模块与模块之间的信息联系称为模块耦合（Coupling），表现了模块的外部特征，反映出模块之间连接的紧密程度，是衡量模块间结构性能的重要指标。模块之间的耦合程度越低，说明模块的独立性越好。常见的耦合方式有以下 7 种：

（1）非直接耦合。指两个模块能彼此独立工作，没有直接的关系，仅通过主程序的开展控制和调用来实现，两者之间不传递任何信息。这是一种理想的耦合。

（2）数据耦合。指两个模块之间通过数据交换实现相互之间的联系。一个模块带参数调用另一个模块，被调用模块执行后返回一个参数给调用它的模块。传入和返回的参数都是单个的数据项。

（3）标记耦合。指一个模块调用另一个模块时，不是传送数据本身，而是传送存放数据的变量指针、文件名或数据结构等符号。这种耦合比数据耦合的出错机会更多，复杂程度也更高。比如，在 C 语言中，传递一个变量的地址给另一个模块，叫做指针参数传递，它就是一种标记耦合的形式，很明显，它的复杂程度大大高于值传递，出错的可能性也更大。

（4）控制耦合。如果一个模块调用另一个模块时，所传递的不是数据参数，而是一个控制变量，且它用来控制被调用的模块的功能，则这就是控制耦合。通常，被调用的模块含有多种功能，由传递的控制变量决定调用哪一种功能。被调用模块的逻辑控制的走向受控于调用模块。控制耦合的耦合程度较高，增加了编程和理解的复杂性。

【例 8-2】控制耦合示例。设模块 A 通过传递开关变量 f 调用模块 B，模块 B 被调用后返回变量 x，如图 8-24（a）所示。设模块 B 包含有两种功能，如图 8-24（b）所示，模块 B 根据不同的 f 执行不同的功能。在这种情况下，在编制模块 A 的程序时，首先要理解开关变量 f 的含义，同时在模块 A 中必须设置开关变量的值。模块 A 中还可能要根据不同的返回值进行不同的处理。这种麻烦在设计时应尽量避免。绝大多数情况下，可以将控制耦合变换成如数据耦合之类的耦合，以避免这种耦合。

对于本例，可以用如下方法改控制耦合为数据耦合：将被调用模块 B 中的判断上移到模块 A 中，将被调用模块 B 中包含的两种功能分为两个模块。这样处理后，控制耦合就变换为数据耦合了，如图 8-25 所示。

（5）外部耦合。指模块与外部环境之间的联系，如输入/输出模块，它们只有在需要的外部设备正常工作时，这些模块才能正常工作。

（6）公共模块。指多个模块共享全局数据区，比如 C 语言中的公用外部变量就是公共模块的表现。公共耦合的耦合程度高，属于强耦合，在设计时应该避免使用。

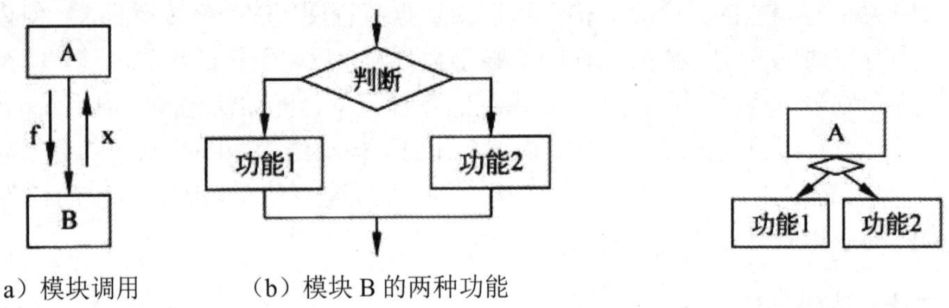

（a）模块调用　（b）模块B的两种功能

图8-24　控制耦合示例　图8-25　控制耦合改为数据耦合

（7）内容耦合。指一个模块直接访问另一个模块的内部信息，包括程序代码或内部数据。这是最不好的一种耦合形式，它对模块的独立性破坏最大。

以上7种耦合方式的耦合强度由低到高，而模块的独立性正好相反，由强到弱，如图8-26所示。模块间的耦合度应越低越好，最好都是非直接耦合，但耦合不可能都为非直接耦合，比较理想的是数据耦合。模块间仅仅是变量值的传递，则模块间发生相互影响的可能性较小，发生错误时查找也比较容易。

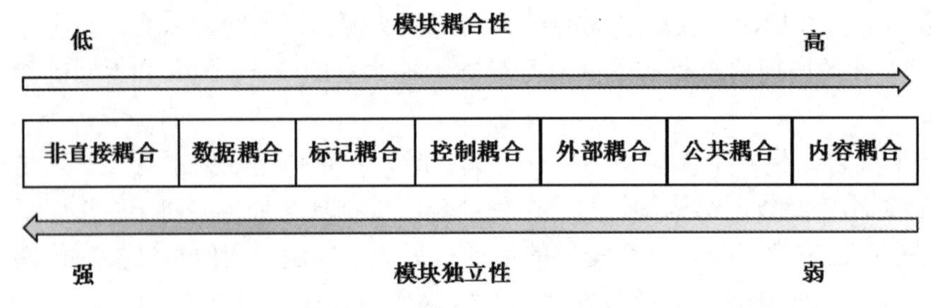

图8-26　耦合度与模块独立性的关系

2. 模块内部联系程度的度量——内聚度

模块内部自身功能的内在联系称为模块内聚（Cohesion），也称为模块内部紧凑性，是用以衡量模块内部自身功能的内在联系是否紧密的指标。常见的内聚方式有以下7种：

（1）偶然内聚（Coincidental Cohesion）。也称巧合内聚，是指模块中各软件成分之间没有有意义的联系，有时若干个模块中存在若干相同的语句系列，程序员为了节省存储空间，就将它们抽取出来形成一个单独的模块。这些语句系列只有与调用它们的模块放在一起时才具有意义，这些语句系列本身相互之间并没有有意义的联系，则这个新的模块是偶然内聚的，偶然内聚的可理解性差，难以修改，内聚程度最低，设计时应该尽量避免使用。

【例8-3】偶然内聚示例。如图8-27所示，模块P、Q、R、S都有某些共同的操作，为了节约空间、减少程序量，把这些共同的操作抽出来组成一个模块T。实际上这些语句间没有什么联系，这种联系是偶然性的。这种偶然性内聚的模块不便于修改。如模块P要将“B:=x”改为“E:=x”，但这一修改可能不适合其他模块。再如，如果我们把语句：{关闭文件F1；计算学生总数；删除记录D；输入数据X}等软件成分设计在一起组成一个模块，就是偶然内聚，因为这些软件成分基本上没有必然的联系。

（2）逻辑内聚（Logical Cohesion）。该内聚是指将几个逻辑上、功能上相似的模块合并，形成一个新的模块，该模块包括有若干在逻辑上具有相似功能的程序段，由传送给模块的参数来确定该模块完成哪一程序段的功能。对逻辑内聚模块的调用常常需要有一个功能控制开关。由上层的调用模块向它发出一个控制信号，在其多个关联性的功能中选择执行某一个功能，其内聚程度较弱。

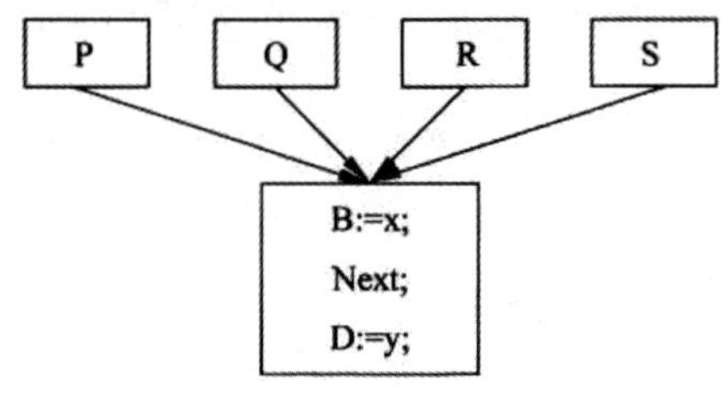

图 8-27　偶然内聚

【例 8-4】逻辑内聚示例。比如将计算各业务类型库存变化量的各个功能模块：{发料业务库存变化量模块；进料业务库存变化量模块；零售业务库存变化量模块；批发业务库存变化量模块}等这些软件成分合并，设计成一个“库存变化量模块”，这个合并后的模块就属于逻辑内聚，它需要根据上层调用模块发出的选择信号才知道调用哪一个软件功能。

（3）时间内聚（Temporal Cohesion）。时间内聚也称瞬时内聚，指模块中的任务必须在同一时间段内执行。

【例 8-5】时间内聚示例。为各种变量设置初值、打开文件等任务，经常在系统初始化时进行，它与时间有关，但初始化处理动作的执行次序并不重要，所处理的变量、数组与其后调用的许多程序相关，通常将这些在时间上必须同时进行的任务组合起来形成一个模块。比如将{打开文件 File1，读第一条记录；计数器清零；全局共享变量赋初值；打印表头}等软件成分设计在一起就属于时间内聚，它们在一定时间间隔内必须全部执行完毕，且不受执行顺序的影响。

时间内聚的内聚程度为中等偏差，也属于低内聚，模块内各成分的时间关系在一定程度上反映了各成分的某些实质，它的可理解性和紧密程度比逻辑内聚要好。

（4）过程内聚（Procedural Cohesion）。如果一个模块是由若干个为实现某项业务处理、执行次序受同一个控制流支配的功能组合在一起构成的，那么把这种模块称为过程内聚。过程内聚模块的各组成功能由控制流联结在一起，实际上是若干个处理功能的公共过程单元。

【例 8-6】过程内聚示例。如将{提交学籍变动申请表；处理休学；处理复学；处理退学；处理转专业}等模块设计为一个“学籍变动管理”模块，则该模块间接受的是同一个控制流——学籍变动申请，其内部的各个处理动作按照申请的内容而各不相同，这些动作彼此是没有什么关系的，因此该模块是一个过程组合模块。再如将{输入学号；读学生成绩；计算学生平均成绩；打印学生成绩}等软件成分设计成一个“学生成绩管理”模块就属于过程内聚，它接受同一个控制流“学生求成绩”，把不同成绩的处理过程的软件成分集中在一起。

过程内聚属于中等程度的内聚，模块内各成分的联系紧密程度优于前面几种类型，比它们易于理解、易于维护。

（5）通信内聚（Communication Cohesion）。指模块内各成分有共用的数据区，或者所有成分都使用相同的输入或产生相同的输出。这样的模块如果将它的软件成分分为多个模块，则这些模块之间的耦合方式是公共耦合。这种耦合是一种强耦合，模块之间的独立性很差，而通信内聚模块中各软件成分之间的关系比较密切，因为它们使用或产生同一数据区中的相应数据，这就说明其功能是密切相关的，其可修改性和可理解性当然也较好。

【例 8-7】通信内聚示例。如图 8-28 所示，模块 A 的两个部分“修改库存”和“开发货单”都使用相同的输入，都是对“购货单”的处理，因此这个模块 A 属于通信内聚，它将修改库存、开发货单这两个软件成分设计在一个模块内，因为两个模块的驱动信号相同，都是“购货单”。

再比如将：{输入数据 X；计算 Y=F2（X）；把 X 由数字型转变为文字型；把 X 赋给 Z；打印 X.}等软件成分设计在一起就属于通信内聚，后续的 3 个软件成分的共同驱动信号都是 X。

（6）顺序内聚（Sequential Cohesion）。顺序内聚是指在模块内各成分的执行顺序以确定的顺序进行，一般来说，前一功能成分的输出就是后一功能成分的输入，执行顺序不能改变，而且这些成分是与同一功能密切相关的。顺序内聚的内聚程度较好。

【例 8-8】顺序内聚示例。如图 8-29 所示中的模块 A 属于这一类，累加完成接着就是打印输出，执行顺序不能倒过来。再如将{输入数据 X；计算 Y=F1(X)；求总数 S=S×Y；打印总数 S}等这些软件成分设计在一起就属于顺序内聚，每一个步骤顺序不能打乱。

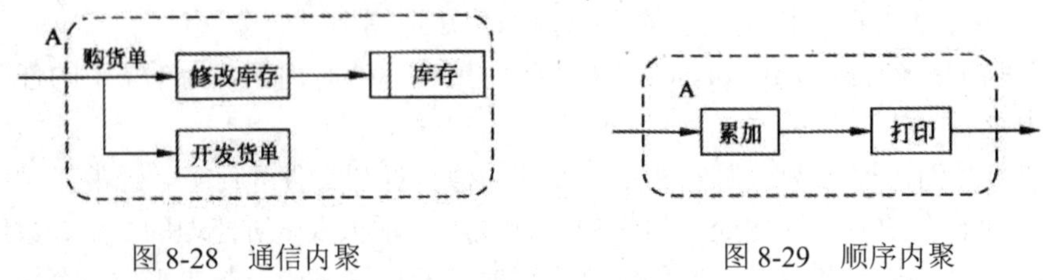

图 8-28　通信内聚　　　　图 8-29　顺序内聚

与通信内聚相比，顺序内聚的内聚程度更高。因为不论从数据的角度还是从执行的顺序来看，模块内各成分的关系都更紧密。

（7）功能内聚（Functional Cohesion）。这是内聚程度最好的方式。这种内聚是指模块内包括且仅包括为完成某一功能所必需的所有成分。一般地，功能内聚模块可以用一个动词和一个简单的实体词表示，例如“读库存文件”和“打印发货单”等，它对确定的输入进行一定的处理，并输出可以预期的结果。这是最理想的内聚方式，这种模块的聚合程度是最高的。结构化设计的目标就是获得这种模块，使得模块便于修改，系统便于分块设计。

【例 8-9】功能内聚示例。若将{A 输入学号；B 判别学号合法性；C 获取学生各项成绩；D 计算学生成绩；E 打印学生成绩}这一模块中的 A、B 合在一个模块内组成一个“学号处理”模块，把 C、D 合在另一个“查询并统计成绩”模块内，把 E 独立出来成为“成绩打印”模块就属于功能内聚，如图 8-30 所示。

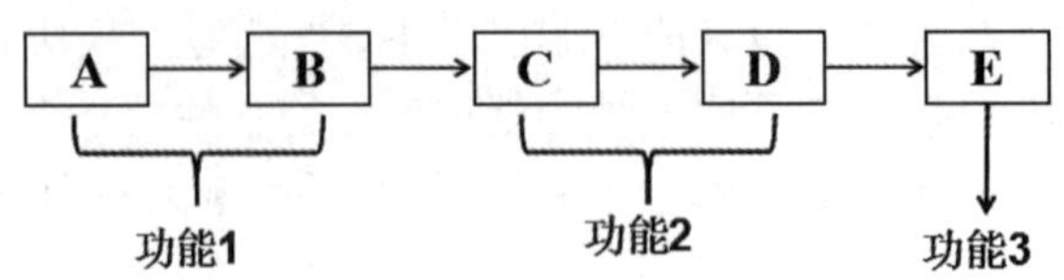

图 8-30　功能内聚示例

以上所列 7 种内聚方式，其内聚程度由低到高排列，前 3 种（偶然内聚、逻辑内聚、时间内聚）属于低内聚，中间的两种（过程内聚、通信内聚）为中等内聚，最后的两种（顺序内聚、功能内聚）属于高内聚。内聚度与模块独立性的关系如图 8-31 所示。

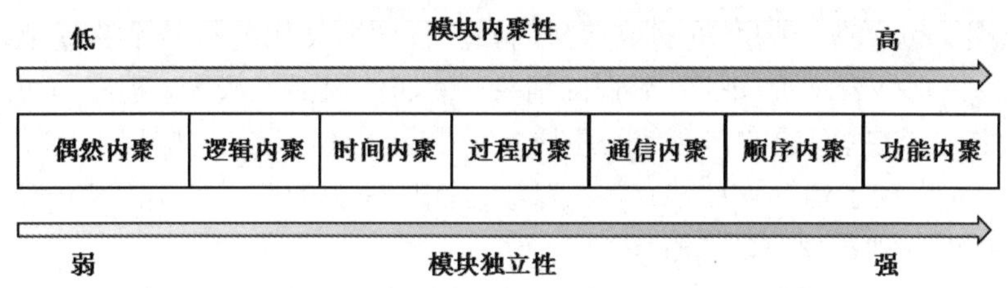

图 8-31　内聚度与模块独立性的关系

由此可见，在划分和设计模块时，应尽量设计高内聚低耦合的模块，最理想的是属于功能内聚和数据耦合。

8.3　处理过程设计

软件系统的总体设计，规定了各个模块的功能及模块之间的联系，接下来要考虑的是实现各个模块规定的功能。从软件开发的工程化观点来看，在使用程序设计语言编制程序之前，需要对所采用算法的逻辑关系进行分析，设计出全部必要的过程细节，并给予清晰的表达，使之成为编码的依据。这就是处理过程设计。

在处理过程设计阶段，要决定各个模块的实现算法，并精确地表达这些算法。为此应提供过程设计的表达工具。在理想情况下，算法过程描述应当采用自然语言来表达，这样不熟悉软件的人要理解这些规格说明就比较容易，不需要重新学习。但是，自然语言在语法上和语义上往往具有多义性，常常要依赖上下文才能把问题交代清楚。因此必须使用约束性更强的方式来表达过程细节。

表达处理过程规格说明的工具称为处理过程设计工具，它可以分为以下 3 类：

（1）图形工具：把处理过程的细节用图形方式描述出来。

（2）表格工具：用一张表来表达处理过程的细节。这张表列出了各种可能的操作及其相应的条件，即描述了输入、处理和输出信息。

（3）语言工具：用类高级语言（或叫“伪码”）来描述处理过程的细节。

8.3.1　结构化程序设计

结构化程序设计方法是经过长期实践和围绕 GoTo 语句的争论，在 20 世纪 70 年代形成的，它融合了多位计算机专家的主张，目的是要提高软件生产率和软件质量，降低软件维护的成本。

结构化程序设计的主要原则有两条：一是使用语言中的顺序、选择、重复等有限的基本控制结构表示程序逻辑；二是按照自顶向下、逐步求精的原则，从程序的整体框架入手，逐步引入实现逻辑。

8.3.2　程序流程图

程序流程图也称为程序框图，是软件开发者最熟悉的一种算法表达工具。它独立于任何一种程序设计语言，比较直观、清晰，易于学习掌握。因此，至今仍是软件开发者最普遍采用的一种工具。人们在需要了解别人开发软件的具体实现方法时，常常需要借助程序流程图来理解其思路及处理方法。

但是，流程图也存在一些严重的缺点。例如流程图所使用的符号不够规范，常常使用一些习惯性用法。特别是表示程序控制流程的箭头，使用的灵活性极大，程序员可以不受任何约束，随意转移控制。这些问题常常会使程序质量受到很大的影响，这些现象显然是与软件工程化的要求相背离的。为了消除这些缺点，应对流程图所使用的符号做出严格的定义，不允许人们随心所欲地画出各种不规范的流程图。

首先，为使用流程图描述结构化程序，必须限制流程图只能使用图 8-32 所给出的 5 种基本控制结构（图中菱形表示判断，且用 T 标明取真值的出口，用 F 标明取假值的出口）。

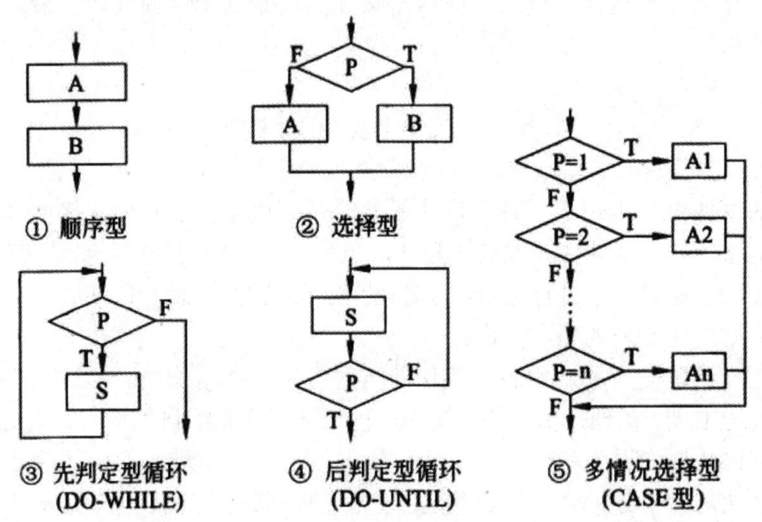

图 8-32　流程图的基本控制结构

（1）顺序型。由几个连续的加工步骤依次排列构成，如图 8-32①所示。

（2）选择型。由某个逻辑判断式的取值决定选择两个加工中的一个，如图 8-32②所示，图中的 P 为逻辑表达式，下同。

（3）WHILE 型。即先判定后循环型，也称“当”型。在循环控制条件成立时，重复执行特定的加工，如图 8-32③所示。

（4）UNTIL 型。即先循环后判定型，也称“直到”型。重复执行某些特定的加工，直至控制条件成立，如图 8-32④所示。

（5）CASE 型。即多情况选择型，也称多分支型。列举多种加工情况，根据控制变量的取值选择执行其一，如图 8-32⑤所示。

任何复杂的程序流程图都应由这 5 种基本控制结构组合或嵌套而成。作为上述 5 种控制结构相互组合和嵌套的实例，图 8-33 给出了一个程序的流程图。图中增加了一些虚线框，目的是便于理解控制结构的嵌套关系。显然，这个流程图所描述的程序是结构化的。

其次，需要对流程图所使用的符号做出确切的规定。除按规定使用定义的符号之外，流程图中不允许出现任何其他符号。图 8-34 给出了国际标准化组织提出并已为我国国家技术监督局批准的一些程序流程图标准符号，其中多数规定的使用方法与普通的使用习惯用法一致。

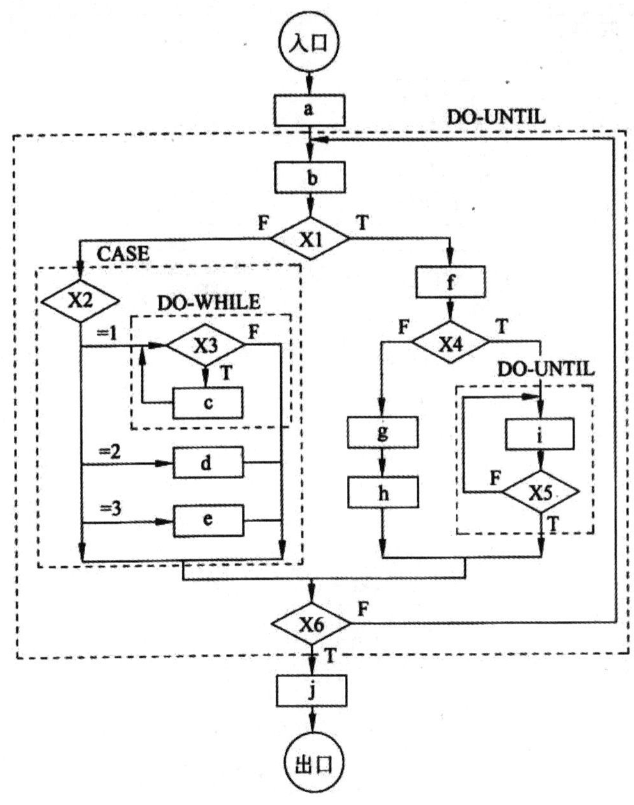

图 8-33　经过嵌套组合构成的程序流程图示例

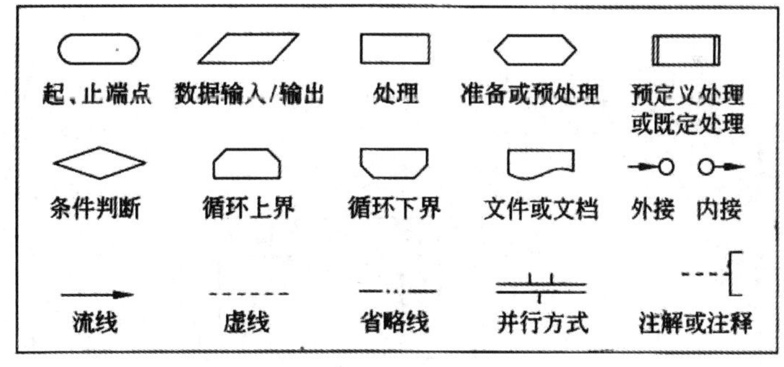

图 8-34　标准程序流程图的规定符号

需要说明的几点如下：

（1）循环的界限设有一对特殊的符号。循环开始符是削去上面两个直角的矩形，循环结束符是削去下面两个直角的矩形，其中应当注明循环名和进入循环的条件（对于 WHILE 型循环）或循环终止的条件（对于 UNTIL 型循环）。通常这两个符号应在同一条纵线上，上下对应，循环体夹在其间。参看图 8-35 所示的两种类型循环的符号用法。

（2）流线表示控制流的流向。在自上而下或自左而右的自然流向情形，流线可不加箭头，否则必须在流线上加上箭头。

（3）注解符可用来标识注解内容，其虚线连在相关的符号上或连接一个虚线框（框住一组符号），如图 8-36 所示。

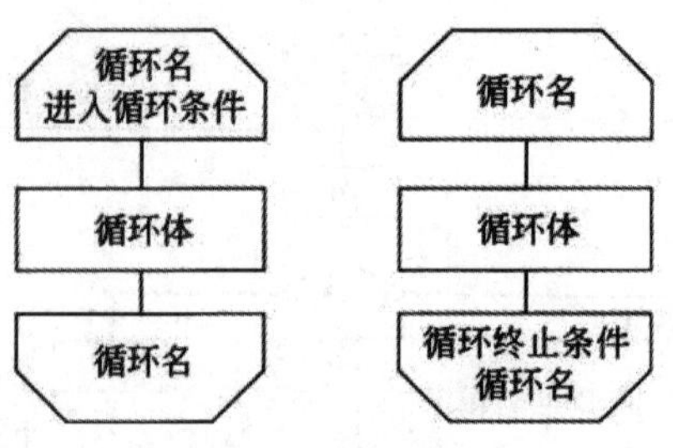

图 8-35 循环的标准符号

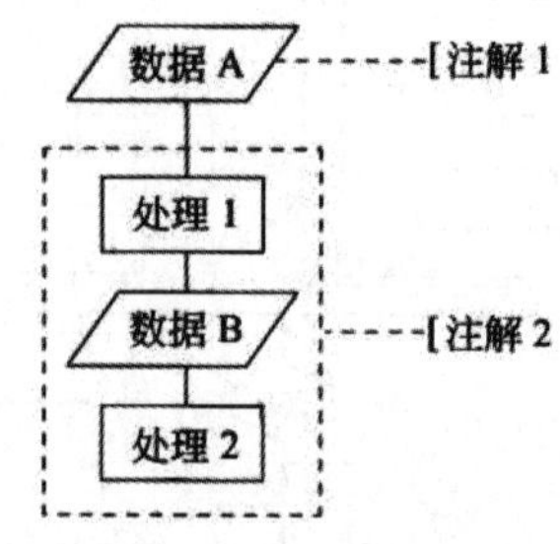

图 8-36 注解符的使用

（4）判断有一个入口，但有多条可选的执行路径，所有的执行路径都要归到一个出口。在判断条件取值后只有一条路径被执行。判断条件的结果可在流线附近注明。显然，有两种选择的判断就是前面提到的选择型结构，有多种选择的判断即为 CASE 型结构。图 8-37 给出多选择判断的 3 种表示。

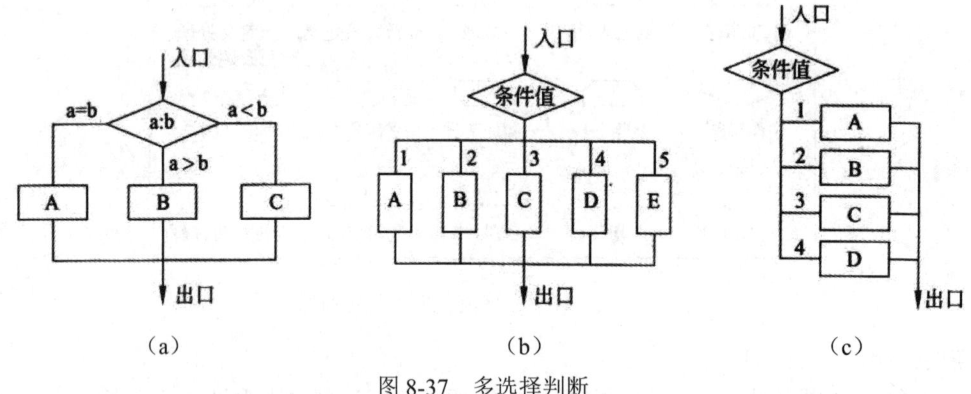

图 8-37 多选择判断

（5）虚线表示两个或多个符号间的选择关系（例如虚线连接了两个符号，则表示这两个符号中只选用其中的一个）。另外，虚线也可配合注解使用，如图 8-36 所示。

（6）外接符及内接符表示流线在另外一个地方接续，或者表示转向外部环境或从外部环境转入。

【例 8-10】如图 8-38 所示是用 PDL（程序设计语言）书写的一段程序。请根据你的理解，用程序流程图来表示它。

对应的程序流程图如图 8-39 所示。

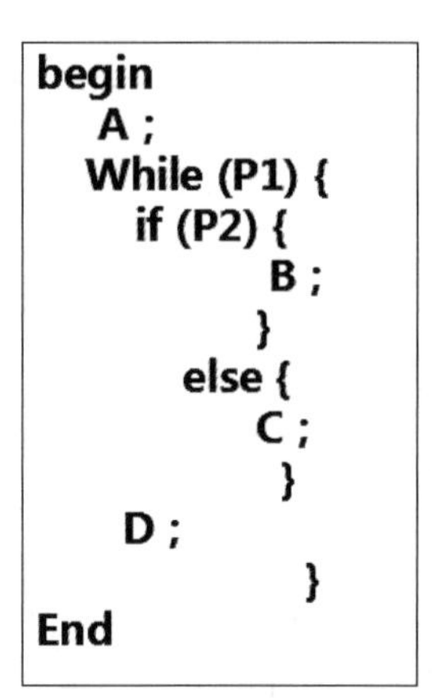

```
begin
  A ;
  While (P1) {
    if (P2) {
          B ;
        }
      else {
          C ;
          }
    D ;
          }
End
```

图 8-38 一段 PDL 程序

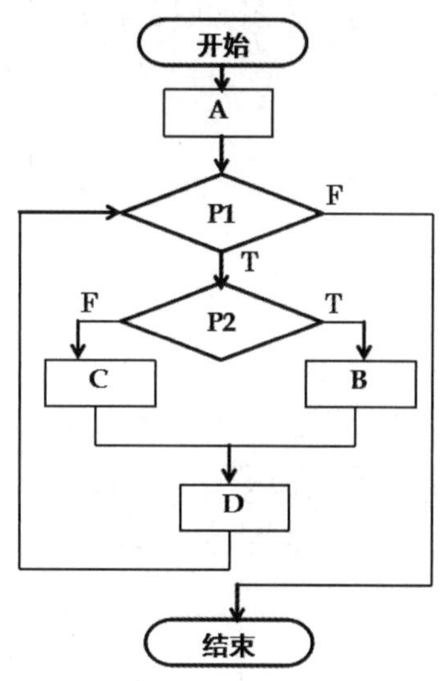

图 8-39 例 8-10 对应的程序流程图

8.3.3 N-S 图

Nassi 和 Shneiderman 提出了一种符合结构化程序设计原则的图形描述工具，叫做盒图（Box-Diagram），也叫做 N-S 图。在 N-S 图中，为了表示 5 种基本控制结构，规定了 5 种图形构件，如图 8-40 所示。图 8-40（a）表示按顺序先执行处理 A，再执行处理 B；图 8-40（b）表示若条件 P 取真值，则执行 T 下面框 A 的内容，取假值时，执行 F 下面框 B 的内容，若 B 是空操作，则用一个向下的箭头↓表示；图 8-40（c）和图 8-40（d）表示两种类型的循环，P 是循环条件，s 是循环体，图 8-40（c）是先判断 P 的取值，再执行 S，图 8-40（d）是先执行 S，再判断 P 的取值；图 8-40（e）给出了多出口判断的图形表示，P 为控制条件，根据 P 的取值相应地执行其值下面对应框的内容。

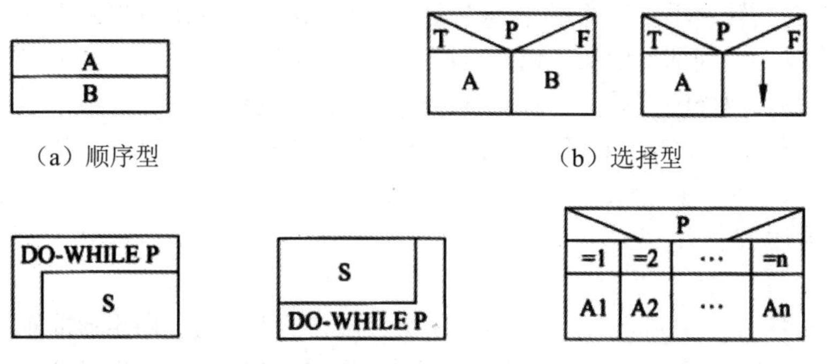

（a）顺序型 （b）选择型

（c）WHILE 重复型 （d）UNTIL 重复型 （e）多分支选择型（CASE 型）

图 8-40 N-S 图的 5 种基本控制结构

为了说明 N-S 图的使用，下面举两个实例。

【例 8-11】图 8-38 所示是用 PDL（程序设计语言）书写的一段程序。请根据你的理解，用 N-S 图来表示它。

解：对应的 N-S 图如图 8-41 所示。

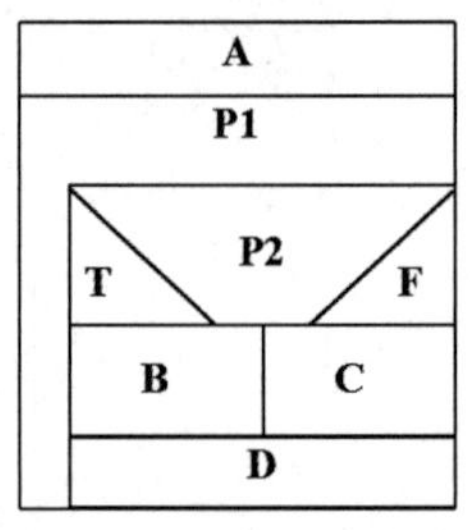

图 8-41　例 8-11 对应的 N-S 图

【例 8-12】将图 8-33 给出的程序流程图改用 N-S 图表示。

解：对应的 N-S 图如图 8-42 所示。

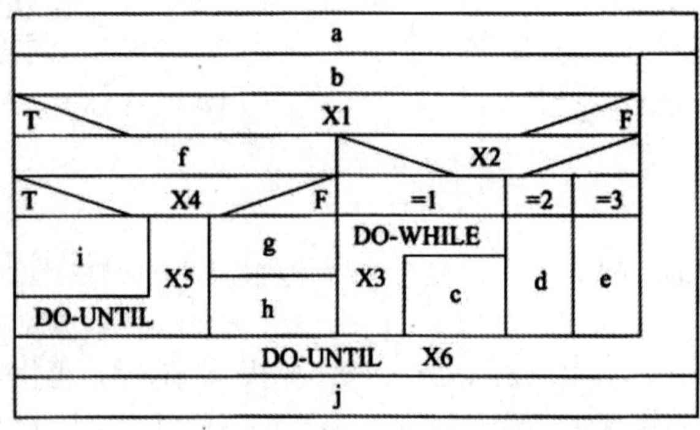

图 8-42　例 8-12 的 N-S 图

N-S 图有以下几个特点：

（1）图中每个矩形框（除 CASE 构造中表示条件取值的矩形框外）都是明确定义了的功能域（即一个特定控制结构的作用域），以图形表示，清晰可见。

（2）它的控制转移不能任意规定，必须遵守结构化程序设计的要求。

（3）很容易确定局部数据和（或）全局数据的作用域。

（4）很容易表现嵌套关系，也可以表示模块的层次结构。

如前所述，任何一个 N-S 图都是前面介绍的 5 种基本控制结构相互组合与嵌套的结果。当问题很复杂时，N-S 图可能很大，在一张纸上画不下，这时可给这个图中一些部分取个名字，在图中相应位置用名字（用椭圆形框住它）而不是用细节去表现这些部分。然后在另外的纸上再把这些命名的部分进一步展开。

例如，图 8-43（a）中判断 X1 取值为 T 部分和取值为 F 部分，用矩形框界定的功能域中画有椭圆形标记 k 和 l，表明了它们的功能进一步展开在另外的 N-S 图，即图 8-43（b）和（c）中。

8.3.4　PAD 图

PAD 是 Problem Analysis Diagram 的缩写，它是日本日立公司提出的用结构化程序设计思想表现程序逻辑结构的图形工具，它由程序流程图演化而来。

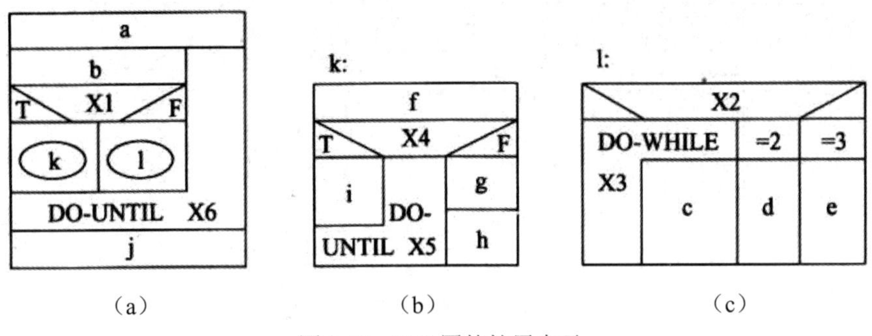

（a）　（b）　（c）

图 8-43　N-S 图的扩展表示

PAD 也设置了 5 种基本控制结构的图式，并允许递归使用。这些控制结构的图式如图 8-44 所示。其中，图 8-44（a）表示按顺序先执行 A，再执行 B。图 8-44（b）给出了判断条件为 P 的选择型结构，当 P 为真值时执行上面的 A 框，P 取假值时执行下面的 B 框中的内容，如果这种选择型结构只有 A 框，没有 B 框，表示该选择结构中只有 THEN 后面有可执行语句 A，没有 ELSE 部分。图 8-44（c）与图 8-44（d）中 P 是循环判断条件，S 是循环体。循环判断条件框的右端为双纵线，表示该矩形域是循环条件，以区别于一般的矩形功能域。图 8-44（e）是 CASE 型结构。当判定条件 P=1 时，执行 A1 框的内容，P=2 时，执行 A2 框的内容……P=n 时，执行 An 框的内容。

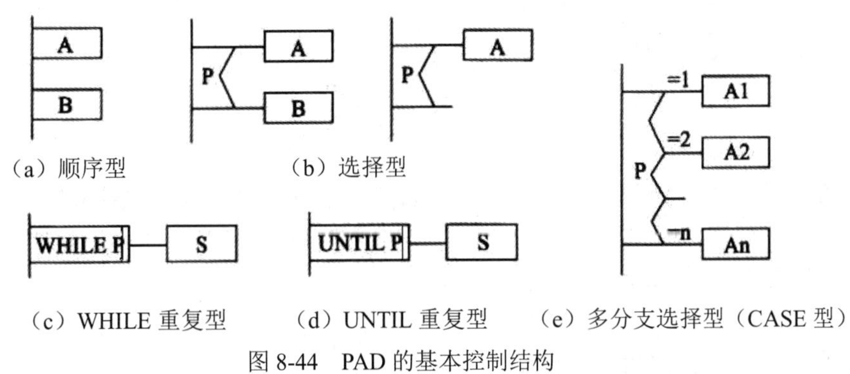

（a）顺序型　（b）选择型

（c）WHILE 重复型　（d）UNTIL 重复型　（e）多分支选择型（CASE 型）

图 8-44　PAD 的基本控制结构

【例 8-13】作为 PAD 应用的示例，图 8-45 给出了图 8-33 程序流程图对应的 PAD 表示。

为了反映增量型循环结构，在 PAD 中增加了对应于“For i:=n1 to n2 step n3 do…”的循环控制结构，如图 8-46（a）所示。其中，n1 是循环初值，n2 是循环终值，n3 是循环增量。另外，PAD 所描述程序的层次关系表现在纵线上，每条纵线表示了一个层次。把 PAD 图从左到右展开，随着程序层次的增加，PAD 逐渐向右展开，有可能会超过一页纸，这时，PAD 增加了一种如图 8-46（b）所示的扩充形式。图中用实例说明，当一个模块 A 在一页纸上画不下时，可在图中该模块的相应位置矩形框中简记一个 NAME A，再在另一页纸上详细画出 A 的内容，用 def 及双下划线来定义 A 的 PAD。这种方式可使在一张纸上画不下的图分在几张纸上画出，还可以用它来定义子程序。

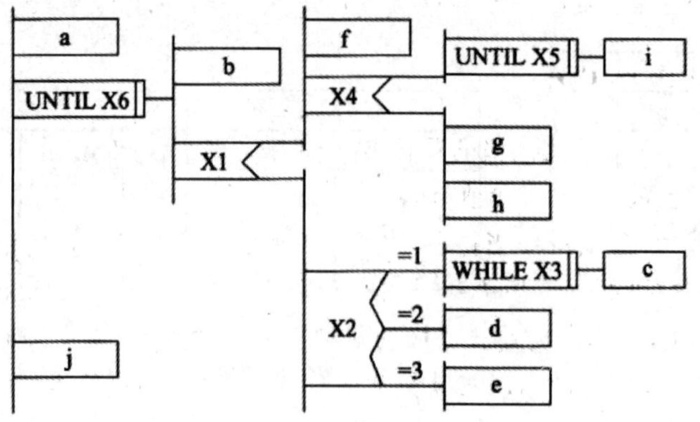

图 8-45　例 8-13 对应的 PAD 图

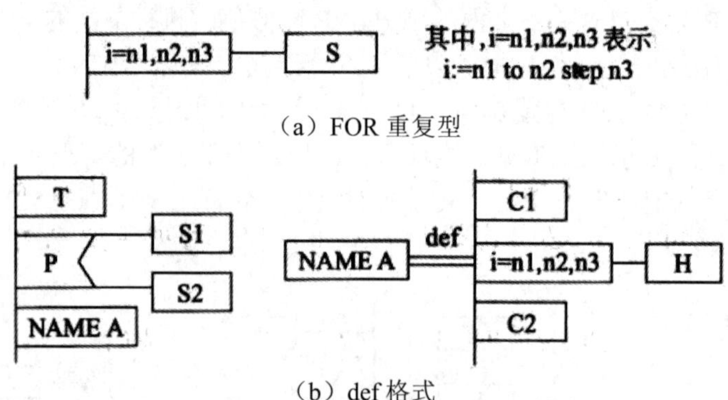

（a）FOR 重复型

（b）def 格式

图 8-46　PAD 的扩充控制结构

【例 8-14】图 8-38 是用 PDL（程序设计语言）书写的一段程序。请根据你的理解，用 PAD 表示它。

解：对应的 PAD 图如图 8-47 所示。

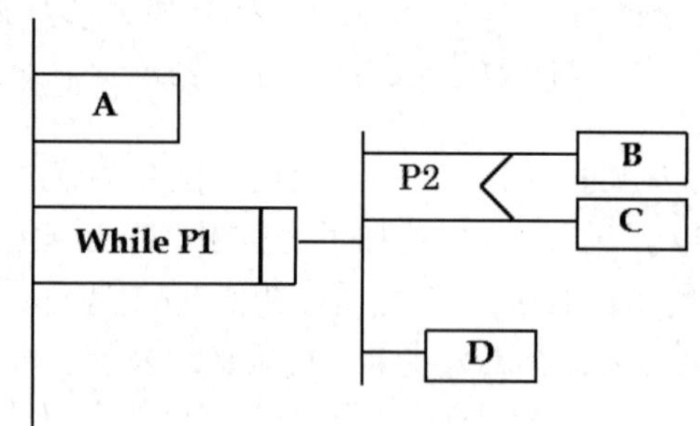

图 8-47　例 8-14 对应的 PAD

PAD 所表达的程序结构清晰且结构化程度高。作为一种详细设计的图形工具，PAD 比程序流程图更容易读。图中最左侧的纵线是程序的主干线，即程序的第一层结构。其后每增加一个层次，图形向右扩展一条纵线。因此，程序中含有的层次数即为 PAD 中的纵线数。PAD 的执行顺序从最左主干线的上端的结点开始，自上而下依次执行。每遇到判断或循环，就自左而右进入下一层，从表示下一层的纵线上端开始执行，直到该纵线下端，再返回上一层的纵线转入处。如此继续，直到执行到主干线的下端为止。

由于 PAD 的树形特点，使它比程序流程图更容易在计算机上处理。例如，在开发 PAD 向高级语言程序的转换程序之后，便可从终端输入 PAD 的图形，并自动转换成高级语言程序。因此可以省去人工编码的步骤，从而大大提高了软件开发的生产率。

8.3.5　程序设计语言 PDL

前面的例子已多次提到 PDL。PDL 是一种用于描述功能模块的算法设计和加工细节的语言，称为设计程序用语言，它是一种伪码（Pseudo code）。一般地，伪码的语法规则分为“外语法（Outer Syntax）”和“内语法（Inner syntax）”。外语法应当符合一般程序设计语言常用语句的语法规则，而内语法可以用英语（或中文）中一些简单的句子、短语和通用的数学符号来描述程序应执行的功能。

PDL 就是这样一种伪码，它具有严格的关键字外语法，用于定义控制结构和数据结构，同时它表示实际操作和条件的内语法又是灵活自由的，可使用自然语言的词汇。

【例 8-15】用类 C 语言的英语和汉语 PDL 分别描述“查找错拼单词”算法。

解：描述结果如图 8-48 所示。

```
void spellcheck( )
{
    split document into single words;
    look up words in dictionary;
    display words which are not in dictionary;
    create a new dictionary;
}
```

```
void spellcheck( )
{
    把整个文档分离成单词;
    在字典中查这些单词;
    显示字典中查不到的单词;
    创建一个新字典;
}
```

图 8-48　用 PDL 描述算法示例

图 8-48 中左图的内语法用英语描述，右图的内语法用中文描述。外语法用 C 语言描述。

从以上例子可知，PDL 语言具有正文格式，很像高级语言。人们可以很方便地使用计算机完成 PDL 的书写和编辑工作。从其来源看，PDL 可能是某种高级语言（例如 C 语言）稍加变化后的产物，例如在算法描述时常用的类 C 语言、类 Pascal 语言等。

【例 8-16】某公司处理用户订货解决方案描述如下：①如果用户的欠款时间不超过 30 天，订货量不超过库存量，则可以立即发货，但如果订货量超过库存量，则先按库存发货，进货后再补发；②如果用户的欠款时间大于 30 天但不超过 100 天，订货量不超过库存量，则要求先付款再发货，但如果订货量超过库存量，则不发货；③如果用户的欠款超过 100 天，则要先付欠款。试用类 Pascal 语言的 PDL 汉语描述其算法。

解：对应的 PDL 描述如下：

```
IF 欠款时间≤15 天
THEN      IF  需要量≤库存量
THEN  立即发货
ELSE  先按库存量发货，生产出来后再补发
ENDIF
    ELSE
```

```
IF 欠款时间≤45 天
THEN   IF 需求量≤库存量
THEN        先付款再发货
EISE 不发货
ENDIF
ELSE     要求先付欠款
ENDIF
ENDIF
```

PDL 作为一种用于描述程序逻辑设计的语言，具有以下特点：

（1）有固定的关键字外语法，提供全部结构化控制结构、数据说明和模块特征。属于外语法的关键字是有限的词汇集，它们能对 PDL 正文进行结构分割，使之变得易于理解。

（2）内语法使用自然语言来描述处理特性，为开发者提供方便，提高可读性。内语法比较灵活，只要写清楚就可以，不必考虑语法，以利于人们把主要精力放在描述算法的逻辑上。

（3）有数据说明机制，包括简单的（如变量和数组）与复杂的（如链表和多层次结构）的数据结构。

（4）有子程序定义与调用机制，用以表达各种方式的接口说明。

使用 PDL 语言，可以做到逐步求精：从比较概括和抽象的 PDL 程序起，逐步写出更详细、更精确的描述。

8.4 物理系统方案设计

信息系统本质上是一个计算机应用系统，一个完整的计算机系统和网络系统当然就是信息系统的主要支撑环境。所以计算机系统配置明显是系统设计阶段的主要任务之一。

人们的目标是合理地选择和配置计算机这一系统环境，使用较少的投资代价来获得较好的系统性能目标。物理系统方案设计包括硬件系统配置、软件系统配置、网络系统配置、系统安全与保密等内容。而机器的购买、安装、程序调试、系统的切换、系统的运行和维护等则是在下一阶段系统实现或系统实施中进行的。

8.4.1 计算机系统选择

前面总体规划阶段，通过初步调查，提出计算机系统的初步配置方案，那是一个逻辑配置，强调系统对计算机功能的要求，不涉及具体计算机参数如机型、机种、品牌等，到了本阶段，系统对计算机的要求已经清楚，这时的计算机配置已经是物理方案了，即设备的型号、性能、数量、安装地点等都已经具体化。

合理配置系统的目的，就是要以较小的投资来获得较好的系统性能。而计算机系统的选择，应满足当前和中长期目标的需要，还要考虑先进性、配套性和经济性。先进性是指机器的技术起点高，机型有发展前途，软硬件兼容性能好。配套性是指一个系统中的主机（计算机）功能要求与终端设备、外存设备、输入/输出设备、数据收集设备、通信设备等的功能达到相互协调匹配，使系统达到最大的结合能力，以满足生产任务管理的需要。经济性是指不要盲目追求洋、大、全，而要选择相适应的计算机系统，使其达到最佳利用率。

需要指出的是，开发信息系统不应当把买机器放在第一位，因为只有在进行了系统分析以后，才知道要买什么样的计算机，买多少计算机。尤其对于大的系统，开发时间可能在 3 年以上，而现代计算机一般 5 年换一代，微型计算机更快，一般 3 年换一代。也可以说，同样的机器，3 年之后的价格要比原来少一半！由此看来，信息系统从研制开始就买机器，实在不划算。

8.4.2 网络设计

目前的信息系统离不开网络，信息系统方案还要考虑到系统集成、结构化布线，甚至还要考虑通信和网络要求方面，包括用户终端数、通信量、速度和线路等。

由于计算机网络技术发展迅速，信息系统网络化已经是必然趋势。通过计算机网络来连接组织机构内的各个部门，使部门之间的信息传递和共享更加方便快捷，就能充分发挥信息系统在组织内部工作中的作用。随着 Internet 的不断普及，组织机构的内部网络（Intranet）、外部网（Extranet）与 Internet 的连接也将成为信息系统的重要组成部分。

有 4 种不同类型的网络系统结构或运行环境，它们影响到信息系统网络结构的设计。

（1）工作站/文件服务器方式。这是局域网的基本工作方式，常见的网络系统的基本工作模式都是如此，如 NetWare 公司的 NetWare、Microsoft 公司的 Windows NT 系统等都属于本范畴。该方式的组成是将若干台微机组成的工作站与一台或多台文件服务器通过网络设备连接在一起，使各工作站共享文件服务器上的文件设备。

（2）主机/终端系统。简称主机系统，在传统的信息系统如金融行业中的信息系统内使用较多。它是以一台主机为中心的多用户系统，在这种结构中，用户通过与主机相连的字符终端，在主机操作系统的管理下共享主机的内存、外存、CPU 和 I/O 设备等资源，传统的主机/终端系统大多采用类 UNIX 系统，所有的应用程序均在主机上运行，终端仅相当于一个字符显示器和一个键盘。

（3）Client/Server（客户/服务器）系统。简称 C/S 系统，由工作站/文件服务器系统发展而来，不同的是，其处理功能不再全部在工作站上完成，而是一部分任务被分配到应用服务器上。当一个用户需要服务时，工作站发出请求，由应用服务器执行相应的功能，并将结果返回工作站，此时的工作站变成了应用服务器的客户，应用服务器可以与文件服务器是同一台计算机，也可以是网上的其他计算机，为客户机提供面向应用的服务。

（4）对等网络系统。这是一种适合于小规模局域网的系统结构，它不存在专门的文件服务器。这种网络系统中的每一个工作站既可以起客户机的作用，也可以起服务器的作用，为其他工作站提供服务。所以，它的明显优点是系统建设费用低，无需专门的服务器，也无需专门的网络操作系统，使用也相对简单得多。但是，对等网络系统结构存在网络安全性和保密性较差的缺点。

网络选型所应遵循的原则是标准化、主流性、实用性和规模性 4 个方面的原则。标准化原则是指所选网络产品必须是符合国际标准和我国标准的产品；主流性原则是指产品能得到国内外实力雄厚的厂家和大公司的支持，确保软硬件的升级不需或稍需再开发；实用性原则是指所选网络产品能解决汉化问题，支持较丰富的通用性软件，尤其是汉化的网络多用户数据库管理系统；规模性原则是指信息系统规划一个局域网时必须考虑一个重要的因素就是网络规模的大小，过大浪费资源，过小不能满足系统需求，做到规模适中、留有余地。选择时应考虑以下几个方面：网络中结点的数目、结点相互之间的距离、系统中使用的软件、对网络的一些其他特殊要求、建立网络所需的费用等。

网络选型除遵循以上原则外，不能忽视的方面就是应与数据库访问方式相匹配和网络选型的技术性能指标。信息系统一般要进行大量的数据库操作，选择不同的网络系统结构，所使用的数据库访问方式也不相同，具体有以下 5 种访问方式：独立数据库、文件共享型数据库、客户/服务器型数据库、多层数据库应用系统、基于 Web 的数据库。网络选型的技术性能指标是指要考虑网络的吞吐能力、可扩充性和连接性、最大的作用距离、传递速度、响应时间、可靠性、维护性，这直接影响到信息系统的整体性能，包括系统响应速度、运行效率和服务满意度。

8.5 数据库设计

数据库设计是信息系统设计阶段的重要组成部分，它是在选定了硬件、操作系统和数据库管理系统（DBMS）环境的情况下，准确地表达用户的需求，并将其转换为有效存储数据的数据模型的过程。数据库设计的全过程包括用户需求分析、概念结构设计、逻辑结构设计、物理结构设计、数据库实施、数据库运行与维护等 6 个阶段。其基本操作步骤如图 8-49 所示。

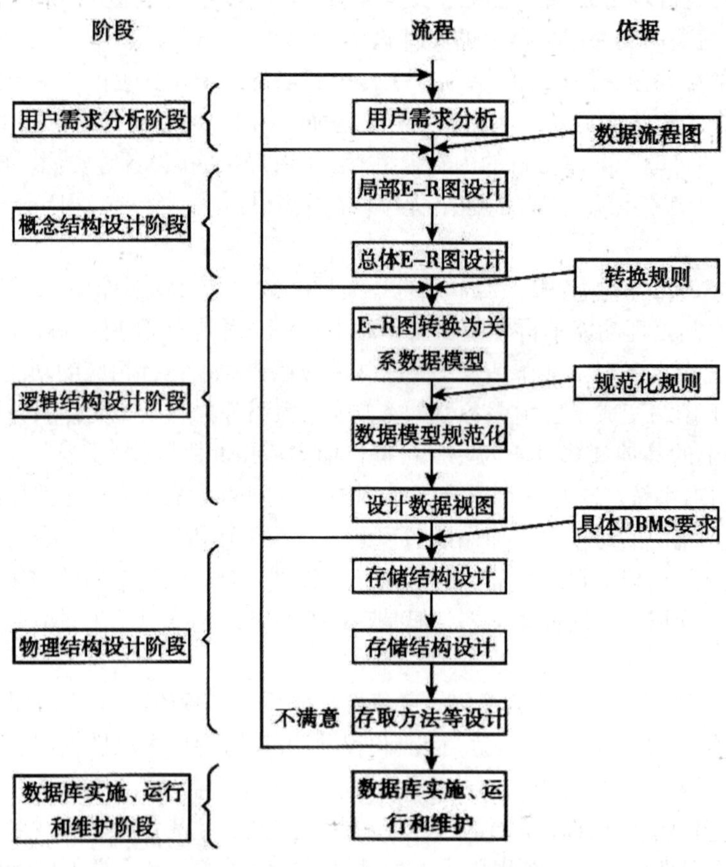

图 8-49 数据库设计的基本步骤

8.5.1　用户需求分析

用户需求分析是数据库设计的起点，需求分析是否充分准确直接决定信息系统是否能最终令用户满意，并影响到数据库结果是否合理实用。需求分析实际上已经在系统分析阶段完成，在数据库设计阶段只需要进一步确认以下需求：

（1）数据要求。即要根据用户需要从数据库中导出的信息要求，包括对数据内容、来源去向、性质、取值范围、数据存储等的要求。

（2）处理要求。即为了满足用户信息需求要做的处理功能、处理方式、响应时间等。

（3）安全性与完整性要求。进一步明确数据的有效性、安全性、完整性、冗余性等的相关需求与约束条件。

8.5.2　概念结构设计

在进行数据库设计时，通常将现实世界中的客观对象首先抽象为不依赖任何数据库管理系统（DBMS）和具体机器的信息结构，即概念模型，然后再把概念模型转换成具体机器上DBMS 支持的数据模型，所以概念模型可以看成是现实世界到机器世界的一个过渡。

因此，概念设计是整个数据库设计的关键，它通过对用户需求进行综合、归纳与抽象，形成了一个独立于具体数据库管理系统的概念模型。

下面介绍概念模型的表示方法——E-R 图。

概念模型最常用的表示方法是实体—联系方法（Entity-Relation Approach，简称 E-R 方法），它是用 E-R 图来描述某一组织的信息模型。E-R 图的基本组成有 3 个要素，即实体、联系和属性。

（1）实体：即现实世界中存在的对象或事物。实体可以是人，也可以是物或抽象的概念。E-R 图中用矩形框表示实体，框内标识实体的名称。

（2）联系：即实体与实体之间的联系。实体间的联系有 3 种方式：一对一联系（1:1）、一对多联系（1:n）和多对多联系（m:n）。E-R 图中用字母 m 和 n 表示“多”，也可以用其他字母表示。“联系”用菱形框表示，框内标识联系的名称。

（3）属性：指“实体”或者“联系”具有的某种特征。实体的属性有很多，我们描述的实体属性只是系统需要的那部分属性，而不考虑系统不需要的属性。如某系统中的“学生”这一实体可由学号、姓名、年龄、性别、系、年级等属性来刻画。E-R 图中一般用圆或椭圆表示，圆内标识属性的名称，属性用一线段与所属的实体或联系相连接。

下面根据“联系”的不同，各给出一个 E-R 图的例子，以加深理解。

【例 8-17】给出一个“一对一”联系的 E-R 图的例子，并陈述图中的实体、属性和联系表达的内容。

例子如图 8-50 所示。图中厂长为实体，系统需要的属性有厂长号、姓名、年龄；工厂为另一实体，系统需要的属性有厂号、厂名和地点；厂长与工厂的联系是“管理”的关系，且是一对一（即 1:1）的关系，即一个工厂只有一个厂长，一个厂长只能管理一家工厂。“管理”这一联系本身有一个“任职期间”属性，表示某厂长的任职时间。

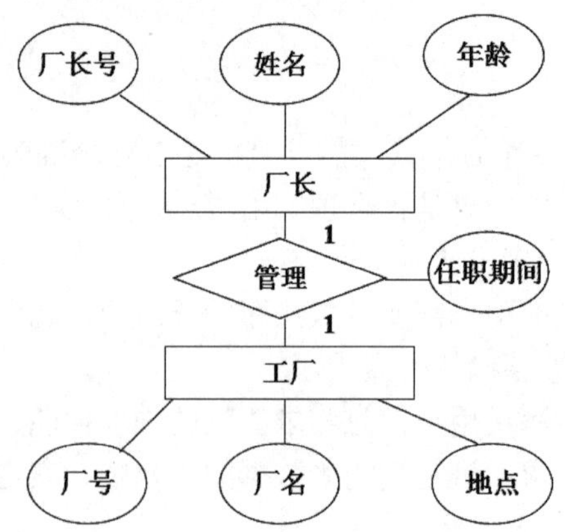

图 8-50　1:1 联系的 E-R 图示例

【例 8-18】给出一个“一对多”联系的 E-R 图的例子，并陈述图中的实体、属性和联系表达的内容。

例子如图 8-51 所示。

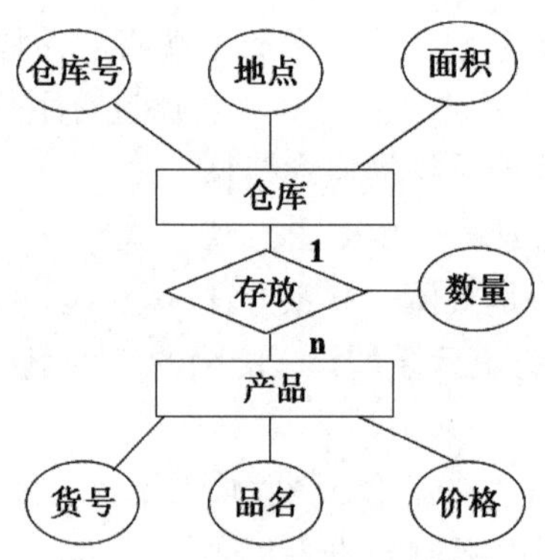

图 8-51　1:n 联系的 E-R 图示例

图中仓库为一个实体，系统需要的属性有仓库号、地点、面积；产品为另一实体，系统需要的属性有货号、品名和价格；仓库与产品的联系是“存放”的关系，且是一对多（即 1:n）的关系，即一个仓库可以存放多种产品，一种产品只能存放于一个仓库。“存放”联系有自己的一个属性“数量”，表示某产品存放于仓库的数量。

【例 8-19】给出一个“多对多”联系的 E-R 图的例子，并陈述图中的实体、属性和联系表达的内容。

例子如图 8-52 所示。

图中学生为一个实体，系统需要的属性有学号、姓名、性别、助学金；课程为另一实体，系统需要的属性有课程号、课程名和学分；学生与课程的联系是“选修”的关系，且是多对多（即 m:n）的关系，即一个学生可选修多门课，一门课程可由多个学生来选修。“选修”这一联系有自己的两个属性：“选修学期”和“成绩”，表示某学生选修某门课程是在哪一学期选修的，课程成绩是多少。

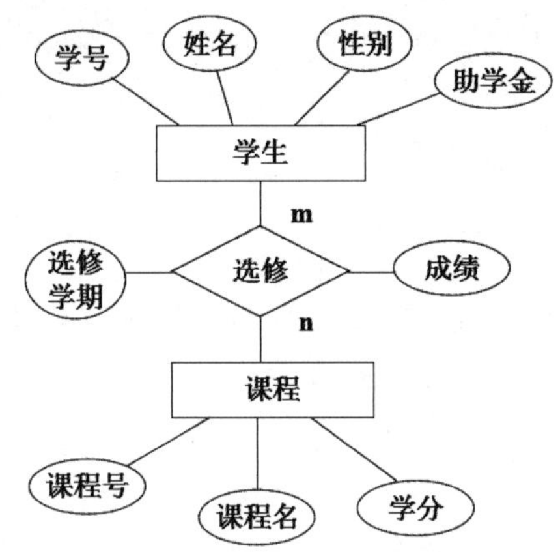

图 8-52　m:n 联系的 E-R 图示例

8.5.3　逻辑结构设计

逻辑结构设计是在概念设计的基础上完成的，其主要任务是将概念结构 E-R 图转换为某个数据库管理系统所支持的数据模型，并对其进行优化。这种数据模型提供了有关数据库内部构造的逻辑描述，与计算机环境更加接近，因此能够为在某种特定的数据库管理系统上进行数据库物理存储结构设计提供便利。在关系型数据库中，逻辑结构设计的步骤是先将 E-R 图转换为关系数据模型，然后再利用规范化理论对此模型进行规范和优化，之后结合信息系统需要提供的功能来设计数据视图。

1. E-R 模型向关系模型的转换规则

关系模型（也称关系模式）的逻辑结构是一组相关元素或关系特征的集合，亦即关系型数据结构，其具体表现形式形如：关系名（属性名 1，属性名 2，…，属性名 n），即一个关系模式需要给定一个关系名，关系名后用一对圆括号将相关的元素（属性）组成一个集合，每一元素用逗号隔开。E-R 图则是由实体、实体的属性和实体之间的联系 3 个要素组成的，所以要将 E-R 图转换成关系模型实际上就是要将实体、属性和实体之间的联系转化为关系模式，这种转换一般遵循如下规则：

（1）一个实体转换为一个关系模式，实体的属性就是该关系的属性，实体的主码就是该关系的主码（主码，也称主键或主关键字，指能唯一区别一个实体与另一个实体的那个属性或属性组）。

（2）一个联系也可以转换为一个关系模式，与该联系相连的各实体的主码以及该联系的属性可以转换为此关系模式的属性。其中，主码的选取规则如下：

- 若联系为 1:1，则关系模式的主码可从所连接的各实体的主码中选取其一作为主码。
- 若联系为 1:n，则关系模式的主码为 n 端实体的主码。
- 若联系为 m:n，则关系模式的主码为所连接的各实体主码的组合。

（3）主码相同的关系模式可以合并为一个关系模式，主码不变。单有主码而无其他属性的关系模式可以删去。

2. E-R 模型向关系模型的转换实例

【例 8-20】某工厂生产多种产品，每种产品又要使用多种零件，一种零件可能装在多种产品上。每种零件由一种材料制造，每种材料可用于不同零件的制作。有关产品、零件、材料的数据字段如下：

产品：产品号，产品名，产品单价

零件：零件号，零件名，单重，单价

材料：材料号，材料名，计量单位，单价

若每种产品由不同数量的零件组装而成，每种零件的制造需要的材料数量也不同。

（1）请画出产品、零件、材料的 E-R 图。

（2）请将该 E-R 图转换为关系模型。

对应的 E-R 图如图 8-53 所示。

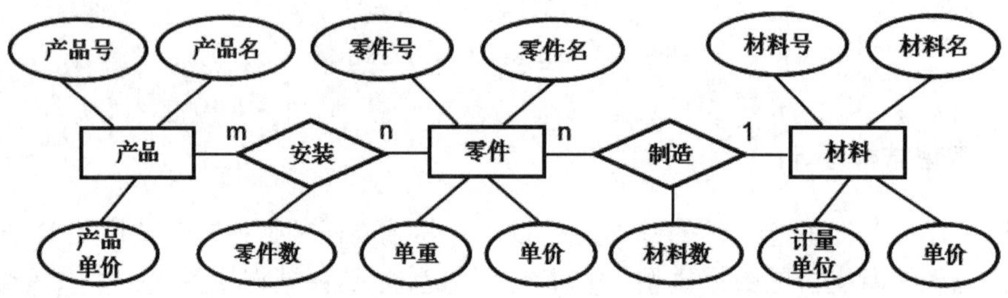

图 8-53　例 8-20 对应的 E-R 图

E-R 图转换为关系模式的步骤如下（注意，关系模式中，属性下方带下划直线段的表示该属性或属性组作为关系模式的主码，属性带波纹下划线的表示外码，即该属性是另外一个关系模式的主码）：

第一步：实体型转换为关系模式。一个实体转换为一个关系模式。因此，得到如下 3 个关系模式。

产品表（产品号，产品名，产品单价）

零件表（零件号，零件名，单重，单价）

材料表（材料号，材料名，计量单位，单价）

第二步：联系型转换为关系模式。安装连接的两个实体是多对多的，因此两个实体的主码组合起来作为此关系模式的主码，故下划线段连着这两个主码；同时产品号和零件号还分别是其他关系模式的主码，故其下方带波纹线段表示。制造连接的两个实体为一对多的，取多端实体（零件）的主码（零件号）作为此关系模式的主码，其下划线段或下划波纹线的解释相同。这样得到的两个关系模式如下：

安装表（产品号，零件号，零件数）

制造表（零件号，材料号，材料数）

第三步：合并。主码相同的关系模式可以合并，主码零件号又相同，零件表与制造表合并。最后得到的关系模式综合如下：

产品表（产品号，产品名，产品单价）

零件制造表（零件号，零件名，单重，单价，材料号，材料数）

材料表（材料号，材料名，计量单位，单价）

安装表（产品号，零件号，零件数）

8.5.4　关系模型规范化

数据库关系模式确定后可借助规范化理论进行规范化，以消除数据冗余、更新异常等不合理现象，提高数据的可修改性、一致性和完整性。数据库的规范化处理过程就是按照规范化规则逐步地分析处理原有关系模式的过程。在数据模型允许的基础上，一般来说，规范化水平应较高，但并不是越高越好，主要是依据有利于系统功能实现的原则设计。

1. 关系范式

关系规范化的水平主要有 6 个级别，由低到高分别为 1NF、2NF、3NF、BCNF、4NF 和 5NF，即第一范式、第二范式、第三范式、BCN 范式、第四范式和第五范式。级别越高，限制条件越多。所有规范化的关系都是以 1NF 为基础的，在 1NF 中进一步满足一些要求的关系为 2NF，依此类推，范式是向上兼容的，即满足第五范式的数据结构自动满足第一、第二、第三、第四范式。这就是所谓范式的包含关系，即：

$$1NF \subset 2NF \subset 3NF \subset BCNF \subset 4NF \subset 5NF$$

对于常用系统，一般只用前 3 种就足够了，一般企业管理信息系统，数据存储的逻辑设计要求达到第三范式。下面简介第一、第二、第三范式。

第一范式（First Normal Form，1NF），满足的基本条件是表（或关系）中的每一个分量都必须是不可分割的数据项。例如这一模式：

教师表（教师代码，姓名，工资（基本工资，附加工资））

在这一关系模式中，关系模式中有关系模式（即表中有表），存在可以再分的数据项，工资项可以再分为基本工资和附加工资两项，因此不符合 1NF。如果改为：

教师表（教师代码，姓名，基本工资，附加工资）

这样关系模式就符合 1NF 的要求了。

第二范式（Second Normal Form，2NF）指每个表必须有且仅有一个数据元素为主键或主码，即主关键字，其他数据元素与主关键字一一对应。例如在学生花名册中将学号定义为主关键字，而姓名、性别等都有可能重复，故不能作为主关键字。这样，只要知道了一个学号，就可以唯一地在同一行中找到该学生的任何一项具体信息。通常把这种关系称为函数依赖（Functional Dependence）关系。即表中其他数据元素都依赖于主关键字，或称该数据元素唯一地被主关键字所标识。

例如关系模式：

教师表（教师代码，姓名，职称，研究课题号，研究课题名称）

这个关系模式不符合 2NF，因为研究课题名称不由主码（教师代码）标识，仅由研究课题号标识，这种关系会引起数据冗余和更新异常，当要插入新的研究课题数据时，往往缺少相应的教师代码，以致无法插入；当删除某位教师的信息时，常会引起丢失有关研究课题信息。将其分解为如下两个关系模式就符合 2NF 了：

教师表（教师代码，姓名，职称，研究课题号）

课题表（研究课题号，研究课题名称）

第三范式（Third Normal Form，3NF）指表中所有的数据元素不但要能够唯一地被主关键字所标识，而且它们之间还必须相互独立，不存在其他的函数关系，也就是说，对于一个满足了 2NF 的数据结构来说，表中可能存在某些数据元素依赖于其他非关键字数据元素的现象，必须加以消除，就成为 3NF 了。

例如关系模式：

产品表（产品代码，产品名，生产厂名，生产厂地址）

这关系模式不符合 3NF，虽然表中的属性都由主码产品代码标识，但生产厂名是生产厂地址的唯一标识。从产品代码我们可以了解产品是哪家公司生产的，但要了解该产品的产地还需要查看生产地址，存在传递性依赖。将其分解为如下两个关系模式就满足 3NF 了：

产品表（产品代码，产品名，生产厂名）

产地表（生产厂名，生产厂地址）

2. 关系模式规范化举例

【例 8-21】将给定的关系模式转换为满足 3NF 的关系模式。假设有如下关系模式 W：

W（日期，工号，姓名，工种，超额，定额，车间，车间主任）

解：分解转换过程如下：

步骤一：其每个属性不可再分，满足 1NF。但通过建立 W 关系的若干样值（见表 8-3），发现有数据冗余，即一些属性值重复多次出现。

表 8-3　关系 W 的若干样值

日期	工号	姓名	工种	定额	超额	车间	车间主任
1990.5	101	丁一	车工	80	22%	金工	李明
1990.5	102	王二	车工	80	17%	金工	李明
1990.5	103	张三	钳工	75	14%	工具	赵杰
1990.5	104	李四	铣工	70	20%	金工	李明
1990.6	101	丁一	车工	80	19%	金工	李明
1990.6	102	王二	车工	80	25%	金工	李明
1990.6	103	张三	钳工	75	16%	工具	赵杰
1990.6	104	李四	铣工	70	26%	金工	李明

步骤二：W 关系的属性间存在函数依赖关系。非主属性不完全由其主码（工号）标识，如图 8-54 所示，即不满足 2NF。工号决定姓名、工种、定额、车间、车间主任。工号和日期共同决定超额。由此可见，非主属性（超额）不完全依赖于主码（工号）。

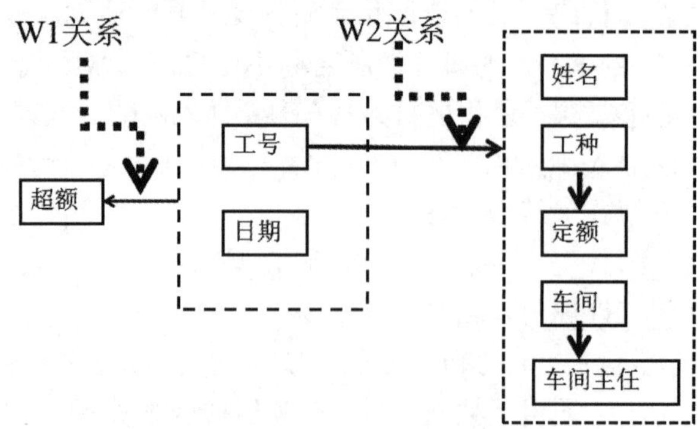

图 8-54　W 关系的依赖关系

步骤三：将 W 关系分解为 W1 和 W2 两个关系，则满足 2NF。

W1（工号，日期，超额）

W2（工号，姓名，工种，定额，车间，车间主任）

步骤四：在关系 W2 中非主属性存在传递依赖关系，即工种标识定额，车间标识车间主任，不由主码直接标识，存在传递依赖关系，不满足 3NF。

步骤五：将 W2 分解为 W2.1、W2.2、W2.3。

W2.1（工号，姓名，工种，车间）

W2.2（工种，定额）

W2.3（车间，车间主任）

至此，关系模式 W1、W2.1、W2.2、W2.3 满足 3NF。

步骤六：将分解好的所有关系表起一个关系名，就得到了所需的关系模式。

超额表（工号，日期，超额）

职工表（工号，姓名，工种，车间）

定额表（工种，定额）

车间表（车间，车间主任）

3. 分解关系的基本原则

上述的 E-R 转换、关系规范化过程即关系规划过程，是对关系不断分解的过程，通过分解使关系逐步达到较高范式。但分解方法没有最优解，一般我们认为，遵守以下原则即可：

（1）分解必须是无损的，不管分解成多少个关系，但不能漏掉任何一个属性。

（2）分解后关系要相互独立，各有各的主键，主键各不相同。但不能让关系中的任何一个属性无法通过主键或外键找到。

8.6　代码设计

代码是表征客观事物的有序符号，是实体明确的、唯一的标识。使用代码可以提高计算机的处理效率，同时也便于数据的存储和检索，可节省空间和时间。代码设计是一个科学管理的问题，在系统设计中，属于详细设计的范畴。设计出好的代码方案，可以使机器的处理变得方便和简单。

8.6.1　代码的定义和功能

代码也简称“码”，是用来表征客观事物的一个或一组有序的符号，它应易于计算机和人识别与处理，编码就是用数字或字母代表事物，编码的历史可以追溯到古代。从古代常用来传递信息的烟信号到现代的电传打字机，都需要对所用的符号（烟、字母等）的含义有约定。没有代码是令人难以想象的。这个问题过去不太受重视，今天却成了信息技术中的中心问题之一，成为现代化管理的基础工作之一。通过编码，建立统一的信息语言，有利于提高通用化水平，使资源共享达到统一化，有利于采用集中化措施以节约人力，加快处理速度，便于检索。具体来讲，代码具有以下功能：

（1）鉴别功能。

（2）分类功能。

（3）排序功能。

（4）专用含义。

8.6.2 代码设计的目的

在系统开发过程中设计代码的目的有以下 3 个：

（1）唯一化。按照机器处理的需要，将不能确定的东西唯一地加以标识即编制代码，从而避免了二义性。编码是今天信息技术中的中心问题之一，也是现代化管理的基础工作之一。通过编码，能建立起统一的信息语言，提高通用化水平，达到统一化，促进资源的共享。

（2）规范化。如果仅仅为了唯一化来编制代码，这样编出的代码可能杂乱无章，无法辨认，使用起来也不方便。所以还要强调编码的规范化，使代码在使用中（如排序、查找等）十分方便。

（3）标准化。编码要尽量采用国际和国家标准，有一些需要自行编码的内容，也应参照标准化分类和编码的形式来进行。

8.6.3 代码的分类

代码的种类主要有 3 种：顺序码、区间码和助忆码。

（1）顺序码。顺序码又称系列码，它是一种用连续数字代表编码对象的码，例如，用 1 代表厂长，2 代表科长，3 代表科员，4 代表生产工人等。顺序码的优点是短而简单，记录的定位方法简单，易于管理。顺序码的缺点是这种码没有逻辑基础，它本身不能说明任何信息的特征。新加的代码只能列在最后，删除则造成空码。

（2）区间码。区间码把数据项分成若干组，每一区间代表一个组，码中数字的值和位置都代表一定的意义。典型的例子如邮政编码和身份证号码。

例如，表 8-4 所示是某企业的用户分类和代码。码“21”代表该用户为采购总量小于 9999 元的零售单位，码“34”代表该用户为采购总量为 5 万元以上的教育部门。

表 8-4 用户分类代码

用户类型（第 1 位）		采购总量（第 2 位）	
码	分类	码	分类
1	批发单位	1	≤9999 元
2	零售单位	2	10000～29999 元
3	教育部门	3	30000～49999 元
4	国防部门	4	>49999 元
5	其他部门	5	—

再如，某工业产品可选用的参数有材料、直径、形状、表面处理 4 个“面”。每个“面”内又分成若干类目并分别编码，见表 8-5。

使用这样的编码，实际上是将各“面”的代码组合，如代码 1214，即表示这种工业产品是：由铝材制造，直径 1.0，圆锥形，表面上了油漆。

表 8-5 多面码示例

第一面（选用材料）	第二面（产品直径）	第三面（产品形状）	第四面（表面处理）
1-铝	1-Φ0.5	1-圆锥	1-未处理
2-钢	2-Φ1.0	2-平面圆形	2-全镀铬
3-铜	3-Φ1.5	3-平面四角	3-镀锌
		4-平面六角	4-上漆

区间码的优点：代码结构具有一定的柔性，适合于计算机处理，信息处理比较可靠，排序、分类、检索等操作易于进行。

区间码的缺点：这种码的长度与其分类属性的数量有关，有时可能造成很长的码。在许多情况下，码有多余的数。这种码的修改也比较困难。

（3）助忆码。助忆码用文字、数字或文字数字结合起来描述，其特点是，可以通过联想帮助记忆。例如，用 TV-B-24 代表 24 英寸黑白电视机，用 TV-C-51 代表 51 英寸彩色电视机。

8.6.4 代码结构中的校验位

为了保证正确输入，代码设计时有意识地在原有代码的基础上另外加上一个校验位，使它事实上变成代码的一个组成部分。校验位通过事先规定的数学方法计算出来。代码一旦输入，计算机会用同样的数学运算方法按输入的代码数字计算出校验位，并将它与输入的校验位进行比较，以证实输入是否有错。

校验位可以帮助我们发现一些错误，如抄写错误，例如 1 写成 7；易位错误，例如 1234 写成 1324；双易错误，例如 26913 写成 21963；随机错误，包括以上两种或三种综合性错误或其他错误等。

确定校验位值的方法主要有 3 种，即算术级数法、几何级数法和质数法。

（1）算术级数法。算术级数法的主要思想是原代码各位的权值采用算术递增或递减来设置。

【例 8-22】某代码共 6 位，1～5 位为原代码位，第 6 位为校验位，校验规则为：取各位的权值为 6，5，4，3，2，权值与对应位的代码值相乘之后求和，用和数除以 11（即以 11 为模数），取其余数作为校验码，求对应的校验码。

原代码　　1　2　3　4　5

各乘以权　6　5　4　3　2

乘积之和　6+10+12+12+10=50

以 11 为模去除乘积之和，把得出的余数作为校验码：

$$50 \div 11 = 4 \cdots\cdots 6$$

求得余数为 6，因此得校验位为 6，含校验位的代码为 123456。

当我们把形成的代码发送给对方或录入计算机时，对方或计算机系统也按同样的方法进行校验，如果验证结果相同，则认为代码正确。当发送方或输入者输入有误时，接收方或计算机系统会验证出错误。如发送方把上述建立的代码“123456”误发送或误输入为“123546”，对方收到后，按原约定方法进行校验，演算如下：

1 2 3 5 4 6

6 5 4 3 2

6+10+12+15+8=51

51÷11=4……7

结果余数为 7，不是 6，因此发现了错误。

（2）几何级数法。几何级数法的主要思想是原代码各位的权值采用指数级递增或递减来设置。

【例 8-23】某代码共 6 位，1～5 位为原代码位，第 6 位为校验位，校验规则为：取各位的权值为 2^5，2^4，2^3，2^2，2^1，权值与对应位的代码值相乘之后求和，用和数除以 11（即以 11 为模数），取其余数作为校验码，求对应的校验码。

原代码 1 2 3 4 5

各乘以权 32 16 8 4 2

乘积之和 32+32+24+16+10=114

以 11 为模去除乘积之和，把得出的余数作为校验码：

114÷11=10……4

求得余数为 4，因此得校验位为 4，含校验位的代码为 123454。

（3）质数法。质数法的主要思想是原代码各位的权值采用质数递增或递减来设置。

【例 8-24】某代码共 6 位，1～5 位为原代码位，第 6 位为校验位，校验规则为：取各位的权值为 17，13，7，5，3，权值与对应位的代码值相乘之后求和，用和数除以 11（即以 11 为模数），取其余数作为校验码，求对应的校验码。

原代码 1 2 3 4 5

各乘以权 17 13 7 5 3

乘积之和 17+26+21+20+15=99

以 11 为模去除乘积之和，把得出余数作为校验码：

99÷11=9……0

因此代码为 123450。注意，以 11 为模时，余数共有 0，1，2，3，4，5，6，7，8，9，10。若余数是 10，则代码可用一位字母如“X”表示。

8.6.5 代码设计典型实例

1. 国际标准书号 ISBN 的组成与校验方法

书号，即图书编号，是唯一标识一本图书的代码。目前，采用国际标准书号（International Standard Book Numbering，ISBN）作为中国标准书号。也就是说图书上标注的 ISBN 号就是中国标准书号和国际标准书号，同一内容同一版本的书只有一个书号。

（1）书号的位置和组成部分。

1）书号的位置。书号通常出现在图书的两个地方。一是版权页，即标明“图书在版编目（CIP）数据”那一页。版权页可能在图书的最前或最后。如果没有版权页就一定是盗版书。书号的第二个位置是在条形码的上部，条码图一般在图书的封底上。

2）书号的组成部分。一个国际标准书号由标识符 ISBN 和 13 位数字组成。现以如图 8-55（a）所示的《操作系统原理教程》这本书举例。它的图书代码为：ISBN 978-7-5130-4007-5，由 13 位数字组成，其间用短横杠“-”把这 13 个数字分为 5 个部分。

第 1 部分为物品代码，“978”代表图书。

第 2 部分为组号：以国家、地区、语言及其他社会集团划分，由国际 ISBN 中心分配。分配给中国 ISBN 中心管理的组号为一位数字“7”，故第 2 部分的数字“7”代表中国。

（a）

（b）

图 8-55 书号与物品条码标记示例

第 3 部分为出版者号：由中国 ISBN 中心设置和分配的出版者号，其长度为 2～7 位数字，取决于出版者的出版量。例中的“5130”为知识产权出版社的代号。

第 4 部分为书名序列号：图书书名的代号，由出版者管理和分配，书名序列号的长度取决于组号和出版者号的长度。

第 5 部分为校验码：校验码是一位数字（即最后一位）。

国际标准书号在国际上简称“ISBN-13”，它的编码方案与物品条码 EAN-13 编号方案完全相同。在使用 ISBN-13 时，要同时标注物品（或物流）条码，即 EAN-13 条码，要与 ISBN-13 数字码同时列出，且 ISBN-13 数字码应排在 EAN-13 物品条码上方，它包括国际标准书号的标识符“ISBN”字样、数字号码以及数字号码各标识组间的连字符“-”。而物品条码的 13 位数字则连续排列（无连字符“-”和空格）在物品条码图形的下方，其前缀也无须添加国际标准书号的标识符“ISBN”。这一内容一般展示在图书封底面的条形码图形处，如图 8-55 所示。

由图可见，书号前有“ISBN”标识，各部分间有短横杠“-”，如图 8-55（b）的书号标识为：ISBN 978-7-111-49950-3（书名《互联网+——从 IT 到 DT》，机械工业出版社），其对应的物品条码在条码图的下方，前缀无“ISBN”标识，各部分间也无短横杠“-”，只有 13 位数字串，即 9787111499503。

（2）13 位书号 ISBN 的校验方法。

13 位书号的最后一位是校验码，校验位的加权算法是：用 1 分别乘 ISBN 的前 12 位中的奇数位，用 3 乘以偶数位，乘积之和以 10 为模（即除以 10 取余数），再用 10 减去所得余数，所得的差即为校验位的值，其值范围应该为 0～9。

【例 8-25】验算图 8-55（a）中书号 ISBN 978-7-5130-4007-5 的校验码是否正确。

验算过程见表 8-6。

因此，此书号的校验码为 5，书号正确。

2. 我国居民身份证号的组成与校验方法

（1）18 位身份证号码的编排规则。

表 8-6　书号校验位计算过程示例 1

	1	2	3	4	5	6	7	8	9	10	11	12
ISBN 前 12 位	9	7	8	7	5	1	3	0	4	0	0	7
各位对应的权值	1	3	1	3	1	3	1	3	1	3	1	3
将位数与加权值相乘	9	21	8	21	5	3	3	0	4	0	0	21
将乘积相加，得出和数	9+21+8+21+5+3+3+0+4+0+0+21=95											
用和数模 10 得余数	95÷10=9……5											
用 10 减余数作为校验码	10-5=5											
第 13 位校验位	5											

我国公民身份证号码是区间+特征组合码，采用原居民身份证编码，由 18 位数字组成，如图 8-56 所示。

<table>
<tr><td>1</td><td>2</td><td>3</td><td>4</td><td>5</td><td>6</td><td>7</td><td>8</td><td>9</td><td>10</td><td>11</td><td>12</td><td>13</td><td>14</td><td>15</td><td>16</td><td>17</td><td>18</td></tr>
<tr><td colspan="2">省份</td><td colspan="2">城市</td><td colspan="2">区县</td><td colspan="8">出生年、月、日</td><td colspan="2">派出所所在地</td><td>性别</td><td>校检码</td></tr>
<tr><td colspan="6">地址码</td><td colspan="8">出生日期码</td><td colspan="3">顺序码</td><td>校检码</td></tr>
</table>

图 8-56　18 位公民身份证号组成示例

前 6 位为地址码，第 7～14 位为出生日期码，第 15～17 位为顺序码，第 18 位为校验码。具体含义如下：

- 地址码：表示公民常住户口所在县（市、旗、区）的行政区划代码。
- 出生日期码：表示公民出生的公历年、月、日。
- 顺序码：表示在同一地址码所标识的区域范围内对同年同月同日出生的人编定的顺序号（奇数分配给男性，偶数分配给女性）。
- 校验码：采用数据处理校验码系统。

（2）18 位身份证校验码的计算方法。

身份证最后一位是根据前面 17 位数字码，按照 ISO 7064:1983.MOD 11-2 校验码计算出来的检验码。校验码计算模型如图 8-57 和表 8-7 所示，按图 8-57 中箭头方向链接所指的路径，计算校验码的方法有两条路径：一条是 α 路径（如图 8-57 所示），用身份证的前 17 位的数值分别乘以各位的权数 2^{17}，2^{16}，2^{15}，…，2^{2}，2^{1}，得到图中①这一行的各位的乘积值，再对①的值求和，和÷11 得余数，得到的余数值再查表 8-7 中的对应值即为校验码；另一条是 β 路径（如图 8-57 所示），先计算各位的权数 2^{17}，2^{16}，2^{15}，…，2^{2}，2^{1}，除以 11 得到各位对应的余数为 7，9，10，5，8，4，2，1，6，3，7，9，10，5，8，4，2，再用身份证的前 17 位的数值分别乘以各位对应的余数得到各位的乘积值，即②这一行的值，再对②的值求和，和÷11 得余数，得到的余数值再查表 8-7 中的对应值即为校验码。因 α 路径的计算量太大，我们一般采用 β 路径来计算校验码。

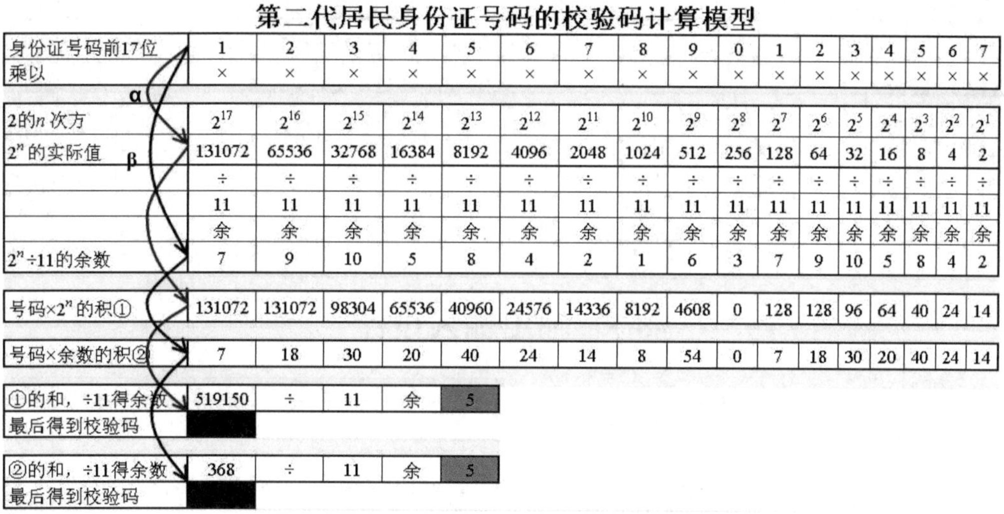

第二代居民身份证号码的校验码计算模型

身份证号码前17位	1	2	3	4	5	6	7	8	9	0	1	2	3	4	5	6	7
乘以	×	×	×	×	×	×	×	×	×	×	×	×	×	×	×	×	×
2的n次方	2^{17}	2^{16}	2^{15}	2^{14}	2^{13}	2^{12}	2^{11}	2^{10}	2^{9}	2^{8}	2^{7}	2^{6}	2^{5}	2^{4}	2^{3}	2^{2}	2^{1}
2^n的实际值	131072	65536	32768	16384	8192	4096	2048	1024	512	256	128	64	32	16	8	4	2
	÷	÷	÷	÷	÷	÷	÷	÷	÷	÷	÷	÷	÷	÷	÷	÷	÷
	11	11	11	11	11	11	11	11	11	11	11	11	11	11	11	11	11
	余	余	余	余	余	余	余	余	余	余	余	余	余	余	余	余	余
2^n÷11的余数	7	9	10	5	8	4	2	1	6	3	7	9	10	5	8	4	2
号码×2^n的积①	131072	131072	98304	65536	40960	24576	14336	8192	4608	0	128	128	96	64	40	24	14
号码×余数的积②	7	18	30	20	40	24	14	8	54	0	7	18	30	20	40	24	14
①的和，÷11得余数	519150	÷	11	余	5												
最后得到校验码																	
②的和，÷11得余数	368	÷	11	余	5												
最后得到校验码																	

α　β

图 8-57　18 位身份证校验码计算模型

表 8-7　余数与校验码对照表

余数列表	0	1	2	3	4	5	6	7	8	9	10
校验码对照表	1	0	X	9	8	7	6	5	4	3	2

在此，我们采用图 8-57 中的“身份证码×余数”的简单的 β 路径来验算身份证校验码。具体计算步骤归纳如下：

1）将前面的身份证号码 17 位数分别乘以不同的系数（即权数，计算模型中算出的余数）。从第 1 位到第 17 位的系数分别为：7、9、10、5、8、4、2、1、6、3、7、9、10、5、8、4 和 2。

2）将身份证码的 17 位数字和这 17 位系数对应相乘的结果相加。

3）用加出来和除以 11，看余数是多少。

4）余数只可能有 0、1、2、3、4、5、6、7、8、9 和 10（X）这 11 个数字。其分别对应的最后一位身份证的号码（即校验码）为 1、0、X、9、8、7、6、5、4、3 和 2，见表 8-12 的余数与校验码对照表。即若余数为 0，校验码取 1；余数为 1，校验码取 0；余数为 2，校验码取 X，……，依此类推。

【例 8-26】某人的身份证号码是 34052419800101001X。我们要看看这个身份证是不是合法的身份证。

解：验算过程见表 8-8。通过对应规则（表 8-7）就可以知道余数 2 对应的数字是 X。所以，这是一个合法的身份证号码。

表 8-8　身份证校验码计算过程示例 1

	1	2	3	4	5	6	7	8	9	10	11	12	13	14	15	16	17
身份证前 17 位	3	4	0	5	2	4	1	9	8	0	0	1	0	1	0	0	1
各位的系数	7	9	10	5	8	4	2	1	6	3	7	9	10	5	8	4	2
位数×系数	21	36	0	25	16	16	2	9	48	0	0	9	0	5	0	0	2

续表

将积相加	21+36+ 0+25+16+16+ 2+ 9+ 48+ 0+ 0+ 9+ 0+ 5+ 0+ 0+ 2=189											
和数模 11 取余	189÷11=17……2											
查对照表	余数	0	1	2	3	4	5	6	7	8	9	10(X)
	校验码	1	0	X	9	8	7	6	5	4	3	2
第 18 位校验位	X											

8.7 输出输入设计

8.7.1 输出设计

信息系统通过输出为用户提供信息。一个信息系统能否为用户提供准确、及时、适用的信息，是评价信息系统优劣的标准之一。因此，输出设计的好坏直接影响系统的使用效果。另外，从系统开发的角度看，输出决定输入，即输入的信息只有根据输出要求才能决定。

如何根据用户的特点和要求，以最适当的方式输出最适合需要的信息，是输出设计要解决的主要问题。输出设计通常包括输出方式设计和输出形式设计两方面。

输出方式的选择主要有以下几种：报表输出、图形方式、磁盘文件输出、网络传输及卫星通信传输方式等。输出形式选择主要有报表和图形两种。报表形式如图 8-58 所示。

****总公司设备调拨单

请购单位：__________ 工程建设部：__________ 2017年5月21日 17调字第001号

设备名称	棒磨机			数 量	账面价格			
				计 划	单价		总价	□存根
型号规格				1	180,200.00		180,200.00	□财务会计
单位	台	设备编号	15073 001-001	实收数	结 算 价 款			
合同号				1	单价		总价	□请购单位
					180,200.00		180,200.00	
发货仓库	10号仓库				其他有关费用	运输费		□发货仓库
开户银行	中国建设银行					管理费		
账 号	32100876543					保险费		□财务稽查
备 注						包装费		
总计金额	（大写）壹拾捌万贰佰元整 180, 200. 00					保险费		□业务
						包装费	610.4 5	

单位主管： 收款： 提货： 发货： 制单：

图 8-58 报表输出形式示例

实际应用中，可以根据不同的管理需要选择不同的输出方式或多种方式的结合。

8.7.2 输入设计

一个好的输入设计，能为今后的系统运行带来很多方便。输入设计通常包括输入方式设计和用户界面设计两方面。输入设计的目标是保证向系统输入正确的数据。在此前提下，做到输入方法简单、迅速、经济、方便。

常用的输入方式如下：①键盘输入方式，包括联机键盘输入和脱机键盘输入两种；②光电仪器输入方式，包括音频输入、视频输入；③网络或卫星通信传递数据方式；④磁盘传递数据方式。

用户界面是输入设计的另一方面，同时对输出设计也有效。因为用户界面是系统与用户之间的接口，也是控制和选择信息输入输出的主要途径。用户界面设计的原则是友好、易于操作、实用、简便。要力求避免花哨、故弄玄虚和过于繁琐。

常见的用户界面设计包括人机对话、操作提示、菜单方式、操作权限管理等方式。用户界面设计形式如图 8-59 所示。图表中的灰色阴影处为输入信息的地方，右边的黑色三角形▼为下拉菜单选择按钮。

****总公司设备调拨单

调拨单号	▼	调拨日期	▼	发货仓库	10号仓库		
设备系列号		发往地点	▼				
计量单位	台	编号	001-001	设备编码	15073	规格型号	
计划数量	1	实发数量	1	设备名称	棒磨机		
帐面单价	182000.00	帐面总价	182000.00	发票字号			
结算单价	182000.00	结算总价	182000.00	合同编号			
运输费用	0.00	包装费用	0.00	管理费用	0.00		
保险费用	0.00	附件费用	0.00	其它费用	0.00		
开户银行	▼	账号	▼	有无附件	N		
备　注		总计金额	182000.00				

图 8-59 屏幕输入界面设计示例

输入格式设计是输入设计的重要内容之一。输入格式是人机之间的衔接形式，好的设计易于控制工作流程，减少数据冗余，提高输入的准确性，且容易进行数据校验。

在进行输入格式设计时，既要考虑便于操作人员录入，又要考虑便于填表人员、现场工作人员填写。输入格式本质上是由两部分组成的：预先印刷部分和插入数据的空格部分。所以，让人填的表格，要清楚地注明文字，最好在表格下方注明代码说明，既方便填表人又方便读表人，帮助提高数据的准确性。记录格式的设计采用以下基本技术均可提高数据的准确性：①能用选择框的尽量用选择框，选择框（单选框用“◎”，多选框用“□”）只要求对数据项目点选或打钩，清晰直观；②使用块风格：把一部分框起来以引人注目，每个空格填入的数据仅作为要求的数据；③使用阴影：要求录入人员完成的那部分格式使用阴影或灰色底纹并注上说明。示例如图 8-60 所示。

输入校验方式设计非常重要，从理论上讲，操作员输入数据时所发生的随机错误在各个数位上是等概率的。如果错误出现在财务记录的高位，势必酿成重大事故。所以输入设计一定要考虑校验措施，尽量减少出错。当然，保证绝对不出错的校验方式是不存在的。数据出错一般有三种情况：一是数据内容错，这是由于原始单据有错或录入时发生错误引起的；二是数据多余或不足，这是数据收集时引起的错误，如原始单据的丢失或重复；三是数据的延误，由于数据输入迟缓而导致处理推迟，这不仅影响业务工作，还可能使处理和输出的结果变得无意义、无价值。

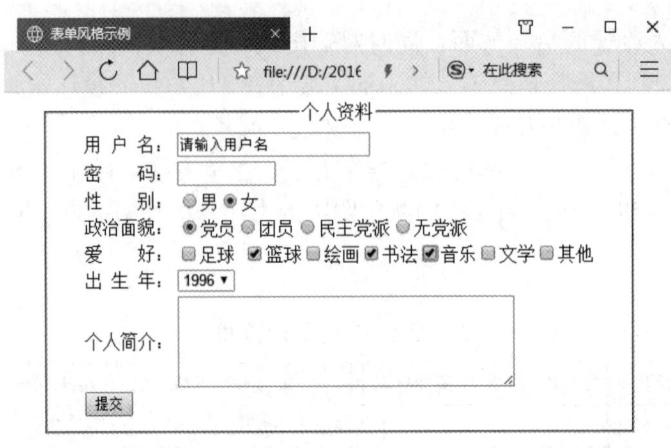

图 8-60　输入表单风格示例

在此讨论的校验方式主要是针对键盘输入而言。设计出一套合理的校对方式是数据录入正确的重要保证。常见的键盘输入校验方式有以下几种：

（1）人工校验。即静态校验，输入的数据立即再显示或打印出来，由人工用肉眼查错，查错率一般在 75%～85%，因人而异。一种方式是，每输入完一条记录即提示校对信息，人工校对完成后再输入下一条记录；另一种方式是，将数据全部输入完后，再显示或打印出来由人工校对。无论哪种方式，对于大批量的数据输入都显得麻烦、效率低，所以这两种方式在实际系统中很少被使用。然而，它们却是键盘输入的常用校对方式。

（2）二次键入校验。即重复校验，指同一批数据由两名操作员分别输入，或一名操作员先后输入两次，再由机器检查内容是否一致。这也是常用的一种方法，它方便、快捷，尽管在同一地方出现同样错误的可能性存在，但它出现的概率极小。

（3）平衡校验。常用于完全数字型报表输入的校验，一般是在报表增加行和列的小计值，然后输入时让计算机对行或列的输入数进行累加，与报表中的小计自动比较。这种方法很有效，但也不是十全十美，因为有在同一记录中几个数同时出错，累加后结果仍然正确的现象存在，但这种情况在实际中出现的概率也很小。

例如，对在校学生人数的统计如表 8-9 所示。很明显，表中“学生总数”一列与“合计”一行的交叉点的数据都应是 21700，这就是学生人数统计的平衡检测点， 4 个年级学生的总数应该与本科生合计、研究生合计之和相等，按照这种平衡关系，可以对输入数据进行校对。

（4）逻辑校验。也叫合理性校验，是指让机器对输入值进行逻辑判断，如输入的月份是否超过了 12、输入的日期是否超过了 31、输入的数据是否超过了合法范围等，让系统检查输入数据是否合乎业务上的要求。

（5）数据类型校验。是指校验数据是字符型还是数值型或逻辑型等，它是运用界限检查、逻辑检查等方法进行合理性校验。

（6）格式校验。也称错位校验，校验各数据项位数和位置是否合乎事先的定义。比如，当规定的姓名最大位数为 30 位时，则第 31 位应为空格，否则就认为是数据错位。再如日期的正确输入格式按年-月-日顺序，而错误地按月-日-年格式输入等。

表 8-9　在校学生人数统计表

年级	本科生人数	研究生人数	学生总数
2014 级	3300	1000	4300
2015 级	3600	1500	5100
2016 级	4000	1800	5800
2017 级	4500	2000	6500
合计	15400	6300	21700

（7）界限校验。是指检查某项数据是否在预先指定的范围之内。分范围校验、上限校验和下限校验 3 种。比如某产品的单价在 80 元以上 100 元以下为正确，某零件的误差精度要求在±0.05mm 之间，超出此数值范围的均属错误。

（8）记录计数校验。通过记录的个数来检查数据记录有无遗漏和重复。

（9）匹配校验。是指对业务文件的重要代码与主文件的代码核对。例如销售业务文件中的顾客账号，如果在顾客主文件中找不到，则必然是错误的。

在输入设计的校验系统中，校验数据的正确性，找出差错是宗旨，而纠正差错才是目的。差错的纠正校验要困难得多，应根据不同的情况进行不同的纠正，原始数据的错误应由产生该数据的部门纠正。

程序查出的错误，一般已进行了运行，纠错就更复杂了，应根据具体的业务情况，或者剔除错误留待纠正，先处理正确的数据，或者纠正错误后再作处理。对于统计分析的数据，则只要舍弃出错数据，只用正确数据处理即可。

8.8　编写系统设计说明书

系统设计最后一个阶段的工作是编写系统设计说明书，也称系统设计报告（Design Report），它是系统设计阶段的最终结果，也是新系统的物理模型和下一步系统实施的出发点和重要依据。

系统设计说明书的主要内容应包括技术方面的描述，详细说明系统的输入、输出和用户接口，以及所有的硬件、软件、数据库、远程通信、人员和过程的组成部分及这些组成部分涉及的方法。系统设计报告反映了系统设计所做的决策，以及下一步系统实施所做的准备工作，系统设计说明书还要说明实施的计划安排，给出各项工作如文件编制、用户培训等的预定开始期和完成期，规定各项工作完成的先后次序及工作完成的标志。还要有经费预算，在经费预算中要逐项列出本开支项目实施需要的各项经费，包括办公费、差旅费、机时费、资料费和设备租金等。

编写系统设计说明书是一项重要的工作，应全面、准确和清楚地阐明系统实施过程中具体应采取的手段、方法和技术，以及相应的环境要求。这里要求“全面、准确”是指对系统的总体结构、用户接口以及相应逻辑关系给出准确无误、无二义的描述，要求“清楚”则是指编写设计说明书要文字简洁、可读性好，便于系统实施和维护人员阅读和理解。

下面给出系统设计说明书的编写格式及内容要求。

1. 引言

引言包括以下内容：

（1）摘要。摘要即新系统的名称、目标和功能。

（2）背景。背景包括项目开发者、用户、本项目与其他系统或机构的关系和联系。

（3）参考资料和专用术语说明。

2. 系统的总体设计

系统的总体设计包括：

（1）子系统的划分及依据。

（2）系统的模块结构设计。

- 新系统的数据流程图。
- 新系统初始的模块结构图。
- 优化后的系统模块结构图。

3. 物理系统配置方案设计

（1）系统工作模式设计。选择集中式系统还是分布式系统。若选择分布式系统还需要进一步选择运行模式：文件服务器/工作站模式、C/S 模式、B/S 模式。

（2）硬件系统设计。服务器配置、计算机配置、外设配置等。

（3）软件系统设计。操作系统、数据库管理系统、开发工具选择等。

（4）网络系统设计。拓扑结构设计、网络布线等。

（5）系统保密与安全设计。

4. 数据库设计

（1）用户需求分析。设计目标、数据信息需求等。

（2）概念设计。局部 E-R 图、总体 E-R 图等。

（3）逻辑设计。E-R 图转换为相应的数据模型、数据模型规范化等。

（4）物理设计。物理存储设计、数据存储路径选择、数据安全性和完整性设计等。

5. 系统的详细设计

系统的详细设计包括：

（1）代码设计。即各类代码的类型、名称、功能、使用范围和使用要求等的说明。

（2）输入设计。主要设计内容有：

- 输入项目及提供者。
- 输入内容，即输入数据的名称、类型、取值范围、频度等。
- 输入的方式、设备与格式。
- 输入校验的方法及效果分析。

（3）输出设计。主要设计内容有：

- 输出项目及使用者。
- 输出内容，即输出数据的名称、类型、取值范围、输出周期等。
- 输出的方式、设备与格式。
- 人机对话的内容与方式。

6. *系统实施方案说明*

系统实施方案说明主要指实施的计划安排，给出各项工作包括文件编制、用户培训等的预定开始日期和完成日期，规定各项工作完成的先后次序及工作完成的标志，可以用图形表示，还有经费预算，要求逐项列出本开发项目实施的各项经费，包括办公费、差旅费、机时费、资料费和设备租金等。

一个信息系统的开发，从系统调查、系统分析到系统设计，是信息系统开发的主要工作，这一部分的工作量几乎占到总开发工作量的 70%，且所用的工作图表较多，涉及面广，较为繁杂。由此可见，开发一个系统，重要的是理解和完成本章所述的开发活动。本阶段提供了系统开发余下部分的蓝图，也为整个信息系统开发奠定了基础。很好地完成本阶段的任务，将使下一阶段的活动更容易快捷，更明确，使系统的效率和效益更高。

系统设计说明书可提出多个方案，除用户和系统研制人员外，还应邀请有关专家、领导、管理人员等参加讨论；经过比较、选择、修改，最后通过评审，并将评审意见及审批人员名单附于说明书之后。系统设计说明书被批准之后，就成为系统的实施方案。

习题 8

一、填空题

1. 具体来说，信息系统设计的主要任务可以分为________设计和________设计两大步骤。

2. 系统设计的安全性原则主要有________安全、________安全、________安全和________ 4 个方面。

3. 一个模块应具备 4 个要素，即________、________、________、________。前两个要素是模块的外部特性，后两个要素是模块的内部特性。

4. 典型的数据流类型有________型和________型两种。

5. 一般地，在结构图中有 4 种类型的模块，即________模块、________模块、________模块和________模块。

6. 衡量模块的独立性程度有两个重要的指标：一个是________，另一个是________。模块与模块之间的信息联系称为________，模块内部自身功能的内在联系称为________。

7. 处理过程设计工具可以分为 3 类，即________工具、________工具和________工具。

8. 流程图有 5 种基本控制结构，它们是________型、________型、________型、________型和________型。

9. 数据库设计的全过程包括________、________、________、________、数据库的实施、数据库运行与维护等 6 个阶段。

10. E-R 图的基本组成有 3 个要素，即________、________和________。

二、选择题

1. 物理模型设计是系统开发的（　　）阶段的任务。

　　A. 信息系统流程图设计　　B. 系统设计

　　C. 系统分析　　D. 系统规划

2. 用质数法确定代码结构中的校验位时，校验位的取值是除以质数后的（　　）。

A. 权　　B. 模

C. 除得的商　　D. 除得的余数

3. 区间码是把数据项分成若干组，用区间码的每一区间代表一个组，在码中（　　）。

A. 数字的值代表一定意义，但数字的位置是无意义的

B. 数字的位置代表一定意义，但数字的值是没有意义的

C. 数字的值和位置都代表一定意义

D. 用字符而不用数字表示意义

4. 代码设计工作应在（　　）阶段就开始。

A. 系统设计　　B. 系统分析

C. 系统实施　　D. 系统规划

5. 邮政编码是一种（　　）。

A. 缩写码　　B. 助忆码

C. 顺序码　　D. 区间码

6. 为了检查会计工作中借方会计科目合计与贷方会计科目合计是否一致，通常在程序设计中应进行（　　）。

A. 界限校验　　B. 重复校验

C. 平衡校验　　D. 记录计数校验

7. 模块内聚是从功能角度来度量模块内的联系，下列模块内聚方式中聚合度最高、性能最好的是（　　）。

A. 巧合内聚　　B. 逻辑内聚

C. 过程内聚　　D. 功能内聚

8. 导出模块结构图的基础是（　　）。

A. 数据流图　　B. 系统结构图

C. 数据结构图　　D. 控制结构图

9. 关于 E-R 图的基本组成，下面说法正确的一项是（　　）。

A. 由实体和属性组成　　B. 由属性和实体间联系组成

C. 由实体、属性和实体间联系组成　　D. 由实体和实体间联系组成

10. 校验输入月份最大不能超过 12 是属于（　　）。

A. 视觉校验　　B. 数据类型校验

C. 逻辑校验　　D. 界限校验

三、简答题

1. 简述系统设计的依据。
2. 简述模块结构图、程序框图和数据流程图的关系。
3. 简述模块设计优化应考虑的因素。
4. 简述计算机系统方案的选择应考虑的因素。
5. 简述代码设计应遵循的原则。
6. 简述常见的键盘输入校验方式。

四、综合应用题

1．以 27、9、3、1 为权，11 为模，取余数作为校验位，校验位插入原代码中间，试确定原代码为 1684 的校验位和新代码。

2．已知原代码为 139781，采用几何级数法计算校验位，各位的权值从左到右分别是 2^7，2^6，2^5，2^4，2^3，2^2，并以 7 为模，取余数作为校验位，若校验位插入原代码中间，则得到的新代码是什么？

3．10 位数的书号系统 ISBN 由：组号-出版者号-书序号-校验号 4 部分组成，前 9 位的加权值分别为 10，9，8，7，6，5，4，3，2，以 11 为模数，如果余数为 0，则校验号为 0，否则用 11 减余数得到校验号，如果差为 10 用 X 表示校验号。试计算 ISBN 7-5326-1825-？的校验号。

4．我国 2007 年开始采用 13 位数的 ISBN 书号系统，它是由：类别号-组号-出版者号-序号-校验号 5 个部分组成，其中类别号为物品编号，其余与 10 位书号系统相同。校验号的算法是：用 1 分别乘以奇数位，用 3 乘以偶数位，乘积之和除以 10 取余数，用 10 减去所得余数的差即为校验位的值。试计算 ISBN 978-7-393-04002-3 是否正确。

5．试计算身份证号码 430412196910060076 的校验位是否正确。

6．某商业集团数据库中有 3 个实体集：一是“商店”实体，属性有商店编号、商店名、地址等；二是“商品”实体，属性有商品号、商品名、规格、单价等；三是“职工”实体，属性有职工编号、姓名、性别、业绩等。商店与商品之间存在“销售”关系，每个商店可销售多种商品，每种商品也可放在多个商店销售，每个商店销售商品有月销售量；商店与职工存在“聘用”关系，每个商店职工在 20～100 之间，每个职工只能在一个商店工作，商店聘用职工有聘期和月薪。

要求：（1）画出 E-R 图，并在图上注明相关属性。

（2）将 E-R 图转换为关系模型，并注明主码和外码。

7．现有学校运动会管理系统。

（1）有若干运动员，每个运动员包括如下属性：运动员编号、运动员名称、性别、年龄。

（2）有若干班级，每个班级属性如下：班级编号、班级名称、所属院系。

（3）有若干比赛项目，包括如下属性：项目编号、项目名称、比赛时间、比赛地点。

（4）每个运动员可以参与多个比赛项目，每个比赛项目可以由多个运动员参加。

（5）每个运动员属于一个班级，一个班级有若干运动员。

（6）要求能够公布每个运动员的比赛成绩（比赛成绩和比赛名次）。

要求：①做出该系统的概念结构模型（E-R 模型）。

②设计该系统的关系数据库逻辑模型，并注明主键和外键。

8．某医院病房的计算机管理中心。

科室：科名、科地址、科电话、医生姓名。

病房：病房号、床位号、所属科室名。

医生：姓名、职称、所属科室名、年龄、工作证号。

病人：病历号、姓名、性别、诊断、主治医生、病房号。

它们之间的关系如下：一个科室有多个病房、多位医生；一个病房只能属于一个科室；一位医生只属于一个科室，但可负责多个病人的诊治；一个病人的主管医生只有一位。

要求：（1）设计该计算机管理系统的 E-R 图。

（2）将该 E-R 图转换为关系模式结构。

9．将图 8-61 所示的订货处理数据流程图转换为模块结构图。

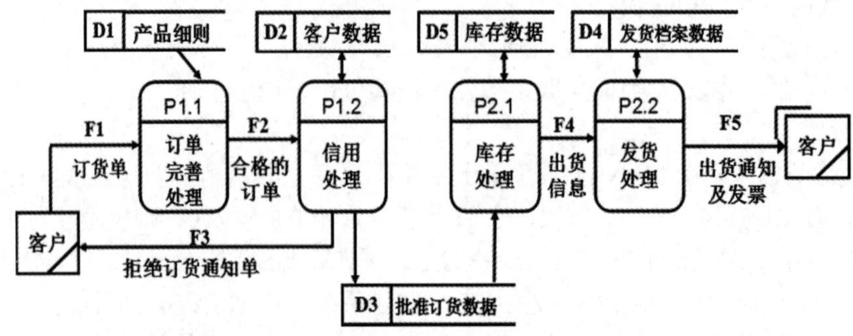

图 8-61　订货处理数据流程图

10．银行储蓄类型分类处理数据流程图如图 8-62 所示，试画出其对应的模块结构图。

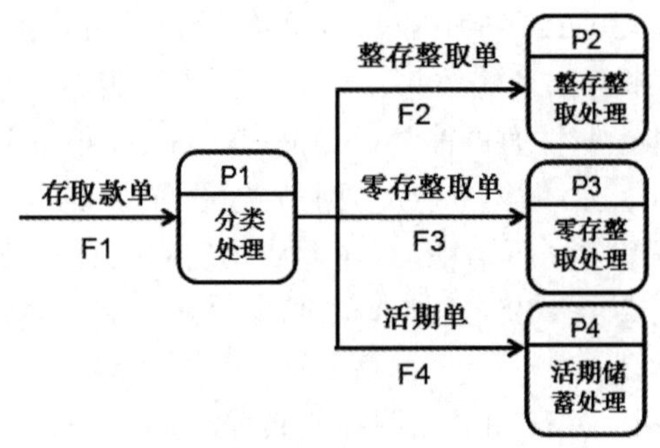

图 8-62　银行储蓄分类处理流程图

11．某财务系统中审核凭证处理的数据流程图如图 8-63 所示，画出其模块结构图。

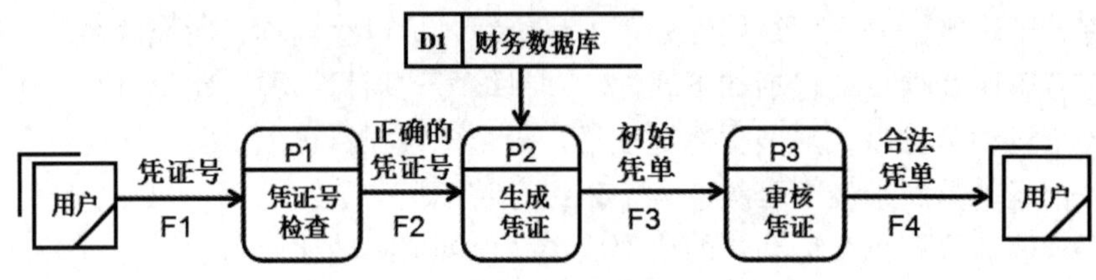

图 8-63　审核凭证的数据流程图

12．根据下列变换型的数据流程图（如图 8-64 所示）设计出初始模块结构图。

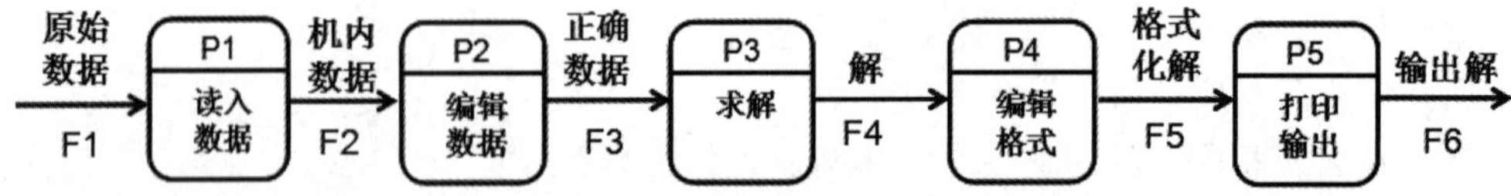

图 8-64　习题 12 的数据流程图

13．将下列类 Pascal 的 PDL 伪码转换成 N-S 图和 PAD 图。

```
begin
P1;
if x>3 then P2    else P3;
while y<1 do begin
if z>5 then P4    else P5;
while w>0 then P6;
P7;
end;
P8;
if u>10 then P9;
P10;
end.
```

14．对下列类 Pascal 的 PDL 伪码子程序画出对应的程序流程图。

```
procedure exp(y,x:real;z:real)
begin
if (y >1) and (z=1) then x:=x+y;
if (y=2) or (x>2) then x:=x/y
end;
```

15．输入 3 个整数 A、B、C，判断以这 3 个数为边长，检查能否构成三角形。若能构成三角形，则输出“可以构成三角形”，否则输出“不能构成三角形”。试用程序流程图和 PAD 图表示该问题的算法。

第 9 章　面向对象的分析与设计

在实现一个系统之前应当十分重视对系统需求的理解和交流，这一点已经是公认的准则。结构化分析方法产生于 20 世纪 60 年代，基本思想是对一个系统的功能构件进行分解，将一种更易于管理、更加确定的方法引入系统分析与设计阶段。而面向对象方法强调的则是对一个系统中对象的特征和行为的定义。

目前已经出现了多种面向对象的方法，例如 Peter Coad 和 Edward Your don 的 OOA 和 OOD 方法、Grady Booch 的 OOD 方法、Jim Rumbaugh 的 OMT（Object Modeling Technique，面向对象建模技术）方法，以及 UML（Unified Modeling Language，统一建模语言）等。本章主要介绍面向对象的统一建模语言 UML 以及 UML 在面向对象分析与设计建模中的应用。

政府采购管理系统的面向对象分析与设计概要

1. 需求获取

本系统主要考虑政府采购准备阶段的部分工作流，涉及的功能包括供货商管理、资格审查、计划安排、评标专家管理、统计查询、用户信息维护等。图 9-1 给出了整个子系统中的部分用例，主要功能包括：评标专家管理——主要进行专家库的管理；供货商管理——对供货商数据进行维护；计划安排——制定招标计划；计划审查——对制定的计划进行相关的审查；统计查询——对招标数据进行统计查询；用户信息维护——给用户提供了一个修改自身信息的功能。

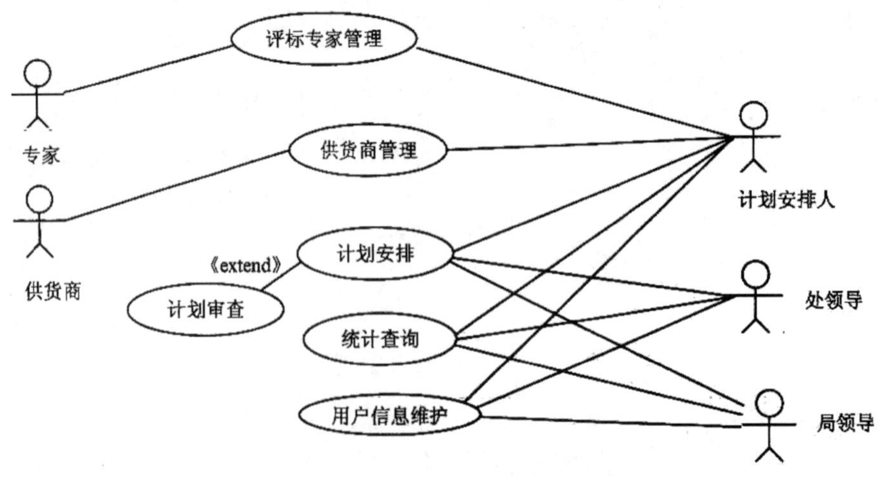

图 9-1　政府采购管理系统用例图

2. 系统分析

根据确定的用例，对系统进行进一步的分析，从系统静态结构的角度可以获得系统的分析类图，图 9-2 给出了本子系统中包含的部分类，包括“权限”“工作人员”“计划”“报表”“供应商”和“评标专家”共 6 个分析类。

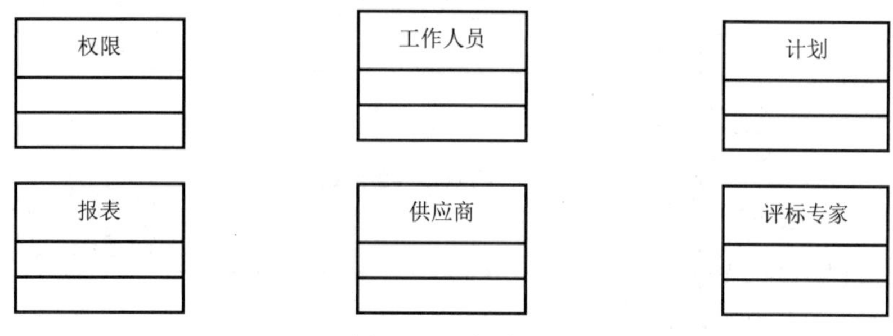

图 9-2　分析类图

图 9-3 和图 9-4 分别给出了计划审查的顺序图和活动图。活动图描述了计划审查功能的执行流程，其侧重点在于活动的过程。顺序图描述了在执行计划审查的顺序过程中对象的交互关系，其侧重点在于对象交互的顺序关系。两者结合对计划审查功能进行了概念上的描述。

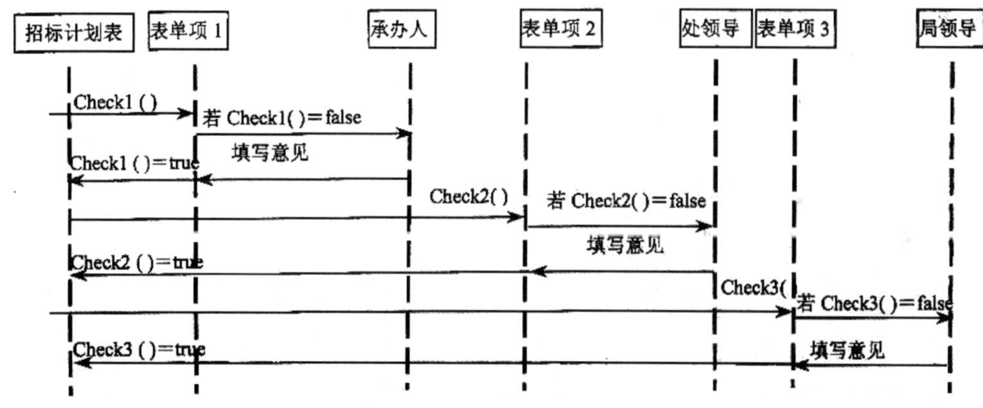

图 9-3　计划审查的顺序图

3. 系统设计

系统设计阶段的重要成果之一是设计类图，图 9-5 给出了由分析类图细化所得到的设计类图，图中对几个主要的类进行细化，对类的属性和操作进行了扩展和描述。此外，图 9-6 给出了系统的构件图，从构件的层次描述了系统的体系结构层次。不过，图 9-6 给出的是系统的总体构件图，而没有给出各组件的更细层次的构件图，从应用开发的角度来看，图中的每一个构件都可以再进一步细分为更为细小的多个构件。

本例简单阐述了基于 UML 的信息系统分析与设计过程，在实际系统开发过程中，开发人员所使用的图形可能会比本例用到的多得多，而且对象之间的关系也会复杂得多，开发人员可以基于面向对象的思想并灵活运用设计模式来达到系统开发的目标。

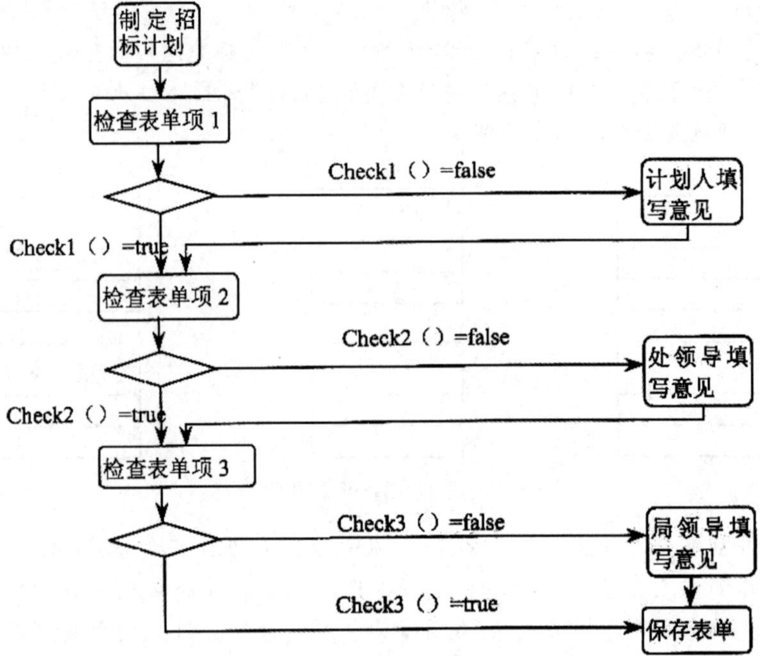

图 9-4 计划审查的活动图

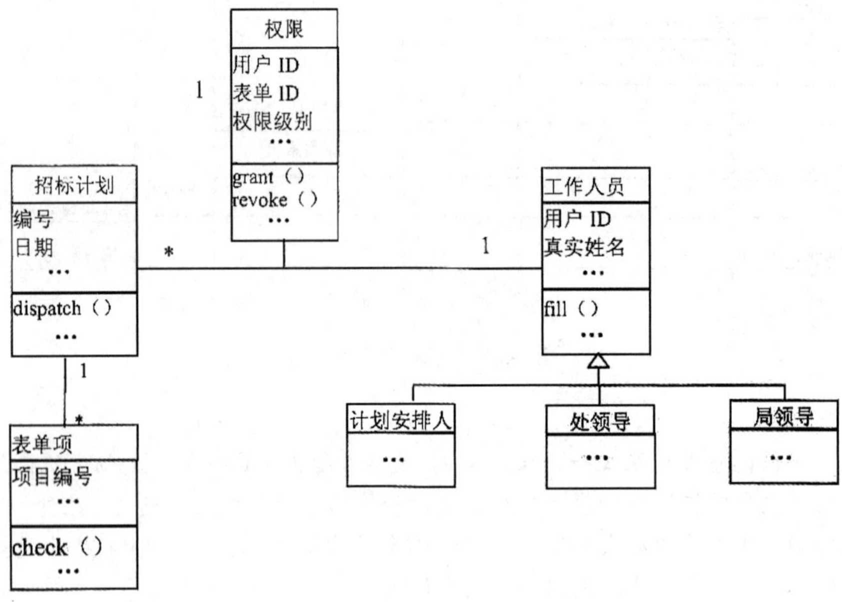

图 9-5 设计类图

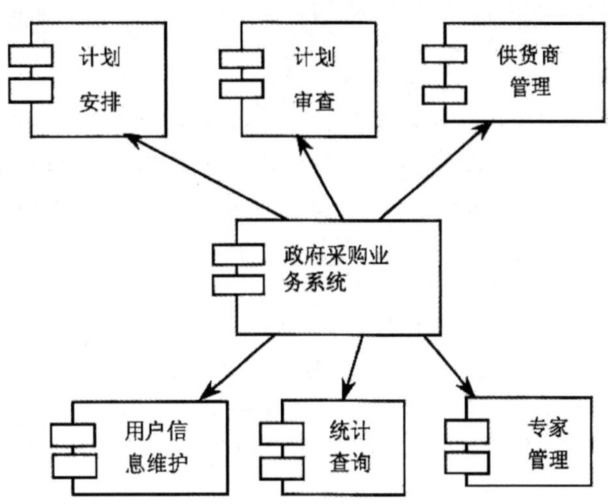

图 9-6　采购业务系统构件图

案例思考题

1．面向对象开发方法有哪些特点？
2．面向对象开发方法的工作步骤有哪些？
3．用例图的作用是什么？
4．类图的组成要素有哪些？
5．面向对象分析与设计模型用哪几类图来描绘？

9.1　UML 的模型元素

从 20 世纪 80 年代末至今，面向对象的开发方法已日趋成熟。目前统一建模语言（Unified Modeling Language，UML）是面向对象软件的标准化建模语言。由于其简单、统一，又能够表达软件设计中的动态和静态信息，目前已经成为可视化建模语言事实上的工业标准。

从企业信息系统到基于 Web 的分布式应用，甚至严格的实时嵌入式系统都适合用 UML 来建模，它是一种富有表达的语言，可以描述开发所需要的各种视图，然后以此为基础装配系统。

UML 由 3 个要素构成：UML 的基本元素、支配这些模型元素如何放置在一起的结合规则和运用于整个语言的一些公共机制。

UML 提供了丰富的用图形符号表示模型的元素，这些标准的图形符号隐含了 UML 的语法，而由这些图形符号组成的各种模型给出了 UML 的语义，描述了系统结构与行为。UML 定义了两类模型元素：事物模型元素和关系模型元素。事物是对模型中最具有代表性成分的抽象，这些事物有类、对象、构件、结点、接口、包和注释等。关系把事物结合在一起，这些关系包括关联、泛化、依赖和实现等。这两类模型元素均可用图形符号来表示。

9.1.1　UML 的事物

事物是对象模型中最具代表性成分的抽象。UML 中有 4 种事物：结构事物、行为事物、分组事物和注释事物。

1. 结构事物

结构事物（Structural Thing）是UML模型中的名词。它们通常是模型的静态部分，描述概念或物理元素。结构事物包括类（Class）、对象（Object）、接口（Interface）、协作（Collaboration）、用例（Use Case）、主动类（Active Class）、参与者（Actor）、构件（Component）和结点（Node）等。

（1）类（Class）。是具有相同属性和操作的一组对象的集合，它为属于该类的全部对象提供了统一的抽象描述，其内部包括属性和操作两个主要部分。

（2）对象（Object）。对象是类的实例。一个对象的属性值必须明确给出。

【例9-1】类与对象示例。如图9-7（a）所示，类用带有类名、属性和操作的矩形框来表示；如图9-7（b）所示是类说明的一个示例，它说明了一个名为window（窗口）的类，它有两个属性：一个为窗口的起始点；一个为窗口的长和宽，它能执行的操作有：打开窗口、关闭窗口、移动窗口和显示窗口。如图9-7（c）所示，声明了一个名为data的window对象，属性为：始点(24,20)，大小(12,8)，即声明了坐标始点为(24,20)，长为12，宽为8的一个窗口。

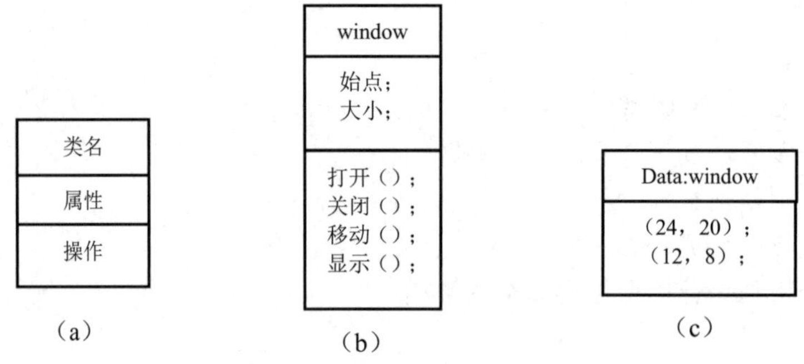

图9-7 类与对象的命名示例

在UML中，对象的表示分为有名对象和匿名对象。

【例9-2】有名对象和匿名对象的命名规则示例，如图9-8所示，左图声明了一个客户类，定义了3个属性：姓名、地址和电话。右图为客户类对象的各种命名表示。第一种是有名客户对象，图中声明了一个名为Yin的客户类对象；第二种是匿名客户类对象，图中给出了声明匿名对象的格式，直接在类名的冒号“:”前留空即可。有名对象也可只定义对象名而不关心对象属于哪一类，图中指定了pressman为一个客户对象。

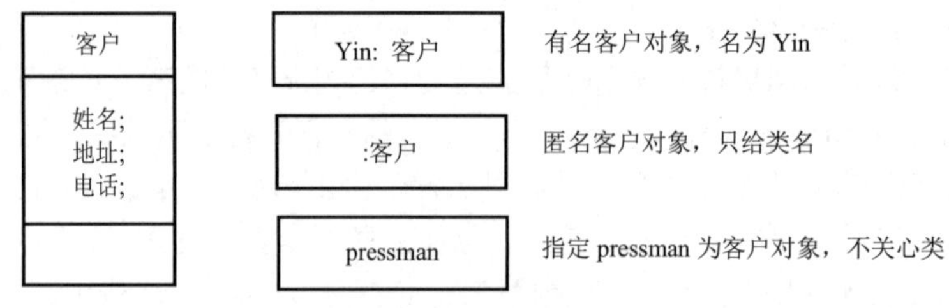

图9-8 对象的命名规则

（3）接口（Interface）。接口描述了一个类或构件的一组外部可用的服务（操作）集。接口定义的是一组操作的描述，而不是操作的实现。接口表示通常有以下两种形式：

1）采用具有分栏和关键字《Interface》的矩形符号来表示，如图 9-9 所示。《Interface》是接口标记，IWindow 是接口名，打开()、关闭()和显示()等是接口中的操作。

根据实际应用场景，接口名可以使用简单名，也可以使用受限名，如图 9-10 所示。接口 IUnknown 定义为简单接口，所有的类都可以使用，而接口 ITarget 定义为受限接口，表示 ITargets 接口只属于 Sensors 类，其他类不能使用。显然，如果需要显示接口中的操作列表的话，就应使用如图 9-9 所示的表示方式。

图 9-9　接口表示示例 1　　图 9-10　接口名示例

2）采用小圆圈和半圆圈来表示，如图 9-11 所示。其中，左边的圈表示由 window 类提供的接口为 IWindow，简称供接口；右边的半圈表示 window 类需要的接口为 IPaint，简称需接口。

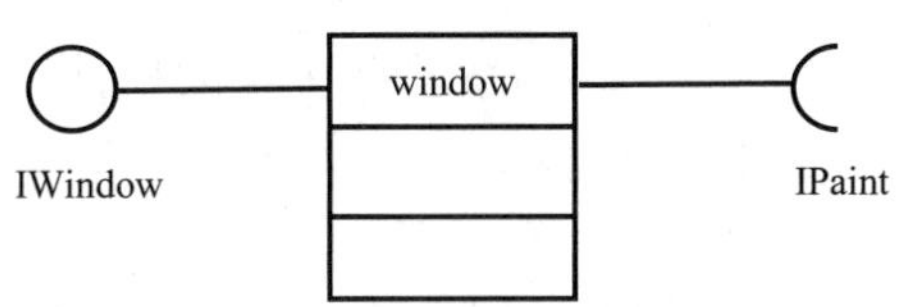

图 9-11　接口表示示例 2

在系统/产品建模中，接口的主要作用可概括为一句话，即对系统产品中的“接缝”予以模型化。换言之，通过声明一个接口，表明一个类、构件、子系统为其他类、构件、子系统提供了所需要的且与实现无关的行为；或表明一个类、构件、子系统所要得到的且与实现无关的行为。

（4）主动类（Active Class）。主动类的实例应具有一个或多个进程或线程，能够启动控制活动，在图形上，为了与普通类区分，主动类用两侧加边框的矩形表示，如图 9-12 所示，或用具有粗外框的矩形来表示，它表示“事件控制器”类为主动类，类当中的操作：暂停()、冲洗()操作可主动激发执行。主动类对象的行为与其他元素的行为可并发工作。

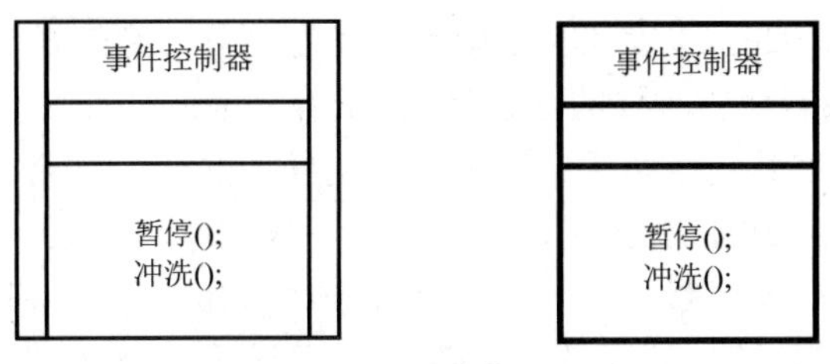

图 9-12　主动类表示示例

（5）用例（Use Case）。用例亦称用况，用于表示系统想要实现的功能或行为，即描述一组动作序列（即场景）。而系统执行这组动作后将产生一个对特定参与者有价值的结果。在图形上，用例用一个仅包含其名字的实线椭圆表示，如图 9-13 所示。

（6）参与者（Actor）。参与者亦称行动者或角色。参与者定义了一组与系统有信息交互关系的人、事、物，在图形上用一个简化的小人表示，如图 9-14 所示。它是用例的客户并与用例进行交互。

（7）协作（Collaboration）。用例仅描述要实现的功能或行为，不描述这些功能或行为的实现。用例的实现用协作描述。协作定义了一个交互，描述一组角色实体和其他实体如何通过协同工作来完成一个功能或行为。在图形上，协作用一个仅包含名字的虚线椭圆表示，如图 9-15 所示，表示一个名为订单管理的协作。协作与用例之间是实现关系。

图 9-13　用例图示例　　图 9-14　参与者示例　　图 9-15　协作示例

（8）构件（Component）。构件亦称组件，是系统中物理的、可替代的部件。它通常是一个描述了一些逻辑元素的物理包。构件是系统设计中的一种模块化部件，通过外部接口隐藏了它的内部实现。在一个系统中，具有共享的、相同接口的构件是可以相互替代的，但其中要保持相同的逻辑行为。

构件是可以嵌套的，即一个构件可以包含一些更小的构件。在图形上，构件用一个带有小方框的矩形来表示，如图 9-16 所示，构件中有一个小构件和一个名为 Orderform.java 的 Java 类组件。

（9）结点（Node）。结点是在运行时存在的物理元素。它代表一种可计算的资源，通常具有一定的记忆能力和处理能力。在图形上，结点用立方体来表示，如图 9-17 所示表示一个结点，结点名为应用服务器。

图 9-16　构件示例　　图 9-17　结点示例

2. 行为事物

行为事物（Behavior Thing）是 UML 模型的动态部分，它们是模型中的动词，描述了跨越时间和空间的行为。共有两类主要的行为事物：交互（Interaction）和状态机（State Machine）。

（1）交互。交互由在特定语境中共同完成一定任务的一组对象之间交换的消息组成。一个对象群体的行为或单个操作的行为可以用一个交互来描述。交互涉及一些其他元素，包括生命线、消息、执行事件（或称激活框，由一个消息所引起的行为）和链（对象间的关联）。如图 9-18 所示是一个交互的示例，表示公司向某人 P 发送了一个“将 P 分配或调动到某部门工作”的消息，消息的操作名为“调动（部门）”。P 收到调动消息后，执行了一系列的工作任务，如交接工作、办理调动手续等，然后发出报到消息。

生命线（lifeline）表示参与交互的一个实体或实体集合的生存期。一条生命线表示为一个矩形框下面垂着的一条虚线，如图 9-18 所示。

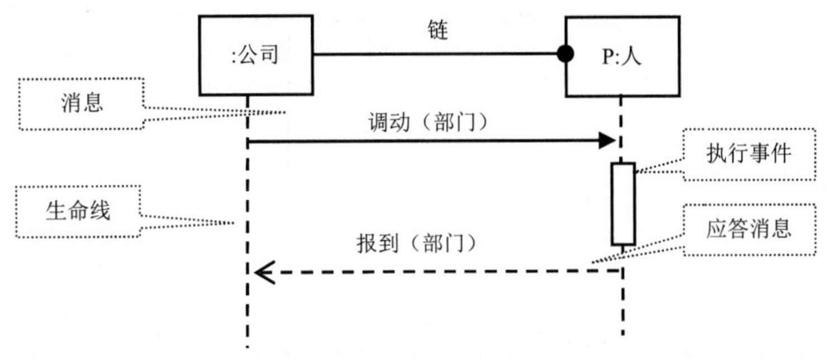

图 9-18　对象之间的交互

交互执行也被称为交互发生，表示生命线的实体处在执行期，在生命线上用一个长条矩形表示，如图 9-18 所示。

交互的消息有以下类型：同步调用消息、异步调用消息、异步信号、应答消息、创建消息、销毁消息。

1）同步调用消息。同步调用消息也叫同步消息，是一个对象实体对另外一个对象实体的一个操作的同步调用所发送出的消息。发送消息的对象在发出消息之后，将一直等待接收对象给予的应答，在未接收到应答之前，发送对象将一直等待。同步消息用带实心箭头的直线表示，如图 9-19 所示。

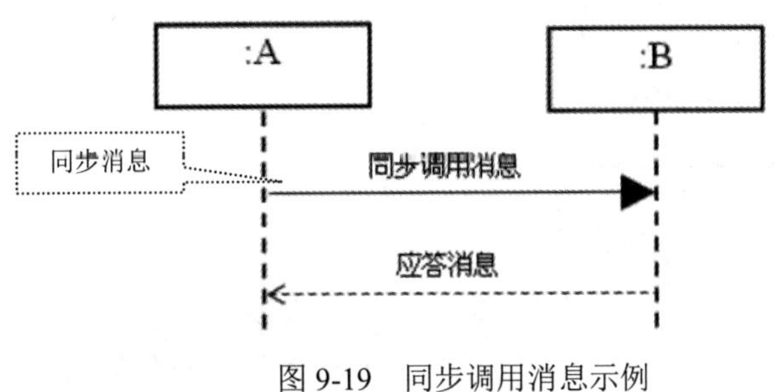

图 9-19　同步调用消息示例

2）异步调用消息。异步调用消息也称异步消息，是一个对象实体对另一个对象实体的一个操作的异步调用所发送出的消息。发送消息的对象在发送出消息之后，无需等待接收对象的应答，继续下面的操作。异步消息用直线开箭头表示，如图 9-20 所示。

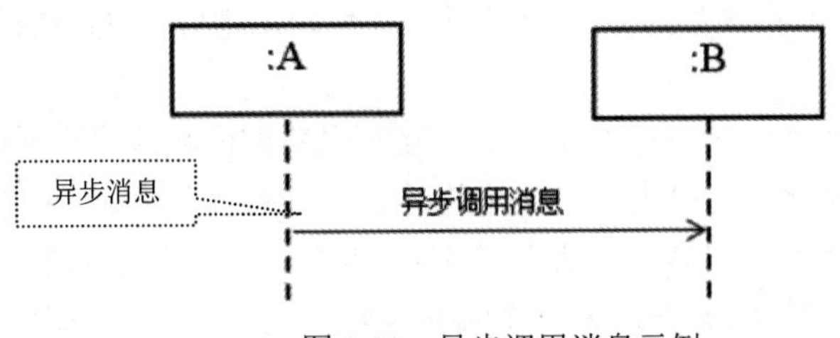

图 9-20　异步调用消息示例

3）异步信号。异步信号是发送对象实体以异步的方式向接收对象实体发送一个信号。异步信号和异步消息的表示形式是一样的，如图 9-21 所示。

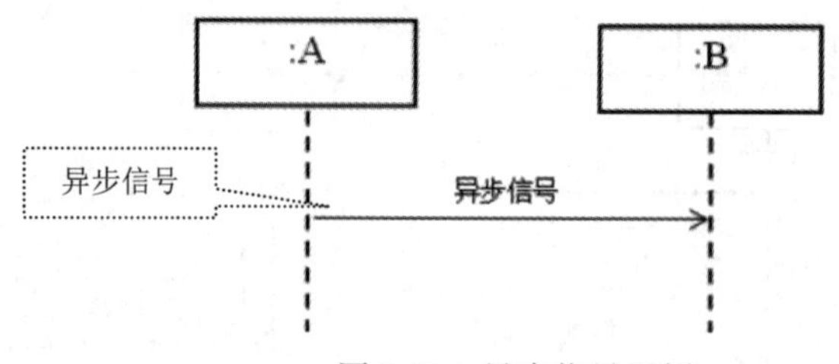

图 9-21 异步信号示例

4）应答消息。应答消息是接收对象接收到消息之后给发送对象实体返回的消息，通过该应答消息告诉接收对象实体已经成功接收到发送的消息。应答消息用虚线开箭头表示，如图 9-22 所示。

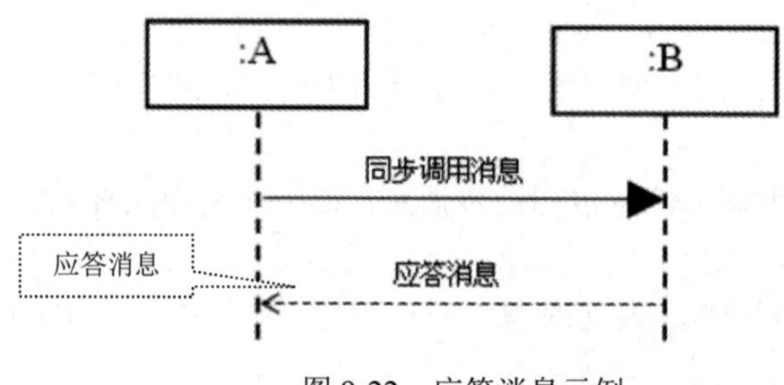

图 9-22 应答消息示例

5）创建消息。创建消息是创建对象的消息，创建消息用虚线开箭头表示，箭头需要指到所建立的对象上面，如图 9-23 所示。

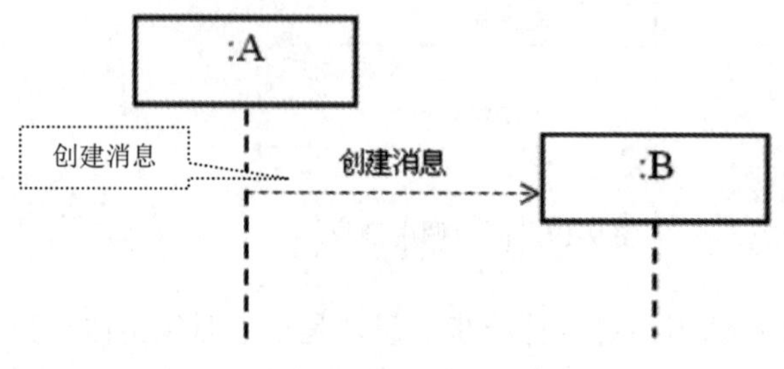

图 9-23 创建消息示例

6）销毁消息。销毁消息是销毁对象的消息，通过该消息销毁一个对象，销毁消息用直线开箭头表示，但消息的箭头所指向的对象生命线用叉号来表示销毁，并且被销毁的对象的生命线也就到此终结，如图 9-24 所示。

（2）状态机。状态机描述了一个对象或一个交互在生命期内响应事件所经历的状态序列。单个类或一组类之间协作的行为可以用状态机来描述。一个状态机涉及一些其他元素，包括状态、变迁（即转换，从一个状态到另一个状态的流）、事件（触发变迁的事物）和活动（对一个变迁的响应）。在图形上，把状态表示为一个圆角矩形，通常在圆角矩形中含有状态的名称及其子状态，如图 9-25 所示，状态名为“等待”。

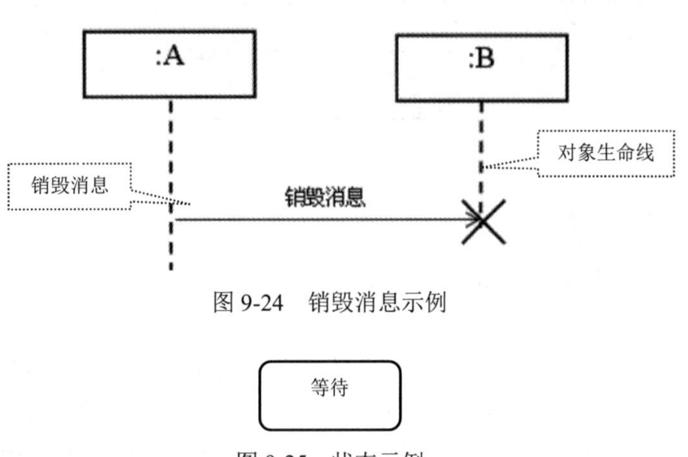

图 9-24　销毁消息示例

等待

图 9-25　状态示例

3. 分组事物

分组事物（Grouping Thing）是 UML 模型的组织部分，它们是一些由模型分解成的“盒子”，在所有的分组事物中，最主要的是包（Package）。

包是把元素组织成组的机制，这种机制具有很多用途，结构事物、行为事物甚至其他分组事物都可以放进包内。包不像构件（仅在运行时存在），它纯粹是概念上的（即它仅在开发时存在），包的图形化表示如图 9-26 所示，把包表示为一个大矩形，并且在这一矩形的左上沿拼上一个小矩形，通常在大矩形中描述包的内容，而把包的名字放在左上角的小矩形中，作为包的“标签”。图中包中有包，大包名为“客运服务”，大包中有两个小包，分别是“办理登机牌”和“登机”，分别提供不同的服务内容。

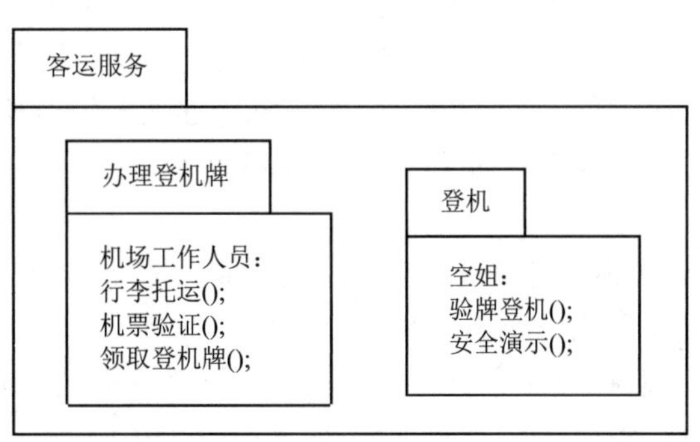

图 9-26　包的组织示例

建立包是为了降低复杂度。当大型系统建模时，经常需要处理大量的类、接口、构件、结点和图，这时就必须把这些元素进行分组，即把语义相近并倾向于一起变化的元素组织起来加入到同一个包中，目的是控制可见度及指引读者的思路。

4. 注释事物

注释事物（Annotation Thing）是 UML 模型的解释部分，这些注释事物用来描述、说明和标注模型的任何元素，注解（Note）是一种主要的注释事物，是一种依附于一个元素或一组元素之上，对它进行约束或解释的简单符号。注解的图形化表示用右上角翻折的矩形表示，框内是注释的内容，如图 9-27 所示。

参见政策文件 policy.doc

图 9-27　注释示例

9.1.2　UML 中的关系

模型元素之间常见的关系有 4 种：依赖、关联、泛化和实现。

1. 依赖

依赖（Dependency）是两个事物间的语义关系，让其中一个事物（独立事物）发生会影响另一个事物（依赖事物）的语义，在图形上，把一个依赖画成一条可能有方向的虚线，虚线箭头的方向从源事物指向目标事物，表示源事物依赖于目标事物。如图 9-28 所示，显示了课程表对象依赖于课程，如果课程发生变化，课程表的某些操作也会发生变化。

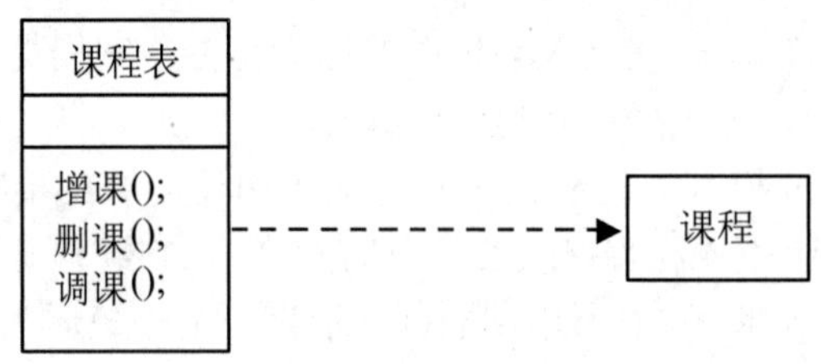

图 9-28　依赖关系示例

2. 关联

关联（Association）是一种结构关系，它描述了两个类或多个类的实例之间的连接关系，是一种特殊的依赖。例如，一架飞机有两个发动机，则飞机与发动机之间就存在一种连接关系，这就是关联关系。关联的实例称为链（Link），每一条链连接一组对象（类的实例）。关联主要用来组织一个系统模型。关联分为普通关联、限定关联、关联类、聚合及其特殊情形——复合聚合。

（1）普通关联。普通关联是最常见的关联关系，只要类与类之间存在连接关系就可以用普通关联表示。普通关联又分为二元关联和多元关联。

1）二元关联。二元关联描述两个类之间的关联，用两个类之间的一条直线来表示，直线上可写上关联名。关联通常是双向的，每一个方向可有一个关联名，并用一个实心三角形来指示关联名指的是哪一个方向。如果关联含义清晰的话，也可不起名字。

图 9-29 给出了“先生”类和“生徒”类之间的关联，该关联表明一位先生教授多名生徒，这些生徒受教于一位先生。

图 9-29　二元关联

关联与两端的类连接的地方叫做关联端点，在关联两端连接的类各自充当了某种角色，有关的信息（如角色名、可见性、多重性等）可附加到各个端点上。

多重性（Multiplicity）表明在一个关联的两端连接的类实例个数的对应关系，即一端的类的多少个实例对象可以与另一端的类的一个实例相关。多重性的表示：1 表示 1 个实例；*表示多个实例；0..1 表示 0～1 个实例；1+或 1..*表示 1～多个实例。

如果图中没有明确标出关联的多重性，则默认的多重性为 1。关联端点上还可以附加角色名，表示类的实例在这个关联中扮演的角色，如图 9-30 所示。UML 还允许一个类与它自身关联。图 9-31 表示航班与乘务组是多对多的关联，而乘务长与乘务员是 1 对多的关联，乘务长与乘务员之间存在管理关系。

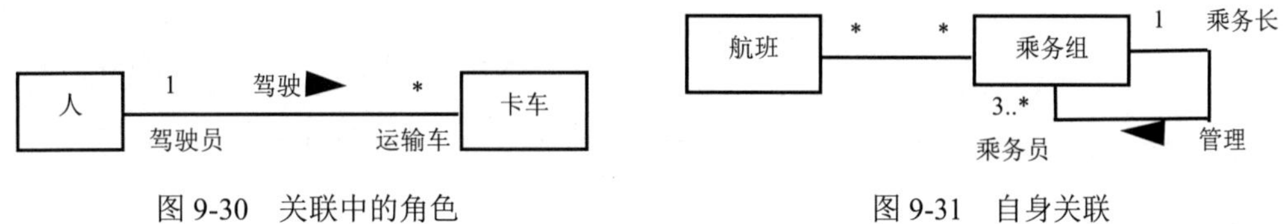

图 9-30　关联中的角色

图 9-31　自身关联

2）多元关联。多元关联是指 3 个或 3 个以上类之间的关联。多元关联由一个菱形以及由菱形引出的通向各个相关类的直线组成，关联名（如果有的话）可标在菱形的旁边，在关联的端点也可以标上多重性等信息。如图 9-32 所示是一个三元关联，图中的链表示哪个程序员用哪种程序语言开发了哪个项目。

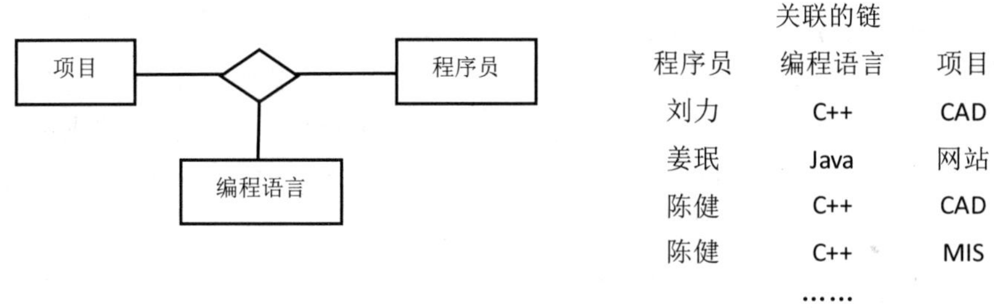

关联的链

程序员	编程语言	项目
刘力	C++	CAD
姜珉	Java	网站
陈健	C++	CAD
陈健	C++	MIS
	……	

图 9-32　三元关联及相应类实例连接的链

（2）限定关联。限定关联通常用在一对多或多对多的关联关系中，可以把模型中的多重性从一对多变成一对一，或将多对多简化成多对一。一种方式是在类图中关联关系的下方加约束；另一种方式是在类图中把限定词（Qualifier）放在关联关系末端的一个小方框内。

例如，某操作系统中一个目录下有许多文件，一个文件仅属于一个目录，在一个目录内文件名确定了唯一的一个文件。

图 9-33（a）给出它们之间的一种约束 ordered，表明在目录中文件按字典顺序列表，图 9-33（b）利用限定词“文件名”表示了目录与文件之间的关系，这样就利用限定词把一对多关系简化成了一对一关系。注意，限定词“文件名”应该放在靠近目录的一端。

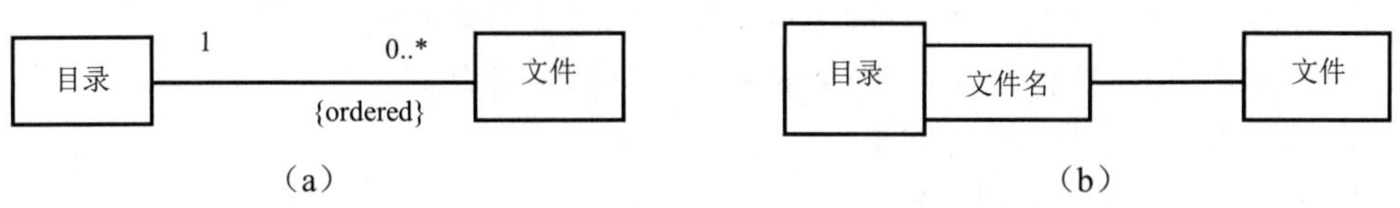

（a）　　（b）

图 9-33　限定关联

（3）关联类。在关联关系比较简单的情况下，关联关系的语义用关联关系的名字来概括。但在某些情况下，需要对关联关系的语义进行详细的定义、存储和访问，为此可以建立关联类（Association Class），用来描述关联的属性。关联中的每个链与关联类的一个实例相联系。

关联类通过一条虚线与关联连接。例如，图 9-34 所示是一个公司类与属下一个或多个员工之间的关联。通过关联类给出关联“工作”的细节。

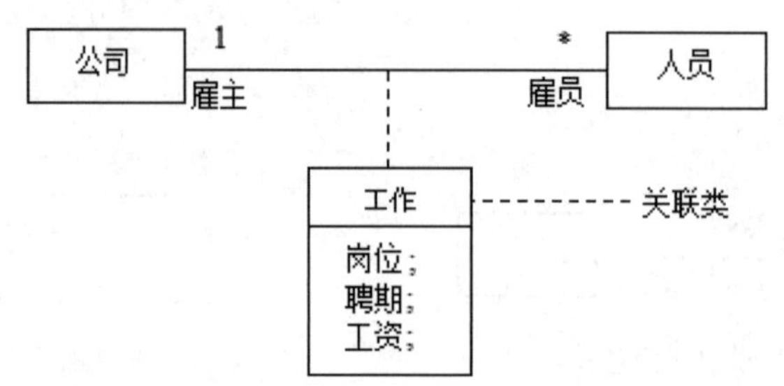

图 9-34　关联类的示例

在关联上可以标注重复度（Multiplicity）和角色（Role）。

（4）聚合。聚合（Aggregation）也称为聚集，是一种特殊的关联。它描述了整体和部分之间的结构关系。在需求陈述中，若出现“包含”“组成”“分为……部分”等字句，往往意味着存在聚合关系。除了一般聚合之外，还有两种特殊的聚合关系：共享聚合（Shared Aggregation）和复合聚合（Composition Aggregation）。

如果在聚合关系中处于部分方的实例可同时参与多个处于整体方实例的构成，则该聚合称为共享聚合。例如，一个剧组包含许多演员，每个演员又可以是其他剧组的成员，则剧组和演员之间是共享聚合关系，如图 9-35（a）所示。共享聚合的图示符号是在表示关联关系的直线末端紧挨着整体类的地方画一个空心菱形。

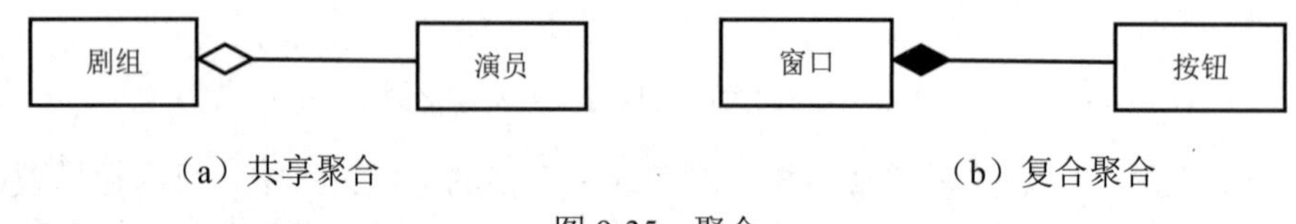

（a）共享聚合　　（b）复合聚合

图 9-35　聚合

如果部分类完全隶属于整体类，部分类需要与整体类共存，一旦整体类不存在了，则部分类也会随之消失或失去存在价值，则这种聚合称为复合聚合，例如在屏幕上的窗口与其所属的按钮之间的关联即为复合聚合，它们有相同的生存周期。如图 9-35（b）所示，在复合聚合关系中整体方的菱形为实心菱形。

导航（Navigability）是关联关系的一种特性，它通过在关联的一个端点上加箭头来表示导航的方向。

在图 9-36（a）所示的关联中，课程与学生之间是多对多的关系，这个关联的链是由一对课程实例和学生实例组成的元组组成。如果想知道某门课程有哪些学生选修或某个学生选修了哪些课程，就需要遍历该链的所有元组。

UML 通过导航（在关联端点加一个箭头来表示）可从该链的所有元组中得到给定的元组。例如，图 9-36（b）给出的学生和课程之间的导航表明，当指定一门课程时，就能直接导航出选修这门课程的所有学生，不用遍历全部元组，但当指定一个学生时，不能直接导航出该学生选修的所有课程，只能通过遍历全部元组才能得到结果。这种导航是单向的。

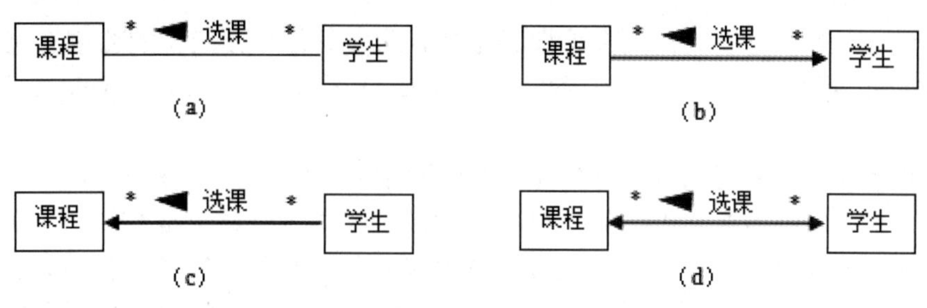

图 9-36　导航

同样，图 9-36（c）给出了学生到课程的（单向）导航，即当指定一个学生时就能直接导航出该学生所选的所有课程。图 9-36（d）则表示学生与课程之间的导航是双向的。

导航主要在设计阶段使用，当关联具有双向可导航性时，可以省略指示导航方向的箭头。此时隐指双向可导航。所以图 9-36（a）和图 9-36（d）的导航特性是一样的。

3．泛化

泛化（Generalization）关系就是一般（Generalization）类和特殊（Specialization）类之间的继承关系。特殊类完全拥有一般类的信息，并且还可以附加一些其他信息。

在 UML 中，一般类亦称泛化类，特殊类亦称特化类。在图形表示上，用一端为空心三角形的连线表示泛化关系，三角形的顶角紧挨着一般类。注意，泛化针对类型而不针对实例，因为一个类可以继承另一个类，但一个对象不能继承另一个对象。泛化可进一步划分成普通泛化和受限泛化两类。

（1）普通泛化。普通泛化与前面讲过的继承基本相同，但要了解的是，在泛化关系中常遇到一个特殊的类，即抽象类。一般称没有具体对象的类为抽象类。抽象类通常作为父类，用于描述其他类（子类）的公共属性和行为。

在图形上，抽象类的类名下附加一个标签值（abstract），如图 9-37 所示。图中有两个折角矩形是注释，分别说明了两个子类的“驾驶()”操作的功能。抽象类中的操作仅用于指定它的所有具体子类应具有的行为。这些操作在每个具体子类中有其具体的实现。每个具体子类可创建自己的实例。

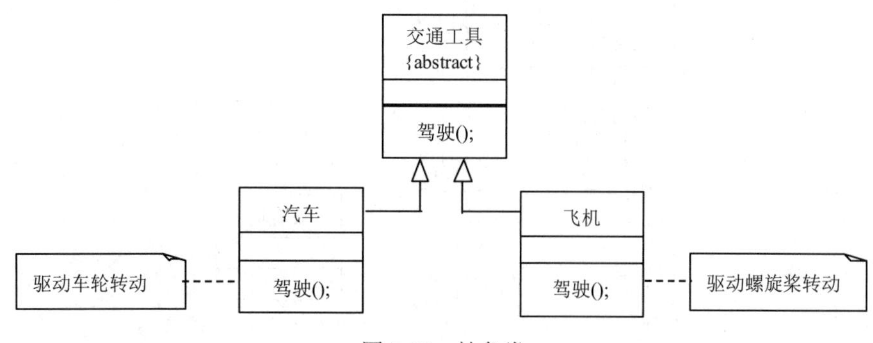

图 9-37　抽象类

普通泛化可以分为多重继承和单继承。多重继承是指一个子类可同时继承多个上层父类，例如，图 9-38 中的“医学教授”类继承了“医生”类和“教授”类这两个类。与多重继承相对的是单继承，即一个子类只能继承一个父类。

（2）受限泛化。受限泛化关系是指泛化具有约束条件。预定义的约束有 4 种：交叠（Overlapping）、不相交（Disjoint）、完全（Complete）和不完全（Incomplete）。这些约束都是语义约束。

一个一般类可以从不同的方面将其特化成不同的特殊类集合，参看图 9-39 所示的例子，从性别角度，人可以分为男人和女人，这覆盖了人的所有性别（约束是“完全的”），并且是互斥的（约束是“不相交”的）。从职业角度，人又可以分为教师、医生，并未覆盖人的所有职业（约束是“不完全的”），而且允许一个人有多个职业，如医科大学的教师也可以是医生（约束是“交叠”的）。

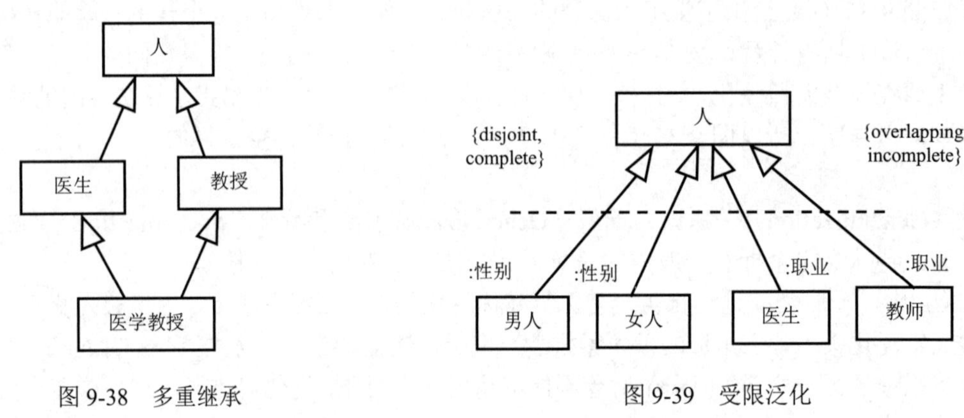

图 9-38　多重继承　　　图 9-39　受限泛化

4. 实现

实现（Implement）是泛化关系和依赖关系的结合，也是类之间的语义关系，通常在以下两种情况出现实现关系：

（1）接口和实现它们的类或构件之间。

（2）用例和实现它们的协作之间。

在 UML 中，实现关系用带有空心箭头的虚线表示。图 9-40 描述了用电视机类和收音机类来实现接口 Electrical Equipment（电子设备）中规定的所有动作的情形。

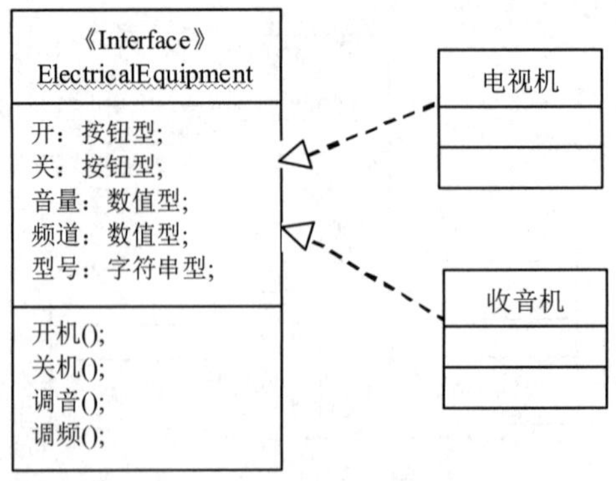

图 9-40　接口和实现它的类示例

图 9-41 描述了用例“下订单”由协作“订单管理”来实现的情形。

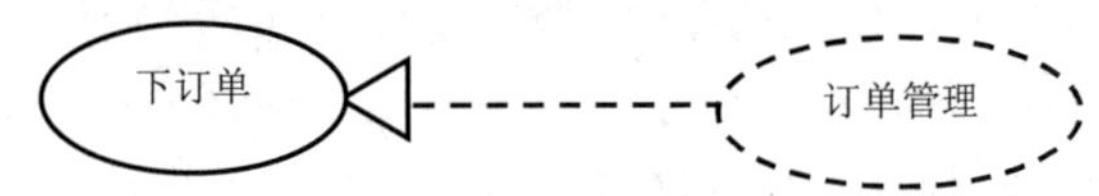

图 9-41 用例和实现它的协作示例

上述这 4 种关系是 UML 模型中可以包含的基本关系事物。它们也有变体，例如依赖的变体有精化、跟踪、包含和延伸等。

9.2 UML 中的图

复杂的系统建模是一件困难和耗时的事情，从理想化的角度来说，整个系统模型像是一张图画，它清晰而又直观地描述了系统的结构和功能，既易于理解又易于交流。但事实上，要画出这张图画几乎是不可能的，因为单靠一幅图画不能反映出系统所有方面的信息。应该从多个不同的角度描述系统，比如从业务流程、功能结构、各个部件的关系等方面才能完整地描述系统。通常的做法是用一组视图分别反映系统的不同方面，每个视图描述系统的一个特征面，每个视图由一组图构成，图中包含了强调系统某一方面特征的信息，视图与视图之间可能会有部分重叠。下面介绍几个在面向对象分析和设计中常用的视图。

9.2.1 常用的视图

UML 的图形化工具分为两类：一类是行为图，用于表达系统或系统成分的动态结构模型，给出系统或系统成分的一些行为信息，例如行为的功能性信息、行为的交互信息、行为的生存状态信息，这些图有用例图、活动图、状态图、交互图等，其中交互图又细分为顺序图、协作图和定时图；另一类是结构图，用于表达系统或系统成分的静态结构模型，给出系统或系统成分的一些说明性信息，这些图有类图、组件图、包图、部署图等。UML 通过这些图形化工具，支持建模人员从不同抽象层和不同视角来创建模型。

UML 通过这些图可以描述任何复杂的系统。以下主要介绍在信息系统开发中经常用到的建模工具，即用例图、活动图、状态图、交互图（顺序图、合作图）、类图、配置图和组件图。

9.2.2 用例图

用例图由一组用例、参与者以及它们之间的关系所组成。一个系统的用例图通常概要地反映整个系统提供的外部可见服务和工作范围，进行需求分析时，通常将整个系统看作一个黑盒子，从系统外部的视点出发观察系统：它应该做什么？谁要使用它？

1. 用例

用例（Use Case）是对一组动作序列的描述，系统执行这些动作将产生对特定参与者有价值的并且可观察的结果。UML 中用例的标识符号是一个椭圆形，在图中应该有编号和名称。用例是软件开发的核心元素，需求是由用例来表达的，界面是为用例设计的，分析类是根据用例发现的，测试数据是根据用例生成的，整个开发的管理和任务分配也是依据用例来组织的。用例简直太重要了！

用例具有相对独立性，它自身包含了执行活动期间可能发生和处理的各种情况，如多种方案的选择、例外的处理等，用例的实例代表系统的一种实际使用方法，通常叫做脚本。

【例 9-3】用例脚本示例。举个例子，在图书馆信息管理系统中的借书用例，读者“李春兰”借一本《管理信息系统》，系统为她办理借书手续的过程是一个脚本；读者“余菲菲”要借一本《高等数学》，系统显示此书已经全部借出，这也是一个脚本，当然，如果读者号输入错误，系统显示“无效的读者号”，也是一个脚本。

由此可见，一个用例涉及很多脚本。因此，必须对用例涉及的脚本加以说明，如表 9-1 所示是图书馆信息管理系统中“借书”用例的说明示例。

表 9-1　借书用例简要说明

用例名称	借书
创建人	李三磊
创建日期	2017-9-10
角色	图书馆流通组工作人员
前置条件	工作人员选择“借书菜单”项，系统显示借书窗口
后置条件	借书成功，显示借书完成
情景描述	（1）流通组工作人员选择“借书菜单”项，打开借书窗口 （2）输入“读者号”“图书号” （3）系统显示图书在库数量 （4）当“在库数量”>1 时，单击“借书”按钮
异常情景描述	（1）系统显示“读者号”无效 （2）系统显示“图书号”无效 （3）可借图书数量为 0

2. 角色

角色（Actor）是指与系统交互的人或事物，角色可以有 4 种类型：系统使用者、外部系统、硬件设备和时间。第 1 种角色系统使用者是最重要的角色，例如，在图书馆信息管理系统中的系统使用者有读者和图书馆的工作人员（包括采购组、流通组和办公室的工作人员）。第 2 种角色是其他外部应用系统，这个外部系统与正在建模的系统进行交互。第 3 种角色是硬件设备，不同的硬件设备具有不同的特性和不同的处理方式，它作为系统行为的参与者。第 4 种常用的角色是时间，时间作为角色，按照时间触发系统中的某个事件，例如图书馆信息管理系统中的“图书催还”和“到书通知”用例都是由时间角色触发的。

注意：对于一个较大的应用系统，要列出所有用例的清单可能比较困难。可行的方法是先列出所有角色的清单，根据每个角色找出用例，问题就会变得比较容易。

3. 用例图中的关系

在 UML 用例图中，关系有关联关系、包含关系、扩展关系和泛化关系。

（1）关联关系。关联关系描述角色与用例之间的关系。例如，当读者还书时，工作人员启动系统的“还书”用例，进行还书处理，如图 9-42 所示。注意，在用例图中，关联关系是没有箭头的直线连接着相互关联的角色与用例。

（2）包含关系。包含关系描述基本用例与公共用例之间的关系。例如，在 ATM 系统中，取钱、查询、更改密码等功能都需要验证用户密码。这种情况下应该将密码验证功能独立出来，作为一个公共用例，如图 9-43 所示，这样便于复用、减少冗余。UML 中将包含关系表示为虚线雁形箭头和《include》形式。

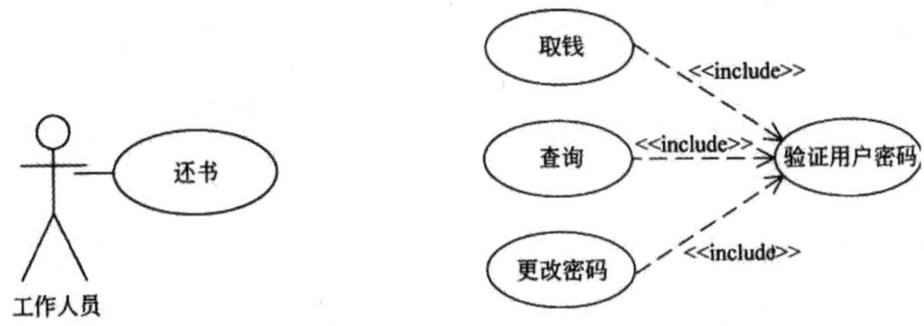

图 9-42　角色与用例之间的关联　　　　图 9-43　包含关系图示

（3）扩展关系。扩展关系描述基本用例与特殊用例之间的关系。例如，在图书馆信息管理系统中，读者还书时，系统检查所还图书是否已被其他人“预订”，如果有则执行“到书通知”用例，如图 9-44 所示，“到书通知”用例作为“还书”处理的一个特殊用例，并不是所有情况下都执行，只有当所还的图书被别人预订时才执行“到书通知”用例。在 UML 中扩展关系表示为虚线雁形箭头和《extend》形式。

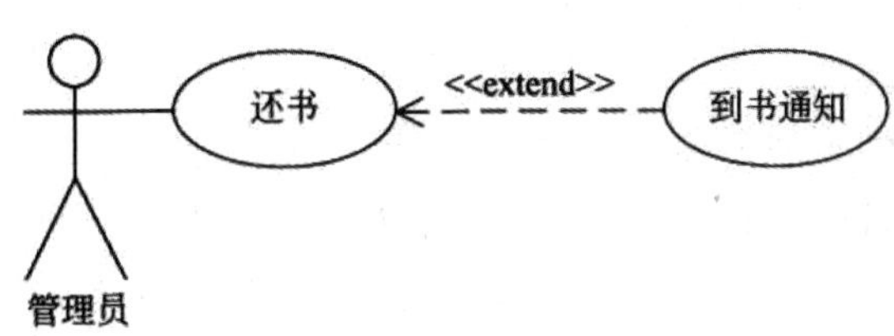

图 9-44　扩展关系图示

注意：包含关系和扩展关系之间的区别是，A 包含 B 本质上是 A 一定使用 B，同时增加自己的专属行为；而 B 被用例 A 扩展则说明 A 是一个一般用例，B 是一个特殊用例，A 在某些条件下可能使用 B。例如，“还书”是一个一般用例，在该书被预订的情况下，执行扩展用例“到书通知”。

（4）泛化关系。泛化关系描述角色之间或用例之间存在的一种继承关系。

【例 9-4】角色与用例的泛化关系示例。例如，客户区分为公司客户与个人客户，这时描述角色之间的关系就可以用泛化关系表示，如图 9-45 所示。

用例之间的泛化关系就像类之间的泛化关系一样，子用例继承父用例的行为和含义。例如，银行系统中应该有一个“身份认证”用例，用于验证用户的合法性。但是，具体的验证操作可以有多种方式，如图 9-46 所示，一个是用“密码认证”，另一个是用“指纹认证”。它们都有父用例“身份认证”的基本功能，并且可以出现在父用例出现的任何地方，还可以添加自己的特殊活动。

4. 绘制用例图的过程

了解了用例、角色以及用例与角色之间的关系，下面我们通过一个例子来陈述用例图的构建过程，以加深对用例图的理解。

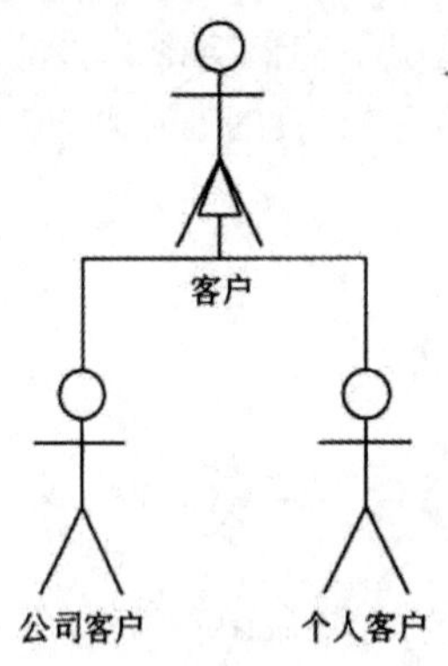

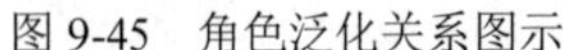

图 9-45 角色泛化关系图示

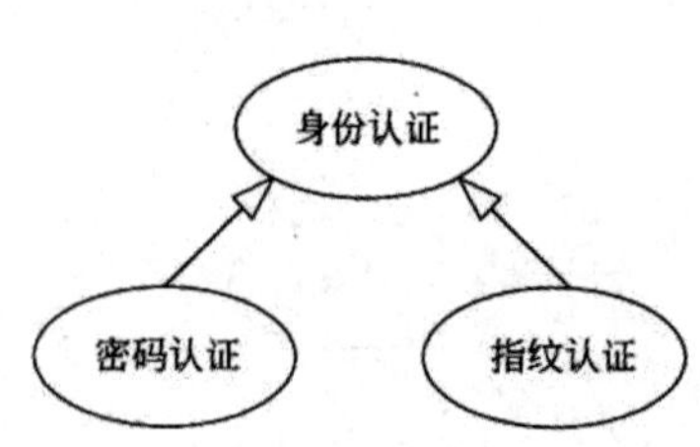

图 9-46 用例泛化关系图示

【例 9-5】某学校欲开发一款财务软件，给出的简要描述如下：每个月末教师把自己当月的课时数登记到系统，职工把工时数上报到系统，主管部门审核后汇总，交给财务科。财务科根据这些原始数据计算教职工的工资，编制工资表、工资明细表和财务报表，把每名教职工的编号、姓名、实发工资报送银行，由银行把钱打入每名教职工的工资存折，财务科把工资明细表发给每名教职工。试根据业务陈述绘制用例图。

解：找出所有的角色：人事科、教师和职工、主管部门、财务科和银行。从这些角色出发寻找用例。

人事科：更新人事数据。

教师和职工：每月向系统录入课时和工时数据。

主管部门：负责每月审核并汇总自己下属录入的课时和工时数据。

财务科：每月末计算工资，编制工资表、明细表和财务报表，向银行提供教职工的工资信息，向教职工发放工资明细。

银行：获取教职工的工资信息，把钱打入教职工的个人账户。

根据以上信息画出的用例图如图 9-47 所示。

通过进一步的分析和调研，“计算工资”用例包含了比较多的活动：读人事数据、月课时和工时数据，计算累计工作量，当有超额工作量时还要计算超工作量奖金。因此，将图 9-47 所示的用例图进一步细化为如图 9-48 所示。其中，计算累计工作量和读取数据是每次计算工资所必须要做的事情，因此是包含关系，而计算超额工作量奖金是在有超工作量的情况下才做的事情，因此是扩展关系。

画用例图时要特别注意，用例图是系统分析、设计和实现的一个最基础的图形，在初期不要考虑太多的处理细节。一个用例内部的具体处理细节是由其他图形工具描述的，用例图只是反映系统的总体功能，以及与这些功能相关的角色。有些读者在画“借书”用例时，情不自禁地就考虑了“输入读者号和书号”“检查图书是否在库”“图书数量减 1”“添加读者借书记录”等，一旦考虑了这些细节，就会发现用例图画不下去了。因此，读者应注意用例图中不要考虑处理细节。

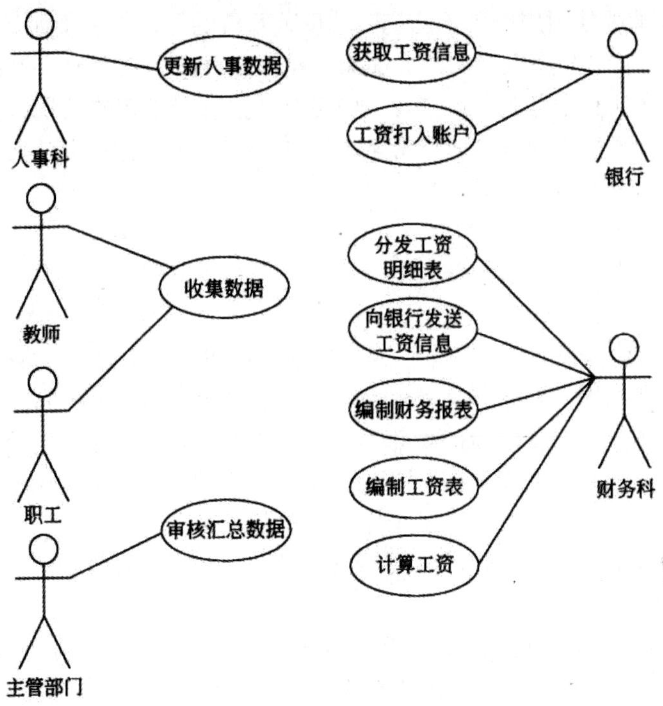

图 9-47　财务软件用例图

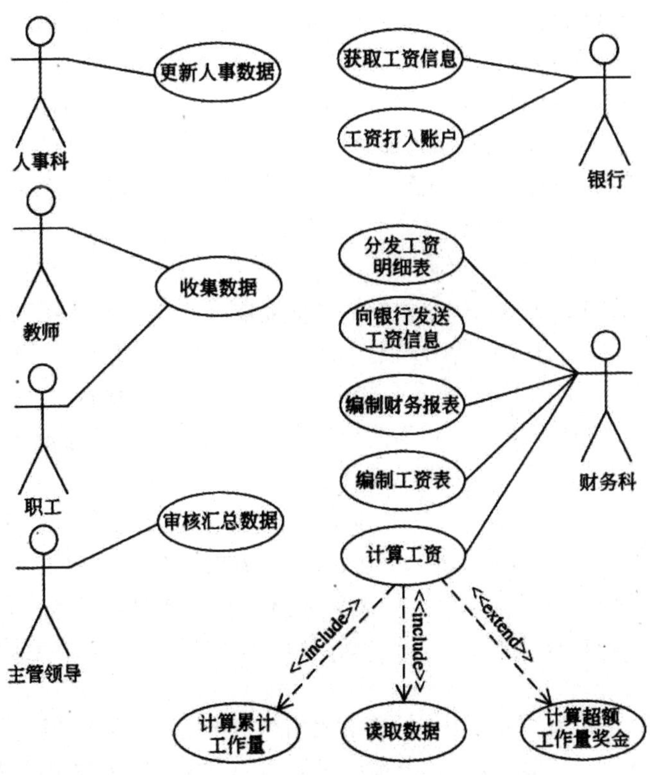

图 9-48　细化财务软件用例图

读者可能发现单独使用用例图无法全面地反映系统的需求。的确如此，一般需要用例图、用例说明文档、活动图、顺序图和用户界面原型相互配合来完成用户需求分析。其中用例图描述系统具有哪些功能、谁使用这些功能，用例说明文档解释用例的场景、使用者、触发条件等内容，活动图描述业务处理流程，顺序图描述参与活动的对象之间的消息交互机制，用户界面描述用户的操作方式和界面元素。

9.2.3 活动图

1. 活动图的含义与作用

活动图是 UML 动态模型的一种图形，一般用来描述相关用例图。准确的活动图定义：活动图描述满足用例要求所要进行的活动以及活动间的约束关系，有利于识别并行活动。活动图是一种特殊的状态图，它对于系统的功能建模特别重要，强调对象间的控制流程。

交互图强调的是对象到对象的控制流，而活动图强调的是从活动到活动的控制流；活动图是一种表述过程基理、业务过程以及工作流的技术。

它可以用来对业务过程、工作流建模，也可以对用例实现甚至是程序实现来建模。

2. 绘制活动图要点

（1）识别要对工作流描述的类或对象。找出负责工作流实现的业务对象，这些对象可以是显示业务领域的实体，也可以是一种抽象的概念和事物。找出业务对象的目的是为每一个重要的业务对象建立泳道。

（2）确定工作流的初始状态和终止状态，明确工作流的边界。

（3）对动作状态或活动状态建模。找出随时间发生的动作和活动，将它们表示为动作状态或活动状态。

（4）对动作流建模。对动作流建模时可以首先处理顺序动作，接着处理分支与合并等条件行为，然后处理分叉与汇合等并发行为。

（5）对对象流建模。找出与工作流相关的重要对象，并将其连接到相应的动作状态和活动状态。

（6）对建立的模型进行精化和细化。

【例 9-6】读者借书活动图示例。根据活动图绘制要点，得到如图 9-49 所示的图书馆读者借书过程活动图，其中有泳道、活动开始、活动结束、对象、活动、分支、消息等图形符号。

泳道将一个活动图中的活动划分为不同的组，图 9-49 中有两个泳道，说明借书活动涉及两个角色：读者和流通组。读者以“借书申请”活动开始这个工作流，这个活动将“读者编号”和“图书编号”传递给流通组工作人员，由工作人员检查“读者信息”对象，看该“读者编号”是否存在。

然后检查读者的借书数量是否已经超出限制，如果读者编号有效，并且借书数量没有超限，则检查图书是否在库中，如果欲借图书已经都被借出，则提示“图书已经被借出，是否预订”，当读者确认预订后，转去执行“预订处理”。如果库中有欲借的图书，则首先检查“预订记录”，如果该读者已经预订了此书，则修改预订记录的状态，修改此书在库数量，创建“借书记录”，结束借书过程。

用活动图描述多个角色之间的协作处理非常有效，UML 2.0 规定一张活动图可以有多个开始状态和结束状态，一个活动可以与多个实体对象相关，这里的相关指的是一种访问操作，在图 9-49 的借书活动图中，“检查读者有效性”的活动要访问“读者信息”对象和“借书记录”

对象，检查“读者编号”的有效性和读者借书数量，在描述有多条路径可选的流程中，分支是必要的。例如，读者借书可能有 3 种情况：书库中没有读者所给图书号的图书、书库中该书已经全部被借出、书库中有此书。针对这 3 种情况，有不同的分支处理。

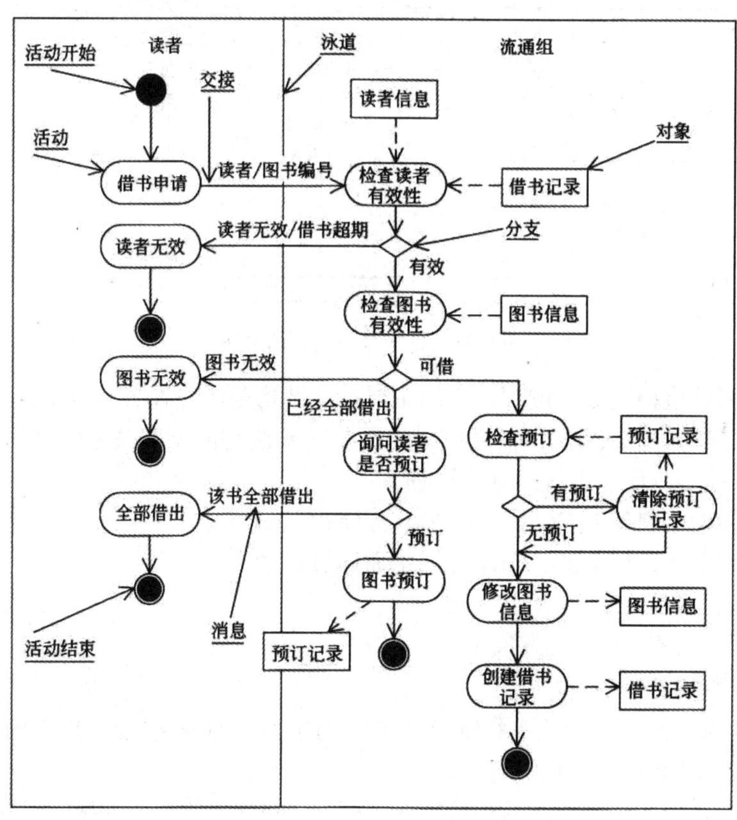

图 9-49　借书活动图

对象作为活动的参与者通常也包含在活动图中，活动可以创建对象、撤销对象、访问对象或修改对象。例如图 9-49 的活动图中，为了检查读者的有效性需要访问“读者信息”对象和“借书记录”对象，在预订图书活动中需要创建一个图书“预订记录”对象，对象与依赖的活动之间用虚线连接，箭头的指向表示访问的方式。

【例 9-7】某企业的订单处理活动图。如图 9-50 所示，某企业的订单处理过程为：销售人员接受订单，填写订单的内容，组织货物，同时财务部会计开发票，客户交款，会计收款。当手续都办完后，这个订单结束。

这个图有两个特殊的地方：一是图的走向是横向的，这主要根据个人画图的习惯，没有本质的区别；二是其中的并发处理符号，这个图形符号很有用，它反映了多个活动可同时并发处理，并发结束后，又转为顺序处理活动。

3. 活动图与流程图的区别

活动图描述系统使用的活动、判定点和分支，看起来和流程图没什么两样，并且传统的流程图所能表示的内容大多数情况下也可以使用活动图来表示，但是两者是有区别的，不能将两个概念混淆。

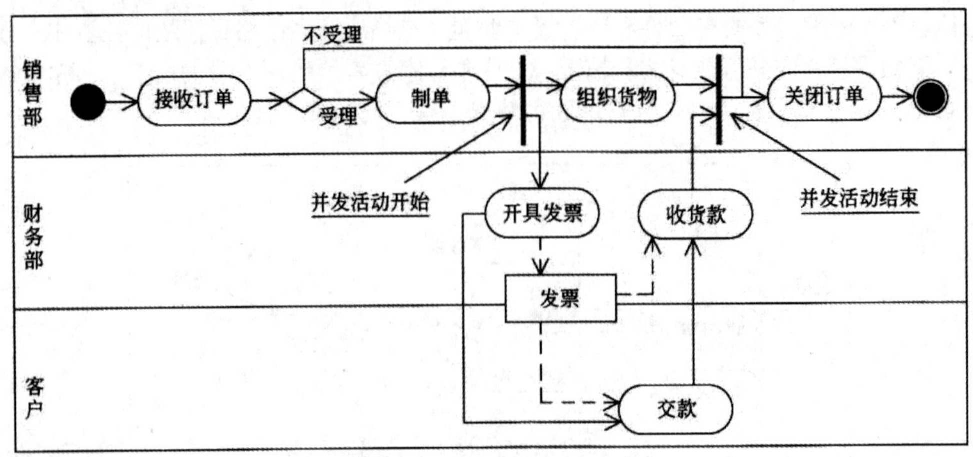

图 9-50 销售订单处理活动图

（1）流程图着重描述处理过程，它的主要控制结构是顺序、分支和循环，各个处理过程之间有严格的顺序和时间关系。而活动图描述的是对象活动的顺序关系所遵循的规则，它着重表现的是系统的行为，而非系统的处理过程。

（2）活动图能够表示并发活动的情形，而流程图不能。

（3）活动图是面向对象的，而流程图是面向过程的。

9.2.4 状态图

1. 状态与状态机

状态是对象执行某项活动或等待某个事件时的条件。对象可能会在有限的时间长度内保持某一状态。状态具有以下几项特征：

（1）名称。是将一个状态与其他状态区分开来的文本字符串。状态也可能是匿名的，这表示它没有名称。

（2）进入/退出操作。在进入和退出状态时所执行的操作。

（3）内部转移。在不使状态发生变更的情况下进行的转移。

（4）子状态。状态的嵌套结构，包括不相连的（依次处于活动状态的）或并行的（同时处于活动状态的）子状态。

（5）延迟的事件。未在该状态中处理但被延迟处理（即列队等待由另一个状态中的对象来处理）的一系列事件。

状态机用于对模型元素的动态行为进行建模，更具体地说，就是对系统行为中受事件驱动的方面进行建模。状态机专门用于定义依赖于状态的行为，即根据模型元素所处的状态而有所变化的行为。

状态机由状态组成，各状态由转移链接在一起。状态是对象执行某项活动或等待某个事件时的条件。转移是两个状态之间的关系，它由某个事件触发，然后执行特定的操作或评估并导致特定的结束状态。

2. 状态图的组成

在 UML 中状态图侧重于描述某个对象在生命周期中的状态变化，包括对象在各个不同的状态间的跳转以及触发这些跳转的外部事件，即从一种状态转换（变迁）到另一种状态的控制流。组成状态图的基本元素如图 9-51 所示。最为核心的元素有两个：一个是用圆角矩形表示的状态（初态和终态例外）；另一个是在状态之间的包含一些文字描述的有向箭头线，这些箭头线称为转换。

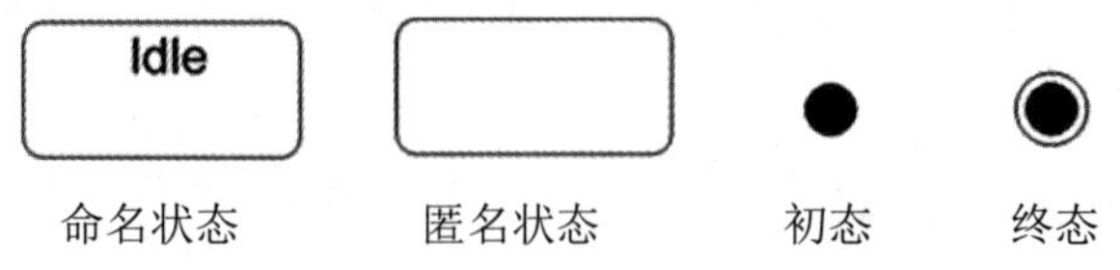

图 9-51　状态图的基本组成要素

【例 9-8】绘制电热水壶烧开水的状态图。

如图 9-52 所示，与状态 Off 相关的转换有两个，其触发事件都是 turn On，只不过其监护条件不同。如果对象收到事件 turn On，那么将判断壶中是否有水；如果[没水]，则仍然处于 Off 状态；如果[有水]，则转为 On 状态，并执行“烧水”动作。而与状态 On 相关的转换也有两个：如果“水开了”就执行 turn Off，关掉开关；如果烧坏了，就进入终态了。

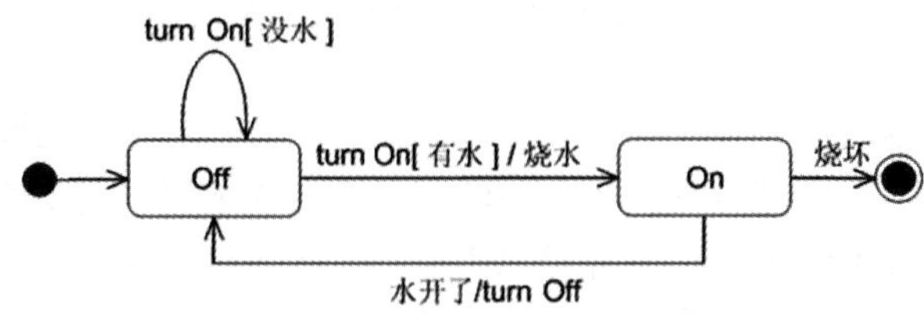

图 9-52　电水壶烧开水的状态图

3. 状态转换的五要素

状态转换发生要同时具备 5 个要素，即源状态、目标状态、触发事件、监护条件和动作，如图 9-53 所示。

（1）源状态：即受转换影响的状态。

（2）目标状态：当转换完成后对象的状态。

（3）触发事件：用来为转换定义一个事件，包括调用、改变、信号和时间 4 类事件。

（4）监护条件：布尔表达式，决定是否激活转换。

（5）动作：转换激活时的操作。

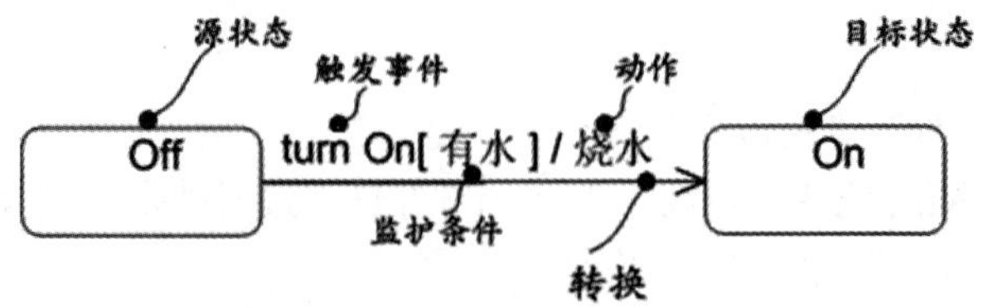

图 9-53　状态转换五要素

在实际项目中，并不是所有系统都必须要创建状态图，一般只对复杂的对象使用状态图，这些复杂的对象通常都有多种状态，并且每种状态下处理的过程有所不同。

【例 9-9】图书馆图书对象的状态图。例如，图书馆信息管理系统中“图书”对象具有多种状态，从采购到货开始，有编目状态、借出状态、还回状态和注销状态，每种状态可能有触发的事件、状态转移的条件和状态转移时要完成的动作等。在进入或退出一个状态的瞬间可能要完成某些操作，在进入了一个稳定的状态后也可能要完成一些活动，状态图提供了描述这些内容的手段，但是这些内容并不一定都出现。图书对象的状态变化如图 9-54 所示。

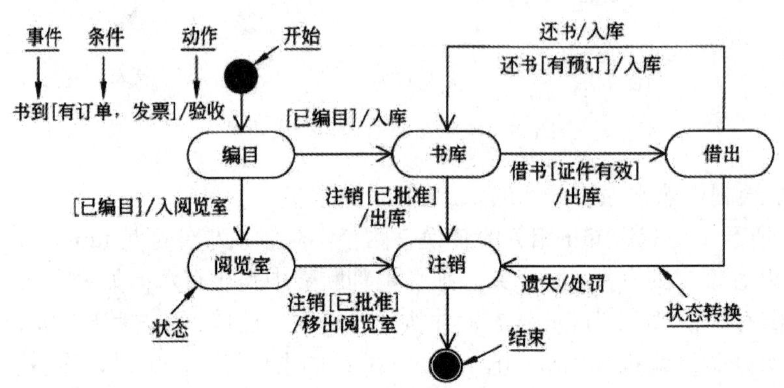

图 9-54 图书对象的状态图

图书的初始状态（源状态）是从创建图书对象开始的，经过验收转移到编目状态，在这个转移上标有“书到[有订单，发票]/验收”的转移条件，状态图中的状态转移可以由三部分组成：事件[条件]/动作，其中的每一部分都可以省略。事件导致对象从一个状态变换到另一个状态，但有时也可以没有事件而自动发生对象的状态转移，这时对象可能在一个状态下完成某些活动后自动转移到其他状态。括号中的条件是控制转移发生的条件，例如图 9-54 中“借书”的事件发生时，图书状态能否从“书库”转移到“借出”状态，要先检查借阅者的证件是否有效，满足条件后才做“出库”的动作，使图书状态到达“借出”状态。

4. 活动图与状态图的区别

注意：活动图和状态图的不同具体体现在以下方面：

①描述的重点不同，活动图描述的是从活动到活动的控制流，状态图描述的是对象的状态及状态之间的转移。

②使用的场合不同。在分析用例、理解业务流程、处理多线程应用等情况下，一般使用活动图；在描述一个对象在其生命周期内的状态变化时，使用状态图。

9.2.5 交互图

交互图用于系统的动态建模，交互图描述的是对象之间的交互过程。UML 主要提供两种交互图：一种是按时间顺序反映对象相互关系的顺序图；另一种是集中反映各个对象之间通信关系的协作图。还有一种定时图在此不作介绍。

交互图中主要包含对象和消息两类元素，创建交互图的过程实际上是向对象分配责任的过程。

1. 顺序图

顺序图描述了一组对象间的交互方式，它表示完成某一个行为的对象和这些对象之间传递消息的时间顺序。顺序图由对象、生命线、激活框（即执行动作）、消息等组成，如图 9-55 所示。

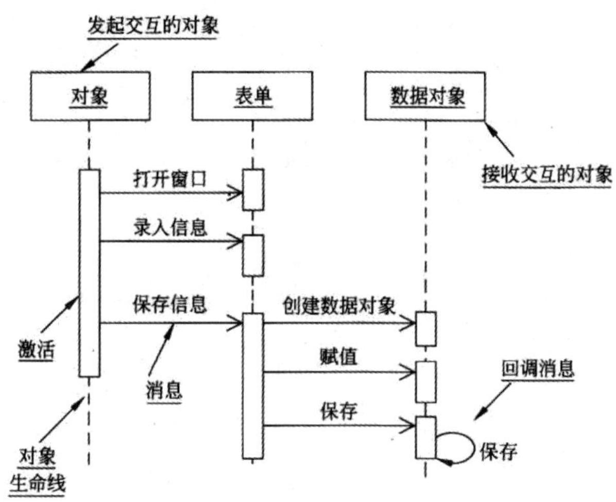

图 9-55 顺序图的应用示例

“对象生命线”是一条垂直的虚线，表示对象存在的时间；“激活框”是一个细长的矩形，表示对象执行一个操作所经历的时间；“消息”是对象之间的一条水平箭头线，表示对象之间的消息通信。

图 9-55 中的顺序图描述了一个场景：一个对象（可能是一名业务员）向“表单”对象发出打开窗口的消息，通过“打开窗口”告诉“表单”对象打开表单窗体，然后“业务员”向表单录入数据，最后发出“保存信息”消息。“表单”对象告诉“数据对象”创建一个数据对象，然后通过消息“赋值”把表单中填写的数据存放到数据对象中，最后用“保存”消息告诉“数据对象”保存数据，“数据对象”向自己发送“保存”消息将数据存储在介质中。在许多情况下为了图面的清晰会忽略激活框。

2. 绘制顺序图的过程

建立顺序图的一般步骤如下（当熟练以后，一些步骤可以省略）：

（1）认真分析用例所完成的功能。

（2）识别为完成用例的功能、用例叙述的事件流。

（3）分析人机交互过程。

（4）识别参与交互过程的相关对象。

（5）绘制借书处理的类图。

（6）从引发交互的初始消息开始，在对象生命线上依次画出交互的消息。

（7）画出顺序图。

【例 9-10】试绘制图书馆“借书”的顺序图。

解：绘制步骤如下：

（1）认真分析用例所完成的功能。借书管理的用例图如图 9-56 所示，其功能为：读者凭自己的借书证在图书馆借书。

（2）识别为完成用例的功能、用例叙述的事件流。

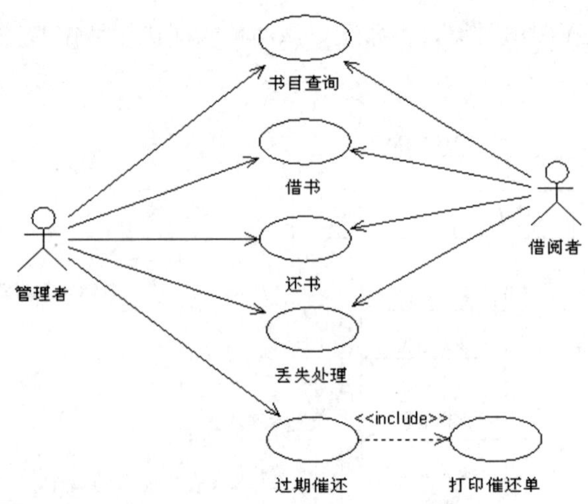

图 9-56　借书管理用例图

- 用例：借书。
- 参与者：管理员、借阅者。
- 事件流：基本事件流、扩展事件流。

基本事件流：①借阅者带着借书证和书来到柜台；②管理员输入借阅者的借书证编码；③系统检查借阅者的合法性；④系统显示借阅者的信息；⑤系统检查借阅者的借阅信息；⑥管理员输入所借图书的条码；⑦系统显示所借图书的信息并登记图书，管理员重复第⑥～⑦步，直到结束；⑧系统登记借阅者的本次借阅信息并显示。

扩展事件流：③a. 借阅者身份非法，则提示本次拒借；⑤a. 该借阅者所借图书中有超期的，则提示本次拒借；⑤b. 该借阅者所借图书数量超过了上限，则提示本次拒借。

分析人机交互过程。读者在借书时，先由管理员把借书证上的读者编号扫描给系统，系统检查这个读者的借书证信息，如果不合法，则系统给出提示，如果正确系统返回读者的身份信息，以及读者的借阅信息。

如果读者借书数量没有超过借书的上限，则把要借书的图书编号输入系统，系统登记借书信息并返回借书成功信息，借书过程完成。

（3）识别参与交互过程的对象。涉及的交互对象如图 9-57 所示。

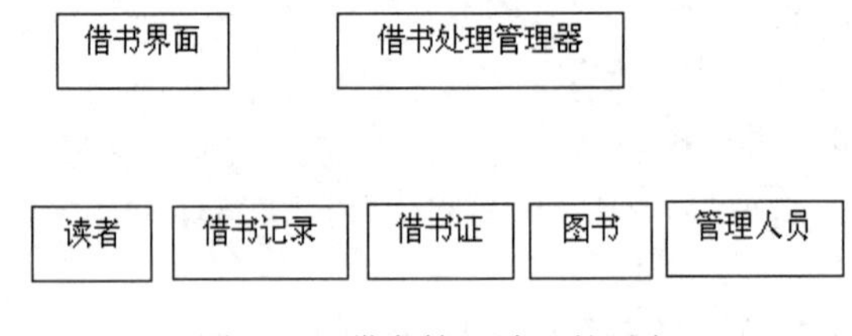

图 9-57　借书管理涉及的对象

（4）绘制借书处理类图，如图 9-58 所示。

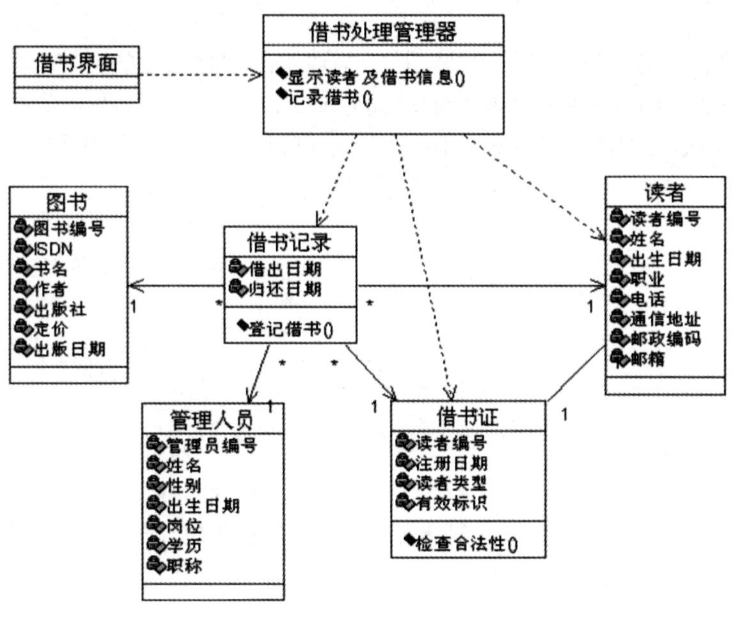

图 9-58　借书处理的类图

（5）从引发交互的初始消息开始，在对象生命线上依次画出交互的消息。

（6）绘制顺序图，如图 9-59 所示。

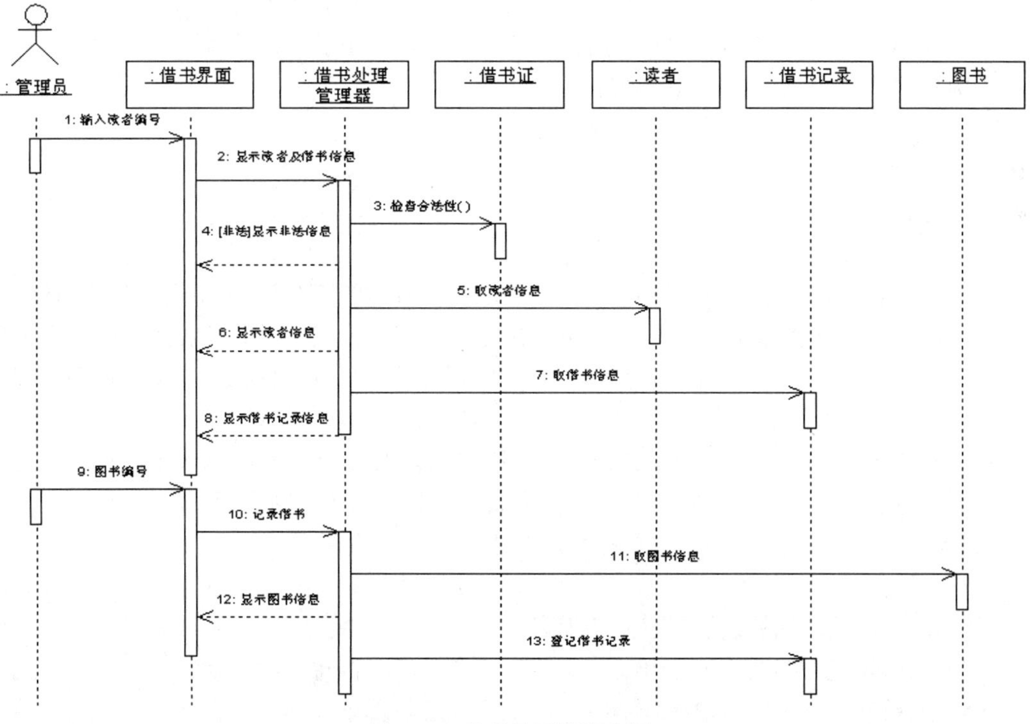

图 9-59　借书管理的顺序图

3．协作图

协作图反映收发消息的对象的关系，用于描述系统的行为是如何协作实现的，也称合作图或通信图。在顺序图中重点反映消息的时间顺序，而在协作图中重点反映对象之间的关系。实际应用中，有时既需要顺序图又需要协作图，则可以先画出一个顺序图，然后再将顺序图转换成协作图。图 9-55 所示的顺序图转换成的协作图如图 9-60 所示。

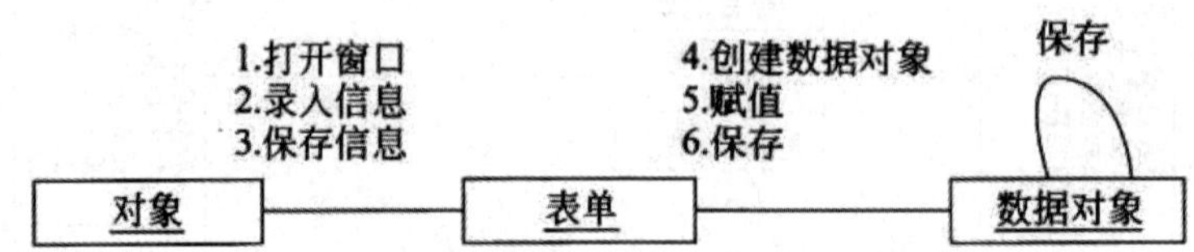

图 9-60 顺序图转换为协作图示例

“对象”与“表单”对象之间的协作有“打开窗口”“录入信息”和“保存信息”，“表单”对象与“数据”对象之间的协作有“创建数据对象”“赋值”和“保存”。

4．绘制协作图的过程

绘制协作图的步骤如下：

（1）从用例中识别交互过程。

（2）识别参与交互过程的对象。

（3）确定对象之间的链以及链上的消息。

（4）从引发交互的初始消息开始，将随后每个消息附在相应的链上。

（5）如果需要，可以给消息增加时间约束，以及前置条件和后置条件。

【例 9-11】试绘制图书馆借书处理的协作图。

解：

（1）用例描述。

- 用例：借书。
- 参与者：管理员、借阅者。
- 基本事件流：①借阅者带着借书证和书来到柜台；②管理员输入借阅者的借书证编码；③系统检查借阅者的合法性；④系统显示借阅者的信息；⑤管理员输入所借图书的条码；⑥系统显示所借图书的信息并登记图书；管理员重复第 4～5 步，直到结束；⑦系统显示借阅者的本次借阅信息；⑧借书结束。
- 扩展事件流：③a. 借阅者身份非法，则提示本次拒借；③b. 该借阅者有所借图书已经超期，则提示本次拒借；③c. 该借阅者有欠款未还，则显示还款信息，本次拒借；⑤a. 图书已被别人预借，则提示本次拒借。

（2）识别参与交互过程的对象。对象有管理员、读者、界面、系统、图书、借书记录。

（3）确定对象之间的链以及链上的消息。

（4）从引发交互的初始消息开始，将随后每个消息附在相应的链上。

（5）如果需要，可以给消息增加时间约束，以及前置条件和后置条件。

最后得到的协作图如图 9-61 所示。

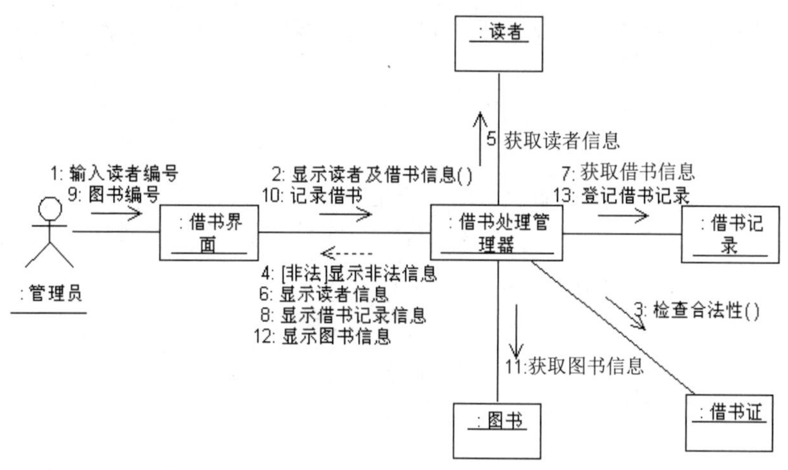

图 9-61　图书借阅的顺序图转换为协作图

5. 顺序图与协作图的异同

（1）顺序图和协作图都属于交互图，用来描述对象之间的动态关系。

（2）顺序图强调消息的时间顺序，协作图强调参与交互的对象的组织关系。

（3）顺序图和协作图在语义上是等价的，两者可以相互转换。

9.2.6　类图

类图描述系统的静态结构，表示系统中的类以及类之间的关系，类是一种抽象，代表着一组对象共有的属性和行为。类之间的关系有关联、聚合、组合和泛化等。

1. 类图的构成

在 UML 语言中，类由一个矩形表示。该矩形被分成 3 个部分，最上面的部分是类名，中间部分是类的属性，最下面的部分是类的操作。

类的属性用于描述该类对象的共同特点。类的命名应尽量使用应用领域中的术语，有明确的含义，以利于开发人员与用户的理解和交流。为方便交流，常常把暂时不讨论的类的属性或操作加以省略。

2. 类图之间的关系

（1）关联。关联关系是类之间的一种连接联系，可以是双向的也可以是单向的。两个有关联的类之间可以相互发送消息。例如“订单”类和“客户”类之间存在双向关联，“订单”类的属性放进“客户”类中，可以发现客户拥有的订单；而“客户”类的属性放入“订单”类中，可以发现订单的客户。

【例 9-12】类图示例。如图 9-62 所示是一个类图的示例。图中，动物类是父类，属性为“有生命”，拥有的操作为“繁殖()”，动物类依赖于氧气类和水类；“鸟”类继承了动物类，鸟类自定义的属性有：羽毛、没有牙齿；大雁、企鹅又继承了鸟类的属性和操作，自己又分别定义了各自的属性和操作。

关联的表示是一根连接类的实线，双向关联的两端没有箭头，如图 9-63 所示。

类在参与关联时体现的职责可以标注在关联线上，如果关联是双向的，可以用黑三角表示某一关联的方向。关联线两边的数字或“*”符号表示可以有多少个对象参与该关联。例如，一张“订单”只能属于一个客户，表示为“1”，一个“客户”可以拥有多个订单，表示为“*”，它代表 0～∞。

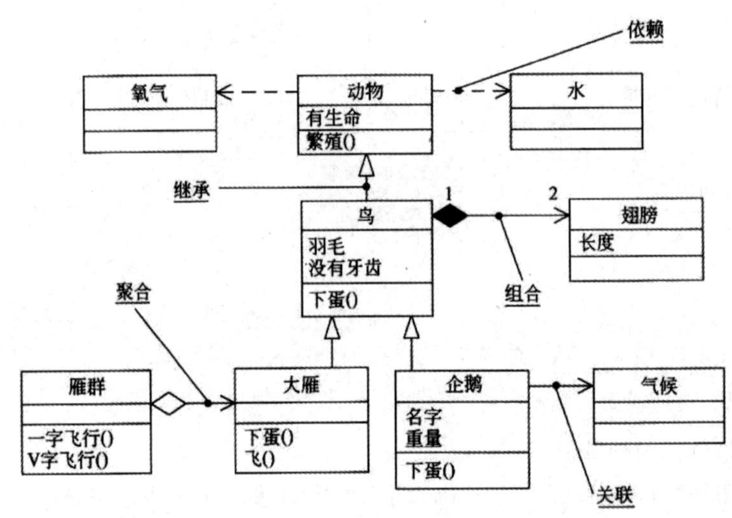

图 9-62 类图示例 1

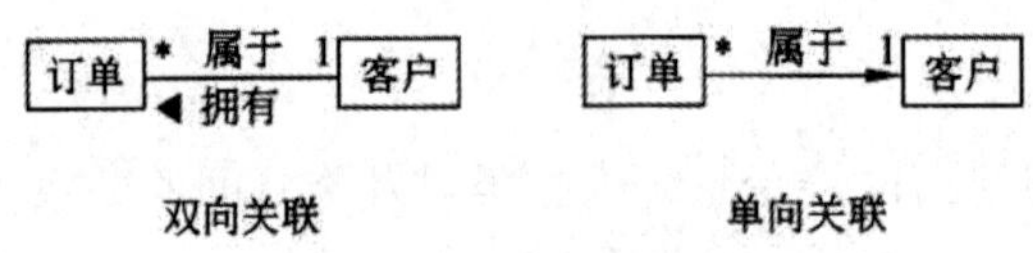

图 9-63 类的关联关系

有时候，一个关联需要记录一些信息，这时可以引入一个关联类来记录这些信息。例如，在“读者”类和“图书”类之间创建一个关联类，命名为“借还记录”，记录借书人、图书号、借出日期、应还日期等信息。关联类通过一根虚线与关联连接，如图 9-64 所示。

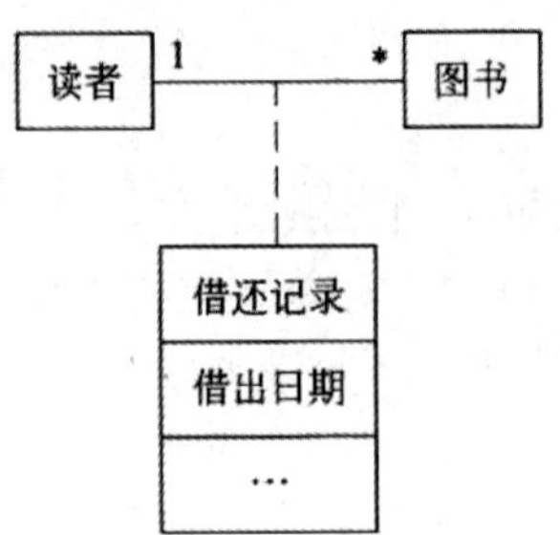

图 9-64 关联类示例

（2）聚合。聚合表示类之间具有整体与部分的关系，例如，一个出租车队由多部车组成，一个家庭由多个成员组成。聚集的特点是：如果一个整体不存在或被撤销了，它的部分还在。例如，某个车队被取消了，但是车子还在，它们可以属于其他的车队。在 UML 中，这种聚合用空心菱形表示，如图 9-65 所示。

（3）组合。组合关系也是整体与部分的关系，但是这种关系中部分对整体的依赖性更强，如果整体不存在了，部分也要随之消失。例如，一个窗体由标题、边框和显示区组成，一旦窗口消亡则各部分将同时消失。在 UML 中，组合表示为实心菱形箭头线，如图 9-66 所示。标题、边框、显示区共同组合而形成一个窗口。

图 9-65　类的聚合关系示例

（4）泛化。泛化关系是一般与特殊的关系，也叫做继承关系。人们将具有共同特性的元素抽象成一般类，然后通过增加其内涵而进一步生成特殊类。例如，动物可分为飞鸟和走兽，人可分为男人和女人，在面向对象方法中将前者称为一般元素、基类或父类，将后者称为特殊元素或子类。在 UML 中，泛化用空三角形的箭头线表示。如图 9-67 所示，将客户进一步分解成个体客户类和团体客户类。

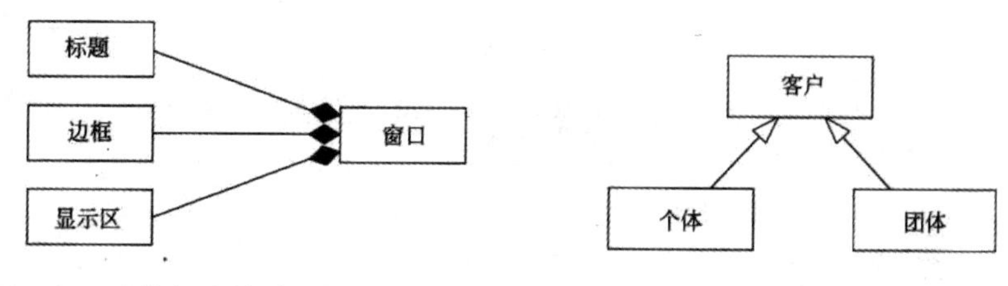

图 9-66　类的组合关系示例　　　　图 9-67　类的继承关系示例

父类和子类在外部行为上保持一致性，父类中是一些抽象的、公共的属性和操作，子类除了具有父类的属性和操作外，还可以有一些特殊的、具体的属性和操作。有时为了体现高层设计思想，类图还可以包含包或子系统；有时为了凸显某个类的实例在模型中的作用，还可以包含这个实例；有时为了增强模型的语义，还可以在类图中给出与其所包含内容相关的约束，并且为了使类图更容易理解，还可以给出一些注解。类图中所包含的内容确定了一个特定的抽象层，该抽象层决定了系统（或系统成分）模型的形态。

【例 9-13】某高校教学系统的类图示例。为加深对类图的理解和认识，在此我们再举一个应用实例，如图 9-68 所示。

图 9-68 表明，学校有多个系部，每个系部有多名教师，每位教师承担了多门课程的教学；该学校还有许多学生，每名学生要参加多门课程的学习。

可见，使用类图所表达的系统静态结构模型给出的是一些关于系统的说明性信息，包括系统的一些功能需求，即系统对外（最终用户）所提供的服务，以及这些需求之间的静态结构关系。类图是构件图和部署图的基础。

3. 类图的构建过程

创建一个系统的类图，依赖于所使用的方法学，但一般来说要涉及以下 4 方面的工作：

（1）模型化待建系统中的概念（词汇），形成类图中的基本元素。使用 UML 中的术语“类”来抽象系统中的各个组成部分，包括系统环境，继而确定每一类的职责，最终形成类图中的模型元素。

（2）模型化待建系统中的各种关系，形成该系统的初始类图。使用 UML 中表达关系的术语，例如关联、泛化等，来抽象系统中各成分之间的关系，形成该系统的初始类图。

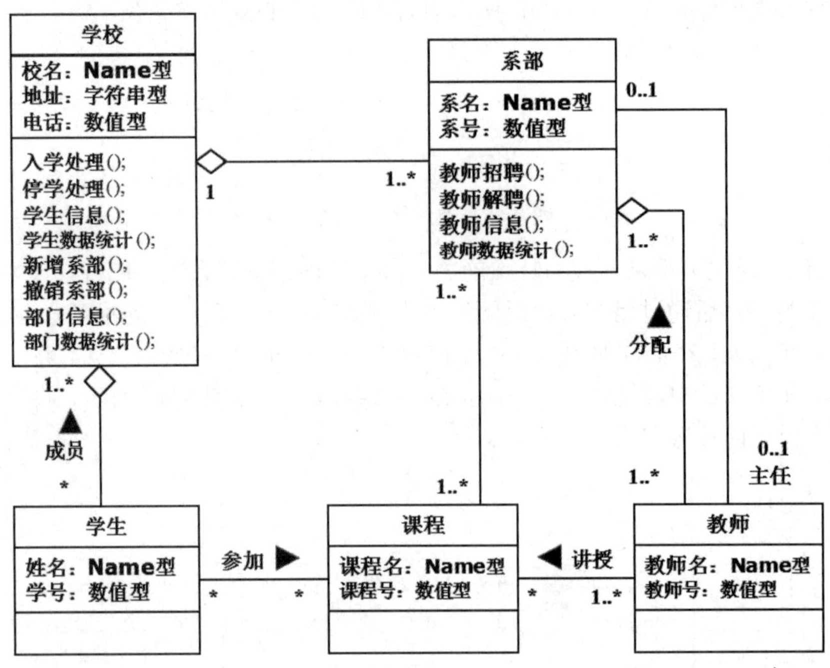

图 9-68 类图示例 2

（3）模型化系统中的协作，给出该系统的最终类图。在研究系统中以类表达的某一事物语义的基础上，使用类和 UML 中表达关系的术语模型化一些类之间的协作，并使用有关增强语义的术语给出该模型的详细描述。

（4）模型化逻辑数据库模式。对要在数据库中存储的信息，以类作为工具，模型化系统所需要的数据库模式，建立数据库概念模型。

9.2.7 配置图

配置图反映了系统的物理模型，表示系统运行时的处理节点以及节点中部署的组件，图 9-69 所示是图书馆信息管理系统的配置图。其中办公室、采编部和借阅部的 PC 上部署了本地的应用，采用 C/S 结构，而远程读者可以通过互联网进行图书查询、图书预订、缺书登记等操作，采用 B/S 结构。

连线上的“《》”内说明通信协议或者网络类型。节点用一个立方体表示，节点名放在左上角，其中的每个组件代表部署在该节点上的应用。还可以将设备的类型反映在节点上，例如图 9-69 中的数据库服务器是联想 A3000 型部门级服务器。

9.2.8 组件图

组件图描述组件以及它们之间的关系，用于表示系统的静态实现视图，图 9-70 所示是图书馆信息管理系统的组件图。其中，图书馆.java 是启动该系统的组件，与借书相关的界面都被封装在借书界面组件中，与查询相关的界面被封装在查询界面组件中，其他类推。借书界面组件依赖于借书处理组件，借书处理组件依赖于数据库实体关系类组件，其他组件的关系类似。

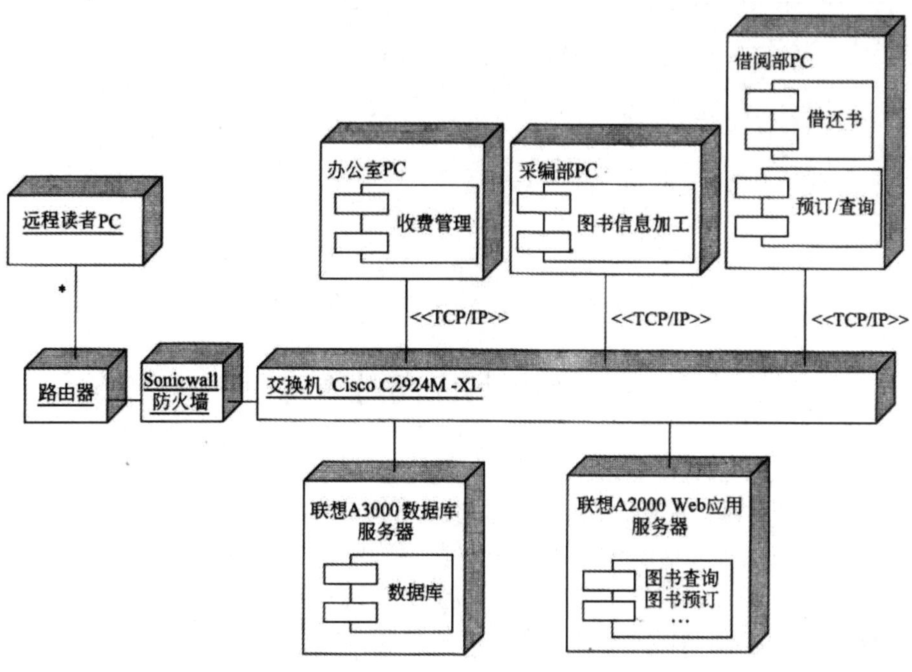

图 9-69　图书馆信息管理系统配置图

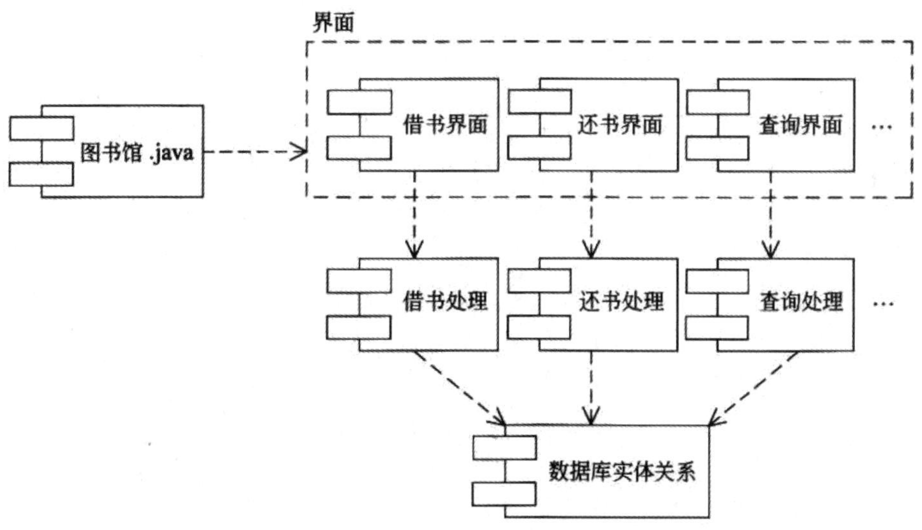

图 9-70　图书馆信息管理系统组件图

当发布一个较复杂的应用系统时，例如这个应用系统有可执行文件、数据库、其他动态链接库、资源文件、页面文件，则可以用组件图展示组件之间的关系。例如，图 9-71 所示的组件图中可执行文件组件 find.exe 依赖于 dbacs.dll 和 nateng.dll，而组件 find.html 依赖于 find.exe，组件 index.html 依赖于组件 find.html。有了这个组件图就好像得到了整个系统的联络图一样。

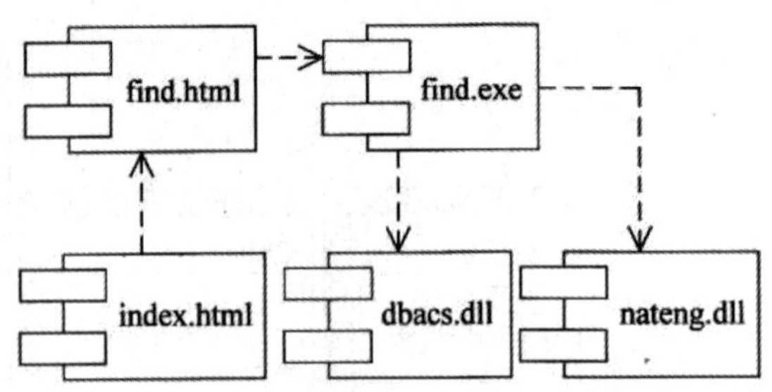

图 9-71　对可执行组件的发布建模示例

9.3　UML 与面向对象建模

机械工程师、土木工程师建造了很多种模型。最普通的是这样的结构模型，它能帮助人们可视化系统，并能详细地说明系统的各部分以及各部分之间的相互关系。依据业务或工程中所着重关心的内容，工程师也可以建立动态模型，例如，为了帮助研究地震时的结构行为，就可以建立一种动态模型。各种模型的组织是不同的，各自都有所侧重之处。

对于软件，有几种建模的方法。最普通的两种方法是从算法的角度建模和从面向对象的角度建模。

传统的软件开发是从算法的角度进行建模，所有的软件都用过程或函数作为其主要构造块。这种观点导致开发人员把精力集中在控制流程和对大的算法进行分解上。除了用这种方法建立的模型是脆弱的之外，采用这种方法没有其他本质上的害处。但当需求发生变化以及系统增长时，用这种方法建造的系统就会变得难以维护。

现代的软件开发采用面向对象的角度进行建模，所有软件系统都用对象或类作为其主要构造块。简单地讲，通常要从问题空间或解空间的词汇中找出对象。类是对具有共同性质的一组对象的描述。每一个对象都有标识（你能够对其命名，以区别于其他对象）、状态（通常有一些数据与它相联系）和行为（使你能对该对象做某些事，它也能为其他对象做某些事）。

例如，可考虑把一个简单的计账系统的体系结构分成 3 层：用户接口层、中间件层和数据库层。在用户接口层，可找出具体的对象，如按钮、菜单和对话框；在数据库层，可找出具体的对象，如从问题域中找出描述实体的表，它包含顾客、产品和订单项；在中间件层，可找出诸如交易、商业规则等对象，以及更高层次上的问题实体，如顾客、产品和订单。

可以肯定地说，面向对象方法是软件开发方法的主流部分，其原因很简单，因为事实已经证明，它适合于在各种问题域中建造各种规模程度和复杂度的系统。此外，当前的大多数程序语言、操作系统和工具在一定方式上都是面向对象的，并给出更多按对象来观察世界的理由。面向对象的开发为使用构件技术（如 Java Beans 或 COM+）装配系统提供了概念基础。

习题 9

一、填空题

1. UML 由 3 个要素构成：________、支配这些模型元素如何放置在一起的________和运用于整个语言的一些________。

2．UML 中有 4 种事物，即________、________、________和________。

3．UML 共有两类主要的行为事物：一个是________；另一个是________。

4．交互的消息有以下类型：________、________、异步信号、应答消息、________和________。

5．模型元素之间常见的关系有 4 种，即________、________、________和________。

6．面向对象方法中经常用到的视图主要有________、________、________、________和________。

7．用例视图用于________。在 UML 中用例视图由________表示。

8．逻辑视图主要反映系统的________，描述类、对象和它们之间的关系。在 UML 中逻辑视图用________表示。

9．部署视图体现系统的实现环境，反映系统的________。在 UML 中的部署视图用________表示。

10．UML 的图形化工具分为两类：一类是________图；另一类是________图。

二、选择题

1．下面 4 种图中，（　　）可以描述一个用例中多个对象之间的相互协作关系以及协作过程中的行为次序关系。

A．交互图　　B．状态图　　C．对象图　　D．用例图

2．下面正确的说法是（　　）。

A．对象表示客观中存在的实物

B．类是对象的实例

C．类是具有相同属性和操作的对象的集合

D．对象也就是类

3．下面不属于类的关系的是（　　）。

A．泛化　　B．聚集　　C．关联　　D．传递

4．下面说法正确的是（　　）。

A．抽象类是对类的抽象　　B．抽象类是对对象的抽象

C．对象类是指类的对象　　D．对象类是具有对象实例的类

5．下面说法正确的是（　　）。

A．关联的实质是两个类之间的关系

B．关联的实质是两个类中对象之间的链接关系

C．组合表示事物之间的一般与特殊关系

D．泛化表示事物之间的整体与部分关系

6．在 UML 中，用来表达系统功能模型的图形化工具是（　　）。

A．用例图　　B．状态图　　C．类图　　D．顺序图

7．在 UML 表达关系的术语中，聚合是一种特殊的（　　）。

A．关联　　B．依赖　　C．泛化　　D．细化

8．在 UML 表达关系的术语中，关联是一类特定的（　　）。

A．扩展　　B．细化　　C．依赖　　D．泛化

9．在 UML 表达关系的术语中，表达“整体/部分”关系的是（　）。

A．细化　　B．依赖　　C．继承　　D．聚合

10．在 UML 提供的图形化工具中，用于概念模型和软件模型的动态结构的是（　）。

A．用例图　　B．部署图　　C．对象图　　D．构件图

三、简答题

1．什么是类？什么是对象？简述类在建模中的主要用途。

2．什么是用例（Use Case）？什么是用例图？一个用例图通常包含哪些模型元素？

3．什么是状态？什么是状态图？简述实际应用中使用状态图的作用。

4．简述顺序图与协作图的异同。

5．简述活动图与流程图的区别。

四、综合应用题

1．有一家教管理系统，其要求的功能如下：家教老师可以注册本人信息、修改本人资料、浏览家教信息、搜索家教信息；家教学生可以注册本人信息、修改本人资料、浏览家教信息、搜索家教信息；家教管理员可以登录、登记家教信息、发布网站公告、处理家教信息。

请根据需求画出该系统的用例图。

2．绘制酒店订房管理“会员登录”的顺序图。已知用例图如图 9-72 所示。

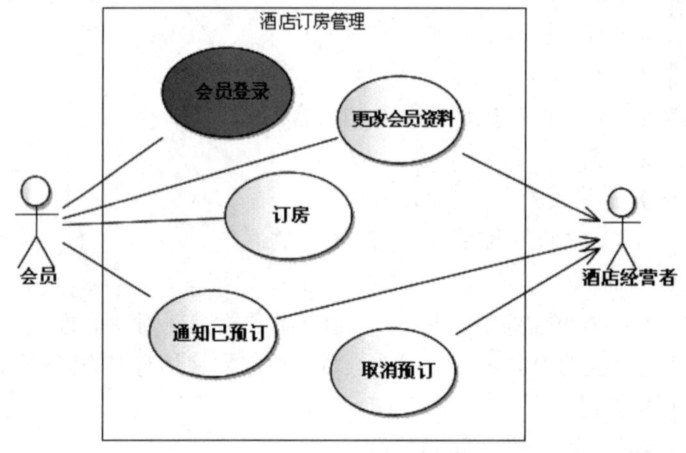

图 9-72　酒店订房管理用例图

已知基本事件流：①会员输入电子邮件地址和密码；②系统确认会员身份后出现欢迎信息。

替代事件流：

- 数据不完整：客户端提醒会员填入数据，直到数据完整才传送给服务器端。
- 验证失败：累计 5 次登录失败即锁定，并出现请会员主动联系系统管理员的信息。

业务规则：

- BR1：以会员电子邮件作为会员代号。

- BR2：会员累计 5 次登录失败，即锁定该会员账号。只要登录成功，则失败次数归零。

已知参与交互过程的对象为：会员登录界面、会员登录控制器和会员。

3．根据教材中的例题绘制图书馆还书处理的顺序图和协作图。

4．以饮料自动销售系统为例，对“买饮料”的 3 种场景进行建模，对每一个场景绘制其对应的顺序图。已知买到饮料的一般事件流为：①顾客从机器的前端钱币口投入钱币，然后选择想要的饮料；②钱币到达钱币记录仪，记录仪更新自己的存储；③记录仪通知分配器分发饮料到机器前端。

（1）绘制“买到饮料”场景对应的顺序图。

（2）绘制“饮料已售完”场景对应的顺序图。

（3）绘制“机器没有合适的零钱”场景对应的顺序图。

5．一个用户使用银行 ATM 机取款，必须完成以下步骤：

（1）登录：卡片进入 ATM 机后，若是可读卡，则等待用户输入密码，3 次错误则吞卡，正确后进入主菜单；若不是可读卡，退卡。

（2）取钱：进入取钱菜单，输入金额，如果账户余额不足，提示余额，并要求用户重新输入；若账户金额足够，吐出钞票，并询问是否打印凭证；最后返回主菜单。

（3）主菜单提供退出取卡选择：取卡；若用户忘记取卡，ATM 发出警报声。

请画出该过程的状态转换图。

6．有一个简单的学生选课系统，符合要求的学生可以通过注册进行选课。该系统可满足的功能如下：

（1）学生先选择课程名，再根据课程的任课老师、时间、地点和人数限制来决定是否选课成功。

（2）老师可以根据情况提供新的课程说明或修改过去课程的说明。

（3）教务处的老师统一管理注册的情况，具有删除、修改学生、老师和课程的权限。

请用面向对象方法设计出对象模型（对象类图，标出多重性、角色、限定词和关系：泛化、聚集、关联）和功能模型（用例图）。

第 10 章　信息系统实施与维护

系统实施是系统开发的最后一个阶段，是将系统设计的结果根据实际情况在计算机上实现。本章的主要内容与学习要求是：熟悉系统实施的主要内容；理解程序设计的基本要求；理解数据准备和人员培训的工作内容；理解系统测试的过程和方法；理解系统的试运行与切换方法；了解信息系统日常运行管理与维护的内容；通过案例学习，加深对企业数据准备、系统实施工作的理解和认识。

中通客车 ERP 系统实施概要

山东中通客车股份有限公司（以下简称“中通客车”）是交通部直属企业，中国公路车辆机械总公司控股的规范化上市公司，是国家定点生产客车的骨干企业。中通客车目前拥有总资产近 7 亿元，具有年产各类客车 4000 辆的能力。产品类别分为大、中、轻型客车，有高、中、普各种档次的长途公路客车和城市公交客车 40 多种。产品销往国内 20 多个省、市、自治区。中通客车是国产客车品牌最具市场竞争力的厂商之一，也是山东省重点扶植发展的 16 个拳头产品之一。公司拥有省级科研机构“山东省客车工程技术研究中心”。

为使中通客车在激烈的市场竞争中保持优势，公司决策层决定采用现代化管理思想管理企业，强化财务管理为核心，以成本管理为突破口，引进当今世界上最先进的 ERP 系统来全面管理企业。

一、软件选型

为了保证 ERP 软件适合企业自身管理的特点，公司组织人力做了大量工作。

（1）对企业进行了调研，初步了解企业的业务和各部门的需求，然后有针对性地准备了调研报告，提出了企业在管理中存在的诸多问题。

（2）对整个企业高层领导和业务部门经理进行了 ERP 系统管理理念的培训。通过培训，使经理们对 ERP 系统有了正确的认识和期望，认识到 ERP 对企业管理改造的重要性离不开高层领导的大力支持。

（3）建立系统选型指标体系。详细需求调研后，公司选择了 ERP 系统的标准和量化指标体系。在设置指标体系时不仅考虑了软件的需求满足程度，还考虑到软件的扩展性和软件厂商的发展实力等因素。

（4）完成开发项目的实施策略。为使 ERP 中各分系统软件开发与实施过程中降低开发成本、缩短开发周期、减少开发风险、提高开发质量，公司确定选择成熟的系统应用软件，并在此基础上完成了系统的本地化开发项目实施策略。

通过以上 4 个步骤，项目小组在广州、上海、北京考察了多家公司的 ERP 软件，最终选定北京和佳软件技术有限公司的 ERP 3.0 作为公司资源管理的技术支持系统。

二、全员培训

培训工作是 ERP 实施的重要方面和思想基础，抓好培训是实施 ERP 成败的关键因素之一。不掌握 ERP 知识和原理就无法提出公司对 ERP 的各方面需求，而提不出或提不好需求，ERP 建设将事倍功半。

从项目前期工作开始，中通客车就对公司各级领导、部门负责人及各类业务人员，就 ERP 及其单元技术知识和应用方面的能力，结合项目实施的内容需要，分期分批进行培训。其中有正式的、大范围的办班培训共 20 余场，958 人次，总课时累计达到 6487 课时（平均每人次 6.7 课时）。而由部门自行组织或由项目工作组临时组织的培训更是根据需要随时举办，最关键的是，应用人员主动地参与和结合应用的自我练习对软件的成功应用形成广泛的支持和需求拉动，公司领导更是为促进培训的顺利开展而制定考核管理办法，在制度上把培训考核应用与岗位技能和业务素质要求结合在一起，从而在根本上确保了培训机制的建立和良性运转。培训提高了员工的 ERP 知识水平，而知识水平的提高，使企业能够结合自身要求，对 ERP 工程提出了更合理的需求，促进了应用开发的完善和普及。

三、实施准备

实施准备主要做好了如下 3 项工作：

（1）制定项目实施计划。

企业选型完成以后，工作重点是确定项目的范围、目标和方法以及项目实施计划。为了保证项目在给定的时间和成本范围内高质量地完成，中通客车制定了一整套技术支持、实施和培训的方法。其中，首先将 ERP 系统的实施作为公司 2000 年的重点工作计划下达到各职能相关部室，明确了各分系统项目的范围、目标、方法和工作计划，与项目的质量管理计划和经济责任相结合，成为整个项目实施的基础性计划，下达给所有项目小组成员。

（2）建立 ERP 信息分类编码标准体系。

在和佳公司项目经理人员的指导下，从可行性研究开始，中通客车就高度重视 ERP 体系的标准化工作。参照国家有关规范，项目组制定了 ERP 信息分类编码标准体系表，系统全面地规划了公司实施和应用 ERP 应具备的实现信息集成的基本条件，其中产品物料分类编码作为贯穿生产制造、市场营销、售后服务全过程主线的 ERP 运行的基础数据，对 ERP 的成功应用至关重要。工艺信息分类编码支撑产品制造全过程，对规范各类制造加工资源将起到极其重要的作用。ERP 工程建设的重要工作内容之一就是设计并实施了整套的产品物料分类和资源分类编码标准。

（3）基础数据准备。

在实施准备过程中，中通客车清理了企业内部的所有数据，建立起科学合理的明细数据、技术文件等数据的管理框架，建立了企业各部门内的网络工作环境，包括网络建设、项目数据管理、工作流程管理、系统管理等，确定了企业中的信息流、资金流和物流。中通客车把基础数据分为两种：一种称为静态数据，一般不随时间不同而改变，如物料主文件、物料清单、工艺路线、供应商基础资料、客户基础资料、会计科目等，因为静态数据一般比较稳定，为此提前进行了准备；另一种称为动态数据，动态数据一般随时间不同而改变，如库存余额、车间在制品余额、总账余额、应收账款余额、应付账款余额、未结销售订单、未结采购订单等。

四、符合性开发

根据中通客车现行运行管理体系，由软件公司对软件进行了系统符合性和部分功能模块的扩充性开发，系统软件的开发与中通客车目前已形成的运行管理体系相符合，并根据系统中各软件体现的先进管理思想对部分工作流程进行了优化，如优化后的客车成本核算管理方法等都体现了 ERP 先进的管理思想和中通客车的企业管理特征。这不仅仅是软件公司对中通客车需求的满足，也是对其软件功能的扩充。

五、调试与运行

ERP 各分系统分模块运行过程中，采取了有计划分模块逐步切换的方法，即成熟一个模块应用一个模块。这样能保证管理数据在系统中正确切换，保证了新系统与旧系统数据的一致性。按照企业的实际情况和需求来配置系统参数，把一个通用的应用系统软件变成适合企业需要的计算机系统。比如，ERP 中采购管理的设置有采购方式、采购员代码、供应商交货地点等。基础数据准备好后，把基础数据导入系统中，核对及检查均正确无误后转到新系统中运行。中通客车 ERP 工程从无到有，从概念到现实，奠定了公司信息化建设的基础，使得一个传统的国有控股企业能够快速、有效地应用信息技术，实现了初步的现代化改造。

六、系统效益评价

中通客车实施 ERP 系统的效益评价可以从直接效益和间接效益两方面进行。

1. 直接效益

（1）ERP 试运行至今，已完全支持起采购各项业务的运行和管理，提高业务处理能力 20 倍，基本满足了应用部门的需求。

（2）产品制造流程中所需要的产品结构、物料主记录等均可通过 ERP 系统获得，初步完成了生产技术辅助功能的建立，并在典型产品的生产技术准备中实现了成功应用。

（3）销售管理模块安装后，首先进行了用户化开发并投入试运行，实现了公司销售业务的计算机辅助管理功能，ERP 销售管理模块系统界面友好，使用简单、方便，易于掌握和使用。通过应用销售管理子系统，客户管理、合同管理、发货管理等功能已基本满足公司的销售业务管理要求。

（4）技术文件的标准化程度、完备性和一致性大大提高，提高了设计和工艺信息资源（图样、文件）的重复利用率，降低了技术文件检索、收发和签审时间。

（5）仓库管理模块的使用，压缩了原材料、半成品及产成品的库存量，资金占用降低了 13%，仅试运行期间就累计节约财务费用 100 万元。

（6）生产管理模块的应用，使产品成本减少了 1.43%，从正式运行到验收时为止共实现节约产品成本 100 多万元。另外，由于加强了产品质量管理，产品质量明显提高，使得产品技术服务费减少支出 0.3%，到验收时已累计节约服务费 80 多万元。

2. 间接效益

（1）提高了企业知名度，树立了一个现代化新型企业的整体形象，通过 ERP 工程的实施，使企业的整体管理提升到了一个新的管理境界。

（2）提高了企业的经营管理和决策水平，使管理与决策更趋科学化，增强了企业整体市场竞争能力和应变能力。

（3）由于企业内部资源的高度集成，使生产过程更加有序化、更加合理。在实施过程中，联合项目组和各应用单位一起，对整个生产经营过程进行了整改，原来物资积压严重，现在基本无积压，原材料资金周转加快了一倍。

七、总结

ERP 系统实施的历程是艰难的，无论在思想上、资金上，还是在基础准备工作中，都会有重重阻力和不足，这就要求项目立项之初，应充分分析国家在信息化方面的产业政策，争取国家政策资金的大力扶持，同时，在实施 ERP 项目之前，对企业中高层管理人员进行不断的先进管理思想、管理理念培训，提高管理人员的认识；对企业的传统基础管理进行规范，对管理制度进行完善，对流程进行优化、再造并保证通畅，这样在实施信息化项目后会看到明显的效果，大幅实现企业对信息化的期望。中通客车作为山东省重点 CIMS（计算机集成制造系统）试点单位，于 1999 年底选定并开始实施 ERP 系统，短短半年时间就完成了从销售、产品、工艺管理到生产计划、车间作业和库存管理，以及采购、应收账、应付账等模块的实施，并实现了与 PDM（产品数据管理）及财务软件等的集成。

案例思考题

1. 中通客车的 ERP 系统的软件选型做了哪些方面的工作？试比较自行开发方式与购买方式的优缺点。

2. 中通客车在系统实施阶段做了哪些准备工作？

3. 系统评价主要有哪些方面？

4. 中通客车为什么要进行符合性开发？

5. 结合本案例，试说明案例中还有哪些系统实施的内容没有提及。

10.1　系统实施概述

系统实施是新系统付诸实现的实践阶段，是新系统开发工作的最后一个阶段。所谓系统实施，是将系统设计的成果在计算机上实现。从硬件来说，实施是计算机系统和网络系统的安装调试；从软件来说，实施是根据详细设计文档将详细设计转化为要求的编程语言或数据库语言的程序，并对这些程序进行调试或程序单元测试，验证程序模块接口与详细设计文档的一致性。

10.1.1　系统实施的主要内容

系统实施主要内容包括程序的编制、调试与测试；计算机硬件的安装与调试；系统软件的安装与调试；数据的收集和准备；业务人员培训；系统切换和试运行等，如图 10-1 所示。

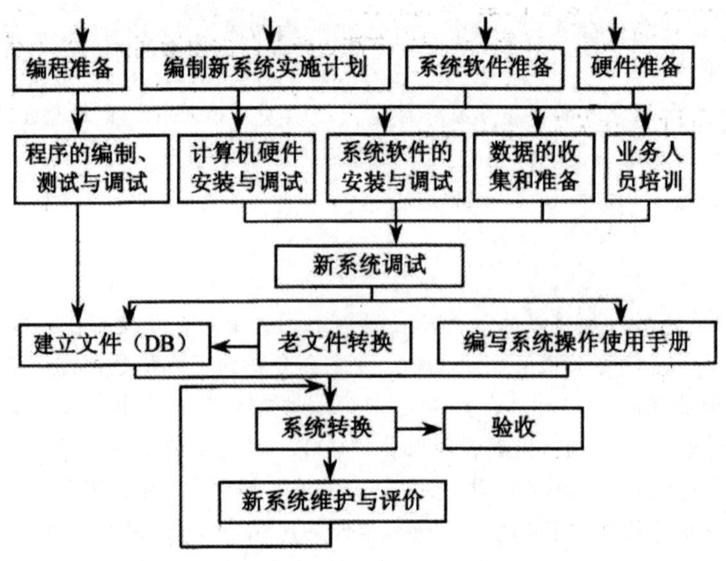

图 10-1　系统实施的主要内容

10.1.2　系统实施的步骤

系统开发工作沿着信息系统的生命周期逐渐进行，经过详细设计阶段后，便进入系统实施阶段。系统实施的步骤如下：

（1）购置并安装计算机系统和网络系统。按总体设计方案购置并安装计算机系统和网络系统，包括硬件系统和软件系统。按总体设计的要求及可行性报告中财力资源的分析，选择好性价比高的设备，采取招标或者竞争性谈判等方式进行采购，保证设备按时供货并安装到位。供应商对设备配置好软件系统后经调试能稳定地运行，即为应用程序的开发准备好运行环境。同时要求供应商提供优质服务，其服务包括技术培训、维护（包退、包换、维修、升级等）。

（2）建立数据库系统。根据系统详细设计的结果，按照数据库设计的要求，建立应用数据库系统。数据库系统的建立要在编写应用程序之前进行，其任务由系统开发人员和系统用户共同完成。系统开发人员包括系统分析员、数据库设计人员、数据库管理员和程序设计员等，主要负责数据库的创建及测试数据库的性能、安全、备份、恢复等工作，系统用户主要是建议测试数据库应该使用的数据。

（3）应用程序的编写、调试与测试。信息系统通常由多个模块组成，这样可由多个程序员分工协作完成，每个程序员都应按系统详细设计的要求，根据统一的标准进行编码，以保证接口、信息通信和数据传递的一致性。应用程序的编写首先应选择适用的程序设计方法、编程语言和开发平台，建立编码过程中的团队协同机制，程序员要按规范保质保量、按时完成，各程序员不仅要负责程序的编写，还要负责程序的测试，不仅对每个模块进行测试，保证其运行的正确性，还要进行集成测试和系统测试，最后完成有效性测试。

（4）系统试运行和人员培训。系统测试完成后，可以做数据准备工作，进行系统的试运行，系统试运行也是测试工作的继续，在系统试运行的同时，可开始组织相关人员的培训。人员培训可以分对象、分层次，按不同要求分期分批进行。培训的基本要求是相关的操作人员要能较熟练地操作本信息系统。

（5）整理文档和系统切换。系统实施阶段的文档包括程序设计说明书、系统测试报告和系统使用说明书等，这些文档对系统的正常运行和维护十分重要。从旧系统切换到新系统是一个重大的转折，为了保证原有系统有条不紊地、顺利地切换到新系统，开发人员要和用户一起拟定切实可行的具体方案。系统切换可采用不同的方式进行。

需要说明，有些工作是可以同时进行的，如在进行人员培训的同时，可进行文档的整理工作。但有些工作是有严格顺序的，如系统的试运行一定是在程序测试工作完成之后。

10.2　计算机系统的实施

计算机系统的实施包括硬件系统实施和软件系统实施两个方面。这是建立信息系统的物质基础。硬件系统的实施所做的工作是设备选购、设备验收、机房建设和网络系统的实施。软件系统的实施包括操作系统、语言处理程序、数据库管理系统以及一些实用软件的选购、安装与调试。

10.2.1　硬件系统实施

1. 设备选购

选购计算机设备应遵守以下原则：未来的计算机系统能够最大限度地满足信息系统的需求，并且留有一定的可扩展余地。这种余地包括信息系统进一步扩大的需要和网络进一步升级的需要。另外，计算机系统的选购要有较好的性价比，同时要有一定的先进性。还要有好的售后服务和技术支持。

目前我国各单位购置计算机系统设备在达到一定数量或者资金额度时，大都采用招标的方式。采用招标的方式，可以发挥市场竞争机制的作用，用户可以获得价廉物美的设备，并能享受更优质的服务。

2. 设备验收

设备首先要进行验收，按照供货要求一一审核，包括型号、品种、规格、数量、配件等，看是否符合。验收通过后再安装、调试，看是否达到所要求的性能指标。安装一般由供货商负责；验收要有用户、专家和管理人员参加，可运行常规的系统诊断、校验软件以检查设备的兼容性能以及综合性能。供货商要负责操作人员的培训。

3. 机房建设

计算机系统到货以前，要为其准备好合适的工作环境，即机房建设。一般来说，机房的装修要满足计算机的基本要求，比如室内温度和湿度、地板的防静电措施、UPS 不间断电源的配备等。

4. 网络系统的实施

由于现代大型信息系统对网络的要求越来越高，网络系统的实施较以前更加困难，它不仅包括局域网，还包括广域网，有的还包括城域网。网络系统可由用户自己组织实施，也可承包给网络集成商。其工作不仅包括网络设备，还包括结构化布线。目前对于大型信息系统的网络系统实施的通用做法是通过招标选择网络集成商，再聘请一个监理公司按项目管理模式实施工程的监督和管理。

按照系统设计中网络配置的方案进行网络系统的实施。网络系统的实施尤其需要系统集成商的经验、耐心和智慧。经验可增强用户的信心，耐心可化解用户与集成商之间的不一致，智慧可处理分析和设计阶段未考虑到的问题。

网络系统实施的主要步骤如下：

（1）购置网络系统所需的设备和管理软件，主要的网络系统设备包括服务器、集线器（Hub）、交换机、路由器、网关、防火墙、通信介质（双绞线、电缆、光缆）等。

（2）综合布线施工。有水平布线和垂直布线等几种方式。

（3）设备安装及测试。安装一般由系统集成商负责，测试必须要有用户和专家参加。

（4）培训和试运行。培训工作是供应商应该提供的服务项目，主要包括基本的操作方法和简单的维护技术，网络系统要通过一段时间的试运行后才能交付用户使用。

10.2.2 软件系统实施

软件系统包括操作系统、语言处理程序、数据库管理系统以及一些实用软件，最好购买正版软件，在计算机系统上运行需要的软件。需要指出，有些系统软件是随机赠送的，有些是需要购买的，不管什么方式，都要有详细的资料和使用说明书。系统软件也有安装、调试的问题。在此，主要陈述应用软件选购的主要步骤和数据库系统实施的主要内容。

1. 应用软件选购

应用软件有些需要购买，有些需要组织人力编写，也需要相当多的人力、物力和时间。选购应用软件的步骤和主要内容如下：

（1）了解编程工具。目前比较流行的软件工具一般为：编程语言、数据库语言、程序生成工具、专用系统开发工具、客户机/服务器型工具，以及面向对象的编程工具等。

（2）选择适用的编程工具。目前市场上能够提供系统实现时选用的工具非常多，各类软件工具的发展是整个计算机或信息产业中发展最快的领域之一。目前工具技术的发展趋势是不仅在数量和功能上突飞猛进，而且在其内涵的拓展上也日新月异，为开发系统提供了越来越多、越来越方便的实用手段。因此，在管理信息系统的开发中，选择适当的编程工具是系统实现这一环节质量和效率的保证。

2. 数据库系统实施

数据库系统实施包括购买商品化数据库管理系统以及建立起所要求的数据库。因为数据库系统涉及硬件与软件，所以数据库系统的确定要与硬件和软件进行综合考虑。

（1）配置数据库管理系统。购买数据库商品软件可与硬件购置同步进行。目前流行的数据库管理系统（DBMS）有 Oracle、SQL Server、Sybase、Access 等。配置什么样的版本是要考虑的，一般要求用最成熟的、最新的、功能最强的版本，选择什么样的 DBMS 要与程序设计的环境相一致。

（2）数据库实施。数据库实施的主要工作如下：

1）编制数据库操作的源代码。数据库实施是在完成数据库的物理设计后，系统开发人员使用选择的 DBMS 提供的数据定义语言或者工具将逻辑结构设计和物理结构设计的结果正确地描述出来，成为 DBMS 可接受的源代码。

2）组织数据入库。源代码经调试产生目标模式后就可以建立实际的数据库结构、组织数据入库了，这就是数据库实施阶段的任务。

3）数据库试运行。数据库试运行结果符合设计目标后，数据库就可以真正投入运行了。

数据库投入运行，标志着开发任务的基本完成和维护工作的开始，但不意味着设计过程的终结，由于应用环境在不断变化，数据库运行过程中物理存储也会不断变化。

4）数据库的运行、维护与评价。对数据库进行评价、调整、修改等维护工作是一个长期的任务，也是设计工作的继续和提高，在数据库运行阶段，对数据库经常性的维护工作主要是由数据库管理员（DBA）完成的，包括数据的转储与恢复，数据库的安全性和完整性控制，数据库的性能监督、分析和改造，数据库的重组织与重构造等。

10.3 程序设计

程序设计又称编程，任务是使用选定的计算机程序设计语言，将软件系统详细设计所得到的各个模块的信息处理功能和过程描述切换成能在计算机系统上运行的源代码，即源程序。其主要依据是系统总体结构图、数据库结构设计、模块结构设计、处理过程设计、代码设计方案等。这个步骤直接关系到能否有效地利用计算机达到预期目的。

10.3.1 程序设计的基本要求

为了保证程序设计能够正确顺利地进行，程序设计人员既要充分理解程序模块的内部过程和外部接口，还要正确地运用程序设计语言以及软件开发环境和工具，以保证功能的正确实现。一个高质量的程序必须满足以下 5 个方面的要求：

（1）正确性。编制出来的程序能够严格按照规定的要求，准确无误地提供预期的全部信息。

（2）易读性。程序的内容清晰、明了，层次清楚，便于阅读和理解。

（3）可靠性。程序应当具有较好的容错能力，不仅能在正常情况下正确工作，而且在异常情况下也能处理自如。

（4）可维护性。程序的应变性能强，程序执行过程中发现问题或客观条件变化时，调整和修改程序比较简便易行。

（5）高效性。程序结构严谨，算法精简，处理速度快，节省机时。程序和数据的存储、调用安排得当，节省存储空间。

以上这些要求都是在实际应用中提出来的。由于信息系统的需求在不断发生变化，系统需求就会随着环境的变化而变化，就必须对系统功能进行完善和调整，也就是要对程序进行补充或修改。而只有一个便于阅读、理解的程序才会让程序设计维护人员很好地做出适应变化的设计。

10.3.2 程序设计的好习惯

编程序如同写文章，要尊重大家的习惯。比如，大多数人写文章，一般都是“三段论”，即第一部分是引论，中间部分是本论，最后一部分是结论。如果你不按照大家的习惯去写，别人读起来就很费劲。程序也一样，它不仅是要给机器执行的，还是要给人读的，因为程序测试时需要这一步。因此，编程要有一个好习惯。

【例 10-1】读懂如图 10-2（a）所示的程序，按规范要求调整格式，使其更容易理解，并添加注释。

```
int main()
{
int a[10];
for (int i =0;i<10;i++)
scanf("%d",a[i]);
int max=a[0],min=a[1];
for (int j = 0;j<10;j++)
{
max=(max>a[j]?max:a[j]);
min=(min<a[j]?min:a[j]);
}
printf("max= %d",max);
printf("min= %d",min);
printf("\n");
return 0;
}
```

（a）

```
/*本程序功能：求出10个整数中的最大值与最小值*/
int main()
{ //声明存放10个整数的数组a
   int a[10];
   //读入10个整数
    for (int i =0;i<10;i++)
         scanf("%d",a[i]);
  //假定第一个数就是最大值和最小值
   int max=a[0],min=a[0];
   //从10个数中比较出最大值、最小值
   for (int j = 0;j<10;j++)
       { //max存放最大值，min存放最小值
            max=(max>a[j]?max:a[j]);
            min=(min<a[j]?min:a[j]);
       }
   //输出结果
   printf("max= %d",max);
   printf("min= %d",min);
   return 0;
}
```

（b）

图 10-2　程序设计风格示例

解：本例是一个求 10 个整数中的最大值和最小值的程序，程序非常简单。主要考核的是一个编程风格问题。图 10-2（a）所示的风格分不出层次与语句块，难以阅读，并且不易查错。我们把它按图 10-2（b）所示来编程就显示出了较好的风格，语句错落有序，语句块（循环体）表达清楚，左花括号与右花括号对应整齐，程序便于检查，大部分语句都增加了注释，本程序的功能也注释清楚，更容易理解与阅读。

保持良好的程序设计习惯，应该做到“4 化”，即源代码文档化、数据说明规范化、语句简洁化和输入输出表格化。

源代码的文档化是指选择标识符（变量和标号）名字方式、程序注释的方式和语句退缩的数目。一般符号名（模块名、变量名、常量名、标号名、子程序名、数据区名、缓冲区名等）的命名应能反映它所代表的实际意义或按标准定义。比如，M1.1 可能代表第一层第一个模块。程序注释可以帮助另外的程序员或自己日后能读懂所编写的程序。注释分为序言性注释和功能性注释。前者通常在模块的开头，后者一般在中间对下一段程序的功能进行说明。为了使程序读起来有层次感，往往需要某一行右缩几格，特别是循环语句，循环体内的语句一般要右退一格或多格，从而形成一个左开口 V 字形。

数据说明规范化是指程序中的数据有时需要加以说明，其目的还是便于理解和维护。数据说明一般应注意：说明的次序规范化；多个变量名用一个语句说明时，应当对这些变量按字母的顺序排列；对复杂数据结构应注释说明其特点。

语句简洁化是指语句的结构应该力求简单直接，一般一行只写一个语句，不应因为追求效率而使语句复杂化。

输入输出表格化是指程序的输入和输出是与用户打交道的面子工程，应尽量迎合用户的使用习惯和风格，尽量使用表格方式让用户一目了然，输入输出都以报表形式，且输入和输出的风格要保持一致，不应变化太大。

10.3.3 程序设计方法

程序设计方法主要有结构化方法和面向对象方法两种。

1. 结构化程序设计方法

结构化程序设计的基本原则是自顶向下和逐步细化的思想，用一组单入口单出口的基本控制结构和反复嵌套来进行程序设计，并在程序中尽量不用无条件转移（GoTo）语句，所有的程序都可以由顺序结构、选择结构和循环结构及其组合来实现。

在结构化程序设计中，主要的思想就是自顶向下逐步细化，这个思想在系统分析和设计阶段都要使用。每个系统都是由功能模块构成的层次结构。底层的模块一般规模较小，功能较简单，完成系统某一方面的处理功能。在设计中使用自顶向下方法的目的在于一开始能从总体上理解和把握整个系统，而后对组成系统的各功能模块逐步求精，从而使整个程序保持良好的结构，提高软件开发的效率。

在模块化程序设计中应注意以下几点：

（1）模块的独立性。在系统中模块之间应尽可能地相互独立，减少模块间的耦合，即信息交互，以便于将模块作为一个独立子系统进行开发。

（2）模块大小划分要适当。模块中包含的子模块数要合适，既便于模块的单独开发，又便于系统重构。

（3）模块功能要简单。底层模块一般应完成一项独立的处理任务。

（4）共享的功能模块应集中。对于可供各模块共享的处理功能，应集中在一个上层模块中，供各模块引用。

2. 面向对象的程序设计

传统的过程式程序设计随着软件危机和应用系统的不断膨胀显得越来越力不从心，随着 20 世纪 70 年代面向对象编程语言的出现，以及 C++的发展成熟，面向对象程序设计思想得到广泛的认同和普及。到了 90 年代，各种程序语言或工具都引入了这一思想，其优越性是有目共睹的，它已成为这一时代软件产业的主体技术。

在面向对象程序设计方法中，一个对象就是一个独立存在的实体，对象有各自的属性和行为，彼此以消息进行通信，对象的属性只通过自己的行为来改变，实现了数据封装，这便是对象的封装性。而相关对象在进行合并分类后，有可能出现共享某些性质的现象，通过抽象后使多种相关对象表现为一定的组织层次，低层次的对象继承其高层次对象的特性，这便是对象的继承性。另外，对象的某一种操作在不同的条件环境下可以实现不同的处理，产生不同的结果，这就是对象的多态性。

10.3.4 系统集成

系统集成是把系统构件按照设计要求构装成为最终可交付使用的信息系统的工作。系统集成的要素是构成信息系统的构件。构件是系统中实际存在的可更换部分，它实现特定的功能，符合一套接口标准并实现一组接口。构件代表系统中的一部分物理实施，包括软件代码（源代码、二进制代码或可执行代码）或其等价物（如脚本或命令文件）。

信息系统的构件主要包括以下 3 个方面的内容：

（1）开发的构件。开发的构件包括所有代码件、数据库、文件等。

（2）购入件。购入件包括从原系统中继承的构件、从其他厂家购入的构件、从基础构件库中引用的构件等。

（3）中间件。中间件（Middleware）是基础软件的一大类，属于可复用软件的范畴。顾名思义，中间件处于操作系统软件与用户应用软件的中间。中间件位于操作系统、网络和数据库之上，应用软件的下层，总的作用是为处于自己上层的应用软件提供运行与开发的环境，帮助用户灵活、高效地开发和集成复杂的应用软件。

系统集成需要把这些构件有效地构装成为最终系统。系统集成是一个渐进的、逐步迭代的过程。从大的方面看，需要通过多次迭代构成最终系统，把每一次迭代的结果集成到上一次迭代的内容之中形成新的中间系统。在每一次迭代中，又需要把多个类集成为构件，把多个构件集成为子系统，或者把多个构件集成为能够实现本次迭代目标的中间结果。

集成的过程是一个设置集成环境、组装、测试和实施运行的过程。首先需要设置集成环境。集成的基础环境是系统开发的环境。除此之外，为了有效地实施集成，还常常需要设置一些特殊环境，如设置特殊数据、编写集成所要的特定集成程序等。组装过程是把所要集成的构件通过汇合、编译、连接等过程形成可以运行的中间系统。然后对这个组装的系统进行集成测试，以查找其中存在的问题以及不协调的地方，最后形成能够达到预期目标的中间结果。

在集成之前需要制定详细的系统集成计划。在系统集成计划中，应该明确迭代的过程、每次迭代的任务要求、应达到的结果，以及任务分工和进度要求。

10.4 系统测试

系统测试就是对程序设计工作的检验。系统测试是系统开发中的一个重要环节，尽管在系统开发的前期采取了严格的措施，尽量避免产生错误，但仍难免留下错误和问题，如果在投入运行前未能发现，问题迟早会在运行中暴露出来，给使用者造成巨大的损失。因此，重视系统测试是成功开发管理信息系统的重要保证。

10.4.1 系统测试的目的与工作原则

1. 系统测试的目的

系统测试的目的被很多人认为是为了说明软件没有问题，因此在程序编制后，任意找几个数据，程序能够运行就算完成了测试任务。这种认识不仅是错误的，而且是非常有害的。因为出于这个目的，人们自然会寻找容易使程序通过的数据，而回避容易暴露错误的数据，从而使软件中的错误不暴露出来。恰恰相反，系统测试的目的是找出错误，不是要证明程序无错，而是要精心选取那些易于发现错误的测试数据，以十分挑剔的态度来寻找程序的错误。实践证明，由于人类思维的严密性是有限的，加上开发中主观的、心理的及经验等方面的因素影响，大型软件程序开发后是不可能没有错误的，因此系统测试的目的就是发现程序的错误。

2. 系统测试的工作原则

根据系统测试的目的，制定测试时的工作原则如下：

（1）测试贯穿整个开发过程。事实上从需求分析阶段开始，每个阶段结束之前都要进行阶段审查，这也是一种测试工作，目的是尽早发现和纠正错误。

（2）测试用例应包含预期结果。每个测试用例都应该包括测试输入数据和这组数据输入作用下的预期输出结果。在实际操作中可以列出一张电子表格，包括每个测试用例的编号、类型、输入数据、预期输出结果、实际输出结果、出错原因分析。

（3）程序员应避免自测。程序员应该尽量避免检查自己编写的代码。测试工作需要严格的工作作风，程序员在测试自己编写的代码时往往会带有一些倾向性，使得他们工作中常常出现一些疏漏。而且程序员对设计规格说明书的理解错误而引入的错误更是难以发现。

（4）设计测试用例应周全。在设计测试用例时，应该既包括有效的、期望的输入情况，也包括无效的和不期望的输入情况。既能够验证程序正常运行的合理输入，也能够验证对异常情况处理的不合理输入数据以及临界数据输入。

在测试时，人们常常过多地考虑合法和期望的输入条件，以检查程序是否做了它应该做的事情，而忽视了不合法的和预想不到的输入条件。

用户在使用系统时，输入一些错误指令和参数是经常发生的，如果软件遇到这种情况不能做出适当的反应、给出相应的提示信息，可能会误导用户，甚至会造成严重损失。

（5）修正一处多处重测。软件中遗留的错误数量与已经发现的错误数量成正比。根据这个规律对测试中发现错误成堆的模块更要仔细测试。例如，在某个著名的操作系统中，44%的错误仅与 4%的模块有关。回归测试关联性要特别引起注意，修改一个错误而引起更多错误的现象并不少见。

（6）严格执行测试计划。在测试之前应该有明确的测试计划，内容包括：要测试的软件功能和内容、测试用例和预期结果、测试的进度安排、需要的工具和资源、测试控制方式和过程等。

（7）做好测试记录。为方便重测和比较与分析，必须记录下每次测试结果，也为以后的统计与维护工作提供基础数据。

10.4.2　系统测试的过程

测试是一项非常复杂的、创造性的和需要高度智慧的挑战性工作，测试一个大型系统所要求的创造力可能要超过设计这个程序所要求的创造力。通过前面的学习可以看出，系统是由若干子系统组成的，而子系统又是由若干模块构成的。因此，为了加快测试速度，提高其效率，人们一般按照“自底向上”的原则按照模块测试、子系统测试、系统总体测试 3 个阶段进行系统测试工作，如图 10-3 所示。

1. 模块测试

模块测试（也叫单元测试）的目的是保证每个模块本身能正常运行，在该测试中所发现的问题大都是程序设计或详细设计中的错误。模块测试一般分人工走通和上机测试两步进行。

人工走通就是打印出源程序，然后参照详细设计阶段的资料要求把程序在纸上“走一遍”。程序的错误可分为语法错误和逻辑错误两种情况，一般来说，只要认真检查就可以发现绝大部分的语法错误和部分逻辑错误。而用计算机进行交互测试时，每发现一个错误后要先改正错误才能继续测试，而且往往是改了旧错又出新错，总体效率明显降低。因此，绝不要将源程序输入计算机就急于立即执行，而应先在纸上走通。如果程序的量很大，也可以不全部打印出源程序代码，而直接在屏幕上查看。

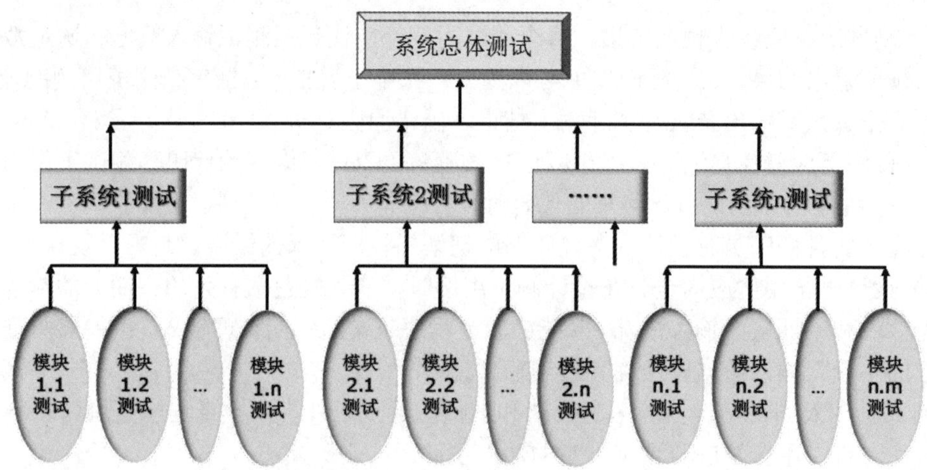

图 10-3 “自底向上”的系统测试过程

程序的检查最好请审查小组或其他开发者进行，因为程序编制者在审查时往往会犯编程时同样的错误，而查不出某些问题。但这只是理想的情况，由于人力、财力所限，目前的测试基本上还是由编程者本人进行。

当人工走通以后，就可以上机测试了。总的来看，语法错误比较容易发现和修改，而要追踪逻辑错误则比较困难。为了有效地发现并改正逻辑错误，需要认真准备测试数据，组合运用各种测试方法进行系统测试。

2. 子系统测试

子系统测试又称为分调，是在模块测试的基础上进行的。它把经过测试的模块放在一起形成一个子系统来测试。主要是测试各模块之间的协调和通信，即重点测试子系统内各模块的接口。例如，测试数据穿过接口时是否会丢失；一个模块对另一个模块是否存在因疏忽而造成的有害影响；把若干子功能结构连接起来是否会产生预期的效果等。

通常有以下两种方法将若干模块连接成一个可运行的子系统：

（1）非渐增式测试。即先分别测试每个模块，再把所有模块按设计要求连在一起进行测试。

（2）渐增式测试。即把下一个要测试的模块同已测试好的模块结合起来进行测试，测试完成后再把下一个应该测试的模块结合起来进行测试。

上述两种方法实际上同时完成了模块测试和子系统测试。对这两种方法进行比较，可以看到：①渐增式可以较早地发现模块之间的错误，非渐增式则要到最后将所有模块相连时才能发现这类错误；②渐增式有利于排错，如果模块之间有错，它通常与最新加上去的那个模块有关，错误比较容易定位；③渐增式比较彻底，它以前面测试过的模块为基础，在对新模块进行测试的同时，以前的模块群体将得到进一步的测试；④非渐增式需要更多的人工，而渐增式则可利用已经测试过的模块，但需要较多的机器时间。

需要特别注意的是，在测试一个实际系统时，没有必要机械地照搬以上的某种方法，需要根据实际情况进行测试。

3. 系统总体测试

经过子系统测试，已经把模块组装成若干子系统并经过充分测试。之后的任务是总调，也称为系统总体测试，它是将经过测试的若干子系统组装在一起来测试，用以发现系统设计和程序设计中的错误，验证系统的功能是否达到设计说明书的要求。

刚开始总调时，不必按完全真实情况下的数据量进行，可采用一些精心设计的数据量较少的测试用例，这样不仅可以使处理的工作量大大减少，而且更容易发现错误和确定错误所在的范围。

系统总体测试阶段需要将现行系统手工作业方式得出的、结果正确的数据作为新系统的输入数据进行“真实”运行，这时除了将结果与手工作业进行校核以外，还应考虑系统的有效性、可靠性和效率。为此，最好请用户一起参与系统测试工作。系统测试的关键是“真实”和“全面”，应该注意以下几点：

（1）测试用例应该是由有实际意义的数据组成的，可以请用户参与测试用例的设计。

（2）对于用户特别感兴趣的功能，可以增加一些测试。

（3）应该设计并执行一些与用户使用步骤有关的测试。

在总调阶段发现的问题往往和系统分析阶段的差错有关，涉及面较广且解决起来比较困难，这时需要和用户充分协商解决。

10.4.3　系统测试的基本方法

系统测试方法一般分为静态测试和动态测试两种，如图 10-4 所示。

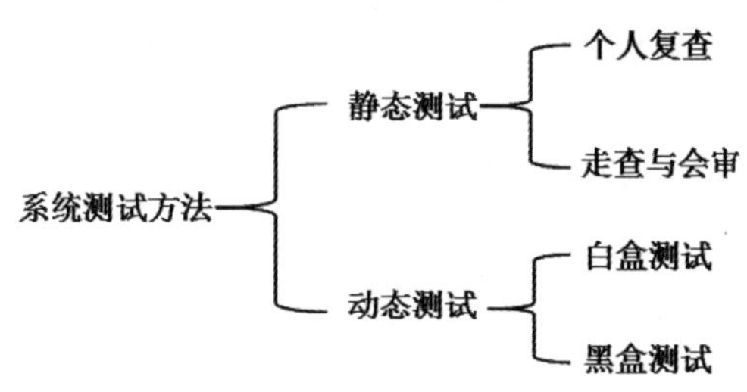

图 10-4　系统测试方法

1. 静态测试

静态测试，也称人工测试，它主要通过个人复查、走查与会审来检查源代码中存在的问题。

（1）个人复查。编程人员检查自己编写的程序或编程小组成员之间交叉检查本组其他成员的程序。一般情况下，人们不易检查出自己的错误，该方法适合那些较小的程序或个人能力较强的编程人员，必要时可与其他测试方法结合起来使用。上述所说的人工走通就是个人复查方法。

（2）走查与会审。走查是指测试人员通过人工测试方法检查程序中的错误。该方法要求测试人员不是编写这段程序的人员。测试人员阅读程序，假设数据，按照程序过程导出结果。

会审是将编程人员的讲解与走查结合在一起。具体说，先由程序编写人员在测试组面前讲解自己编写的程序，然后测试人员逐个审查、提问等，并阅读材料，列出容易出错的问题，形成检查表。

2. 动态测试

动态测试就是模块上机运行测试，也称机器测试。在人工测试通过以后，就可以上机调试。一般过程是：设计测试用例，运行被测程序。主要特点是：需要有程序的运行环境，必要时要编写测试驱动程序和控制程序。

设计测试用例是开始程序测试的第一步，也是有效完成测试工作的关键。按照在设计测试用例时是否涉及程序的内部结构可以分为白盒测试和黑盒测试两种方法。

（1）白盒测试。白盒测试时，测试者对被测试程序的内部结构是清楚的，可以对程序的每一行语句、每一个条件或分支进行测试，测试效率比较高，而且可以清楚已测试的覆盖程度。因此，有些书中又称这类测试为玻璃盒测试或结构测试。白盒测试方法适合单元测试、集成测试，而不适合系统测试。白盒测试方法所要求的技术较高，相应的测试成本大，准备的时间很长，如果是覆盖全部程序语句、分支的测试，需要花费比编程更长的时间。即使借助一些测试工具，白盒测试法也不可能进行穷举测试，企图遍历所有的路径往往是做不到的。

白盒测试不能查出程序违反了设计规范的地方，不能发现程序中已实现但不是用户所需要的功能，可能发现不了一些与数据相关的错误或用户操作行为的缺陷。所以白盒测试方法也存在一定的局限性。

白盒测试的种类如下：

- 语句覆盖：选择足够多的测试数据，使被测试程序中的每个语句至少执行一次。
- 判定覆盖：也称分支覆盖，不仅每个语句必须至少执行一次，而且每个判定的可能的结果都应该至少执行一次，也就是每个判定的每个分支都至少执行一次。
- 条件覆盖：不仅每个语句至少执行一次，而且判定表达式中的每个条件都取到各种可能的结果。
- 多重条件覆盖：要求选取足够多的测试数据，使得每个判定表达式中条件的各种可能组合都至少出现一次。

【例 10-2】图 10-5（a）所示是一个被测模块的流程图，图 10-5（b）所示为对应的主要伪码。要求：

1）试设计一个测试用例实现语句覆盖。

2）试设计一个测试用例实现分支覆盖。

3）试设计一个测试用例实现条件覆盖。

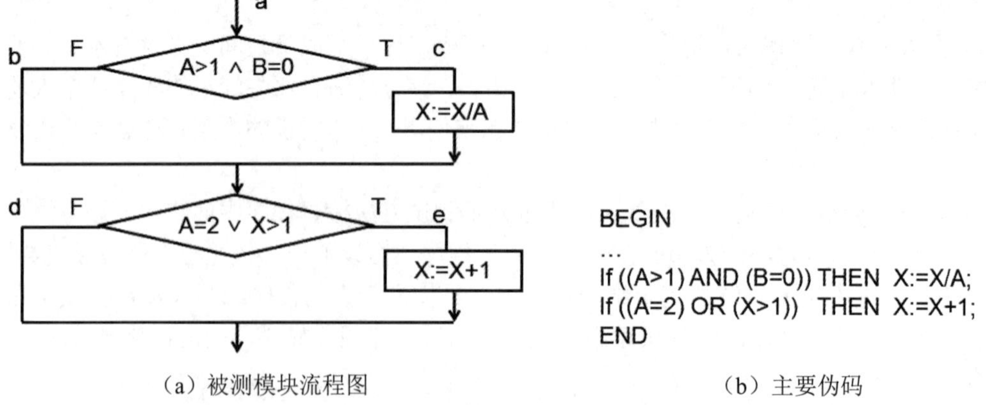

（a）被测模块流程图　　（b）主要伪码

图 10-5　被测模块流程图与主要伪码

解：1）为了使每个语句都执行一次，程序的执行路径应该是 a→c→e，为此只需要输入下面的测试用例：A=2，B=0，X=3（实际上 X 可以是任意实数）。

但实现语句覆盖还是发现不了隐藏的错误。如当把第 2 个条件的 OR 改为 AND 时，以上测试用例仍可实现语句覆盖，但到底是 OR 还是 AND？该语句覆盖用例无法测试出来。

2）为了使每个分支至少执行一次，程序的执行路径为①a→c→e 和②a→b→d，为此只需要输入两组测试用例：①A=2，B=0，X=3 和②A=3，B=1，X=1。

3）为了实现条件覆盖，即设计足够多的测试用例，使得每条语句都至少执行一次，还要使得每条判定表达式中条件的各种组合都至少出现一次。我们将各种条件组合和对应的测试用例列于表 10-1 中。由表可见，共有 8 种不同的条件组合，因此需要设计 8 个不同的测试用例。

表 10-1　条件覆盖测试用例

A>1 A>1	B=0 B<>0	A=2，B=0，X=3 A=2，B=1，X=1
A<=1 A<=1	B=0 B<>0	A=1，B=0，X=3 A=1，B=1，X=1
A=2 A=2	X>1 X<=1	A=2，B=0，X=3 A=2，B=1，X=1
A<>2 A<>2	X>1 X<=1	A=1，B=0，X=3 A=1，B=1，X=1

（2）黑盒测试。黑盒测试时，测试者把被测程序看成一个黑盒，完全用不着关心程序的内部结构。设计测试用例时，仅以程序的外部功能为根据。一方面检查程序能否完成一切应做的事情，另一方面要考察它能否拒绝一切不应该做的事情。由于黑盒测试着重于检查程序的功能，所以也称为功能测试。黑盒测试方法技术相对要求低，方法简单有效，可以整体测试系统的行为，可以从头到尾（end to end）进行数据完整性测试，黑盒测试方法适合系统的功能测试、易用性测试，也适合与用户共同进行验收测试、软件确认测试。但黑盒测试方法不适合单元测试、集成测试，而且测试结果的覆盖度不容易度量，其测试的潜在风险比较高。

黑盒测试的方法有等价分类法、边值分析法和错误推测法等。

1）等价分类法。等价分类法是把被测试程序的所有可能的输入数据（有效的和无效的）划分成若干等价类，把无限的随机测试变成有针对性的等价类测试。按这种方法可以合理地作出下列假定：每类中的一个典型值在测试中的作用与这一类中所有其他值的作用相同。因此，可以从每个等价类中只取一组数据作为测试数据。这样可选取少量有“代表性”的测试数据来代替大量相类似的测试，从而大大减少总的测试次数。在等价类划分中，最基本的划分是一个为合法的类，即有效等价类，另一个为不合法的类，即无效等价类。

【例 10-3】有一个程序：输入 3 个整数 A、B、C，把这 3 个数看成是一个三角形的 3 条边。这个程序通过输出信息来说明这个三角形的几种情况：是三边不等的、是等腰的、是等边的。请根据给出的说明，用等价分类划分法设计该问题的测试用例（要求写出设计过程）。

解：测试用例的设计步骤陈述如下：

第 1 步：建立等价类表，见表 10-2。

表 10-2 例 10-2 的等价类

输入条件	有效等价类	无效等价类
A、B、C	1.正整数	2.有非正整数
		3.某两个数相加小于第三个数
		4.有非数字字符
A、B、C	5.等边三角形	
A、B、C	6.等腰三角形	
A、B、C	7.一般三角形	

第 2 步：为有效等价类设计测试用例，见表 10-3。

表 10-3 有效等价类测试用例

测试用例	期望结果	覆盖的等价类
6，8，10	显示一个有效输入：一般三角形	1，7
6，6，6	显示一个有效输入：等边三角形	1，5
6，6，4	显示一个有效输入：等腰三角形	1，6

第 3 步：为无效等价类设计测试用例，见表 10-4。

表 10-4 无效等价类测试用例

测试用例	期望结果	覆盖的等价类
-3，5，4	显示无效输入	2，3
4，3，7	显示无效输入	3
a，b，7	显示无效输入	4

2）边界值分析。边界值分析是利用了一个规律，即程序最容易发生错误的地方就是在边界值的附近，设计使程序运行在边界情况附近的测试方案，暴露出错误的可能性更大一些。

【例 10-4】在一个夜校选课系统的程序功能说明书中指出了某一程序的输入条件为：每个读夜校的学生可以选择 1～4 门课程，试按：①等价类划分法设计测试用例；②边界值分析法设计测试用例。

解：测试用例的设计步骤如下：

①按等价类划分法设计测试用例。

首先，划分有效等价类和无效等价类，结果如下：

有效等价类：<1> 1≤选课序号≤4。

无效等价类：<2> 没选课。

<3> 选课序号<1。

<4> 选课序号>4。

其次，按等价类设计测试用例，结果如下：

<1> 选课序号=2。

<2> 选课序号=“␣”（空）。

<3> 选课序号=0。

<4> 选课序号=6。

②按边界值法设计测试用例。

有效等价类的边值为 1 和 4，因此可以选取与 1 和 4 相邻近的数值作为测试的边值。结果测试用例设计如下：

<1> 选课号=0。

<2> 选课号=1。

<3> 选课号=4。

<4> 选课号=5。

3）错误推测法。等价类划分和边值分析法都只是孤立地考虑各种测试用例的功效，因果图是比较机械地设计测试用例，它们都缺乏综合考虑的效应。

错误推测法在很大程度上靠直觉和经验进行。它的基本想法是列举出程序中可能有的错误和容易发生错误的特殊情况，并且根据它们选择测试用例。

【例 10-5】错误推测法示例。一个颇有启发的故事发生在美国通用汽车的客户与该公司客服部之间。一天美国通用汽车公司的客服收到一封客户的抱怨信，内容如下：我们家有一个传统的习惯，就是每天晚餐后会吃冰激凌甜点，我开车去买。奇怪的是每当我买香草口味的冰激凌时，车子就发不动。但如果我买的是其他的口味，车子发动就顺得很。难道你们的车对香草冰激凌过敏？

客服经理心存怀疑，但他还是派了一位工程师去查看究竟。工程师与这位仁兄上车，往冰激凌店开去，买香草口味，当回到车上后，车子启动不了。这位工程师之后又依约来了三个晚上：第 1 晚买巧克力冰激凌，车子没事；第 2 晚买草莓冰激凌，车子也没事；第 3 晚买香草冰激凌，车子又不动了。工程师开始记下从头到现在所发生的种种详细资料，如时间、车子使用油的种类、车子开出及开回的时间……，根据资料显示他有了一个结论，这位仁兄买香草冰激凌所花的时间比其他口味的要少。为什么呢？原因是香草冰激凌是所有冰激凌口味中最畅销的，店家为了让顾客每次都能很快地取拿，将香草口味的冰激凌特别分开陈列在单独的冰柜中，时间比买其他口味的要快。买其他口味冰激凌时由于时间较久，引擎有足够的时间散热，重新发动时就没有太大的问题。买香草口味时，由于花费的时间较短，引擎太热以至于还无法让“蒸气锁”有足够的散热时间，因此不能马上启动。

有时候，问题看起来真的是疯狂，但它是真正存在的，我们应保持冷静的思考去找寻解决的方法。

10.5　数据准备与人员培训

10.5.1　数据准备

数据准备工作是整个系统实施过程中头绪最多、工作量最大、耗时最长、涉及面最广、最容易犯错误且错误代价极大的一项工作，数据准备阶段所花的时间占整个系统实施时间的 50%～85%。数据准备是系统实施过程中的一个重要阶段，应尽可能提早进行数据准备并认真对待。以企业信息系统数据为例，企业原有的各种管理信息，一般需要经过收集、整理、切换才能符合软件系统运行的要求。系统的运行依赖数据的准确、及时和完备。

数据准备工作应注意：①确定数据与数据来源；②数据格式的标准化和规范化；③统一组织、严密分工。有必要按各部门准备数据的大小和难易程度，按人员以及信息员对准备数据的熟练程度建立数据准备任务表进行合理搭配，以保证整个系统数据准备的同步。

【例 10-6】数据准备任务表示例。表 10-5 所示为某校信息系统数据准备任务表。

表 10-5 某校信息系统数据准备任务表

系统	数据表名称	依赖项	优先级	联络人
教务系统	学生学籍基本信息	组织机构（院系部门）信息、专业设置信息、班级信息	★★★★	穆兵
	教师基本信息	人员基本信息	★★★★	蒋雯丽
	专业信息	组织机构（院系部门）信息	★★★	李明英
	专业方向信息	专业信息	★★★★	黄世爵
	班级信息	专业信息	★★★★	韦小宇
	课程数据		★★★★	陈星宇
	教室数据		★★	罗云飞
	书商信息		★★	丘晓壮
	教材信息	书商信息	★★	张新兵
OA 办公系统	组织机构（院系部门）信息	该信息已经批准好且已导入数据库，不需要准备	★★★★★	林燕燕
	公文流转流程	工作流程准备，无固定格式	★★★★	刘文采
	信息发布流程	工作流程准备，无固定格式	★★★★	洪丽华

10.5.2 人员培训

人员培训是保证管理信息系统实施成功的一个重要步骤，应在提交系统原型后进行。人员培训有两个重要目的：一是增加人们对系统相关知识的了解；二是规范管理人员的行为方式。

人员培训是成功实施系统的重要因素，在开展培训的同时要注意如下几点：

（1）要形成学习型组织的氛围。人员培训应采取边教边学边练、互教互学的方式，营造学习型组织的氛围，倡导组织和员工终身学习。

（2）要树立良好的培训观念。要转变企业领导人“培训无用”和“培训万能”的观念。要让员工真正认识到人员培训不是企业强行布置的一项任务，而是自己适应未来企业发展、拓宽个人职业生涯的有力保障，从“要我学”真正转化为“我要学”。

（3）要不断创新培训方式。人员培训涉及的内容比较细，员工很容易厌倦和遗忘，必须根据培训内容和员工实际进行持续的创新，应联系员工实际工作，解决具体问题，有针对性地培训，注意培训中的教学互动，提高员工的学习热情。培训创新的目的是提升培训的效果。

要充分运用激励引导机制。培训的最终目的是为了让员工能够积极主动地使用培训中获得的知识和技能，为企业创造更大的效益。因此，要建立并充分运用一套行之有效的激励引导机制，不仅牵引员工积极主动地参与学习，也激励员工将学到的知识和技能迅速应用到实践中去。

10.6 系统试运行和系统切换

系统试运行和系统切换是系统实施的最后一个环节，是系统测试工作的延续，一般来讲，用户对新系统的验收测试都将在试运行成功之后。切换是指从一种处理方法改变到另一种处理方法的过程。系统切换是指系统开发完成后，新老系统之间的转换过程。

企业管理信息系统一般都是在现行的手工管理系统基础上建立起来的，因此必须协调新旧系统之间的关系，否则将造成紊乱与中断，损害经济效益。系统切换是一项容易被人忽视的工作，但对系统运行的安全性、可靠性、准确性来说又是十分重要的工作。

10.6.1 系统试运行

在系统开发的调试运行阶段，曾经使用一系列精心设计的系统测试数据完成了系统测试工作。但是，根据软件工程理论可知，系统存在错误总是难免的。因此，管理信息系统在投入正式运行以前，必须经过一段时间的试运行。

系统试运行阶段的主要工作包括以下几个方面：

（1）对系统进行初始化、输入系统所需的各项原始数据记录。

（2）详细记录系统试运行期间的各项数据和运行状况。

（3）核对新系统输出的结果和老系统（人工或计算机系统）输出的结果。

（4）对实际系统的输入方式进行考查，包括是否方便、效率如何、安全可靠性、误操作保护等。

（5）对系统实际运行、响应速度（包括运算速度、传递速度、查询速度、输出速度等）进行实际测试。

10.6.2 系统切换方式

在系统试运行阶段，必须完成系统切换工作，系统切换可以采用直接切换法、并行切换法和分段切换法 3 种不同的方式进行。

1. 直接切换法

直接切换法就是在确定新系统运行准确无误时，立刻启用新系统，终止老系统运行。这种方法对人员和设备费用很节省（如图 10-6 所示）。考虑到系统测试中试验样本的不彻底性，这种方法一般只用在老的系统已完全无法满足需要或用于处理不太复杂、数据不很重要的场合。

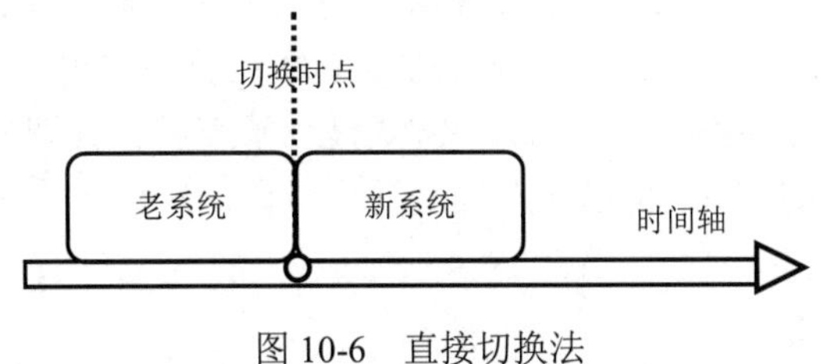

图 10-6 直接切换法

2. 并行切换法

这种方法是新老系统并行运行一段时间，经过一段时间的考验以后，新系统正式替代老系统。在此期间，对照两个系统，利用老系统对新系统进行检验，对新系统在各个方面进行考查和评价。由于是新老两个系统同时运行，消除了不能正常工作的一些因素，特别是在银行、财务和一些企业的核心系统中，这是一种常用的切换方法，如图 10-7 所示。

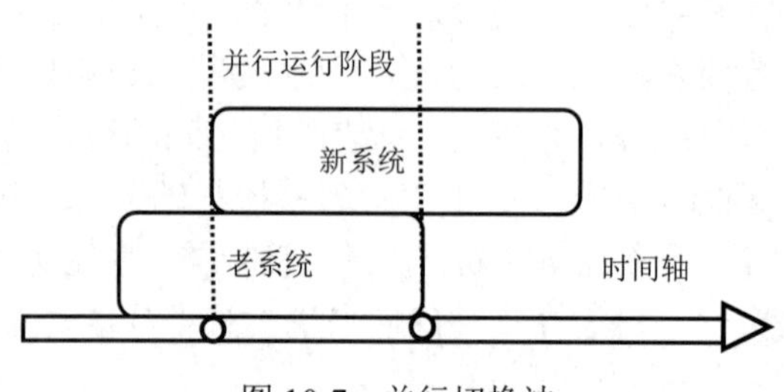

图 10-7　并行切换法

并行切换的主要特点是安全可靠，但费用和工作量都很大。这是因为在一段时间内必须有两套人员同时工作，或者一套人员要做两份工作。并行切换法一般分两步进行：第一步，以原系统作业为正式作业，新系统作校验用；第二步，经过一段时间运行，在验证新系统处理准确可靠后，以新系统处理作为正式作业，原系统的结果作为校验用，直到最后原系统停止运行。并行处理的时间视业务内容而定，短则 2 至 3 个月，长则半年至一年，切换工作不应急于求成。

3. 分段切换法

分段切换又称为逐步切换。这种方式实际是上述两种方式的结合，新系统一部分一部分地替代老系统。那些尚未切换的部分，可以在一个模拟的环境中继续试运行（如图 10-8 所示）。这种方法的优点是既保证了可靠性，又不至于费用太大；缺点是已切换的新系统和正在运行的老系统之间存在信息交换困难。另外这种分段方式对系统的设计和实现都有更高的要求，例如数据的传递等，否则无法实现分段切换。

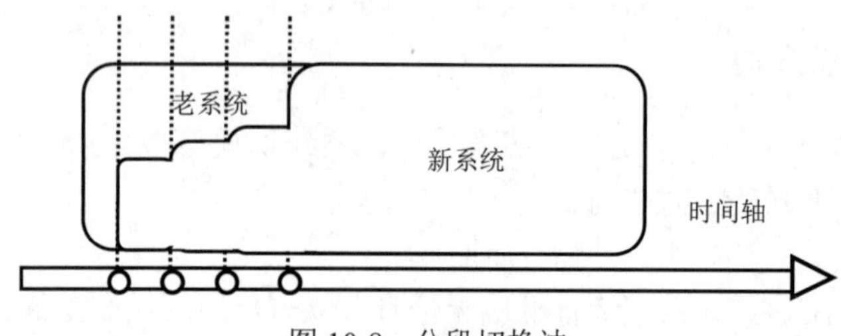

图 10-8　分段切换法

归纳三种新旧系统切换方式可见：直接切换方式简单但风险大，万一新系统运行不起来，就会给工作造成混乱，适合于在系统小且不重要或时间要求不高的情况下使用；并行切换方式无论在工作安全上还是在心理状态上均是较好的，其缺点就是费用开销大，所以适合于系统安全性要求特别高的管理信息系统中；分段切换方式是为了克服并行切换方式缺点的一种混合方式，因而属于一种很灵活的方式，可以通过控制各个分段区间的大小来适应各种不同要求的管理信息系统。

4. 系统切换应注意的问题

无论采用哪种切换方法，在系统切换过程中均应注意以下问题，这些问题解决好之后，将给系统的顺利切换创造条件：

（1）新系统的投入运行需要大量的基础数据，这些数据的整理与录入工作量特别庞大，应及早准备、尽快完成。

（2）系统切换不仅是机器的切换、程序的切换，更难的是人工的切换，应提前做好人员的培训工作。

（3）系统运行时会出现一些局部性的问题，这是正常现象。系统工作人员对此应有足够的准备，并做好记录。系统只出现局部性问题，说明系统是成功的；反之，如果出现致命的问题，则说明系统设计质量不好，整个系统甚至要重新设计。

10.7 系统运行与维护

信息系统运行管理工作开始于新系统的试运行阶段，在试运行阶段中，需要完成新老系统的切换，完成信息系统调试，直至新开发的管理信息系统投入正常运营。

信息系统运行管理工作终止于该系统将要被淘汰的时候，是一个漫长的过程。根据管理学原理，可以采用诸多方法实现信息系统运行管理工作，包括系统的日常管理、系统维护管理、系统文档管理。

10.7.1 系统的日常管理

信息系统管理就是为信息、信息技术设备及用户提供稳定信息系统运行环境的各项活动。稳定运行的信息系统提供一致性和可预见性的信息，这对任何一个组织进行有效活动都是至关重要的。信息系统管理包括 3 个重要部分：信息安全管理、软硬件管理和系统操作管理。在基于信息的现代社会环境中，完善的信息系统管理十分必要，它是组织内部管理的重要组成部分。

1. 信息安全管理

在管理信息系统中，最宝贵的资源就是信息。这些信息产生于社会组织长期运作的过程之中，花费了大量时间、资金和人力，对于这个社会组织至关重要，必须防止丢失或受到破坏。目前，还会存在诸多因素威胁到信息安全，例如硬磁盘和其他计算机部件出现的故障、黑客和计算机病毒对信息系统的侵害、系统内部人员对信息的误操作、系统外部人员对信息的窃取或篡改等。同时，由于网络技术的广泛使用，使得管理信息系统中的关键信息散布在系统的相关节点，这也增加了对信息的不正确应用和其他的危险性。

（1）备份信息。防止信息丢失最容易和基本的方法是制作备份，系统地、定期地为重要信息进行备份是最重要的信息管理活动之一。

（2）防止信息失窃。信息失窃的损失无法估量，且信息失窃的事实不易为信息拥有者察觉，而信息失窃所带来的损失却是巨大的，因此必须严加防范。

（3）计算机病毒防护。计算机病毒是一些怀有恶意或有意卖弄的人编制的程序，这些程序能够破坏计算机系统或使计算机系统不能正常工作。计算机病毒可以破坏操作系统、数据文件、降低系统执行速度以及破坏打印过程。

（4）堵塞 Internet 漏洞。在当今信息社会，越来越多的社会组织应用互联网技术构建信息系统、交换重要信息。Internet 为这些社会组织进行信息交换与利用提供了广阔的平台，同时也使这些社会组织面临一些非授权人员（又称黑客）非法窃取信息或破坏信息的危险。

堵塞 Internet 漏洞的技术有很多，也得到了众多计算机专业人员的广泛研究。对于管理信息系统而言，目前常用的堵塞 Internet 漏洞的技术有防火墙技术和入侵检测技术。

2. 软硬件管理

为使系统在发生错误、灾难、计算机犯罪或安全受到威胁时所遭到的破坏最小，必须在信息系统运行管理的过程中制定规章制度，采取人工和自动化相结合的措施，保护信息系统按照管理标准运行。系统的软硬件管理包括软件管理、硬件管理和兼容性管理。

软件管理是指对信息系统的各类系统软件、应用软件、软件工具进行管理。硬件管理是指要保证信息系统的各类设备的安全和正常运行。兼容性管理也称互操作管理，是指要保证信息技术设备之间、系统软件与应用软件之间、信息技术设备与软件之间的相互兼容。它是信息系统设计的目标。由于信息系统过于复杂，很难达到所有系统完全兼容。一个信息系统可能包含许多不同品牌的计算机、服务器和网络设备，这些硬件设备的互联可能会产生许多兼容性问题。除此之外，不同的操作系统和网络协议、信息存储的不同表达方式，例如文本、声音、图形和视频甚至文本信息也可以不同的形式存储。将这些信息组合在一起共同使用时，必然产生接口相互兼容问题、接口标准化问题等。

解决这些问题的最好方法是统一标准或选用国际标准，无论如何，都应该保证这些标准能够使系统完成所需的各项功能与服务。

3. 系统操作管理

管理信息系统的标准化十分重要。建立良好的操作环境，保证信息技术使用人员健康和高效地工作也十分重要。如果不正确使用计算机，则会造成工作人员的身体损害，因此要建立能够获得最大工作效率、保证员工健康和舒适的工作环境，就应该对信息系统操作进行科学的管理。系统操作管理主要包括计算机操作管理、应用管理和故障恢复管理。

（1）计算机操作管理。计算机操作管理适用于使用计算机的部门，确保相应的规章制度能够始终正确地应用于数据存储和处理控制。计算机操作管理包括：软件安装管理、软件运行管理、计算机运行管理以及异常情况数据及程序的备份和恢复管理。

软件运行管理包括：为发现和防止错误而设计的手工管理规程，主要有专门的系统软件操作指令、重新启动和恢复程序；对磁带、磁盘或光盘的保存和管理、特殊应用程序操作指令等。系统软件应该建立系统日志，详细记载处理过程中的所有活动。日志可以打印出来，在系统发生故障时用作分析问题起因的依据，调查了解问题是由硬件故障、异常中断还是操作人员错误操作引起的。

另外，还应为系统备份和恢复设计专门的指令，以便系统软件发生故障时能够恢复系统，又不使系统原有的系统软件、程序和数据文件有较大的改动。

（2）应用管理。应用管理是对每一个信息系统功能采取的特定的管理措施。应用管理分为 3 个部分：输入管理、处理管理和输出管理。

- 输入管理：负责向系统输入数据时检测数据的正确性和完整性。
- 处理管理：负责在数据修改过程中保证数据的完整性和正确性。
- 输出管理：要保证计算机的处理结果正确、完整和准确传输。

因此，应用管理规程包括自动化管理和手工管理两种规程，应能保证：

- 信息的完整性：保证所有当前处理的信息进入计算机，并完整地记录到相应的文件中。
- 信息的正确性：计算机必须准确地获得数据，并正确地记录到相应的计算机文件中。

- 信息的可维护性：计算机文件中存储的信息不是一成不变的，应可以修改，以保持信息的正确性和实时性。

（3）故障恢复管理。故障恢复管理是在信息系统发生灾难或故障时能继续进行正常活动，因此需要注意以下几点：

- 建立另一套完整的系统，当一套系统发生故障时马上切换到另一套系统，也可以安装一些关键部件的后备，例如双机热备、镜像磁盘、后备电源等。
- 信息设备使用人员应该事先知道发生故障后应该如何继续工作。故障恢复期间员工的工作时间可能超过正常工作时间，因此员工应该事先安排好其他活动。
- 最有效地保护业务信息的方法就是将备份作为日常业务过程的一个部分，因此每一个信息系统使用人员有责任保护企业信息。
- 通信系统发生故障的最大问题是丧失通信能力，因此系统恢复的最首要问题是恢复通信。

10.7.2　系统维护管理

信息系统正式投入运行后，必须大力加强对系统运行工作的管理。系统运行管理除了上述的日常运行管理之外，系统的维护也是一项重要的管理工作。

1. 日常运行维护

管理信息系统的日常运行维护不仅包括机房环境和相关设施的维护，更重要的是进行系统实时运行状况、数据输入和输出维护以及系统的安全性与完备性维护。

系统实时运行状况、数据输入和输出维护包括：数据收集、数据处理、数据录入及处理结果的整理与分发。此外，还包括硬件的简单维护及设施管理。

系统安全性与完备性的日常维护主要包括：实时记录系统运行状态，并以此反映系统在大多数情况下的工作状况和工作效率。因此，管理信息系统的运行状态一定要及时、准确、完整地记录在案。除了记录正常情况（如处理效率、文件的存取率、更新率）外，还要记录意外情况发生的时间、原因与处理结果。

2. 系统的更新维护

投入运营的管理信息系统，还需要在使用中不断完善。尤其是随着管理环境的变化，管理信息系统还需要在不断更新完善的过程中生存下去。因此，系统的更新维护是系统生存的重要条件。一般系统的更新维护包括以下内容：

（1）硬件的维护与维修。随着系统的运行，系统内的硬件设备会出现一些故障，需要及时进行维修或替换。当系统的功能扩大后，原有的设备不能满足要求时，就需要增置或更新设备。所有这些工作都属于硬件的维护与维修范畴。

（2）应用程序的维护。在系统维护的全部工作中，应用程序的维护工作量最大，也最经常发生。应用程序维护工作包括以下几种情况：

- 程序纠错。程序在执行过程中会出现某些错误，如溢出、内存空间不足、磁盘满等现象时有发生。为此，要及时对应用程序进行纠错处理。
- 功能的改进和扩充。用户经常会提出对系统的局部功能加以改进，并扩充某些新的功能。例如，某用户要求改进销售报表打印格式，并且希望增加两项新的统计汇总功能。这种功能扩展维护工作不宜随时随地进行，要统筹考虑、统一安排，因为它涉及的面比较大，问题也比较复杂。

- 适应性维护。管理信息系统运行环境一旦发生变化，就要进行适应性维护工作。比如，计算机系统配置发生了变化，就很可能需要对应用软件进行移植性维护。

总之，应用程序维护是整个系统维护工作中最繁琐的一项任务，负责这项工作的系统维护人员必须对整个系统有相当深入的了解，否则很难进行下去。

（3）数据库维护。数据库中存放着大量的数据，它是企业的宝贵资源，也是系统频繁处理的对象。数据库维护是系统维护的重要内容之一，主要的工作任务有：数据库的转储和数据库的重组织。

（4）代码维护。随着系统运行环境的变化，旧的代码不能适应新的要求时必须进行改造，即需要制定新的代码或修改旧的代码体系。代码维护的困难主要是新代码的贯彻，因此各个部门要有专人负责代码管理。

在系统的更新维护管理中，系统的修改是一项非常严肃的工作，往往会牵一发而动全身。不论是程序、文件还是代码的局部修改，都可能影响系统的其他部分。因此，系统的修改必须通过一定的批准手续。

10.7.3 系统文档管理

文档是记录人们思维活动及其结果的书面形式的文字资料，信息系统的文档就是描述系统从无到有整个发展与演变过程及各个状态的文字资料。信息系统实际上由系统实体及与此对应的文档两大部分组成，系统的开发要以文档的描述为依据，系统实体的运行与维护更需要文档来支持。

系统文档不是事先一次性形成的，它是在系统开发、运行与维护过程中不断地按阶段依次推进编写、修改、完善与积累而形成的。可以说，如果没有系统文档或没有规范的系统文档，信息系统的开发、运行与维护会处于一种混乱状态，这将严重影响系统的质量，甚至导致系统开发或运行的失败。当系统开发人员发生变动时，问题尤为突出。因此有些专家认为，系统文档是信息系统的生命线，没有文档就没有信息系统。

文档的重要性决定了文档管理的重要性，文档管理是有序地、规范地开发与运行信息系统所必须做好的重要工作。目前我国信息系统的文档内容与要求基本上已有了较统一的规定。

1. 信息系统文档的分类

文档资料管理的第一步是分类，即将资料按类目归类整理，目的是以后能更快、更好地查找利用。信息系统的文档有多种分类方法。根据服务目的的不同可以分为用户文档、开发文档和管理文档；按信息系统生命周期的不同，可以分为系统可行性研究报告、系统分析报告、系统设计报告、系统测试报告和用户手册等。图 10-9 给出了信息系统文档常用的分类。

信息系统文档的生命周期可划分为创建期、处理期、存储期、使用期和销毁期。系统文档是相对稳定的，随着系统的运行及情况的变化，它们会有局部的修改与补充，当变化较大时，系统文档将以新的版本提出。为了最终得到高质量的信息系统文档管理效果，在信息系统的建设过程中必须加强对文档的建档管理，而在信息系统运行期内必须加强文档的归档管理。

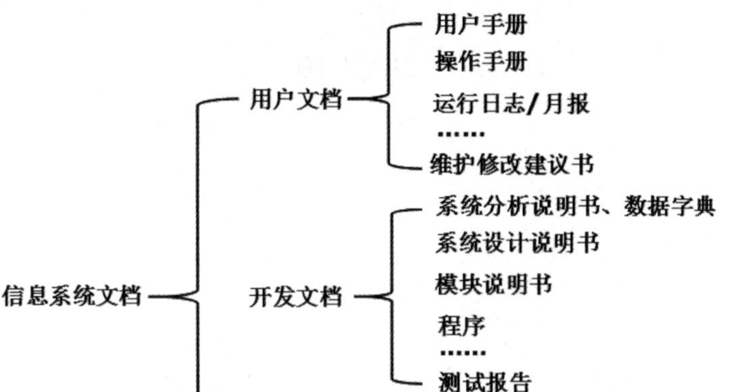

图 10-9　信息系统文档常用分类

2. 信息系统文档管理的注意事项

（1）文档管理的制度化。必须形成一整套的文档管理制度，其内容可以包含文档的标准、修改文档和出版文档的条件、开发人员在系统建设不同时期就其文档建立工作所承担的责任和任务。根据这一套完善的制度来最终协调、控制系统开发、运行工作，并以此对每一个系统成员的工作进行评价。

（2）文档的标准化、规范化。在系统开发前必须首先制定各类文档的标准和规范。在统一标准和规范的制约下，开发人员负责建立所承担任务的文档资料。同时，项目组设置文档保管员来负责集中保管本项目已有文档的两套文本。两套文本内容应完全一致，其中的一套可按一定手续办理借阅。

（3）维护文档的一致性。信息系统开发建设过程是一个不断变化的动态过程，一旦需要对某一文档进行修改，必须及时、准确地修改与之相关联的文档，并建立相应的制度来保证，以实现一个版本对应一套文档。

（4）维持文档的可追踪性。由于信息系统开发的动态性，系统的某种修改是否最终有效要经过一段时间的检验，因此文档要分版本来管理和实现。而各版本的出版时机及要求也要有相应的制度。

从上述文档管理的内容可以看出，如果采用手工方式建立这些文档资料，很难适应这种不断修改、不断完善的客观需求。因此，信息系统文档的建立应当充分利用现有的辅助开发工具及一些字处理软件等。目前已经有相应的计算机辅助软件工程（Computer Assistant Software Engineering，CASE）工具能够自动生成信息系统的某些文档，有些工具还能辅助进行文档的检索管理。这些工具的使用有利于提高信息系统文档的质量，从而最终提高信息系统的开发质量和运行质量。

习题 10

一、填空题

1．计算机系统的实施包括________和________两个方面。

2．保持良好的程序设计习惯，应该做到“四化”，即________、________、________和________。

3．程序设计方法主要有________方法和________方法两种。

4．信息系统的构件主要包括 3 个方面的内容，即________、________和________。

5．人们一般按照“自底向上”的原则按________、________和________3 个阶段进行系统测试工作。

6．系统测试方法一般分为静态测试和动态测试两种。静态测试方法主要有________和________两种；动态测试方法主要有________和________两种。

7．白盒测试的种类主要有________、________、________和多重条件覆盖。

8．黑盒测试的方法有________、________和________等。

9．系统切换可以采用________、________和________3 种不同的方式进行。

10．信息系统管理包括 3 个重要部分：________、________和________。

二、选择题

1．程序员设计程序和编写程序时主要依据（　　）资料进行。

A．系统流程图

B．程序流程图

C．系统流程图、程序编写说明书及输入输出说明

D．处理流程图

2．系统调试中的分调是调试（　　）。

A．主控程字

B．单个程序，使它能运行起来

C．功能模块内的各个程序，并把它们联系起来

D．调度程序

3．DO WHILE-END DO 语句用于（　　）。

A．选择结构　　B．循环结构　　C．顺序结构　　D．网络结构

4．系统开发中要强调编好文档的主要目的是（　　）。

A．便于开发人员与维护人员交流信息

B．提高效益

C．便于绘制流程图

D．增加收入

5．系统实施阶段的工作内容中有（　　）。

A．文件和数据库设计　　B．系统运行的日常维护

C．编写程序设计说明书　　D．制定设计规范

6．系统调试中总调的内容包括（　　）。

A．程序的语法调试　　B．主控制调度程序调试

C．功能的调试　　D．单个程序的调试

7．程序的总调指的是（　　）。

A．主控制调度程序调试

B．调试功能模块

C．将主控制调度程序和各功能模块联结

D．测试模块的运转效率

8．程序调试主要是对程序进行（　　）。

A．性能调试　　B．语法和逻辑的调试

C．语句调试　　D．功能调试

9．调试程序时，用空数据文件去进行测试，检查程序能否正常运行。这属于（　　）。

A．用异常数据调试　　B．用正常数据调试

C．用更新数据调试　　D．用错误数据调试

10．新系统投入运行后，原系统仍有一段时间与它同时运行，称为（　　）。

A．跟踪检验　　B．测试

C．校验　　D．并行切换

三、简答题

1．简述系统实施的步骤。

2．简述一个高质量的程序必须满足哪些方面的要求。

3．简述系统测试的工作原则。

4．简述系统试运行阶段的主要工作。

5．简述故障恢复管理需要注意的问题。

四、综合应用题

1．某程序段为：

```
IF (a>5 and b =0) THEN x=x/a
IF(a=6 or x>1)THEN x=x+5
```

如图 10-10 所示为程序的流程图。要求：

（1）试设计一个测试用例实现语句覆盖。

（2）试设计一个测试用例实现分支覆盖。

（3）试设计一个测试用例实现条件覆盖。

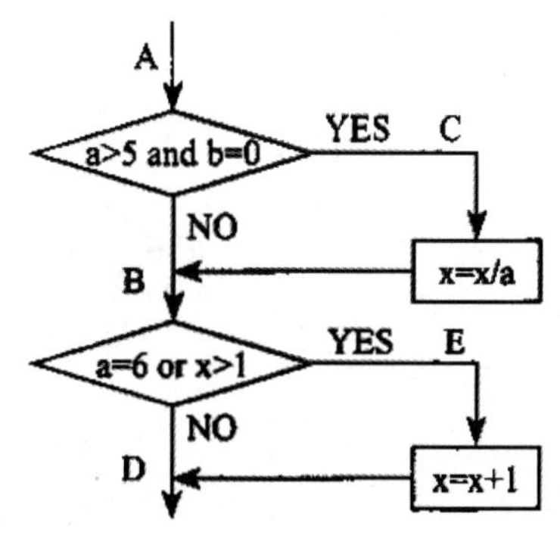

图 10-10　程序流程图

2．设被测试的程序段为：

```
begin   s1;
if(x=1)and(y>3)
then   s2;
if(x<2)or(y=2)
then   s3;
```

```
s4;
end
```

请分别找出实现语句覆盖、条件覆盖、分支覆盖最少所需的测试用例。

3．对下列子程序进行调试：

```
procedure exp(y,x:real;z:real)
begin
if (y >1) and (z=1) then x:=x+y;
if (y=2) or (x>2) then x:=x/y
end;
```

该子程序接受 x、y、z 的值，并将计算结果 x 的值返回给调用程序。

（1）画出流程图。

（2）用条件组合覆盖设计测试用例，并写出预期结果。

4．输入 3 个整数 A、B、C，判断以这 3 个数为边长能否构成三角形。若能构成三角形，则输出“可以构成三角形”，否则输出“不能构成三角形”。

（1）用 N-S 图和 PAD 图分别表示该问题的算法。

（2）利用路径覆盖设计测试用例。

参考文献

[1] 甘仞初．信息系统分析与设计[M]．北京：高等教育出版社，2003.

[2] 黄梯云，李一军．管理信息系统．6版[M]．北京：高等教育出版社，2016.

[3] Ralph M.Stair，George W.Reynolds．信息系统原理[M]．北京：机械工业出版社，2000.

[4] 姜杰，等．西方管理思想史[M]．北京：北京大学出版社，2014.

[5] 薛华成．管理信息系统．6版[M]．北京：清华大学出版社，2017.

[6] 侯炳辉．信息管理系统[M]．北京：中央广播电视大学出版社，2001.

[7] 刘腾红，刘婧珏．信息系统分析与设计[M]．北京：清华大学出版社，2012.

[8] 刘仲英，等．管理信息系统[M]．北京：高等教育出版社，2006.

[9] 肯尼斯 C.劳顿，简 P.劳顿．管理信息系统．13版[M]．北京：机械工业出版社，2016.

[10] 陆安生．管理信息系统[M]．北京：中国水利水电出版社，2007.

[11] 戴伟辉，孙海，黄丽华．信息系统分析与设计[M]．北京：高等教育出版社，2006.

[12] 甘仞初．信息系统原理与应用[M]．北京：高等教育出版社，2004.

[13] 耿骞，韩圣龙，傅湘玲．信息系统分析与设计[M]．北京：高等教育出版社，2008.

[14] 倪庆萍．管理信息系统原理[M]．北京：清华大学出版社，2010.

[15] 倪庆萍．管理信息系统原理习题解答与实验指导[M]．北京：清华大学出版社，2008.

[16] 黄梯云．管理信息系统习题集[M]．北京：高等教育出版社，2005.

[17] 王立福．软件工程[M]．北京：机械工业出版社，2015.

[18] 李一军．管理信息系统案例集[M]．北京：高等教育出版社，2005.

[19] 杨君岐，邢战雷．信息系统分析与设计[M]．西安：西安电子科技大学出版社，2009.

[20] 殷人昆，郑人杰，等．实用软件工程．3版[M]．北京：清华大学出版社，2010.

[21] 吴洁明，方英兰．软件工程实例教程[M]．北京：清华大学出版社，2010.

[22] 王景光，冯海旗．信息资源管理．2版[M]．北京：高等教育出版社，2008.

[23] 龙虹．管理信息系统[M]．北京：北京理工大学出版社，2007.

[24] 吴庆州．管理信息系统[M]．北京：北京理工大学出版社，2017.

[25] 王道平．物流管理信息系统[M]．北京：机械工业出版社，2015.

参考文献

[1] 甘仞初．信息系统分析与设计[M]．北京：高等教育出版社，2003.

[2] 黄梯云，李一军．管理信息系统．6 版[M]．北京：高等教育出版社，2016.

[3] Ralph M.Stair，George W.Reynolds．信息系统原理[M]．北京：机械工业出版社，2000.

[4] 姜杰，等．西方管理思想史[M]．北京：北京大学出版社，2014.

[5] 薛华成．管理信息系统．6 版[M]．北京：清华大学出版社，2017.

[6] 侯炳辉．信息管理系统[M]．北京：中央广播电视大学出版社，2001.

[7] 刘腾红，刘婧珏．信息系统分析与设计[M]．北京：清华大学出版社，2012.

[8] 刘仲英，等．管理信息系统[M]．北京：高等教育出版社，2006.

[9] 肯尼斯 C.劳顿，简 P.劳顿．管理信息系统．13 版[M]．北京：机械工业出版社，2016.

[10] 陆安生．管理信息系统[M]．北京：中国水利水电出版社，2007.

[11] 戴伟辉，孙海，黄丽华．信息系统分析与设计[M]．北京：高等教育出版社，2006.

[12] 甘仞初．信息系统原理与应用[M]．北京：高等教育出版社，2004.

[13] 耿骞，韩圣龙，傅湘玲．信息系统分析与设计[M]．北京：高等教育出版社，2008.

[14] 倪庆萍．管理信息系统原理[M]．北京：清华大学出版社，2010.

[15] 倪庆萍．管理信息系统原理习题解答与实验指导[M]．北京：清华大学出版社，2008.

[16] 黄梯云．管理信息系统习题集[M]．北京：高等教育出版社，2005.

[17] 王立福．软件工程[M]．北京：机械工业出版社，2015.

[18] 李一军．管理信息系统案例集[M]．北京：高等教育出版社，2005.

[19] 杨君岐，邢战雷．信息系统分析与设计[M]．西安：西安电子科技大学出版社，2009.

[20] 殷人昆，郑人杰，等．实用软件工程．3 版[M]．北京：清华大学出版社，2010.

[21] 吴洁明，方英兰．软件工程实例教程[M]．北京：清华大学出版社，2010.

[22] 王景光，冯海旗．信息资源管理．2 版[M]．北京：高等教育出版社，2008.

[23] 龙虹．管理信息系统[M]．北京：北京理工大学出版社，2007.

[24] 吴庆州．管理信息系统[M]．北京：北京理工大学出版社，2017.

[25] 王道平．物流管理信息系统[M]．北京：机械工业出版社，2015.